Die Bundesrepublik Deutschland
Staatshandbuch

Landesausgabe Land Nordrhein-Westfalen

Die Bundesrepublik Deutschland

Staatshandbuch

Herausgeber

Geschäftsführendes Präsidialmitglied des Deutschen Landkreistages Dr. Hans Henning Becker-Birck

Geschäftsführendes Präsidialmitglied des Deutschen Städtetages Jochen Dieckmann

Präsident des Bundesverfassungsgerichts Professor Dr. Roman Herzog

Staatssekretär im Bundesministerium des Innern Franz Kroppenstedt

Hauptgeschäftsführer des Deutschen Industrie- und Handelstages Dr. Franz Schoser

Geschäftsführendes Präsidialmitglied des Deutschen Städte- und Gemeindebundes Dr. Peter Michael Mombaur

Präsident des Bundesverwaltungsgerichts a. D. Professor Dr. Horst Sendler

Carl Heymanns Verlag KG · Köln · Berlin · Bonn · München

Die Bundesrepublik Deutschland
Staatshandbuch

Landesausgabe

Land Nordrhein-Westfalen

Stand der Erhebungen: Januar - Februar 1994

Herausgeber

Minister Wolfgang Clement,
Chef der Staatskanzlei Nordrhein-Westfalen

Schriftleitung

Wilfried Ganser
Willi Herberz

Carl Heymanns Verlag KG · Köln · Berlin · Bonn · München

Anschrift der Schriftleitung
Staatshandbuch
Die Bundesrepublik Deutschland
Postfach 18 66
50308 Brühl

01
AAH 5
1994

© Carl Heymanns Verlag KG, Köln, Bonn, München, 1994

ISBN 3-452-22644-1 ISSN 0723-3795
Druck von Grafik + Druck GmbH, München

INHALTSÜBERSICHT

Land Nordrhein-Westfalen

und Verordnungsblatt für das Land Nordrhein-Westfalen (Seite 127) verkündet. Sie ist am 11. Juli 1950 in Kraft getreten.

Fläche: 34 071,55 qkm
Einwohner: 17 722 438
(Stand: 30. Juni 1993)

Geschichte:
Nordrhein-Westfalen kann nicht auf eine lange geschichtliche Tradition zurückblicken. Es wurde erst am 23. August 1946 aufgrund der Verordnung Nr 46 der britischen Militärregierung gegründet (Amtsblatt der Militärregierung Deutschlands, britisches Kontrollgebiet, Nr 13, Seite 305). Dabei wurden die zur Nordrheinprovinz zusammengefaßten Regierungsbezirke Düsseldorf, Köln und Aachen mit der Provinz Westfalen zu einem neuen Land vereinigt, in das mit Wirkung vom 21. Januar 1947 auch noch das Land Lippe eingegliedert wurde. Am 2. Oktober 1946 trat zum ersten Mal der neu ernannte Landtag zusammen. Er wurde durch die Wahl vom 20. April 1947 durch einen vom Volk gewählten abgelöst.
Vor der Bildung des Landes ist es in diesem Raum nicht zu einer eigenständigen Staatenbildung gekommen. Der linksrheinische Teil gehörte für mehrere Jahrhunderte zum Römischen Reich. Danach war das ganze Rheinland ein Kerngebiet des fränkischen Reiches. Vom ausgedehnten Mittelalter bis in das Zeitalter Napoleons war es in viele weltliche und geistliche Herrschaften aufgegliedert. Der größte Teil von ihnen wurde jedoch durch den Reichsdeputationshauptschluß im Jahre 1803 aufgelöst. Westfalen war ursprünglich von fränkischen Stämmen besiedelt. Dann breiteten im dritten Jahrhundert die Sachsen ihre Herrschaft bis ins Münsterland und Sauerland aus. Sie wurden von Karl dem Großen unterworfen und missioniert. Im neunten Jahrhundert wurden die Bistümer Münster, Minden und Paderborn errichtet, der südliche Teil Westfalens aber dem Erzbistum Köln unterstellt. Nach der Auflösung des Herzogtums Sachsen im Jahre 1180 zerfiel auch Westfalen in zahlreiche Herrschaften.
Durch den Beschluß des Wiener Kongresses (1815) fielen das Rheinland und Westfalen an Preußen, das schon 1609 mit dem Erwerb von Cleve, Geldern, Mark und Ravensburg in diesem Gebiet Fuß gefaßt hatte. Es wurden daraus die preußischen Provinzen Rheinland mit den Regierungsbezirken Düsseldorf, Köln, Aachen, Koblenz und Trier sowie Westfalen mit den Regierungsbezirken Münster, Minden und Arnsberg.
Die mehrjährigen Bemühungen, dem neu gebildeten Land eine Verfassung zu geben, fanden mit der Verabschiedung der Verfassung für das Land Nordrhein-Westfalen im Sommer 1950 ihren Abschluß.
Die Verfassung wurde am 6. Juni 1950 vom Landtag angenommen, am 18. Juni 1950 mit Mehrheit vom Volk gebilligt und am 10. Juli 1950 im Gesetz-

1

a Die Parlamentarischen Körperschaften

Der Landtag Nordrhein-Westfalen

40002 Düsseldorf, Postfach 10 11 43, Platz des Landtags 1; F (02 11) 8 84-0; Telex 8 58 64 98; Teletex 2 11 41 12 = LTNW; Telefax (02 11) 8 84-22 58

Beginn der 11. Legislaturperiode: 31. Mai 1990
Ende der 11. Legislaturperiode: 30. Mai 1995

Staatsrechtliche Grundlage:
Die Verfassung für das Land Nordrhein-Westfalen vom 28. Juni 1950 (GV NW 1950 Seite 127/GS NW Seite 3), geändert durch Gesetz zur Ergänzung des Artikels 46 der Verfassung für das Land Nordrhein-Westfalen vom 11. Mai 1954 (GV NW Seite 131), Gesetz vom 27. Juli 1965 (GV NW Seite 220), vom 5. März 1968 (GV NW Seite 36), vom 11. März 1969 (GV NW Seite 146), vom 24. Juni 1969 (GV NW Seite 448), vom 16. Juli 1969 (GV NW Seite 530), vom 16. Juli 1969 (GV NW Seite 535), vom 14. Dezember 1971 (GV NW Seite 393), vom 21. März 1972 (GV NW Seite 68), vom 24. Juni 1974 (GV NW Seite 220), vom 19. Dezember 1978 (GV NW Seite 632), vom 18. Dezember 1984 (GV NW 1985 Seite 14), vom 19. März 1985 (GV NW Seite 255) und vom 20. Juni 1989 (GV NW Seite 428).

Aufgabenkreis:
Siehe hierzu die Artikel 30 bis 50 der Verfassung für das Land Nordrhein-Westfalen.

Mitglieder: 239; nach dem Ergebnis der Landtagswahl vom 13. Mai 1990 in der 11. Wahlperiode: 122 SPD, 89 CDU, 14 F.D.P., 12 GRÜNE, 2 fraktionslose Abgeordnete

1 Ergebnis der Wahl zum 11. Landtag

von Nordrhein-Westfalen

Bekanntmachung des Landeswahlleiters des Landes Nordrhein-Westfalen in der vom Landesamt für Datenverarbeitung und Statistik Nordrhein-Westfalen herausgegebenen Broschüre Nr. 3 „Landtagswahl in Nordrhein-Westfalen 1990".

An der Wahl haben nachfolgende Parteien teilgenommen:

SPD = Sozialdemokratische Partei Deutschlands
CDU = Christlich Demokratische Union Deutschlands
F.D.P. = Freie Demokratische Partei
GRÜNE = DIE GRÜNEN
REP = Die Republikaner
ÖDP = Ökologisch-Demokratische Partei
NPD = Nationaldemokratische Partei Deutschlands
DKP = Deutsche Kommunistische Partei
Patrioten = Patrioten für Deutschland
CM = CHRISTLICHE MITTE
ZENTRUM = Deutsche Zentrumspartei
Familie = Deutsche Familienpartei
SRP = Soziale Reform Partei
FAP = Freiheitliche Deutsche Arbeiterpartei

Landeswahlergebnis der Wahl am 12. Mai 1990

Wahlberechtigte insgesamt	13.036.004	100,0
Wähler insgesamt	9.353.710	71,8
darunter		
mit Wahlschein	1.414.726	10,9
Ungültige Stimmen	61.735	0,7
davon		
SPD	4.644.341	50,0
CDU	3.410.045	36,7
F.D.P.	535.655	5,8
GRÜNE	469.098	5,0
REP	171.867	1,8
ÖDP	46.650	0,5
NPD	3.370	0,0
DKP	2.376	0,0
Patrioten	1.742	0,0
CM	1.161	0,0
ZENTRUM	717	0,0
Familie	210	0,0
SRP	202	0,0
FAP	56	0,0
Einzelbewerber	4.485	0,0
Sonstige	–	0,0

Gewählte	**Bewerber**
Insgesamt	239
davon	
SPD	123
CDU	90
F.D.P.	14
GRÜNE	12

2 Abgeordnete des Landtags

Nordrhein-Westfalen
– 11. Wahlperiode –

Vorbemerkung:
Die Abgeordneten sind alphabetisch und nicht nach Parteien geordnet. Die nachfolgend verwendete Abkürzung hat folgende Bedeutung:
Wkr = Wahlkreis

A i g n e r Georg Dipl-Ing
Wkr 125 Bochum II – SPD
44879 Bochum, Am Chursbusch 22 b; F privat (02 34) 49 55 10, dienstlich (0 23 66) 18 60-1 00 und 1 01 und (02 11) 8 84-25 85
Postanschrift: 45701 Herten, Westerholter Str 550

A l t - K ü p e r s Hans Studienrat a D
Wkr 1 Aachen I – SPD
52062 Aachen, Harscampstr 5 a; F privat (02 41) 2 32 06, dienstlich (02 41) 53 66 42 und 53 66 77; Telefax (02 41) 53 66 43
Postanschrift: 52062 Aachen, Heinrichsallee 50-54

A p o s t e l Rudolf Dipl-Ing
Wkr 65 Wesel IV – SPD
47445 Moers, Pattbergstr 68; F privat (0 28 41) 7 18 44; Telefax (0 28 41) 7 60 84; F dienstlich (0 28 41) 7 26 84;

A p p e l Roland Wissenschaftlicher Mitarbeiter
Landesreserveliste 012 – BÜNDNIS 90/DIE GRÜNEN
53119 Bonn, Michaelstr 6; F privat (02 28) 63 41 66, dienstlich (02 21) 8 84-26 99 und 8 84-21 75; Telefax (02 11) 8 84-28 70

A r e n t z Hermann-Josef Angestellter
Landesreserveliste 016 – CDU
50679 Köln, Bataverstr 9; F privat (02 21) 81 70 51, dienstlich (02 11) 8 84-27 40 und 29 23; Telefax (02 11) 8 84-33 01

B a l k e Franz-Josef Tischlermeister
Wkr 102 Gütersloh I – CDU
33415 Verl, Sender Str 32; F privat (0 52 46) 25 42, dienstlich (0 52 42) 1 32 02

B e n s m a n n Peter Major a D
Landesreserveliste 032 – CDU
59402 Unna, Wahlkreisbüro, Gesellschaftsstr 14, Postfach 12 17; F dienstlich (0 23 03) 1 58 28 und (02 11) 8 84-27 67; Telefax (0 23 03) 1 41 61 und (02 11) 8 84-33 02

B e r g e r Heidemarie Dipl-Sozialarbeiterin
Wkr 80 Essen VI – SPD
45149 Essen, Sommerburgstr 141; F privat (02 01) 7 10 01 49, dienstlich (02 01) 26 41 32 und (02 11) 8 84-26 45; Telefax (02 11) 8 84-31 51

B ö c k e r Manfred Konrektor a D
Wkr 115 Lippe III – SPD
32832 Augustdorf, Zuschlag 16; F privat (0 52 37) 74 17; Telefax (0 52 37) 50 17; F dienstlich (02 11) 8 84-25 35; Telefax (02 11) 8 84-31 52

B ö s e Karl Hauptschulrektor a D
Wkr 134 Dortmund V – SPD
Postanschrift: 44231 Dortmund, Postfach 30 01 53; F dienstlich (02 31) 41 78 41; Telefax (02 31) 41 49 38

B o u l b o u l l é Carla Wissenschaftliche Angestellte
Wkr 45 Düsseldorf II – fraktionslos
40479 Düsseldorf, Sternstr 50; F privat (02 11) 4 98 19 10

B r a u n Manfred Technischer Angestellter
Wkr 86 Recklinghausen VI – SPD
45964 Gladbeck, Allinghofstr 8; F privat (0 20 43) 2 41 37, dienstlich (0 20 43) 4 09 41 70

B r i t z Franz-Josef Oberstudienrat, Diplomökonom
Landesreserveliste 067 – CDU
45276 Essen, Bewerungestr 5; F privat (02 01) 50 42 03

B r u c k s c h e n Manfred Dreher
Wkr 68 Duisburg III – SPD
47228 Duisburg, Bindestr 5; F privat (0 20 65) 8 03 14, dienstlich (02 11) 8 84-27 00 und 21 50; Telefax (02 11) 8 84-31 91 und (0 20 65) 6 58 14
Postanschrift: 47228 Duisburg, Wachtelstr 3

B r ü l l e Karl-Heinz Lehrer für Sonderpädagogik
Wkr 141 Soest II – SPD
59555 Lippstadt, Chalybäusstr 5 a; F privat (0 29 41) 6 02 56, dienstlich (0 29 41) 53 85 und (02 11) 8 84-26 44; Telefax (02 11) 8 84-31 53

B r ü n i n g Hannelore Kauffrau
Wkr 95 Steinfurt I – Coesfeld II – CDU
48485 Neuenkirchen, Darlangstr 17; F privat (0 59 73) 8 78 und 8 79; Telefax (0 59 73) 49 72; F dienstlich (02 11) 8 84-25 36

D r B r u n e m e i e r Bernd Studienrat a D
Wkr 107 Bielefeld III – SPD
33649 Bielefeld, Föhrenstr 20; F privat (05 21) 4 81 98

B r u n n Anke Dipl-Volkswirtin, Ministerin für Wissenschaft und Forschung
Wkr 18 Köln VI – SPD
Postanschrift: 40190 Düsseldorf, Völklinger Str 49; F dienstlich (02 11) 8 96-04, 8 96-42 80 und 8 96-42 81; Telefax (02 11) 8 96-45 55

B ü s s o w Jürgen Dipl-Pädagoge, Referent
Wkr 47 Düsseldorf IV – SPD
Postanschrift: 40002 Düsseldorf, Platz des Landtags 1, Postfach 10 11 43; F dienstlich (02 11) 8 84-26 34 und 8 84-26 32; Telefax (02 11) 8 84-20 04

B u r g e r Norbert Rechtsanwalt
Wkr 20 Köln VIII – SPD
50933 Köln, Belvederestr 38; F privat (02 21) 4 97 12 46, dienstlich (02 21) 2 21-20 22; Telefax (02 21) 2 21-65 71
Postanschrift: 50475 Köln, Rathausplatz, Postfach 10 35 64

B u s c h (Köln) Heidi Wissenschaftliche Mitarbeiterin
Landesreserveliste 071 – CDU
Postanschrift: 50735 Köln, Riehler Gürtel 25; F dienstlich (02 11) 8 84-21 03; Telefax (02 11) 8 84-33 35

D r B u s c h (Düsseldorf) Manfred Wissenschaftlicher Mitarbeiter
Landesreserveliste 010 – BÜNDNIS 90/DIE GRÜNEN
40219 Düsseldorf, Neckarstr 14; F privat (02 11) 39 71 18, dienstlich (02 11) 8 84-22 78 und 8 84-22 83; Telefax (02 11) 8 84-35 01

C h a m p i g n o n Bodo Industriekaufmann
Wkr 133 Dortmund IV – SPD
44329 Dortmund, An der Hordelwiese 8; F privat (02 31) 8 99 03, dienstlich (02 31) 89 21 62 und 8 44 40 49

C l e m e n t Wolfgang Journalist, Minister für besondere Aufgaben und Chef der Staatskanzlei
Landesreserveliste 007 – SPD
40190 Düsseldorf, Mannesmannufer 1 a; F dienstlich (02 11) 8 37-01 und 8 37-12 30/31; Telefax (02 11) 8 37-11 50

D r D a m m e y e r Manfred Dipl-Sozialwirt, Volkshochschuldirektor a D
Wkr 72 Oberhausen II – SPD
46047 Oberhausen, Mühlenstr 94; F privat (02 08) 86 08 05; Telefax (02 08) 88 97 67; F dienstlich (02 11) 8 84-26 13; Telefax (02 11) 8 84-20 42

D a u t z e n b e r g Leo Dipl-Betriebswirt, Geschäftsführer
Wkr 5 Heinsberg I – CDU
52525 Heinsberg, Geilenkirchener Str 11; F privat (0 24 52) 36 84; Telefax (0 24 52) 2 41 85; F dienstlich (02 11) 8 84-27 16 und 8 84-27 34

D e c k i n g - S c h w i l l Brunhild Hausfrau, Lehrerin
Landesreserveliste 012 – CDU
44141 Dortmund, Karl-Marx-Str 22; F privat (02 31) 52 71 57, dienstlich (02 31) 52 95 20 und (02 11) 8 84-29 19; Telefax (02 31) 52 62 25 und (02 11) 8 84-33 03

D e d a n w a l a Vera Rektorin
Wkr 36 Wuppertal IV – SPD
42289 Wuppertal, Freiligrathstr 110; F privat (02 02) 63 77 12, dienstlich (02 11) 8 84-26 76; Telefax (02 11) 8 84-31 54

D e g e n Manfred Obervolkshochschulrat a D
Wkr 82 Recklinghausen II – SPD
45770 Marl, Kreuzstr 291; F privat (0 23 65) 1 22 58, dienstlich (0 23 65) 99 26 84/94 und (02 11) 8 84-26 71; Telefax (02 11) 8 84-31 55
Postanschrift: 45743 Marl, Postfach 13 47

D i e g e l Helmut Jurist, Selbständiger Kaufmann
Landesreserveliste 027 – CDU
Postanschrift: 58014 Hagen, Wasserloses Tal 25 a, Postfach 14 09; F dienstlich (0 23 31) 20 09 22 und (02 11) 8 84-27 26; Telefax (02 11) 8 84-33 04

D i n t h e r v a n Regina Dipl-Ingenieurin
Landesreserveliste 063 – CDU
45529 Hattingen, Im Langen Siepen 70; F privat (0 23 35) 8 41 50, dienstlich (0 23 35) 7 28 59 und 7 18 80 und (02 11) 8 84-21 22; Telefax (0 23 35) 8 41 50 und 7 15 61, (02 11) 8 84-33 04

D o r n Wolfram Schriftsteller
Landesreserveliste 009 – F.D.P.
53129 Bonn, Am Zinnbruch 6; F privat (02 28) 23 91 55; Telefax (02 28) 54 96 91; F dienstlich (02 11) 8 84-27 56

D r e s e Wolfgang Kundenberater im Aufzugsbau
Wkr 41 Mettmann II – SPD
40699 Erkrath, Wahnenmühle 1; F privat (0 21 04) 3 38 55, dienstlich (02 21) 8 89 91 35

D r e y e r Heinrich Bundesbahnbeamter
Landesreserveliste 015 – CDU
32584 Löhne, Im Felde 26; F privat (0 57 32) 76 72, dienstlich (0 57 32) 1 29 16

E i n e r t Günther Dipl-Volkswirt, Minister für Wirtschaft, Mittelstand und Technologie
Wkr 150 Märkischer Kreis III – SPD
Postanschrift: 40190 Düsseldorf, Haroldstr 4; F dienstlich (02 11) 8 37-02 und 8 37-25 00; Telefax (02 11) 8 37-22 00, 8 37-25 05

E n g e l h a r d t Andreas Industriekaufmann
Landesreserveliste 051 – CDU
42119 Wuppertal, Maréesstr 59; F privat (02 02) 43 78 88 und 43 27 73, dienstlich (02 11) 8 84-29 05 und 8 84-21 06; Telefax (02 11) 8 84-33 05
Postanschrift: 40002 Düsseldorf, Platz des Landtags 1, Postfach 10 11 43

P r o f D r F a r t h m a n n Friedhelm Jurist, Staatsminister a D, Vorsitzender der SPD-Landtagsfraktion
Wkr 50 Neuss 1 – SPD
Postanschrift: 40002 Düsseldorf, Platz des Landtags 1, Postfach 10 11 43; F dienstlich (02 11) 8 84-22 20 und 8 84-22 25; Telefax (02 11) 8 84-20 56

F i s c h e r Birgit Dipl-Pädagogin, Parlamentarische Geschäftsführerin
Wkr 127 Bochum IV – SPD
44803 Bochum, Ulmenallee 2; F privat (02 34) 35 34 96, dienstlich (02 11) 8 84-22 21 und 8 84-22 28; Telefax (02 11) 8 84-28 53
Postanschrift: 40002 Düsseldorf, Platz des Landtags 1, Postfach 10 11 43

F l e s s e n k e m p e r Bernd Dipl-Betriebswirt
Wkr 46 Düsseldorf III – SPD
40610 Düsseldorf, Rybniker Str 17, Postfach 28 01 03; F privat (02 11) 27 38 08, dienstlich (02 11) 8 84-28 77; Telefax (02 11) 27 39 00 und 8 84-31 56

F r e c h e n Stefan Leitender Regierungsdirektor a D
Wkr 27 Rhein-Sieg-Kreis I – SPD

4

53819 Neunkirchen-Seelscheid, Im Immenthal 31;
F privat (0 22 47) 16 31; Telefax (0 22 47) 8 95 05;
F dienstlich (0 22 41) 1 69 39 und 6 77 71

Frey Hans Studienrat a D
Wkr 87 Gelsenkirchen I – SPD
45879 Gelsenkirchen, Klosterstr 21; F privat
(02 09) 20 92 66, dienstlich (02 09) 14 57 58

Friebe Ingeborg Hausfrau, Präsidentin des Landtags
Wkr 40 Mettmann I – SPD
40789 Monheim, Geschwister-Scholl-Str 90; F privat (0 21 73) 6 22 66, dienstlich (02 11) 8 84-22 00/2/3; Telefax (02 11) 8 84-28 96 und F (0 21 73) 5 97-2 00; Telefax (0 21 73) 5 97-2 09
Postanschrift: 40002 Düsseldorf, Platz des Landtags 1, Postfach 10 11 43

Garbe Anne Lohnbuchhalterin
Wkr 99 Münster II – SPD
48161 Münster, Schelmenstiege 2; F privat
(0 25 34) 72 79, dienstlich (02 51) 4 60 95

Dr Gerritz Eugen Studiendirektor a D
Wkr 58 Krefeld I – SPD
Postanschrift: 47798 Krefeld, Südwall 38, Wahlkreisbüro; F dienstlich (0 21 51) 31 55 58; Telefax (0 21 51) 39 44 12

Gießelmann Helga Dipl-Soziologin
Wkr 105 Bielefeld I – SPD
33613 Bielefeld, Horstheider Weg 50 a; F privat
(05 21) 89 30 37; Telefax (05 21) 89 59 98

Giltjes Norbert Schulamtsdirektor a D
Wkr 61 Kleve II – CDU
46446 Emmerich, Osterweg 10; F privat (0 28 22) 5 13 69; Telefax (0 28 22) 53 74 14; F dienstlich (0 28 22) 38 50; Telefax (0 28 22) 27 56

Goldmann Rüdiger Oberstudienrat a D
Landesreserveliste 073 – CDU
40595 Düsseldorf, Paul-Löbe-Str 54; F privat
(02 11) 7 00 51 50, dienstlich (02 11) 8 84-21 73, 8 84-27 31; Telefax (02 11) 8 84-33 06 und 66 62 94

Gorcitza Gabriele Hausfrau
Wkr 128 Herne I – SPD
44623 Herne, Düngelstr 67; F privat (0 23 23) 4 13 69, dienstlich (0 23 23) 4 40 51
Postanschrift: 44623 Herne, Bochumer Str 26, SPD-Wahlkreisbüro

Gorlas Johannes Chemie-Ingenieur
Wkr 78 Essen IV – SPD
Postanschrift: 40002 Düsseldorf, Platz des Landtags 1, Postfach 10 11 43; F dienstlich (02 11) 8 84-26 56 und 26 57; Telefax (02 11) 8 84-31 57

Grätz Reinhard Dipl-Ingenieur
Wkr 34 Wuppertal II – SPD
42111 Wuppertal, Am Langen Bruch 25; F privat (02 02) 70 16 81, dienstlich (02 11) 8 84-26 20; Telefax (02 02) 70 78 25

Gregull Georg Sozialarbeiter
Landesreserveliste 040 – CDU
42855 Remscheid, Hohenbirker Str 49; F privat
(0 21 91) 8 03 79, dienstlich (0 21 91) 2 98 31

Grevener Walter Dozent
Wkr 43 Mettmann IV – SPD
42555 Velbert, Brinker Weg 23; F privat (0 20 52) 56 91, dienstlich (02 11) 8 84 -21 02 und 8 84-26 48; Telefax (02 11) 8 84-31 58
Postanschrift: 40002 Düsseldorf, Platz des Landtags 1; Postfach 10 11 43

Dr Grüber Katrin Umweltreferentin
Landesreserveliste 007 – BÜNDNIS 90/DIE GRÜNEN
40699 Erkrath, Kastanienstr 9; F privat (0 21 04) 4 55 74, dienstlich (02 11) 8 84-22 98 und 28 62; Telefax (02 11) 8 84-28 70

Dr Haak Dieter Rechtsanwalt, Staatsminister a D
Wkr 120 Hagen II – SPD
Postanschrift: 58095 Hagen, Hohenzollernstr 2; F dienstlich (0 23 31) 1 30 24

Dr Hahn Rolf Staatsanwalt
Wkr 23 Rheinisch-Bergischer-Kreis II – CDU
51491 Overath, Alte Kölner Str 25; F privat
(0 22 06) 24 28

Hall van Karl Zollbeamter a D
Landesreserveliste 076 – CDU
47058 Duisburg, Gerhart-Hauptmann Str 95; F privat (02 03) 33 04 05, dienstlich (02 11) 8 84-29 02 und 23 75; Telefax (02 11) 8 84-33 07 und (02 03) 2 14 65

Harbich Helmut Justitiar
Wkr 55 Mönchengladbach II – CDU
41063 Mönchengladbach, Haiderfeldstr 66; F privat (0 21 61) 8 77 12, dienstlich (0 21 61) 4 50 21 bis 4 50 23

Hardt Heinz Ingenieur, Parlamentarischer Geschäftsführer
Landesreserveliste 017 – CDU
40489 Düsseldorf, Im Luftfeld 72; F privat (02 11) 40 29 92, dienstlich (02 11) 8 84-25 55 und 8 84-23 64; Telefax (02 11) 8 84-33 44
Postanschrift: 40002 Düsseldorf, Platz des Landtags 1, Postfach 10 11 43

Harms Günter Oberstudienrat
Wkr 101 Warendorf II – SPD
59229 Ahlen, Nienkamp 16; F privat (0 23 88) 13 14, dienstlich (0 23 82) 8 27 60

Heckelmann Erich Schulrat a D
Wkr 52 Neuss III – SPD
41516 Grevenbroich, Ackerstr 15; F privat
(0 21 82) 78 27, dienstlich (0 21 81) 6 87 28 und (02 11) 8 84-26 89

Heemann Brigitta Dipl-Finanzwirtin
Landesreserveliste 006 –SPD
Postanschrift: 59494 Soest, Nöttenstr 36; F dienstlich (0 29 21) 1 55 54; Telefax (0 29 21) 3 13 74

Hegemann Lothar Versicherungskaufmann
Landesreserveliste 009 – CDU
45659 Recklinghausen, Erlemannskamp 34; F privat (0 23 61) 18 15 16, dienstlich (0 23 61) 4 20 02

Heidemann Eva Apothekerin
Landesreserveliste 075 –CDU
32369 Rahden, Zur Niedermühle 5; F privat (0 57 71) 51 02, dienstlich (0 52 23) 29 77; Telefax (0 57 71) 59 31

Heidtmann Herbert Oberstudiendirektor a D
Wkr 26 Oberbergischer Kreis II – SPD
51702 Bergneustadt, Steinstr 1; F privat (0 22 61) 4 13 85, dienstlich (0 22 61) 4 52 55

Heinemann (Dortmund) Hermann Hauptgeschäftsführer
Wkr 130 Dortmund I – SPD
58640 Iserlohn, Paschufer 17; F privat (0 23 04) 52 78

Heinemann (Enger) Manfred Dipl-Betriebswirt
Landesreserveliste 069 – CDU
Postanschrift: 33508 Bielefeld, Friedrich-Verleger-Str 3, Postfach 10 08 62; F dienstlich (05 21) 17 82 72 und 80 05 01

Hellwig Helmut Geschäftsführer
Wkr 129 Herne II – SPD
44632 Herne, Heimstr 1 a, Postfach 20 02 52; F privat (0 23 25) 7 56 21, dienstlich (02 11) 7 70 07 60 und 7 70 07 61

Hemker Reinhold Pfarrer
Wkr 96 Steinfurt II – SPD
48432 Rheine, Tannenweg 14; F privat (0 59 75) 89 89, dienstlich (0 59 71) 1 24 65

Hemmer Manfred Technischer Angestellter
Wkr 139 Hamm II – SPD
59063 Hamm, Waldorfweg 31; F privat (0 23 81) 5 08 80, dienstlich (0 23 81) 2 37 78 und 2 96 78; Telefax (0 23 81) 2 48 16

Henning Horst Betriebsmeister
Wkr 21 Leverkusen I – SPD
51371 Leverkusen, Immenweg 7; F privat (02 14) 2 24 19, dienstlich (02 14) 3 52 77 00 und 3 52 77 01; Telefax (02 14) 3 52-85 26 und 4 75 73

Herder Uwe Dipl-Ingenieur für Verkehrsbau
Wkr 33 Wuppertal I – SPD
42339 Wuppertal, Bolthausen 4; F privat (02 02) 7 38 76 13, dienstlich (02 11) 72 12 42; Telefax (02 11) 72 11 45 und 8 84-31 59

Dr Heugel Klaus Dipl-Kaufmann
Wkr 13 Köln I – SPD
Postanschrift: 50475 Köln, Rathausplatz, SPD-Fraktion, Postfach 10 35 64; F dienstlich (02 21) 2 21-64 80; Telefax (02 21) 2 21-46 57

Hieronymi Ruth Hausfrau
Wkr 32 Bonn III – CDU
53225 Bonn, Marienstr 8; F privat (02 28) 47 30 01, dienstlich (02 11) 8 84-23 79; Telefax privat (02 28) 47 74 99, dienstlich (02 11) 8 84-33 09

Hilgers Heinz Jugendamtsleiter a D
Wkr 51 Neuss II – SPD
Postanschrift: 41522 Dormagen, Buschweg 10, Postfach 10 04 09; F privat (0 21 33) 8 10 79, dienstlich (0 21 33) 5 33 51

Höhn Bärbel Dipl-Mathematikerin, Sprecherin der Fraktion BÜNDNIS 90/DIE GRÜNEN
Landesreserveliste 001 – BÜNDNIS 90/DIE GRÜNEN
46117 Oberhausen, Giesbertstr 15; F privat (02 08) 89 20 06, dienstlich (02 11) 8 84-25 60 und 25 61; Telefax (02 11) 8 84-32 88 75, (02 03) 3 79-21 38, (02 08) 8 25-20 88
Postanschrift: 40002 Düsseldorf, Platz des Landtags 1, Postach 10 11 43

Hofmann Friedrich Geschäftsführer
Wkr 69 Duisburg IV – SPD
47138 Duisburg, Am Welschenhof 73 a; F privat (02 03) 41 10 10; Telefax (02 03) 8 83 14

Hombach Bodo Geschäftsführer
Wkr 74 Mülheim II – SPD
Postanschrift: 40221 Düsseldorf, Platz des Landtags 1, Postfach 10 11 43; F dienstlich (02 11) 8 84-21 59; Telefax (02 11) 8 84-31 60

Dr Horn Hans Oberstudienrat
Landesreserveliste 036 – CDU
51545 Waldbröl, Goethestr 5; F privat (0 22 91) 41 44; Telefax dienstlich (0 21 61) 2 41 61 und (02 11) 8 84-29 18
Postanschrift: 51643 Gummersbach, Bahnhofstr 10

Hovest Ludgerus Gewerkschaftssekretär
Wkr 63 Wesel II – SPD
46485 Wesel, Wilhelm-Leuschner-Str 45; F privat (02 81) 6 57 76, dienstlich (02 81) 20 32 02, 2 65 14 und (02 03) 2 22 71 und 2 27 81

Hüls Otti Hausfrau
Landesreserveliste 042 – CDU
49477 Ibbenbüren, Memelweg 3; F privat (0 54 51) 37 30, dienstlich (02 11) 8 84-21 24; Telefax (0 54 51) 4 52 42 und (02 11) 8 84-33 10

Hürten Marianne Chemielaborantin
Landesreserveliste 011 – BÜNDNIS 90/DIE GRÜNEN
51065 Köln, Augustastr 8; F privat (02 21) 61 35 50, dienstlich (02 14) 3 06 57 21; Telefax (02 21) 62 49 60

Hunger Heinz Geschäftsführer
Wkr 106 Bielefeld II – SPD
33607 Bielefeld, Markusstr 18 a; F privat (05 21) 29 54 15, dienstlich (02 11) 8 84-25 18; Telefax (05 21) 2 70 13 20 und (02 11) 8 84-31 61

BESTELLUNG

Verfasser/Hrsg.

Titel

Bemerkungen

Von der Bibliothek

bestellt am:
geliefert am: *19·07·94*

Hussing Karin Hausfrau
Landesreserveliste 054 – CDU
44629 Herne, Lackmanns Hof 63; F privat
(0 23 23) 2 25 58

Jaax Hans Studiendirektor a D
Wkr 30 Rhein-Sieg-Kreis IV – SPD
53842 Troisdorf, Schwalbenweg 7; F privat
(0 22 41) 4 17 07, dienstlich (0 22 41) 48 22 38; Telefax (0 22 41) 48 42 02 und 14-20 84

Jäcker Horst Versicherungsagent
Landesreserveliste 065 – CDU
58791 Werdohl, Obere Heide 5 e; F privat (0 23 92)
78 56, dienstlich (02 11) 8 84-29 16; Telefax (02 11)
8 84-33 11

Jaeger Wolfgang Industriekaufmann
Landesreserveliste 037 – CDU
45891 Gelsenkirchen, Darler Heide 64; F privat
(02 09) 7 15 88, dienstlich (02 01) 29 46 1 35

Jankowski Siegfried Laborant
Wkr 22 Leverkusen II – Leverkusen II – Rheinisch-
Bergischer-Kreis I – SPD
42799 Leichlingen, Gartenstr 4; F privat (0 21 75)
26 74, dienstlich (0 21 75) 67 20; Telefax (0 21 75)
43 31
Postanschrift: 42799 Leichlingen, Mittelstr 8

Jansen Hermann Gewerkschaftssekretär
Wkr 54 Mönchengladbach I – SPD
41236 Mönchengladbach, Odenwaldstr 19; F privat (0 21 66) 1 54 50, dienstlich (0 21 61) 24 82 89
und (02 11) 8 84-23 89; Telefax (02 11) 8 84-31 62
Postanschrift: 41236 Mönchengladbach, Brucknerallee 126

Jentsch Jürgen Gewerkschaftssekretär
Wkr 103 Gütersloh II – SPD
33332 Gütersloh, Eggestr 44 b; F privat (0 52 41)
4 89 05, dienstlich (0 52 41) 2 70 76 und (02 11)
8 84-26 81, Telefax (02 11) 8 84-31 63

Kampmann Hermann Diözesansekretär der
KAB
Landesreserveliste 048 – CDU
Postanschrift: 59065 Hamm, Brüderstr 27; F dienst-
lich (0 23 81) 2 04 84

Kann Charlotte Fachreferentin
Wkr 66 Duisburg I – SPD
47269 Duisburg, Saarner Str 6; F privat (02 03)
76 04 91, dienstlich (02 11) 8 84-21 57; Telefax (02 11) 8 84-31 64

Dr Kasperek Bernhard Dipl-Ingenieur
Wkr 81 Recklinghausen I – SPD
45701 Herten, Mühlenkampstr 12; F privat (02 09)
62 04 17, dienstlich (02 11) 3 84 26-10; Telefax (02 11) 37 52 04
Postanschrift: 40217 Düsseldorf, Elisabethstr 3,
SPD-Landesvorstand NRW

Keller Ilka Reisebüro-Inhaberin
Wkr 29 Rhein-Sieg-Kreis III – CDU
53913 Swisttal, Quellenstr 37; F privat (0 22 54)
72 59, dienstlich (02 28) 63 47 21 und (02 11)
8 84-27 15; Telefax (02 11) 8 84-33 12
Postanschrift: 53113 Bonn, Wesselstr 12, Reisebüro
Keller

Kern Hans Studiendirektor
Wkr 25 Oberbergischer Kreis I – SPD
51688 Wipperfürth, Agathaberg 20; F privat
(0 22 67) 15 74; Telefax (0 22 67) 15 74; F dienstlich (0 22 67) 57 72 und (02 11) 8 84-26 50; Telefax (0 22 67) 8 08 71 und (02 11) 8 84-31 65
Postanschrift: 51688 Wipperfürth, Hochstr 1

Kessel Dietrich Verwaltungsangestellter
Wkr 123 Ennepe-Ruhr-Kreis III – SPD
58454 Witten, Himmelohstr 142; F privat (0 23 02)
4 86 08

Kever-Henseler Annelie Wissenschaftliche
Mitarbeiterin
Wkr 15 Köln III – SPD
50968 Köln, Liblarer Str 18; F privat (02 21)
38 67 86, dienstlich (02 21) 38 87 63

Klaps Hans Samtweber
Wkr 57 Viersen II – SPD
41376 Brüggen, Mühlenweg 7, Postfach 20 76;
F privat (0 21 57) 73 61, dienstlich (02 11) 8 84-
26 29; Telefax (02 11) 8 84-31 66

Dr Klimke Reiner Rechtsanwalt und Notar
Landesreserveliste 013 – CDU
48149 Münster, Auf dem Draun 93; F privat
(02 51) 8 15 31, dienstlich (02 51) 5 42 33; Telefax (02 51) 5 13 48
Postanschrift: 48143 Münster, Krumme Str 3

Dr Klose Hans-Ulrich Richter a D, 1 Vizepräsident des Landtags
Wkr 53 Neuss IV – CDU
41352 Korschenbroich, Geschwister-Scholl-Str 10;
F privat (0 21 61) 64 16 23, dienstlich (02 11)
8 84-26 36 und 8 84-26 37; Telefax (02 11) 8 84-
28 93 und 3 23 08 31
Postanschrift: 40002 Düsseldorf, Platz des Landtags 1, Postfach 10 11 43

Kniola Franz-Josef Steinmetzmeister, Minister
für Stadtentwicklung und Verkehr
Wkr 135 Dortmund VI – SPD
Postanschrift: 40190 Düsseldorf, Breite Str 31;
F dienstlich (02 11) 8 37-04, 8 37-43 00, 8 37-43 01;
Telefax (02 11) 8 37-44 44 und 8 37-45 66

Knipschild Karl Verkaufsberater
Wkr 144 Hochsauerlandkreis III – Siegen-Wittgenstein I – CDU
57392 Schmallenberg, Am Musenberg 2; F privat
(0 29 77) 2 24, dienstlich (02 11) 8 84-23 86

Kollorz Fritz Gewerkschaftsangestellter
Landesreserveliste 038 – CDU

7

45665 Recklinghausen, Nordseestr 136 a; F privat (0 23 61) 49 81 33, dienstlich (02 34) 3 19-1 51 und (02 11) 8 84-27 25; Telefax (02 11) 8 84-33 36
Postanschrift: 44789 Bochum, Alte Hattinger Str 19, Fritz-Husemann-Haus

Dr Kraft Hans Studienrat a D
Wkr 42 Mettmann III – SPD
Postanschrift: 40002 Düsseldorf, Platz des Landtags 1, Postfach 10 11 43; F dienstlich (02 11) 8 84-26 67; Telefax (02 11) 8 84-31 67

Kramps Wilfried Geschäftsführer
Wkr 119 Hagen I – SPD
58095 Hagen, Elberfelder Str 57; F privat (0 23 31) 1 54 56, dienstlich (0 23 31) 2 23 74

Kreutz Daniel Maschinenschlosser
Landesreserveliste 006 – BÜNDNIS 90/DIE GRÜNEN
Postanschrift: 40002 Düsseldorf, Platz des Landtags 1, Postfach 10 11 43; F dienstlich (02 11) 8 84-29 63 und 8 84-28 68; Telefax (02 11) 8 84-35 02

Krieger Rolf Studiendirektor
Landesreserveliste 058 – CDU
53721 Siegburg, Taubenstr 6 a; F privat (0 22 41) 38 29 06 und 38 26 41, dienstlich (02 11) 8 84-23 46; Telefax (02 11) 8 84-33 41

Krömer Wilhelm Geschäftsführer
Landesreserveliste 044 – CDU
Postanschrift: 32379 Minden, Marienglacis 35, Postfach 22 07, CDU-Kreisverband; F dienstlich (05 71) 8 86 03-14 und (02 11) 8 84-21 04 und 8 84-25 95; Telefax (05 71) 8 86 03-20 und (02 11) 8 84-33 13

Dr Krumsiek Rolf Jurist, Justizminister
Wkr 110 Minden-Lübbecke I – SPD
Postanschrift: 40190 Düsseldorf, Martin-Luther-Platz 40; F dienstlich (02 11) 87 92-1, 87 92-2 72; Telefax (02 11) 87 92-4 56

Kruse Heinrich Landwirtschaftsmeister
Wkr 91 Borken I – CDU
46395 Bocholt, Am Marienplatz 20; F privat (0 28 71) 76 83, dienstlich (02 11) 8 84-27 81; Telefax (02 11) 8 84-33 42
Postanschrift: 40002 Düsseldorf, Platz des Landtags 1, Postfach 10 11 43

Kuckart Leonhard Verkaufsleiter
Landesreserveliste 019 – CDU
58332 Schwelm, Barmerstr 37; F privat (0 23 36) 1 42 81, dienstlich (02 11) 8 84-22 61 und 8 84-23 59; Telefax (02 11) 8 84-33 37

Kuhl Hans-Joachim Brandmeister a D
Landesreserveliste 007 – F.D.P.
47475 Kamp-Lintfort, Dachsberger Weg 21; F privat (0 28 42) 73 31 und 83 77, dienstlich (02 11) 8 84-27 47 und 8 84-21 68; Telefax (02 11) 8 84-34 51

Kuhmichel Manfred Hauptschulrektor
Landesreserveliste 023 – CDU
45289 Essen, Worringstr 28; F privat (02 01) 5 74 02, dienstlich (02 11) 8 84-29 12 und 8 84-27 63; Telefax (02 11) 8 84-33 14

Kupski Helmut Landeskirchenoberamtsrat a D
Wkr 59 Krefeld II – SPD
47800 Krefeld, Nießenstr 40; F privat (0 21 51) 59 05 68, dienstlich (0 21 51) 31 55 58; Telefax (0 21 51) 39 44 12
Postanschrift: 47798 Krefeld, Südwall 38

Kuschke Wolfram Sozialwissenschaftler
Wkr 137 Unna II – SPD
44534 Lünen, Fichtestr 1; F privat (0 23 06) 5 24 11, dienstlich (0 23 06) 15 29 und (02 11) 8 84-26 82 und 8 84-20 66; Telefax (02 11) 8 84-31 68
Postanschrift: 44532 Lünen, Viktoriastr 10

Lanfermann Heinz Richter am Landgericht a D
Landesreserveliste 011 – F.D.P.
46049 Oberhausen, Romgesweg 19; F privat (02 08) 85 32 70; Telefax (02 08) 2 94 10, F dienstlich (02 11) 8 84-27 54; Telefax (02 11) 8 84-34 52

Langen Günter Kaufmann
Wkr 143 Hochsauerlandkreis II – CDU
59964 Medebach, Hengsbecke 6; F privat (0 29 82) 80 85

Larisika-Ulmke Dagmar Kriminalbeamtin a D
Landesreserveliste 005 – F.D.P.
58730 Fröndenberg, Westicker Str 29; F privat (0 23 73) 7 71 61; Telefax (0 23 73) 7 18 27; F dienstlich (02 11) 8 84-27 49; Telefax (02 11) 8 84-34 53

Leifert Albert Landwirt
Wkr 100 Warendorf I – CDU
48317 Drensteinfurt, Droste-Hülshoff-Str 17; F privat (0 25 08) 3 05, dienstlich (0 25 08) 8 91-43 und (02 11) 8 84-27 69; Telefax (0 25 08) 8 91-66 und (02 11) 8 84-33 15
Postanschrift: 48309 Drensteinfurt, Landsbergplatz 7, Postfach 11 10

Dr Lichtenberg Hans-Jürgen Publizist
Landesreserveliste 047 – fraktionslos
42113 Wuppertal, Katernberger Str 258; F privat (02 02) 71 38 78, dienstlich (02 11) 8 84-27 87; Telefax (02 11) 8 84-33 16

Lieven Wilhelm Landwirt
Landesreserveliste 041 – CDU
52445 Titz, Spieler Mühle; F privat (0 24 63) 2 76, dienstlich (0 24 63) 10 17

Lindlar Hans Peter Oberstudienrat a D
Landesreserveliste 060 – CDU
53773 Hennef, Frankfurter Str 40 a; F privat (0 22 42) 47 24, dienstlich (0 22 42) 76 57 und (02 11) 8 84-21 99; Telefax (0 22 42) 67 24 und (02 11) 8 84-33 17

Postanschrift: 53773 Hennef, Frankfurter Str 99, CDU-Bürgerbüro

Dr Linssen Helmut Kaufmann, Vorsitzender der CDU-Landtagsfraktion
Wkr 60 Kleve I – CDU
Postanschrift: 40002 Düsseldorf, Platz des Landtags 1, Postfach 10 11 43; F dienstlich (02 11) 8 84-22 10 und 8 84-22 11; Telefax (02 11) 8 84-23 67

Löseke Alfons Industriekaufmann
Wkr 142 Hochsauerlandkreis I – CDU
59821 Arnsberg, Kreuzkirchweg 21; F privat (0 29 31) 71 96, dienstlich (0 29 32) 20 14 42 und 2 92 88; Telefax (0 29 32) 10 24

Dr Lorenz Andreas Dipl-Chemiker
Landesreserveliste 045 – CDU
Postanschrift: 52010 Aachen, Postfach 911; F dienstlich (02 41) 3 36 61

Lucas Manfred Polizeibeamter
Wkr 8 Düren II – SPD
52372 Kreuzau, Am Günster 5; F privat (0 24 21) 5 48 00, dienstlich (0 24 21) 4 41 37; Telefax (0 24 21) 4 41 17
Postanschrift: 52349 Düren, Holzstr 34

Lüke Wilhelm Sonderschulrektor a D
Wkr 118 Paderborn II – CDU
33098 Paderborn, Kilianstr 167; F privat (0 52 51) 7 11 89, dienstlich (0 52 51) 2 70 91 und (02 11) 8 84-27 22; Telefax (02 11) 8 84-33 18

Mai Gerhard Lehrer
Landesreserveliste 004   –   BÜNDNIS 90/DIE GRÜNEN
52525 Heinsberg, Anton-Schürkes-Str 2; F privat (0 24 52) 6 41 49 und 6 45 60, dienstlich (02 11) 8 84-22 95 und 8 84-28 59; Telefax (02 11) 8 84-35 03

Marmulla Helmut Bergbau-Angestellter
Wkr 85 Recklinghausen V – SPD
45661 Recklinghausen, Auguststr 94; F privat (0 23 61) 7 17 18, dienstlich (0 23 61) 53 41 16 und 53 41 17 und (02 11) 8 84-26 74; Telefax (02 11) 8 84-31 69

Martsch Siegfried Schlosser, Nebenerwerbslandwirt
Landesreserveliste 008   BÜNDNIS 90/DIE GRÜNEN
46325 Borken, Horenfeld 20; F privat (0 28 67) 93 43; Telefax (0 28 67) 16 95, F dienstlich (0 28 61) 6 38 07

Matthäus Hildegard Fachoberlehrerin für Informatik
Landesreserveliste 029 – CDU
46047 Oberhausen, Am Grafenbusch 22; F privat (02 08) 80 39 60, dienstlich (02 11) 8 84-27 78

Matthiesen Klaus Sozialarbeiter, Minister für Umwelt, Raumordnung und Landwirtschaft
Wkr 138 Unna III – Hamm I – SPD

Postanschrift: 40190 Düsseldorf, Schwannstr 3; F dienstlich (02 11) 45 66-0, 45 66-2 98, 45 66-2 97; Telefax (02 11) 45 66-3 88 und 45 66-7 06

Mayer Manfred Ludwig Berufsberater
Wkr 48 Düsseldorf V – SPD
40591 Düsseldorf, Am Brückerbach 44; F privat (02 11) 75 76 96, dienstlich (02 11) 8 84-26 26 und 8 84-26 28; Telefax (02 11) 8 84-31 70
Postanschrift: 40103 Düsseldorf, Postfach 20 05 01

Mernizka Loke Walzwerker
Wkr 146 Siegen-Wittgenstein III – SPD
Postanschrift: 57039 Siegen, Am Sohlbach 20, Postfach 22 33 49; F privat (02 71) 8 19 46, dienstlich (02 71) 8 01-22 78, 8 01-23 71 und 8 03-2 45 und 8 03-2 46 und (02 71) 20 06 und (02 11) 8 84-25 37; Telefax (02 11) 8 84-29 41

Meulenbergh Karl Dipl-Agraringenieur
Landesreserveliste 021 – CDU
52134 Herzogenrath, Meulenberghstr 6; F privat (0 24 06) 6 25 13, dienstlich (02 41) 5 19 86 43 und (02 11) 8 84-27 64; Telefax (02 11) 8 84-33 19

Meyer (Westerkappeln) Friedel Elektromeister
Landesreserveliste 008 – F.D.P.
49492 Westerkappeln, Kreuzstr 25; F privat (0 54 04) 33 45; Telefax (0 54 04) 67 69, F dienstlich (02 11) 8 84-27 50

Meyer (Hamm) Laurenz Dipl-Volkswirt
Landesreserveliste 020 – CDU
59071 Hamm, Fasanenstr 88; F privat (0 23 81) 8 02 04, dienstlich (0 29 91) 84 22 10

Meyer zur Heide Günter Elektromechaniker
Wkr 108 Herford I – SPD
32120 Hiddenhausen, Brunnenstr 26; F privat (0 52 21) 6 19 29; Telefax (0 52 21) 6 74 27

Meyer-Schiffer Gisela Wissenschaftliche Mitarbeiterin
Wkr 67 Duisburg II – SPD
47259 Duisburg, Kaiserswerther Str 376; F privat (02 03) 78 96 74, dienstlich (02 01) 2 06 92 28 und (02 11) 8 84-26 31; Telefax (02 11) 8 84-31 71

Meyers Heinrich Hauptschulrektor a D
Landesreserveliste 055   CDU
46499 Hamminkeln, Kirchweg 19; F privat (0 28 56) 5 06; Telefax (0 28 56) 16 57; F dienstlich (02 81) 2 20 39 und (0 28 52) 8 81-31, 8 81-32, 8 81-42

Prof Dr Möhrmann Renate Universitätsprofessorin
Landesreserveliste 004 – CDU
50677 Köln, Vorgebirgstr 35; F privat (02 21) 38 57 23, dienstlich (02 11) 8 84-29 17; Telefax (02 11) 8 84-33 20
Postanschrift: 40002 Düsseldorf, Platz des Landtags 1, Postfach 10 11 43

M o h r Paul Schulleiter a D
Landesreserveliste 057 – CDU
34414 Warburg, Bei der Kirche 26; F privat
(0 56 41) 25 03, dienstlich (0 56 41) 9 22 16 und
27 84 und (02 11) 8 84-25 20
Postanschrift: 34414 Marburg, Bahnhofstr 27

M o r a w i e t z Marie-Luise Industriekauffrau
Wkr 56 Viersen I – SPD
41747 Viersen, Robert-Koch-Str 11; F privat
(0 21 62) 1 37 47, dienstlich (0 21 62) 2 06 60 und
1 60 41

M o r i t z Hans-Dieter Parteigeschäftsführer
Wkr 145 Siegen-Wittgenstein II – SPD
57290 Neunkirchen, Wildener Str 38; F privat
(0 27 35) 26 16; Telefax (0 27 35) 6 13 71, F dienstlich (02 71) 2 00 06 und (02 11) 8 84-25 54; Telefax (02 71) 5 45 32 und (02 11) 8 84-31 72

M o r o n Edgar Referent, Dipl-Politologe
Wkr 11 Erftkreis III-Euskirchen I – SPD
50374 Erftstadt, Stettiner Str 43; F privat (0 22 35)
27 81, dienstlich (0 22 35) 4 44 10 und (02 11)
8 84-26 75; Telefax (0 22 35) 4 34 03 und (02 11)
8 84-31 73

M ü l l e r Hagen Postbeamter
Wkr 151 Märkischer Kreis IV – SPD
Postanschrift: 58696 Menden, Lendringser
Hauptstr 40, Postfach 13 66; F dienstlich (0 23 73)
8 59 83; Telefax (0 23 73) 8 66 28 und F (02 11)
8 84-22 69; Telefax (02 11) 8 84-31 74

N a c k e n Gisela Architektin, Dipl-Ingenieurin
Landesreserveliste 005 – BÜNDNIS 90/DIE
GRÜNEN
52074 Aachen, Preusweg 3; F privat (02 41)
7 52 03; Telefax (02 41) 7 66 35, F dienstlich
(02 11) 8 84-27 37 und 8 84-29 24; Telefax (02 11)
8 84-35 04

N a g e l Karl Rektor a D
Wkr 92 Borken II – CDU
46325 Borken, Barkenkamp 9; F privat (0 28 61)
36 45, dienstlich (02 11) 8 84-27 45

N e u h a u s Walter Landwirt
Landesreserveliste 033 – CDU
58579 Schalksmühle, Amphop 1; F privat (0 23 51)
5 07 71; Telefax (0 23 51) 5 46 43, F dienstlich
(02 11) 8 84-27 73; Telefax (02 11) 8 84-33 21

N i g g e l o h Lothar Maschinenschlosser
Wkr 121 Ennepe-Ruhr-Kreis I – SPD
58285 Gevelsberg, Bruchmühle 33; F privat
(0 23 39) 36 45, dienstlich (0 23 32) 7 23 39

O p l a d e n Maria Theresia Rechtsanwältin
Wkr 24 Rheinisch-Bergischer-Kreis III – CDU
51429 Bergisch Gladbach, Odinweg 36 a; F privat
(0 22 04) 5 36 89, dienstlich (0 22 02) 4 21 57 und
(02 11) 8 84-27 11; Telefax (0 22 02) 3 67 65 und
(02 11) 8 84-33 40
Postanschrift: 51465 Bergisch-Gladbach,
Hauptstr 164 b, CDU-Kreisverband

P a n g e l s Franz-Josef Landwirt
Wkr 6 Heinsberg II – CDU
41812 Erkelenz, Peter-Gehlen-Str 25; F privat
(0 24 31) 20 69, dienstlich (0 24 52) 2 17 71/3; Telefax (0 24 52) 2 32 53

P a u s (Detmold) Heinz Rechtsanwalt und Notar
Landesreserveliste 022 – CDU
32756 Detmold, Baumstr 16; F privat (0 52 31)
2 00 83, dienstlich (0 52 31) 2 50 41; Telefax (0 52 31) 3 99 72
Postanschrift: 32756 Detmold, Paulinenstr 37

P a u s (Bielefeld) Marianne Hausfrau
Landesreserveliste 034 – CDU
33615 Bielefeld, Jochen-Klepper-Str 16; F privat
(05 21) 10 11 26, dienstlich (05 21) 17 14 41 und
(02 11) 8 84-29 14; Telefax (05 21) 17 74 27 und
(02 11) 8 84-33 43

P a z d z i o r a - M e r k Jarka Graphologin und
Kauffrau
Wkr 79 Essen V – SPD
45134 Essen, Bussardweg 38; F privat (02 01)
44 18 44, 44 18 46; Telefax (02 01) 47 08 24,
F dienstlich (02 11) 8 84-21 20; Telefax (02 11)
8 84-31 98

P f l u g Johannes Vermessungsingenieur, Abteilungsleiter
Wkr 70 Duisburg V – SPD
47166 Duisburg, Droste-Hülshoff-Str 17; F privat
(02 03) 5 67 36, dienstlich (02 03) 6 04-20 45 und
(02 11) 8 84-26 51; Telefax (02 11) 8 84-31 75

P h i l i p p Beatrix Schulleiterin
Landesreserveliste 026 – CDU
Postanschrift: 40002 Düsseldorf, Platz des Landtags 1, Postfach 10 11 43; F dienstlich (02 11)
8 84-27 10 und 8 84-27 13; Telefax (02 11) 8 84-
33 22

P r o f D r P o s d o r f Horst Hochschullehrer, Professor für Mathematik
Landesreserveliste 028 – CDU
44795 Bochum, Grünewaldstr 1; F privat (02 34)
33 12 67; Telefax (02 34) 31 30 61; F dienstlich
(02 11) 8 84-27 12 und 8 84-27 17; Telefax (02 11)
8 84-20 73 und (0 23 27) 39 81

P o u l h e i m Bernd Industriekaufmann
Wkr 9 Erftkreis I – SPD
50129 Bergheim, Zur Ville 58; F privat (0 22 71)
5 22 40, dienstlich (0 22 71) 5 44 16 und (02 11)
8 84-26 84; Telefax (02 11) 8 84-31 96

P ü l l Franz Bezirksschornsteinfegermeister
Landesreserveliste 025 – CDU
45470 Mülheim, Neudecker Str 31; F privat (02 08)
3 39 85, dienstlich (02 11) 87 95-1 23 und 8 84-
27 59, 8 84-27 60 und 8 84-33 24

R a d t k e Horst Dipl-Sozialarbeiter, Geschäftsführer
Wkr 75 Essen I – SPD

45136 Essen, Muldeweg 49; F privat (02 01) 25 46 94, dienstlich (02 01) 62 31 80 und (02 11) 8 84-26 55; Telefax (02 11) 8 84-31 76 und (02 01) 62 61 05
Postanschrift: 45143 Essen, Hüttmannstr 18, SPD-Wahlkreisbüro

D r h c R a u Johannes Verlagsdirektor, Ministerpräsident, Minister für Bundesangelegenheiten
Wkr 35 Wuppertal III – SPD
Postanschrift: 40190 Düsseldorf, Haroldstr 2; F dienstlich (02 11) 8 37-01, 8 37-12 00 und 8 37-12 01, (02 28) 53 03-0 und 53 03-2 24; Telefax (02 11) 8 37-11 50 und (02 28) 26 34 22

R a u t e r k u s Marita Angestellte
Wkr 16 Köln IV – SPD
50670 Köln, Balthasarstr 11; F privat (02 21) 72 16 14, dienstlich (02 11) 8 84-26 92
Postanschrift: 50670 Köln, Postfach 10 29 62

R e i c h e l Andreas Bankkaufmann, Jurist, F.D.P.-Generalsekretär
Landesreserveliste 010 – F.D.P.
51069 Köln, Diepeschrather Str 14; F privat (02 21) 68 29 38, dienstlich (02 11) 8 84-27 52 und 8 84-21 70; Telefax (02 11) 8 84-34 54

R e i n e c k e Donata Studienrätin
Wkr 17 Köln V – SPD
50765 Köln, Ringstr 87; F privat (02 21) 5 90 28 17, dienstlich (02 21) 53 65 60

R e i n h a r d (Gelsenkirchen) Egbert Städtischer Rechtsdirektor a D
Wkr 88 Gelsenkirchen II – SPD
45891 Gelsenkirchen, Schulstr 26; F privat (02 09) 7 33 06, dienstlich (02 11) 8 84-22 92; Telefax (02 11) 8 84-31 77

R e i n h a r d t (Siegen) Gudrun Hausfrau
Landesreserveliste 050 – CDU
57080 Siegen, Am Siegenstein 40; F privat (02 71) 38 52 13, dienstlich (02 71) 2 30 67 16
Postanschrift: 57072 Siegen, Weststr 1

R e t z Adolf Technischer Angestellter
Wkr 7 Düren I – SPD
52428 Jülich, Königsberger Str 9; F privat (0 24 61) 5 45 28; Telefax (0 24 61) 5 83 04; F dienstlich (0 24 21) 12 93 85 und 12 93 86

R e u l Herbert Studienrat, CDU-Generalsekretär
Landesreserveliste 011 – CDU
42799 Leichlingen, Im Dorffeld 8; F privat (0 21 75) 9 88 91, dienstlich (02 11) 1 36 00-24 und 8 84-27 32 und 8 84-24 10; Telefax (02 11) 1 36 00-59
Postanschrift: 40213 Düsseldorf, Wasserstr 5, CDU-Landesverband NRW

R i d d e r - M e l c h e r s Ilse Hausfrau, Ministerin für die Gleichstellung von Frau und Mann
Landesreserveliste 004 – SPD
Postanschrift: 40190 Düsseldorf, Breite Str 27; F dienstlich (02 11) 8 37-05 und 8 37-47 00; Telefax (02 11) 8 37-47 08 und 8 37-47 16

R i e b n i g e r Wilhelm Verwaltungsleiter
Landesreserveliste 072 – CDU
59555 Lippstadt, Oststr 1; F privat (0 29 41) 5 72 93; Telefax (0 29 41) 7 94 73

D r R i e m e r Horst-Ludwig Rechtsanwalt
Landesreserveliste 002 – F.D.P.
40479 Düsseldorf, Kapellstr 9 B; F privat (02 11) 4 98 02 87, 00 32/87/86 68 14; Telefax 00 32/87/85 20 36; F dienstlich (02 11) 8 84-27 58; Telefax (02 11) 8 84-34 62
Postanschrift: 52157 Roetgen, Postfach 11 12

R i s c o p Franz Schriftsetzermeister
Wkr 28 Rhein-Sieg-Kreis II-Bonn I – CDU
53639 Königswinter, Hauptstr 156; F privat (0 22 23) 14 33, dienstlich (0 22 23) 38 29
Postanschrift: 53621 Königswinter, Postfach 11 44

R o b e l s - F r ö h l i c h Marlis Fernsehredakteurin
Landesreserveliste 031 – CDU
50668 Köln, Theodor-Heuß-Ring 14; F privat (02 21) 12 13 01, dienstlich (02 21) 20 35-2 10 und 20 35-2 11

D r R o h d e Achim Regierungspräsident a D, Vorsitzender der F.D.P.-Landtagsfraktion
Landesreserveliste 001 – F.D.P.
Postanschrift: 40002 Düsseldorf, Platz des Landtags 1, Postfach 10 11 43; F dienstlich (02 11) 8 84-22 30 und 8 84-22 35; Telefax (02 11) 8 84-34 55

R o h e Hans Geschäftsführer
Wkr 112 Minden-Lübbecke III – SPD
32423 Minden, Sigurdstr 13; F privat (05 71) 3 14 79, dienstlich (05 71) 5 36 32 und (02 11) 8 84-25 65; Telefax (05 71) 5 36 36 und (02 11) 8 84-31 78

R o t h s t e i n Erika Kaufmännische Angestellte
Wkr 39 Solingen II – SPD
42699 Solingen, Badstr 84; F privat (02 12) 6 61 16, dienstlich (02 12) 2 90-21 04
Postanschrift: 42601 Solingen, Cronenberger Str 59-61, Postfach 10 01 65, Rathaus

R ü s e n b e r g Antonius Sozialarbeiter a D
Wkr 116 Höxter – CDU
32839 Steinheim, Detmolder Str 34; F privat (0 52 33) 87 54, dienstlich (0 52 71) 23 65 und (02 11) 8 84-25 13

R u p p e r t Michael Journalist
Landesreserveliste 013 – F.D.P.
42111 Wuppertal, Schevenhofer Weg 44 h; F privat (0 20 53) 4 11 68; Telefax (0 20 53) 4 89 36; F dienstlich (02 11) 43 46 35 und 8 84-27 48; Telefax (02 11) 8 84-34 56

R u s c h e Karl-Heinz Kaufmann
Wkr 83 Recklinghausen III – SPD
45739 Oer-Erkenschwick, Schachtstr 34; F privat (0 23 68) 48 71, dienstlich (0 23 68) 5 68 69 und 5 63 83 und (02 11) 8 84-27 07; Telefax (02 11) 8 84-31 79

Schauerte Hartmut Rechtsanwalt und Notar
Wkr 147 Olpe – CDU
57394 Kirchhundem, Zu den Vierlinden 18, Postfach 10 90; F privat (0 27 23) 43 77; Telefax (0 27 23) 30 88; F dienstlich (02 11) 8 84-22 43; Telefax (02 11) 8 84-33 25
Postanschrift: 40002 Düsseldorf, Platz des Landtags 1, Postfach 10 11 43

Schaufuß Jürgen Rektor a D
Wkr 10 Erftkreis II – SPD
50226 Frechen, Werner-Erkens-Str 32; F privat (0 22 34) 5 36 57; Telefax (0 22 34) 2 20 61; F dienstlich (0 22 34) 50 12 81; Telefax (0 22 34) 50 12 19
Postanschrift: 50209 Frechen, Johann-Schmitz-Platz 1, Postfach 19 60, Rathaus

Scheffler Beate Lehrerin
Landesreserveliste 009   –   BÜNDNIS 90/DIE GRÜNEN
44894 Bochum, Kreyenfeldstr 28; F privat (02 34) 23 09 76, dienstlich (02 34) 26 22 11 und (02 11) 7 70 08-0, 8 84-28 57; Telefax (02 11) 8 84-35 05

Schewick van Heinz-Helmich Dipl-Psychologe
Wkr 31 Bonn II – CDU
53111 Bonn, Am Wichelshof 31; F privat (02 28) 65 86 85, dienstlich (02 28) 63 99 85

Schittges Winfried Dipl-Betriebswirt
Landesreserveliste 066 – CDU
47800 Krefeld, Buchheimer Str 26; F privat (0 21 51) 59 57 91, dienstlich (0 21 51) 81 98-10; Telefax (0 21 51) 81 98-15
Postanschrift: 47798 Krefeld, Luth-Kirch-Str 67

Schleußer Heinz Gewerkschaftssekretär, Finanzminister
Wkr 71 Oberhausen I – SPD
Postanschrift: 40190 Düsseldorf, Jägerhofstr 6; F dienstlich (02 11) 49 72-0, 49 72-22 40 und 49 72-22 41; Telefax (02 11) 49 72-27 50 und 49 72-23 00

Schmid (Kierspe) Irmgard Lehrerin
Wkr 149 Märkischer Kreis II – SPD
58566 Kierspe, Am Hedberg 21; F privat (0 23 59) 38 95; Telefax (0 23 59) 26 83; F dienstlich (0 23 51) 65 35, (02 11) 8 84-26 23; Telefax (02 11) 8 84-31 80
Postanschrift: 58507 Lüdenscheid, Breitenfeld 1 b, SPD-Büro

Schmidt (Wetter) Ulrich Industriekaufmann, Referent, 2 Vizepräsident des Landtages
Wkr 122 Ennepe-Ruhr-Kreis II – SPD
58286 Wetter, Poststr 4, Postfach 24; F privat (0 23 35) 48 45, dienstlich (02 11) 8 84-26 80 und 8 84-26 79; Telefax (02 11) 8 84-28 94
Postanschrift: 40002 Düsseldorf, Platz des Landtags 1, Postfach 10 11 43

Schmitz Hermann Josef Landwirt
Landesreserveliste 043 – CDU
47877 Willich, Streithöfe 6; F privat (0 21 54) 4 23 70; Telefax (0 21 54) 21 44

Schnepel Karl-Heinz Former
Wkr 109 Herford II – SPD
32584 Löhne, Mierensiek 1; F privat (0 57 32) 29 46, dienstlich (0 57 32) 1 66 54; Telefax (0 57 32) 1 65 42
Postanschrift: 32584 Löhne, Lübbecker Str 23, Wahlkreisbüro

Dr Schnoor Herbert Chef der Staatskanzlei a D, Innenminister, Stellvertreter des Ministerpräsidenten
Wkr 44 Düsseldorf I – SPD
Postanschrift: 40190 Düsseldorf, Haroldstr 5; F dienstlich (02 11) 8 71-1, 8 71-28 00, 8 71-28 01, 8 71-28 02; Telefax (02 11) 8 71-33 55 und 8 71-25 00

Dr Schraps Annemarie Geologin, Lehrerin im Angestelltenverhältnis
Landesreserveliste 024 – CDU
47829 Krefeld, Friedensstr 247; F privat (0 21 51) 47 44 56, dienstlich (02 11) 8 84-27 33; Telefax (02 11) 8 84-33 26

Schreiber Friedrich Oberregierungsrat a D
Wkr 136 Unna I – SPD
58239 Schwerte, Geisecker Talstr 51; F privat (0 23 04) 4 21 21; Telefax (0 23 04) 2 11 32; F dienstlich (02 11) 8 84-22 38

Schultheis Karl Lehrer
Wkr 2 Aachen II – SPD
Postanschrift: 52062 Aachen, Heinrichsallee 50-54; F dienstlich (02 41) 50 99 02; Telefax (02 41) 40 23 66 und (02 11) 8 84-26 63

Schultz Volkmar Journalist
Wkr 14 Köln II – SPD
51143 Köln, An der Wielermaar 54; F privat (0 22 03) 8 16 92, dienstlich (0 22 03) 5 21 44 und (02 11) 8 84-22 44; Telefax (02 11) 8 84- 20 43
Postanschrift: 40002 Düsseldorf, Platz des Landtags 1, Postfach 10 11 43

Schultz-Tornau Joachim Rechtsdezernent
Landesreserveliste 006 – F.D.P.
33619 Bielefeld, Voltmannstr 127; F privat (05 21) 88 27 12, dienstlich (05 21) 17 50 41 und (02 11) 8 84- 22 86; Telefax (02 11) 8 84-34 57

Schumacher Robert Zentralheizungs- und Lüftungsbaumeister
Wkr 37 Remscheid – SPD
42897 Remscheid, Rotdornallee 42; F privat (0 21 91) 6 18 76, dienstlich (0 21 91) 4 10 59; Telefax (0 21 91) 2 30 90
Postanschrift: 42853 Remscheid, Elberfelder Str 39, Wahlkreisbüro

Schumann Brigitte Lehrerin
Landesreserveliste 003 – BÜNDNIS 90/DIE GRÜNEN
45470 Mülheim, Steinkuhle 17; F privat (02 08) 43 29 23, dienstlich (02 01) 77 79 40 und (02 11) 8 84-23 16; Telefax (02 11) 8 84-35 06
Postanschrift: 45128 Essen, Rüttenscheider Str 18

Dr Schwericke Jürgen Rechtsanwalt, Chefjurist
Landesreserveliste 018 – CDU
51373 Leverkusen, Carl-Duisberg-Str 339; F privat (02 14) 3 07 10 09 und 4 99 79, dienstlich (02 14) 3 08 11 90, 3 08 10 27, 3 07 21 91 und (02 11) 8 84-29 01

Schwier Hans Schulrat a D, Kultusminister
Wkr 104 Gütersloh III – SPD
Postanschrift: 40190 Düsseldorf, Völklinger Str 49; F dienstlich (02 11) 8 96-03, 8 96-35 00 und 8 96-35 01; Telefax (02 11) 8 96-32 20 und 8 96-32 25

Sieg Gunther Rechtsanwalt
Wkr 97 Steinfurt III – SPD
49545 Tecklenburg, Ahornstr 18; F privat (0 54 82) 4 10, dienstlich (0 54 82) 16 80 und (02 11) 8 84-27 92; Telefax (02 11) 8 84-31 81
Postanschrift: 49538 Tecklenburg, Zum Kahlen Berg 2, Postfach 12 46, Wahlkreisbüro

Siepenkothen Anne-Hanne Hausfrau
Landesreserveliste 064 – CDU
40229 Düsseldorf, Grüner Weg 26; F privat (02 11) 72 63 93, dienstlich (02 11) 8 84-27 43 und 8 84-21 18

Skorzak Franz DGB-Kreisvorsitzender
Wkr 93 Borken III – CDU
48683 Ahaus, Jägerskamp 28; F privat (0 25 61) 31 55, dienstlich (0 25 61) 20 20 und 28 98

Sohns Eberhard Referent
Wkr 62 Wesel I – SPD
47475 Kamp-Lintfort, Bertastr 147 a; F privat (0 28 42) 71 99 59, dienstlich (02 11) 8 84- 26 38; Telefax (02 11) 8 84-31 92
Postanschrift: 40002 Düsseldorf, Platz des Landtags 1, Postfach 10 11 43

Sommerfeld Horst Kreisvorsitzender beim DGB
Wkr 84 Recklinghausen IV – SPD
44575 Castrop-Rauxel, Viktoriastr 14; F privat (0 23 05) 2 23 30, dienstlich (0 23 05) 1 48 96 und (02 11) 8 84-26 59; Telefax (02 11) 8 84-31 82

Speth Brigitte Dipl-Physikerin
Wkr 49 Düsseldorf VI – SPD
40474 Düsseldorf, Kaiserswerther Str 188; F privat (02 11) 43 25 85, dienstlich (02 11) 8 84-27 05; Telefax (02 11) 8 84-20 74

Stallmann Klaus Industriekaufmann
Landesreserveliste 059 – CDU
44536 Lünen, Mengeder Str 4; F privat (02 31) 87 14 46, dienstlich (0 23 06) 17 28; Telefax (0 23 06) 2 50 05

Postanschrift: 44532 Lünen, Bäckerstr 31, Wahlkreisbüro

Steinkühler Horst Industriemeister
Wkr 113 Lippe I – SPD
33806 Oerlinghausen, Marktstr 46, Postfach 13 53; F privat (0 52 02) 12 07; Telefax (0 52 02) 1 52 54; F dienstlich (02 11) 8 84-25 33; Telefax (02 11) 8 84-31 84

Stevens Martin Schwimmeister
Wkr 3 Kreis Aachen I – SPD
52249 Eschweiler, Im Eichelkamp 10; F privat (0 24 03) 6 61 21, dienstlich (0 24 03) 6 62 05; Telefax (0 24 03) 6 47 80
Postanschrift: 52249 Eschweiler, Hauptstr 42

Strehl Klaus Amtsrat a D
Wkr 90 Bottrop – SPD
46240 Bottrop, Siegfriedstr 68; F privat (0 20 41) 9 25 93; Telefax (0 20 41) 9 25 43; F dienstlich (02 11) 8 84-21 51, Telefax (02 11) 8 84-31 93

Strothmann Karl Ernst Geschäftsführer
Landesreserveliste 053 – CDU
33330 Gütersloh, An der Bleiche 17; F privat (0 52 41) 2 76 13, dienstlich (0 52 41) 7 80 10 und 7 93 01

Stüber Ernst-Otto Gewerkschaftsredakteur
Wkr 124 Bochum I – SPD
44894 Bochum, Werner Hellweg 251; F privat (02 34) 26 11 20, dienstlich (02 11) 8 84-27 09; Telefax (02 11) 8 84-31 94

Stump Werner Regierungsoberamtsrat a D
Landesreserveliste 030 – CDU
50170 Kerpen, Dickeicherfeld 16; F privat (0 22 73) 5 19 04; Telefax (0 22 73) 5 20 78; F dienstlich (0 22 34) 1 71 19 und (02 11) 8 84-27 66; Telefax (02 11) 1 52 17 und (02 11) 8 84-33 38
Postanschrift: 50226 Frechen, Kölner Str 92, Wahlkreisbüro

Thomann-Stahl Marianne Dipl-Volkswirtin
Landesreserveliste 012 – F.D.P.
33098 Paderborn, Geroldstr 39; F privat (0 52 51) 2 69 83, dienstlich (0 52 51) 2 43 37 und 15 29 82 und (02 11) 8 84-27 51; Telefax (02 11) 8 84-34 58

Thulke Jürgen Technischer Fernmeldeoberamtsrat
Wkr 76 Essen II – SPD
45359 Essen, An der Bergkuhle 26; F privat (02 01) 60 10 11; Telefax (02 01) 60 86 78; F dienstlich (02 11) 8 84- 26 73

Trinius Reinhold Oberstudienrat a D
Wkr 111 Minden-Lübbecke II – SPD
32457 Porta Westfalica, Stresemannstr 3; F privat (05 71) 5 85 62, dienstlich (02 11) 8 84-26 22 und 8 84-26 24

Tschoeltsch Hagen Unternehmer, Parlamentarischer Geschäftsführer
Landesreserveliste 004 – F.D.P.
57290 Neunkirchen, Malscheider Weg 27; F privat (0 27 35) 50 06; Telefax (0 27 35) 50 07; F dienstlich (0 27 35) 50 05 und (02 11) 8 84-26 08 und 8 84-27 96; Telefax (02 11) 8 84-34 61

Dr Twenhöven Jörg Leitender Direktor i K
Wkr 98 Münster I – CDU
48147 Münster, Hacklenburg 10; F privat (02 51) 4 92-60 09, dienstlich (02 51) 4 92- 60 00 und (02 11) 8 84-25 63; Telefax (02 51) 4 92-26 94 und (02 11) 8 84-28 76

Uhlenberg Eckhard Landwirt
Wkr 140 Soest I – CDU
59457 Werl, Büdericher Hellweg 5; F privat (0 29 22) 30 79; Telefax (0 29 22) 18 74; F dienstlich (0 29 21) 20 11 und (02 11) 8 84-27 82; Telefax (02 11) 8 84-33 28

Unger von Hans-Karl Dipl-Ingenieur, Unternehmensberater
Landesreserveliste 039 – CDU
47229 Duisburg, Bachstr 22; F privat (0 20 65) 4 95 78, dienstlich (02 11) 8 84-21 05; Telefax (02 11) 8 84-33 29

Dr Vesper Michael Dipl-Soziologe, Parlamentarischer Geschäftsführer
Landesreserveliste 002 – BÜNDNIS 90/DIE GRÜNEN
33602 Bielefeld, Brandenburger Str 21; F privat (05 21) 17 87 62; Telefax (05 21) 17 87 72; F dienstlich (02 11) 8 84-22 80 und 8 84-22 81; Telefax (02 11) 8 84-32 88 56
Postanschrift: 40002 Düsseldorf, Platz des Landtags 1, Postfach 10 11 43

Vöge Horst-Dieter Kaufmännischer Angestellter
Wkr 64 Wesel III – SPD
46535 Dinslaken, Duisburger Str 3; F privat (0 20 64) 1 31 83, dienstlich (0 20 64) 7 03 86 und (02 11) 8 84-26 39; Telefax (0 20 64) 5 43 75 und (02 11) 8 84-31 85
Postanschrift: 46535 Dinslaken, Bahnhofsplatz 5, Wahlkreisbüro

Völker Klaus-Dieter Bankangestellter
Landesreserveliste 056 – CDU
42781 Haan, Heinhausen 1 d; F privat (0 21 04) 6 08 88, dienstlich (02 02) 3 90 25 20 und (02 11) 8 84-25 64 und 8 84-29 35; Telefax (02 11) 8 84-33 30

Vorpeil Hans Abteilungsleiter
Wkr 4 Kreis Aachen II – SPD
52477 Alsdorf, Übacher Weg 158; F privat (0 24 04) 2 22 19, dienstlich (0 24 04) 9 34 20; Telefax (0 24 04) 9 33 17

Wächter Gerhard Dipl-Volkswirt
Wkr 117 Paderborn I – CDU
33181 Wünnenberg, Amselweg 6; F privat (0 29 57) 2 66; Telefax (0 29 57) 18 39; F dienstlich (0 56 42) 60 09 50 und (02 11) 8 84-27 42; Telefax (02 11) 8 84-33 31

Walsken Ernst Dipl-Verwaltungswirt
Wkr 38 Solingen I – SPD
Postanschrift: 42651 Solingen, Mummstr 27 a, Wahlkreisbüro; F dienstlich (02 12) 1 53 39 und (02 11) 8 84-26 49; Telefax (02 12) 1 59 84 und (02 11) 8 84-31 86

Weber Günter Technischer Angestellter
Wkr 73 Mülheim I – SPD
45473 Mülheim, Lerchenstr 9; F privat (02 08) 76 29 61, dienstlich (02 08) 47 88 02, 4 56 27 44 und (02 11) 8 84-21 52; Telefax (02 11) 8 84-31 87

Wegener Karl Landwirt
Wkr 94 Coesfeld I – CDU
59348 Lüdinghausen, Tüllinghoff 3; F privat (0 25 91) 37 72; Telefax (0 25 91) 2 24 16; F dienstlich (0 25 41) 7 04 12 und (02 11) 8 84-27 62; Telefax (0 25 41) 37 34 und (02 11) 8 84-33 32

Wendzinski Gerhard Physik-Ingenieur (grad)
Wkr 132 Dortmund III – SPD
44359 Dortmund, Kaffsackweg 4; F privat (02 31) 35 02 51; Telefax (02 31) 35 70 07; F dienstlich (02 11) 8 84-22 68

Werthmann Ellen Hausfrau
Wkr 89 Gelsenkirchen III – SPD
45897 Gelsenkirchen, Remmelskamp 9; F privat (02 09) 58 25 57, dienstlich (02 09) 3 11 16 und (02 11) 8 84-26 46; Telefax (02 09) 39 08 36 und (02 11) 8 84-31 88
Postanschrift: 45894 Gelsenkirchen, Goldbergstr 1, Wahlkreisbüro

Wickel Rudolf Technischer Angestellter
Landesreserveliste 003 – F.D.P.
53129 Bonn, Karl-Barth-Str 29; F privat (02 28) 23 86 61, dienstlich (02 11) 8 84-29 22; Telefax (02 11) 8 84-34 59

Wilmbusse Reinhard Rechtspfleger a D
Wkr 114 Lippe II – SPD
32657 Lemgo, Henckelstr 9; F privat (0 52 61) 23 09, dienstlich (0 52 61) 21 32 04 und 21 32 05

Wilp Josef Hauptschulrektor a D
Landesreserveliste 077 – CDU
48432 Rheine, Franziskusstr 23; F privat (0 59 75) 13 62

Wirth Gerhard Geschäftsführer
Wkr 148 Märkischer Kreis I – SPD
58531 Meinerzhagen, Tannenburgstr 14 A, Postfach 15 52; F privat (0 23 54) 49 38, dienstlich (0 23 51) 65 35 und (02 11) 8 84-25 57; Telefax (02 11) 8 84-31 89

Wirtz Heinz Dipl-Verwaltungswirt
Wkr 126 Bochum III – SPD
44867 Bochum, Fichtestr 3; F privat (0 23 27) 3 50 48; Telefax (0 23 27) 32 15 25; F dienstlich (0 23 27) 8 83 85 und (02 11) 8 84-27 08

W i s c h e r m a n n Bärbel Hausfrau
Landesreserveliste 068 – CDU
46240 Bottrop, Bachstr 23; F privat (0 20 41)
9 35 19, dienstlich (0 20 41) 2 96 40 und (02 11)
8 84-27 85; Telefax (02 11) 8 84-33 34

W i t t e l e r - K o c h Ruth Freie Journalistin, Selbständige PR-Beraterin
Landesreserveliste 014 – F.D.P.
Postanschrift: 40002 Düsseldorf, Platz des Landtags 1, Postfach 10 11 43; F dienstlich (02 11)
8 84-23 58; Telefax (02 11) 8 84-34 60

W o l d e r i n g Marie-Luise Rechtsanwältin und Notarin
Landesreserveliste 046 – CDU
46399 Bocholt, Klarastr 65; F privat (0 28 71)
4 37 54, dienstlich (0 28 71) 1 32 68 und 82 22; Telefax (0 28 71) 18 34 55

W o l f Gerd-Peter Dipl-Verwaltungswirt
Wkr 77 Essen III – SPD
45326 Essen, Tiefenbruchstr 29; F privat (02 01)
35 42 13; Telefax (02 01) 35 42 13

Z e l l n i g Siegfried Rechtsanwalt
Landesreserveliste 035 – CDU
41462 Neuss, Weissenberger Weg 195; F privat
(0 21 01) 54 54 70, dienstlich (0 21 01) 2 55 77 und
(02 11) 8 84-27 36; Telefax (02 11) 8 84-33 39

3 Fraktionen im Landtag

Nordrhein-Westfalen
– 11. Wahlperiode –

Aufgabenkreis:
Die Fraktionen, die man als Bindeglieder zwischen Parteien und Parlament bezeichnen kann, sind nach der Geschäftsordnung des Landtags Vereinigungen von mindestens fünf vom Hundert der Mitglieder des Landtags. Sie bestimmen und verwirklichen die Politik ihrer Partei im Parlament.
Da die Fraktionen nicht Organe des Parlaments sind, sind sie in der Gestaltung ihrer inneren Organisation völlig frei.
So bilden die Mitglieder der Fraktion die Fraktionsvollversammlung, in der die politisch entscheidenden Beschlüsse der Fraktion gefaßt werden.
Die Fraktion wählt den Fraktionsvorsitzenden, dessen Stellvertreter sowie den übrigen Fraktionsvorstand.
Die Fraktion benennt außerdem, sofern sie den Landtagspräsidenten oder den Ministerpräsidenten zu stellen gedenkt, die Kandidaten für diese Ämter.
Schließlich bestimmt die Fraktion die Ausschußmitglieder und ihre Stellvertreter.
Alle Fraktionen haben Arbeitskreise, die zum einen fraktionsintern die Arbeit in den Fachausschüssen, zum anderen die Entscheidung in der Fraktion vorbereiten sollen.

Fraktion der Sozialdemokratischen Partei Deutschlands
Fraktionsvorsitzender: Prof Dr Friedhelm Farthmann

Parlamentarische Geschäftsführerin: Birgit Fischer

Fraktion der Christlich Demokratischen Union
Fraktionsvorsitzender: Dr Helmut Linssen
Parlamentarischer Geschäftsführer: Heinz Hardt

Fraktion der Freien Demokratischen Partei
Fraktionsvorsitzender: Dr Achim Rohde
Parlamentarischer Geschäftsführer: Hagen Tschoeltsch

Fraktion der Partei BÜNDNIS 90/DIE GRÜNEN
Fraktionssprecherin: Bärbel Höhn
Parlamentarischer Geschäftsführer: Dr Michael Vesper

4 Präsidium des 11. Landtages

Nordrhein-Westfalen

Aufgabenkreis:
In den Sitzungen des Landtags bilden der amtierende Präsident und zwei amtierende Schriftführer, die Mitglieder des Präsidiums sind, das geschäftsführende Präsidium.
Die Schriftführer unterstützen den amtierenden Präsidenten bei der Leitung der Sitzung, z B bei der Feststellung der Beschlußfähigkeit des Landtags oder des Abstimmungsergebnisses.
Im übrigen berät das Präsidium den Präsidenten in allen Angelegenheiten der Landtagsverwaltung. Insbesondere stellt es den Entwurf des Haushaltsplans für den Landtag fest.

Landtagspräsidentin: Ingeborg Friebe (SPD)
Vizepräsidenten: Dr Hans-Ulrich Klose (CDU); Ulrich Schmidt (Wetter) (SPD)
Schriftführer: **SPD:** Herbert Heidtmann; Manfred Ludwig Mayer (Düsseldorf); Gisela Meyer-Schiffer; Günter Meyer zur Heide; Hans-Dieter Moritz; Irmgard Schmid (Kierspe); Horst Sommerfeld; Martin Stevens
CDU: Brunhild Decking-Schwill; Otti Hüls; Horst Jäcker; Wilhelm Lieven; Klaus-Dieter Völker
FDP: Dagmar Larisika-Ulmke
BÜNDNIS 90/DIE GRÜNEN: Beate Scheffler

5 Ältestenrat des 11. Landtages

Nordrhein-Westfalen

Aufgabenkreis:
Der Ältestenrat besteht aus dem Präsidenten, den zwei Vizepräsidenten und insgesamt 15 Vertretern aller Fraktionen. Dies sind in aller Regel die Fraktionsvorsitzenden, stellvertretende Fraktionsvorsitzende und Parlamentarische Geschäftsführer, also die führenden Persönlichkeiten des Parlaments.
Nach der Geschäftsordnung hat der Ältestenrat die Aufgabe, den Präsidenten bei der Führung der Geschäfte zu unterstützen und eine Verständigung zwischen den Fraktionen über den Arbeitsplan und die Reihenfolge der Beratungsgegenstände in den Plenarsitzungen sowie über die Verteilung der Stellen der Ausschußvorsitzenden und ihrer Stellvertreter herbeizuführen.

Im Mittelpunkt der Aufgaben steht die Beratung der Tagesordnung der nächsten Landtagssitzung. Oft erweist es sich als schwierig, eine solche Vereinbarung über die Tagesordnung zu erreichen, da für die Fraktionen die im Plenum zu behandelnden Vorlagen von unterschiedlicher Bedeutung sind. Hinzu kommen die Interessen der Landesregierung. Sie werden durch den Ministerpräsidenten, der in der Regel durch den Chef der Staatskanzlei vertreten wird, wahrgenommen. Der Ältestenrat ist das politisch wichtigste Führungsorgan des Landtags.

Bei den Beratungen spielt auch die für die einzelnen Tagesordnungspunkte des Landtags zu vereinbarende Redezeit für die Fraktionen und die Regierung eine große Rolle. Da den Ministern laut Landesverfassung jederzeit das Wort zu erteilen ist, die Fraktionen aber in Regelfall die gleiche feste Redezeit erhalten, fühlt sich die jeweilige Opposition häufig benachteiligt. Sie geht davon aus, daß die Argumente der Regierung und der Regierungspartei sich ergänzen und somit zeitlich in einem Mißverhältnis zu ihrer eigenen Redezeit stehen.

Es ist Aufgabe des Präsidenten, der die Sitzungen des Ältestenrates leitet, die Interessen der Regierung und der Opposition gegeneinander abzuwägen, miteinander in Einklang zu bringen und letztlich eine Tagesordnung festzusetzen, die es allen Beteiligten unter dem Gesichtspunkt politischer Toleranz ermöglicht, dieser zuzustimmen. Die im Ältestenrat getroffenen Vereinbarungen für den Ablauf der Landtagssitzungen haben den Charakter einer Empfehlung an den Landtag, die jedoch meistens befolgt wird. Der Landtag kann eine Änderung der Tagesordnung vor Eintritt in die Tagesordnung mit einfacher Mehrheit beschließen und auf Vorschlag des Ältestenrats oder des Präsidenten auch verbindliche Redezeiten festsetzen.

(Zahl der Mitglieder: SPD 8, CDU 5, FDP 1, GRÜNE 1)

Vorsitzende: Ingeborg Friebe Landtagspräsidentin (SPD)
Stellvertretende Vorsitzende: Dr Hans-Ulrich Klose Landtagsvizepräsident (CDU); Ulrich Schmidt Landtagsvizepräsident (SPD)

6 Ausschüsse und weitere parlamentarische Gremien des 11. Landtages

Nordrhein-Westfalen

Aufgabenkreis:
In den Fachausschüssen leisten die Abgeordneten die entscheidende Vorarbeit für die Landtagssitzungen. Hier werden Detailfragen ausführlich behandelt und Entscheidungen vorbereitet. Ein demokratisch gewähltes Parlament kann auf die Ausschußarbeit nicht verzichten, weil hier im Zusammenwirken mit den Fachreferenten der Landesregierung sorgfältige Detailarbeit geleistet werden muß.

Die Ausschüsse haben die Pflicht, zu den Gegenständen Beschlüsse zu fassen, die ihnen vom Landtag zur baldigen Beratung überwiesen sind. Die Ausschüsse haben ferner das Recht, zu ihrer Unterrichtung und zur Vorbereitung der Arbeit des Landtags Angelegenheiten zu behandeln, die mit ihren Aufgaben in unmittelbarem Zusammenhang stehen.

Grundlage für die Beratung einer Gesetzesvorlage in einem Ausschuß ist ein Beschluß des Plenums, durch den die Vorlage an einen Ausschuß zur weiteren Sachbehandlung überwiesen wird. Im Anschluß wird dann die Vorlage im Regelfall in mehreren Durchgängen beraten und abschließend dem Plenum mit einem schriftlichen Bericht und einer Beschlußempfehlung vorgelegt.

Um der Gefahr der Verschleppung einer Vorlage in einem Ausschuß vorzubeugen, bestimmt die Geschäftsordnung, daß auf Antrag einer Fraktion oder eines Viertels der Mitglieder des Landtags der Ausschuß spätestens neun Monate nach der Überweisung dem Plenum Bericht zu erstatten hat.

Über jede Ausschußsitzung wird ein Sitzungsprotokoll angefertigt, dessen Behandlung, Einsichtnahme und Verteilung sich nach den Bestimmungen der auf der Geschäftsordnung beruhenden Archivordnung, gegebenenfalls der Verschlußsachenordnung des Landtags richtet.

Im übrigen gilt für das Verfahren der Ausschüsse, soweit nichts anderes bestimmt ist, die Geschäftsordnung des Landtags sinngemäß. So entspricht beispielsweise die Stellung des Ausschußvorsitzenden der des Präsidenten in den Plenarsitzungen mit der Pflicht zur neutraler Leitung.

Der Landtag verfügt von Wahlperiode zu Wahlperiode über eine unterschiedliche Zahl von Fachausschüssen (zur Zeit 22). Die Zahl der Ausschüsse wie die Zahl der Mitglieder eines Ausschusses wird auf Vorschlag des Ältestenrats vom Landtag jeweils festgelegt.

Der Ausschuß wählt seinen Vorsitzenden und dessen Stellvertreter selbst, aber aus der vom Ältestenrat vorgeschlagenen Fraktion.

Die Verteilung der Sitze in den Ausschüssen entspricht der Stärke der Fraktionen.

Dem Petitionsausschuß sind im Interesse der Bürger des Landes besondere Rechte zuerkannt worden, wodurch er sich wesentlich von den Fachausschüssen unterscheidet. Dazu wurde eigens die Verfassung geändert.

Der Petitionsausschuß hat nunmehr das uneingeschränkte Zutrittsrecht zu allen Einrichtungen im Bereich der Landesverwaltung, wobei ihm alle erforderlichen Auskünfte zu erteilen sind. Er hat ferner das Recht der Anhörung des Petenten sowie die Möglichkeit, unter sinngemäßer Anwendung der Strafprozeßordnung Beweise durch Vernehmung von Zeugen oder Sachverständigen zu erheben.

Ausschuß für Arbeit, Gesundheit, Soziales und Angelegenheiten der Vertriebenen und Flüchtlinge
23 Mitglieder: davon SPD 12, CDU 9, FDP 1, BÜNDNIS 90/DIE GRÜNEN 1
Vorsitzender: Bodo Champignon SPD
Stellvertretender Vorsitzender: Helmut Harbich CDU

Arbeisgruppe „Staatsbad Oeynhausen" des Ausschusses für Arbeit, Gesundheit, Soziales und Angelegenheiten der Vertriebenen und Flüchtlinge
10 Mitglieder: SPD 5, CDU 3, FDP 1, BÜNDNIS 90/DIE GRÜNEN 1
Vorsitzender: Günter Meyer zur Heide SPD
Stellvertretender Vorsitzender: Heinrich Dreyer. CDU

Ausschuß für Frauenpolitik
15 Mitglieder: davon SPD 8, CDU 5, FDP 1, BÜNDNIS 90/DIE GRÜNEN 1
Vorsitzende: Marie-Luise Morawietz SPD
Stellvertretende Vorsitzende: Marie-Luise Woldering CDU

Ausschuß für Grubensicherheit
15 Mitglieder: davon SPD 8, CDU 5, FDP 1, BÜNDNIS 90/DIE GRÜNEN 1
Vorsitzender: Helmut Marmulla SPD
Stellvertretender Vorsitzender: Hermann Kampmann CDU

Hauptausschuß
19 Mitglieder: davon SPD 10, CDU 7, FDP 1, BÜNDNIS 90/DIE GRÜNEN 1
Vorsitzender: Reinhard Grätz SPD
Stellvertretender Vorsitzender: Lothar Hegemann CDU

Unterausschuß des Hauptausschusses „Europapolitik und Entwicklungszusammenarbeit"
18 Mitglieder: SPD 10, CDU 6, FDP 1, BÜNDNIS 90/DIE GRÜNEN 1
Vorsitzender: Jürgen Büssow SPD
Stellvertretender Vorsitzender: Franz Skorzak CDU

Haushalts- und Finanzausschuß
21 Mitglieder: davon SPD 11, CDU 8, FDP 1, BÜNDNIS 90/DIE GRÜNEN 1
Vorsitzender: Leo Dautzenberg CDU
Stellvertretender Vorsitzender: Robert Schumacher SPD

Unterausschuß „Personal" des Haushalts- und Finanzausschusses
9 Mitglieder: SPD 5, CDU 2, FDP 1, BÜNDNIS 90/DIE GRÜNEN 1
Vorsitzender: Peter Bensmann CDU
Stellvertretender Vorsitzender: Ernst Walsken SPD

Ausschuß für Haushaltskontrolle
15 Mitglieder: davon SPD 8, CDU 5, FDP 1, BÜNDNIS 90/DIE GRÜNEN 1
Vorsitzender: Walter Neuhaus CDU
Stellvertretender Vorsitzender: Hermann Jansen SPD

Ausschuß für Innere Verwaltung
17 Mitglieder: davon SPD 9, CDU 6, FDP 1, BÜNDNIS 90/DIE GRÜNEN 1
Vorsitzender: Egbert Reinhard (Gelsenkirchen) SPD
Stellvertretender Vorsitzender: Klaus Stallmann CDU

Ausschuß für Kinder, Jugend und Familie
17 Mitglieder: davon SPD 9, CDU 6, FDP 1, BÜNDNIS 90/DIE GRÜNEN 1
Vorsitzender: Erich Heckelmann SPD
Stellvertretende Vorsitzende: Heidi Busch (Köln) CDU

Ausschuß für Kommunalpolitik
19 Mitglieder: davon SPD 10, CDU 7, FDP 1, BÜNDNIS 90/DIE GRÜNEN 1
Vorsitzender: Dr Jörg Twenhöven CDU
Stellvertretender Vorsitzender: Friedrich Hofmann SPD

Kulturausschuß
17 Mitglieder: davon SPD 9, CDU 6, FDP 1, BÜNDNIS 90/DIE GRÜNEN 1
Vorsitzende: Hildegard Matthäus CDU
Stellvertretender Vorsitzender: Manfred Böcker SPD

Ausschuß für Landwirtschaft, Forsten und Naturschutz
21 Mitglieder: davon SPD 11, CDU 8, FDP 1, BÜNDNIS 90/DIE GRÜNEN 1
Vorsitzender: Heinrich Kruse CDU
Stellvertretender Vorsitzender: Horst Steinkühler SPD

Ausschuß „Mensch und Technik"
15 Mitglieder: davon SPD 8, CDU 5, FDP 1, BÜNDNIS 90/DIE GRÜNEN 1
Vorsitzende: Dr Katrin Grüber BÜNDNIS 90/DIE GRÜNEN
Stellvertretender Vorsitzender: Wolfram Kuschke SPD

Petitionsausschuß
25 Mitglieder: davon SPD 13, CDU 9, FDP 2, BÜNDNIS 90/DIE GRÜNEN 1
Vorsitzender: Karl Knipschild CDU
Stellvertretender Vorsitzender: Hans Rohe SPD

Rechtsausschuß
15 Mitglieder: davon SPD 8, CDU 5, FDP 1, BÜNDNIS 90/DIE GRÜNEN 1
Vorsitzender: Friedrich Schreiber SPD
Stellvertretende Vorsitzende: Marlis Robels-Fröhlich CDU

Vollzugskommission des Rechtsausschusses
5 Mitglieder: SPD 2, CDU 1, FDP 1, BÜNDNIS 90/DIE GRÜNEN 1
Sprecherin: Marie-Luise Morawietz SPD
Stellvertretende Sprecherin: Marlis Robels-Fröhlich CDU

Ausschuß für Schule und Weiterbildung
23 Mitglieder: davon SPD 12, CDU 9, FDP 1,
BÜNDNIS 90/DIE GRÜNEN 1
Vorsitzender: Hans Frey SPD
Stellvertretende Vorsitzende: Marie-Luise Woldering CDU

Ausschuß für Schule und Weiterbildung: Arbeitsgruppe „Förderung von ausländischen Jugendlichen und Aussiedlerkindern"
10 Mitglieder: SPD 5, CDU 3, FDP 1, BÜNDNIS 90/DIE GRÜNEN 1
Vorsitzender: Jürgen Schaufuß SPD

Sportausschuß
17 Mitglieder: davon SPD 9, CDU 6, FDP 1,
BÜNDNIS 90/DIE GRÜNEN 1
Vorsitzender: Hans Rohe SPD
Stellvertretender Vorsitzender: Dr Reiner Klimke CDU

Ausschuß für Städtebau und Wohnungswesen
23 Mitglieder: davon SPD 12, CDU 9, FDP 1,
BÜNDNIS 90/DIE GRÜNEN 1
Vorsitzender: Volkmar Schultz SPD
Stellvertretender Vorsitzender: Wolfgang Jaeger CDU

Ausschuß für Umweltschutz und Raumordnung
21 Mitglieder: davon SPD 11, CDU 8, FDP 1,
BÜNDNIS 90/DIE GRÜNEN 1
Vorsitzender: Werner Stump CDU
Stellvertretender Vorsitzender: Johannes Gorlas SPD

Verkehrsausschuß
23 Mitglieder: davon SPD 12, CDU 9, FDP 1,
BÜNDNIS 90/DIE GRÜNEN 1
Vorsitzender: Hans Jaax SPD
Stellvertretende Vorsitzende: Marianne Thomann-Stahl F.D.P.

Ausschuß für Wirtschaft, Mittelstand und Technologie
21 Mitglieder: davon SPD 11, CDU 8, FDP 1,
BÜNDNIS 90/DIE GRÜNEN 1
Vorsitzender: Dr Jürgen Schwericke CDU
Stellvertretender Vorsitzender: Loke Mernizka SPD

Ausschuß für Wissenschaft und Forschung
19 Mitglieder: davon SPD 10, CDU 7, FDP 1,
BÜNDNIS 90/DIE GRÜNEN 1
Vorsitzender: Joachim Schultz-Tornau F.D.P.
Stellvertretender Vorsitzender: Dr Michael Vesper BÜNDNIS 90/DIE GRÜNEN

Ausschuß für Verwaltungsstrukturreform
11 Mitglieder: davon SPD 6, CDU 3, FDP 1,
BÜNDNIS 90/DIE GRÜNEN 1
Vorsitzender: Ulrich Schmidt (Wetter) SPD
Stellvertretender Vorsitzender: Franz-Josef Britz CDU

Untersuchungsausschuß I gemäß Art 41 Landesverfassung – Drs 11/3369 NEUDRUCK – (Projekt „Neue Mitte Oberhausen": Rolle FM; Projekt „Ent-wicklungs- und Forschungszentrum für Mikrotherapie (EFMT), Bochum":Rolle FN, MAGS; Vorgang Werbeaktion des MURL zur Abfallvermeidung; „Drehbuch"-Affäre des MAGS)**
11 Mitglieder: SPD 6, CDU 3, FDP 1, BÜNDNIS 90/DIE GRÜNEN 1
Vorsitzender: Bodo Hombach SPD
Stellvertretender Vorsitzender: Heinrich Meyers CDU

Untersuchungsausschuß II gemäß Art 41 Landesverfassung – Drs 11/6272 – (Handlungsweise des MURL und aller Beteiligten im Zusammenhang mit der außergewöhnlichen Dioxinemission der „Westfalenhütte" und der Immission im Umfeld)
11 Mitglieder: SPD 6, CDU 3, FDP 1, BÜNDNIS 90/DIE GRÜNEN 1
Vorsitzende: Maria Theresia Opladen CDU
Stellvertretender Vorsitzender: Reinhard Egbert (Gelsenkirchen) SPD

Wahlprüfungsausschuß
15 Mitglieder: SPD 8, CDU 5, FDP 1, BÜNDNIS 90/DIE GRÜNEN 1
Vorsitzender: Hartmut Schauerte CDU
Stellvertretender Vorsitzender: Friedrich Schreiber SPD

Kontrollgremium gemäß § 8 des Verfassungsschutzgesetzes Nordrhein-Westfalen (bis 19.09.1990: Gremium nach § 8 des Gesetzes über den Verfassungsschutz in Nordrhein-Westfalen)
8 Mitglieder: SPD 4, CDU 2, FDP 1, BÜNDNIS 90/DIE GRÜNEN 1
Vorsitzender: Dr Friedhelm Farthmann SPD
Stellvertretender Vorsitzender: Dr Hans-Ulrich Klose CDU

Kuratorium der Stiftung „Kunstsammlung Nordrhein-Westfalen"
4 Mitglieder: SPD 1, CDU 1, FDP 1, BÜNDNIS 90/DIE GRÜNEN 1

Landeswahlausschuß
10 Beisitzer: SPD 5, CDU 3, FDP 1, BÜNDNIS 90/DIE GRÜNEN 1

Stiftungsrat der „Stiftung des Landes Nordrhein-Westfalen für Wohlfahrtspflege"
5 Mitglieder: SPD 3, CDU 2

Ausschuß für Wohnungsbauförderung bei der Wohnungsbauförderungsanstalt Nordrhein-Westfalen (bis 31.12.1991: Verwaltungsrat der Wohnungsbauförderungsanstalt)
7 Mitglieder: SPD 4, CDU 3
Vorsitzende: Ilse Brusis SPD

7 Verwaltung des Landtages

Nordrhein-Westfalen
40221 Düsseldorf, Platz des Landtags 1; F (02 11)
8 84-0; Telex 17-2 11 41 12 LTNW;
Teletex 2 11 41 12 = LTNW; Telefax (02 11)
8 84-22 58

Präsidentin des Landtages: Ingeborg Friebe
Ständiger Vertreter der Präsidentin in der Verwaltung: Heinrich A Große-Sender Dir beim Landtag
Pressesprecher: Friedhelm Geraedts RAng
Präsidialbüro, Persönliche Referentin: Bruckmann MinRätin

Abteilung I Parlament
Leiter: Ernst Becker LtdMinR

Ref I 1: **Plenum, Ausschüsse** Fußbahn MinR
Ref I 2: **Stenographischer Dienst** Hezel MinR
Ref I 3: **Petitionen** Dr Tamblé MinR
Ref I 4: **Abgeordnete, Fraktionen, Parteien und Parlamentsrecht** Dr Ockermann MinR
Ref I 5: **Europa-Angelegenheiten** Wegner MinR

Abteilung II Verwaltung
Leiter: Wolfgang Welz LtdMinR

Ref II 1: **Haustechnik, Hausverwaltung, Bauangelegenheiten** Lenk MinR
Ref II 2: **Personal, Mitarbeiter der Abgeordneten, Haushalt, Justitiariat** Aalbers MinR
Ref II 3: **Organisation, Datenverarbeitung, Zentrale Dienste** Paulukat RAng
Ref II 4: **Finanzen** NN

Abteilung III Presse- und Informationsdienst
Leiter: Friedhelm Geraedts RAng

Ref III 1 **Informationsdienste** Dr Vogel RAng
Ref III 2 **Öffentlichkeitsarbeit, Besucherdienst, Landtag Intern** Dr Zinnkann MinR

b Die Landesregierung

des Landes Nordrhein-Westfalen

Die Landesregierung besteht nach Art 51 der Landesverfassung aus dem Ministerpräsidenten und den Landesministern. Sie beschließt nach Art 56 der Landesverfassung über Gesetzesvorlagen, die beim Landtag einzubringen sind, und erläßt die zur Ausführung erforderlichen Verwaltungsverordnungen, soweit hierzu nicht einzelne Minister gesetzlich ermächtigt sind. Sie fertigt die vom Landtag beschlossenen Gesetze aus und verkündet sie im Gesetz- und Verordnungsblatt. Hat sie Bedenken gegen ein Gesetz, so kann sie diese nach Art 67 der Landesverfassung innerhalb von zwei Wochen erheben; hierüber entscheidet der Landtag. Lehnt der Landtag einen Gesetzentwurf der Landesregierung ab, so kann die Landesregierung gemäß Art 68 der Landesverfassung das Gesetz zum Volksentscheid stellen und bei seiner Annahme den Landtag auflösen; bei Ablehnung durch den Volksentscheid muß die Landesregierung zurücktreten.

Ministerpräsident und zugleich Minister für Bundesangelegenheiten: Dr h c Johannes Rau

Innenminister: Dr Herbert Schnoor

Finanzminister: Heinz Schleußer

Justizminister: Dr Rolf Krumsiek

Kultusminister: Hans Schwier

Ministerin für Wissenschaft und Forschung: Anke Brunn

Minister für Arbeit, Gesundheit und Soziales: Franz Müntefering

Minister für Wirtschaft, Mittelstand und Technologie: Günther Einert

Minister für Umwelt, Raumordnung und Landwirtschaft: Klaus Matthiesen

Ministerin für die Gleichstellung von Frau und Mann: Ilse Ridder-Melchers

Ministerin für Bauen und Wohnen: Ilse Brusis

Minister für Stadtentwicklung und Verkehr: Franz-Josef Kniola

Minister für besondere Aufgaben: Wolfgang Clement

Der Rechtsaufsicht der Landesregierung unterstehen die nachfolgenden Anstalten des öffentlichen Rechts:

1 Westdeutscher Rundfunk

– Anstalt des öffentlichen Rechts –
50667 Köln, Appellhofplatz 1; F (02 21) 22 01; Telex 8 88 25 75; Telefax (02 21) 2 20 48 00

Rechtsgrundlage und Aufgabenkreis:
Gesetz über den „Westdeutschen Rundfunk Köln" – WDR-Gesetz – vom 19. März 1985 (GV NW Seite 237) in der Fassung der Bekanntmachung vom 31. März 1993 (GV NW 1993 Seite 158).
Der Westdeutsche Rundfunk ist eine gemeinnützige Anstalt des öffentlichen Rechts mit dem Recht der Selbstverwaltung. Er unterliegt der Rechtsaufsicht der Landesregierung von Nordrhein-Westfalen. Der WDR versorgt die fast 17 Millionen Einwohner des größten Bundeslandes mit 5 Hörfunkprogrammen, dem Dritten Fernsehprogramm, veranstaltet ein Regionalfernsehen und produziert fast ein Viertel des Ersten Fernsehprogramms (ARD). Die Finanzierung erfolgt vorrangig aus Rundfunkgebühren.
Die Leitung und Aufsicht des WDR liegen in der Hand von vier Organen:

Rundfunkrat
Aufgabenkreis:
Der Rundfunkrat (42 Mitglieder) vertritt im WDR die Interessen der Allgemeinheit und stellt im Zusammenwirken mit den anderen Anstaltsorganen sicher, daß der WDR seine Aufgaben im Rahmen der Gesetze erfüllt. Er berät und beschließt über alle Fragen von grundsätzlicher Bedeutung für die Anstalt; er berät den Intendanten in allgemeinen Programmangelegenheiten, wirkt auf die Erfüllung des Programmauftrags hin und überwacht die Einhaltung der Programmsätze.
Vorsitzender: Reinhard Grätz

Verwaltungsrat
Aufgabenkreis:
Der Verwaltungsrat (9 Mitglieder) überwacht die Geschäftsführung des Intendanten mit Ausnahme der Programmentscheidungen. Er schließt den Dienstvertrag mit dem Intendanten ab und prüft die Entwürfe der mittelfristigen Finanzplanung, der Aufgabenplanung der Anstalt, des Haushaltsplans, des Jahresabschlusses des Geschäftsberichts. Er leitet die Entwürfe mit seiner Stellungnahme dem Rundfunkrat zur weiteren Beschlußfassung zu.
Vorsitzender: Dr Theodor Schwefer

Intendant
Aufgabenkreis:
Der Intendant ist der gesetzliche Vertreter des WDR. Er leitet die Anstalt selbständig und unter eigener Verantwortung. Der Intendant wird durch den Rundfunkrat auf sechs Jahre gewählt.
Intendant: Friedrich Nowottny

Schulrundfunkausschuß
Aufgabenkreis:
Sofern der WDR Bildungssendungen mit Schulcharakter veranstaltet wird als viertes Organ der Schulrundfunkausschuß gebildet, der aus 12 Mitgliedern besteht. Diese haben bei der Wahrnehmung ihrer Aufgaben die Interessen der Allgemeinheit zu vertreten.

WDR-Landesstudios und Studios

Studio Aachen
52064 Aachen, Karmeliter Str 1; F (02 41) 47 80-0;
Telex 83 24 65; Telefax (02 41) 47 80-105/110
Leiter: Peter Kletschke-Baron

Landesstudio Bielefeld
33604 Bielefeld, Lortzingstr 4; F (05 21) 58 31-0;
Telefax (05 21) 58 38-2 80
Leiter: Dr Werner Zeppenfeld

Studio Bonn
53113 Bonn, Dahlmannstr 14; F (02 28) 2 06-1; Telex 88 67 15; Telefax (02 28) 21 12 14
Leiter: Ernst-Dieter Lueg (Fernsehen); Ludwig Dohmen (Hörfunk)

Landesstudio Dortmund
44225 Dortmund, Mommsenweg 5; F (02 31) 13 93-0; Telefax (02 31) 13 93 210
Leiter: Claus-Werner Koch

Landesstudio Düsseldorf
40221 Düsseldorf, Stromstr 24; F (02 11) 89 00-0;
Telefax (02 11) 89 00-1 11
Leiter: Thomas Nell

Studio Essen
45042 Essen, Hagen 31; F (02 01) 8 10 80-0; Telefax (02 01) 8 10 80-22
Leiter: Ulrich Hinz

Büro Kleve
47533 Kleve, Hoffmannallee 91; F (0 28 21) 2 10 11; Telefax (0 28 21) 2 34 75
Leiter: Hans-Peter Riel

Landesstudio Köln
50667 Köln, Richartzstr 6-8; F (02 21) 2 20-1; Telefax (02 21) 2 20-41 94 und 2 20-35 19
Leiter: Jochen Denso

Landesstudio Münster
48155 Münster, Mondstr 144-146; F (02 51) 31 13-0; Telex 89 26 57 wdrmsd; Telefax (02 51) 31 14-2 00/219
Leiter: Michael Stoffregen-Büller

Studio Siegen
57072 Siegen, Fürst-Johann-Moritz-Str 8-10; F (02 71) 5 98 60; Telex 87 29 76; Telefax (02 71) 59 86-1 05/1 07
Leiter: Gerd Elsner

Studio Wuppertal
42115 Wuppertal, Dr-Tigges-Weg 31; F (02 02) 3 84-0; Telefax (02 02) 3 84-1 84
Leiter: Hajo Jahn

Regionalbüro Arnsberg
59821 Arnsberg, Zur Feldmühle 13; F (0 29 31) 18 47 bis 18 49; Telex 84 72 28; Telefax (0 29 31) 38 71
Leiter: Tom Zimmermann

Regionalbüro Bonn
53113 Bonn, Welckerstr 7; F (02 28) 2 06-1; Telefax (02 28) 21 55 57
Leiter: Dr Michael Wortmann

2 Zweites Deutsches Fernsehen

– Anstalt des öffentlichen Rechts –
55110 Mainz, ZDF-Str 1; F (0 61 31) 70-1; Telex 4 18 76 61; Telefax (0 61 31) 70-21 41

Rechtsgrundlagen und Aufgabenkreis:
Das Zweite Deutsche Fernsehen, das von den Bundesländern durch den Staatsvertrag über die Errichtung der Anstalt des öffentlichen Rechts „Zweites Deutsches Fernsehen" vom 6. Juni 1961 errichtet wurde, abgelöst durch den „Staatsvertrag über den Rundfunk im Vereinten Deutschland" (Art 3) hat als gemeinnützige Anstalt des öffentlichen Rechts die Aufgabe, ein Fernsehprogramm zu verbreiten. Der Intendant des ZDF soll vor Veränderungen im Programmschemas im Fernsehvollprogramm auf ein Einvernehmen mit den für das Erste Fernsehprogramm (ARD) Verantwortlichen hinwirken, dabei ist auf die Nachrichtensendungen besondere Rücksicht zu nehmen. Darüber hinaus ist das ZDF nach § 18 Abs 2 des Rundfunkstaatsvertrages vom 31. August 1991 ermächtigt, über Satelliten ein zusätzliches Fernsehprogramm mit kulturellem Schwerpunkt zu veranstalten. Nach Maßgabe dieser Bestimmung veranstaltet das ZDF – gemeinsam mit ORF, SRG und ARD (seit 1. Dezember 1993) – das Satellitenprogramm „3 sat". Außerdem kann sich das ZDF nach Art 2 Abs 4 des Rundfunkstaatsvertrages an einem von europäischen Rundfunkveranstaltern ausgestrahlten Fernsehprogramm beteiligen. Das ZDF beteiligt sich mit der ARD Europäischen Fernsehkulturkanal „ARTE".
In den Sendungen soll den Fernsehteilnehmern in Deutschland ein objektiver Überblick über das Weltgeschehen, insbesondere ein umfassendes Bild der deutschen Wirklichkeit vermittelt werden. Die Sendungen sollen dabei vor allem die Zusammengehörigkeit im vereinten Deutschland fördern sowie der gesamtgesellschaftlichen Integration in Frieden und Freiheit und der Verständigung unter den Völkern dienen.
Gemäß § 31 ZDF-Staatsvertrag wird die Rechtsaufsicht über das ZDF von den Landesregierungen ausgeübt. Die Ausübung der Rechtsaufsicht erfolgt durch eine Landesregierung im zweijährigen Wechsel.

Intendant: Prof Dr h c Dieter Stolte

Landesstudios:

Studio Bonn
53175 Bonn, Langer Grabenweg 45-47; F (02 28) 95 84-0; Telex 88 55 46; Telefax (02 28) 95 84-2 21
Leiter: Klaus-Peter Siegloch

Landesstudio Nordrhein-Westfalen
40474 Düsseldorf, Josef-Gockeln-Str 8; F (02 11)
4 36 60; Telex 8 58 46 83; Telefax (02 11)
4 54 22 62
Leiter: Martin Schmuck

3 Landesanstalt für Rundfunk Nordrhein-Westfalen

– Anstalt des öffentlichen Rechts –
40227 Düsseldorf, Willi-Becker-Allee 10; F (02 11)
7 70 07-0; Telefax (02 11) 72 71 70

Rechtsgrundlage und Aufgabenkreis:
Bekanntmachung der Neufassung des Rundfunkgesetzes für das Land Nordrhein-Westfalen (LRG NW) vom 31. März 1993 (GV NW 1993, Seite 172).

Zur Wahrnehmung der Aufgaben nach diesem Gesetz wird hiermit eine rechtsfähige Anstalt des öffentlichen Rechts errichtet. Sie führt die Bezeichnung „Landesanstalt für Rundfunk Nordrhein-Westfalen" (LfR). Die Landesregierung bestimmt durch Rechtsverordnung den Sitz der LfR.

Die LfR hat das Recht zur Selbstverwaltung nach Maßgabe dieses Gesetzes.

Die Organe der LfR sind die Rundfunkkommission und der Direktor.

Die LfR trifft im Interesse der Allgemeinheit die nach den Vorschriften dieses Gesetzes und den auf Grund dieses Gesetzes erlassenen Rechtsvorschriften erforderlichen Entscheidungen und Maßnahmen.

Ferner hat die LfR die Aufgabe,
– Veranstalter, Betriebsgesellschaften, Anbieter, Betreiber von Kabelanlagen und andere, deren Rechte und Pflichten dieses Gesetz regelt, zu beraten,
– Veranstaltern die von der Deutschen Bundespost nach Maßgabe der Rechtsverordnung nach § 3 zur Verfügung gestellten Übertragungskapazitäten zuzuweisen,
– mit den Landesmedienanstalten der anderen Länder zusammenzuarbeiten und die Aufgaben nach § 30 Rundfunkstaatsvertrag (Art 1 des Staatsvertrags über den Rundfunk im vereinten Deutschland) wahrzunehmen.
– Offene Kanäle zu fördern.
Sie kann für Zwecke des lokalen Rundfunks in Verbreitungsgebieten mit einem überdurchschnittlich hohen Kostenaufwand für die terrestrische Versorgung des Verbreitungsgebiets die erforderliche technische Infrastruktur bis zum 31. Dezember 1995 fördern.

Die Veranstaltung von Rundfunk, die Weiterverbreitung von herangeführten Rundfunkprogrammen und neue Kommunikationsdienste einschließlich neuer Programmformen und -strukturen sollen im Rahmen der Aufgaben der LfR regelmäßig, insbesondere hinsichtlich der Medienwirkungen, durch unabhängige Einrichtungen der Kommunikationsforschung wissenschaftlich untersucht werden. Die LfR stellt die dafür erforderlichen Mittel im Rahmen ihres Haushalts zur Verfügung.

Die LfR veröffentlicht gemeinsam mit den anderen Landesmedienanstalten regelmäßig, spätestens alle drei Jahre, einen von einem unabhängigen Institut zu erstellenden Bericht über die Entwicklung der Meinungsvielfalt und der Konzentration im privaten Rundfunk unter Berücksichtigung von
– Verflechtungen zwischen Hörfunk und Fernsehen sowie zwischen Rundfunk und Presse,
– horizontalen Verflechtungen zwischen Rundfunkveranstaltern in verschiedenen Verbreitungsgebieten und
– internationalen Verflechtungen im Medienbereich.
Für den Bericht stellt die LfR dem beauftragten Institut Informationen über die nach Satz 1 bedeutsamen Sachverhalte zur Verfügung.

Direktor: Dr Norbert Schneider
1. Stellvertreter Direktor: Dr Gerhard Rödding
2. Stellvertretende Direktorin: Sabine Hadamik

Rundfunkkommission
Vorsitzender: Helmut Hellwig MdL
Stellvertretender Vorsitzender: Helmut Elfring

c Landesbehörden

Die Reihenfolge der obersten Landesbehörden stimmt im wesentlichen mit der im Haushaltsplan des Landes Nordrhein-Westfalen überein.

I Ministerpräsident

des Landes Nordrhein-Westfalen

40213 Düsseldorf, Mannesmannufer 1 a; F (02 11) 8 37 01; Telex 8 58 18 94; Teletex 2 11 71 400 = STKNRW; Telefax (02 11) 8 37-11 50

Aufgabenkreis und Aufbau:
Der Ministerpräsident vertritt das Land Nordrhein-Westfalen im Rahmen des Artikels 32 Absatz 3 GG völkerrechtlich. Er vertritt das Land gegenüber dem Bund, den anderen deutschen Landern und den Kirchen. Ihm obliegt der Verkehr mit den ausländischen Konsuln, die im Landesgebiet ihren Amtssitz haben.
Der Ministerpräsident ernennt und entläßt die Landesminister. Er führt den Vorsitz in der Landesregierung und bestimmt in eigener Verantwortung die Richtlinien der Politik. Er ist der erste Vertreter der Landesregierung im Bundesrat, in dem er in turnusmäßigem Wechsel das Amt des Präsidenten bekleidet.
Zum Geschäftsbereich des Ministerpräsidenten gehören Verfassungsangelegenheiten von grundsätzlicher Bedeutung (gemeinsam mit dem Innen- und Justizminister), Angelegenheiten der Verfassungsgerichtsbarkeit und des Rundfunks, wirtschaftliche Filmförderung, Grenzlandangelegenheiten, Ordensangelegenheiten und staatliche Ehrungen, der Landesentwicklungsbericht, landespolitisch bedeutsame Fragen der Bevölkerungsentwicklung, Regierungsplanungen, die politische Bildung sowie das Presse- und Informationswesen.
Der Ministerpräsident übt ferner das Recht der Begnadigung aus. Er koordiniert die Maßnahmen des Landes Nordrhein-Westfalen zur Zusammenarbeit mit den Entwicklungsländern, die Beteiligungen des Landes, die Stiftungen mit Landesbeteiligungen und die Europapolitik.
Der Ministerpräsident bedient sich zur Erledigung seiner Aufgaben der Staatskanzlei, die zugleich das Büro der Landesregierung als Kollegium ist. Die Staatskanzlei wird von dem „Chef der Staatskanzlei" geleitet.

Ministerpräsident: Dr h c Johannes Rau

Büro des Ministerpräsidenten
Leiter: Stallberg MinR

Ref MB 1: **Verbindung zu Parteien und Organisationen, Postbearbeitung** Stallberg MinR
Ref MB 2: **Kommunikation, Information, Analysen** Dr Ortwein Ang

Ref MB 3: **Allgemeine Aufgaben des Büros des Ministerpräsidenten, Aufbereitung von Vorlagen, Grußworte, Schirmherrschaften** Schumacher Angestellte
Ref MB 4: **Koordination, Vor- und Nachbereitung der Besuchstermine des Ministerpräsidenten** Nestler MinR

Regierungssprecher: Dr Lieb MinDirig

Dem Ministerpräsidenten unmittelbar unterstellt:

1 Staatskanzlei des Landes Nordrhein-Westfalen

40213 Düsseldorf, Mannesmannufer 1 a; F (02 11) 8 37-01; Telex 8 58 18 94; Teletex 2 11 71 400 = STKNRW; Telefax (02 11) 8 37-11 50

Chef der Staatskanzlei und Minister für besondere Aufgaben: Wolfgang Clement
Persönlicher Referent: Schlapka Rchtr am LG

Abt I Recht, Verwaltung, Medien
Leiter: Bopp LtdMinR

Gruppe I A Recht
Leiter: Goller LtdMinR

Ref I A 1: **Verfassungsrecht, Verfassungsangelegenheiten grundsätzlicher Art, Landesgesetzgebung, Staatskirchenrecht** Goller LtdMinR
Ref I A 2: **Landesgesetzgebung, internationales und supranationales Recht** Dr Försterling MinR
Ref I A 3: **Recht des öffentlichen Dienstes** Schneider MinR
Ref I A 4: **Justitiariat, Gnadenwesen, Verfassungsgerichtshof Nordrhein-Westfalen** Schneider MinR
Ref I A 5: **Kabinettbüro, Angelegenheiten des Landtags, Bundesgesetzgebung, Angelegenheiten des Bundesrates** Dr Bonse MinR

Gruppe I B Verwaltung
Leiter: Kerkhof LtdMinR

Ref I B 1: **Personal** Kerkhof LtdMinR
Ref I B 2: **Organisation, Einzeleingaben** Kasper MinR
Ref I B 3: **Haushalts-, Kassen- und Rechnungswesen, Beauftragter für den Haushalt** Feldkötter RDir
Ref I B 4: **Orden, Titel, Staatspreise** Hesse MinR
Bürodirektion: **Innerer Dienst, Fahrdienst und Bibliothek der Landesregierung** Engels RDir

Gruppe I C Medien
Leiter: Dr Prodoehl RDir

Ref I C 1: **Medienpolitik** Dr Prodoehl RDir
Ref I C 2: **Medienrecht** Hanten Rchtr am OVG
Ref I C 3: **Medienwirtschaft** Dr Mai RR
Ref I C 4: **Medientechnologie** Dr Lossau MinR

Abt II Auswärtige Beziehungen, Entwicklungspolitik, Neue Flüchtlingspolitik, Europapolitik, Bund-Länder-Beziehungen
Leiter: Dr Hessing MinDirig

Gruppe II A Projekte im Ausland; Integration der deutschen Länder; Entwicklungspolitik; Neue Flüchtlingspolitik
Leiter: Bösche LtdMinR

Ref II A 1: Koordination der Projektplanung; Grundsatzfragen der Entwicklungspolitik, Stiftung Entwicklung und Frieden; Neue Flüchtlingspolitik Bösche LtdMinR
Ref II A 2: Integration der deutschen Länder; Verwaltungshilfen: Polen, Tschechien und Slowakei Weßler MinR
Ref II A 3: Südosteuropa (Albanien, Bulgarien, Rumänien, Ungarn, ehemaliges Jugoslawien – außer Makedonien –) Gorys MinR
Ref II A 4: Osteuropa; Naher und Mittlerer Osten Backhausen MinR
Ref II A 5: Entwicklungspolitik NN
Ref II A 6: Makedonien; Koordinierungsbüro NRW Brückner ORR

Nord-Süd-Beauftragter: Jürgen Schroer

Gruppe II B Auswärtige Beziehungen; Europapolitik, Sicherheitspoltik, Bund-Länder-Beziehungen
Leiter: Weiß LtdMinR

Ref II B 1: Grundsatzfragen der auswärtigen Beziehungen und Sicherheitspolitik; Europapolitik Weiß LtdMinR
Ref II B 2: Koordination der europapolitischen Ressortaktivitäten; Länderbeteiligungsverfahren, Verbindung zu Bundesrat, Bundestag und Landtag; Verbindung zu Europäischem Parlament und Europarat; Außenbeziehungen der EU Borkenhagen Ang
Ref II B 3: Europäische Integration, interregionale und grenzüberschreitende Zusammenarbeit in Europa; Verbindungsbüro des Landes NRW in Brüssel, Büro des Europabeauftragten Kalbfleisch-Kottsieper MinRätin
Ref II B 4: Bund-Länder-Koordination; Ministerpräsidenten- und Amtschefkonferenzen; Verbindung zu Fachministerkonferenzen und Bundesministerien; Angelegenheiten des Bundesrates Bischoff MinR
Ref II B 5: Protokoll Wittmann MinR
Ref II B 6: Konsularwesen Dickel Angestellte

Gruppe II C Verbindungsbüro Nordrhein-Westfalen in Brüssel
B-1050 Bruxelles, Avenue Michel-Ange 10; F (0 03 22) 7 39 17 75; Telefax (0 03 22) 7 39 17 07
Leiter: Schreiber LtdMinR

Ref II C 1: Grundsatzfragen der Zusammenarbeit mit europäischen Behörden Schreiber LtdMinR
Ref II C 2: Geschäftsbereiche des Innen-, Kultus- und Finanzministeriums; Regionalförderung (soweit nicht II C 3 oder II C 4) Uhlenbrock Angestellte
Ref II C 3: Geschäftsbereich des Ministeriums für Wirtschaft, Mittelstand und Technologie (soweit nicht II C 2 oder II C 5) Oppermann MinR
Ref II C 4: Geschäftsbereiche des Ministeriums für Arbeit, Gesundheit und Soziales, des Justizministeriums, des Ministeriums für die Gleichstellung von Frau und Mann und des Ministeriums für Umwelt, Raumordnung und Landwirtschaft Dr Coen MinR

Ref II C 5: Geschäftsbereiche des Ministeriums für Wissenschaft und Forschung und des Ministeriums für Wirtschaft, Mittelstand und Technologie (Technologie- und Forschungsförderung) Henseler Angestellte
Ref II C 6: Geschäftsbereiche des Ministeriums für Stadtentwicklung und Verkehr und des Ministeriums für Bauen und Wohnen Dr Knop MinR

Abt III Regierungsplanung und Ressortkoordination
Leiter: Frohn MinDirig

Gruppe III A Ressortkoordination I – Wirtschafts- und Strukturpolitik –
Leiter: Dr Fischer LtdMinR

Ref III A 1: Grundsatzfragen der Wirtschafts- und Strukturpolitik, Koordination der Beteiligungen des Landes, Ressortkoordination Wirtschaft, Mittelstand und Technologie Dr Fischer LtdMinR
Ref III A 2: Ressortkoordination Stadtentwicklung und Verkehr Dr Albuschkat MinR
Ref III A 3: Ressortkoordination Wirtschaft, Mittelstand und Technologie Hollmann MinR
Ref III A 4: Ressortkoordination Umweltschutz, Raumordnung und Landwirtschaft Pein MinR
Ref III A 5: Ressortkoordination Bauen und Wohnen Krüssel MinR

Gruppe III B Regierungsplanung
Leiter: Habermann Ang

Ref III B 1: Regierungsplanung und Regierungsprogramm, Berichtswesen der Landesregierung, Landesentwicklungsbericht Habermann Ang
Ref III B 2: Grundsatzfragen des gesellschaftlichen Wandels, längerfristige Regierungsplanung Dr Krüger-Charlé Angestellte
Ref III B 3: Finanzen, Kommunale Finanzen einschließlich Ressortkoordination Lintermann MinR
Ref III B 4: Bestandsaufnahme und Entwicklung NN

Arbeitsstab Bonn Dr Budde RDir

Gruppe III C Ressortkoordination II –Innen-, Kultur- und Sozialpolitik –
Leiter: Dr Meyer-Hesemann LtdMinR

Ref III C 1: Koordination des Stiftungswesens, Ressortkoordination Gleichstellung von Frau und Mann, Staatssekretärkonferenz Dr Meyer-Hesemann LtdMinR
Ref III C 2: Ressortkoordination Schule, Weiterbildung und Sport Gundlach RDir
Ref III C 3: Ressortkoordination Wissenschaft, Forschung, Kunst und Kultur Dr Heinemann RDir
Ref III C 4: Ressortkoordination Arbeit, Gesundheit und Soziales Thiele RDir
Ref III C 5: Ressortkoordination Innen, Justiz Heinemann Rchtr am VG

Abt IV Landespresse- und Informationsamt
Leiter und Regierungssprecher: Dr Lieb MinDirig

Gruppe IV A Stellvertretender Regierungssprecher, Presse- und Öffentlichkeitsarbeit
Leiter: Dr Walter-Borjans LtdMinR

Ref IV A 1: **Presse- und Öffentlichkeitsarbeit** Dr Walter-Borjans LtdMinR
Ref IV A 2: **Interviews, publizistische Beiträge, Pressekonferenzen** Boeckh Ang
Ref IV A 3: **Chef vom Dienst, Aktuelle Information** Wiltberger Ang
Ref IV A 4: **Lokale Information, Konzeption Öffentlichkeitsarbeit, Landesbewußtsein, Bildredaktion (Produktion und Archiv)** Raulfs Ang
Ref IV A 5: **Veröffentlichungen, Ausstellungen, Veranstaltungen** Vormbrock Ang
Ref IV A 6: **Auswertung von Presse, Hörfunk und Fernsehen, Analyse, Pressearchiv, Dokumentation** Diefenbach MinR

Landeszentrale für politische Bildung
40233 Düsseldorf, Neanderstr 6; F (02 11) 6 79 77-0; Btx 17 92 14 44; Telefax (02 21) 8 37-6 79 77 33
Leiter: Dr Wichert Ang

Ref 1: **Grundsatz- und überregionale Angelegenheiten der politischen Bildung, Öffentlichkeitsarbeit der Landeszentrale** Dr Wichert Ang
Ref 2: **Angelegenheiten der politischen Bildung im Bereich von Schule, außerschulischer Jugendbildung, Wissenschaft und Weiterbildung und europäische Bildungsarbeit** Dr Buhl OStudDir
Ref 3: **Angelegenheiten der politischen Bildung und europapolitische Bildungsarbeit mit Verbänden, Organisationen, besonderen Gruppen und Bereichen** Fischer MinR
Ref 4: **Förderung und Angelegenheiten der politischen Bildung bei Einrichtungen der Weiterbildung** Dipl-Politologin Duncke Angestellte
Ref 5: **Publikationen der politischen Bildung** Dr Angermund RR
Ref 6: **Audiovisuelle Arbeitsmittel, Medieninformation und -verbreitung, Medienpädagogik** Filgers Angestellte

2 Verfassungsgerichtshof für das Land Nordrhein-Westfalen

Nähere Angaben hierzu siehe in Abschnitt d „Organe der Rechtspflege" auf den Seiten 218 und 225

3 Wissenschaftzentrum Nordrhein-Westfalen

40217 Düsseldorf, Reichsstr 45; F (02 11) 38 79 00; Telefax (02 11) 37 05 86

Staatsrechtliche Grundlage und Aufgabenkreis:
Bekanntmachung des Ministerpräsidenten vom 8. Juli 1988 – I B 2 – 811 – 1/88 (MBl NW 1988 Seite 1224).
Das Institut ist eine Einrichtung des Landes im Sinne des § 14 des Landesorganisationsgesetzes

vom 10. Juli 1962 (GV NW Seite 421), zuletzt geändert durch Gesetz vom 20. Oktober 1987 (GV NW Seite 366), – SGV NW 2005.
Das Wissenschaftszentrum Nordrhein-Westfalen, eine Einrichtung im Geschäftsbereich des Ministerpräsidenten, greift im Hinblick auf eine verantwortungsvolle Zukunftsgestaltung Themen auf, die der öffentlichen Diskussion zwischen Wissenschaft, Wirtschaft, Politik und Kultur bedürfen. Um diese Dialoge zu ermöglichen, wurden vier Veranstaltungsreihen konzipiert: die „CULTEC"-Kongresse, die „Düsseldorfer-Dialoge", die „Krickenbecker Konferenzen" und die Symposien-Reihe des Wissenschaftszentrums mit jeweils unterschiedlichen thematischen Schwerpunkten.
Zu den Aufgaben des Wissenschaftszentrums Nordrhein-Westenfalen gehört es, das Zusammenwirken der Einrichtungen des Wissenschaftszentrums zu fördern.

Präsident des Wissenschaftzentrums Nordrhein-Westfalen: Prof Dr Gert Kaiser

Der Rechtsaufsicht des Ministerpräsidenten untersteht die nachfolgende Körperschaft des öffentlichen Rechts:

4 Rheinisch-Westfälische Akademie der Wissenschaften

– Körperschaft des öffentlichen Rechts –
40217 Düsseldorf, Haus der Wissenschaften, Palmenstr 16, Karl-Arnold-Haus; F (02 11) 34 20 51; Telefax (02 11) 34 14 75

Aufgabenkreis:
Vorgängerin der Akademie war seit 1950 die Arbeitsgemeinschaft für Forschung des Landes Nordrhein-Westfalen.
Die Akademie pflegt den wissenschaftlichen Gedankenaustausch unter ihren Mitgliedern und mit Vertretern des politischen und wirtschaftlichen Lebens des Landes sowie die Beziehungen zu wissenschaftlichen Einrichtungen und Gelehrten des In- und Auslandes. Sie kann wissenschaftliche Forschungen anregen und berät die Landesregierung bei der Forschungsförderung. Die Ergebnisse der regelmäßigen Sitzungen und besondere wissenschaftliche Abhandlungen können veröffentlicht werden. Außerdem kann die Akademie wissenschaftliche Gemeinschaftswerke herausgeben und die dazu notwendigen Vorarbeiten fördern.

Präsident der Rheinisch-Westfälischen Akademie der Wissenschaften: Prof Dr Günther Wilke
Geschäftsführendes Präsidialmitglied: Prof Dr Ekkart Kneller

II Innenministerium
des Landes Nordrhein-Westfalen

40190 Düsseldorf, Haroldstr 5; F (02 11) 87 11;
Teletex 2 11-7 18; Telefax (02 11) 8 71-33 55

Aufgabenkreis:
Verfassung, Verwaltung, Datenschutz und Ausländerwesen; Öffentlicher Dienst, Katastrophenschutz und Feuerschutz; Kommunale Angelegenheiten, Vermessung; Polizei; Organisation, Haushalt, ADV, Zivilschutz; Verfassungsschutz.

Publikationsorgane:
– Gesetz- und Verordnungsblatt für das Land Nordrhein-Westfalen
 Bezugspreis: 95,00 DM jährlich
– Sammlung des bereinigten Gesetz- und Verordnungsblattes für das Land Nordrhein-Westfalen
 – SGV NW –
 Bezugspreis: Grundwerk derzeit vergriffen, Ergänzungslieferungen 115,20 DM jährlich
– Ministerialblatt für das Land Nordrhein-Westfalen
 Bezugspreis: 162,80 DM jährlich
– Sammlung des bereinigten Ministerialblattes für das Land Nordrhein-Westfalen – SMBl NW –
 Bezugspreis: Grundwerk derzeit vergriffen, Ergänzungslieferungen 198,70 DM jährlich

Minister: Dr Herbert Schnoor
Persönlicher Referent des Ministers: Roters LtdMinR; Albers RDir
Staatssekretär: Riotte

Büro des Stellvertreters des Ministerpräsidenten
Leiter: Roters LtdMinR

Ref MB 1: **Persönlicher Referent** Roters LtdMinR; Albers RDir
Ref MB 2: **Presse, Öffentlichkeitsarbeit** Winkel MinR; Harmeier RAng
Ref MB 3: **Aufgaben aus der Vertretung des Ministerpräsidenten** Dr Schoenemann MinR

Dem Staatssekretär unmittelbar unterstellt:

Kabinett- und Parlamentsangelegenheiten Block MinRätin

Abt I Verfassung, Datenschutz, Verwaltung, Ausländer- und Asylangelegenheiten
Leiter: Engel MinDirig

Gruppe A Verfassung, Wahlen, Bundesrat, EU-Recht, Datenschutz, Presserecht, Staatsangehörigkeit, Personenstand
Leiter: Dahnke LtdMinR

Ref I A 1: **Verfassung** Dahnke LtdMinR; Lüngen ORR
Ref I A 2: **Bundesrat, verfassungsrechtliche und rechtsförmliche Einzelfragen, Interministerieller Ausschuß für Verfassungsfragen, Angelegenheiten der Europäischen Union** Heinrichs LtdRDir

Ref I A 3: **Staatsangehörigkeit, Personenstand, Presserecht, Staatshoheitsangelegenheiten** Bongard MinR; Döhrer ORRätin
Ref I A 4: **Wahlen** Wittrock RDir
Ref I A 5: **Datenschutz** Lepper MinR; Laudage ORRätin

Gruppe I B Allgemeines Verwaltungsrecht, Ordnungsrecht, Justitiariat
Leiter: Schmidt-Küntzel RAng

Ref I B 1: **Ordnungsrecht, Paß-, Ausweis- und Meldewesen, Lotterie- und Sammlungswesen** Schmidt-Küntzel RAng; Stiebeling ORRätin
Ref I B 2: **Verwaltungsrecht und Verwaltungverfahren, Gebührenrecht, Enteignung, Vorschriftenbereinigung, Redaktion der Verkündungsblätter, Völ** Rosenbach MinR; Susenberger RR
Ref I B 3: **Feiertagsrecht, Ehrungen** Spüntrup MinRätin
Ref I B 4: **Justitiariat, Stiftungen, Kriegsgräber** Wiek MinR

Gruppe I C Ausländer- und Asylangelegenheiten
Leiter: Sander MinR

Ref I C 1: **Haushalts- und Wirtschaftsangelegenheiten, Unterbringung von Asylbewerbern in Landeseinrichtungen** Sander MinR; Nielinger RRätin
Ref I C 2: **Ausländerangelegenheiten** Ostrowsky MinRätin; Brandt-Zimmermann RDirektorin
Ref I C 3: **Asylverfahrensrecht, ausländische Flüchtlinge, Abschiebungshindernisse** Elsner MinR; Quasdorff RDir
Ref I C 4: **Aufnahme, Verteilung, Unterbringung und Versorgung von Asylbewerbern und sonstigen Flüchtlingen in den Gemeinden, Erstattungen und Zuwendungen an Gemeinden (GV) für Übergangsheime** Lechtenböhmer RDirektorin; Fahrwinkel-Istel RRätin
Ref I C 5: **Rückführung abgelehnter Asylbewerber, Statistik** Freier MinR; Braun OAR

Abt II Öffentlicher Dienst, Katastrophenschutz und Feuerschutz
Leiter: Salmon MinDirig

Gruppe II A Öffentliches Dienstrecht, Landespersonalausschuß
Leiter: Kunz LtdMinR

Ref II A 1: **Allgemeines öffentliches Dienstrecht** Dr Fey MinR; Eßer RDir
Ref II A 2: **Arbeits- und Tarifrecht, Laufbahnrecht, Personalvertretungsrecht** Schmitt MinR
Ref II A 3: **Landespersonalausschuß (LPA), Disziplinarrecht, Arbeitszeit, Schwerbehindertenrecht** Kunz LtdMinR; Eßer RDir
Ref II A 4: **Besoldungsrecht und besoldungsrechtliche Nebengebiete** Trinks MinR
Ref II A 5: **Versorgungsrecht, Landesministergesetz, wirtschaftliche Dienstfürsorge** Dr Middelhoff MinR

Gruppe II B Personalangelegenheiten, Aus- und Fortbildung, Wiedergutmachung (Bundesentschädigungsgesetz)
Leiter: Schmidt LtdMinR

Ref II B 1: **Beamtenpersonalien des Innenministeriums und Personalien der anderen Ressorts** Schmidt LtdMinR; Lischinski RDirektorin
Ref II B 2: **Einzelpersonalien der Beamten nachgeordneter Behörden, Personalplanung und Auswahl höherer Dienst** Plückhahn MinR
Ref II B 3: **Personalien der Angestellten und Lohnempfänger, Besoldungs-, Vergütungs- und Lohnangelegenheiten für die Angehörigen des Innenministeriums, Wiedergutmachung (Bundesentschädigungsgesetz)** Hoppmann MinR
Ref II B 4: **Aus- und Fortbildung** von Bauer MinR; Hanuschik OAR
Ref II B 5: **Frauenpolitische Angelegenheiten** Flokke RDirektorin
Ref II B 6: **Personalplanung und Auswahl (ausgenommen höherer Dienst)** Müller RDir

Gruppe II C Katastrophenschutz, Feuerschutz
Leiter: Schürmann LtdMinR

Ref II C 1: **Organisation, Einsatz und Verwendung des Katastrophenschutzes, Katastrophenschutz- und Feuerschutzrecht** Dr Steegmann MinR
Ref II C 2: **Aus- und Fortbildung, Aufsicht über Landesfeuerwehrschule und Katastrophenschutzschule, vorbeugender Brandschutz** Witthaus MinR; Schmidt RBrandDir
Ref II C 3: **Rechts- und Wirtschaftsangelegenheiten, Feuerschutzbeihilfen** Faber MinR
Ref II C 4: **Inspekteur des Brand- und Katastrophenschutzes** Schürmann LtdMinR

Abt III Kommunale Angelegenheiten, Vermessung
Leiter: Held MinDirig

Gruppe III A Kommunales Verfassungs-, Beamten- und Arbeitsrecht
Leiter: Krell LtdMinR

Ref III A 1: **Grundsatzfragen des Kommunalverfassungsrechts, Kommunalaufsicht Landschaftsverbände** Krell LtdMinR; Weßeler ORR
Ref III A 2: **Einzelfragen des Kommunalverfassungsrechts, Kommunalaufsicht Gemeinden und Kreise** Nagel MinR
Ref III A 3: **Aufgaben- und Gebietsstruktur, Landesplanung** Höhn MinR
Ref III A 4: **Öffentliches Dienstrecht in den Kommunen** Naujoks MinR

Gruppe III B Kommunales Wirtschafts-, Finanz- und Prüfungswesen
Leiter: Kruppa LtdMinR

Ref III B 1: **Finanz- und Haushaltsplanung** Kruppa LtdMinR; Marx RRätin
Ref III B 2: **Finanz- und Lastenausgleich** Lauterbach MinRätin; Schnieder ORR
Ref III B 3: **Haushalts-, Kassen-, Rechnungs- und Prüfungswesen, Finanzaufsicht** Schneider MinR; Lienen RDirektorin

Ref III B 4: **Wirtschaftliche Betätigung der Gemeinden, Gemeindeverbände, Sparkassen, Kommunalabgaben** Beuß RDir; Nonn RDir

Gruppe III C Vermessungswesen
Leiter: Gröber LtdMinR

Ref III C 1: **Grundsatzfragen des Vermessungs- und Katasterwesens** Gröber LtdMinR
Ref III C 2: **Liegenschaftskataster** Tippke MinR
Ref III C 3: **Grundlagenvermessung, Kartographie, automatisierte Datenverarbeitung** Dr Brand MinR; Gärtner RVmR
Ref III C 4: **Katastervermessung** Vogel MinR

Abt IV Polizei
Leiter: Dr Möller MinDirig

Gruppe IV A Allgemeine Angelegenheiten, Recht
Leiter: Dr Tegtmeyer LtdMinR

Ref IV A 1: **Allgemeine Angelegenheiten, Organisation der Polizeibehörden und Polizeieinrichtungen** Dr Tegtmeyer LtdMinR; Schmitz RDir
Ref IV A 2: **Tätigkeitsrecht, polizeilicher Staatsschutz** Felix MinR; Tinnermann ORRätin
Ref IV A 3: **Verkehrs-, Waffen- und Vereinsrecht** Werries MinR
Ref IV A 4: **Polizei und Medien** Dr Bielstein RR
Ref IV A 5: **Rechtsfragen des polizeilichen Informationswesens** Dr Gretzinger MinR

Gruppe IV B Personal- und Haushaltsangelegenheiten, Aus- und Fortbildung
Leiter: Grafe LtdMinR

Ref IV B 1: **Personalplanung, Einzelpersonalien, Polizeibeamtenrecht** Seemann MinR; Seynsche RR
Ref IV B 2: **Haushalts-, Kassen-, Rechnungs- und Rechnungsprüfungswesen, Stellenpläne, Beschaffungen, Verpflegung** Dr Lehne MinR; Lischinski RDir
Ref IV B 3: **Laufbahnvorschriften, Ausbildung, Einzelfragen der Polizeibesoldung** Pollert MinR
Ref IV B 4: **Auswahlverfahren, Fortbildung** Zantow LtdPolDir
Ref IV B 5: **Polizeiärztlicher Dienst** Dr Dinkel MinR
Ref IV B 6: **Bau-, Unterkunfts- und Grundstücksangelegenheiten** Grafe LtdMinR; Eberhardt ORRätin

Gruppe IV C Einsatz und Stärke der Polizei, Inspektionen, Verkehr
Leiter: Dugas Inspekteur der Polizei

Ref IV C 1: **Inspektionen, Führungsfragen** Dugas Inspekteur der Polizei; Röhrig PolDir; Köppe KrimDir
Ref IV C 2: **Einsatz der Polizei, Lagezentrum** Glietsch PolDir; Hoebertz PolDir; Schmidt PolDir
Ref IV C 3: **Stärke und Verwendung der Polizei, Polizeisport** Häring LtdPolDir; Ingenerf KrimDir
Ref IV C 4: **Verkehrsangelegenheiten** Melchers LtdPolDir

27

Gruppe IV D Kriminalitätsangelegenheiten, Polizeitechnik
Leiter: Seidel LKrimDir

Ref IV D 1: **Strafverfolgung** Justen LtdPolDir; Gatzke KrimOR
Ref IV D 2: **Vorbeugung** Seidel LKrimDir; Nisch PolDir
Ref IV D 3: **Technische Angelegenheiten** Lutze LtdPolDir
Ref IV D 4: **Informations- und Kommunikationstechnik im Bereich der Polizei** Brungs MinR; Kreitzberg KrimDir

Abt V Organisation, Haushalt, Informationstechnik, Zivilschutz,
Leiter: Stähler LtdMinR

Gruppe V A Organisation, Haushalt, Statistik
Leiter: Stähler LtdMinR

Ref V A 1: **Beauftragter für den Haushalt, Bau- und Grundstücksangelegenheiten** Kehrberg MinR; Arians ORR
Ref V A 2: **Organisation des Innenministeriums, Verwaltungsreform, Ausschuß für Organisationsfragen** Stähler LtdMinR; Gabor RDir; Schellen ORR
Ref V A 3: **Organisation, Stellenplan, Dienstaufsicht bei den Regierungspräsidenten** Kuck MinR; Oberhaus RR
Ref V A 4: **Organisation, Stellenplan und Dienstaufsicht beim Landesamt für Datenverarbeitung und Statistik, bei der Landesrentenbehörde, beim Landesvermessungsamt und bei den Gemeinsamen Gebietsrechenzentren; Statistik; Behördliches Vorschlagwesen** Mainz MinR; Seipt RDir
Bürodirektion: **Innerer Dienst** Nestler ORR

Gruppe V B Informationstechnik
Leiter: Lutz LtdMinR

Ref V B 1: **Grundsatzfragen der Informationstechnik** Lutz LtdMinR; Dr Gorres-Schoenen ORRätin
Ref V B 2: **Rahmenplanung und Koordinierung** Rastetter MinR; Holzmüller RDirektorin
Ref V B 3: **Informationstechnik im Geschäftsbereich des Innenministeriums** Hagelgans MinRätin
Ref V B 4: **Rechtsfragen der Informationstechnik, Beschaffungsorganisation, Funktionalreform** Brohl-Sowa MinRätin; Scherers ORRätin
Ref V B 5: **Operationalisierung** Schwarz MinR

Gruppe V C Zivile Verteidigung, Kampfmittelbeseitigung
Leiter: Zimmermann LtdMinR

Ref V C 1: **Grundsatzfragen, Planung und Koordinierung** Zimmermann LtdMinR; Berg RDir
Ref V C 2: **Zivilschutz, Selbstschutz, Schutzbau, Warndienst** Witaschek MinR
Ref V C 3: **Wehrpflicht und Zivildienst, Leistungsrecht, Streitkräfte, Kampfmittelbeseitigung** Dr Thilo MinR; Dipl-Ing Dauch RAng
Ref V C 4: **Einzelfragen des Wehr- und Zivildienstes, Zivile Verteidigung** Zdunek MinR

Abt VI Verfassungsschutz
Leiter: Dr Baumann MinDirig

Gruppe A Auswertung
Leiter: Düren MinR

Gruppe B Beschaffung
Leiter: Huylmans LtdMinR

Gruppe C Aufgabenkritik, Organisation, Informationstechnik, Recht
Leiter: Kohlen MinR

In Verbindung mit dem Innenministerium:

Geschäftsstelle des Landespersonalausschusses beim Innenministerium des Landes Nordrhein-Westfalen
40213 Düsseldorf, Haroldstr 5; F (02 11) 87 11; Telex 8 58 27 49 inw d; Telefax (02 11) 8 71-33 55
Staatsrechtliche Grundlage und Aufgabenkreis:
§ 61 Abs 1 Beamtenrechtsrahmengesetz (BRRG), §§ 107-115 Landesbeamtengesetz (LBG).
Der Landespersonalausschuß hat die Aufgabe, über die Befähigung anderer als Laufbahnbewerber und über Ausnahmen von verschiedenen laufbahn- und disziplinarrechtlichen Vorschriften zu entscheiden. Im Rahmen dieser Entscheidungsbefugnisse binden seine Beschlüsse die beteiligten Verwaltungen. Er ist zuständig für alle Beamten des Landes, der Gemeinden, Gemeindeverbände und der sonstigen der Aufsicht des Landes unterstehenden Körperschaften, Anstalten und Stiftungen des öffentlichen Rechts. Darüber hinaus wirkt der Landespersonalausschß bei der allgemeinen Anerkennung von Prüfungen mit und kann der Landesregierung Vorschläge zur Änderung beamtenrechtlicher Vorschriften und ihrer Handhabung machen.
Zur Vorbereitung der Verhandlungen und Durchführung der Beschlüsse bedient sich der Landespersonalausschuß einer Geschäftsstelle, die im Innenministerium eingerichtet ist.
Der Landespersonalausschuß besteht aus vierzehn ordentlichen und vierzehn stellvertretenden Mitgliedern, von denen je ein Mitglied und sein Stellvertreter durch den Innenminister, den Finanzminister, den Justizminister, den Kultusminister, den Minister für Arbeit, Gesundheit und Soziales und den Präsidenten des Landesrechnungshofes bestimmt werden; die übrigen acht ordentlichen Mitglieder und ihre Stellvertreter werden von der Landesregierung auf Vorschlag des Innenministers auf die Dauer von vier Jahren berufen, davon zwei ordentliche und zwei stellvertretende Mitglieder aufgrund einer Benennung durch die Landesorganisationen der kommunalen Spitzenverbände und sechs ordentliche und sechs stellvertretende Mitglieder aufgrund einer Benennung durch die Spitzenorganisationen der zuständigen Gewerkschaften im Lande. Alle ordentlichen Mitglieder und ihre Stellvertreter müssen Beamte sein.
Vorsitzender: Norbert Salmon MinDirig
Leiter der Geschäftsstelle: Rainer Kunz LtdMinR

28

Beiräte, Kommissionen und Interministerielle Ausschüsse, deren sich der Innenminister bei Durchführung seiner Aufgaben bedient:

Feuerschutzbeirat
(Gesetzliche Grundlage: § 28 des Gesetzes über den Feuerschutz und die Hilfeleistung bei Unglücksfällen und öffentlichen Notständen vom 25. Februar 1975 – GV NW Seite 182 –)

Interministerieller Ausschuß für Verfassungsfragen

Ausschuß für Organisationsfragen

Interministerieller Ausschuß für das Behördliche Vorschlagwesen

Interministerieller Landesausschuß für Statistik und periodisches Berichtswesen (IMLA)

Staatlich-kommunaler Kooperationsausschuß AIV NRW *(Gesetzliche Grundlage:* § 9 ADV – Organisationsgesetz in der Fassung vom 9. Januar 1985 – GV NW Seite 541 –)

Interministerieller Arbeitskreis für Automation

Der Rechtsaufsicht der Landesregierung und der Dienstaufsicht des Innenministers untersteht:

1 Der Landesbeauftragte für den Datenschutz Nordrhein-Westfalen

40217 Düsseldorf, Reichsstr 43; F (02 11) 38 42 40; Telefax (02 11) 3 84 24 10

Staatsrechtliche Grundlage und Aufgabenkreis:
Artikel 77 a der Verfassung für das Land Nordrhein-Westfalen, eingefügt durch Gesetz vom 19. Dezember 1978 (GV NW Seite 632), Gesetz zum Schutz personenbezogener Daten (Datenschutzgesetz Nordrhein-Westfalen – DSG NW –) vom 15. März 1988 (GV NW Seite 160).
Datenschutzkontrolle bei den Behörden, Einrichtungen und sonstigen öffentlichen Stellen des Landes, den Gemeinden und Gemeindeverbänden sowie den sonstigen der Aufsicht des Landes unterstehenden juristischen Personen des öffentlichen Rechts und deren Vereinigungen.

Landesbeauftragter für den Datenschutz: Hans Maier-Bode
Ständiger Vertreter: Dr Guntram Spitzl LtdMinR

Ref 1: **Allgemeine Fragen des Datenschutzes, Medien, Internationales Datenschutzrecht, zentrale Aufgaben beim Landesbeauftragten** Dr Spitzl LtdMinR
Ref 2: **Allgemeine innere Verwaltung, Sicherheitsbehörden, Rechtswesen** Mann MinR
Ref 3: **Sozialwesen, Gesundheitswesen, Personalwesen, Statistik** Kloppert MinR
Ref 4: **Wissenschaft und Forschung, Bildung und Kultur, Finanzwesen, Wirtschaft und Verkehr, Land- und Forstwirtschaft, Eigenbetriebe und öffentliche Unternehmen** Dressler MinR

Ref 5: **Organisatorische und technische Fragen** Dr Pütter MinR

Der Dienst- und Fachaufsicht des Innenministeriums unterstehen:

2 Polizeibehörden und Polizeieinrichtungen

im Lande Nordrhein-Westfalen

Staatsrechtliche Grundlage, Gliederung und Aufgabenkreis:
Polizeigesetz (PolG NW) in der Fassung der Bekanntmachung vom 24. Februar 1990 (GV NW Seite 70) –, Polizeiorganisationsgesetz (POG NW) vom 13. Juli 1982 (GV NW Seite 339) und Ordnungsbehördengesetz in der Fassung der Bekanntmachung vom 13. Mai 1980 (GV NW Seite 528).
Die Polizeibehörden haben die Aufgaben zu erfüllen, die der Polizei durch Gesetz oder Rechtsverordnung übertragen sind. Sie sind insbesondere zuständig für die Gefahrenabwehr nach dem Polizeigesetz und für die Erforschung und Verfolgung von Straftaten und Ordnungswidrigkeiten. Die Regierungspräsidenten sind zuständig für die Überwachung des Straßenverkehrs auf den Bundesautobahnen und den vom Innenminister bestimmten autobahnähnlichen Straßen.
Die Kreispolizeibehörden sind zuständig für die Überwachung des Straßenverkehrs sowie für die der Polizei durch Gesetz oder Rechtsverordnung übertragenen Aufgaben auf dem Gebiete des Versammlungs-, Waffen-, Munitions- und Sprengstoffwesens, soweit nicht die Regierungspräsidenten zuständig sind. Der Polizeipräsident der Wasserschutzpolizei ist darüber hinaus zuständig für die Überwachung des Verkehrs auf den schiffbaren Wasserstraßen.

Polizeibehörden sind die Kreispolizeibehörden, die Bezirksregierungen und das Landeskriminalamt.

Kreispolizeibehörden sind
– die Polizeipräsidenten
– die Oberkreisdirektoren, die zu Kreispolizeibehörden bestimmt sind.
Polizeipräsidenten bestehen in Polizeibezirken mit mindestens einer kreisfreien Stadt.
Die Einrichtung der Polizeipräsidenten im einzelnen und die Bestimmung der Oberkreisdirektoren zu Kreispolizeibehörden obliegen der Landesregierung oder aufgrund einer von ihr erteilten Ermächtigung dem Innenminister. Landesregierung und Innenminister können dabei Kreise, Teile von Kreisen und kreisfreie Städte zu einem Polizeibezirk zusammenfassen.
Die Einrichtung und Bestimmung der Polizeibehörden erfolgen durch Rechtsverordnung im Einvernehmen mit dem Ausschuß für Innere Verwaltung und im Benehmen mit dem Ausschuß für Landesplanung und Verwaltungsreform des Landtags (vgl Verordung über die Kreispolizeibehörden des Lan-

des Nordrhein-Westfalen vom 27. Oktober 1982 –
GV NW Seite 692 – und Verordnung über die Bestimmung von Kreispolizeibehörden zu Kriminal-
hauptstellen vom 10. Januar 1983 – GV NW Seite 11 –).

2.1 Landeskriminalamt

Nordrhein-Westfalen
– Landesoberbehörde –

40221 Düsseldorf, Völklinger Str 49; F (02 11)
9 39-5; Telex 8 58 28 19; Telefax (02 11) 9 39-69 41

Staatsrechtliche Grundlage und Aufgabenkreis:
Polizeigesetz des Landes Nordrhein-Westfalen
(PolG NW) in der Fassung der Bekanntmachung
vom 24. Februar 1990 (GV NW Seite 70).
Gesetz über die Organisation und die Zuständigkeit
der Polizei im Lande Nordrhein-Westfalen – Polizeiorganisationsgesetz (POG NW) vom 13. Juli
1982 (SGV NW 205), geändert durch Gesetz vom
7. Februar 1990 (GV NW Seite 46).
Das Landeskriminalamt ist zentrale Dienststelle
nach § 3 Abs 1 des Gesetzes über die Einrichtung
eines Bundeskriminalpolizeiamtes (Bundeskrimi-
nalamt).
Das Landeskriminalamt hat
– die Einrichtungen für kriminaltechnische und erkennungsdienstliche Untersuchungen und Forschungen zu unterhalten und auf Ersuchen einer
Polizeibehörde, eines Gerichts oder einer Staatsanwaltschaft in Strafsachen kriminaltechnische
und erkennungsdienstliche Untersuchungen
durchzuführen und Gutachten zu erstatten,
– alle für die polizeiliche Verhütung und Verfolgung von Straftaten bedeutsamen Nachrichten
und Unterlagen zu sammeln und auszuwerten,
insbesondere die Polizeibehörden laufend über
den Stand der Kriminalität und über geeignete
Maßnahmen zur polizeilichen Verhütung und
Verfolgung von Straftaten zu unterrichten. Im
Rahmen seiner Zuständigkeit als Nachrichten-
sammel- und -auswertungsstelle kann das Landeskriminalamt den Kreispolizeibehörden fachliche Weisungen erteilen.
Das Landeskriminalamt hat die Polizeibehörden
bei der Verhütung und bei der Erforschung und
Verfolgung von Straftaten zu unterstützen. Das
Landeskriminalamt hat eine Straftat selbst zu erforschen und zu verfolgen
– auf Anordnung des Innenministers im Einvernehmen mit dem Justizminister,
– auf Ersuchen des Generalbundesanwalts,
– auf Ersuchen eines Gerichts oder einer Staatsanwaltschaft innerhalb der vom Innenminister im
Einvernehmen mit dem Justizminister erlassenen
Richtlinien.

Leiter: Brandt Dir des Landeskriminalamtes

Zentralabteilung

Dez 01: **Verwaltung**
Dez 02: **Polizeiärztlicher Dienst**
Dez 03: **Organisation, Grundsatzfragen, Daten-
schutz**
Dez 04: **Führungs- und Einsatzmittel**

Abt 1 Ermittlungen

Dez 11: **Organisierte Rauschgiftkriminalität**
Dez 12: **Sonstige Organisierte Kriminalität, Gewalt-,
Eigentumskriminalität**
Dez 13: **Vermögens-, Fälschungs- und Umweltkrimi-
nalität**
Dez 14: **Wirtschaftskriminalität**

Abt 2 Staatsschutz

Dez 21: **Landesverrat, Gefährdung der äußeren Sicherheit, NSG-Verfahren**
Dez 22: **Extremistische/Terroristische Kriminalität**
Dez 23: **Auswertung linksextremistischer und links-
terroristischer Kriminalität**
Dez 24: **Auswertung rechtsextremistischer und recht-
sterroristischer Kriminalität**

**Abt 3 Auswertung, Erkennungsdienst, Fahndung,
Vorbeugung**

Dez 31: **Kriminalitätsauswertung**
Dez 32: **Erkennungsdienst**
Dez 33: **Fahndung**
Dez 34: **Vorbeugung**

Abt 4 Einsatzunterstützung

Dez 41: **Dauerdienst**
Dez 42: **Koordinierungsstelle Spezialeinheiten, Bera-
tergruppe**
Dez 43: **Zentrale Informationsstelle, Landesinforma-
tionsstelle Sporteinsätze**

Abt 5 Naturwissenschaftliche Kriminalistik

Dez 51: **Chemische, physikalische Untersuchungen**
Dez 52: **Biologische Untersuchungen, Leitspuren-
konzepte**
Dez 53: **Schußwaffen, Werkzeugspurenuntersuchun-
gen**
Dez 54: **Schrift-, Urkundenuntersuchungen, Spre-
chererkennung, Bildtechnik**

Abt 6 Ermittlungsunterstützung

Dez 61: **Rechtshilfeangelegenheiten, Computerkri-
minalität, Fernmeldeüberwachung, visuelle Fahn-
dungshilfen**
Dez 62: **Tatortdienst, Zeugenschutz**
Dez 63: **Spezielle Ermittlungshilfen**
Dez 64: **Mobiles Einsatzkommando**

2.2 Bezirksregierung Arnsberg
– als Polizeibehörde –

59821 Arnsberg, Seibertzstr 1; F (0 29 31) 82-0;
Telex 8 42 35 rp ar; Telefax (0 29 31) 82-25 20

Leiterin: Dr Raghilt Berve RPräsidentin
Polizeibezirk: Regierungsbezirk Arnsberg

Der Bezirksregierung unmittelbar unterstellt:

Verkehrsüberwachungsbereitschaft
59821 Arnsberg, Hüstener Str 50-52; F (0 29 31)
82-0; Telefax (0 29 31) 70 23

Polizeihubschrauberstaffel Westfalen
44319 Dortmund, Flugplatz 10; F (02 31) 21 12 86;
Telefax (02 31) 21 12 86

Polizei-Autobahnstation

59609 Anröchte, Kliever Str 69; F (0 29 47)
7 41/42; Telefax (0 29 21) 7 42 80

59821 Arnsberg, Hüstener Str 50-52; F (0 29 31)
60 23

57258 Freudenberg, Wilhelmshöhe 10; F (0 27 34)
12 22; Telefax (0 27 34) 6 05 04

58093 Hagen, Hoheleye 3; F (0 23 31) 80 21; Telefax (0 23 04) 6 74 47

59174 Kamen, Dortmunder Allee 6; F (0 23 07)
76 52; Telefax (0 23 07) 1 85 75

58507 Lüdenscheid, Vogelberger Weg 1;
F (0 23 51) 1 20 97; Telefax (0 23 51) 4 57 86

58455 Witten, Crengeldanzstr 40; F (0 23 02)
5 31 91; Telefax (02 31) 75 01 40

*Der Dienst- und Fachaufsicht der Bezirksregierung
Arnsberg als Polizeibehörde unterstehen:*

2.2.1 Kreispolizeibehörden

im Polizeibezirk Arnsberg

Polizeipräsident Bochum
44791 Bochum, Uhlandstr 35; F (02 34) 5 89-0;
Telex 82 57 30 PPBM D; Telefax (02 34)
5 89-21 53
Leiter: Thomas Wenner PolPräs
Kreispolizeibezirk: Kreisfreie Städte Bochum, Herne und kreisangehörige Stadt Witten (Ennepe-Ruhr-Kreis)

Polizeipräsident Dortmund
44139 Dortmund, Markgrafenstr 102; F (02 31)
1 32-0; Telex 82 28 20 Kvdo D; Telefax (02 31)
1 32-24 49
Leiter: Hans Schulze PolPräs
Kreispolizeibezirk: Kreisfreie Stadt Dortmund und
kreisangehörige Stadt Lünen (Kreis Unna)

Polizeipräsident Hagen
58093 Hagen, Hoheleye 3; F (0 23 31) 9 86-0; Telex
82 37 65 PPHA D; Telefax (0 23 31) 9 86-13 09
Leiter: Günther Steckhan PolPräs
Kreispolizeibezirk: Kreisfreie Stadt Hagen

Polizeipräsident Hamm
59065 Hamm, Hohe Str 80; F (0 23 81) 2 79-1;
Telex 82 88 30 PPHM D; Telefax (0 23 81)
2 79-2 88
Leiter: Hans-Eduard Kießler PolPräs
Kreispolizeibezirk: Kreisfreie Stadt Hamm

Der Oberkreisdirektor als Kreispolizeibehörde Lüdenscheid
58636 Iserlohn, Friedrichstr 70; F (0 23 71) 9 65-0;
Telefax (0 23 71) 9 65-2 07
Leiter: Dr Bernhard Schneider OKDir
Kreispolizeibezirk: Märkischer Kreis

Der Oberkreisdirektor als Kreispolizeibehörde Meschede
59872 Meschede, Steinstr 27; F (02 91) 94-0; Telex
8 48 74 LKMES D; Telefax (02 91) 94-2 30
Leiter: Egon Mühr OKDir
Kreispolizeibezirk: Hochsauerlandkreis

Der Oberkreisdirektor als Kreispolizeibehörde Olpe
57462 Olpe, Kortemickestr 2; F (0 27 61) 96 00;
Telefax (0 27 61) 96 02-23; Telex 87 64 75
Leiter: Dr Franz Demmer OKDir
Kreispolizeibezirk: Kreis Olpe

Der Oberkreisdirektor als Kreispolizeibehörde Schwelm
58332 Schwelm, Hauptstr 92; F (0 23 36) 4 04-0;
Telefax (0 23 36) 4 04-2 96
Leiterin: Ute Scholle OKDirektorin
Kreispolizeibezirk: Ennepe-Ruhr-Kreis ohne Stadt
Witten

Der Oberkreisdirektor als Kreispolizeibehörde Siegen
57076 Siegen, Weidenauerstr 235; F (02 71) 4 06-1;
Telex 87 26 61; Telefax (02 71) 4 06-3 84
Leiter: Karl-Heinz Forster OKDir
Kreispolizeibezirk: Kreis Siegen-Wittgenstein

Der Oberkreisdirektor als Kreispolizeibehörde Soest
59494 Soest, Walburger Osthofen-Wallstr 2;
F (0 29 21) 3 83-0; Telex 8 43 24 LKSO D;
Telefax (0 29 21) 3 83-2 19
Leiter: Dr Hermann Janning OKDir
Kreispolizeibezirk: Kreis Soest

Der Oberkreisdirektor als Kreispolizeibehörde Unna
59425 Unna, Friedrich-Ebert-Str 17; F (0 23 03)
2 81-0; Teletex 2 30 33 19; Telefax (0 23 03)
2 81-3 57; Btx (0 23 03) 27
Leiter: Karl-Heinrich Landwehr OKDir
Kreispolizeibezirk: Kreis Unna ohne Stadt Lünen

2.3 Bezirksregierung Detmold
– als Polizeibehörde –

32756 Detmold, Leopoldstr 13-15; F (0 52 31) 71-0; Telex 93 58 80 rp det; Teletex 5 23 18 14 RP Det; Telefax (0 52 31) 71-12 95

Leiter: Walter Stich RPräs
Polizeibezirk: Regierungsbezirk Detmold

Der Bezirksregierung unmittelbar unterstellt:

Bekleidungslieferstelle (BKL)
32756 Detmold, Hornsche Str 59; F (0 52 31) 71 25 43

Sanitätsdienst (PÄ), Kraftfahrdienst und Waffenwesen
32760 Detmold, Johannettental; F (0 52 31) 71 28 16; 71 28 80, 71 28 20

Verkehrsüberwachungsbereitschaft Detmold
32760 Schloß Holte-Stukenbrock, Lippstädter Weg 26a; F (0 52 57) 9 87-8 00

Polizei-Autobahnstation Senne
33758 Schloß Holte-Stukenbrock, Lippstädter Weg 26 a; F (0 52 57) 9 87-8 40

Schwerpunkt- und technische Überwachungsgruppe
32052 Herford, Ahmser Str 134; F (0 52 21) 88 80; Telefax (0 52 21) 88 15 51

Der Dienst- und Fachaufsicht der Bezirksregierung Detmold als Polizeibehörde unterstehen:

2.3.1 Kreispolizeibehörden

im Polizeibezirk Detmold

Polizeipräsident Bielefeld
33615 Bielefeld, Kurt-Schumacher-Str 46; F (05 21) 5 45-0; Telefax (05 21) 5 45-33 77
Leiter: Horst Kruse PolPräs
Kreispolizeibezirk: Kreisfreie Stadt Bielefeld

Der Oberkreisdirektor als Kreispolizeibehörde Detmold
32758 Detmold, Bielefelder Str 90; F (0 52 31) 6 09-0; Telefax (0 52 31) 6 09-2 93
Leiter: Dr Helmut Kauther OKDir
Kreispolizeibezirk: Kreis Lippe

Der Oberkreisdirektor als Kreispolizeibehörde Gütersloh
33378 Rheda-Wiedenbrück, Wasserstr 14; F (0 52 42) 13-1; Telex 93 11 03; Telefax (0 52 42) 13-5 15
Leiter: Günter Kozlowski OKDir
Kreispolizeibezirk: Kreis Gütersloh

Der Oberkreisdirektor als Kreispolizeibehörde Herford
32049 Herford, Hansastr 54; F (0 52 21) 8 88-0; Telefax (0 52 21) 8 88-2 99

Leiter: Henning Kreibohm OKDir
Kreispolizeibezirk: Kreis Herford

Der Oberkreisdirektor als Kreispolizeibehörde Höxter
37671 Höxter, Bismarckstr 18; F (0 52 71) 6 82-0; Telex 93 17 36 okdhxd; Telefax (0 52 71) 6 82-2 99
Leiter: Paul Sellmann OKDir
Kreispolizeibezirk: Kreis Höxter

Der Oberkreisdirektor als Kreispolizeibehörde Minden
32425 Minden, Marienstr 82; F (05 71) 88 66-0; Telefax (05 71) 88 66-2 99
Leiter: Dr Alfred Giere OKDir
Kreispolizeibezirk: Kreis Minden-Lübbecke

Der Oberkreisdirektor als Kreispolizeibehörde Paderborn
33102 Paderborn, Riemekestr 60-62; F (0 52 51) 3 06-0; Telefax (0 52 51) 3 06-2 99
Leiter: Dr Rudolf Wansleben OKDir
Kreispolizeibezirk: Kreis Paderborn

2.4 Bezirksregierung Düsseldorf
– als Polizeibehörde –

40474 Düsseldorf, Cecilienallee 2; F (02 11) 4 75-0; Telex 8 58 49 38 rp df; Telefax (02 11) 4 75-26 71

Leiter: Dr Fritz Behrens RPräs
Polizeibezirk: Autobahnen im Regierungsbezirk Düsseldorf

Der Bezirksregierung Düsseldorf als Polizeibehörde unmittelbar unterstellt:

Verkehrsüberwachungsbereitschaft
40724 Hilden, Zum Forsthaus 16; F (0 21 03) 3 08-0; Telefax (0 21 03) 3 08-1 94

Polizei-Autobahnstation Remscheid
42857 Remscheid, Am Langen Siepen 14; F (0 21 91) 7 20 58/59 (Bundesautobahn-Wache; F (0 21 96) 60 56/46 30

Polizei-Autobahnstation Hilden
40724 Hilden, Zum Forsthaus 16; F (0 21 03) 3 08-2 22; Telefax (0 21 03) 3 08-1 94

Polizei-Autobahnstation Düsseldorf-Nord
45481 Mülheim, Stockweg 200; F (02 03) 76 00 01

Polizei-Autobahnstation Wesel
46483 Wesel, Delogstr 1; F (02 81) 2 80 28/29; BAB-Wache F (0 28 74) 20 06

Polizei-Autobahnstation Oberhausen
46145 Oberhausen, Wilhelm-Platz 2; F (02 08) 8 26-0 (BAB-Wache F (02 08) 64 56 96)

Polizei-Autobahnstation Moers
47447 Moers, Venloer Str 24; F (0 28 41) 2 10 85/86 (BAB-Wache F (0 28 41) 2 10 64)

Polizei-Autobahnstation Neuss
41464 Neuss, Jülicher Landstr 178; F (0 21 31)
4 06-4 81 (BAB-Wache F (0 21 31) 4 06-4 93)

Polizei-Autobahnstation Mönchengladbach
41065 Mönchengladbach, Theodor-Heuss-Str 149;
F (0 21 61) 4 00-2 71 (BAB-Wache F (0 21 61)
58 10 08

Polizeihubschrauberstaffel „Rheinland"
40474 Düsseldorf-Lohausen, Flughafen, Halle 10;
F (02 11) 42 44 12/14; Telefax (02 11) 42 44 12

Der Dienst- und Fachaufsicht der Bezirksregierung
Düsseldorf als Polizeibehörde unterstehen:

2.4.1 Kreispolizeibehörden

im Polizeibezirk Düsseldorf

Polizeipräsident Düsseldorf
40219 Düsseldorf, Jürgensplatz 5-7; F (02 11) 87 01
Leiter: Dr Lisken PolPräs
Kreispolizeibezirk: Kreisfreie Stadt Düsseldorf

Polizeipräsident Duisburg
47053 Duisburg, Düsseldorfer Str 161-163;
F (02 03) 28 61-1; Telex 85 58 04 kvdu d;
Telefax (02 03) 28 61-22 48
Leiter: Cebin PolPräs
Kreispolizeibezirk: Kreisfreie Stadt Duisburg

Polizeipräsident Essen
45117 Essen, Büscherstr 2-6; F (02 01) 8 29-0;
Telex 8 57 11 75 ppes d; Telefax (02 01) 8 29-30 95
Leiter: Michael Dybowski PolPräs
Kreispolizeibezirk: Kreisfreie Stadt Essen

Polizeipräsident Mönchengladbach
41065 Mönchengladbach, Theodor-Heuss-Str 149;
F (0 21 61) 4 00-1; Telex 85 26 36;
Telefax (0 21 61) 4 00-3 57
Leiter: Dr Walter Büchsel PolPräs
Kreispolizeibezirk: Kreisfreie Stadt Mönchenglad-
bach und das Gebiet des NATO-Hauptquartiers

Polizeipräsident Wuppertal
42285 Wuppertal, Friedrich-Engels-Allee 228;
F (02 02) 8 95-0; Telex 8 59-16 62 ppwud;
Telefax (02 02) 8 95-24 52
Leiter: Klaus-Dietrich Koehler PolPräs
Kreispolizeibezirk: Kreisfreie Städte Wuppertal, So-
lingen und Remscheid

Polizeipräsident Krefeld
47798 Krefeld, Nordwall 1-3; F (0 21 51) 6 34-0;
Telex 8 53 33 29 pdKr d; Telefax (0 21 51)
6 34-2 87
Leiter: Ulrich Nordbeck PolPräs
Kreispolizeibezirk: Kreisfreie Stadt Krefeld

Polizeipräsident Mülheim an der Ruhr
45468 Mülheim, Von-Bock-Str 50; F (02 08) 30 11;
Telex 85 64 51; Telefax (02 08) 3 01 22 57
Leiterin: Gisela Röttger-Husemann PolPräsidentin
Kreispolizeibezirk: Kreisfreie Stadt Mülheim an der
Ruhr

Polizeipräsident Oberhausen
46045 Oberhausen, Friedensplatz 2-5; F (02 08)
82 60; Telex 85 64 46 pp ob; Telefax (02 08)
82 62 83
Leiter: Karl-Heinz Meier-Gerdingh PolPräs
Kreispolizeibezirk: Kreisfreie Stadt Oberhausen

Polizeipräsident der Wasserschutzpolizei Nord-
rhein-Westfalen
47198 Duisburg, Moerser Str 219; F (0 20 66)
2 03-0; Telex 85 52 41 wddu d; Telefax (0 20 66)
20 32 79
Leiter: Tiebel PolPräs
Zuständigkeitsbereich: Schiffbare Wasserstraßen
(Ströme und Kanäle), Häfen bis zur Hochwasser-
grenze, einschließlich Kai- und Uferstrecken sowie
Anlagen, die zu den Wasserstraßen gehören oder
mit ihnen unmittelbar in Verbindung stehen, wie
Buhnen, Leinpfade und Umschlageinrichtungen

Der Oberkreisdirektor als Kreispolizeibehörde Kle-
ve
47533 Kleve, Kanalstr 7; F (0 28 21) 5 04-0;
Telefax (0 28 21) 5 04-2 64
Leiter: Rudolf Kersting OKDir
Kreispolizeibezirk: Kreis Kleve

Der Oberkreisdirektor als Kreispolizeibehörde
Mettmann
40822 Mettmann, Düsseldorfer Str 26; F (0 21 04)
9 82-0; Telefax (0 21 04) 9 82-2 18
Leiter: Robert Wirtz OKDir
Kreispolizeibezirk: Kreis Mettmann

Der Oberkreisdirektor als Kreispolizeibehörde
Neuss
41464 Neuss, Jülicher Landstr 178; F (0 21 01)
40 60; Telefax (0 21 01) 40 62 07
Leiter: Salomon OKDir
Kreispolizeibezirk: Kreis Neuss

Der Oberkreisdirektor als Kreispolizeibehörde Vier-
sen
41747 Viersen, Rathausmarkt 3; F (0 21 62) 39-0;
Telex 8 51 87 17; Telefax (0 21 62) 39 18 03
Leiter: Dr Hans-Christian Vollert OKDir
Kreispolizeibezirk: Kreis Viersen

Der Oberkreisdirektor als Kreispolizeibehörde We-
sel
46483 Wesel, Reeser Landstr 31; F (02 81) 2 07-0;
Telex 81 28 00 kwe d; Btx 0 28 12 07;
Telefax (02 81) 1 07-3 69
Leiter: Dr Helmut Brocke OKDir
Kreispolizeibezirk: Kreis Wesel

2.5 Bezirksregierung Köln
– als Polizeibehörde –

50667 Köln, Zeughausstr 2-10; F (02 21) 1 47-0;
Telex 8 88 14 51 rpkl d; Telefax (02 21) 1 47-31 85;
Btx (02 21) 1 47-33 91

Leiter: Dr Franz-Josef Antwerpes RPräs
Polizeibezirk: Regierungsbezirk Köln

Der Bezirksregierung Köln als Polizeibehörde unmittelbar unterstellt:

Leitstelle „Edwin"
50667 Köln, Zeughausstr 2-10; F (02 21) 1 47-0

Polizeiärztlicher Dienst
50676 Köln, Waidmarkt 1; F (02 21) 2 29-1

Verkehrsüberwachungsbereitschaft
50968 Köln, Bonner Str 502; F (02 21) 1 47-0 oder
1 47-37 02

Polizei-Autobahnstation Aggerbrücke
53721 Siegburg, Dr-Karl-Peters-Str 17; F (0 22 41)
5 06 80

Polizei-Autobahnstation Bonn
53227 Bonn, Königswinterer Str 37; F (02 28)
15 37 53

Polizei-Autobahnstation Dellbrück
50968 Köln, Bonner Str 502; F (02 21) 1 47-37 32

Polizei-Autobahnstation Eschweiler
52249 Eschweiler, Rue de Wattrelos 29; F (0 24 03)
78 42 02

Polizei-Autobahnstation Frechen
50968 Köln, Bonner Str 502; F (02 21) 1 47-37 62

Polizei-Autobahnstation Gummersbach
51643 Gummersbach, Hindenburgstr 40;
F (0 22 61) 3 02-3 92

Polizei-Autobahnstation Heimerzheim
53881 Euskirchen, Im Mariental; F (0 22 51) 41 20

Schwerpunkt- und technische Überwachungsgruppe Köln
50968 Köln, Bonner Str 502; F (02 21) 1 47-38 02

Schwerpunkt- und technische Überwachungsgruppe Eschweiler
52249 Eschweler, Rue de Wattrelos 29; F (0 24 03)
78 42 52

Der Dienst- und Fachaufsicht der Bezirksregierung Köln als Polizeibehörde unterstehen:

2.5.1 Kreispolizeibehörden

im Polizeibezirk Köln

Polizeipräsident Aachen
52070 Aachen, Hubert-Wienen-Str 25; F (02 41)
1 89-1; Telex 83 24 75 PPAA D; Telefax (02 41)
1 89 23 53
Leiter: Heinrich Bönninghaus PolPräs

Kreispolizeibezirk: Kreisfreie Stadt Aachen und
Kreis Aachen

Polizeipräsident Bonn
53113 Bonn, Friedrich-Ebert-Allee 144; F (02 28)
15-0; Telex 88 67 57; Telefax (02 28) 15-23 55
Leiter: Dierk Henning Schnitzler PolPräs
Kreispolizeibezirk: Kreisfreie Stadt Bonn, dazu vom
Rhein-Sieg-Kreis die Städte Bad Honnef, Bornheim, Königswinter, Meckenheim und Rheinbach
sowie die Gemeinden Alfter, Swisttal und Wachtberg

Polizeipräsident Köln
50676 Köln, Waidmarkt 1; F (02 21) 2 29-1;
Telefax (02 21) 2 29-20 02
Leiter: Jürgen Hosse PolPräs
Kreispolizeibezirk: Kreisfreie Stadt Köln

Polizeipräsident Leverkusen
51373 Leverkusen, Heymannstr 22; F (02 14)
37 71; Telex 8 51 02 42; Telefax (02 14) 3 77 21 99
Leiter: Dieter Erhorn
Kreispolizeibezirk: Kreisfreie Stadt Leverkusen

Der Oberkreisdirektor als Kreispolizeibehörde Bergheim
50126 Bergheim, Willy-Brandt-Platz 1; F (0 22 33)
52-0; Telefax (0 22 33) 52-2 72
Leiter: Wolfgang Bell OKDir
Kreispolizeibezirk: Erftkreis

Der Oberkreisdirektor als Kreispolizeibehörde Bergisch Gladbach
51436 Bergisch Gladbach, Postfach 20 06 68;
F (0 22 02) 20 70; Telex 88 77 33; Telefax (0 22 02)
20 72-02
Leiter: Dr Jürgen Kroneberg OKDir
Kreispolizeibezirk: Rheinisch-Bergischer Kreis

Der Oberkreisdirektor als Kreispolizeibehörde Düren
52351 Düren, Bismarckstr 16; F (0 24 21) 12 91;
Telex 83 38 00; Telefax (0 24 21) 12 93 45 und
12 96 62
Leiter: Josef Hüttemann OKDir
Kreispolizeibezirk: Kreis Düren

Der Oberkreisdirektor als Kreispolizeibehörde Euskirchen
53879 Euskirchen, Kölner Str 76; F (0 22 51)
7 99-0; Telefax (0 22 51) 7 99-2 06;
Telex 8 86 91 81
Leiter: Dr Ingo Wolf OKDir
Kreispolizeibezirk: Kreis Euskirchen

Der Oberkreisdirektor als Kreispolizeibehörde Gummersbach
51643 Gummersbach, Karlstr 14-16; F (0 22 61)
3 02-1; Telex 88 44 18 lkgm d; Telefax (0 22 61)
30 22 06
Leiter: Dr Gert Ammermann OKDir

Kreispolizeibezirk: Oberbergischer Kreis

Der Oberkreisdirektor als Kreispolizeibehörde Heinsberg
52525 Heinsberg, Valkenburger Str 45; F (0 24 52) 13-0; Telex 8 32 93 19; Telefax (0 24 52) 1 22 57
Leiter: Dr Leo Thönnissen OKDir
Kreispolizeibezirk: Kreis Heinsberg ohne Gebiet des NATO-Hauptquartiers

Der Oberkreisdirektor als Kreispolizeibehörde Siegburg
53721 Siegburg, Kaiser-Wilhelm-Platz 1; F (0 22 41) 13-1; Teletex 1 72 24 14 08; Telefax (0 22 41) 13-21 86
Leiter: Dr Walter Kiwit OKDir
Kreispolizeibezirk: Rhein-Sieg-Kreis, ohne die Städte Bad Honnef, Bornheim, Königswinter, Meckenheim und Rheinbach sowie ohne die Gemeinden Alfter, Swisttal und Wachtberg

2.6 Bezirksregierung Münster – als Polizeibehörde –

48143 Münster, Domplatz 1-3,; F (02 51) 41 10; Telex 89 28 70; Telefax (02 51) 4 11 25 25

Leiter: Erwin Schleberger RPräs
Polizeibezirk: Regierungsbezirk Münster

Der Bezirksregierung Münster als Polizeibehörde unmittelbar unterstellt:

Leitstelle „Felix"
48143 Münster, Domplatz 1-3; F (02 51) 4 11-0 und 4 11 26 05; Telefax (02 51) 4 11 26 70

Verkehrsüberwachungsbereitschaft
48153 Münster, Hammer Str 234; F (02 51) 79 88-0; Telefax (02 51) 79 88-4 35

Der Dienst- und Fachaufsicht der Bezirksregierung Münster als Polizeibehörde unterstehen:

2.6.1 Kreispolizeibehörden

im Polizeibezirk Münster

Polizeipräsident Gelsenkirchen
45894 Gelsenkirchen, Rathausplatz 4; F (02 09) 3 65-0; Telefax (02 09) 3 65 21 45
Leiter: Walter Pegenau PolPräs
Kreispolizeibezirk: Kreisfreie Stadt Gelsenkirchen

Polizeipräsident Recklinghausen
45657 Recklinghausen, Westerholter Weg 27; F (0 23 61) 55-1; Telex 82 97 44; Telefax (0 23 61) 55 22 83
Leiterin: Ursula Stegelmeyer PolPräsidentin
Kreispolizeibezirk: Kreisfreie Stadt Bottrop und Kreis Recklinghausen

Polizeipräsident Münster
48147 Münster, Friesenring 43; F (02 51) 2 75-0; Telefax (02 51) 2 75-21 64
Leiter: Robert Steineke PolPräs
Kreispolizeibezirk: Kreisfreie Stadt Münster

Der Oberkreisdirektor als Kreispolizeibehörde Borken
46325 Borken, Burloer Str 93; F (0 28 61) 82-0 (OKD und Abt VL); (0 28 61) 8 01-0 (Abt GS); Telefax (0 28 61) 80 12 09
Leiter: Raimund Pingel OKDir
Kreispolizeibezirk: Kreis Borken

Der Oberkreisdirektor als Kreispolizeibehörde Coesfeld
48653 Coesfeld, Friedrich-Ebert-Str 7; F (0 25 41) 18-0
Leiter: Hans Pixa OKDir
Kreispolizeibezirk: Kreis Coesfeld

Der Oberkreisdirektor als Kreispolizeibehörde Steinfurt
48565 Steinfurt, Tecklenburger Str 10; F (0 25 51) 15-0; Telefax (0 25 51) 69-24 00
Leiter: Dr Heinrich Hoffschulte OKDir
Kreispolizeibezirk: Kreis Steinfurt

Der Oberkreisdirektor als Kreispolizeibehörde Warendorf
48231 Warendorf, Waldenburger Str 4; F (0 25 81) 60 00
Leiter: Dr Wolfgang Kirsch OKDir
Kreispolizeibezirk: Kreis Warendorf

Polizeieinrichtungen

2.7 Direktion der Bereitschaftspolizei

Nordrhein-Westfalen
59379 Selm, Im Sundern; F (0 25 92) 68-0; Telex 8 98 47 bpdnw d; Telefax (0 25 92) 68 27 49

Aufgabenkreis:
Die Bereitschaftspolizei, eine Landeseinrichtung im Sinne von § 14 LOG, dient nach § 4 POG der Ausbildung und Fortbildung der Polizei und unterstützt die Polizeibehörden bei der Erfüllung ihrer Aufgaben nach den Weisungen des Innenministers. Die Bereitschaftspolizei gliedert sich in die Direktion der Bereitschaftspolizei, eine Landeseinrichtung im Sinne des § 14 Landesorganisationsgesetz (LOG) und sieben Abteilungen.

Leiter: Wolf Immisch Dir der Bereitschaftspolizei

Der Dienst- und Fachaufsicht der Direktion der Bereitschaftspolizei unterstehen:

2.7.1 Bereitschaftspolizeiabteilungen

Bereitschaftspolizei Nordrhein-Westfalen, Abt I
59379 Selm, Im Sundern; F (0 25 92) 6 80

Bereitschaftspolizei Nordrhein-Westfalen, Abt II
44791 Bochum, Gersteinring 50 a; F (02 34) 50 78-0
Standort Essen
45133 Essen, Norbertstr 165; F (02 01) 7 29 91

Bereitschaftspolizei Nordrhein-Westfalen, Abt III
42285 Wuppertal, Müngstener Str 35; F (02 02) 59 30 61

Bereitschaftspolizei Nordrhein-Westfalen, Abt IV
52441 Linnich, Rurallee 20; F (0 24 62) 2 03-1

Bereitschaftspolizei Nordrhein-Westfalen, Abt V
50321 Brühl, Rheinstr 200; F (0 22 32) 70 11

Bereitschaftspolizei Nordrhein-Westfalen, Abt VI
59379 Selm, Im Sundern; F (0 25 92) 6 80

Bereitschaftspolizei Nordrhein-Westfalen, Abt VII, „Erich Klausener"
33758 Schloß Holte-Stukenbrock, Lippstädter Weg 26; F (0 52 57) 5 01-0

2.8 Landespolizeischule für Diensthundführer

33758 Schloß Holte-Stukenbrock, Lippstädter Weg 26; F (0 52 57) 98 76 54; Telefax (0 52 57) 98 76 70

Aufgabenkreis:
Die Landespolizeischule ist eine Landeseinrichtung im Sinne des § 14 LOG. Sie ist zuständig für
– die Ausbildung von Polizeibeamten zu Diensthundführern und anderen fachspezifischen Funktionen,
– die Ausbildung von Diensthunden in allen polizeilichen Verwendungsbereichen,
– den Einsatz der Leichenspürhunde und Geruchsspurenvergleichshunde,
– Entwicklung im Diensthundwesen.

2.9 Höhere Landespolizeischule „Carl Severing"

48151 Münster, Weseler Str 264 F (02 51) 77 95-0; Telefax (02 51) 77 95-2 09

Staatsrechtliche Grundlage und Aufgabenkreis:
Bekanntmachung des Innenministers vom 12. August 1969 (MinBl NW 1969 Seite 1480). Diese Einrichtung des Landes im Sinne von § 14 LOG dient der Aus- und Fortbildung von Polizeivollzugsbeamten.

2.10 Landeskriminalschule

Nordrhein-Westfalen
41460 Neuss, Hammfelddamm 7 a; F (0 21 31) 1 75-0; Telefax (0 21 31) 1 75-2 04

Aufgabenkreis:
Die Landeskriminalschule NRW ist eine Einrichtung im Sinne von § 14 LOG NW. Sie ist zuständig für die kriminalistische, kriminaltechnische und kriminologische Aus- und Fortbildung der Polizeibeamtinnen und Polizeibeamten. Darüber hinaus absolvieren die Bewerberinnen und Bewerber für den höheren Polizeivollzugsdienst hier ihr erstes Studienjahr.

2.11 Zentrale Polizeitechnische Dienste

des Landes Nordrhein-Westfalen
40476 Düsseldorf, Roßstr 135; F (02 11) 9 39-0; Telex 8 58 26 93 zpd d; Telefax (02 11) 9 39-20 70

Aufgabenkreis:
Die Zentralen Technischen Dienste (ZPD NRW) sind eine Einrichtung des Landes im Sinne von § 14 Landesorganisationsgesetz, die 1989 aus dem ehemaligen Fernmeldedienst der Polizei und Teilen des Landeskriminalamtes hervorgegangen sind. Sie sind zuständig für Planung und Entwicklung, Betrieb und Betreuung insbesondere von Informations- und Kommunikationstechnik der Polizei Nordrhein-Westfalen. Darüber hinaus obliegen den ZPD Aufgaben im Bereich des Kraftfahrzeug-, Waffen- und Gerätewesens, der Einsatzunterstützung sowie der Wahrnehmung von Aufgaben gemäß Meterwellenfunk-Richtlinie (BOS) für alle BOS (Funküberwachung, Frequenzkoordinierung usw) für das Innenministerium NRW.

2.12 Polizei-Beschaffungsstelle

Nordrhein-Westfalen
40477 Düsseldorf, Tußmannstr 69/73; F (02 11) 94 40 10; Telex 8 58 20 76; Telefax (02 11) 9 44 01 21

Aufgabenkreis:
Der Polizei-Beschaffungsstelle, einer Einrichtung des Landes gemäß § 14 LOG, obliegt die zentrale Beschaffung der Polizeiausrüstung und ihre Verteilung auf die Behörden und Einrichtungen der Polizei (vgl RdErl des Innenministers vom 5. April 1954, SM Bl NW 20 500). Für die Auslieferung bei den Polizeibehörden und bei den Bereitschaftspolizeiabteilungen bestehen Bekleidungslieferstellen.

2.13 Polizei-Führungsakademie

48165 Münster, Zum Roten Berge 18-24; F (0 25 01) 8 06-1; Telefax (0 25 01) 80 63 68

Aufgabenkreis:
Die Polizei-Führungsakademie, eine gemeinsame Bildungs- und Forschungsstätte des Bundes und der Länder, ist eine Einrichtung des Landes Nordrhein-Westfalen im Sinne von § 14 LOG.
Die Dienstaufsicht obliegt dem Innenminister des Landes Nordrhein-Westfalen, die Fachaufsicht führen der Bundesminister des Innern sowie die Innenminister/-senatoren der Länder gemeinsam. Die Polizei-Führungsakademie dient der einheitlichen Ausbildung der Anwärter für den höheren Polizeivollzugsdienst der Länder und des Bundes einschließlich der Abnahme von Laufbahnprüfungen, der Fortbildung der Beamten des gehobenen und höheren Polizeidienstes des Bundes und der Länder, der Fortbildung der ausländischen Polizeibediensteten im Inland und der Aus- und Fortbildung von deutschen Polizeibediensteten im Ausland im Rahmen bestehender Vereinbarungen sowie der Forschung auf dem Gebiet des Polizeiwesens.

Präsident der Polizei-Führungsakademie: Dr Rainer Schulte

Zum Geschäftsbereich des Innenministeriums gehören:

Bezirksregierungen

Aufgaben, Organisation und Geschäftsverteilung ergeben sich im einzelnen aus dem Runderlaß des Innenministeriums vom 19. März 1985 (MBl NW Seite 454/SMBl NW 20051) betreffend die innere Organisation der Bezirksregierungen.

3 Bezirksregierung Arnsberg

59821 Arnsberg, Seibertzstr 1; F (0 29 31) 82-0; Telex 84 22 35 rp ar; Telefax (0 29 31) 82-25 20

Regierungsbezirk: Fläche 7 998,87 qkm; Einwohner 3 798 918 (Stand 30. Juni 1993).
Kreisfreie Städte Bochum, Dortmund, Hagen, Hamm und Herne sowie der Ennepe-Ruhr-Kreis, der Hochsauerlandkreis, der Märkische Kreis und die Kreise Olpe, Soest Unna und Siegen-Wittgenstein.

Regierungspräsidentin: Dr Ing Raghilt Berve
Regierungsvizepräsident: Christoph Bern

Abt 1 Zentralabteilung
Leiter: Christoph Bern RVPräs

Dez 11: **Organisations- und Personalangelegenheiten** Eickhoff LtdRDir
Dez 12: **Beauftragter für den Haushalt und wirtschaftliche Angelegenheiten** Sangmeister RDir
Dez 13: **Regierungshauptkasse** Ulland ROAR
Dez 14: **Rechnungsamt, Kassenaufsicht** Rauch RDir
Dez 15: **Justitiariat, Enteignung, Liegenschaften, Verteidigungslasten** von Auenmüller RDirektorin
Dez 16: **Vorprüfungsstelle für Bauausgaben** Lohmann RBauR

Abt 2
Leiter: Ludger Krapp AbtDir

Dez 21: **Ordnungsrechtliche Angelegenheiten, Staatshoheitsangelegenheiten** Dünkel RDir
Dez 22: **Zivile Verteidigung, Katastrophenschutz, Feuerschutz** Runge RDir
Dez 23: **Veterinärangelegenheiten, Lebensmittelüberwachung** Dr Vollmer
Dez 24: **Gesundheit** Dr Lange-Eiber LtdRMedDirektorin
Dez 25: **Verwaltung und Logistik der Polizei** Futterknecht LtdRDir
Dez 26: **Gefahrenabwehr/Strafverfolgung der Polizei** Köhler LtdPolDir
Dez 27: **Führungs- und Einsatzmittel der Polizei** Hauf PolOR

Abt 3
Leiter: Jürgen Diedrich AbtDir

Dez 31: **Kommunal- und Sparkassenaufsicht** Zenk LtdRDir
Dez 32: **Gemeindeprüfungsamt** Goeken RDirektorin
Dez 33: **Landesvermessung und Liegenschaftskataster** Wickel LtdRVmDir
Dez 34: **Staatshochbau** Krüger LtdRBauDirektorin
Dez 35: **Bauaufsicht, Städtebau, Denkmalangelegenheiten** Meinke LtdRBauDir
Dez 36: **Bauförderung, Wohnungsangelegenheiten, Krankenhausförderung** Dr Trachternach RDir
Dez 37: **Sozialwesen** Küster ORR

Abt 4
Leiter: Werner Brenne AbtDir

Dez 41: **Grundschulen – Primarstufe – und Sonderschulen**
Dez 42: **Haupt- und Realschulen – Sekundarstufe I –**
Dez 43: **Gymnasien, Gesamtschulen – Sekundarstufen I und II –**
Dez 44: **Berufsbildende Schulen, Kollegschulen – Sekundarstufe II –**
Dez 45: **Lehreraus- und -fortbildung**
Dez 46: **Kunst- und Kulturpflege, Weiterbildung/ Zweiter Bildungsweg, Sport**
Dez 47: **Personal- und Stellenplanangelegenheiten** Borel RDir
Dez 48: **Schulrecht und Schulverwaltung, Schulbau, Kirchensachen** Dr Weustenfeld RDir
Dez 49: **Wirtschaftliche Angelegenheiten, Ersatzschulen, Finanzierung der Weiterbildung** Unverzagt RDirektorin

Abt 5
Leiter: Rüdiger von Schoenfeld AbtDir

Dez 51: **Landschaft, Fischerei** Schüler RDir
Dez 52: **Abfallwirtschaft** Hachu LtdRBauDir
Dez 53: **Verkehr** Wichelmann RDir
Dez 54: **Wasserwirtschaft** Vogel LtdRDir
Dez 55: **Gewerbeaufsicht** Kayser LtdRGwDir

Abt 6
Leiter: Franz Schmitt AbtDir

Dez 61: **Geschäftsstelle des Bezirksplanungsrates, Erarbeitungsverfahren, Bevölkerungs- und Wirtschaftsstruktur** Palm ORBauR
Dez 62: **Durchsetzung der Ziele der Raumordnung und Landesplanung** NN
Dez 63: **Gewerbliche Wirtschaft** Frieling LtdRDir

Der Dienst- und Fachaufsicht der Bezirksregierung unterstehen:

3.1 Kreispolizeibehörden

im Regierungsbezirk Arnsberg

Nähere Angaben hierzu siehe auf der Seite 31.

3.2 Kreise

im Regierungsbezirk Arnsberg

Nähere Angaben hierzu siehe in Abschnitt e IV „Kreise" auf den Seiten 309.

3.3 Kreisfreie Städte

im Regierungsbezirk Arnsberg

Nähere Angaben hierzu siehe in Abschnitt e III „Kreisfreie Städte" auf den Seiten 278.

3.4 Staatliche Bauämter

im Regierungsbezirk Arnsberg

Oberste Fachaufsicht: Ministerium für Bauen und Wohnen

Staatliches Bauamt
44801 Bochum, Stiepeler Str 129; F (02 34) 7 00-1; Telefax (02 34) 70 94-2 17
Amtsleiter: Dipl-Ing Gerhard Wilke RBauR
Amtsbezirk: Kreisfreie Städte Bochum und Herne sowie Ennepe-Ruhr-Kreis

Staatliches Bauamt
44227 Dortmund, Emil-Figge-Str 61; F (02 31) 7 55-1; Telefax (02 31) 7 59-1 00
Amtsleiter: Dr-Ing Echelmeyer LtdRBauDir
Amtsbezirk: Kreisfreie Stadt Dortmund und Kreis Unna; Mitwirkung bei Zuwendungen für den Ausbau und die Erneuerung von Flugplätzen in Nordrhein-Westfalen gemäß § 44 LHO

Staatliches Bauamt
58636 Iserlohn, Baarstr 6; F (0 23 71) 2 13-0; Telefax (0 23 71) 2 36-42
Amtsleiter: Dipl-Ing Frohn RBauR
Amtsbezirk: Kreisfreie Stadt Hagen und Märkischer Kreis

Staatliches Bauamt
57072 Siegen, Unteres Schloß; F (02 71) 5 85-1; Telefax (02 71) 2 21 59
Amtsleiter: Dipl-Ing Heinen RBauDir
Amtsbezirk: Kreise Olpe und Siegen-Wittgenstein

Staatliches Bauamt
59494 Soest, Wiesenstr 15; F (0 29 21) 3 82-0; Telefax (0 29 21) 3 82-2 99
Amtsleiter: Dipl-Ing Reckert RBauDir
Amtsbezirk: Kreisfreie Stadt Hamm, Hochsauerlandkreis und Kreis Soest

3.5 Staatliche Ämter für Arbeitsschutz

im Regierungsbezirk Arnsberg

Oberste Fachaufsicht: Ministerium für Arbeit, Gesundheit und Soziales

Staatliches Amt für Arbeitsschutz
59821 Arnsberg, Johanna-Balz-Str 28; F (0 29 31) 17 35 und 17 36; Telefax (0 29 31) 17 37
Amtsleiter: Dipl-Ing Josef Driller RGwDir
Amtsbezirk: Kreisfreie Stadt Hamm sowie die Kreise Hochsauerlandkreis, Soest und Unna

Staatliches Amt für Arbeitsschutz
44139 Dortmund, Ruhrallee 3; F (02 31) 5 41 51; Telefax (02 31) 5 41 53 84
Amtsleiter: Dipl-Ing Peter Leding LtdRGwDir
Amtsbezirk: Die kreisfreien Städte Dortmund, Bochum, Herne und Hagen sowie die Kreise Ennepe-Ruhr-Kreis und Märkischer Kreis

Staatliches Amt für Arbeitsschutz
57072 Siegen, Unteres Schloß; F (02 71) 85-251
Amtsleiter: Watermeier GwDir
Amtsbezirk: Kreise Siegen, Wittgenstein, Olpe

3.6 Staatliche Umweltämter

im Regierungsbezirk Arnsberg

Oberste Fachaufsicht: Ministerium für Umwelt, Raumordnung und Landwirtschaft

Staatliches Umweltamt
59555 Lippstadt, Lipperoder Str 8; F (0 29 41) 7 56-1; Telefax (0 29 41) 75 63 50
Amtsleiter: Dipl-Ing Theo Ehrlich LtdRBauDir
Amtsbezirk: Kreisfreie Stadt Hamm sowie die Kreise Hochsauerlandkreis, Soest und Unna

mit

Außenstelle Soest
59494 Soest, Wisbyring 17; F (0 29 21) 7 84-0; Telefax (0 29 21) 7 84-3 99

Staatliches Umweltamt
58097 Hagen, Heinitzstr 44; F (0 23 31) 9 85-0; Telefax (0 23 31) 88 15 16

Amtsleiter: Hülsmann LtdRGwDir
Amtsbezirk: Kreisfreie Städte Dortmund, Bochum, Herne und Hagen sowie die Kreise Ennepe-Ruhr-Kreis und Märkischer Kreis

Staatliches Umweltamt
57072 Siegen, Unteres Schloß; F (02 71) 5 85-1; Telefax (02 71) 5 73 31
Amtsleiter: Wieland LtdRGwDir
Amtsbezirk: Kreise Siegen-Wittgenstein und Olpe

3.7 Schulämter

im Regierungsbezirk Arnsberg

Oberste Fachaufsicht: Kultusministerium

Schulamt für die kreisfreie Stadt Bochum
44787 Bochum, Rathaus-Center; F (02 34) 9 10-0; Teletex 23 43 32 Stadt Bo; Btx*4 63 01#; Telefax (02 34) 9 10-14 36
Oberstadtdirektor: Dr Burkhard Dreher
Schulaufsichtsbeamte: Rainer Döring SchulADir; Manfred Fuhrmann SchulADir; Heidelinde Nitz SchulADirektorin; Werner Stöcker SchulADir

Schulamt für die kreisfreie Stadt Dortmund
44135 Dortmund, Kleppingstr 21-23; F (02 31) 50-0; Telex 82 22 87; Btx 92 00 53; Telefax (02 31) 5 42-27
Oberstadtdirektor: Dr Hans-Gerhard Koch
Schulaufsichtsbeamte: Ursula Philipp-Schürmann SchulADirektorin; Hans-Werner Bednarz SchulADir; Karl-Friedrich Werthmann SchulADir; Peter Ant SchulR; Bernhard Nolte SchulR; Martina Barthel Schulrätin

Schulamt für die Stadt Hagen
58095 Hagen, Hochstr 71; F (0 23 31) 20 71
Oberstadtdirektor: Dietrich Freudenberger
Schulaufsichtsbeamte: Wilfried Flader SchulR; Jürgen Bordt SchulADir; Heinrich Lewe SchulADir

Schulamt für die kreisfreie Stadt Hamm
59063 Hamm, Caldenhofer Weg 159; F (0 23 81) 17-1; Telefax (0 23 81) 17 29 71
Oberstadtdirektor: Dr Dieter Kraemer
Schulaufsichtsbeamte: Aloys Niesmann SchulADir; Ruth Janssen SchulADirektorin; Horst Beier Sonderschulrektor

Schulamt für die Stadt Herne
44621 Herne, Postfach 10 18 20; F (0 23 23) 16-33 17; Telefax (0 23 23) 16-32 12
Oberstadtdirektor: Dr Roland Kirchhof
Schulaufsichtsbeamte: Rainer Henrichs SchulR; Kurt Lamschik SchulADir; Heidelinde Nitz SchulADirektorin

Schulamt für den Ennepe-Ruhr-Kreis
58332 Schwelm, Hauptstr 92; F (0 23 36) 93-0; Telefax (0 23 36) 93 22 22

Oberkreisdirektorin: Ute Scholle
Schulaufsichtsbeamte: Hans-Walter Niedersteberg SchulADir; Jürgen Bordt SchulADir; Eugen Hellwig SchulR; Gerhard Mayer SchulR

Schulamt für den Hochsauerlandkreis
59872 Meschede, Kreishaus, Steinstr 27; F (02 91) 94-0
Oberkreisdirektor: Egon Mühr
Schulaufsichtsbeamte: Dr Harald Gampe SchulADir; Josef Schauerte SchulADir; Dieter Schwermer SchulADir; Renate Schäfermeier SchulADirektorin

Schulamt für den Märkischen Kreis
58509 Lüdenscheid, Heedfelder Str 45; F (0 23 51) 67-0; Telex 82 66 62; Btx (0 23 51) 67; Teletex 23 51/3 48-MKL; Telefax (0 23 51) 68 66
Oberkreisdirektor: Dr Bernhard Schneider
Schulaufsichtsbeamte: Dr Heinz-Lothar Borringo SchulR; Ingeborg Brandt SchulADirektorin; Bernd Florax SchulADir; Bernhard Gebauer SchulR; Siegfried Kruse SchulR; Bruno Weidlich SchulADir

Schulamt für den Kreis Olpe
57462 Olpe, Kurfürst-Heinrich-Str 34; F (0 27 61) 6 50; Telex 87 64 75; Telefax (0 27 61) 8 16 00
Oberkreisdirektor: Dr Franz Demmer
Schulaufsichtsbeamte: Günter Goeckler SchulADir; Horst Bach SchulR; Karlheinz Kiese SchulADir

Schulamt für den Kreis Siegen-Wittgenstein
57072 Siegen, Koblenzer Str 73; F (02 71) 3 33-1; Telefax (02 71) 3 37 72 42
Oberkreisdirektor: Karl Heinz Forster
Schulaufsichtsbeamte: Karl-Heinz Kiese SchulADir; Heinrich Roth SchulADir; Hans-Dieter Beinghaus SchulR

Schulamt für den Kreis Soest
59494 Soest, Hoher Weg 1-3; F (0 29 21) 30-24 66; Telex 8 43 24 Lkso d; Telefax (0 29 21) 30-29 45
Oberkreisdirektor: Dr Hermann Janning
Schulaufsichtsbeamte: Gerhard Schulz zur Wiesch SchulADir; Renate Schäfermeier SchulADirektorin; Klemens Steffenbröer SchulADir

Schulamt für den Kreis Unna
59425 Unna, Friedrich-Ebert-Str 17; F (0 23 03) 27-0; Teletex 2 30 33 19; Btx 0 23 03 27; Telefax (0 23 03) 27 13 99
Oberkreisdirektor: Karl-Heinrich Landwehr
Schulaufsichtsbeamte: Hans-Joachim Reupke SchulADir; Karlheinz Hinz SchulADir; Horst Beier SchulR; Reinhold Forthaus SchulR; Hermann Diekneite SchulR

3.8 Staatliches Veterinäruntersuchungsamt

im Regierungsbezirk Arnsberg
59821 Arnsberg, Zur Taubeneiche 10-12;
F (0 29 31) 80 90; Telefax (0 29 31) 80 92 90

Leiter: Dr Franz Holling LtdRVetDir
Oberste Fachaufsicht: Ministerium für Umwelt, Raumordnung und Landwirtschaft
Zuständigkeitsbereich: Regierungsbezirk Arnsberg

3.9 Studienseminare für Lehrämter an Schulen

im Regierungsbezirk Arnsberg

Oberste Fachaufsicht: Kultusministerium

Studienseminar für das Lehramt für die Primarstufe

44795 Bochum, Nevelstr 3; F (02 34) 43 40 94
Leiter: Karl-Walter Kohrs Rektor

44137 Dortmund, Freistuhl 4; F (02 31) 14 51 32
Leiter: Heinrich Wiemer Rektor

57074 Siegen, Augärtenstr 15; F (02 71) 6 53 24
Leiterin: Waltraud Werle Rektorin

Studienseminar für das Lehramt für die Sekundarstufe I

59821 Arnsberg, Neuer Schulweg 13; F (0 29 31) 66 11
Leiter: Rainer Quadflieg Rektor

44137 Dortmund, Lindemannstr 8; F (02 31) 12 50 69
Leiter: NN

58093 Hagen, Stirnband 38; F (0 23 31) 5 16 02
Leiter: NN

Studienseminar für das Lehramt für Sonderpädagogik
44137 Dortmund, Lindemannstr 8; F (02 31) 12 60 33
Leiterin: Ruth Künnemann Sonderschulrektorin

Studienseminar für das Lehramt für die Sekundarstufe II

Dortmund III
44137 Dortmund, Lindemannstr 8; F (02 31) 12 20 77
Leiter: Horst-Dieter Tölle OStudDir

Hagen I
58095 Hagen, Bahnhofstr 7; F (0 23 31) 3 17 95
Leiter: Hartmut Otte OStudDir

44787 Bochum, Ostring 23 a; F (02 34) 1 47 55
Leiter: Heinrich Bernhard Terbille OStudDir

Dortmund I
44135 Dortmund, Schönhauserstr 16; F (02 31) 57 10 07
Leiter: NN

Hagen II
58095 Hagen, Bahnhofstr 7; F (0 23 31) 2 80 46
Leiter: Günther Grundmann OStudDir

59065 Hamm, Museumsstr 8; F (0 23 81) 2 01 48
Leiter: Manfred Winnen OStudDir

57074 Siegen, Augärtenstr 15; F (02 71) 6 19 07
Leiter: NN

3.10 Staatliche Büchereistelle

für den Regierungsbezirk Arnsberg
58097 Hagen, Wupperstr 2; F (0 23 31) 8 63 44;
Telefax (0 23 31) 8 35 46

Leiter: Dipl-Bibl Johannes Traub
Oberste Fachaufsicht: Kultusministerium
Amtsbezirk: Regierungsbezirk Arnsberg

3.11 Staatliche Prüfungsämter

für Staatsprüfungen für Lehrämter an Schulen

im Regierungsbezirk Arnsberg
– Einrichtungen des Landes NRW im Sinne des § 14 LOG –

Oberste Fachaufsicht: Kultusministerium

Staatliches Prüfungsamt für Erste Staatsprüfungen für Lehrämter an Schulen
44221 Dortmund, Emil-Figge-Str 50; F (02 31) 7 55 41 65
Leiter: Dr Brand LtdRSchulDir

mit

Außenstelle Bochum
44780 Bochum, Ruhr-Universität, Universitätsstr 150; F (02 34) 7 00-1

Außenstelle Siegen
57068 Siegen, Hölderlinstr 3; F (02 71) 7 40-1

Staatliches Prüfungsamt für Zweite Staatsprüfungen für Lehrämter an Schulen
44137 Dortmund, Lindemannstr 6; F (02 31) 12 98 63
Leiterin: Marlis Pomplun LtdRSchuldirektorin
Amtsbezirk: Regierungsbezirke Arnsberg, Detmold und Münster

3.12 Damenstift zu Geseke-Keppel

im Regierungsbezirk Arnsberg

– Sondervermögen mit Rechtspersönlichkeit –
57271 Hilchenbach, Stift-Keppel-Weg 37;
F (0 27 33) 89 41-0; Telefax (0 27 33) 89 41-20

Stiftskurator: Karlheinz Forster OKDir
Leiter: Adolf Roth VwDir
Oberste Fachaufsicht: Kultusministerium

3.13 Damenstift zu Lippstadt

im Regierungsbezirk Arnsberg

– Sondervermögen mit Rechtspersönlichkeit –
59555 Lippstadt, Im Stift 4; F (0 29 41) 32 14 oder
30 21 03

Stiftskurator: Dr Friedrich Siebecke
Oberste Fachaufsicht: Kultusministerium

4 Bezirksregierung Detmold

32756 Detmold, Leopoldstr 13-15; F (0 52 31) 71-0;
Telex 93 58 80; Telefax (0 52 31) 71 12 95

Regierungsbezirk: Fläche 6 517,54 qkm; Einwohner
1 966 781 (Stand 30. Juni 1993)
Kreisfreie Stadt Bielefeld; die Kreise Gütersloh,
Herford, Höxter, Lippe, Minden-Lübbecke, Paderborn

Regierungspräsident: Walter Stich
Regierungsvizepräsident: Werner Wehmeier

Abt 1
Leiter: Werner Wehmeier RVPräs

Dez 11: **Organisations- und Personalangelegenheiten** Südfeld RDir
Dez 12: **Beauftragter für den Haushalt und wirtschaftliche Angelegenheiten** Menke ORR
Dez 13: **Regierungshauptkasse** Franke ROAR
Dez 14: **Rechnungsamt, Kassenaufsicht** Billerbeck RDir
Dez 15: **Justitiariat, Enteignung, Liegenschaften, Verteidigungslasten** Krull ORR; Rafeld ORR
Dez 16: **Vorprüfungsstelle für Bauausgaben** Becker ORBauR

Abt 2
Leiter: Dr Deppe AbtDir

Dez 21: **Ordnungsrechtliche Angelegenheiten, Staatshoheitsangelegenheiten** Niemeier RDir
Dez 22: **Zivile Verteidigung, Katastrophenschutz, Feuerschutz** Wandhoff RDir
Dez 23: **Veterinärangelegenheiten, Lebensmittelüberwachung** Dr Schriener LtdRVetDir
Dez 24: **Gesundheit** Dr Mader LtdRMedDir
Dez 25: **Verwaltung und Logistik der Polizei** Bischoff LtdRDir
Dez 26: **Gefahrenabwehr/Strafverfolgung der Polizei** Block LtdPolDir
Dez 27: **Führungs- und Einsatzmittel der Polizei** Spruth PolOR

Abt 3
Leiter: Johannesmeyer AbtDir

Dez 31: **Kommunal- und Sparkassenaufsicht** Wesemeyer RDir
Dez 32: **Gemeindeprüfungsamt** Dr Beck RDir
Dez 33: **Landesvermessung und Liegenschaftskataster** Schulz RVmDir
Dez 34: **Staatshochbau** Eschmann LtdRBauDir
Dez 35: **Bauaufsicht, Städtebau, Denkmalangelegenheiten** Klemm LtdRBauDir

Dez 36: **Bauförderung, Wohnungsangelegenheiten, Krankenhausförderung** List RR
Dez 37: **Sozialwesen** Bruster ORR

Abt 4
Leiter: Berghahn LtdRDir (V); Köstering AbtDir (P)

Dez 41: **Grundschulen – Primarstufe – und Sonderschulen** Thermann RSchulDir; Tomiak LtdRSchulDir
Dez 42: **Haupt- und Realschulen – Sekundarstufe I –** Bebermeier LtdRSchulDir; Wulfkühler RSchulDir; Rustemeyer RSchulDir; Gronostay RSchuldirektorin
Dez 43: **Gymnasien, Gesamtschulen – Sekundarstufen I und II –** Prof Böhm LtdRSchulDir; Hingst LtdRSchulDir; Hector LtdRSchulDir; Schubert-Felmy LtdRSchuldirektorin; Knoblauch LtdRSchulDir; Dr Kranemann LtdRSchulDir; Dr Hofmann LtdRSchulDir; Dr Rücker LtdRSchulDir; Kneißler LtdRSchulDir; Osterloff LtdRSchulDir; Homfeld LtdRSchulDir; Orth LtdRSchulDir; Merkle LtdRSchulDir; Schwarz LtdRSchulDir; Dr Wirths LtdRSchuldirektorin; Dr Wittmann LtdRSchulDir; Spichal LtdRSchulDir; Preiß RSchulDir; Dr Ewald LtdRSchulDir
Dez 44: **Berufsbildende Schulen, Kollegschulen – Sekundarstufe II –** Bläsing LtdRSchulDir; Kriege LtdRSchuldirektorin; Lausberg LtdRSchuldirektorin; Queren LtdRSchulDir; Schröder LtdRSchulDir; Siggemeier LtdRSchulDir
Dez 45: **Lehreraus- und -fortbildung** Dr Gerhards LtdRSchulDir; Dr Heinen LtdRSchulDir; Brinkmann RSchulDir; Ernst StudDir; Bohlmann StudDir; Christen StudDir; Hack SonderschulR; Dr Romanowski OStudR; Begemann Realschulleiterin; Rodase Realschulleiter
Dez 46: **Kunst- und Kulturpflege, Weiterbildung, Zweiter Bildungsweg, Sport** Römelt LtdRSchulDir; Dr Herbig RAng
Dez 47: **Personal- und Stellenplanangelegenheiten** Hennewig ORR; Beckfeld RDir; Brand ORR; Wilkening RRätin
Dez 48: **Schulrecht und Schulverwaltung, Schulbau, Kirchensachen** Stoll RDir; Baumann-Südfeld ORRätin
Dez 49: **Wirtschaftliche Angelegenheiten, Ersatzschulen, Finanzierung der Weiterbildung** Stoll RDir; Baumann-Südfeld ORRätin; Schneider RR

Abt 5
Leiter: Suermann AbtDir

Dez 51: **Landschaft, Fischerei** Galonske LtdRDir
Dez 52: **Abfallwirtschaft** Hartwich LtdRDir
Dez 53: **Verkehr** Gemke RDir
Dez 54: **Wasserwirtschaft** Model LtdRBauDir
Dez 55: **Gewerbeaufsicht (Arbeitsschutz, Immissionsschutz)** NN

Abt 6
Leiter: Kutyniok AbtDir

Dez 61: **Geschäftsstelle des Bezirksplanungsrates, Erarbeitungsverfahren, Bevölkerungs- und Wirtschaftsstruktur** NN
Dez 62: **Durchsetzung der Ziele der Raumordnung und Landesplanung** Vieting RAng
Dez 63: **Gewerbliche Wirtschaft** Menkhoff RDir

Der Dienst- und Fachaufsicht der Bezirksregierung unterstehen:

4.1 Kreispolizeibehörden

im Regierungsbezirk Detmold

Nähere Angaben hierzu siehe auf der Seite 32.

4.2 Kreise

im Regierungsbezirk Detmold

Nähere Angaben hierzu siehe in Abschnitt e IV „Kreise" auf den Seiten 303.

4.3 Kreisfreie Städte

im Regierungsbezirk Detmold

Nähere Angaben hierzu siehe in Abschnitt e III „Kreisfreie Städte" auf den Seiten 277.

4.4 Staatliche Bauämter

im Regierungsbezirk Detmold

Oberste Fachaufsicht: Ministerium für Bauen und Wohnen

Staatliches Bauamt
33503 Bielefeld, Morgenbreede 39; F (05 21) 1 06-03; Telefax (05 21) 1 06-70 77
Amtsleiter: Dipl-Ing Kreier RBauDir
Amtsbezirk: Kreisfreie Stadt Bielefeld und Kreis Gütersloh

Staatliches Bauamt
32756 Detmold, Hornsche Str 59; F (0 52 31) 7 65-0; Telefax (0 52 31) 7 65-2 50
Amtsleiter: Dipl-Ing Helmuth Diederichs RBauDir
Amtsbezirk: Kreise Herford, Lippe und Minden-Lübbecke

Staatliches Bauamt
33102 Paderborn, Ferdinandstr 26-28; F (0 52 51) 2 88-0; Telefax (0 52 51) 2 88-1 40
Amtsleiter: Dipl-Ing Kohrs LtdRBauDir
Amtsbezirk: Kreise Paderborn und Höxter; Bauangelegenheiten der in den Kreisen Gütersloh und Lippe gelegenen Teile des Truppenübungsplatzes Senne

4.5 Staatliche Ämter für Arbeitsschutz

im Regierungsbezirk Detmold

Oberste Fachaufsicht: Ministerium für Arbeit, Gesundheit und Soziales

Staatliches Amt für Arbeitsschutz
32756 Detmold, Richthofenstr 3; F (0 52 31) 70 40, (Behördenhaus Detmold); Telefax (0 52 31) 70 41 83
Amtsleiter: Dipl-Ing Henning Wehrmann LtdRGwDir
Amtsbezirk: Die Kreise Minden-Lübbecke, Herford und Lippe

Staatliches Amt für Arbeitsschutz
33098 Paderborn, Am Turnplatz 31; F (0 52 51) 2 87-0; Telefax (0 52 51) 2 87-1 99
Amtsleiter: Dipl-Ing Michael Quenzel RGwDir
Amtsbezirk: Die kreisfreie Stadt Bielefeld sowie Kreise Höxter, Gütersloh und Paderborn

4.6 Staatliche Umweltämter

im Regierungsbezirk Detmold

Oberste Fachaufsicht: Ministerium für für Umwelt, Raumordnung und Landwirtschaft

Staatliches Umweltamt
33609 Bielefeld, Kammerratsheide 66; F (05 21) 97 15-0; Telefax (05 21) 97 15-4 50
Amtsleiter: Dipl-Ing Wolfgang Parzentny LtdRGwDir
Amtsbezirk: Kreisfreie Stadt Bielefeld sowie die Kreise Gütersloh, Paderborn und Höxter

Staatliches Umweltamt
32427 Minden, Büntestr 1; F (05 71) 8 08-0; Telefax (05 71) 8 08-4 47
Amtsleiter: Frank Tiedtke LtdRBauDir
Amtsbezirk: Kreise Minden-Lübbecke, Herford und Lippe

4.7 Schulämter

im Regierungsbezirk Detmold

Oberste Fachaufsicht: Kultusministerium

Schulamt für die kreisfreie Stadt Bielefeld
33602 Bielefeld, Neues Rathaus, Niederwall 23; F (05 21) 51-1; Telefax (05 21) 51 65 99
Oberstadtdirektor: Dr Volker Hausmann
Schulaufsichtsbeamte: Ulrich Wenzel SchulADir; Martin Lohmeyer SchulADir; Alfred Kröger SchulADir

Schulamt für den Kreis Gütersloh
33335 Gütersloh, Osnabrücker Landstr 2-8; F (0 52 41) 74 01-0; Telefax (0 52 41) 74 01-51 krgt d

Oberkreisdirektor: Günter Kozlowski
Schulaufsichtsbeamte: Werner van Holt SchulADir;
Wolf-Dieter Hannemann SchulADir; Friedrich-
Wilhelm Nagel SchulR; Bernd Graßmann SchulA-
Dir

Schulamt für den Kreis Herford
32051 Herford, Amtshausstr 2; F (0 52 21) 1 31
Oberkreisdirektor: Henning Kreibohm
Schulaufsichtsbeamte: Bärbel Sommer Schulrätin;
Christoph Höfer SchulR; Horst Ziebell SchulADir

Schulamt für den Kreis Höxter
37671 Höxter, Moltkestr 12; F (0 52 71) 6 11;
Telefax (0 52 71) 3 79 26
Oberkreisdirektor: Paul Sellmann
Schulaufsichtsbeamte: Brigitte Weiß SchulADirek-
torin; Rolf Riegert SchulADir

Schulamt für den Kreis Lippe
32756 Detmold, Felix-Fechenbach-Str 5;
F (0 52 31) 62-0; Teletex 5 23 18 26;
Telefax (0 52 31) 62-21 51
Oberkreisdirektor: Dr Helmut Kauther
Schulaufsichtsbeamte: Heide Kupferschmidt Schu-
lADirektorin; Reinhard Dubbert SchulADir; Heinz
Kriete SchulR; Doris Haigermoser Schulrätin

Schulamt für den Kreis Minden-Lübbecke
32423 Minden, Portastr 13; F (05 71) 8 07-0;
Telex 9 78 84 krvml d; Telefax (05 71) 8 07-27 00
Oberkreisdirektor: Dr Alfred Giere
Schulaufsichtsbeamte: Gerhard Möller SchulADir;
Wilhelm Borgmann SchulADir; Otto-Wilhelm
Leyk SchulADir; Christel Reiff Schulrätin

Schulamt für den Kreis Paderborn
33102 Paderborn, Grunigerstr 13; F (0 52 51)
3 08-0; Telex 93 68 36 krpb d; Telefax (0 52 51)
31 00 12
Oberkreisdirektor: Dr Rudolf Wansleben
Schulaufsichtsbeamte: Helmut Diermann SchulA-
Dir; Jürgen Scherhans SchulADir; Dietmar Westemeyer SchulADir; Ursula Wagener Schulrätin

4.8 Staatliches Veterinäruntersuchungsamt

im Regierungsbezirk Detmold
32758 Detmold, Westernfeldstr 1; F (0 52 31)
9 11-9; Telefax (0 52 31) 9 11-5 03

Leiter: Dr Werner Bentler LtdRVetDir
Oberste Fachaufsicht: Ministerium für Umwelt,
Raumordnung und Landwirtschaft
Zuständigkeitsbereich: Regierungsbezirk Detmold

4.9 Studienseminare für Lehrämter an Schulen

im Regierungsbezirk Detmold

Oberste Fachaufsicht: Kultusministerium

Studienseminar für das Lehramt für die Primarstufe

33615 Bielefeld, Kurt-Schumacher-Str 6; F (05 21)
1 06-22 71
Leiter: Gadow Rektor

33102 Paderborn, Fürstenweg 17 b; F (0 52 51)
3 50 54
Leiter: Westhoff Rektor

**Studienseminar für das Lehramt für die Sekundar-
stufe I**

33615 Bielefeld, Kurt-Schumacher-Str 6; F (05 21)
1 06 22 65
Leiter: Kallweit Realschulrektor

33102 Paderborn, Fürstenweg 17 b; F (0 52 51)
3 50 55
Leiter: NN

**Studienseminar für das Lehramt für die Sekundar-
stufe II**

32760 Detmold, Im Orte 10; F (0 52 31) 6 67 91
Leiter: NN

32425 Minden, Weingarten 22; F (05 71) 8 45 45
Leiter: Dr Franke OStudDir

Paderborn
33102 Paderborn, Fürstenweg 17 a; F (0 52 51)
3 50 53
Leiter: NN

Bielefeld I
33615 Bielefeld, Kurt-Schumacher-Str 6; F (05 21)
1 06 22 89
Leiter: Goerke OStudDir

**Studienseminar für das Lehramt für Sonderpädago-
gik**
33615 Bielefeld, Kurt-Schumacher-Str 6; F (05 21)
1 06 22 77
Leiter: Diehm Sonderschulrektor

4.10 Staatliches Prüfungsamt für Erste Staatsprüfungen für Lehrämter an Schulen

im Regierungsbezirk Detmold

33615 Bielefeld, Universitätsstr 25, N 4; F (05 21)
1 06 51 39 bis 1 06 51 44

Leiter: Jürgen Hinrichs LtdRSchulDir
Oberste Fachaufsicht: Kultusministerium

4.11 Staatliche Büchereistelle

für den Regierungsbezirk Detmold
32756 Detmold, Hornsche Str 44; F (0 52 31)
2 43 76; Telefax (0 52 31) 2 30 86

Leiter: Dipl-Bibliothekar Günter Pflaum RAng
Oberste Fachaufsicht: Kultusministerium
Amtsbezirk: Regierungsbezirk Detmold

4.12 Staatsbad Oeynhausen

im Regierungsbezirk Detmold
32545 Bad Oeynhausen, Ostkorso 12; F (0 57 31)
13-00; Telefax (0 57 31) 13 14 70

Staatsrechtliche Grundlage und Aufgabenkreis:
Das Staatsbad Oeynhausen wird nach § 26 Landeshaushaltsordnung (LHO) als kaufmännisch eingerichteter Staatsbetrieb geführt. Es ist eine Landeseinrichtung im Sinne des § 14 des Landesorganisationsgesetzes. Es dient als Heilbad der Volksgesundheit.
Oberste Fachaufsicht: Ministerium für Arbeit, Gesundheit und Soziales

Kurdirektor: Wolfgang Schmidt

4.13 Haus Büren'scher Fonds

– Stiftsrentamt –
im Regierungsbezirk Detmold

– Sondervermögen ohne Rechtspersönlichkeit –
33142 Büren, Bahnhofstr 6; F (0 29 51) 23 23
Aufgabenkreis:
Verwaltung von Sondervermögen des Landes – Gutshöfe, Mietwohnungen u a –.
Oberste Fachaufsicht: Kultusministerium

Leiter: Karl Heinz Befeld RAR

4.14 Paderborner Studienfonds

im Regierungsbezirk Detmold

– Sondervermögen ohne Rechtspersönlichkeit –
33142 Büren, Bahnhofstr 6; F (0 29 51) 23 23
Aufgabenkreis:
Verwaltung von Sondervermögen des Landes.
Oberste Fachaufsicht: Kultusministerium

Leiter: Karl Heinz Befeld RAR

5 Bezirksregierung Düsseldorf

40474 Düsseldorf, Cecilienallee 2; F (02 11) 4 75-0;
Telex 8 58 49 38 Ce; Teletex 2 11 44 30 Bo;
Telefax (02 11) 4 75-26 71

Regierungsbezirk: Fläche 5 288,45 qkm; Einwohner 5 290 782 (Stand 30. Juni 1993)
Kreisfreie Städte: Düsseldorf, Duisburg, Essen, Krefeld, Mönchengladbach, Mülheim a d Ruhr, Oberhausen, Remscheid, Solingen und Wuppertal sowie die Kreise Kleve, Mettmann, Neuss, Viersen und Wesel

Regierungspräsident: Dr Fritz Behrens
Regierungsvizepräsident: Alfred Gaertner

Abt 1 – Zentralabteilung –
Leiter: Alfred Gaertner RVPräs

Dez 11: **Organisation und Personalangelegenheiten** Pauly RDir
Dez 12: **Beauftragter für den Haushalt und wirtschaftliche Angelegenheiten** Hahn RDir
Dez 13: **Regierungshauptkasse** Wrase ORR
Dez 14: **Rechnungsamt und Kassenaufsicht** Schürmann RDir
Dez 15: **Justitiariat, Enteignung, Liegenschaften** Pfannenberg RDir
Dez 16: **Vorprüfungsstelle für Bauausgaben** Rommen RBauR

Abt 2
Leiter: Eggers AbtDir

Dez 21: **Ordnungsrechtliche Angelegenheiten, Staatshoheitsangelegenheiten** Schmitz RDir
Dez 22: **Zivile Verteidigung, Katastrophenschutz, Feuerschutz** NN
Dez 23: **Veterinärangelegenheiten, Lebensmittelüberwachung** Dr Buss RVetDir
Dez 24: **Gesundheit** Dr Schmitz LtdRMedDir
Dez 25: **Verwaltung und Logistik der Polizei** Oelze RDir
Dez 26: **Gefahrenabwehr/Strafverfolgung der Polizei** Rohmer LtdKrimDir
Dez 27: **Führungs- und Einsatzmittel der Polizei** Schmidt PolDir

Abt 3
Leiter: Krings AbtDir

Dez 31: **Kommunalaufsicht und Sparkassenaufsicht** Ibbeken LtdRDir
Dez 32: **Gemeindeprüfungsamt** Wentzler RDir
Dez 33: **Landesvermessung und Liegenschaftskataster** Philippi LtdRVmDir
Dez 34: **Staatshochbau** Ackermann RBauDir (mdWdGb)
Dez 35: **Bauaufsicht, Städtebau, Denkmalangelegenheiten** Wiese LtdRVmDir
Dez 36: **Bauförderung, Wohnungswesen, Krankenhausförderung** Olmer RDir
Dez 37: **Sozialwesen** Breth RDir

Abt 4
Leiter: Dr Lefringhausen AbtDir; Allmann AbtDir

Dez 41: **Grundschulen – Primarstufe – und Sonderschulen**
Dez 42: **Haupt- und Realschulen – Sekundarstufe I –**
Dez 43: **Gymnasien, Gesamtschulen – Sekundarstufe I und II –**
Dez 44: **Berufsbildende Schulen, Kollegschulen – Sekundarstufe II –**
Gemeinsames Büro der Dezernate 41 bis 44: Paschke ORR
Dez 45: **Lehreraus- und -fortbildung** Dr Breinlinger LtdRSchulDir (mdWdGb)
Dez 46: **Kunst- und Kulturpflege, Weiterbildung, Zweiter Bildungsweg, Sport** Bühne RSchulDir; Kumpfert SchulDirektorin

Dez 47: **Personal- und Stellenplanangelegenheiten**
Haußmann-Schwela LtdRDirektorin
Dez 48: **Schulrecht und Schulverwaltung, Schulbau, Kirchensachen** Hartmann ORR
Dez 49: **Wirtschaftliche Angelegenheiten, Ersatzschulen, Finanzierung der Weiterbildung** Dittmann ORRätin

Abt 5
Leiter: Dr Stork LtdRDir

Dez 51: **Landschaft, Fischerei** Hahlweg LtdRDir
Dez 52: **Abfallwirtschaft** NN
Dez 53: **Verkehr** Bollig LtdRDir
Dez 54: **Wasserwirtschaft** Lueb LtdRDir
Dez 55: **Gewerbeaufsicht (Arbeitsschutz; Immissionsschutz)** Cebulla LtdRGwDir

Abt 6
Leiter: Dipl-Ökonom Konze AbtDir

Dez 61: **Geschäftsstelle des Bezirksplanungsrates, Erarbeitungsverfahren, Bevölkerungs- und Wirtschaftsstruktur** Schnell RBauDir
Dez 62: **Durchsetzung der Ziele der Raumordnung und Landesplanung** Münch RDir
Dez 63: **Gewerbliche Wirtschaft** Knieling LtdRDir

Der Dienst- und Fachaufsicht der Bezirksregierung unterstehen:

5.1 Kreispolizeibehörden

im Regierungsbezirk Düsseldorf

Nähere Angaben hierzu siehe auf der Seite 33.

5.2 Kreise

im Regierungsbezirk Düsseldorf

Nähere Angaben hierzu siehe in Abschnitt e IV „Kreise" auf den Seiten 282.

5.3 Kreisfreie Städte

im Regierungsbezirk Düsseldorf

Nähere Angaben hierzu siehe in Abschnitt e III „Kreisfreie Städte" auf den Seiten 214.

5.4 Staatliche Bauämter

im Regierungsbezirk Düsseldorf

Oberste Fachaufsicht: Ministerium für Bauen und Wohnen

Staatliches Bauamt
47057 Duisburg, Lotharstr 53; F (02 03) 37 89-3 00; Telefax (02 03) 3 79-3 00
Amtsleiter: Dipl-Ing Dahlen RBauDir
Amtsbezirk: Kreisfreie Städte Duisburg, Mülheim und Oberhausen

Staatliches Bauamt Düsseldorf I
40470 Düsseldorf, Nördlicher Zubringer 5; F (02 11) 96 17-0; Telefax (02 11) 96 17-2 99
Amtsleiter: Dipl-Ing Stecker LtdRBauDir
Amtsbezirk: Kreisfreie Stadt Düsseldorf; Bauangelegenheiten des Bergischen Schulfonds und des Gymnasialfonds Münstereifel

Staatliches Bauamt Düsseldorf II
40225 Düsseldorf, Universitätsstr 1; F (02 11) 3 11-11; Telefax (02 11) 3 42-2 29
Amtsleiter: Dipl-Ing Jan Wolter RBauDir
Amtsbezirk: Universität Düsseldorf, Fachhochschule Düsseldorf, Kunstakademie Düsseldorf, Robert-Schumann-Hochschule Düsseldorf

Staatliches Bauamt Düsseldorf III
40470 Düsseldorf, Nördlicher Zubringer 5; F (02 11) 96 17-0; Telefax (02 11) 96 17-5 00
Amtsleiter: Dipl-Ing Rudolf Rübsamen LtdRBauDir
Amtsbezirk: Landtag Nordrhein-Westfalen, Landesrechnungshof sowie oberste Landesbehörden und Landesoberbehörden Nordrhein-Westfalen; Bauangelegenheiten der personenbezogenen Sicherungsmaßnahmen im Bereich der Landesverwaltung und für die Bauangelegenheiten der Liegenschaft Färberstr 136 in Düsseldorf (Fahrdienst der Landesregierung)

Staatliches Bauamt
45147 Essen, Virchowstr 183; F (02 01) 7 23-47 00; Telefax (02 01) 7123-47 43
Amtsleiter: Dipl-Ing Meier RBauDir
Amtsbezirk: Kreisfreie Stadt Essen; Bauangelegenheiten der landesunmittelbaren Sozialversicherungsträger und Betreuung der Temes-Stationen der Landesanstalt für Immissionsschutz Nordrhein-Westfalen

Staatliches Bauamt
47799 Krefeld, Hansastr 25; F (0 21 51) 6 33-1; Telefax (0 21 51) 6 33-3 10
Amtsleiter: Dipl-Ing Bücker LtdRBauDir
Amtsbezirk: Kreisfreie Stadt Krefeld und Kreis Viersen

Staatliches Bauamt
41061 Mönchengladbach, Viersener Str 16; F (0 21 61) 8 17-0; Telefax (0 21 61) 8 17-1 20
Amtsleiter: Dipl-Ing Wiegand RBauDir
Amtsbezirk: Kreisfreie Stadt Mönchengladbach und Kreis Neuss

Staatliches Bauamt
46483 Wesel, Heuberg 8-10; F (0 28 1) 33 67-0; Telefax (0 28 1) 33 67-3 00
Amtsleiter: Dipl-Ing Simon RBauDir
Amtsbezirk: Kreise Kleve und Wesel

Staatliches Bauamt
42285 Wuppertal, Schwesterstr 64; F (02 02)
4 93 09-0; Telefax (02 02) 4 93 09-50
Amtsleiter: Dipl-Ing Druschel RBauDir
Amtsbezirk: Kreisfreie Städte Remscheid, Solingen
und Wuppertal sowie Kreis Mettmann

5.5 Staatliche Ämter für Arbeitsschutz

im Regierungsbezirk Düsseldorf

Oberste Fachaufsicht: Ministerium für Arbeit, Gesundheit und soziales

Staatliches Amt für Arbeitsschutz
45138 Essen, Ruhrallee 55; F (02 01) 27 67-0;
Telefax (02 01) 27 67-3 23
Amtsleiter: Dipl-Ing Rudolf Merzenich LtdRGwDir
Amtsbezirk: Die kreisfreien Städte Duisburg, Essen, Mülheim a d Ruhr und Oberhausen sowie der Kreis Wesel

Staatliches Amt für Arbeitsschutz
41061 Mönchengladbach, Viktoriastr 52; F (0 21 61) 815 -156
Amtsleiter: Dipl-Ing Ganswindt LtdRGwDir
Amtsbezirk: Die kreisfreien Städte Krefeld, Mönchengladbach und die Kreise Kleve, Viersen und Neuss

Staatliches Amt für Arbeitsschutz
42275 Wuppertal, Am Clef 58; F (02 02) 57 44-0;
Telefax (02 02) 57 44-1 50
Amtsleiter: Dipl-Ing Dierschke RGwDir
Amtsbezirk: Kreisfreie Städte Düsseldorf, Remscheid, Solingen, Wuppertal, Kreis Mettmann

5.6 Staatliche Umweltämter

im Regierungsbezirk Düsseldorf

Oberste Fachaufsicht: Ministerium für Umwelt, Raumordnung und Landwirtschaft

Staatliches Umweltamt
40549 Düsseldorf, Schanzenstr 90; F (02 11) 57 78-0; Telefax (02 11) 57 78-1 34
Amtsleiter: Linnenkamp LtdRGwDir
Amtsbezirk: Kreisfreie Städte Düsseldorf, Remscheid, Solingen und Wuppertal sowie der Kreis Mettmann

Staatliches Umweltamt
47058 Duisburg, Am Freischütz 10; F (02 03) 30 52-0; Telefax (02 03) 30 52-2 00
Amtsleiter: Krusenbaum LtdRGwDir
Amtsbezirk: Kreisfreie Städte Duisburg, Essen, Mülheim und Oberhausen sowie Kreis Wesel

Staatliches Umweltamt
47803 Krefeld, De-Greiff-Str 199; F (0 21 51) 89 71; Telefax (0 21 51) 7 74 02 88
Amtsleiter: Dipl-Ing Walter Schmitz LtdRBauDir
Amtsbezirk: Kreisfreie Städte Krefeld und Mönchengladbach sowie die Kreise Kleve, Neuss und Viersen

5.7 Schulämter

im Regierungsbezirk Düsseldorf

Oberste Fachaufsicht: Kultusministerium

Schulamt für die Landeshauptstadt Düsseldorf
40200 Düsseldorf, Burgplatz 1 und 2; F (02 11) 8 99-1; Telefax (02 11) 89-2 90 39; Telex 8 58 29 21 skd d; Btx* 40 000#
Oberstadtdirektor: Dr Peter Hölz
Schulaufsichtsbeamte: Ingeborg Hinz Schulrätin; Peter Rademacher SchulR; Horst Bartnitzky SchulADir; Konrad Theisen

Schulamt für die kreisfreie Stadt Duisburg
47057 Duisburg, Memelstr 25-33; F (02 03) 28 31; Telex 8 55 12 14; Telefax (02 03) 2 83 32 34
Oberstadtdirektor: Dr Richard Klein
Schulaufsichtsbeamte: Dirk Holthoff SchulADir; Werner Knappertsbusch SchulADir; Helmut Rheims SchulR; Hermann Sonnenschein SchulADir; Hannelore Gräser Schulrätin; Brigitta Kleffken Schulrätin

Schulamt für die kreisfreie Stadt Essen
45127 Essen, Gildehofcenter, Hollestr 3; F (02 01) 88-1
Oberstadtdirektor: Kurt Busch
Schulaufsichtsbeamte: Hans-Dieter Ernst SchulADir; Peter-Ernst Fischer-Rau SchulADir; Walter Koepp SchulR; Dr Hans-Günther Liedtke SchulR; Ursula Schlaf-Scariot SchulADirektorin; Jürgen Becker SchulR

Schulamt für die kreisfreie Stadt Krefeld
47798 Krefeld, Lewerentzstr 106; F (0 21 51) 8 61; Telefax (0 21 51) 77 35 08
Oberstadtdirektor: Heinz-Josef Vogt
Schulaufsichtsbeamte: Heinrich Heinrichs SchulADir; Eike-Dieter Schäfer SchulADir; Hermann-Josef Pesch SchulADir

Schulamt für die kreisfreie Stadt Mönchengladbach
41050 Mönchengladbach, Haus Westland; F (0 21 61) 25-0; Telex 85 27 88 stmg d; Telefax (0 21 61) 25-37 99
Oberstadtdirektor: Jochen Semmler
Schulaufsichtsbeamte: Klaus-Dieter Grandzinski; Wilhelm Winkelmann; Anita Herbert-Neitzel

Schulamt für die kreisfreie Stadt Mülheim an der Ruhr

45466 Mülheim an der Ruhr, Bahnstraße 25, ;
F (02 08) 4 55-1; Telex 85 66 35; Telefax (02 08)
4 55-40 14
Oberstadtdirektor: Ernst Gerlach
Schulaufsichtsbeamte: Dieter Götzen SchulADir;
Christa Stocks Schulrätin

Schulamt für die kreisfreie Stadt Oberhausen
46045 Oberhausen, Gewerkschaftsstr 76-78;
F (02 08) 82 51; Telefax (02 08) 2 67 91
Oberstadtdirektor: Burkhard Drescher
Schulaufsichtsbeamte: Marianne Teske Schulrätin;
Helmut Weinreich SchulR

Schulamt für die kreisfreie Stadt Remscheid
42853 Remscheid, Hindenburgstr 52; F (0 21 91)
44-25 43
Oberstadtdirektor: Dr Burghard Lehmann
Schulaufsichtsbeamte: Ute Meschke-Gerhard SchulADirektorin; Helmut Plein SchulR

Schulamt für die kreisfreie Stadt Solingen
42657 Solingen, Rathaus Höhscheid, Neuenhofer
Str 11; F (02 12) 2 90-0; Telex 8 51 47 77;
Telefax (02 12) 2 90-21 09
Oberstadtdirektor: Dr Ingolf Deubel
Schulaufsichtsbeamte: Hans Hundgeburth SchulA-
Dir; Wolfgang Tracht SchulADir

Schulamt für die kreisfreie Stadt Wuppertal
42269 Wuppertal, Alexanderstr 18; F (02 02)
5 63-69 50 und 69 51; Telefax (02 02) 45 42 45
Oberstadtdirektor: Dr Joachim Cornelius
Schulaufsichtsbeamte: Rolf Platte SchulADir; Waltraud Kalsbach-van Gerfsheim SchulADirektorin;
Franz-Wilhelm Babilon SchulADir; Klaus Rittwe-
ger SchulADir

Schulamt für den Kreis Kleve
47533 Kleve, Nassauer Allee 15-23; F (0 28 21) 85-0
Oberkreisdirektor: Rudolf Kersting
Schulaufsichtsbeamte: Johannes Fischer SchulR;
Herbert Wessling SchulADir; Karl Julius SchulR

Schulamt für den Kreis Mettmann
40822 Mettmann, Am Kolben 1; F (0 21 04) 9 90
Oberkreisdirektor: Robert Wirtz
Schulaufsichtsbeamte: Gerhard Heinzel SchulADir;
Hans-A Esser SchulADir; Mechthild Engels Schul-
rätin; Winfried Kadur SchulR; Rudolf Otto SchulR

Schulverwaltungs- und Schulamt des Kreises Neuss
41460 Neuss, Meererhof 1; F (0 21 31) 92 83 80;
Telefax (0 21 31) 92 83 50
Oberkreisdirektor: Klaus Dieter Salomon
Schulaufsichtsbeamte: Ulrike Hund Schulrätin; Wil-
li Risters SchulR; Theo Lueg SchulADir; Helmut
Witte SchulADir

Schulamt für den Kreis Viersen
41747 Viersen, Rathausmarkt 3; F (0 21 62) 3 90
Oberkreisdirektor: Dr Hans-Christian Vollert

Schulaufsichtsbeamte: Hildegard Paulus Schulrätin;
Margret Wulf Schulrätin; Walter Burchgardt
SchulR

Schulamt für den Kreis Wesel
46483 Wesel, Reeser-Landstr 31; F (02 81) 20 70
Oberkreisdirektor: Dr Horst Griese
Schulaufsichtsbeamte: Lutz Weith SchulR; Friedrich-Wilhelm Hense SchulADir; Dankwart Bender
SchulADir; Gisela Lücke-Deckert SchulADirektorin; Dr Elisabeth Sänger-Feindt Schulrätin

5.8 Staatliches Veterinäruntersuchungsamt

im Regierungsbezirk Düsseldorf
47798 Krefeld, Deutscher Ring 100; F (0 21 51)
8 49-0; Telefax (0 21 51) 84 93 02

Leiter: Dr Dietrich Kuschfeldt LtdRVetDir
Oberste Fachaufsicht. Ministerium für Umwelt,
Raumordnung und Landwirtschaft
Zuständigkeitsbereich: Regierungsbezirke Düssel-
dorf und Köln

angeschlossen:
**Lehranstalt für veterinärmedizinisch-technische As-
sistenten**
47798 Krefeld, Deutscher Ring 100; F (0 21 51)
8 49-2 21

5.9 Hygienisch-bakteriologisches Landesuntersuchungsamt „Nordrhein"

im Regierungsbezirk Düsseldorf
40225 Düsseldorf, Auf'm Hennekamp 70; F (02 11)
9 05 40; Telefax (02 11) 9 05 41 10

Direktor: Prof Dr Ulrich Höffler
Oberste Fachaufsicht: Ministerium für Arbeit, Ge-
sundheit und Soziales
Amtsbezirk: Landesteil Nordrhein

5.10 Studienseminare für Lehrämter an Schulen

im Regierungsbezirk Düsseldorf

Oberste Fachaufsicht: Kultusministerium

Studienseminar für das Lehramt für die Primarstufe

40225 Düsseldorf, Redinghovenstr 9; F (02 11)
34 60 61
Leiter: Petong Rektor

47059 Duisburg, Wrangelstr 13; F (02 03) 31 27 17
Leiter: Hillekamp Rektor

41236 Mönchengladbach, Zingsheimer Str 35;
F (0 21 66) 4 09 35
Leiter: Huhn Rektor

42659 Solingen, Balkhauser Weg 35; F (02 12) 4 23 72
Leiter: NN

Studienseminar für das Lehramt für die Sekundarstufe I

40225 Düsseldorf, Redinghovenstr 9; F (02 11) 34 60 61
Leiter: Stubenrauch Realschulrektor

45127 Essen, Hindenburgstr 76/78; F (02 01) 20 02 94
Leiter: Biehler Rektor

46145 Oberhausen, Bahnhofstr 51; F (02 08) 66 62 81
Leiter: Dr Peininger

Studienseminar für das Lehramt für die Sekundarstufe II

Düsseldorf I
40225 Düsseldorf, Redinghovenstr 9; F (02 11) 34 60 61
Leiter: Hannappel OStudDir

47533 Kleve, Böllenstege; F (0 28 21) 1 35 90
Leiter: Andorfer OStudDir

Krefeld
47809 Krefeld, Johansenaue 3; F (0 21 51) 54 38 30
Leiter: Zimmermann OStudDir

41065 Mönchengladbach, Karl-Barthold-Weg 20; F (0 21 61) 1 20 07/06
Leiter: Vossen OStudDir

46049 Oberhausen, Am Kaisergarten 52; F (02 08) 80 04 94
Leiter: Joswig OStudDir

Wuppertal I
42115 Wuppertal, Richard-Wagner-Str 7; F (02 02) 30 34 44
Leiter: Frischkorn OStudDirektorin

Duisburg II
47051 Duisburg, Oranienstr 25; F (02 03) 33 29 76
Leiter: Kalbheim OStudDir

Essen
45127 Essen, Hindenburgstr 76/78; F (02 01) 23 06 03
Leiter: Jahnke OStudDir

Düsseldorf II
40225 Düsseldorf, Redinghovenstr 9; F (02 11) 34 60 61
Leiter: Schmitz OStudDir

Duisburg I
47051 Duisburg, Nahestr 12; F (02 03) 33 53 03
Leiter: NN

Wuppertal II
42115 Wuppertal, Richard-Wagner-Str 7; F (02 02) 31 05 78
Leiter: Reusch OStudDir

Studienseminar für das Lehramt für Sonderpädagogik

40225 Düsseldorf, Redinghovenstr 9; F (02 11) 34 60 61
Leiter: Kuhn Sonderschulrektor

47269 Duisburg, Vorm Grindsbruch 30-32; F (02 03) 76 75 07
Leiter: Persing Sonderschulrektorin

5.11 Staatliche Prüfungsämter für die Staatsprüfung für Lehrämter an Schulen

im Regierungsbezirk Düsseldorf

Oberste Fachaufsicht: Kultusministerium

Staatliches Prüfungsamt für Erste Staatsprüfungen für Lehrämter an Schulen – Essen
45131 Essen, Henri-Dunant-Str 65; F (02 01) 18 31
Leiter: Dieter H R Demtröder LtdRSchulDir
Amtsbezirk: Regierungsbezirk Düsseldorf und Köln

mit
Außenstelle Düsseldorf
40225 Düsseldorf, Universitätsstr 1; F (02 11) 3 11-41 01 bis 41 07

Außenstelle Duisburg
47057 Duisburg, Lotharstr 65, (Geb LB); F (02 03) 3 79-0

Außenstelle Wuppertal
42119 Wuppertal, Gaußstr 20, (Geb S, Eb 10); F (02 02) 4 39-27 92-96

Staatliches Prüfungsamt für Zweite Staatsprüfungen für Lehrämter an Schulen
40212 Düsseldorf, Wagnerstr 10-12; F (02 11) 35 08 95 bis 35 08 96
Leiter: Rost LtdRSchulDir
Amtsbezirk: Regierungsbezirke Düsseldorf und Köln

5.12 Staatliche Büchereistelle

für den Regierungsbezirk Düsseldorf
45127 Essen, Lindenallee 68; F (02 01) 22 25 18; Telefax (02 01) 20 76 78

Leiterin: Petra Büning
Oberste Fachaufsicht: Kultusministerium
Amtsbezirk: Regierungsbezirk Düsseldorf

5.13 Bergischer Schulfonds Düsseldorf

im Regierungsbezirk Düsseldorf

– Sondervermögen ohne Rechtspersönlichkeit –
40479 Düsseldorf, Rosenstr 32 a; F (02 11) 4 93 18 66; Telefax (02 11) 4 91 22 09

Aufgabenkreis:
Verwaltung des Sondervermögens des Landes Nordrhein-Westfalen, z B Gutshöfe, Forsten und Mietwohnungen.

Leiter: Hans-Werner Milz RAR
Oberste Fachaufsicht: Kultusministerium

5.14 Gymnasialfonds Münstereifel

im Regierungsbezirk Düsseldorf

– Sondervermögen ohne Rechtspersönlichkeit –
40479 Düsseldorf, Rosenstr 32 a; F (02 11)
4 93 18 66; Telefax (02 11) 4 91 22 09

Aufgabenkreis:
Siehe Bergischer Schulfonds Düsseldorf (ohne Gutshöfe).

Leiter: Hans-Werner Milz RAR
Oberste Fachaufsicht. Kultusministerium

6 Bezirksregierung Köln

50455 Köln, Zeughausstr 4-10; F (02 21) 1 47-0;
Telex 8 88 14 51 rpkl d; BTX 022 147; Telefax
(02 21) 1 47 31 85

Regierungsbezirk: Fläche 7 364,60 qkm (Stand
31. Dezember 1992); Einwohner 4 126 990 (Stand
30. Juni 1993)
Kreisfreie Städte Aachen, Bonn, Köln, Leverkusen
sowie die Kreise Aachen, Erftkreis, Düren, Euskirchen, Heinsberg, Oberbergischer-Kreis, Rheinisch-Bergischer Kreis und Rhein-Sieg-Kreis

Regierungspräsident: Dr Franz-Josef Antwerpes
Regierungsvizepräsident: Johannes Steup
Persönliche Referentin des Regierungspräsidenten:
Doris Wienand RAmtfrau

Abt 1 – Zentralabteilung –
Leiter: Johannes Steup RVPräs

Dez 11: **Organisations- und Personalangelegenheiten** Jaenicke LtdRDirektorin
Dez 12: **Beauftragter für den Haushalt und wirtschaftliche Angelegenheiten** Straube RDir
Dez 13: **Regierungshauptkasse** Müller ROAR
Dez 14: **Rechnungsamt, Kassenaufsicht** Michels RR
Dez 15: **Justitiarlat, Enteignung, Liegenschaften, Verteidigungslasten** Glöckner ORR
Dez 16: **Vorprüfstelle für Bauausgaben** Schmidt RO-AR (komm)

Abt 2
Leiterin: Gertrud Bergkemper-Marks AbtDirektorin

Dez 21: **Ordnungsrechtliche Angelegenheiten, Staatshoheitsangelegenheiten** Nellessen RDirektorin
Dez 22: **Zivile Verteidigung, Katastrophenschutz, Feuerschutz** Kuhlisch ORR
Dez 23: **Veterinärangelegenheiten, Lebensmittelüberwachung** Dr Marx RVetDir

Dez 24: **Gesundheit** Dr König LtdRMedDir
Dez 25: **Verwaltung und Logistik der Polizei** Kauder LtdRDir
Dez 26: **Gefahrenabwehr/Strafverfolgung der Polizei** NN
Dez 27: **Führungs- und Einsatzmitel der Polizei** Gies PolOR

Abt 3
Leiter: Robert Becker AbtDir

Dez 31: **Kommunal- und Sparkassenaufsicht** Sennewald LtdRDir
Dez 31: **Gemeindeprüfungsamt** Lehmkühler RDir
Dez 33: **Landesvermessung und Liegenschaftskataster** Kern LtdRVmDir
Dez 34: **Staatshochbau** Reith RBauDir
Dez 35: **Bauaufsicht, Städtebau, Denkmalangelegenheiten** Lingohr RBauDir
Dez 36: **Bauförderung, Wohnungsangelegenheiten, Krankenhausförderung** Drößler RDir

Abt 4
Leiter: Theo Schmitt AbtDir; Ursula Nowak AbtDirektorin

Dez 41: **Grund- und Sonderschulen** Giebe RSchulDir
Dez 42: **Haupt- und Realschulen – Sekundarstufe I –** Port LtdRSchulDir
Dez 43: **Gymnasien, Gesamtschulen – Sekundarstufen I und II –** Rauch LtdRSchuldirektorin
Dez 44: **Berufsbildende Schulen, Kollegschulen – Sekundarstufe II –** Lohre LtdRSchulDir
Dez 45: **Lehreraus- und -fortbildung** Raue LtdRSchulDir
Dez 46: **Kunst- und Kulturpflege, Weiterbildung** Dr Fulle RAngestellte
Dez 47: **Personal- und Stellenplanangelegenheiten** Dörr LtdRDir
Dez 48: **Schulrecht und Schulverwaltung, Schulbau, Kirchensachen** Heine RDirektorin
Dez 49: **Wirtschaftliche Angelegenheiten, Ersatzschulen, Finanzierung der Weiterbildung** Sprünken RDirektorin

Abt 5
Leiter: Manfred Richter AbtDir

Dez 51: **Landschaft, Fischerei** Brandt RDir
Dez 52: **Abfallwirtschaft** Segschneider LtdRDir
Dez 53: **Verkehr** Dr Weiler LtdRDir
Dez 54: **Wasserwirtschaft** Jesemann LtdRBauDir
Dez 55: **Gewerbeaufsicht (Arbeitsschutz, Immissionsschutz** NN

Abt 6
Leiter: Joachim Diehl AbtDir

Dez 61: **Bevölkerungs- und Wirtschaftsstruktur** Fensterer RBauDir
Dez 62: **Durchsetzung der Ziele der Raumordnung und Landesplanung** Schoppe LtdRDir
Dez 63: **Gewerbliche Wirtschaft** Küper LtdRDir
Dez 64: **Braunkohle** Dr Porada ORBauR

Der Dienst- und Fachaufsicht der Bezirksregierung unterstehen:

6.1 Kreispolizeibehörden

im Regierungsbezirk Köln

Nähere Angaben hierzu auf den Seiten 34.

6.2 Kreise

im Regierungsbezirk Köln

Nähere Angaben hierzu siehe in Abschnitt e IV „Kreise" auf den Seiten 287.

6.3 Kreisfreie Städte

im Regierungsbezirk Köln

Nähere Angaben hierzu siehe in Abschnitt e III „Kreisfreie Städte" auf den Seiten 272.

6.4 Staatliche Bauämter

im Regierungsbezirk Köln

Oberste Fachaufsicht: Ministerium für Bauen und Wohnen

Staatliches Bauamt Aachen I
52066 Aachen, Beverstr 17; F (02 41) 9 40-0; Telefax (02 41) 9 40-34 10
Amtsleiter: Dipl-Ing Neukirchen RBauDir
Amtsbezirk: Kreisfreie Stadt Aachen und Kreis Aachen

Staatliches Bauamt Aachen II
52074 Aachen, Kopernikusstr 2-10; F (02 41) 80-37 66; Telefax (02 41) 80-34 02
Amtsleiter: Dipl-Ing Joachim Batt LtdRBauDir
Amtsbezirk: Rheinisch-Westfälische-Technische-Hochschule Aachen, Fachhochschule Aachen, Hochschule für Musik Köln – Abteilung Aachen –

Staatliches Bauamt Bonn I
53225 Bonn, Platanenweg 41; F (02 28) 4 04-0; Telefax (02 28) 4 04-1 91
Amtsleiter: Dipl-Ing Winterberg RBauDir
Amtsbezirk: Kreisfreie Stadt Bonn und Rhein-Sieg-Kreis

Staatliches Bauamt Bonn II
53115 Bonn, Poppelsdorfer Allee 49; F (02 28) 73-70 70; Telefax (02 28) 73-70 15
Amtsleiter: Dipl-Ing Schütze LtdRBauDir
Amtsbezirk: Universität Bonn sowie Zoologisches Forschungsinstitut und Museum A König

Staatliches Bauamt
52349 Düren, Goethestr 16-18; F (0 24 21) 4 88-0; Telefax (0 24 21) 4 88-2 99
Amtsleiter: Dipl-Ing Schlicker LtdRBauDir
Amtsbezirk: Kreise Düren, Euskirchen und Erftkreis

Staatliches Bauamt
41812 Erkelenz, Freiheitsplatz 6; F (0 24 31) 8 03-1; Telefax (0 24 31) 8 03-2 98
Amtsleiter: Dipl-Ing Niederau LtdRBauDir
Amtsbezirk: Kreis Heinsberg sowie Bauangelegenheiten der „Castle Gate" Glimbach und der damit zusammenhängenden Außenstellen

Staatliches Bauamt Köln I
50670 Köln, Blumenthalstr 33; F (02 21) 77 40-1; Telefax (02 21) 77 40-4 19
Amtsleiter: Dipl-Ing Heimann LtdRBauDir
Amtsbezirk: Linksrheinisches Gebiet der Stadtteile Altstadt-Süd und Neustadt-Süd des Stadtbezirks 1 sowie die Stadtbezirke 2 und 3 der kreisfreien Stadt Köln; Bauangelegenheiten des Altenberger Doms und des Schlosses Brühl

Staatliches Bauamt Köln II
50674 Köln, Beethovenstr 5-13; F (02 21) 20 65-0; Telefax (02 21) 20 65-2 00
Amtsleiter: Dipl-Ing Paech LtdRBauDir
Amtsbezirk: Linksrheinisches Gebiet der Stadtteile Altstadt-Nord und Neustadt-Nord des Stadtbezirks 1 sowie die Stadtbezirke 4 bis 6 der kreisfreien Stadt Köln

Staatliches Bauamt Köln III
50679 Köln, Deutzer Freiheit 77-79; F (02 21) 88 97-0; Telefax (02 21) 88 97-2 04
Amtsleiter: Dipl-Ing Schierloh RBauDir
Amtsbezirk: Rechtsrheinisches Gebiet des Stadtbezirks 1 sowie das Gebiet der Stadtbezirke 7 bis 9 der kreisfreien Stadt Köln und das Gebiet der kreisfreien Stadt Leverkusen, des Oberbergischen Kreises und des Rheinisch-Bergischen-Kreises; Bauangelegenheiten der POL-Anlagen (Hochdruck- und Niederdruckanlagen) innerhalb und außerhalb von militärisch genutzten Liegenschaften in Nordrhein-Westfalen, soweit sie durch ein Pipeline-System verbunden sind

Staatliches Bauamt Köln IV
50931 Köln, Robert-Koch-Str 46-50; F (02 21) 4 78-0; Telefax (02 21) 4 78-32 98
Amtsleiter: Dipl-Ing Hans-Josef May LtdRBauDir
Amtsbezirk: Universität Köln, Deutsche Sporthochschule Köln, Fachhochschule Köln, Hochschule für Musik Köln, Kunsthochschule für Medien Köln, Fachhochschule für Bibliotheks- und Dokumentationswesen Köln, Zentralbibliothek der Medizin und Hochschulbibliothekszentrum des Landes Nordrhein-Westfalen

6.5 Staatliche Ämter für Arbeitsschutz

im Regierungsbezirk Köln

Oberste Fachaufsicht: Ministerium für Arbeit, Gesundheit und Soziales

Staatliches Amt für Arbeitsschutz
52064 Aachen, Franzstr 49; F (02 41) 4 57-0;
Telefax (02 41) 45 75 41
Amtsleiter: Dipl-Ing Julius Terberger LtdRGwDir
Amtsbezirk: Kreisfreie Stadt Aachen sowie die Kreise Aachen, Düren, Euskirchen und Heinsberg

Staatliches Amt für Arbeitsschutz
50670 Köln, Blumenthalstr 33; F (02 21) 77 40-1;
Telefax (02 21) 77 40-2 88
Amtsleiter: Dipl-Ing Ziegler LtdRGwDir
Amtsbezirk: Kreisfreie Städte Köln, Bonn und Leverkusen sowie die Kreise Erftkreis, Oberbergischer Kreis, Rheinisch-Bergischer Kreis und Rhein-Sieg-Kreis

6.6 Staatliche Umweltämter

im Regierungsbezirk Köln

Oberste Fachaufsicht. Ministerium für Umwelt, Raumordnung und Landwirtschaft

Staatliches Umweltamt
52064 Aachen, Franzstr 49 (Landesbehördenhaus);
F (02 41) 4 57-0; Telefax (02 41) 4 57-5 41
Amtsleiter: Terberger LtdRGwDir
Amtsbezirk: Kreisfreie Stadt Aachen sowie die Kreise Aachen, Düren, Heinsberg und Euskirchen

Staatliches Umweltamt
50670 Köln, Blumenthalstr 33; F (02 21) 77 40-0;
Telefax (02 21) 77 40-2 88
Amtsleiter: Burckhard Ziegler LtdRGwDir
Amtsbezirk: Kreisfreie Städte Köln, Bonn und Leverkusen sowie die Kreise Erftkreis, Oberbergischer Kreis, Rheinisch-Bergischer Kreis und Rhein-Sieg-Kreis

mit

Außenstelle Bonn
53113 Bonn, Friedrich-Ebert-Allee 144 (Landesbehördenhaus); F (02 28) 53 06-0; Telefax (02 28) 23 97 26

6.7 Schulämter

im Regierungsbezirk Köln

Oberste Fachaufsicht: Kultusministerium

Schulamt für die Stadt Aachen
52080 Aachen, Wilhelmstr 96; F (02 41) 4 32-40 04, 40 05 und 40 06; Telex 83 26 54 skac d;
Telefax (02 41) 4 32-28 76
Oberstadtdirektor: Dr Heiner Berger
Schulaufsichtsbeamte: Peter Barner StädtSchulA-Dir; Renate Meuter-Schröder SchulADirektorin

Schulamt für die Stadt Bonn
53111 Bonn, Bottlerplatz 1; F (02 28) 7 71
Oberstadtdirektor: Dieter Diekmann

Schulaufsichtsbeamte: Hartmut Hoster SchulADir; Norbert Schwedt SchulADir; Horst Judith SchulA-Dir

Schulamt für die Stadt Köln
50679 Köln, Deutz-Kalker-Str 18-26; F (02 21) 22 11; Telefax (02 21) 2 21-90 47
Oberstadtdirektor: Lothar Ruschmeier
Schulaufsichtsbeamte: Hermann Court SchulADir; Ursula Terhardt SchulADirektorin; Klaus Tillmanns SchulADir; Armin Bruckenmaier Städt SchulADir; Elke Stucken-Auer Schulrätin; Marianne Trompeter SchulADirektorin; Horst Schulz SchulADir; Heinz-Egon Beck SchulADir; Heiner Weiler SchulADir

Schulamt für die Stadt Leverkusen
51379 Leverkusen, Miselohestr 4; F (0 21 71) 4 02-5 53/5 56; Telefax (0 21 71) 40 24 02
Oberstadtdirektor: Dr Walter Mende
Schulaufsichtsbeamte: Peter Fischer SchulADir

Schulamt für den Kreis Aachen
52070 Aachen, Zollernstr 10 (Kreishaus); F (02 41) 51 98-1; Telex 0 83 27 86; Telefax (0 22 32) 21 15 25
Oberkreisdirektor: Dr Walter Fricke
Schulaufsichtsbeamte: Franz Baumann SchulADir; Walter Kalbreyer SchulADir; Gisela Schmitt-Degenhardt SchulADirektorin

Schulamt für den Kreis Düren
52348 Düren, Bismarckstr 16; F (0 24 21) 1 29-1; Telex 83 38 00; Telefax (0 24 21) 1 29-3 45
Oberkreisdirektor: Josef Hüttemann
Schulaufsichtsbeamte: Erika Monnartz Schulrätin; Willi Eschweiler SchulR

Schulamt für den Erftkreis
50126 Bergheim, Willy-Brandt-Platz 1; F (0 22 71) 8 31; Telex 88 87 17 ekbm d; Telefax (0 22 71) 83-23 41
Oberkreisdirektor: Wolfgang Bell
Schulaufsichtsbeamte: Wilhelm Peters SchulADir; Klaus Herpers SchulADir; Josef Bartoniczek SchulADir; Elke Blum-Lederer Schulrätin

Schulamt für den Kreis Euskirchen
53879 Euskirchen, Jülicher Ring (Kreishaus); F (0 22 51) 1 51
Oberkreisdirektor: Dr Ingo Wolf
Schulaufsichtsbeamte: Resi König SchulADirektorin; Hilde Paul SchulADirektorin; Karl Schiffer SchulR

Schulamt für den Kreis Heinsberg
52525 Heinsberg, Valkenburger Str 45; F (0 24 52) 13-0; Telex 8 32 93 19 khs d; Telefax (0 24 52) 13-5 01
Oberkreisdirektor: Dr Leo Thönnissen
Schulaufsichtsbeamte: Karl-Heinz Jansen SchulR; Christel Preuschoff Schulrätin; Dr Bernd Schlieperskötter SchulR

Schulamt für den Oberbergischen Kreis
51643 Gummersbach, Moltkestr 42; F (0 22 61)
8 80; Telex 88 44 18; Teletex 2 26 13 78;
Telefax (0 22 61) 88 10 33
Oberkreisdirektor: Dr Gert Ammermann
Schulaufsichtsbeamte: Manfred Thiel SchulADir;
Walter Klöckner SchulADir; Karl-Heinz Schulze
Rektor (mdWdGb)

Schulamt für den Rheinisch-Bergischen Kreis
51469 Bergisch Gladbach, Senefelder Str 15;
F (0 22 02) 13-0; Telex 88 77 33 (LKGL);
Telefax (0 22 02) 13-28 56
Oberkreisdirektor: Dr Jürgen Kroneberg
Schulaufsichtsbeamte: Heinz-Gerd Bast; Gisela
Kuhn

Schulamt für den Rhein-Sieg-Kreis
53721 Siegburg, Kaiser-Wilhelm-Platz 1;
F (0 22 41) 13-1; Teletex 2 24 14 08 = RSK;
Telefax (0 22 41) 13-21 85
Oberkreisdirektor: Dr Walter Kiwit
Schulaufsichtsbeamte: Wilfried Hahn SchulADir;
Dr Wolf Bloemers SchulADir; Rudolf Nußbaum
SchulADir; Theo Winterscheid SchulADir; Helga
Krahl SchulADirektorin

6.8 Studienseminare für Lehrämter an Schulen

im Regierungsbezirk Köln

Oberste Fachaufsicht: Kultusministerium

Studienseminar für das Lehramt für die Primarstufe

52066 Aachen, Malmedyer-Str 61; F (02 41)
6 20 96-98
Leiter: Hans-Wilhelm Offizier Rektor

50678 Köln, Claudiusstr 1; F (02 21) 82 75 34 65
Leiter: Karl-Heinz Coppes Rektor

53721 Siegburg, Haufeld 22; F (022 41) 5 69 81
Leiter: Dietrich Grunwald Rektor

52391 Vettweiß, Tannenweg 1; F (0 24 24) 10 59
Leiterin: Erika Altenburg Rektorin

Studienseminar für das Lehramt für die Sekundarstufe I

52249 Eschweiler, Erftstr 38; F (0 24 03) 2 65 90
Leiter: Leo Meeßen Rektor

50678 Köln, Claudiusstr 1; F (02 21) 82 75 34 70
Leiter: Helge Meyer Realschulrektor

53721 Siegburg, Humperdinckstr 27; F (0 22 41)
6 58 93
Leiterin: Astrid Wustlich Rektorin

Studienseminar für das Lehramt für Sonderpädagogik

50678 Köln, Claudiusstr 1; F (02 21) 33 86-4 64
Leiter: Josef Andermahr Sonderschulrektor

Studienseminar für das Lehramt für die Sekundarstufe II

Aachen I
52066 Aachen, Malmedyer Str 61; F (02 41)
6 20 96/98
Leiter: Manfred Schwier OStudDir

Aachen II
52062 Aachen, Augustinerbach 5; F (02 41) 3 72 37
Leiter: Horst Becker OStudDir

Bonn I
53115 Bonn, Wegeler Str 1; F (02 28) 63 81 02
Leiter: Manfred Jung OStudDir

52428 Jülich, Kurfürstenstr 20 a; F (0 24 61)
5 25 45
Leiter: Herbert Schauer OStudDir

Köln I
5000 Köln, Claudiusstr 1; F (02 21) 82 75-34 86
Leiter: Karl-Friedrich Mundzeck OStudDir

Köln III
5000 Köln, Claudiusstr 1; F (02 21) 82 75-34 93
Leiter: Joseph Tees OStudDir

51373 Leverkusen, Kerschensteiner Str 2 a;
F (02 14) 4 29 25
Leiter: Hans-Eberhardt Neugebauer OStudDir

53721 Siegburg, Zeithstr 182; F (0 22 41) 6 95 45
Leiter: Winfried Pesch OStudDir

6.9 Staatliches Prüfungsamt für die Erste Staatsprüfung für Lehrämter an Schulen

im Regierungsbezirk Köln

50931 Köln, Albertus-Magnus-Platz; F (02 21)
4 70-36 73
Leiter: Dr K Kottmann LtdRSchulDir

mit:

Außenstelle Aachen
52062 Aachen, Templergraben 83, F (02 41)
80 43 30

Außenstelle Bonn
53117 Bonn, Römerstr 164; F (02 28) 55 02 71

6.10 Staatliche Büchereistelle

für den Regierungsbezirk Köln
50670 Köln, Hansaring 82-86; F (02 21) 13 53 03
und 13 79 32; Telefax (02 21) 1 39 01 06

Leiterin: Dipl-Bibliothekarin Brigitte Klein RAngestellte
Oberste Fachaufsicht: Kultusministerium
Amtsbezirk: Regierungsbezirk Köln

6.11 Verwaltung Schloß Brühl

Schloß Augustusburg und Schloß Falkenlust
50321 Brühl, Schloßstr 6; F (0 22 32) 4 24 71

Leiter: Helmut Mahlert RR
Oberste Fachaufsicht: Ministerium für Stadtentwicklung und Verkehr

6.12 Kölner Gymnasial- und Stiftungsfonds

– Stiftung des öffentlichen Rechts –
50931 Köln, Stadtwaldgürtel 18; F (02 21) 40 33 90

Vorsitzender des Verwaltungsrats: Dr Baur
Leiter der Geschäftsstelle: Dipl-Volksw Bernhard Münch
Oberste Fachaufsicht: Kultusministerium

7 Bezirksregierung Münster

48143 Münster, Domplatz 1-3; F (02 51) 4 11-0;
Telex 89 28 70 rpms; Telefax (02 51) 4 11 25 25

Regierungsbezirk: Fläche 6 902,09 qkm; Einwohner 2 538 967 (Stand 30. Juni 1993)
Kreisfreie Städte Bottrop, Gelsenkirchen und Münster sowie die Kreise Borken, Coesfeld, Recklinghausen, Steinfurt und Warendorf

Regierungspräsident: Erwin Schleberger
Regierungsvizepräsident: Alfred Wirtz

Abt 1 Zentralabteilung

Dez 11: Organisations- und Personalangelegenheiten
Dez 12: Beauftragter für den Haushalt und wirtschaftliche Angelegenheiten
Dez 13: Regierungshauptkasse
Dez 14: Rechnungsamt, Kassenaufsicht
Dez 15: Justitiariat, Enteignung, Liegenschaften
Dez 16: Vorprüfungsstelle für Bauausgaben

Abt 2

Dez 21: Ordnungsrechtliche Angelegenheiten, Staatshoheitsangelegenheiten
Dez 22: Zivile Verteidigung, Katastrophenschutz, Feuerschutz
Dez 23: Veterinärangelegenheiten, Lebensmittelüberwachung
Dez 24: Gesundheit
Dez 25: Verwaltung und Logistik der Polizei
Dez 26: Gefahrenabwehr/Strafverfolgung der Polizei
Dez 27: Führungs- und Einsatzmittel der Polizei

Abt 3

Dez 31: Kommunalaufsicht und Sparkassenaufsicht
Dez 32: Gemeindeprüfungsamt
Dez 33: Landvermessung und Liegenschaftskataster
Dez 34: Staatshochbau
Dez 35: Bauaufsicht, Städtebau, Denkmalangelegenheiten
Dez 36: Bauförderung, Wohnungsangelegenheiten, Krankenhausförderung

Dez 37: Sozialwesen
Dez 38: Lastenausgleich

Abt 4

Dez 41: Grundschulen – Primarstufe und Sonderschulen
Dez 42: Haupt- und Realschulen – Sekundarstufe I –
Dez 43: Gymnasien, Gesamtschulen – Sekundarstufe I und II –
Dez 44: Berufsbildende Schulen, Kollegschulen – Sekundarstufe II –
Dez 45: Lehrerausbildung und Lehrerfortbildung
Dez 46: Kunst- und Kulturpflege, Weiterbildung, Zweiter Bildungsweg, Sport
Dez 47: Personal- und Stellenplanangelegenheiten
Dez 48: Schulrecht und Schulverwaltung, Schulbau, Kirchensachen
Dez 49: Wirtschaftliche Angelegenheiten, Ersatzschulen, Finanzierung der Weiterbildung

Abt 5

Dez 51: Landschaft, Fischerei
Dez 52: Abfallwirtschaft
Dez 53: Verkehr
Dez 54: Wasserwirtschaft
Dez 55: Gewerbeaufsicht – Arbeitsschutz, Immissionsschutz –

Abt 6

Dez 61: Geschäftsstelle des Bezirksplanungsrates und Erarbeitungsverfahren, Bevölkerungs- und Wirtschaftsstruktur
Dez 62: Durchsetzung der Ziele der Raumordnung und der Landesplanung
Dez 63: Gewerbliche Wirtschaft

Der Dienst- und Fachaufsicht der Bezirksregierung unterstehen:

7.1 Kreispolizeibehörden

im Regierungsbezirk Münster

Nähere Angaben hierzu siehe auf den Seiten 35.

7.2 Kreise

im Regierungsbezirk Münster

Nähere Angaben hierzu siehe in Abschnitt e IV „Kreise" auf den Seiten 296.

7.3 Kreisfreie Städte

im Regierungsbezirk Münster

Nähere Angaben hierzu siehe in Abschnitt e III „Kreisfreie Städte" auf den Seiten 275.

7.4 Staatliche Bauämter

im Regierungsbezirk Münster

Oberste Fachaufsicht: Ministerium für Bauen und Wohnen

Staatliches Bauamt
48653 Coesfeld, Seminarstr 13; F (0 25 41) 8 04-0;
Telefax (0 25 41) 8 04-1 00
Amtsleiter: Dipl-Ing Ehring LtdRBauDir
Amtsbezirk: Kreise Borken, Coesfeld und Steinfurt

Staatliches Bauamt Münster I
48145 Münster, Hohenzollernring 80; F (02 51)
93 70-0; Telefax (02 51) 93 70-8 80
Amtsleiter: Dipl-Ing Sabelus LtdRBauDir
Amtsbezirk: Kreisfreie Stadt Münster und Kreis Warendorf; Bauangelegenheiten der in der kreisfreien Stadt Hamm gelegenen Teile der Westfalenkaserne in Ahlen, des Münster'schen Studienfonds und des Beckum-Ahlen'schen Klosterfonds

Staatliches Bauamt Münster II
48149 Münster, Robert-Koch-Str 40; F (02 51)
83-1; Telefax (02 51) 83-23 35
Amtsleiter: Dipl-Ing Haunschild LtdRBauDir
Amtsbezirk: Universität Münster, Fachhochschule Münster, Kunstakademie Münster, Hochschule für Musik Detmold – Abteilung Münster –

Staatliches Bauamt
45657 Recklinghausen, Hertener Str 20; F (0 23 61)
58 91-0; Telefax (0 23 61) 58 91-65
Amtsleiter: Dipl-Ing Zeitz RBauDir
Amtsbezirk: Kreisfreie Städte Bottrop und Gelsenkirchen und Kreis Recklinghausen

7.5 Staatliche Ämter für Arbeitsschutz

im Regierungsbezirk Münster

Oberste Fachaufsicht: Ministerium für Arbeit, Gesundheit und Soziales

Staatliches Amt für Arbeitsschutz
48653 Coesfeld, Leisweg 12; F (0 25 41) 9 11-0;
Telefax (0 25 41) 9 11-6 44
Amtsleiter: Wieland LtdRGwDir
Amtsbezirk: Die kreisfreie Stadt Münster; die Kreise Coesfeld, Steinfurt und Warendorf

Staatliches Amt für Arbeitsschutz
45657 Recklinghausen, Hubertusstr 13; F (0 23 61)
5 81-0; Telefax (0 23 61) 1 61 59
Amtsleiter: Dipl-Ing Josef Dorlöchter LtdRGwDir
Amtsbezirk: Die kreisfreien Städte Bottrop und Gelsenkirchen sowie die Kreise Recklinghausen und Borken

7.6 Staatliche Umweltämter

im Regierungsbezirk Münster

Oberste Fachaufsicht: Ministerium für Umwelt, Raumordnung und Landwirtschaft

Staatliches Umweltamt
45699 Herten, Gartenstr 27; F (0 23 66) 8 07-0;
Telefax (0 23 66) 8 07-4 99
Amtsleiter: Feldmann LtdRGwDir
Amtsbezirk: Kreisfreie Städte Bottrop und Gelsenkirchen sowie die Kreise Borken und Recklinghausen.

Staatliches Umweltamt
48145 Münster, Kaiser-Wilhelm-Ring 28; F (02 51)
37 82-0; Telefax (02 51) 37 82-1 98
Amtsleiter: Franz-Josef Brautlecht LtdRBauDir
Amtsbezirk: Kreisfreie Stadt Münster sowie die Kreise Coesfeld, Steinfurt und Warendorf

7.7 Schulämter

im Regierungsbezirk Münster

Oberste Fachaufsicht: Kultusministerium

Schulamt für die Stadt Bottrop
46215 Bottrop, Paßstr 6, Ramada-Hotel;
F (0 20 41) 2 47-0; Telefax (0 20 41) 2 47-38 16
Oberstadtdirektor: Ernst Löchelt
Schulaufsichtsbeamte: Peter Scholz SchulADir
Norbert Micken SchulADir

Schulamt für die Stadt Gelsenkirchen
45881 Gelsenkirchen, Florastr 9; F (02 09)
1 69-21 62; Telex 82 47 88; Telefax (02 09)
1 69 35 16
Oberstadtdirektor: Dr Klaus Bussfeld
Schulaufsichtsbeamte: Dr Magdalena Musial SchulADirektorin; Dieter Marcus SchulR; Hans-Peter Höfer SchulADir; Klemens Löchte SchulR

Schulamt für die Stadt Münster
48127 Münster, Ludgeriplatz 4-6; F (02 51) 4 92-0;
Btx *0 25 14 92#; Telex 89 26 18 skms d;
Telefax (02 51) 4 92-77 23
Oberstadtdirektor: Dr Tilmann Pünder
Schulaufsichtsbeamte: Otto Kamphues SchulADir; Werner Berndt SchulADir; Winfried Waterkortte SchulR

Schulamt für den Kreis Borken
46325 Borken, Burloer Str 93; F (0 28 61) 8 20;
Telefax (0 28 61) 6 33 20
Oberkreisdirektor: Raimund Pingel
Schulaufsichtsbeamte: Ulrike Schwarz SchulADirektorin; Karl Prinz SchulR; Volker Hellmund SchulR; Klaus Innig SchulADir; Ernst Saatkamp SchulADir

Schulamt für den Kreis Coesfeld
48651 Coesfeld, Friedrich-Ebert-Str 7; F (0 25 41)
1 80; Teletex 25 41 22; Telefax (0 25 41) 8 25 66
Oberkreisdirektor: Hans Pixa
Schulaufsichtsbeamte: Renate Haltern SchulADirektorin; Monika Tromnau Schulrätin; Günter Kracht SchulR

Schulamt für den Kreis Recklinghausen
45657 Recklinghausen, Kurt-Schumacher-Allee 1
(Kreishaus); F (0 23 61) 5 31
Oberkreisdirektor: Ulrich Noetzlin
Schulaufsichtsbeamte: Wilhelmine van Beek Schulrätin; Christel Gruber SchulADirektorin; Wilfried Kettner SchulADir; Edgar Mattejat SchulR; Hannelore Salmann Schulrätin; Gerhard Stein SchulADir; Dieter Voß SchulR

Schulamt für den Kreis Steinfurt
48565 Steinfurt, Tecklenburger Str 10; F (0 25 51)
6 90
Oberkreisdirektor: Dr Heinrich Hoffschulte
Schulaufsichtsbeamte: Dr Klaus Geppert SchulADir; Willi Stegemann SchulADir; Dr Jürgen Gessner SchulADir; Doris Steinböhmer Schulrätin; Hubert Heemann SchulADir

Schulamt für den Kreis Warendorf
48231 Warendorf, Waldenburger Str 2 (Kreishaus);
F (0 25 81) 5 30
Oberkreisdirektor: Dr Wolfgang Kirsch
Schulaufsichtsbeamte: Dr Hermann Vortmann SchulR; Karin Sannwaldt-Hanke Rektorin (mdWdGb); Clemens Eggers SchulR; Dietrich Hafke SchulADir

7.8 Chemisches Landes- und Staatliches Veterinäruntersuchungsamt

im Regierungsbezirk Münster
48151 Münster, Sperlichstr 19; F (02 51) 98 21-0;
Telefax (02 51) 9 82 12 50

Nähere Angaben hierzu auf Seite 173 unter Ministerium für Umwelt, Raumordnung und Landwirtschaft, das die oberste Fachaufsicht ausübt.

7.9 Hygienisch-bakteriologisches Landesuntersuchungsamt „Westfalen"

48151 Münster, von Stauffenberg-Str 36; F (02 51)
77 93-0; Telefax (02 51) 77 93-2 50

Leiter: NN
Stellv Leiterin: Dr med Barbara Neuhaus
Oberste Fachaufsicht: Ministerium für Arbeit, Gesundheit und Soziales
Zuständigkeitsbereich: Medizinaluntersuchungsamt sowie überregional als Landesmedizinaleinrichtung für die Regierungsbezirke Arnsberg, Detmold und Münster mit

Institut für Virusdiagnostik

7.10 Studienseminare für Lehrämter an Schulen

im Regierungsbezirk Münster

Oberste Fachaufsicht: Kultusministerium

Studienseminar für das Lehramt für die Primarstufe

45892 Gelsenkirchen, Herforder Str 7; F (02 09)
77 87 33

48153 Münster, Dahlweg 87; F (02 51) 77 61 40

Studienseminar für das Lehramt für die Sekundarstufe I

48153 Münster, Dahlweg 87; F (02 51) 79 31 08

45657 Recklinghausen, Herzogswall 38a;
F (0 23 61) 2 57 10

Studienseminar für das Lehramt für die Sekundarstufe II

Gelsenkirchen I
45892 Gelsenkirchen, Herforder Str 7; F (02 09)
77 88 32

46395 Bocholt, Hohenstaufenstr 2; F (0 28 71)
1 58 66

Gelsenkirchen II
45892 Gelsenkirchen, Herforder Str 7; F (02 09)
7 43 72

Münster I
48153 Münster, Friedrich-Ebert-Str 18; F (02 51)
53 11 80

Münster II
48153 Münster, Friedrich-Ebert-Str 1-5; F (02 51)
53 27 57

45657 Recklinghausen, Herzogswall 38a;
F (0 23 61) 2 41 06

48431 Rheine, Beethovenstr 29; F (0 59 71) 5 10 22

Studienseminar für das Lehramt für Sonderpädagogik
45892 Gelsenkirchen, Herforder Str 7; F (02 09)
77 87 35

7.11 Staatliches Prüfungsamt für die Erste Staatsprüfung für das Lehramt an Schulen

im Regierungsbezirk Münster

48143 Münster, Bispinghof 2; F (02 51) 83-30 60

Leiter: Hammelrath RSchulDir
Oberste Fachaufsicht: Kultusministerium

7.12 Staatliche Büchereistelle

für den Regierungsbezirk Münster
48145 Münster, Kaiser-Wilhelm-Ring 28; F (02 51)
3 36 32; Telefax (02 51) 3 60 65

Leiter: NN
Oberste Fachaufsicht: Kultusministerium
Amtsbezirk: Regierungsbezirk Münster

7.13 Münster'scher Studienfonds

– Studienfonds Rentamt –
im Regierungsbezirk Münster

– Sondervermögen ohne Rechtspersönlichkeit –
48143 Münster, Alter Steinweg 22-24 ; F (02 51)
5 43 27; Telefax (02 51) 5 72 18

Aufgabenkreis:
Verwaltung von Sondervermögen des Landes
Nordrhein-Westfalen.

Leiter: Heinz Golla ROAR
Oberste Fachaufsicht: Kultusministerium

7.14 Beckum-Ahlen'scher Klosterfonds

im Regierungsbezirk Münster

– Sondervermögen ohne Rechtspersönlichkeit –
48143 Münster, Alter Steinweg 22-24; F (02 51)
5 43 27; Telefax (02 51) 5 72 18

Aufgabenkreis:
Siehe hierzu Münster'scher Studienfonds.

Leiter: Heinz Golla ROAR
Oberste Fachaufsicht: Kultusministerium

8 Institut für öffentliche Verwaltung

Nordrhein-Westfalen
40724 Hilden, Hochdahler Str 280; F (0 21 03)
4 91-0; Telefax (0 21 03) 4 65 55

Staatsrechtliche Grundlage und Aufgabenkreis:
Das Institut für öffentliche Verwaltung, eine Landeseinrichtung im Sinne des § 14 des Landesorganisationsgesetzes vom 10. Juli 1962 (GV NW Seite 421/SGV NW Seite 2005) ist zuständig für die theoretische Ausbildung von Nachwuchsbeamten für den höheren Dienst, (Baureferendare, Verwaltungsreferendare, Fachreferendare, Veterinärreferendare), für Teile des gehobenen technischen Dienstes (Bauinspektoranwärter) und für den mittleren allgemeinen Verwaltungsdienst. Weiter ist das Institut zuständig für die Ausbildung der Verwaltungsfachangestellten, der Fachangestellten für Bürokommunikation und der Fortbildung zum/zur Verwaltungsfachwirt/in.

Leiter: Hans van de Water LtdRDir

9 Fachhochschule für öffentliche Verwaltung

Nordrhein-Westfalen
45886 Gelsenkirchen, Haidekamp 73; F (02 09)
1 70 93-0; Telefax (02 09) 1 70 93-26

Staatsrechtliche Grundlage und Aufgabenkreis:
Die Fachhochschule für öffentliche Verwaltung (FHöV NRW) wurde zunächst durch Verordnung vom 19. Mai 1976 (SGV NW 223) mit dem Sitz in Gelsenkirchen errichtet; inzwischen stützt sich die FHöV NRW auf das Gesetz über die Fachhochschulen für den öffentlichen Dienst im Lande Nordrhein-Westfalen (FHGöD) vom 29. Mai 1984 (GVBl NW Nr 24) und die Verordnung über die Fachbereiche und Abteilungen der FHöV NRW vom 6. September 1984 (GVBl NW Nr 56).
Die FHöV NW ist eine Landeseinrichtung im Sinne des § 14 LOG mit Satzungsrecht. Sie gliedert sich in die Fachbereiche staatlicher Verwaltungsdienst, kommunaler Verwaltungsdienst, Polizeivollzugsdienst und Verwaltungsdienst der Sozialversicherungsträger und der Kriegsopferversorgung.
Die Fachhochschule für öffentliche Verwaltung bildet die Beamten des gehobenen nichttechnischen Dienstes im Bereich der allgemeinen und inneren Verwaltung des Landes, der Gemeinden und Gemeindeverbände, des Polizeivollzugsdienstes, der Kriegsopferversorgung, der Sozialversicherungsträger, der evangelischen Landeskirchen, der Bergverwaltung und der Verwaltung für Agrarordnung aus.
Die Dienstaufsicht über die Fachhochschule für öffentliche Verwaltung übt der Innenminister, die Fachaufsicht der Innenminister im Einvernehmen mit dem Minister für Wissenschaft und Forschung aus.

Direktor der Fachhochschule für öffentliche Verwaltung: Dr Dieprand von Richthofen
Verwaltungsleiter: Christian Kötter RDir

Abt Bielefeld
33615 Bielefeld, Kurt-Schumacher-Str 6; F (05 21)
1 06 26 73-77; Telefax (05 21) 1 06 26 71

Abt Dortmund
44137 Dortmund, Rheinische Str 69; F (02 31)
14 30 41-43; Telefax (02 31) 14 64 52

Abt Duisburg
47198 Duisburg, Birkenstr 15; F (02 03)
77 50 14-15; Telefax (02 03) 73 02 70

Abt Düsseldorf
40549 Düsseldorf, Heesenstr 26; F (02 11)
5 62 46 16; Telefax (02 11) 5 62 50 16

Abt Gelsenkirchen
45886 Gelsenkirchen, Haidekamp 73; F (02 09)
1 70 93-0; Telefax (02 09) 1 70 93 26

Abt Hagen
58091 Hagen, Eilper Str 62; F (0 23 31) 7 00 14-15;
Telefax (0 23 31) 7 54 58

Abt Köln
50668 Köln, Thürmchenswall 48-54; F (02 21)
12 01 86-89; Telefax (02 21) 13 27 06

Abt Münster
48147 Münster; Nevinghoff 8; F (02 51)
23 06 27-29; Telefax (02 51) 23 16 09

Abt Soest
59494 Soest, Grüne Hecke 29; F (0 29 21) 1 60 90
und 1 60 99; Telefax (0 29 21) 1 78 93

Abt Wuppertal
42107 Wuppertal, Schleswiger Str 12-14; F (02 02)
45 04 01-03; Telefax (02 02) 45 47 74

10 Landesprüfungsamt für Verwaltungslaufbahnen

40724 Hilden, Hochdahler Str 280; F (0 21 03)
4 91-0; Telefax (0 21 03) 4 65 55

Aufgabenkreis:
Das Landesprüfungsamt, eine Einrichtung gemäß
§ 14 Landesorganisationsgesetz, hat folgende Aufgaben:
– Organisation und Durchführung der Fortbildungsprüfung zum/zur Verwaltungsfachwirt/in
in der allgemeinen Verwaltung des Landes NRW
– Organisation und Durchführung der Fortbildungsprüfung zum Nachweis der Qualifikation
für Mitarbeiter/innen in der allgemeinen Verwaltung des Landes NRW auf der Funktionsebene
der Verwaltungsfachangestellten
– Organisation und Durchführung der Zwischen-
und Abschlußprüfungen für Auszubildende im
Ausbildungsberuf Fachangestellte(r) für Bürokommunikation nach der Verordnung über die
Ausbildung und Prüfung zum/zur Fachangestellten für Bürokommunikation im Lande NRW
(APOFangB)
– Geschäftsführung des beim Innenministerium er-
richteten Prüfungsausschusses für den höheren
allgemeinen Verwaltungsdienst beim Innenministerium des Landes Nordrhein-Westfalen, des
Bundes und des Landes Rheinland-Pfalz für Bewerber der Laufbahn des höheren allgemeinen
Verwaltungsdienstes mit einem abgeschlossenen
Studium der Wirtschaftswissenschaften oder der
Sozialwissenschaften.
– Organisation und Durchführung von Aufstiegs-
prüfungen
  – einfacher/mittlerer allgemeiner Verwaltungsdienst,
  – mittlerer/gehobener allgemeiner Verwaltungsdienst.
– Organisation und Durchführung der Zwischen-
und Abschlußprüfungen für Auszubildende im
Ausbildungsberuf Verwaltungsfachangestellte(r)

nach Maßgabe der Verordnung über die Ausbildung und Prüfung zu/zur Verwaltungsfachangestellten im Lande NRW – Fachrichtung Allgemeine Verwaltung des Landes NRW – (APO
VFAng).
– Durchführung von Auswahlverfahren für Beamte des mittleren allgemeinen Verwaltungsdienstes
(ohne FHS-Reife), die den Aufstieg in die Laufbahn des gehobenen nichttechnischen Dienstes
anstreben.

Leiter: Hans van de Water LtdRDir

11 Fortbildungsakademie

des Innenministeriums des Landes
Nordrhein-Westfalen
44651 Herne, Hauptstr 125; F (0 23 25) 93 36-0;
Telefax (0 23 25) 93 36-99

Staatsrechtliche Grundlage und Aufgabenkreis:
RdErl des Innenministers vom 12. November 1979
– Az II B 4 – 6.73.01 – 1/79.
Die Fortbildungsakademie besteht seit 1980 Sie ist
eine Einrichtung des Landes gemäß § 14 LOG NW
– SGV NW 2005 – im Geschäftsbereich des Innenministers des Landes NW. Die Akademie ist zuständig für die organisatorische und inhaltliche Konzeption, Betreuung und Weiterentwicklung der fachspezifischen Fortbildung der Beschäftigten aus dem
Geschäftsbereich des Innenministers sowie der
fachübergreifenden Fortbildung für die Beschäftigten aller Ressorts der Landesverwaltung. Mit Do-
zentinnen und Dozenten aus nahezu allen Verwal-
tungsbereichen, zahlreichen wissenschaftlichen
Disziplinen, Wirtschaft und freiberuflich tätigen Se-
minarleitern führt die Akademie mehr als 300 Seminare mit rd 6000 Teilnehmerinnen und Teilnehmern
durch. Neben Beschäftigten der Landesverwaltung
können auch andere Interessenten an den Fortbildungsveranstaltungen teilnehmen. Das jährliche
Fortbildungsprogramm wird im Ministerialblatt
NW veröffentlicht.

Leitung: Johannes Heinrichs LtdRDir

12 Landesvermessungsamt

Nordrhein-Westfalen
53177 Bonn, Muffendorfer Str 19-21; F (02 28)
8 46-0; Telefax (02 28) 8 46-5 02

Staatsrechtliche Grundlage und Aufgabenkreis:
Landesorganisationsgesetz vom 10. Juli 1962 (GV
NW Seite 421/SGV NW 2005). Gesetz über die
Landesvermessung und das Liegenschaftskataster
vom 30. Mai 1990 (GV NW Seite 360/
SGV NW 7134). Dritte Verordnung zur Durchfüh-
rung des genannten Gesetzes vom 19. August
1974 (GV NW Seite 882/SGV NW 7134).
Das Landesvermessungsamt ist eine Landesoberbe-
hörde im Geschäftsbereich des Innenministers.
Es ist zuständig für
– die Herstellung, Erneuerung und Erhaltung des

Lage-, Höhen- und Schwerefestpunktfeldes (Grundlagenvermessung) einschließlich Deformationsanalysen sowie die Führung der amtlichen Nachweise für diese Punktfelder,
- die Erfassung der Informationen über die topographischen Gegebenheiten des Landesgebiets (topographische Landesaufnahme) und deren Dokumentation und Bereitstellung in einem automatisiert geführten Geo-Basisinformationssystem,
- die zentrale Registrierung und Sammlung von Luftbildern und sonstigen Fernerkundungsergebnissen, soweit diese für die Landesvermessung oder das Liegenschaftskataster von Bedeutung sind (Landesluftbildarchiv),
- die Bearbeitung, Drucklegung, Herausgabe und Verbreitung der topographischen Landeskartenwerke sowie die Wahrnehmung der Interessen des Landes bei ihrer Nutzung durch Dritte (topographische Landeskartographie).

Das Landesvermessungsamt unterstützt andere Landesbehörden und Einrichtungen des Landes sowie sonstige Stellen bei der Nutzung der topographischen Landeskartenwerke oder des automatisiert geführten Geo-Basisinformationssystems.
Vom Landesvermessungsamt werden zur einheitlichen Führung des Liegenschaftskatasters auch Programmsysteme für automatisierte Verfahren erstellt, gepflegt und weiterenwickelt und Erneuerungsarbeiten einer Katasterbehörde unterstützt, die überörtliche Bedeutung haben oder ihre Leistungskraft übersteigen.
Die Arbeiten des Landesvermessungsamtes sind dabei insbesondere auf die Bedürfnisse der Verwaltung, des Rechtsverkehrs, der Wirtschaft, des Verkehrs, der Landesplanung und der Bauleitplanung und Bodenordnung, des Umwelt- und Naturschutzes, der Verteidigung und der Forschung abzustellen und ständig dem Fortschritt der geodätischen Wissenschaft und Technik anzupassen.

Leiter: Dipl-Ing Klaus Barwinski Dir des Landesvermessungsamtes

Dez 01: **Organisations- und Personalangelegenheiten** Dipl-Ing Föckeler R VmDir
Dez 02: **Beauftragter für den Haushalt und wirtschaftliche Angelegenheiten** Wirtz RDir
Dez 03: **Öffentlichkeitsarbeit und Marketing** Dipl-Ing Kremers OR VmR

Abt 1 Grundlagenvermessung
Leiter: Dipl-Ing Wolfgang Irsen R VmDir

Abt 2 Topographie
Leiter: Dipl-Ing Wolfgang Michalski LtdR VmDir

Abt 3 Kartographie
Leiter: Dipl-Ing Rolf Harbeck LtdR VmDir

Abt 4 Vermessungstechnische Datenverarbeitung
Leiter: Dr-Ing Gerhard Mittelstraß LtdR VmDir

13 Landesamt für Datenverarbeitung und Statistik

Nordrhein-Westfalen
40476 Düsseldorf, Mauerstr 51; F (02 11) 94 49 01; Telex 8 58 66 54 ldst d; Telefax (02 11) 44 20 06; Btx 48 66 66 Leitseite*6 22 00#

Staatsrechtliche Grundlage und Aufgabenkreis:
Das Landesamt für Datenverarbeitung und Statistik ist gemäß § 6 des Landesorganisationsgesetzes eine Landesoberbehörde. Es unterhält 2 Außenstellen in Paderborn und Oberhausen. Das Landesamt ist Träger der amtlichen Statistik im Lande Nordrhein-Westfalen. In dieser Eigenschaft erhebt es rund 200 Statistiken, bereitet sie überwiegend durch EDV auf und wertet die Ergebnisse aus. Daneben umfaßt das Arbeitsprogramm rund 100 andere Projekte mit automatisierter Datenverarbeitung, und zwar statistische, nichtstatistische und Planungsaufgaben, Modelle sowie Informations- und Verbundsysteme. Außerdem sind vielfältige Beratungsaufgaben aufgrund des Gesetzes über die automatisierte Datenverarbeitung in NW wahrzunehmen.
Die Abteilung 2 (Landesdatenverarbeitungszentrale) steht – zusammen mit den gemeinsamen Gebietsrechenzentren – allen Geschäftsbereichen der Landesverwaltung – als gemeinsames Rechenzentrum zur Verfügung und berät die obersten Landesbehörden in Automationsfragen.

Präsident des Landesamtes für Datenverarbeitung und Statistik: Albert Benker
Vertreter: Jochen Kehlenbach AbtDir

Abt 1 Verwaltung und Information
Leiter: Jochen Kehlenbach AbtDir

Dez 111: **Organisation, Personalangelegenheiten** Schröder LtdRDir
Dez 112: **Büroorganisation, Haushaltsangelegenheiten, Innerer Dienst** Steinert ORR
Dez 113: **Rechtsangelegenheiten, Datenschutz, Aus- und Fortbildung** Steffen RDir
Dez 114: **Leitstelle für Information und Landesdatenbank** Dr Kühn LtdRDir
Dez 115: **Interfachliche Schwerpunktaufgaben** Dipl-Ing Menge
Dez 116: **Volkswirtschaftliche Gesamtrechnungen** Prof Dr Gerß RDir

Abt 2 Landesdatenverarbeitungszentrale
Leiter: Dr Elmar Dropmann AbtDir

Gruppe 21: **Technische Planung, Produktion, ADV-Aus- und Fortbildung** Dr Vogel RDir
Gruppe 22: **Anwendungsberatung und -entwicklung, mathematisch-wissenschaftliche Aufgaben** Krieg LtdRDir
Gruppe 23: **Datenbank, Fachdatensammlungen, Register** Storchmann LtdRDir
Gruppe 24: **Verwaltungs- und sonstige Aufgaben** Hausmann LtdRDir

Abt 3 Bevölkerung, Groß- und Sonderzählungen, Landwirtschaft
Leiter: Dr Ortrud Kotz AbtDirektorin

Gruppe 31: **Bevölkerung, Gesundheit, Sozialleistungen, Wahlen, Rechtspflege** Limbacher LtdRDir
Gruppe 32: **Bildung** Imhäuser RDir
Gruppe 33: **Groß- und Sonderzählungen** Eppmann RDir
Gruppe 34: **Land- und Forstwirtschaft** Schäfer RDir

Abt 4 Wirtschaft und Finanzen
Leiter: Erich Mielke LtdRDir

Gruppe 41: **Produzierendes Gewerbe (ohne Bauhauptgewerbe)** Dr Steinel RDir
Gruppe 42: **Bauwirtschaft, Bautätigkeit, Wohnungswesen, Umweltschutz** Ben Lasfar RDirektorin
Gruppe 43: **Preise, Lebenshaltung, Löhne und Gehälter, Handel und Verkehr** Graven RDir
Gruppe 44: **Steuern und Finanzen, Kapitalgesellschaften, Bilanzen** Goletz ORR

Außenstellen

33098 Paderborn, Auf der Schulbrede 4; F (0 52 51) 69 60; Telefax (0 52 51) 6 45 21

46049 Oberhausen, Concordiastr 32; F (02 08) 85 98 60; Telefax (02 08) 80 88 58

14 Gemeinsame Gebietsrechenzentren

Staatsrechtliche Grundlage und Aufgabenkreis:
§ 5 ADV – Organisationsgesetz in der Fassung vom 9. Januar 1985 (GV NW Seite 41).
Die gemeinsamen Gebietsrechenzentren, Einrichtungen gemäß § 14 des Landesorganisationsgesetzes, stehen neben dem Landesamt für Datenverarbeitung und Statistik – Landesdatenverarbeitungszentrale – allen Geschäftsbereichen der Landesverwaltung zur Durchführung von Datenverarbeitungsaufgaben zur Verfügung. Sie beraten und unterstützen Behörden und Einrichtungen des Landes bei dezentralem Einsatz der Datenverarbeitung.

Gemeinsames Gebietsrechenzentrum Köln
50968 Köln, Sinziger Str 10; F (02 21) 37 01-0; Telefax (02 21) 37 01-4 44
Leiter: Hans Groß LtdRDir

Gemeinsames Gebietsrechenzentrum Hagen
58093 Hagen, Hoheleye 3 a; F (0 23 31) 9 87-50; Telefax (0 23 31) 9 87-6 74
Leiter: Helmut Reinert LtdRDir

15 Landesfeuerwehrschule

Nordrhein-Westfalen
48155 Münster, Wolbecker Str 237; F (02 51) 31 12-0; Telefax (02 51) 31 12-1 04

Aufgabenkreis:
Die Landesfeuerwehrschule in Münster ist eine Landeseinrichtung im Sinne des § 14 Landesorganisationsgesetz (LOG); sie bildet Angehörige der freiwilligen Feuerwehr, der Berufsfeuerwehr sowie der Werk- und Betriebsfeuerwehren aus. Das Unterrichtsprogramm umfaßt auch die Ausbildung im Katastrophenschutz, Fachdienst Brandschutz.

Leiter: Dipl-Ing Heinz Moll Dir der Landesfeuerwehrschule

16 Landesrentenbehörde

Nordrhein-Westfalen
40476 Düsseldorf, Tannenstr 26; F (02 11) 4 56 51; Telefax (02 11) 4 56 53 33

Staatsrechtliche Grundlage und Aufgabenkreis:
Die Landesrentenbehörde in Düsseldorf ist eine Landesoberbehörde gemäß § 6 des Landesorganisationsgesetzes (LOG). Sie ist zuständig für Wiedergutmachungsansprüche nach dem Bundesentschädigungsgesetz (BEG) und dem weitergehenden Landesrecht.
Daneben obliegt ihr die Führung der Bundeszentralkartei für Verfolgte, deren Personal- und Sachkosten vom Bund und von den Ländern gemeinsam getragen werden.

Leiter: Dr Hans Spick Dir der Landesrentenbehörde
Vertreter: Dr Braun LtdRDir

Zentraldezernat: **Organisation, Personalien, Haushalt** Ott LtdRDir
Sachbereich 1: **Grundsatzfragen sowie Festsetzung der Ansprüche auf Entschädigung nach §§ 4, 150 und 160 Bundesentschädigungsgesetz (BEG), dem weitergehenden Landesrecht nach Art V BEG-Schlußgesetz; Heilverfahrensansprüche aus den §§ 4, 150 und 160 BEG** Dr Braun LtdRDir
Sachbereich 2: **Regelung der Ansprüche auf Entschädigung nach §§ 4, 150 und 160 BEG und dem weitergehenden Landesrecht** Klütsch LtdRDir
Medizinische Angelegenheiten: Dr Schwanitz-Farrenkopf RMedDirektorin
Justitiariat: **Rechtsangelegenheiten** Assessor Rudofsky RAng

17 Katastrophenschutzschule

Nordrhein-Westfalen
46483 Wesel, Gerhart-Hauptmann-Str 23; F (02 81) 2 80 46

Staatsrechtliche Grundlage und Aufgabenkreis:
Die Katastrophenschutzschule, eine Einrichtung des Landes im Sinne von § 14 des Landesorganisationsgesetzes vom 10. Juli 1962 (GV NW Seite 421/SGV NW 2005) dient nach der Bekanntmachung des Innenministers vom 18. August 1965 (MBl I NW 1965 Seite 1165) der Aus- und Fortbildung der Führer, Unterführer und Spezialisten für

den erweiterten Katastrophenschutz, soweit nicht andere Ausbildungseinrichtungen damit betraut sind.

Leiter: Dipl-Ing Erich Hinz

Der Rechtsaufsicht des Innenministeriums unterstehen die nachfolgenden Körperschaften des öffentlichen Rechts:

18 Landschaftsverband Rheinland

Nähere Angaben hierzu siehe in Abschnitt e I „Landschaftsverband Rheinland" auf den Seiten 251 und 253.

19 Landschaftsverband Westfalen-Lippe

Nähere Angaben hierzu siehe in Abschnitt e II „Landschaftsverband Westfalen-Lippe" auf den Seiten 251 und 257.

20 Landesverband Lippe

Nähere Angaben hierzu siehe in Abschnitt e VI „Zweckverbände" auf der Seite 317.

21 Kommunalverband Ruhrgebiet

Nähere Angaben hierzu siehe in Abschnitt e VI „Zweckverbände" auf den Seiten 317.

22 Rheinische Versorgungskasse für Gemeinden und Gemeindeverbände

– Körperschaft des öffentlichen Rechts –
50679 Köln, Mindener Str 2; F (02 21) 8 09-0; Telefax (02 21) 8 09-21 57

Aufgabenkreis:
Zahlung von Versorgungsbezügen an Beamte und Zusatzrenten an Arbeitnehmer der Mitglieder der Rheinischen Versorgungs- und Zusatzversorgungskasse. Zahlung von Versorgung nach Art 131 GG.

Vorsitzender: Dr Dieter Fuchs
Geschäftsführer: Karl Bechtel

23 Westfälisch-Lippische Versorgungskasse für Gemeinden und Gemeindeverbände für das Gebiet des Landschaftsverbandes Westfalen-Lippe

– Körperschaft des öffentlichen Rechts –
48145 Münster, Warendorfer Str 25; F (02 51) 5 91-01; Telex 89 28 35; Telefax (02 51) 5 91-39 78

Aufgabenkreis:
Berechnung und Zahlung beamtenrechtlicher Versorgungsleistungen für ihre Mitglieder. Die Geschäftsführung erfolgt durch den Landschaftsverband Westfalen-Lippe.

Leiter: Dr Manfred Scholle

24 Feuerwehr-Unfallkasse Rheinland

– Körperschaft des öffentlichen Rechts –
40217 Düsseldorf, Friedrichstr 62-80; F (02 11) 34 00 41; Telefax (02 11) 9 34 88 30

Aufgabenkreis:
Trägerin der gesetzlichen Unfallversicherung für die Feuerwehrangehörigen im Gebiet des Landschaftsverbandes Rheinland.

Vorsitzender der Vertreterversammlung: Klemens Broich
Vorsitzender des Vorstandes: Dr Bernd Michaels
Geschäftsführer: Ass Heinrich Schopen

25 Feuerwehr-Unfallkasse Westfalen-Lippe

– Körperschaft des öffentlichen Rechts –
48159 Münster, Bröderichweg 70; F (02 51) 2 19 46 90-94; Telefax (02 51) 2 19 45 07

Aufgabenkreis:
Gesetzliche Unfallversicherung der Freiwilligen Feuerwehren Westfalen-Lippe.

Vorsitzender des Vorstandes: Reinhold Brauner
Vorsitzender der Vertreterversammlung: Klaus Schneider
Geschäftsführer: Rainer Gosebruch

III Justizministerium

des Landes Nordrhein-Westfalen

40190 Düsseldorf, Martin-Luther-Platz 40;
F (02 11) 8 79 21; Teletex 2 11 41 84 = JMNW;
Telefax (02 11) 8 79 24 56

Aufgabenkreis:
Verfassungsangelegenheiten von grundsätzlicher
Bedeutung zusammen mit Ministerpräsident und
Innenminister,
Angelegenheiten der bürgerlichen Rechtspflege
und der freiwilligen Gerichtsbarkeit,
Angelegenheiten der allgemeinen Verwaltungsge-
richtsbarkeit,
Finanzgerichtsbarkeit,
Angelegenheiten der Strafrechtspflege,
Vollzug von Strafen und anderen strafgerichtlichen
Maßnahmen,
Übertragene Gnadenangelegenheiten,
Rechtshilfeverkehr mit dem Ausland,
Angelegenheiten der Rechtsanwälte, Notare und
Rechtsbeistände,
Angelegenheiten der Berufsgerichtsbarkeit,
Richterdienstrecht in Fragen von grundsätzlicher
Bedeutung und
Juristenausbildung.

Publikationsorgan: „Justizministerialblatt" für das
Land Nordrhein-Westfalen (JMBl NW), Verlag
Karl-Heinz Junge GmbH, 45018 Essen, Postfach 10 18 09, Bezugspreis 88,75 DM jährlich, erscheint in der Regel am 1. und 15. jeden Monats.

Justizminister: Dr Rolf Krumsiek
Persönlicher Referent: Fischer RDir
Pressereferent: Wendorff

Staatssekretär: Dr Heinz-Hugo Röwer

Abt I Justizverwaltungsangelegenheiten
Leiter: Dr Rolf Meyer ter Vehn MinDirig

Gruppe I A Personalangelegenheiten
Leiter: Dr Hinrich-Werner Voßkamp LtdMinR

Ref I A 1: **Personalangelegenheiten des Ministeriums einschließlich des Landesjustizprüfungsamtes,
Organisationsreferent für das Justizministerium, allgemeine Angelegenheiten der Dienstaufsicht,
Schriftleitung des JMBl NW, Sammlung und Sich-
tung der Justizverwaltungsvorschriften** Dr Voß-
kamp LtdMinR
Ref I A 2: **Personalangelegenheiten der Richter und
Staatsanwälte – außer Richter auf Probe, Besetzung
der Disziplinargerichte für Richter und Beamte so-
wie der Wiedergutmachungsämter und -kammern,
Gnadenstellen, Ernennung der Handelsrichter, An-
gelegenheiten des Landesjustizprüfungsamtes
(LJPA)** Prof Dr Krüger Rchtr am OLG
Ref I A 3: **Personalangelegenheiten der Richter und
Staatsanwälte auf Probe einschließlich Anstellung,
Einführung der Richter auf Probe in die richterliche
und staatsanwaltschaftliche Praxis, Durchführung des**

Laufbahnwechsels, **Personalangelegenheiten der
Fachhochschule für Rechtspflege, der Justizakademie des Landes NRW, der Wirtschaftsreferenten,
der Beamten des höheren Dienstes (soweit Aufstiegs-
beamte), des gehobenen, mittleren und einfachen
Dienstes sowie der Angestellten und Arbeiter sowie
der Referendare; Genehmigung von Nebentätigkei-
ten, Ordensangelegenheiten** von Hasselbach
Rchtr am LG
Ref I A 4: **Gesetzgebung und Grundsatzfragen des
Disziplinarrechts, Eingabe-, Dienstaufsichts- und
Disziplinarsachen, soweit nicht andere Referate zuständig sind, Gnadensachen, soweit Disziplinarverfahren zugrunde liegen** Haubrich Richterin a-
m OLG
Ref I A 5: **Angelegenheiten der Verwaltungs- und
Finanzgerichtsbarkeit, insbesondere Personalange-
legenheiten der Richter, Beamten, Angestellten und
Arbeiter, einschließlich Dienstaufsichts- und Diszi-
plinarangelegenheiten, Angelegenheiten der Arbeits-
gerichte** Dr Quick Rchtr am FG
Ref I A 6: **Personalangelegenheiten des Strafvoll-
zugsdienstes** Marx RDir
Innerer Dienst: **Angelegenheiten des inneren Dienstes, ADV im Justizministerium, Sicherheitsfragen,
Personalstelle, Registratur, Kanzlei, Bibliothek,
Hausverwaltung** Hüppelshäuser ORR

Gruppe I B Organisation, Rechtsangelegenheiten
Leiter: Dr Heinz-Dieter Krause LtdMinR

Ref I B 1: **Organisationsreferent für die nachgeordneten Behörden, Gesetzgebung und Grundsatzfragen auf den Gebieten des Richter-, Beamten- und
Personalvertretungsrechts, Ausbildungs- und Prüfungsangelegenheiten, soweit nicht Abteilung IV und
LJPA/Sondergruppe zuständig sind** Dr Krause
LtdMinR
Ref I B 2: **Gerichtsorganisation, Geschäftsgang bei
den Gerichten und Staatsanwaltschaften, Angelegenheiten des Interministeriellen Ausschusses für
Verteidigungsliegenschaften (IMA), Vordrucke wesen, soweit nicht I B 5, Koordinierung von Angelegenheiten des Datenschutzes im Justizbereich, Auswertung der Geschäftsprüfungsberichte** Riehe Min-
Rätin
Ref I B 3: **Schadensersatzansprüche, Verwaltungsstreitverfahren in Angelegenheiten der Richter und
Beamten, Angelegenheiten des Landespersonalausschusses, der Personalvertretungen und der Berufsverbände, Vorbereitung der Justizministerkonferenz
und Dienstbesprechungen mit den Gerichtspräsiden-
ten** Gode Rchtr am LG
Ref I B 4: **Gesetzgebung und Grundsatzfragen auf
den Gebieten des Anwalts- und Notarrechts, Personalangelegenheiten der Rechtsanwälte, Notare, Notarassessoren, Verwaltungsstreitverfahren in Angelegenheiten der Rechtsanwälte und Notare, Besetzung der Berufsgerichte (soweit nicht Ref I A 5 zuständig ist), Fachaufsicht in standesrechtlichen Angelegenheiten, Wiedergutmachungsangelegenheiten
(BWGöD), Gesetzgebung und Grundsatzfragen auf
dem Gebiet des Rechtsberatungswesens, Persona-**

langelegenheiten der Rechtsbeistände Gemes Rchtr am OLG

Ref I B 5: Gesetzgebung, Grundsatz- und Einzelfragen auf dem Gebiet des Justizkostenrechts; Kassen- und Rechnungswesen, Gerichtsvollzieher und Vollziehungsbeamte der Justiz (mit Ausnahme der Personalangelegenheiten); Reise- und Umzugskosten; Vordrucke zu vorgenannten Gebieten, Arbeitssicherheitsgesetz; Fürsorgeleistungen an Justizbedienstete; Büchereiangelegenheiten Sudowe MinR

Gruppe I C Sonstige Justizverwaltungsangelegenheiten
Leiter: Dieter Wehrens LtdMinR

Ref I C 1: Beauftragter für den Haushalt, Grundsatzfragen des Haushaltswesens, der Erstellung des Haushaltsvoranschlags und der Finanzplanung, Grundsatzfragen der Personalbedarfsberechnung für den richterlichen und staatsanwaltlichen Dienst, Gesetzgebung und Grundsatzfragen auf dem Gebiet des Besoldungs- und Tarifrechts, Versorgungs- und Sozialversicherungsangelegenheiten, Beihilfen, Unterstützungen und Gehaltsvorschüsse Wehrens LtdMinR

Ref I C 2: Haushaltswesen, Personalbedarfsberechnung, Personalübersichten, Lehr- und Prüfungsvergütungen, Entschädigung der Laienrichter Kamp MinR

Ref I C 3: Bauhaushaltswesen, Generalsachen des Justizbauwesens, Einzelbaumaßnahmen, Liegenschaftsangelegenheiten, Bauunterhaltung, Mietangelegenheiten Bastius Rchtr am LG

Ref I C 4: Informationstechnik und Textverarbeitung, Angelegenheiten des Interministeriellen Ausschusses Automation Opterbeck OStAnw

Ref I C 5: Rationalisierung, Beschaffungswesen, Behördenselbstschutz, behördliches Vorschlagswesen, Kraftfahrzeugwesen, Telekommunikationswesen Genter Rchtr am AG

Abt II Öffentliches Recht, Privatrecht, Justizforschung, Rechtspolitik, Rechtsinformation und Fortbildung
Leiter: Dr Harald Clausen MinDirig

Gruppe II A Öffentliches Recht
Leiter: Nieding Richter am OVG (mdWdGb)

Ref II A 1: Verfassungsrecht des Bundes und des Landes; Aufgaben des Europareferenten, Sachen, in denen federführend sind: Ministerpräsident, Innenministerium; Völkerrecht; Europäische Menschenrechtskonvention Nieding Richter am OVG

Ref II A 2: Gesetzgebung und Einzelangelegenheiten (ohne Dienstaufsicht) aus den Bereichen der Verwaltungs- und Finanzgerichtsbarkeit auf den Gebieten des Gerichtsverfassungsrechts, des Verfahrensrechts; Sachen, in denen das Finanzministerium federführend ist; Angelegenheit der Verteidigung und des Bevölkerungsschutzes; Fragen der Entwicklungshilfe; Gesetzgebung und Rechtsfragen auf dem Gebiet der Wiedergutmachung und Rückerstattung; Öffentlich-rechtliche Rechtsfragen aus den Zustän-

digkeitsbereichen der Abt IV und der Sondergruppe Ausbildungs- und Prüfungswesen, soweit Abt II beteiligt wird, und aus dem Zuständigkeitsbereich der Gr II B und II C Bell Rchtr am VG

Ref II A 3: Sachen, in denen federführend sind: Ministerium für Wirtschaft, Mittelstand und Technologie, Ministerium für Arbeit, Gesundheit und Soziales, Ministerium für Umwelt, Raumordnung und Landwirtschaft, Ministerium für Bundesangelegenheiten; Wahrnehmung der Aufgaben als Kabinettreferent, Landtagsreferent, Bundesratsreferent, Öffentlich-rechtliche Rechtsfragen aus dem Zuständigkeitsbereich der Abteilung III, soweit Abt II beteiligt wird Wamers MinR

Ref II A 4: Sachen, in denen federführend sind: Kultusministerium, Ministerium für Wissenschaft und Forschung, Ministerium für Stadtentwicklung und Verkehr, Ministerium für Bauen und Wohnen; Öffentlich-rechtliche Rechtsfragen aus dem Zuständigkeitsbereich der Abt I, soweit Abt II beteiligt wird; Rechtshilfeverkehr mit dem Ausland in Verwaltungssachen, Grundsatzfragen des Datenschutzrechtes, Öffentliches Recht, soweit nicht anders zugewiesen Dr Timmler Richterin am VG

Gruppe II B Privatrecht
Leiter: Dieter Beule LtdMinR

Ref II B 1: Gesetzgebung und Einzelangelegenheiten (ohne Dienstaufsicht) auf den Gebieten des Kartellrechts, des Urheber-, Verlags-, Patent- und Musterrechts, des Wettbewerbs- und Warenzeichenrechts, des EU-Rechts, internationaler Vereinbarungen sowie des interlokalen Rechts; Grundsatzfragen einer Reform des Insolvenzrechts; Grundsatzfragen der Anerkennung ausländischer Entscheidungen in Ehesachen; Bereinigung von Rechtsvorschriften Beule LtdMinR

Ref II B 2: Gesetzgebung und Einzelangelegenheiten (ohne Dienstaufsicht) auf den Gebieten: des Familien- und Erbrechts, des Jugendwohlfahrtsrechts, des Verschollenheitsrechts, des Personenstandswesens, des Staatsangehörigkeitsrechts, der Anerkennung freier Ehen rassisch oder politisch Verfolgter, der Anerkennung ausländischer Entscheidungen in Ehesachen, des Gesetzes über Hilfen und Schutzmaßnahmen bei psychischen Krankheiten, des EU-Rechts, internationaler Vereinbarungen sowie des interlokalen Rechts Graf-Schlicker MinRätin

Ref II B 3: Gesetzgebung und Einzelangelegenheiten (ohne Dienstaufsicht) aus dem Bereich der ordentlichen Gerichtsbarkeit auf den Gebieten des Gerichtsverfassungs- und Rechtspflegerrechts, Gesetzgebung und Einzelangelegenheiten (ohne Dienstaufsicht) auf den Gebieten des Zivilprozeßrechts, des EU-Rechts, internationaler Vereinbarungen sowie des interlokalen Rechts; Justizreform; Gesetzgebung im Rahmen der zivilen Verteidigung, soweit Abt II beteiligt ist, Angelegenheiten der Beratungshilfe Pietsch Rchtr am LG

Ref II B 4: Gesetzgebung und Einzelangelegenheiten (ohne Dienstaufsicht) auf den Gebieten des Sachenrechts und des Nachbarrechts, des Wohnungseigentums-, Erbbau- und Heimstättenrechts, des Grundbuchrechts, des sonstigen Registerrechts, der freiwilligen Gerichtsbarkeit, des allgemeinen Handelsrechts, des Aktien-, GmbH- und Genossenschaftsrechts, des Bank-, Wertpapier- und Wertpapierbereinigungsrechts, des Versicherungsvertragsrechts, des Konkurs- und Vergleichsrechts, des sonstigen der Kompetenz des Landesgesetzgebers überlassenen Privatrechts, des EU-Rechts, internationaler Vereinbarungen sowie des interlokalen Rechts Konrad Rchtr am LG

Ref II B 5: Gesetzgebung und Einzelangelegenheiten (ohne Dienstaufsicht) auf den Gebieten des allgemeinen Teils des BGB und des Schuldrechts, des Wohnungsrechts, des landwirtschaftlichen Verfahrensrechts, des Höfe- und sonstigen Landwirtschaftsrechts, des Staatshaftungsrechts, der Anerkennungs- und Vollstreckungsabkommen, des EU-Rechts, internationaler Vereinbarungen sowie des interlokalen Rechts; Rechtshilfeverkehr mit dem Ausland in Zivilsachen; Legalisationsangelegenheiten; Schiedsmannswesen Dr Weismann Rchtr am LG

Gruppe II C Fortbildung und Information
Leiter: Richard Bühler LtdMinR

Ref II C 1: Koordinierung der Rechtspolitik: Politische Planung und Rechtspolitische Arbeitsprogramme; Koordinierung der Zusammenarbeit auf dem Gebiet der Rechtspolitik mit den Landesressorts, Fraktionen, Berufsverbänden und sonstigen Einrichtungen; Koordinierung der Hilfe für die neuen Länder; Vorbereitungen von Ministerverlautbarungen Bühler LtdMinR
Ref II C 2: Rahmenplanung und Grundsatzfragen der Rechtspolitik; Einzelfragen der Rechtspolitik, Einzelangelegenheiten der Hilfe für die neuen Länder; Zusammenarbeit mit der Russischen Föderation; Vorbereitung der Ministerveranstaltungen, Lehrgang des Deutschen Akademischen Austauschdienstes; Neue Technologien, Rechtsfragen neuer Technologien; Presserecht Erlenhardt Rchtr am OLG
Ref II C 3: Aufgaben der Gleichstellungsbeauftragten – mit unmittelbarem Vortragsrecht bei dem Justizminister –; Angelegenheiten des Interministeriellen Ausschusses für die Gleichstellung von Frau und Mann; Sachen, in denen das Ministerium für die Gleichstellung von Frau und Mann federführend ist; Justizforschung; Justizstatistik und Geschäftsübersichten, Angelegenheiten des Interministeriellen Ausschusses für Statistik und periodisches Berichtswesen (IMLA) Hampel OStAnwältin
Ref II C 4: Rechtsinformation und Veröffentlichungen; Angelegenheiten der Dokumentations- und Forschungsstelle "Justiz und Nationalsozialismus", Justizakademie NRW; Tagungen mit pädagogischem, sozialwissenschaftlichem oder öffentlichkeitsbezogenem Inhalt; Rechtskundearbeitsgemeinschaften; Betreuung ausländischer Besucher Busse MinR
Ref II C 5: Allgemeine Angelegenheiten der Fortbildung; Deutsche Richterakademie; Gesamtplanung und Koordinierung der Fortbildungsmaßnahmen des Justizministeriums; Fachaufsicht über die Justizaka-

demie; Haushaltsangelegenheiten der Gruppe II C; Fortbildung von Justizbediensteten der neuen Länder und von Juristen der Russischen Föderation Winn Rchtr am AG

Abt III Strafrechtspflege
Leiter: Horst Richter MinDirig

Gruppe III A Generalien
Leiter: Dr Volker Engelhardt LtdMinR

Ref III A 1: Gesetzgebung und Grundsatzfragen auf den Gebieten der Strafrechtsreform, der Strafverfahrensreform, Mitwirkung bei strafrechtlich-kriminologischen Arbeitstagungen Dr Engelhardt LtdMinR
Ref III A 2: Gesetzgebung und Grundsatzfragen auf den Gebieten des Strafgesetzbuches, der Bekämpfung des Betäubungsmittelmißbrauchs mit strafrechtlichen Mitteln, des Internationalen Straf- und Strafverfahrensrechts und des Verkehrs mit dem Ausland in strafrechtlichen Angelegenheiten, des Identitäts- und Immunitätsrechts, des Presserechts, soweit Abteilung III beteiligt ist, des Gnadenwesens, Zugewiesene Sachen Schoß OStAnw
Ref III A 3: Gesetzgebung und Grundsatzfragen auf den Gebieten des Strafverfahrensrechts, des Gerichtsverfassungsrechts (einschließlich des 10. Titels des Gerichtsverfassungsgesetzes), soweit Abteilung III beteiligt ist, sowie der Anordnungen über Organisation und Dienstbetrieb der Staatsanwaltschaft, der Strafvollstreckungsordnung, der Richtlinien für das Strafverfahren und das Bußgeldverfahren, Zusammenarbeit mit der Polizei, Kapitalsachen, Zugewiesene Sachen Franzen MinR
Ref III A 4: Gesetzgebung und Grundsatzfragen auf den Gebieten der Bewährungsaufsicht, der Führungsaufsicht, der Gerichtshilfe, der Resozialisierung von Verurteilten, die sich in Freiheit befinden, Einzelfälle der Resozialisierung von Verurteilten, die sich in Freiheit befinden, Kriminologie, Statistik im Bereich der Abteilung III Dr Schellhoss RAng
Ref III A 5: Gesetzgebung und Grundsatzfragen auf den Gebieten des Umweltschutzes, der Wirtschaftskriminalität, der Strafrechtspflege bei Soldaten, der NATO-Truppenstatute und der Zusatzvereinbarungen, der gerichtlichen Nachprüfung von Justizverwaltungsakten in strafrechtlichen Angelegenheiten mit Ausnahme der Strafvollzugsangelegenheiten, der Mitwirkung der Staatsanwälte im Bereich der außerstrafrechtlichen Rechtspflege, des Zentralregisterwesens, des Datenschutzes, der Mitteilung in Strafsachen, soweit Abteilung III beteiligt ist; Zugewiesene Sachen Berger-Zehnpfund StAnwältin
Ref III A 6: Gesetzgebung und Grundsatzfragen auf den Gebieten des Jugendgerichtsgesetzes und des Jugendschutzes, des Nebenstrafrechts einschließlich Verfahren, des Verkehrsstrafrechts, des Ordnungswidrigkeitenrechts, der Entschädigung für Strafverfolgungsmaßnahmen, des Rechts der Kosten und Gebühren, soweit Abteilung III beteiligt ist; Zugewiesene Sachen Bärens Rchtr am AG

Gruppe III B Fachaufsicht, Gnadensachen
Leiter: Dr Wolfgang Stein LtdMinR

Ref III B 1: **Indemnitäts- und Immunitätssachen, Vorbehaltene Sachen** Dr Stein LtdMinR
Ref III B 2: **Fachaufsichts- und Gnadensachen betreffend Verstöße gegen Staatsschutzbestimmungen; Staatsschutzbestimmungen und Verletzung des Dienstgeheimnisses** Pott MinR
Ref III B 3: **Gnadensachen betreffend zu lebenslanger Freiheitsstrafe Verurteilte – mit Ausnahme von Verurteilten in Strafsachen wegen NS-Gewaltverbrechen; Fachaufsichts- und Gnadensachen, die Verstöße gegen das Betäubungsmittelgesetz bzw infolge von Suchtabhängigkeit begangene Straftaten nach allgemeinem Strafrecht betreffen; Repatriierungssachen; Zentralregistersachen; Entschädigungen nach dem StrEG; Fachaufsichts- und Gnadensachen aus den Landgerichtsbezirken Bonn, Krefeld und Paderborn** Dingerkus MinR
Ref III B 4: **Fachaufsichts- und Gnadensachen betreffend Ermittlungs und Strafverfahren gegen Justizbedienstete; Fachaufsichtssachen betreffend Todesfälle in Justizvollzugsanstalten; Angelegenheiten wie im Ref III B 6; Zugewiesene Sachen; Fachaufsichts- und Gnadensachen aus dem Landgerichtsbezirk Bielefeld** Henke MinR
Ref III B 5: **Fachaufsichts- und Gnadensachen der Zentralstellen in Dortmund und Köln sowie der Staatsanwaltschaften des Landes betreffend NS-Gewaltverbrechen; Fachaufsicht in Einzelsachen betreffend die Einschleusung von Ausländern und der Einleitung der Vollstreckung von Maßregeln der Besserung und Sicherung; Fachaufsichts- und Gnadensachen aus den Landgerichtsbezirken Aachen, Bochum, Detmold und Kleve** Ipers OStAnw
Ref III B 6: **Rechtshilfeverkehr mit dem Ausland in Strafsachen; Auslieferungen, Überstellungen und Vollstreckungshilfe; Durchsuchungen und Beschlagnahmen; Dienstreisen Verfahrensbeteiligter – soweit Abteilung III beteiligt ist –; sonstige ein- und ausgehende Rechtshilfeersuchen; Anzeigesachen betreffend Exterritoriale (§§ 18 bis 20 GVG); Fachaufsichts- und Gnadensachen in Angelegenheiten der Truppenstatute auf dem Gebiet der Strafrechtspflege; Ausländische Ersuchen um Erteilung von Auskünften aus Strafakten – jeweils Endziffern 1 bis 5 sowie 8 bis 0 –; Zugewiesene Sachen; Fachaufsichts- und Gnadensachen aus dem Landgerichtsbezirk Duisburg** Raupach OStAnw
Ref III B 7: **Fachaufsichts- und Gnadensachen in Umweltstrafsachen, Arznei- und Lebensmittelstrafsachen; Verstöße gegen das Außenwirtschaftsgesetz; Fachaufsichts- und Gnadensachen aus den Landgerichtsbezirken Arnsberg, Dortmund, Hagen und Köln; Eingaben in strafrechtlichen Einzelsachen, für die eine erkennbare Zuständigkeit in anderen Referaten der Gruppe III B nicht besteht** Steinforth OStAnw
Ref III B 8: **Gnadensachen in Angelegenheiten von Eheseminaren für Strafgefangene; Zugewiesene Sachen; Fachaufsichts- und Gnadensachen aus den**

Landgerichtsbezirken Düsseldorf, Mönchengladbach und Münster Knewitz OStAnw
Ref III B 9: **Fachaufsichts- und Gnadensachen, die die Verbreitung gewaltverherrlichender, pornographischer und sonstiger jugendgefährdender Schriften zum Gegenstand haben; Zugewiesene Sachen; Fachaufsichts- und Gnadensachen aus den Landgerichtsbezirken Essen, Siegen und Wuppertal** Dr Börger StAnw

Abt IV Strafvollzug
Leiter: Erhard Starke MinDirig

Gruppe IV A Organisation, Fachaufsicht
Leiter: Kretschmar LtdRDir (mdWdGb)

Ref IV A 1: **Organisation des Strafvollzuges; Fachaufsicht, Mitwirkung in Fragen des Personalbedarfs im Strafvollzug, Grundsatz- und Einzelangelegenheiten der Sozialtherapie** Kretschmar LtdRDir
Ref IV A 2: **Grundsatzfragen der Auswahl sowie Ausbildungs- und Prüfungsangelegenheiten der Vollzugsbediensteten, Koordinierung der Fortbildungsangelegenheiten, Vollzugsangelegenheiten der Lehrer, Psychologen, Soziologen und Seelsorger, Fachaufsicht über die Fachhochschule für Rechtspflege – Fachbereich Strafvollzug – und oberste Fachaufsicht über die Justizvollzugsschule NW, Angelegenheiten der schulischen Förderung und der Freizeitgestaltung der Gefangenen, Sport im Strafvollzug, Mitwirkung in Presseangelegenheiten, die den Strafvollzug betreffen** Springer MinR
Ref IV A 3: **Einweisungsverfahren, Offener Vollzug, Vollzugslockerungen; Urlaubsangelegenheiten der Gefangenen; Eheseminare für Strafgefangene; Verlegung von Gefangenen, Angelegenheiten der Beiräte bei Justizvollzugsanstalten; Wohngruppenvollzug** Hartmann MinRätin
Ref IV A 4: **Grundsatz- und Einzelangelegenheiten bei terroristischen Gewalttätern, Revision der Justizvollzugsanstalten mit verstärkt gesicherten Haftplätzen sowie der geschlossenen Anstalten für kriminell stärker gefährdete Gefangene, außerordentliche die Sicherheit und Ordnung betreffend Vorkommnisse, soweit Fragen der Unterbringung und Behandlung terroristischer Gewalttäter berührt sind, Kriminologische Forschung** Müller MinR
Ref IV A 5: **Sicherheit und Ordnung in den Justizvollzugsanstalten, Revision von Justizvollzugsanstalten, soweit nicht das Referat IV A 4 zuständig ist, außerordentliche die Sicherheit und Ordnung betreffend Vorkommnisse, soweit nicht Ref IV A 4 zuständig ist, Selbstmordverhütung, Selbstmorde und andere Todesfälle, allgemeine Angelegenheiten der Beauftragten des Justizausschusses für das Vollzugswesen im Lande NW** Manteuffel OStAnw
Ref IV A 6: **Mitwirkung in Personalangelegenheiten des Strafvollzugs** Marx RDir

Gruppe IV B Vollzugsordnungen, Vollzugsverwaltung
Leiter: Lothar Sent LtdMinR

Ref IV B 1: Gesetzgebung auf dem Gebiet des Strafvollzugs; Gerichtliche Verfahren in Vollzugsangelegenheiten; Jugendstrafvollzug, Jugendarrestvollzug und Frauenstrafvollzug Sent LtdMinR
Ref IV B 2: Rechtsfragen und allgemeine Verwaltungsfragen des ärztlichen Dienstes; Sicherungsverwahrung; Vollzug der Untersuchungshaft; Rechtsfragen des Datenschutzes, soweit Abteilung IV betroffen ist; Vollzugsangelegenheiten der Sozialarbeiter; Mitwirkung bei den Fachtagungen; Behandlung der Gefangenen und Behandlung der Gelder der Gefangenen; Soziale Hilfe im Zusammenhang mit Freiheitsentziehung in einer Vollzugsanstalt des Justizvollzugs; Mitwirkung bei Austausch der Vollzugsbediensteten innerhalb der Mitgliedstaaten des Europarats; internationale Zusammenarbeit, Strafvollstreckungsordnung, soweit Abt IV beteiligt ist; Vollzugsgeschäftsordnungen einschließlich der zugehörigen Vordrucke; Besonderheiten in der Behandlung ausländischer Gefangener; Eingaben und Beschwerden in Vollzugsangelegenheiten nach besonderem Verteilungsplan Böcker MinR
Ref IV B 3: Generalvollzugsplan, Vollstreckungsplan, Vollzugsstatistik, Mitwirkung in Bau- und Dienstwohnungsangelegenheiten des Strafvollzugs, Einrichtung, Belegung und Schließung von Vollzugsanstalten, Maßnahmen der zivilen Verteidigung auf dem Gebiet des Strafvollzugs, Gefangenentransportwesen, Angelegenheiten der ehrenamtlichen Betreuung Gefangener, Arbeitsverwaltung der Justizvollzugsanstalten, Arbeitsschutz, Unfallverhütung, Arbeits- und sonstige Unfälle der Gefangenen, Sozial- und Arbeitslosenversicherung der Gefangenen, Mitwirkung in Angelegenheiten des Haushalts-, Kassen- und Rechnungswesens, soweit der Strafvollzug betroffen ist, Mitwirkung in der Anwendung der automatisierten Datenverarbeitung in den Bereichen Arbeitsverwaltung, Wirtschaftsverwaltung und Zahlstelle, Angelegenheiten der Berufsausbildung, beruflichen Fortbildung und Umschulung der Gefangenen, Wirtschaftsverwaltung der Justizvollzugsanstalten Löhmer LtdRDir
Ref IV B 4: Medizinische Grundsatz- und Einzelfragen der gesundheitlichen Betreuung der Gefangenen, Angelegenheiten der Fachaufsicht über das Gesundheitswesen in den Justizvollzugsanstalten sowie über die justizeigenen Krankenhäuser und medizinischen Sondereinrichtungen einschließlich der Visitation, AIDS im Justizvollzug, Grundsatzfragen der Betreuung drogenabhängiger Gefangener, Angelegenheiten der Aus- und Fortbildung der Ärzte, Sanitätsbediensteten und des medizinischen Hilfspersonals, Mitwirkung in Angelegenheiten des Baues, der Einrichtung und der Ausstattung von Vollzugskrankenhäusern und Krankenabteilungen in Justizvollzugsanstalten Dr Husmann MinR

Sondergruppe Ausbildungs- und Prüfungswesen
Leiter: Hartmut Schulz Präs des Landesjustizprüfungsamtes

Ref 1: Gesetzgebungs- und Grundsatzfragen auf dem Gebiet der Juristenausbildung Dr Anders LtdMinRätin
Ref 2: Anerkennung von juristischen Prüfungen, Rechtsstreitigkeiten in Ausbildungsangelegenheiten, Angelegenheiten des Ausbildungs- und Prüfungswesens in den neuen Ländern Werthmann Rchtr am VG
Ref 3: Angelegenheiten der Eignungsprüfung für die Zulassung zur Rechtsanwaltschaft; Ausbildung der Referendare bei ausländischen, internationalen und supranationalen Stellen Dr Thurn Rchtr am LG
Ref 4: Angelegenheiten des juristischen Studiums und der ersten juristischen Staatsprüfung sowie der einstufigen Juristenausbildung, Angelegenheiten der Justizprüfungsämter (insbesondere Dienstaufsicht und Ernennung ihrer Mitglieder), Ausbildung von Rechtspraktikanten aus den neuen Ländern, Angelegenheiten der juristischen Vorbereitungsdienstes und der zweiten juristischen Staatsprüfung, Arbeitsgemeinschaften der Referendare Napierala Rchtr am LG
Ref 5: Ausbildungsangelegenheiten der Rechtspflegeranwärter, Fachaufsicht über die Fachhochschule für Rechtspflege – Fachbereich Rechtspflege – Söffing Rchtr am AG

Landesjustizprüfungsamt (LJPA)
Präsident: Hartmut Schulz

Zum Geschäftsbereich des Justizministeriums gehören:

1 Gerichte der ordentlichen Gerichtsbarkeit und Staatsanwaltschaften

Nähere Angaben hierzu siehe im Abschnitt d „Organe der Rechtspflege" auf den Seiten 213 ind 225.

2 Gerichte der allgemeinen Verwaltungsgerichtsbarkeit

Nähere Angaben hierzu siehe im Abschnitt d „Organe der Rechtspflege" auf den Seiten 222 und 240.

3 Gerichte der besonderen Verwaltungsgerichtsbarkeit

Nähere Angaben hierzu siehe im Abschnitt d „Organe der Rechtspflege" auf den Seiten 223 und 241.

4 Justizvollzugseinrichtungen

Staatsrechtliche Grundlage:
Die Justizvollzugsämter in Hamm und Köln wurden nach dem Gesetz vom 24. Februar 1970 – GV NW 1970 Seite 168 – als Mittelbehörden des Strafvollzugs errichtet. Das Justizvollzugsamt Westfalen-Lippe ist zuständig für den Bezirk des Oberlandesgerichts Hamm, das Justizvollzugsamt Rheinland für die Bezirke der Oberlandesgerichte Düssel-

dorf und Köln. Der Präsident des Justizvollzugs-
amts übt die Dienstaufsicht und die Fachaufsicht
über die Strafvollzugsbehörden des Bezirks aus.

4.1 Justizvollzugsamt Westfalen-Lippe

59063 Hamm, Marker Allee 46; F (0 23 81)
14 06-0; Telex 0 82 88 70 olghm; Telefax (0 23 81)
14 06-41

Präsident des Justizvollzugsamtes Westfalen-Lippe:
Dietrich Kaminski
Stellvertreter: Klaus Hübner AbtDir

**Abt Personal- und sonstige Verwaltungsangelegen-
heiten**
Leiter: Klaus Hübner AbtDir

Abt II Vollzugsangelegenheiten
Leiter: Nothelm Steuernagel LtdRDir

*Der Dienst- und Fachaufsicht des Justizvollzugsamtes
Westfalen-Lippe unterstehen:*

4.1.1 Justizvollzugsanstalten

Justizvollzugsanstalt
57439 Attendorn, Biggeweg 5-7; F (0 27 22) 9 20-0;
Telefax (0 27 22) 9 20-1 18
Anstaltsleiter: Christian Kempe RDir

Justizvollzugsanstalt Bielefeld-Senne
33659 Bielefeld, Senner Str 250; F (05 21) 40 45-0;
Telefax (05 21) 4 04 52 00
Anstaltsleiter: Heinz Schlebusch LtdRDir

Justizvollzugsanstalt Bielefeld-Brackwede I
33649 Bielefeld, Umlostr 100; F (05 21) 48 96-0
Anstaltsleiter: Axel Dantz LtdRDir

Justizvollzugsanstalt Bielefeld-Brackwede II
33649 Bielefeld, Zinnstr 33; F (05 21) 4 89 90
Anstaltsleiter: Theodor Kemming RDir

Justizvollzugsanstalt
44791 Bochum, Krümmede 3; F (02 34) 95 58-0;
Telefax (02 34) 50 33 16
Anstaltsleiter: Henning Köster LtdRDir

Justizvollzugsanstalt Bochum-Langendreer
– Berufsförderungsstätte –
44894 Bochum, Lütgendortmunder Hellweg 212;
F (02 34) 26 14 03
Anstaltsleiter: Michael Wulf ORR

Justizvollzugsanstalt Castrop-Rauxel
44581 Castrop-Rauxel, Lerchenstr; F (0 23 05)
7 50 04
Anstaltsleiter: Rolf-Joachim Roth RDir

Justizvollzugsanstalt
32756 Detmold, Bielefelder Str 78; F (0 52 31)
6 60 40
Anstaltsleiter: Rolf Johannknecht ORR

Justizvollzugsanstalt
44135 Dortmund, Lübecker Str 21; F (02 31)
5 77 70; Telex 0 82 24 51; Telefax (02 31)
5 77 71 00
Anstaltsleiter: Reiner Heideborn RDir

Justizvollzugsanstalt
45130 Essen, Krawehlstr 59; F (02 01) 72 46-0;
Telefax (02 01) 72 46-4 10
Anstaltsleiterin: Barbara Salewski LtdRDirektorin

Justizvollzugsanstalt
45879 Gelsenkirchen, Munckelstr 26; F (02 09)
2 10 62 bis 2 10 65; Telefax (02 09) 27 39 42
Anstaltsleiter: Lienhard Dreger RDir

Justizvollzugsanstalt
58097 Hagen, Gerichtsstr 5; F (0 23 31) 8 06-0;
Telefax (0 23 31) 8 06-2 75
Anstaltsleiter: Eberhard Löhmer LtdRDir

Justizvollzugsanstalt
59065 Hamm, Bismarckstr 5; F (0 23 81) 2 10 22;
Telefax (0 23 81) 1 24 37
Anstaltsleiter: Alois Romanski ORR

Justizvollzugsanstalt
32049 Herford, Eimterstr 15; F (0 52 21) 8 85-0;
Telefax (0 52 21) 8 85-1 99
Anstaltsleiter: Herbert Hilkenbach LtdRDir

Justizvollzugsanstalt
mit Tbc-Krankenhaus
33161 Hövelhof, Staumühler Str 284; F (0 52 57)
9 86-0; Telefax (0 52 57) 9 86-1 77
Anstaltsleiter: Jürgen Lipki RDir

Justizvollzugsanstalt
58640 Iserlohn, Heidestr 41; F (0 23 78) 83-0;
Telefax (0 23 78) 18 07
Anstaltsleiter: NN

Justizvollzugsanstalt
48147 Münster, Gartenstr 26; F (0 2 51) 23 74-0;
Telefax (0 2 51) 23 74-2 02
Anstaltsleiter: Ulrich Siefke LtdRDir
mit
Hafthaus Coesfeld
48653 Coesfeld, Borkener Str 3; F (0 25 41) 10 46;
Telefax (0 25 41) 8 84 60

Justizvollzugsanstalt
58239 Schwerte, Gillstr 1; F (0 23 04) 7 56-0;
Telefax (0 23 04) 7 56-1 56
Anstaltsleiter: Peter Wolters ORR (mdWdGb)

Justizvollzugsanstalt
59457 Werl, Langenwiedenweg 46; F (0 29 22)
9 81-0; Telefax (0 29 22) 9 81-1 00
Anstaltsleiter: Volker Peters LtdRDir

4.1.2 Jugendarrestanstalten

Jugendarrestanstalt
46236 Bottrop, Gerichtsstr 26; F (0 20 41) 2 51 19
Anstaltsleiter: Gehrling Rchtr am AG

Jugendarrestanstalt
44532 Lünen, Spormeckerplatz 3; F (0 23 06)
24 05-0; Telefax (0 23 06) 24 05 90
Anstaltsleiter: Hans-Joachim Koschmieder Dir des AG

Jugendarrestanstalt
58300 Wetter, Gustav-Vorsteher-Str 1; F (0 23 35)
50 31
Leiter: NN

4.2 Justizvollzugsamt Rheinland

50676 Köln, Blaubach 9; F (02 21) 2 07 91-0;
Telefax (02 21) 2 07 91 70

Präsident des Justizvollzugsamtes Rheinland: Dr
Klaus Koepsel
Vertreter: Werner Bungert AbtDir

Abt I Vollzugsangelegenheiten
Leiter: Werner Bungert AbtDir

Abt II Personalwesen und Verwaltung
Leiter: Gottfried Kretschmar LtdRDir

*Der Dienst- und Fachaufsicht des Justizvollzugsamtes
Rheinland unterstehen*

4.2.1 Justizvollzugsanstalten

Justizvollzugsanstalt
52070 Aachen, Adalbertsteinweg 92; F (02 41)
50 70 61
Anstaltsleiter: Hermann Kuhlo RDir

Justizvollzugsanstalt
53111 Bonn, Wilhelmstr 19; F (02 28) 63 16 61 bis
63 16 63 und 69 70 83; Telefax (02 28) 65 22 83
Anstaltsleiter: Gert Fischer RDir

Justizvollzugsanstalt
46535 Dinslaken, Bismarckstr 47; F (0 20 64)
7 01 11, 7 01 12, 7 08 65; Telefax (0 20 64) 27 85
Anstaltsleiter: Georg Huneke RDir

Justizvollzugsanstalt
– Sozialtherapeutische Anstalt –
52349 Düren, August-Klotz-Str 12; F (0 24 21)
4 20 31 und 4 20 32; Telefax (0 24 21) 4 47 25
Anstaltsleiter: Lothar Breitkreuz LtdRDir

Justizvollzugsanstalt
40476 Düsseldorf, Ulmenstr 95; F (02 11) 94 86-0;
Telefax (02 11) 94 86-2 37
Anstaltsleiter: Hans Seibert LtdRDir

Justizvollzugsanstalt
47166 Duisburg-Hamborn, Goethestr 3; F (02 03)
55 50-0; Telefax (02 03) 55 50-2 94
Anstaltsleiter: René Wimmer

Justizvollzugsanstalt
47608 Geldern, Möhlendyck 50; F (0 28 31) 51 52;
Telefax (0 28 31) 10 77
Anstaltsleiter: Ulrich Hötter LtdRDir

Justizvollzugsanstalt
52525 Heinsberg, Wichernstr 5; F (0 24 52) 40 31;
Telefax (0 24 52) 2 27 92
Anstaltsleiter: Hartmut Fröhlich LtdRDir

Justizvollzugsanstalt
47533 Kleve, Krohnestr 11; F (0 28 21) 2 10 31 bis
2 10 34
Anstaltsleiter: Hans Georg Konnertz ORR

Justizvollzugsanstalt
mit Außenstelle (offener Vollzug für weibliche Gefangene)
50827 Köln, Rochusstr 350; F (02 21) 59 73-0;
Telefax (02 21) 59 73-2 23
Anstaltsleiter: Johann Thönnessen LtdRDir

Justizvollzugsanstalt
47447 Moers, Luiter Str 180; F (0 28 41) 6 10 94;
Telefax (0 28 41) 6 68 35
Anstaltsleiter: Ortwin Diepolder RDir

Justizvollzugsanstalt
42899 Remscheid, Masurenstr 28; F (0 21 91)
5 95-0; Telefax (0 21 91) 59 52 80
Anstaltsleiter: Wolfgang Wermke LtdRDir

Justizvollzugsanstalt
53359 Rheinbach, Aachener Str 47; F (0 22 26)
86-0; Telefax (0 22 26) 88-62 09
Anstaltsleiter: Jörn Foegen LtdRDir

Justizvollzugsanstalt
53721 Siegburg, Luisenstr 90; F (0 22 41) 3 07-0;
Telefax (0 22 41) 3 07-2 01
Anstaltsleiter: Dr Wolfgang Neufeind LtdRDir

Justizvollzugsanstalt Willich I
47877 Willich, Gartenstr 1; F (0 21 56) 48 90;
Telefax (0 21 56) 48 91 42
Anstaltsleiter: Robert Dammann LtdRDir

Justizvollzugsanstalt Willich II
47877 Willich, Gartenstr 2; F (0 21 56) 48 90
Anstaltsleiterin: Dr Adelheid Eiselin RDirektorin

Justizvollzugsanstalt
42327 Wuppertal, Simonshöfchen 26; F (02 02)
73 00 44; Telefax (02 02) 73 21 26
Anstaltsleiter: Dieter Kuhn LtdRDir

4.2.2 Jugendarrestanstalt

42853 Remscheid, Freiheitstr 180; F (0 21 91)
97 56-0

Vollzugsleiter: Hans Schäfer Rchtr am AG

5 Justizvollzugsschule

Nordrhein-Westfalen
– Josef-Neuberger-Haus–

– Einrichtung des Landes nach § 14 LOG –
42285 Wuppertal, Dietrich-Bonhoeffer-Weg 1;
F (02 02) 45 90 20; Telefax (02 02) 45 09 58

Leiter: Walter Ittel LtdRDir

6 Fachhochschule für Rechtspflege

Nordrhein-Westfalen
53902 Bad Münstereifel, Schleidtalstr 3; F (0 22 53)
3 18-0; Telefax (0 22 53) 3 18-1 46

Staatsrechtliche Grundlage und Aufgabenkreis:
Gesetz über die Fachhochschulen für den öffentlichen Dienst im Lande Nordrhein-Westfalen (Fachhochschulgesetz öffentlicher Dienst – FHGöD –)
vom 29. Mai 1984 (GVBl NW vom 12. Juni 1984).
Die Fachhochschule für Rechtspflege, eine Einrichtung des Landes nach § 14 LOG, dient der Durchführung der fachwissenschaftlichen Studien für Rechtspflegeranwärter des Landes Nordrhein-Westfalen während des Vorbereitungsdienstes für die Laufbahn des gehobenen Justizdienstes und für Regierungs-Inspektoranwärter des Landes Nordrhein-Westfalen und anderer Länder während des Vorbereitungsdienstes für die Laufbahn des gehobenen Vollzugs- und Verwaltungsdienstes.

Direktor der Fachhochschule für Rechtspflege: Hanno Allolio

Fachbereiche: Rechtspflege und Strafvollzug

7 Justizakademie

des Landes Nordrhein-Westfalen
– Gustav-Heinemann-Haus –
45665 Recklinghausen, August-Schmidt-Ring 20;
F (0 23 61) 4 81-0; Telefax (0 23 61) 48 11 41

Leiter: Georg Steffens LtdRDir

8 Justizausbildungs- und Fortbildungsstätte Monschau

52156 Monschau, Walter-Scheibler-Str 4-8;
F (0 24 72) 8 09-0; Telefax (0 24 72) 8 09 31

Staatsrechtliche Grundlage und Aufgabenkreis:
Die Organisation der Justizausbildungs- und Fortbildungsstätte ist durch die Rundverfügung vom 9. Dezember 1969 (2300 – I C 12) geregelt.
Die Justizausbildungs- und Fortbildungsstätte, eine Einrichtung des Landes gemäß § 14 LOG, dient der Durchführung
– der Ausbildungslehrgänge für Amtsanwaltsanwärter der Länder Baden-Württemberg, Berlin, Freie Hansestadt Bremen, Freie und Hansestadt Hamburg, Hessen, Niedersachsen, Nordrhein-Westfalen, Rheinland-Pfalz, Saarland und Schleswig-Holstein während des Vorbereitungsdienstes für die Laufbahn des Amtsanwaltsdienstes,
– der Ausbildungslehrgänge für Gerichtsvollzieheranwärter der Länder Baden-Württemberg, Hessen, Nordrhein-Westfalen, Rheinland-Pfalz und Saarland während des Vorbereitungsdienstes für die Laufbahn des Gerichtsvollzieherdienstes sowie
– der theoretischen Lehrgänge für die Nachwuchskräfte des Justizwachtmeisterdienstes und
– von Fortbildungsveranstaltungen verschiedener Art.

Leiter: Peter Gerber Präs des LG
Geschäftsleiter: Norbert Coenen JustAR

9 Justizausbildungsstätte Brakel

33034 Brakel, Brunnenallee 71; F (0 52 72) 81 44
und 81 45; Telefax (0 52 72) 91 67

Staatsrechtliche Grundlage und Aufgabenkreis:
Die Organisation der Justizausbildungsstätte ist durch die Allgemeine Verfügung vom 7. September 1973 (2326 – I B.30.1) – JMBl NW Seite 217 – in der Fassung vom 19. August 1986 – JMBl NW Seite 207 – geregelt.
Die Justizausbildungsstätte, eine Einrichtung des Landes gemäß § 14 LOG, dient der Durchführung der Ausbildungslehrgänge für Justizassistentenanwärter des Landes Nordrhein-Westfalen während des Vorbereitungsdienstes für die Laufbahn des mittleren Justizdienstes.

Leiter: Rolf Schrader RDir
Geschäftsleiter: Günter Bracker JustOAR

Der Rechtsaufsicht des Justizministeriums unterstehen die nachfolgenden Körperschaften des öffentlichen Rechts:

10 Rechtsanwaltskammern

– Körperschaften des öffentlichen Rechts –

Rechtsgrundlage und Aufgabenkreis:
Nach der Bundesrechtsanwaltsordnung vom 1. August 1959 (BGBl I Seite 565) bilden die Rechtsanwälte, die in dem Bezirk eines Oberlandesgerichts zugelassen sind, eine Rechtsanwaltskammer. Die Rechtsanwaltskammer hat ihren Sitz am Ort des Oberlandesgerichts.

Die Rechtsanwaltskammer hat die Mitglieder über Berufspflichten zu beraten und zu belehren, bei Streitigkeiten unter Mitgliedern zu vermitteln, die Erfüllung der den Mitgliedern obliegenden Pflichten zu überwachen und das Recht der Rüge zu handhaben, Mitglieder des Ehrengerichts und des Ehrengerichtshofes vorzuschlagen, Gutachten in Angelegenheiten der Rechtsanwälte zu erstatten.

Rechtsanwaltskammer Düsseldorf
40479 Düsseldorf, Scheibenstr 17; F (02 11) 49 50 20; Telefax (02 11) 4 95 02 28
Präsident der Rechtsanwaltskammer Düsseldorf: Alfred Ulrich
Hauptgeschäftsführer: Dr Thomas Holl
Geschäftsführerin: Sabine Marie Ecker

Rechtsanwaltskammer Hamm
59065 Hamm, Ostring 15; F (0 23 81) 2 80 76; Telefax (0 23 81) 1 50 68
Präsident der Rechtsanwaltskammer Hamm: Hans-Georg Kirchhof RA und Notar
Geschäftsführer: Dr Rita Höing-Dapper RAnwältin; Dr Dag Weyland RA

Rechtsanwaltskammer Köln
50668 Köln, Riehler Str 30; F (02 21) 97 30 10-0; Telefax (02 21) 97 30 10 50
Präsident der Rechtsanwaltskammer Köln: Dr Herbert Heidland
Hauptgeschäftsführer: Johannes Muhr RA
Geschäftsführer: Dr Susanne Offermann-Burckart Rechtsanwältin; Albert Vossebürger RA

11 Notarkammern
– Körperschaften des öffentlichen Rechts –

Rechtsgrundlage und Aufgabenkreis:
Nach der Bundesnotarordnung vom 24. Februar 1961 (BGBl I Seite 97) bilden die Notare, die in einem Oberlandesgerichtsbezirk bestellt sind, eine Notarkammer. Die Notarkammer hat ihren Sitz am Ort des Oberlandesgerichts, sofern der Sitz nicht anderweitig bestimmt ist. Die Notarkammer vertritt die Gesamtheit der in ihr zusammengeschlossenen Notare. Sie hat über Ehre und Ansehen ihrer Mitglieder zu wachen, die Aufsichtsbehörden bei ihrer Tätigkeit zu unterstützen, die Pflege des Notarrechts zu fördern und für eine gewissenhafte und lautere Berufsausübung der Notare und Notarassessoren zu sorgen.
Außer den der Notarkammer durch Gesetz zugewiesenen Aufgaben obliegt ihr, Mittel für die berufliche Fortbildung der Notare, ihrer Hilfskräfte und der Notarassessoren sowie für sonstige gemeinsame Lasten des Berufsstandes bereitzustellen.

Notarkammer Hamm
59065 Hamm, Ostring 15; F (0 23 81) 2 80 76; Telefax (0 23 81) 1 50 68
Präsident der Notarkammer Hamm: Johannes Stokkebrand RA und Notar

Geschäftsführer: Christoph Sandkühler RA

Rheinische Notarkammer
50667 Köln, Burgmauer 53; F (02 21) 2 57 52 91; Telefax (02 21) 2 57 53 10
Präsident der Rheinischen Notarkammer: Dr Walter Schmitz-Valckenberg
Geschäftsführer: Dr Christoph Neuhaus

IV Kultusministerium

des Landes Nordrhein-Westfalen

40221 Düsseldorf, Völklinger Str 49; F (02 11)
8 96-03; Telex 8 58 29 67 kmnw d; Telefax (02 11)
8 96-32 20

Aufgabenkreis:
Lehrerbildung
Allgemeinbildendes und berufsbildendes Schulwesen
Weiterbildung
Sport
Angelegenheiten der Kirchen und Religionsgemeinschaften
Allgemeine Kulturpflege, insbesondere bildende Kunst, Theaterwesen, Bibliothekswesen, Literaturpflege, öffentliche Musikpflege, Film und Archivwesen.
Der Kultusminister bedient sich zur Durchführung seiner Aufgaben der ihm nachgeordneten Dienststellen und Einrichtungen sowie der Regierungspräsidenten.
Der Kultusminister ist Mitglied der Ständigen Konferenz der Kultusminister und der Sportministerkonferenz der Länder in der Bundesrepublik Deutschland.

Publikationsorgan: Gemeinsames Amtsblatt des Kultusministeriums und des Ministeriums für Wissenschaft und Forschung des Landes Nordrhein-Westfalen
Verlag: A Bagel, 40237 Düsseldorf, Grafenberger Allee 98
Bezugspreis: jährlich 49,60 DM, Einzelnummer 7,80 DM

Kultusminister: Hans Schwier
Persönlicher Referent: Gabriel MinR
Presseangelegenheiten: Neuser RAng

Staatssekretär: Dr Friedrich Besch

Dem Staatssekretär unmittelbar unterstellt:

Gruppe S Angelegenheiten der Gleichstellung von Frau und Mann, Kabinett, Landtag, Kultusministerkonferenz, Bund-Länder-Kommission, Bundesrat, Internationale Angelegenheiten, Öffentlichkeitsarbeit, Europäische Angelegenheiten
Leiterin: Tolle LtdMinRätin

Ref S 1: **Grundsätzliche Angelegenheiten der Gruppe, Angelegenheiten der Gleichstellung von Frau und Mann** Tolle LtdMinRätin
Ref S 2: **Angelegenheiten des Kabinetts und des Landtags** Henkel MinR
Ref S 3: **Kultusministerkonferenz, Bund-Länder-Kommission, Kulturabkommen, Bundesrat, Internationale Angelegenheiten** G Haas MinR
Ref S 4: **Öffentlichkeitsarbeit, Veröffentlichungen, Gemeinsames Amtsblatt (GABl/BASS)** Schönenberg MinR
Ref S 5: **Europäische Angelegenheiten** Pfaff MinR

Abt Z Haushalt, Personal, Organisation, Datenverarbeitung und Statistik
Leiter: Dr Christian Jülich LtdMinR

Gruppe Z A Haushaltsangelegenheiten, Innerer Dienst
Leiter: Dr Bröcker LtdMinR

Ref Z A 1: **Grundsätzliche Angelegenheiten der Gruppe, Sondervermögen** Dr Bröcker LtdMinR
Ref Z A 2: **Sachhaushalt** Vogt MinR
Ref Z A 3: **Personalhaushalt** Dr Lieberich MinR
Ref Z A 4: **Finanzierung von Ersatzschulen, Landesjugendplan, Rechnungsprüfung** Mlodzian MinR
Innerer Dienst: **Innerer Dienstbetrieb, Bibliothek, Reisekosten; Beihilfeangelegenheiten; Behördenselbstschutz, VS-Angelegenheiten** Werdin ORR

Gruppe Z B Recht des öffentlichen Dienstes, Personalangelegenheiten der Schulen sowie der nachgeordneten Behörden und Einrichtungen, Landespersonalvertretungsangelegenheiten
Leiter: H Haas MinR

Ref Z B 1: **Grundsätzliche Angelegenheiten der Gruppe, Personalangelegenheiten der Schulaufsichtsbeamten, Besoldungs- und Versorgungsrecht, Vergütungsrecht** H Haas MinR
Ref Z B 2: **Beamtenrecht, Disziplinar- und Gnadenrecht** J Hoffmann MinR
Ref Z B 3: **Arbeits- und Sozialversicherungsrecht, Laufbahn- und Nebentätigkeitsrecht, Schwerbehindertenrecht, Landespersonalvertretungsrecht** NN
Ref Z B 4: **Personalangelegenheiten der Lehrkräfte an Gymnasien, Kolleg und berufsbildenden Schulen, der Landesinstitute** Peußner MinR
Ref Z B 5: **Personalangelegenheiten der Lehrkräfte an Grund-, Haupt-, Sonder-, Real- und Gesamtschulen, der nachgeordneten Behörden und Einrichtungen, Ordensangelegenheiten und Dienstzeitehrungen** Ahlke MinR
Ref Z B 6: **Lehrerbeschäftigung** Goebel MinR

Gruppe Z C Personalangelegenheiten des Kultusministeriums, Organisation, Statistik, Datenverarbeitung, Schulverwaltungsorganisation, Bürokommunikation
Leiter: Dr Pöttgen LtdMinR

Ref Z C 1: **Grundsätzliche Angelegenheiten der Gruppe, Schulverwaltungsorganisation, Organisation der nachgeordneten Behörden und Einrichtungen, Rechtsangelegenheiten der Datenverarbeitung** Dr Pöttgen LtdMinR
Ref Z C 2: **Personalangelegenheiten und Organisation des Kultusministeriums** Lülff MinR
Ref Z C 3: **Statistik, Prognose, quantitative Analysen** Schwedt MinR
Ref Z C 4: **Datenverarbeitung in der Schulverwaltung** Seletzky RAng
Ref Z C 6: **Bürokommunikation** Schreiner MinR

Abt I Bildungsplanung, Schulgesetzgebung, Lehrerausbildung, Lehrerfortbildung
Leiter: Günther Steinert MinDirig

Gruppe I A Rahmen- und Strukturplanung des Bildungswesens
Leiter: Dr Schulz-Vanheyden AbtDir

Ref I A 1: Grundsätzliche Angelegenheiten sowie Rechts- und Verwaltungsangelegenheiten der Gruppe, Bildungsplanung, Schulentwicklungsplanung, Zivilschutz Dr Schulz-Vanheyden AbtDir
Ref I A 2: Rahmen- und Strukturplanung Primarstufe, Schulberatung, Koordinierung der Modellversuche NN
Ref I A 3: Rahmen- und Strukturplanung Sekundarstufe I, Informations und Kommunikationstechnologien in Schule und Unterricht, Dokumentation im Bildungswesen NN
Ref I A 4: Rahmen- und Strukturplanung Sekundarstufe II, Schulaufsicht Kollegschule Gudlat MinR
Ref I A 5: Lernmittel, Politische Bildung Dr Knepper MinR

Gruppe I B Lehrerausbildung, Lehrerfortbildung, Lehramtsprüfungen
Leiter: Röhrs LtdMinR

Ref I B 1: Grundsätzliche Angelegenheiten sowie Rechts- und Verwaltungsangelegenheiten der Gruppe Röhrs LtdMinR
Ref I B 2: Lehrerausbildung Primarstufe, Sekundarstufe I und Sonderpädagogik, Prüfungsämter, Ferienordnung Gülden MinRätin
Ref I B 3: Anerkennung von Lehramtsbefähigungen und Lehramtsprüfungen, Koordinierung der Anerkennungspraxis Wachten RDir
Ref I B 4: Lehrerausbildung Sekundarstufe II und Sekundarstufe II/I (allgemeinbildend), inhaltliche Bestimmungen der Fächer (Erste Staatsprüfung), Zwischenprüfungsordnungen Dr Brunkhorst-Hasenclever MinRätin
Ref I B 5: Lehrerausbildung Sekundarstufe II und Sekundarstufe II/I (berufsbildend), Studienseminare, Ausbildung im Bereich Agrarwirtschaft NN
Ref I B 6: Lehrerfortbildung Jötten MinR

Gruppe I C Schulgesetzgebung, Schulrecht
Leiter: van den Hövel LtdMinR

Ref I C 1: Grundsätzliche Angelegenheiten der Gruppe, Verfassungsrecht van den Hövel LtdMinR
Ref I C 2: Schulverwaltungsgesetz, Schulpflichtgesetz, Allgemeine Schulordnung, Ausbildungs- und Prüfungsordnungen für Schülerinnen und Schüler, Allgemeine Dienstordnung Kumpfert MinR
Ref I C 3: Schulordnungsgesetz, Recht der Privatschulen, Schulgesundheitswesen, Bundes- und sonstige Landesgesetze, Angelegenheiten des Vertreters des öffentlichen Interesses Ernst RDir
Ref I C 4: Schulmitwirkung, Eltern- und Schülerverbände, Schülerzeitungen, Schulwandern, Schulfahrten, Lernmittelfreiheit Kaldewei MinR
Ref I C 5: Schulfinanzgesetz, Ersatzschulfinanzgesetz, Schülerfahrkosten, Ausbildungsförderung, Schülerunfallversicherung Troendle MinR

Abt II Schulen der Primarstufe, Sekundarstufe I, Sekundarstufe II, Sonderschulen
Leiter: Niehl MinDirig

Gruppe II A Grundschule, Sonderschulen, Ausländische Schülerinnen und Schüler
Leiter: Christiani LtdMinR

Ref II A 1: Grundsätzliche Angelegenheiten der Gruppe, Kinderbeauftragter Christiani LtdMinR
Ref II A 2: Ausländische und spätausgesiedelte Schüler aller Schulformen, Verkehrserziehung Lekkebusch MinRätin
Ref II A 3: Grundschule Brabeck MinR
Ref II A 4: Schulen für Erziehungshilfe, Geistigbehinderte, Lernbehinderte Scheilen MinR
Ref II A 5: Schulen für Gehörlose, Blinde, Sehbehinderte, Schwerhörige, Sprachbehinderte, Körperbehinderte, Schulen für Kranke, Hausunterricht Heidenreich MinR
Ref II A 6: Rechts- und Verwaltungsangelegenheiten der Gruppe Kretschmann MinR

Gruppe II B Hauptschule, Realschule, Gesamtschule
Leiter: Schmidt LtdMinR

Ref II B 1: Grundsätzliche Angelegenheiten der Gruppe Schmidt LtdMinR
Ref II B 2: Hauptschule, Umwelterziehung, Lehrplanentwicklung, Haupt-, Real- und Gesamtschule, Schulaufsicht Regierungsbezirke Detmold, Köln Wolfertz MinR
Ref II B 3: Hauptschule, Gesundheitserziehung, schulische Versorgung für Kinder beruflich Reisender, Schulaufsicht Regierungsbezirke Arnsberg, Düsseldorf und Münster Emundts MinR
Ref II B 4: Realschule, Jugendschutz Clever-Voßen RSchuldirektorin
Ref II B 5: Gesamtschule, Schule und Beruf, Schulaufsicht Regierungsbezirke Düsseldorf und Köln Thünken MinR
Ref II B 6: Gesamtschule, Ganztagsschulen, Schulaufsicht Regierungsbezirke Arnsberg, Detmold und Münster Hottenbacher MinRätin
Ref II B 7: Rechts- und Verwaltungsangelegenheiten der Gruppe, verwaltungsfachliche schulformübergreifende Angelegenheiten Jehkul MinR

Gruppe II C Gymnasium
Leiter: Dr Acker LtdMinR

Ref II C 1: Grundsätzliche Angelegenheiten sowie Rechts- und Verwaltungsangelegenheiten der Gruppe, Datenschutz Dr Acker LtdMinR
Ref II C 2: Sekundarstufe II des Gymnasiums, Schulaufsicht Regierungsbezirk Düsseldorf Jacob MinRätin
Ref II C 3: Sekundarstufe I des Gymnasiums, Studienkollegs an wissenschaftlichen Hochschulen; Schulaufsicht Regierungsbezirk Arnsberg Ungelenk MinR
Ref II C 4: Allgemeine Hochschulreife und Hochschulzugang, Schulaufsicht im Regierungsbezirk Köln Dr Christ MinRätin

Ref II C 5: **Aufbaugymnasium, Waldorfschule, Kolleg für Aussiedler, Schulaufsicht Regierungsbezirke Detmold und Münster** Langewiesche MinR

Gruppe II D Berufsbildende Schulen
Leiter: Tiedemann LtdMinR

Ref II D 1: **Grundsätzliche Angelegenheiten der Gruppe** Tiedemann LtdMinR
Ref II D 2: **Berufsschule Typ: Technik; Berufsaufbauschule, schulfachliche Angelegenheiten des Berufsbildungsgesetzes; Landesförderprogramme, Regionalisierte Strukturpolitik, Schulaufsicht Regierungsbezirk Münster** Laufenberg MinR
Ref II D 3: **Berufsfachschule, Fachschule und Fachoberschule Typ: Technik, Jugendliche ohne Ausbildungsverhältnis, Schulaufsicht Regierungsbezirk Köln** Borowka MinR
Ref II D 4: **Berufbildende Schulen Typ: Ernährung und Hauswirtschaft, Sozialwesen und Gesundheitspflege, Agrarwirtschaft, Schulaufsicht Regierungsbezirk Düsseldorf** Gutheim MinR
Ref II D 5: **Berufs- und Fachschule Typ: Wirtschaft und Verwaltung, Berufsbildungsbericht, Schulaufsicht Regierungsbezirk Arnsberg** Dr Lammert MinR
Ref II D 6: **Berufsfachschule und Fachoberschule Typ: Wirtschaft und Verwaltung, Fachhochschulreife und Fachhochschulzugang, Entwicklungshilfe, Landesinstitut für Internationale Berufsbildung, Schulaufsicht Regierungsbezirk Detmold** Görtz MinR
Ref II D 7: **Rechts- und Verwaltungsangelegenheiten der Gruppe** Zimmermann RDir

Abt III Kultur, Kirchen, Weiterbildung, Medien
Leiter: Wolfgang Kral MinDirig

Gruppe III A Kulturelle Planung, Theater, Film, Bildende Kunst, Musik, Literatur, Bibliotheken
Leiter: Dr Joachim Klinger LtdMinR

Ref III A 1: **Grundsätzliche Angelegenheiten der Gruppe, Film, Video** Dr Klinger LtdMinR
Ref III A 2: **Bildende Kunst, Museen** Scharbert MinR
Ref III A 3: **Theater** W Hoffmann MinR
Ref III A 4: **Musik** Schmidt-Hofmann RDirektorin
Ref III A 5: **Literatur, Bibliotheken, Sekretariate für kulturelle Zusammenarbeit** Dr Galsterer MinRätin

Gruppe III B Kirchen, Archive, Internationale Kulturangelegenheiten, Stiftungen
Leiter: Starzinger LtdMinR

Ref III B 1: **Grundsätzliche Angelegenheiten der Gruppe, Kulturstiftungen, Spartenübergreifende Künstlerförderung** Starzinger LtdMinR
Ref III B 2: **Kirchen, jüdische Kultusgemeinden, sonstige Religions- und Weltanschauungsgemeinschaften, Rechts- und Verwaltungsangelegenheiten der Abteilung** Dr Albrecht MinR
Ref III B 3: **Archive** Dr Schmitz MinR
Ref III B 4: **Internationale Kulturangelegenheiten, Kultur und Wirtschaft, Kulturmanagement, Alternative Kulturarbeit** Horn MinR

Gruppe III C Weiterbildung, Zweiter Bildungsweg, Medien, Auslandsschulen
Leiter: Dr Gerhard Stroh LtdMinR

Ref III C 1: **Grundsätzliche Angelegenheiten der Gruppe, Abendgymnasium, Abendrealschule, Kolleg zur Erlangung der Hochschulreife, schulabschlußbezogene Weiterbildung, Kunstsammlung Nordrhein-Westfalen** Dr Stroh LtdMinR
Ref III C 2: **Weiterbildung, Weiterbildungsgesetz, Arbeitnehmerweiterbildungsgesetz** Petry MinR
Ref III C 3: **Medien in der Weiterbildung, Ausbildung und Weiterbildung in Film, Funk und Fernsehen** Dr Poelchau MinR
Ref III C 4: **Auslandsschulen, internationaler Austausch von Lehr- und Assistenzkräften sowie Schülerinnen und Schülern** Schumacher MinR

Abt IV Sport, Sportstätten, Schulbau
Leiter: Dr h c Johannes Eulering MinDirig

Gruppe IV A Sportentwicklung, Breitensport, Sportstättenbau, Sportstättenentwicklungsplanung, Sport und Umwelt, Schulbau
Leiter: Bernd Sillenberg LtdMinR

Ref IV A 1: **Grundsätzliche Angelegenheiten der Gruppe, Sportentwicklung, Ehrungen im Sport** Sillenberg LtdMinR
Ref IV A 2: **Breitensport** Dr Brux RAng
Ref IV A 3: **Technische Angelegenheiten des Sportstättenbaus und des Schulbaus; Sportstättenbauberatung** Trojahn RAng
Ref IV A 4: **Sportstättenentwicklungsplanung, Sport und Umwelt** Erlenwein MinR
Ref IV A 5: **Schulbau, Bau- und Grundstücksangelegenheiten, Rechts- und Verwaltungsangelegenheiten der Abteilung** Dr von Schroeter MinR

Gruppe IV B Schulsport, Leistungssport, Hochschulsport, Angelegenheiten der Sportorganisationen, Sportfinanzierung, Internationale Sportangelegenheiten
Leiter: Dr h c Walfried König LtdMinR

Ref IV B 1: **Grundsätzliche Angelegenheiten der Gruppe, Internationale Sportangelegenheiten, Sportministerkonferenz** Dr h c König LtdMinR
Ref IV B 2: **Leistungssport, Wettkampfwesen** Hiersemann MinR
Ref IV B 3: **Schulsport** Pack MinR
Ref IV B 4: **Außerschulisches Berufsfeld Sport, Sport in der Weiterbildung** Kreiß MinR
Ref IV B 5: **Finanzangelegenheiten der Abteilung, Landessportplan** Metelmann MinR

Zum Geschäftsbereich des Kultusministeriums gehören:

1 Staatliche Zentralstelle für Fernunterricht

der Länder der Bundesrepublik Deutschland (ZFU)

50676 Köln, Peter-Welter-Platz 2; F (02 21) 92 12 07-0; Telefax (02 21) 92 12 07-20
Staatsrechtliche Grundlage und Aufgabenkreis:
Staatsvertrag über das Fernunterrichtswesen vom 16. Februar 1978, in der Fassung vom 4. Dezember 1991.
Gesetz zum Schutz der Teilnehmer am Fernunterricht – Fernunterrichtsschutzgesetz – (FernUSG) vom 24. August 1976; zuletzt geändert durch Gesetz vom 27. April 1993.
Bundesausbildungsförderungsgesetz (§ 3 Abs 2) in der Neufassung vom 6. Juni 1983; zuletzt geändert durch Gesetz vom 21. Dezember 1993.
Arbeitsförderungsgesetz (§ 34) vom 25. Juni 1969; zuletzt geändert durch Gesetz vom 21. Dezember 1993.
Gesetz über Ordnungswidrigkeiten (§ 36 Abs 1 Nr 1) in der Neufassung vom 19. Februar 1987.
Umsatzsteuergesetz (§ 4, 21 Buchstabe b) in der Neufassung vom 27. April 1993; zuletzt geändert durch Gesetz vom 21. Dezember 1993.
Aufgaben der Zentralstelle, gemäß Staatsvertrag errichtet als Einrichtung des Landes nach § 14 LOG NW, sind:
- Durchführung des Fernunterrichtsgesetzes (FernUSG) für die Länder.
- Entscheidung über die Zulassung von Fernlehrgängen.
- Prüfung des Fortbestands der Zulassung, Entscheidung über vorläufige Zulassung, Entscheidung über Zulassung wesentlicher Änderungen.
- Entgegennahme und Registrierung der anzeigepflichtigen Hobby- und ergänzenden Fernlehrgänge sowie deren vortragsrechtliche Überprüfung.
- Führung des Verzeichnisses der nach § 12 FernUSG zugelassenen Fernlehrgänge.
- Jährliche Veröffentlichung des Verzeichnisses zugelassener Fernlehrgänge mit Zulassungsnummer.
- Beobachtung der Entwicklung des Fernunterrichtswesens und dessen Förderung durch Empfehlungen und Anregungen.
- Beratung der Länder in Fragen des Fernunterrichts und des Prüfungsverfahrens für Fernunterrichtsteilnehmer.
- Erteilung von Auskünften über alle Fernlehrgänge und Beratung über Möglichkeiten der Bildung durch Fernunterricht.
- Überprüfung von Fernlehrgängen, die auf vertraglicher Grundlage unentgeltlich durchgeführt werden und allgemeine oder berufliche Bildung vermitteln, welche Gegenstand landesrechtlicher Regelungen sind, auf Antrag des Veranstalters.
- Ahndung von Ordnungswidrigkeiten.
- Mitteilung der Zulassungen an die obersten Landesbehörden für Ausbildungsförderung zur Gewährung von Ausbildungsförderung nach dem Bundesausbildungsförderungsgesetz.
- Bestätigung der Zulassung gemäß Arbeitsförderungsgesetz zur Gewährung von Förderungsmitteln für die Teilnahme an Fernlehrgängen.
- Erteilung von Bescheinigungen gemäß § 4 Nr 21 b des Umsatzsteuergesetzes an Veranstalter von Fernlehrgängen.
- Entgegennahme von Anmeldungen zu staatlichschulischen Abschlußprüfungen gemäß Prüfungsordnungen einzelner Bundesländer.

Die Staatliche Zentralstelle für Fernunterricht arbeitet mit Länder- und Bundesbehörden bzw -einrichtungen zusammen, insbesondere mit dem Bundesinstitut für Berufsbildung (BIBB) Berlin, mit der Bundesanstalt für Arbeit, den obersten Landesbehörden für Ausbildungsförderung, den Bildungsberatungsstellen, der Fortbildungsberatung in den Arbeitsämtern, Verbraucherschutzeinrichtungen, den staatlichen Prüfungsämtern in den Ländern sowie mit vielen wissenschaftlichen und pädagogischen Einrichtungen und Verbänden auf Bundes-, Länder- und Regionalebene usw. Im Rahmen ihrer Tätigkeit bedient sie sich ca 400 pädagogischer Fachgutachter.

Vorsitzender des Verwaltungsausschusses: Gerd Schmitz MinDirig
Leiter der Zentralstelle: Michael Vennemann LtdRDir

2 Landesamt für Ausbildungsförderung

Nordrhein-Westfalen
52062 Aachen, Theaterplatz 14; F (02 41) 4 55-0; Telefax (02 41) 4 55-2 21

Staatsrechtliche Grundlage und Aufgabenkreis:
Ausführungsgesetz zum Bundesausbildungsförderungsgesetz (§ 3) – AG BAföG-NW – vom 30. Januar 1973 (GV NW 1973 Seite 57).
Das Landesamt für Ausbildungsförderung, eine Landesoberbehörde gemäß § 6 Landesorganisationsgesetz, untersteht der Dienstaufsicht des Kultusministeriums. Die Fachaufsicht üben das Kultusministerium und das Ministerium für Wissenschaft und Forschung als oberste Landesbehörden für Ausbildungsförderung aus.
Das Landesamt für Ausbildungsförderung übt die Fachaufsicht über die Kreise, kreisfreien Städte und Hochschulen, soweit diese die Aufgaben der Ämter für Ausbildungsförderung wahrnehmen, aus.

Leiter: Udo Böhnke LtdRDir
Vertreter: Rolf Bongs RDir

Dez 1: **Verwaltungsangelegenheiten, Zahlbarmachung von Förderungsleistungen** Lörken ORR
Dez 2: **Rechtsangelegenheiten, Entscheidung über Widersprüche gegen Bescheide der Ämter für Ausbildungsförderung, Beantwortung von Anfragen zur Auslegung des Bundesausbildungsförderungsgesetzes** Bongs RDir
Dez 3: **Schul- und hochschulfachliche Angelegenheiten, Anerkennung der förderungsrechtlichen Gleichwertigkeit privater Ausbildungsstätten mit öffentlichen Schulen und Einrichtungen außerhalb des**

Hochschulbereiches, Zuordnung von Fernlehrgangsteilnehmern, Führung des Ausbildungsstättenverzeichnisses Frings-Schäfer RRätin z A

Dez 4: **Förderung von Ausbildungen in Großbritannien, Irland, Afrika und Asien** Oebel ORRätin

3 Lehrerausbildung und Lehrerfortbildung

3.1 Staatliche Prüfungsämter für Erste Staatsprüfungen für Lehrämter an Schulen

Staatsrechtliche Grundlage und Aufgabenkreis:
Die Staatlichen Prüfungsämter, Einrichtungen des Landes Nordrhein-Westfalen gemäß § 14 Landesorganisationsgesetz (LOG), wurden durch Erlaß des Kultusministers NW vom 15. Dezember 1987 aufgrund des § 11 Lehrerausbildungsgesetz in der Fassung der Bekanntmachung vom 23. Juni 1989 (SGV NW 223) neu geordnet.
Sie haben die Aufgabe, die Ersten Staatsprüfungen für Lehrämter an Schulen vorzubereiten, durchzuführen, zu überwachen und auszuwerten.

Nähere Angaben hierzu siehe unter Bezirksregierungen auf den Seiten 40, 43, 48, 52 und 55, die die unmittelbare Dienstaufsicht ausüben.

3.2 Staatliche Prüfungsämter für Zweite Staatsprüfungen für Lehrämter an Schulen

Staatsrechtliche Grundlage und Aufgabenkreis:
Die Staatlichen Prüfungsämter, Einrichtungen des Landes Nordrhein-Westfalen gemäß § 14 Landesorganisationsgesetz (LOG), wurden durch Erlaß des Kultusministers NW vom 15. Dezember 1987 gemäß § 11 Lehrerausbildungsgesetz in der Fassung der Bekanntmachung vom 23. Juni 1989 (SGV NW 223) neu geordnet.
Sie haben die Aufgabe, die Zweiten Staatsprüfungen für Lehrämter an Schulen vorzubereiten, durchzuführen, zu überwachen und auszuwerten.
Das Prüfungsamt berät in allen Fragen, die sich auf Anforderung und Durchführung der Prüfung beziehen.
Das Prüfungsamt ist in Abteilungen, deren Zuständigkeit sich jeweils auf ein Lehramt erstreckt, und einen zentralen Verwaltungsdienst gegliedert. Mehrere Abteilungen können zusammengefaßt werden.
Die Aufgaben des Prüfungsamtes werden grundsätzlich zentral am Sitz des Prüfungsamtes erledigt. Zu diesen Aufgaben gehören insbesondere:
- Grundsätzliche Prüfungsangelegenheiten,
- Ausstellung der Zeugnisse und Bescheinigungen über nicht bestandene Zweite Staatsprüfungen,
- Allgemeine Verwaltungs- und Organisationsangelegenheiten,
- Haushaltsangelegenheiten einschließlich Prüfungsvergütungen und Reisekosten,

- Erstellung von Statistiken,
- Betreuung der Bücherei,
- Endgültige Registrierung und Archivierung von Akten.

Nähere Angaben hierzu siehe unter Bezirksregierungen in Arnsberg und Düsseldorf auf den Seiten 40 und 48, die die unmittelbare Dienstaufsicht über die Prüfungsämter ausüben.

3.3 Studienseminare für Lehrämter an Schulen

Staatsrechtliche Grundlage und Aufgabenkreis:
Errichtungserlaß des Kultusministers vom 26. Oktober 1984 (GABl NW Seite 548).
Die Studienseminare sind Einrichtungen des Landes im Sinne des § 14 des Landesorganisationsgesetzes. Sie führen die Bezeichnung
Studienseminar für das Lehramt für die Primarstufe,
Studienseminar für das Lehramt für die Sekundarstufe I,
Studienseminar für das Lehramt für die Sekundarstufe II,
Studienseminar für das Lehramt für Sonderpädagogik.
Die Studienseminare sind zuständig für die Ausbildung von Lehramtsanwärtern [§ 3 Abs 1 des Lehrerausbildungsgesetzes (LABG) in der Fassung der Bekanntmachung vom 23. Juni 1989 (SGV NW 223) nach Maßgabe der Ordnung des Vorbereitungsdienstes und der Zweiten Staatsprüfung für Lehrämter an Schulen vom 11. Juli 1980 (GV NW Seite 718), zuletzt geändert durch Verordnung vom 12. Juni 1984 (GV NW Seite 342) – SGV NW 20 30 10 –.
Die Studienseminare unterstehen der Dienst- und Fachaufsicht der Bezirksregierungen, in deren Bezirk ihr Dienstsitz liegt. Dies gilt nicht, soweit hiervon abweichend die Zuständigkeit einer anderen Bezirksregierung festgelegt ist (Rechtsverordnung nach § 16 Abs 5 Satz 1 Schulverwaltungsgesetz).

Nähere Angaben hierzu siehe unter Bezirksregierungen auf den Seiten 40, 43, 47, 52 und 55, die die unmittelbare Dienstaufsicht über die Studienseminare ausüben.

3.4 Landesinstitut für Landwirtschaftspädagogik

53121 Bonn, Magdalenenstr 29; F (02 28) 62 53 44

Staatsrechtliche Grundlage und Aufgabenkreis:
Verordnung über die Ausbildung und Prüfung für die Laufbahn des höheren agrarwirtschaftlichen Dienstes und des Lehramtes für die Sekundarstufe II der agrarwirtschaftlichen Fachrichtung im Land Nordrhein-Westfalen (VAP hagr D) vom 18. März 1986 (GVBl Seite 329) sowie das „Gesetz über die Ausbildung für die Lehrämter an öffentli-

chen Schulen" in der Fassung vom 29. Oktober 1974 (GVBl Seite 1 062).

Das Landesinstitut, eine Einrichtung des Landes im Sinne von § 14 LOG, hat folgende Aufgaben:
- Vermittlung einer erziehungswissenschaftlichen Ausbildung,
- Theoretische Fundierung der schulpraktischen Ausbildung,
- Beratung der unterrichtspraktischen Ausbildung und Kontrolle des Ausbildungsstandes,
- Theoretische und praktische Ausbildung in der Beratungsmethodik und Weiterbildung,
- Einführung in das Agrar-, Umwelt-, Verwaltungsrecht und andere Rechtsgebiete,
- Koordinierung der Ausbildung.

Dienstaufsicht in Verwaltungsangelegenheiten ist der Bezirksregierung Köln übertragen.

In allen anderen Angelegenheiten ist das Landesinstitut dem Kultusministerium unmittelbar unterstellt (Erlaß des Kultusministeriums NW vom 25. April 1957 – II E 4.40-69/1 Nr 2474/57).

Leiter: Dr Bernd Mäueler OStudDir

4 Landesinstitut für Internationale Berufsbildung

42651 Solingen, Kölnerstr 8; F (02 12) 2 22 20-0; Telefax (02 12) 20 80 48

Staatsrechtliche Grundlage und Aufgabenkreis:
Runderlaß des Kultusministeriums vom 21. Juni 1991 (GABl NW I Nr 8/91). Eine Neufassung ist voraussichtlich im Frühjahr 1994 zu erwarten. Bei Redaktionsschluß lag sie noch nicht vor.

Das Landesinstitut für Internationale Berufsbildung ist eine Einrichtung des Landes Nordrhein-Westfalen in Sinne von § 14 des Landesorganisationsgesetzes, die der Dienst- und Fachaufsicht des Kultusministeriums untersteht.

Das Landesinstitut gliedert sich in zwei selbständige Abteilungen:

Die Abteilung I des Landesinstituts hat die Aufgabe, Angehörige der Entwicklungsländer durch Aus- und Fortbildungsmaßnahmen auf die Lehrtätigkeit an technischen Schulen in ihrem Heimatland vorzubereiten.

Die Abteilung II nimmt ihre Aufgaben in enger Verbindung mit der Zentralstelle für Gewerbliche Berufsförderung der deutschen Stiftung für internationale Entwicklung in Mannheim sowie mit sonstigen Einrichtungen der betrieblichen und schulischen Ausbildung wahr.

Die Abteilung II des Landesinstituts hat im Auftrag der Landesregierung oder einzelner Ressorts die Aufgaben
- der Organisation von Symposien und Seminaren zu Schwerpunktthemen der beruflichen Qualifizierung auf dem Gebiet der Entwicklungszusammenarbeit,
- die Organisation von inländischen Fortbildungsmaßnahmen für Vertreter von Institutionen der beruflichen Bildung, insbesondere im Bereich der Entwicklungszusammenarbeit,
- der Entwicklung von geeigneten didaktisch-methodischen Ausbildungskonzeptionen für Projekte der Entwicklungszusammenarbeit auf dem Gebiet der beruflichen Bildung sowie
- der Beratung der Ressorts der Landesregierung bei der Projektierung von Maßnahmen im Bereich der Entwicklungszusammenarbeit.

Direktor: Rainer Görtz MinR

5 Landesinstitut für Schule und Weiterbildung

59494 Soest, Paradieserweg 64; F (0 29 21) 6 83-1; Telefax (0 29 21) 6 83-2 28

Staatsrechtliche Grundlage und Aufgabenkreis:
Das Landesinstitut für Schule und Weiterbildung wurde 1978 als nachgeordnete Einrichtung des Kultusministers NW errichtet. Die Hauptaufgaben sind:
- Entwicklung von Richtlinien und Lehrplänen für alle Schulformen und Schulstufen in NW,
- Erstellung von Handreichungen als Hilfen für die Unterrichtspraxis und für die Schul- und Unterrichtsorganisation,
- Unterstützung von Schulversuchen in NW,
- Zentrale Aufgaben der Lehrerfortbildung in NW,
- Fachliche Förderung der Weiterbildung in NW,
- Fortbildung von Mitarbeitern an Einrichtungen der Weiterbildung in NW,
- Entwicklungsaufgaben im Bereich der Weiterbildung in NW und Beratungsstelle für den Einsatz Neuer Technologien in Schule und Unterricht,
- Information und Dokumentation zum Bildungswesen.

Leiter: Peter Geldschläger

6 Schulaufsicht und Schulen

in Nordrhein-Westfalen

Staatsrechtliche Grundlage, Organisation und Gliederung:
Schulverwaltungsgesetz (SchVG) in der Fassung der Bekanntmachung vom 18. Januar 1985 (GV NW Seite 155).

Schulen im Sinne des Gesetzes sind Bildungsstätten, in denen Unterricht unabhängig vom Wechsel der Lehrer und Schüler nach einem von der Schulaufsichtsbehörde unter Anführung dieser Vorschrift festgesetzten oder genehmigten Lehrplan erteilt wird.

Schulträger ist, wer für die Errichtung, Organisation und Verwaltungsführung der einzelnen Schule rechtlich unmittelbar die Verantwortung trägt und zur Unterhaltung der Schule eigene Leistungen erbringt.

Schulträger können nur juristische oder natürliche Personen sein.

Schulen, für die das Land, eine Gemeinde oder ein Gemeindeverband Schulträger ist, sind **öffentliche Schulen.**
Öffentliche Schulen sind auch Schulen, deren Schulträger eine Innung, eine Handwerkskammer, eine Industrie- und Handelskammer oder eine Landwirtschaftskammer ist. Ohne Rücksicht auf die Rechtsstellung des Schulträgers bleiben öffentliche Schulen auch diejenigen Schulen, die bei Inkrafttreten dieses Gesetzes (1958) öffentliche Schulen waren oder als öffentliche Schulen galten.
Alle anderen Schulen sind Privatschulen.
Das Schulwesen ist nach **Schulstufen** aufgebaut und in Schulformen gegliedert.
Schulstufen sind die Primarstufe, die Sekundarstufe I und die Sekundarstufe II.
Die **Primarstufe** besteht aus der Grundschule. Der Schulkindergarten ist Teil der Grundschule.
Die **Sekundarstufe I** umfaßt die Hauptschule und die Realschule sowie das Gymnasium und die Gesamtschule bis Klasse 10.
Die **Sekundarstufe II** umfaßt die Berufsschule, die Berufsfachschule, die Berufsaufbauschule und die Fachoberschule sowie die Jahrgangsstufen 11-13 des Gymnasiums und der Gesamtschule.
Sonderschulen sind die Schulen für Blinde, Erziehungshilfe, Gehörlose, Geistigbehinderte, Körperbehinderte, Kranke, Lernbehinderte, Schwerhörige, Sehbehinderte und Sprachbehinderte. Sie können einen eigenen Stufenaufbau haben. Sie können mehrere Schulstufen umfassen. Der Sonderschulkindergarten ist Teil der **Sonderschule.**
Besondere Einrichtungen des Schulwesens sind die Abendrealschule, das Abendgymnasium und das Kolleg (Institut zur Erlangung der Hochschulreife), die Fachschule und die Höhere Fachschule.
Zur Erprobung neuer pädagogischer und organisatorischer Inhalte und Formen können **Schulversuche** durchgeführt werden; hierzu können auch Versuchsschulen zugelassen werden. Schulversuche bedürfen der Genehmigung des Kultusministers.
Es werden insbesondere Schulversuche mit **Kollegschulen** durchgeführt, in denen Schülern in einem differenzierten Unterrichtssystem ohne Zuordnung zu unterschiedlichen Schulformen studien- und berufsbezogene Bildungsgänge zu Abschlüssen der Sekundarstufe II ermöglicht werden.
Der Kultusminister kann bei der Genehmigung von Schulversuchen von dem Aufbau und der Gliederung des Schulwesens, den Vorschriften über die Schulleitung und den Bestimmungen über die Mitwirkung der Erziehungsberechtigten Ausnahmen zulassen, soweit dies zur Erreichung der Ziele erforderlich ist.

6.1 Schulaufsicht

bei den Bezirksregierungen – Abt IV –

Aufgabenkreis:
Die Bezirksregierung ist obere Schulaufsichtsbehörde. Sie nimmt in ihrem Gebiet die Schulaufsicht über die Schulen wahr.

Nähere Angaben hierzu siehe auf den Seiten 33, 41, 44, 49 und 53.

Der Dienst- und Fachaufsicht der Bezirksregierungen unterstehen:

6.1.1 Schulämter

Aufgabenkreis:
Das Schulamt ist untere Schulaufsichtsbehörde. Es übt die Schulaufsicht über die in seinem Gebiet liegenden Grundschulen, Hauptschulen und Sonderschulen mit Ausnahme der Schulen für Blinde, der Schulen für Gehörlose und der Sonderschulen im Bildungsbereich der Realschule, des Gymnasiums und der berufsbildenden Schule aus. Weitere allgemeine Angelegenheiten kann der Kultusminister durch Rechtsverordnung im Einvernehmen mit dem Ausschuß für Landesplanung und Verwaltungsreform des Landtags dem Schulamt für alle Schulformen und Schulstufen zuweisen.
Die Schulämter sind nach Regierungsbezirken und innerhalb dieser in alphabetischer Reihenfolge jeweils getrennt nach Schulämtern für die kreisfreien Städte und Schulämter für die Kreise geordnet.
Nähere Angaben hierzu siehe auf den Seiten 39, 42, 46, 51 und 54.

6.2 Staatliche Schulen

– Einrichtungen des Landes nach § 14 LOG NW –

6.2.1 Staatliche Institute zur Erlangung der Hochschulreife

Westfalen-Kolleg
33607 Bielefeld, Brückenstr 72; F (05 21) 29 00 46; Telefax (05 21) 29 00 46
Leiter: Dietrich Herrmann OStudDir

Oberhausen-Kolleg
Staatliches Institut zur Erlangung der Hochschulreife
46047 Oberhausen, Wehrstr 69; F (02 08) 87 00 58
Leiter: Hans Katernberg OStudDir

Westfalen- Kolleg
Staatliches Institut zur Erlangung der Hochschulreife
33102 Paderborn, Fürstenweg 17 b; F (0 52 51) 3 50 52 und 3 50 53; Telefax (0 52 51) 37 02 58
Leiter: Manfred Krugmann StudDir

Siegerland-Kolleg
57076 Siegen, Hölderlinstr 31; F (02 71) 7 40 21 98
Leiter: Alfons Quast

Eichendorff-Kolleg Geilenkirchen
Staatliches Institut für spätausgesiedelte Abiturienten
52511 Geilenkirchen, Pater-Briers-Weg; F (0 24 51) 77 35

Leiter: Dr Wolf Dietrich Penning OStudDir

6.2.2 Sonstige staatliche Schulen

**Staatliche Berufsfachschulen für Fertigungstechnik
und Elektrotechnik
Fachoberschule für Technik
58636 Iserlohn,** Karnacksweg 43; F (0 23 71)
6 34 75; Telefax (0 23 71) 6 34 76
Leiter: Heinz Jung OStudDir

**Staatliche Glasfachschule Rheinbach
53359 Rheinbach,** Zu den Fichten; F (0 22 26)
44 25; Telefax (0 22 26) 1 70 51
Leiter: Heinrich Küting OStudDir
mit
Berufsschule für Glastechnik und Glasgestaltung
Höhere Berufsfachschule für Gestaltung, Schwerpunkt: Grafik
Fachoberschule für Gestaltung
Fachschule für Technik, Fachrichtungen Glastechnik, Glasgestaltung und Chemie

**Laborschule
des Landes Nordrhein-Westfalen an der Universität
Bielefeld
33615 Bielefeld,** Universitätsstr 21; F (05 21)
1 06-28 77 und 1 06-28 81; Telex 93 23 63 UNIBI;
Telefax (05 21) 1 06-29 67
Vorsitzender der Gemeinsamen Leitung: Prof Dr
Will Lütgert
Schulleiterin: Dr Susanne Thurn

7 Bildungsstätte Kronenburg

53949 Kronenburg, Burgstr 20; F (0 65 57) 2 43;
Telefax (0 65 57) 13 09

Staatsrechtliche Grundlage und Aufgabenkreis:
Bildungsstätte des Kultusministeriums Nordrhein-Westfalen. Aus- und Fortbildung für Landesbedienstete, nachgeordnete Behörden und Einrichtungen.

Geschäftsführer: Heinz Geisen

8 Archivwesen

8.1 Nordrhein-Westfälisches Hauptstaatsarchiv

40476 Düsseldorf, Mauerstr 55; F (02 11) 94 49-02;
Telefax (02 11) 94 49-70 02

Staatsrechtliche Grundlage und Aufgabenkreis:
Durch Erlaß des Preußischen Staatsministeriums
vom 6. November 1831 und ergänzende Verfügung
des Oberpräsidenten der Rheinprovinz vom 29. Februar 1832 (AmtsBl der Regierung Düsseldorf
Nr 18 Seite 101) als Königliches Provinzialarchiv
(seit 1867: Staatsarchiv) mit Zuständigkeit für den
nördlichen Teil der damaligen Rheinprovinz, die
Regierungsbezirke Düsseldorf, Köln und Aachen,

eingerichtet. Durch Erlasse vom 4. Juli 1952 (MinBl
NW Seite 1004) und 23. Juli 1959 (MinBl NW Seite 1819) wurde die Zuständigkeit des Staatsarchivs
Düsseldorf als Landeshauptarchiv (seit 1961:
Hauptstaatsarchiv) ausgedehnt auf die Obersten
Landesbehörden, die Landesoberbehörden und die
auf Landesebene wirkenden Organe der Rechtspflege.
Aufgabe des Hauptstaatsarchivs, das eine Landeseinrichtung nach § 14 Landesorganisationsgesetz
(LOG) ist, ist es, die in seinem Zuständigkeitsbereich anfallenden „Unterlagen von den Behörden,
Gerichten und sonstigen Stellen des Landes für ihre
Archivwürdigkeit hin zu werten, die als archivwürdig erkannten Teile als Archivgut zu übernehmen,
zu verwahren, zu ergänzen, zu erhalten und instandzusetzen, zu erschließen und für die Benutzung bereitzustellen sowie zu erforschen und zu veröffentlichen" (Archivgesetz NW vom 16. Mai 1989,
GV NW Seite 302).

Leiter: NN

Abt 1 Altes Archiv für den Landesteil Nordrhein
Leiter: Dr Ingrid Joester StArchDirektorin

Abt 2 Behördenarchiv für den Landesteil Nordrhein
Leiter: Dr Rainer Stahlschmidt StArchDir

Abt 3 Ministerialarchiv für das Land Nordrhein-Westfalen
Leiter: Dr Horst Romeyk StArchDir

**Abt 4 Archiv für Dokumentation zur Geschichte des
Landes Nordrhein-Westfalen**
Leiter: Dr Dieter Weber StArchDir

**Außenstelle
Schloß Kalkum
40489 Düsseldorf,** Schloß Kalkum; F (02 11)
40 17 03 und 40 18 69; Telefax (02 11) 40 18 69

8.2 Nordrhein-Westfälische Staats- und Personenstandsarchive

– Einrichtungen nach § 14 Landesorganisationsgesetz (LOG) –

**Nordrhein-Westfälisches Staatsarchiv Münster
48147 Münster,** Bohlweg 2; F (02 51) 4 00 76;
Telefax (02 51) 4 34 24
Staatsrechtliche Grundlage und Aufgabenkreis:
Gegründet 1829 durch das Preußische Staatsministerium. Im Rahmen der preußischen Archivorganisation 1831 zum Provinzialarchiv für Westfalen bestimmt, 1867 Umbenennung in Staatsarchiv. Nach
Gründung des Landes Nordrhein-Westfalen Neufestlegung des Zuständigkeitsbereiches auf die Regierungsbezirke Arnsberg und Münster. Nach Einrichtung des Staatsarchivs Detmold Abgabe der
Archivalien des ehemaligen Regierungsbezirkes
Minden, wobei die ostwestfälischen Archivalien aus
der Zeit vor 1815 in Münster verblieben.

Aufgabe des Staatsarchivs ist die Übernahme des in seinem Zuständigkeitsbereich anfallenden archivwürdigen Schriftgutes der Dienststellen des Landes NW, der mittleren und unteren Dienststellen des Bundes, der Organe der Rechtspflege, der unteren staatlichen Verwaltungsbehörden bei den Kreisen, ergänzender Bestände nichtstaatlicher Herkunft (Guts- und Herrschaftsarchive, Stiftungen, Nachlässe, Sammlungen) sowie deren Verwahrung, Erschließung, Erforschung und Veröffentlichung (ArchG NW vom 16. Mai 1989 GV NW Seite 302).

Leiter: Prof Dr Hans-Joachim Behr LtdStArchDir

Nordrhein-Westfälisches Staatsarchiv Detmold und Nordrhein-Westfälisches Personenstandsarchiv Westfalen-Lippe
32756 Detmold, Willi-Hofmann-Str 2; F (0 52 31) 76 60; Telefax (0 52 31) 76 61 14
Aufgabenkreis:
Übernahme von Akten staatlicher Behörden aus dem Regierungsbezirk Detmold (MinBl NW 1975 Seite 2192).
Aufgabenkreis des Personenstandsarchivs:
Aufgabenbeschreibung siehe unter Nordrhein-Westfälisches Personenstandsarchiv Rheinland in Brühl.
Leiter: Dr Klaus Scholz LtdStArchDir

Nordrhein-Westfälisches Personenstandsarchiv Rheinland
50321 Brühl, Schloß (Eingang Schloßstr 12); F und Telefax (0 22 32) 4 29 48
Staatsrechtliche Grundlage und Aufgabenkreis:
Die Aufgaben der Personenstandsarchive des Landes Nordrhein-Westfalen ergeben sich aus der Verordnung zur Durchführung des Personenstandsgesetzes vom 10. Dezember 1974 (GV NW Seite 1578/SGV NW 211).
Bei den Personenstandsarchiven werden sonstige Dokumente des Personenstandes aus der Zeit vor Inkrafttreten des Gesetzes über die Beurkundung des Personenstandes und die Eheschließung vom 6. Februar 1875 (Reichsgesetzbl Seite 23) aufbewahrt und verwaltet, soweit ihre Aufbewahrung und Verwaltung im Personenstandsarchiv angeordnet ist.
Die Personenstandsarchive haben weiter die Aufgabe, die wissenschaftliche Forschung, insbesondere im Bereich der Genealogie und der Sozial- und Bevölkerungsgeschichte sowie der Familienkunde, vorzugsweise im Lande Nordrhein-Westfalen, durch Auskunfterteilung und Beratung sowie durch die Bereitstellung von Forschungsbehelfen zu unterstützen.
Für die Regierungsbezirke Düsseldorf und Köln besteht ein Personenstandsarchiv in Brühl, für die Regierungsbezirke Arnsberg, Detmold und Münster besteht ein Personenstandsarchiv in Detmold.
Die Dienstaufsicht und die Fachaufsicht obliegen dem Kultusminister. Für personenstandsrechtliche Angelegenheiten nimmt der Innenminister die Fachaufsicht wahr.

Leiter: Dr Jörg Füchtner StArchDir

9 Staatliche Büchereistellen

Aufgabenkreis:
Die Staatlichen Büchereistellen, Einrichtungen des Landes nach § 14 Landesorganisationsgesetz (LOG) NW, haben die Aufgabe, die dem Land obliegende Förderung des gesamten öffentlichen Büchereiwesens innerhalb ihrer Tätigkeitsbereiche nach fachlichen Gesichtspunkten durchzuführen.

Nähere Angaben hierzu siehe unter Bezirksregierungen auf den Seiten 40, 43, 48, 52 und 56, die die unmittelbare Dienstaufsicht führen.

10 Bergischer Schulfonds

– Einrichtung des Landes nach § 14 Landesorganisationsgesetz (LOG) NW –

Nähere Angaben hierzu siehe unter Bezirksregierung in Düsseldorf auf der Seite 48, der die unmittelbare Dienst- und Fachaufsicht ausübt.

11 Gymnasialfonds Münstereifel

– Einrichtung des Landes nach § 14 Landesorganisationsgesetz (LOG) NW –

Nähere Angaben hierzu siehe unter Bezirksregierung in Düsseldorf auf der Seite 49, der die unmittelbare Dienst- und Fachaufsicht ausübt.

12 Haus Büren'scher Studienfonds

– Einrichtung des Landes nach § 14 Landesorganisationsgesetz (LOG) NW –

Nähere Angaben hierzu siehe unter Bezirksregierung in Detmold auf der Seite 44, der die unmittelbare Dienst- und Fachaufsicht ausübt.

13 Beckum-Ahlenscher Klosterfonds

– Studienfonds-Rentamt –
48143 Münster, Alter Steinweg 22-24; F (02 51) 5 43 27; Telefax (02 51) 5 72 18
– Einrichtung des Landes nach § 14 LOG NW –

Nähere Angaben hierzu siehe unter Bezirksregierung in Münster auf der Seite 56, der die unmittelbare Dienst- und Fachaufsicht ausübt.

14 Paderborner Studienfonds

– Sondervermögen ohne Rechtspersönlichkeit –

Nähere Angaben hierzu siehe unter Bezirksregierung in Detmold auf der Seite 44, der die unmittelbare Dienst- und Fachaufsicht ausübt.

15 Münsterscher Studienfonds

– Studienfonds-Rentamt –
48143 Münster, Alter Steinweg 22-24; F (02 51)
5 43 27; Telefax (02 51) 5 72 18
– Sondervermögen ohne Rechtspersönlichkeit –

Nähere Angaben hierzu siehe unter Bezirksregierung in Münster auf der Seite 56, der die unmittelbare Dienst- und Fachaufsicht ausübt.

16 Vereinigte Stifte Geseke-Keppel

– Stiftung des öffentlichen Rechts –

Nähere Angaben hierzu siehe unter Bezirksregierung in Arnsberg auf der Seite 40, der die unmittelbare Dienst- und Fachaufsicht ausübt.

17 Damenstift zu Lippstadt

– Stiftung des öffentlichen Rechts –

Nähere Angaben hierzu siehe unter Bezirksregierung in Arnsberg auf der Seite 41, der die unmittelbare Dienst- und Fachaufsicht ausübt.

18 Kölner Gymnasial- und Stiftungsfonds

– Stiftung des öffentlichen Rechts –

Nähere Angaben hierzu siehe unter Bezirksregierung in Köln auf der Seite 53, der die unmittelbare Dienst- und Fachaufsicht ausübt.

Der Rechtsaufsicht des Kultusministeriums untersteht:

19 Katholische Soldatenseelsorge

– Anstalt des öffentlichen Rechts –
53113 Bonn, Adenauerallee 115; F (02 28) 91 21-0

Staatsrechtliche Grundlage und Aufgabenkreis:
Gesetz über die Verleihung der Rechtsstellung einer Anstalt des öffentlichen Rechts an die kirchliche Einrichtung „Katholische Soldatenseelsorge", Sitz Bonn, vom 24. November 1992 (GV NW 1992 Seite 467) sowie Beschluß der Diözesanbischöfe (Ortsordinarien) in der Bundesrepublik Deutschland vom 23. April 1990 (Verordnungsblatt des Katholischen Militärbischofs für die Deutsche Bundeswehr 1993 Seite 1).
Aufgabe der Anstalt ist die Unterstützung der katholischen Militärseelsorge bei der seelsorglichen und außerdienstlichen Betreuung der katholischen Soldaten und deren Familien.

Vorstand: Dr jur Hans Achim Groß
Vorsitzender des Verwaltungsrats: Dr theol Ernst Niermann Militärgeneralvikar, Päpstlicher Protonotar

V Ministerium für Wissenschaft und Forschung

des Landes Nordrhein-Westfalen

40221 Düsseldorf, Völklinger Str 49; F (02 11) 8 96-04; Teletex 2 11 46 88 = mwf d; Telefax (02 11) 8 96-45 55

Aufgabenkreis:
Das Ministerium für Wissenschaft und Forschung ist zuständig für die allgemeine Forschungsförderung und Wissenschaftspolitik, für wissenschaftliche Hochschulen und sonstige Hochschulen, für Hochschulplanung und Hochschulgesetzgebung, für das wissenschaftliche Bibliothekswesen und die Förderung der wissenschaftlichen Forschung.
Die Ministerin für Wissenschaft und Forschung ist – wie der Kultusminister – Mitglied der Ständigen Konferenz der Kultusminister der Länder in der Bundesrepublik Deutschland.

Publikationsorgan: Gemeinsames Amtsblatt des Kultusministeriums und des Ministeriums für Wissenschaft und Forschung des Landes Nordrhein-Westfalen
Verlag: A Bagel, 40237 Düsseldorf, Grafenberger Allee 98; *Bezugspreis:* jährlich 49,60 DM zuzüglich Zustellgebühren. Einzelnummer, soweit lieferbar, 7,80 DM

Ministerin für Wissenschaft und Forschung: Anke Brunn
Persönliche Referentin der Ministerin: Dipl-Pädagogin Ohlms RAngestellte
Pressereferentin: Lengauer RAngestellte

Staatssekretär: Dr jur Dietrich Küchenhoff

Abt Z Zentralverwaltung: Personal, Organisation, Haushalt, Bauten
Leiter: Dr Fleischer MinDirig

Gruppe Z A Personal, Organisation, Haushalt
Leiter: Mattonet LtdMinR

Ref Z A 1: **Grundsatzangelegenheiten des Haushalts, Stellenplanangelegenheiten, Kassen- und Rechnungswesen, Rechnungsprüfung** Mattonet LtdMinR
Ref Z A 2: **Haushaltsangelegenheiten der Universitäten Dortmund, Düsseldorf und Bielefeld, Universitäten – Gesamthochschulen – Duisburg, Essen und Siegen, Kunsthochschulen, Fachhochschulen, des Hochschulbibliothekszentrums, der Zentralbibliothek der Medizin, des Oberstufenkollegs Bielefeld und des Ministeriums, Sonderprogramme** Funke MinR
Ref Z A 3: **Haushaltsangelegenheiten der Forschung, der Universitäten Bonn, Münster, Köln und Bochum, Technischen Hochschule Aachen, der Universitäten – Gesamthochschulen – Paderborn, Wuppertal und Fernuniversität Hagen, Deutschen Sport-**hochschule, sonstigen Einrichtungen im Geschäftsbereich –soweit nicht Z A 2–, Kraftfahrzeugangelegenheiten, Beihilfen Dirks MinR
Ref Z A 4: **Organisation der Datenverarbeitung im Ministerium, Organisation der Datenverarbeitung und der Verwaltungen im nachgeordneten Bereich, DV- Aus- und Fortbildung, Organisation des Arbeits- und Umweltschutzes** Dipl-Soz Wiss Marquardt RAng
Ref Z A 5: **Personalangelegenheiten des Ministeriums, Organisationsreferat gemäß § 15 GGO, Organisation im nachgeordneten Bereich, Aus- und Fortbildung – soweit nicht Z A 4 –, Ordensangelegenheiten** Dornburg MinR
Ref Z A 6: **Innerer Dienst, Hausverwaltung und Beschaffung, Bibliothek, Sicherheits- und Geheimschutzbeauftragter, Verschlußsachen** Helfer RDir

Gruppe Z B Bau-, Grundstücks- und Ersteinrichtungsangelegenheiten, Rahmenplan, Großgeräte
Leiter: Raeder LtdMinR

Ref Z B 1: **Grundsätzliche Bau-, Grundstücks- und Ersteinrichtungsangelegenheiten, grundsätzliche Angelegenheiten des Hochschulbauförderungsgesetzes, Rahmenplan, Bau-, Grundstücks- und Ersteinrichtungsangelegenheiten des Kulturwissenschaftlichen Instituts, der Kunsthochschule für Medien und der Folkwang-Hochschule, Studentenwohnungsbau** Raeder LtdMinR
Ref Z B 2: **Bau-, Grundstücks- und Ersteinrichtungsangelegenheiten in den Regionen Dortmund, Düsseldorf, Essen, Hagen, Iserlohn, Witten-Herdecke und der Fachhochschule Emscher-Westmünsterland, Fragen der Neugründung von Fachhochschulen** Dipl-Soz Itzel Ang
Ref Z B 3: **Bau-, Grundstücks- und Ersteinrichtungsangelegenheiten der Kunsthochschulen sowie in den Regionen Bonn und Köln – soweit nicht Z B 1 –** Erdmann RDir
Ref Z B 4: **Bau-, Grundstücks- und Ersteinrichtungsangelegenheiten in den Regionen Münster und Bielefeld, Großgeräte** Röwekamp MinR
Ref Z B 5: **Bau-, Grundstücks- und Ersteinrichtungsangelegenheiten und Vermögenspläne der Medizinischen Einrichtungen** Adam MinR
Ref Z B 6: **Bau-, Grundstücks- und Ersteinrichtungsangelegenheiten in den Regionen Aachen, Bochum, Duisburg, Paderborn, Siegen und Wuppertal** Feldhaus MinR

Abt I Gesetzgebung und Grundsatzangelegenheiten des Hochschulwesens, Politische Planung, Internationales
Leiter: NN

Gruppe I A Grundsatzangelegenheiten des Hochschulwesens, Hochschulplanung – soweit nicht II B –, Hochschulstatistik, Weiterbildung, Verbesserung der Lehre
Leiter: Kleffner LtdMinR

Ref I A 1: **Strukturelle und quantitative Grundsatzangelegenheiten der Bildungs- und Hochschulpolitik, Ablaufplanung und Koordinierung, Grundsatzangelegenheiten der Weiterbildung, Ausschuß Bildungsplanung der Bund-Länder-Kommission für Bildungsplanung** Kleffner LtdMinR
Ref I A 2: **Verbesserung von Lehre und Studium, Studienreform** Dr Neumann MinR
Ref I A 3: **Statistik, quantitative Analysen und Prognosen, Kosten-Nutzen-Analysen, Arbeitsmarktchancen von Hochschulabsolventen** Dipl-Volksw Krommen Ang
Ref I A 4: **Aufgaben- und Personalplanung für die wissenschaftlichen Hochschulen − soweit nicht II B −, Mitwirkung bei der Forschungsplanung** Dr Mökkel MinR
Ref I A 5: **Aufgaben- und Personalplanung für die Fachhochschulen und Kunsthochschulen** Dipl-Verwaltungswirtin Schneidereit RAngestellte

Gruppe I B Gesetzgebung, Grundsatzangelegenheiten des Hochschulrechts, Dienst- und Personalvertretungsrecht, Kapazitäten, Zulassungsrecht
Leiter: Becker LtdMinR

Ref I B 1: **Hochschulgesetzgebung, Grundordnungen, Grundsatzangelegenheiten des Hochschulrechts, Grundsatzangelegenheiten des Verhältnisses Staat/Kirchen im Hochschulbereich** Becker LtdMinR
Ref I B 2: **Promotions- und Habilitationsordnungen, Hochschulgrade, Ehrentitel „Professor", Anerkennung von Befähigungsnachweisen nach dem Bundesvertriebenengesetz** Nolte MinR
Ref I B 3: **Hochschulkapazitäten − soweit nicht II B 1 −, Grundsatz- und Einzelangelegenheiten des Notzuschlags, Grundausstattung** Becher MinR
Ref I B 4: **Allgemeine und besondere Angelegenheiten des Beamten-, Besoldungs-, Versorgungs-, Tarif- und Arbeitsrechts** Dr Ihle MinR
Ref I B 5: **Angelegenheiten des Personalvertretungs- und Schwerbehindertenrechts, Verfassungsrecht, Grundsatzangelegenheiten des öffentlichen Rechts und des Privatrechts, Veröffentlichungsreferent, Stiftungen, Datenschutz** Oberkötter RDir

Gruppe I C Politische Planung, Kabinett, Landtag, Bundesrat und überregionale Gremien, Gleichstellung von Frau und Mann, Deutschlandpolitische Angelegenheiten, Internationales, Bibliotheken
Leiterin: Dr Kramme RAngestellte

Ref I C 1: **Übergreifende Fragen der politischen Planung, Bundesrat und überregionale Gremien, Deutschlandpolitische Angelegenheiten, Kabinett- und Landtagsangelegenheiten, Bund-Länder-Kommission für Bildungsplanung** Dr Kramme RAngestellte
Ref I C 2: **Gleichstellung von Frau und Mann, frauenpolitische Angelegenheiten im Geschäftsbereich, Wissenschaftsrat, Kultusministerkonferenz** Dipl-Verwaltungswirtin Schneider-Salomon
Ref I C 3: **Internationale Angelegenheiten − soweit nicht I C 4 −** Haue RDirektorin

Ref I C 4: **EG-Angelegenheiten − soweit nicht IV B 6 −** Möller-Döring MinR
Ref I C 5: **Bibliotheks- und Informationsangelegenheiten, Bibliothekarische Zentraleinrichtungen, Landesspracheninstitute** Dr Jammers MinR
Ref I C 6: **Öffentlichkeitsarbeit und Wissenschaftsveranstaltungen** Stender MinR

Abt II Studentische Angelegenheiten, Angelegenheiten des Studiums, Prüfungswesen, Hochschulmedizin
Leiter: Dr Kaiser MinDirig

Gruppe II A Studentenförderung, Studentenwerke, Studienreform, Prüfungswesen, Zulassungswesen, Studenten- und Studentenschaftsrecht
Leiter: Kohlhase LtdMinR

Ref II A 1: **Grundsatzangelegenheiten der Studentenförderung und der Studentenwerke, Angelegenheiten der Entwicklungshilfe, Studentenaustausch, Angelegenheiten behinderter Studenten, Graduiertenförderung, Studentenwerke Bonn, Köln, Münster, Paderborn und Siegen, berufliche Ausbildung im Geschäftsbereich** Kohlhase LtdMinR
Ref II A 2: **Prüfungswesen und Studienordnungen** Löffler MinR
Ref II A 3: **Allgemeine Tarifangelegenheiten der Studentenwerke, Allgemeine Angelegenheiten der Bewirtschaftung von Studentenwohnheimen, Studentenwerke Aachen, Bielefeld, Bochum, Dortmund, Düsseldorf, Duisburg, Essen und Wuppertal** Zieris MinR
Ref II A 4: **Ausbildungsförderung, Hochschulzugang, Studenten- und Studentenschaftsrecht, Modellversuche im Hochschulbereich** Dr Liebehentze MinR
Ref II A 5: **Zulassungswesen, Angelegenheiten der Zentralstelle für die Vergabe von Studienplätzen, Angelegenheiten der ausländischen Studenten − soweit nicht II A 1 −** Dr Risse MinR

Gruppe II B Hochschulmedizin
Leiterin: Dipl-Kauffrau Hermann RAngestellte

Ref II B 1: **Planung und Entwicklung der Hochschulmedizin, Hochschulkapazitäten (Medizin und Zahnmedizin), ärztliches Gebührenrecht, Tierschutz, referats- und gruppenübergreifende Angelegenheiten der medizinischen Fachbereiche und medizinischen Einrichtungen** Dipl-Kauffrau Hermann RAngestellte
Ref II B 2: **Wirtschaftsführung und Wirtschaftlichkeit der Medizinischen Einrichtungen, Verwaltungsorganisation in den Medizinischen Einrichtungen, Personalbedarf** Witt MinR
Ref II B 3: **Angelegenheiten der ärztlichen Ausbildung, Akademische Lehrkrankenhäuser, medizinfachliche Angelegenheiten** Dr Mondry MinR
Ref II B 4: **Medizinische Fachbereiche und Medizinische Einrichtungen der Universitäten Bonn, Köln und der Technischen Hochschule Aachen** Fuchs MinRätin

Ref II B 5: Medizinische Fachbereiche und Medizinische Einrichtungen der Universitäten Bochum, Düsseldorf, Münster und der Universität –Gesamthochschule– Essen Dr Banner MinR

Abt III Hochschulen
Leiter: Prof Dr Hochmuth MinDirig

Gruppe III A Technische Hochschule Aachen, Universitäten Bochum, Dortmund Düsseldorf, Köln, Universität –Gesamthochschule– Wuppertal, Fernuniversität –Gesamthochschule– in Hagen, Fachhochschulen Aachen, Bochum, Gelsenkirchen, Köln, Märkische Fachhochschule in Iserlohn, Fachhochschule für Bibliotheks- und Dokumentationswesen in Köln, Deutsche Sporthochschule Köln, Musik- und Kunsthochschulen, Kirchliche Hochschulen, Kulturwissenschaftliches Institut
Leiter: Dr Möhler MinR

Ref III A 1: Referats- und gruppenübergreifende Angelegenheiten der Wissenschaftlichen Hochschulen, Universität Bochum Dr Möhler MinR
Ref III A 2: Technische Hochschule Aachen, Fachhochschule Aachen Silberbach MinR
Ref III A 3: Hochschule für Musik Detmold, Robert-Schumann-Hochschule Düsseldorf, Folkwang-Hochschule Essen, Hochschule für Musik Köln, Kirchliche Hochschulen Sonderkamp MinRätin
Ref III A 4: Universität Köln, Kunsthochschule für Medien Köln, Fachhochschule für Bibliotheks- und Dokumentationswesen in Köln Dr Salzmann MinR
Ref III A 5: Universität Düsseldorf, Fachhochschule Bochum, Deutsche Sporthochschule Köln, übergreifende Angelegenheit der Institute für Sportwissenschaft, Hochschulsport Wagner MinR
Ref III A 6: Kunstakademie Düsseldorf, Kunstakademie Münster, Kulturwissenschaftliches Institut, Fachhochschule Köln Dr Hammerstein MinR
Ref III A 7: Fernuniversität –Gesamthochschule– in Hagen, Märkische Fachhochschule in Iserlohn, Fernstudium, Universität –Gesamthochschule– Wuppertal Reith MinR

Gruppe III B Universitäten Bielefeld, Bonn, Dortmund und Münster, Universitäten -Gesamthochschulen- Duisburg, Essen, Paderborn und Siegen, Fachhochschulen Bielefeld, Düsseldorf, Dortmund, Lippe in Lemgo, Münster, Niederrhein in Krefeld, staatlich anerkannte Fachhochschulen, Private Hochschule Witten-Herdecke
Leiter: Dipl-Ing Kraus LtdMinR

Ref III B 1: Referats- und gruppenübergreifende Angelegenheiten der Fach-, Kunst- und Musikhochschulen, Fachhochschulen Düsseldorf und Münster, Graduiertenkollegs Dipl-Ing Kraus LtdMinR
Ref III B 2: Universität Bielefeld, Fachhochschule Bielefeld, Oberstufenkolleg Bielefeld, Fachhochschule Lippe in Lemgo Gollos MinR
Ref III B 3: Universität –Gesamthochschulen– Paderborn und Siegen Immenkötter MinRätin
Ref III B 4: Universität Bonn, Fachhochschule Niederrhein in Krefeld Dr Fonk MinR

Ref III B 5: Universität Münster, staatlich anerkannte Fachhochschulen, Private Hochschule Witten-Herdecke Schirmeister MinR
Ref III B 6: Universitäten –Gesamthochschulen– Duisburg und Essen Kohrs MinR
Ref III B 7: Universität Dortmund, Sozialakademie Dortmund, Aus- und Fortbildung von Journalisten, Fachhochschule Dortmund Schaps MinR

Abt IV Forschungsförderung, Forschungstransfer, Datenverarbeitung
Leiter: Fiege MinDirig

Gruppe IV A Forschungsförderung, Datenverarbeitung
Leiter: Dr Speier LtdMinR

Ref IV A 1: Querschnittsfragen der Forschungsförderung –soweit nicht IV B 1– , Mitwirkung bei der Hochschulplanung, internationale Forschungsprojekte, Produktionstechnik und Weltraumforschung, Bennigsen-Foerder-Preis Dr Speier LtdMinR
Ref IV A 2: Geistes- und Wirtschaftswissenschaften, künstlerische Entwicklungsvorhaben, Forschungsfonds Dr Joel MinR
Ref IV A 3: Informationstechnik, Mikroelektronik, Datenverarbeitung Dr Wigge MinR
Ref IV A 4: Energie, Klima, Ökologie Dr Wicher MinR
Ref IV A 5: Natur- und Ingenieurwissenschaften –soweit nicht in anderen Referaten– , Rechtsfragen der Forschungsförderung, Betreuung der Forschungskommission Dr Rebhan MinR
Ref IV A 6: Bio- und Gentechnik, Medizin, Materialforschung Dipl-Math Thomas RAng
Ref IV A 7: Gesellschaftswissenschaften, wissenschaftliche Stiftungen, Deutsche Forschungsgemeinschaft, Ressortkoordinierung der Technologiefolgenabschätzung Dr Jenkner MinR

Gruppe IV B Institutionelle Forschungsförderung, Forschungsdokumentation und -statistik, Forschungstransfer, Regionale Strukturförderung, EU-Forschungsangelegenheiten
Leiter: Seelmann LtdMinR

Ref IV B 1: Allgemeine Angelegenheiten der institutionellen Forschungsförderung, Ausschuß Forschungsförderung der Bund-Länder-Kommission, Wissenschaftsrat, Kultusministerkonferenz, MPG und FhG, Forschungstransfer Seelmann LtdMinR
Ref IV B 2: Von Bund und Ländern gemeinsam geförderte wissenschaftliche Einrichtungen Lemmer MinR
Ref IV B 3: Großforschungseinrichtungen (Kernforschungsanlage Jülich, Gesellschaft für Mathematik und Datenverarbeitung, Deutsche Gesellschaft für Luft- und Raumfahrt), Arbeitsgemeinschaft Großforschungseinrichtungen Dr Zebhan MinR
Ref IV B 4: Förderung von Forschungseinrichtungen außerhalb der Rahmenvereinbarung Forschungsförderung, Sozialforschungsstelle NN
Ref IV B 5: Forschungsberichte, Forschungsdokumentation und -statistik, Interministerielle Arbeits-

gruppe für Forschungskoordinierung, Umweltschutzforschung Dr Körnig-Reis MinRätin
Ref IV B 6: **EU-Forschungsangelegenheiten** – soweit nicht IV A – Fritzen MinR

Zum Geschäftsbereich des Ministeriums für Wissenschaft und Forschung gehören:

1 Zoologisches Forschungsinstitut und Museum Alexander Koenig

53113 Bonn, Adenauerallee 160; F (02 28) 91 22-0
Telefax (02 28) 21 69 79

Staatsrechtliche Grundlage und Aufgabenkreis:
Privatgründung von Geheimrat Prof Dr Alexander Koenig, 1929 Übereignung an das Deutsche Reich, 1945 dem Land Nordrhein-Westfalen als Einrichtung nach § 14 Landesorganisationsgesetz (LOG) unterstellt. Wissenschaftliche Forschung und Öffentlichkeitsarbeit (Zoologische Schausammlung).

Direktor: Prof Dr Clas M Naumann
Stellvertreter: Dr W Böhme

Abteilung Wirbeltiere
Sektion Theriologie Dr Hutterer OKustos
Sektion Ornithologie Dr Rheinwald OKustos
Sektion Herpetologie Dr Böhme HptKustos
Sektion Ichthyologie Dr Busse WissAng

Abteilung Entomologie
Sektion Coleopterologie Dr Schmitt WissAng
Sektion Lepidopterologie Dr Stüning Kustos
Sektion Dipterologie Dr Ulrich OKustos
Sektion Hymenopterologie/Parasitoide Insekten Dr Lampe Kustos
Sektion Niedere Arthropoden Dr Krapp OKustos

Abteilung Öffentlichkeitsarbeit Dr Hasenkamp

2 Zentralstelle für die Vergabe von Studienplätzen

44128 Dortmund, Sonnenstr 171; F (02 31) 10 81-0; Telefax (02 31) 10 81-2 27

Staatsrechtliche Grundlage und Aufgabenkreis:
Aufgrund des Staatsvertrages der Länder über die Vergabe von Studienplätzen vom 20. Oktober 1972 – abgelöst durch Staatsverträge der Länder vom 23. Juni 1978, 14. Juni 1985 und 12. März 1992 – wurde die Zentralstelle für die Vergabe von Studienplätzen (ZVS) am 1. Mai 1973 in Dortmund als rechtsfähige Anstalt des öffentlichen Rechts und zugleich als Einrichtung des Landes im Sinne von § 14 Landesorganisationsgesetz (LOG) errichtet. Das Land Nordrhein-Westfalen ist nach Artikel 17 Abs 2 Satz 1 Staatsvertrag als Sitzland verpflichtet, die Zentralstelle nach den Beschlüssen der Kultusminister und der Finanzminister der Länder in seinen Haushaltsplan aufzunehmen.
Der ZVS wurden durch Staatsvertrag folgende Aufgabenbereiche zugewiesen:

Die ZVS vergibt Studienplätze für das erste Fachsemester an staatlichen Hochschulen in Verteilungsverfahren oder Auswahlverfahren.
Im Verteilungsverfahren erhält jeder Bewerber aufgrund einer Studienplatzgarantie der Länder einen Studienplatz; allerdings nicht immer am Ort seiner Wahl.
Im allgemeinen Auswahlverfahren werden die Studienplätze überwiegend nach den Kriterien Abiturnote und Wartezeit vergeben.
Im besonderen Auswahlverfahren für die medizinischen Studiengänge werden die künftigen Studenten in einem kombinierten Verfahren ausgewählt, in dem neben der Abiturnote das Ergebnis eines Tests (Feststellungsverfahren), die Wartezeit (gemessen in der Zahl der Bewerbungen) und das Ergebnis eines Auswahlgesprächs durch die Hochschulen eine Rolle spielen.
Die ZVS führt das Feststellungsverfahren durch mit Ausnahme der Entwicklung des Tests sowie der Organisation der Testabnahme an den Testorten.
Die ZVS sorgt für einheitliche Maßstäbe zur Festsetzung von Zulassungszahlen.
Darüber hinaus kann die Zentralstelle im Auftrag einzelner oder mehrerer Länder für weitere Studiengänge an den Hochschulen dieser Länder die Studienplätze in Verteilungs- oder Auswahlverfahren vergeben.

Direktor der Zentralstelle für die Vergabe von Studienplätzen: Henning Berlin

Abt 1 Verwaltung, Grundsatzangelegenheiten, Justitiariat
Leiter: Paul Bröker LtdRDir

Abt 2 Vergabeverfahren
Leiter: Gerold Schmidt LtdRDir

3 Landesspracheninstitut

des Landes Nordrhein-Westfalen
44801 Bochum, Stiepeler Str 129; F (02 34) 7 00-75 78; Telefax (02 34) 70 94-1 19 und
44787 Bochum, Humboldtstr 59-63; F (02 34) 6 08 38 und 6 08 39; Telefax (02 34) 68 26 46

Aufgabenkreis:
Das Landesspracheninstitut hat die Aufgabe, praktische Kenntnisse der arabischen, chinesischen, japanischen und russischen Sprache auf wissenschaftlicher Grundlage zu vermitteln. Dazu führt es Sprachkurse durch, nutzt vorhandene und erarbeitete eigene Lehrmaterialien. Es gibt eine Schriftenreihe heraus.
Im Rahmen der Sprachkurse werden Informationen zur Kultur, Politik, Wirtschaft, Geschichte und Geographie vermittelt.
Zur Erfüllung der vorgenannten Aufgaben unterhält das Landesspracheninstitut Beziehungen auf wissenschaftlichem und kulturellem Gebiet zu in- und ausländischen Einrichtungen.

4 Wissenschaftliche Hochschulen

Staatsrechtliche Grundlage und Aufgabenkreis:
Gesetz über die wissenschaftlichen Hochschulen des Landes Nordrhein-Westfalen (WissHG) vom 20. November 1979 (GV NW 1979 Seite 92), zuletzt geändert durch Gesetz vom 3. April 1992 (GV NW Seite 124).

Die wissenschaftlichen Hochschulen des Landes Nordrhein-Westfalen sind die Technische Hochschule Aachen, die Universität Bielefeld, die Universität Bochum, die Universität Bonn, die Universität Dortmund, die Universität Düsseldorf, die Universität – Gesamthochschule – Duisburg, die Universität – Gesamthochschule – Essen, die Fernuniversität – Gesamthochschule – in Hagen, die Universität Köln, die Deutsche Sporthochschule Köln, die Universität Münster, die Universität – Gesamthochschule – Paderborn, die Universität – Gesamthochschule – Siegen und die Universität – Gesamthochschule – Wuppertal.

Die wissenschaftlichen Hochschulen sind Körperschaften des öffentlichen Rechts und zugleich Einrichtungen des Landes im Sinne von § 14 Landesorganisationsgesetz (LOG).

Die Hochschulen dienen insbesondere der Pflege und Entwicklung der Wissenschaften durch Forschung, Lehre und Studium. Sie bereiten auf berufliche Tätigkeiten vor, die die Anwendung wissenschaftlicher Erkenntnisse und wissenschaftlicher Methoden erfordern. Sie fördern den wissenschaftlichen Nachwuchs.

4.1 Rheinische Friedrich-Wilhelms-Universität Bonn

53113 Bonn, Am Hof 1, An der Schloßkirche, Regina-Pacis-Weg 1, 3, 5, 7; F (02 28) 73-1; Telex 88 66 57; Telefax (02 28) 73 55 79

Rector Magnificus der Rheinischen Friedrich-Wilhelms-Universität Bonn: Prof Dr Max Huber, App 72 62
Prorektoren: Prof Dr Eckart Ehlers (Planung und Finanzen); Prof Dr Ludger Honnefelder (Lehre und Studium); Prof Dr Hanns Martin Seitz (Forschung und wissenschaftlicher Nachwuchs)
Kanzler: Dr Reinhardt Lutz

Dekanate

Katholisch-Theologische Fakultät
Hauptgebäude, App 73 44 und 73 43
Dekan: Prof Dr Josef Wohlmuth

Evangelisch-Theologische Fakultät
Hauptgebäude, App 73 45 und 73 66
Dekan: Prof Dr Karl-Heinz zur Mühlen

Rechts- und Staatswissenschaftliche Fakultät
Adenauerallee 24-42, App 91 01
Dekan: Prof Dr Günther Jakobs

Medizinische Fakultät
Hauptgebäude, App 72 98 und 72 46
Dekan: Prof Dr Ulrich Pfeifer

Philosophische Fakultät
Hauptgebäude, App 72 95 und 72 68
Dekan: Prof Dr Christian Schmitt

Mathematisch-Naturwissenschaftliche Fakultät
Wegelerstr 10, App 22 45
Dekan: Prof Dr Konrad Sandhoff

Landwirtschaftliche Fakultät
Meckenheimer Allee 174, App 28 66
Dekanin: Professorin Dr Heide Schnabl

Pädagogische Fakultät
Römerstr 164; F 55 02 14
Dekan: Prof Dr Gerhard Steindorf

Wissenschaftliche Einrichtungen

Evangelisch-Theologische Fakultät

Evangelisch-Theologisches Seminar
Ökumenisches Institut
Institut für Hermeneutik
Evangelisch-Theologisches Stift

Katholisch-Theologische Fakultät

Allgemeine Verwaltung der Katholisch-Theologischen Fakultät
Alttestamentliches Seminar
Neutestamentliches Seminar
Seminar für Dogmatik und Theologische Propädeutik
Fundamentaltheologisches Seminar
Dogmatisches Seminar
Moraltheologisches Seminar
Seminar für Religionspädagogik und Homiletik
Seminar für Pastoraltheologie
Kirchenrechtliches Seminar
Seminar für Christliche Gesellschaftslehre und Pastoralsoziologie
Seminar für Liturgiewissenschaft
Institut für Kirchengeschichte
– Abteilung für Alte Kirchengeschichte und Patrologie
– Abteilung für Mittlere und Neuere Kirchengeschichte
Graduierten Kolleg „Interkulturelle religiöse bzw religionsgeschichtliche Studien"

Rechts- und Staatswissenschaftliche Fakultät

Juristisches Seminar
Rechtsphilosophisches Seminar
Institut für Römisches Recht
Institut für deutsche und rheinische Rechtsgeschichte
Kirchenrechtliches Institut
Institut für Handels- und Wirtschaftsrecht
Institut für Arbeitsrecht und Recht der Sozialen Sicherheit

Institut für Steuerrecht
Kriminologisches Seminar
Institut für Strafrecht
Institut für Öffentliches Recht
Institut für Völkerrecht
Institut für Internationales Privatrecht und Rechtsvergleichung
Institut für Zivilprozeßrecht
Zentrum für Europäisches Wirtschaftsrecht
Forschungsstelle für Juristische Informatik und Automation
Graduiertenkolleg Deutsches, Europäisches und Internationales Wirtschaftsrecht
Staatswissenschaftliches Seminar
Institut für Gesellschafts- und Wirtschaftswissenschaften
Institut für Internationale Wirtschaftspolitik
Institut für Ökonometrie und Operations Research
Sonderforschungsbereich „Information und die Koordination wirtschaftlicher Aktivitäten"
Graduiertenkolleg „Interaktive Ökonomische Entscheidung"
Sonderforschungsbereich „Information und die Koordination wirtschaftlicher Aktivitäten"

Medizinische Fakultät

Anatomisches Institut
Physiologisches Institut
Institut für Physiologische Chemie
Medizinhistorisches Institut
Institut für Medizinische Statistik, Dokumentation und Datenverarbeitung
Abteilung für Sportmedizin
Institut für Pharmakologie und Toxikologie
Institut für Experimentelle Hämatologie und Transfusionsmedizin
Institut für Rechtsmedizin
Institut für Humangenetik
Institut für Klinische Biochemie
Institut für Medizinische Parasitologie
Abteilung für Klinische Pharmakologie
Zentrum für Pathologie
Pathologisches Institut
Institut für Kinderpathologie
Institut für Neuropathologie
Zentrum für Hygiene und Medizinische Mikrobiologie
Hygiene-Institut
Institut für Medizinische Mikrobiologie und Immunologie

Klinische Anstalten
Zentrum für Augenheilkunde
Augenklinik und Poliklinik
Abteilung für experimentelle Opthalmologie (Biochemie des Auges)
Zentrum für Chirurgie, Herz- und Gefäßchirurgie, Urologie und Orthopädie
Chirurgische Klinik und Poliklinik
Klinik für Unfallchirurgie
Klinik für Herz- und Gefäßchirurgie
Urologische Klinik

Orthopädische Klinik
Zentrum für Geburtshilfe und Frauenheilkunde
Klinik und Poliklinik für Geburtshilfe und Frauenheilkunde
Abteilung für Synäkologische Endokrinologie
Abteilung für Pränatale Diagnostik und Therapie
Zentrum für Kinderheilkunde
Kinderklinik und Poliklinik (Allgemeine Pädiatrie)
Abteilung für Neonatologie
Abteilung für Kinderkardiologie
Abteilung für pädiatrische Hämatologie und Onkologie
Zentrum für Innere Medizin
Medizinische Klinik – Allgemeine Innere Medizin
Medizinische Klinik – Innere Medizin – Kardiologie
Klinik für Psychosomatische Medizin und Psychotherapie
Zentrum für Nervenheilkunde
Psychiatrische Klinik
Abteilung für Medizinische Psychologie
Neurologische Klinik
Epileptologische Klinik
Neurochirurgische Klinik
Medizinische Poliklinik
Klinik und Poliklinik der Haut- und Geschlechtskrankheiten
Klinik und Poliklinik für Hals-, Nasen- und Ohrenkranke
Klinik für Anästhesiologie und spezielle Intensivmedizin
Radiologische Klinik
Klinik für Nuklearmedizin
Zentrum für Zahn-, Mund- und Kieferheilkunde
Poliklinik für Zahnerhaltung und Paradontologie
Poliklinik für Kieferorthopädie
Poliklinik für Zahnärztliche Prothetik I
Abteilung für Zahnärztliche Prothetik II
Poliklinische Abteilung für Chirurgische Zahn-, Mund- und Kieferheilkunde
Klinik für Mund-, Kiefer- und Gesichtschirurgie
Arbeitsgruppe für Allgemeinmedizin

Philosophische Fakultät

Philosophisches Seminar
Seminar für Logik und Grundlagenforschung
Institut für Erziehungswissenschaft
Psychologisches Institut
Sprachwissenschaftliches Institut
Institut für Kommunikationsforschung und Phonetik
Sprachlernzentrum
Philologisches Seminar
Mittellateinisches Seminar
Germanistisches Seminar
Romanisches Seminar
Englisches Seminar
Slavistisches Seminar
Indologisches Seminar
Orientalisches Seminar
Seminar für Sprach- und Kulturwissenschaft Zentralasiens

Sinologisches Seminar
Japanologisches Seminar
Ägyptologisches Seminar
Religionswissenschaftliches Seminar
Institut für Vor- und Frühgeschichte
Seminar für Alte Geschichte
Historisches Seminar
Institut für geschichtliche Landeskunde der Rheinlande
Seminar für Osteuropäische Geschichte
Serminar für Politische Wissenschaft
Seminar für Soziologie
Musikwissenschaftliches Seminar
Archäologisches Institut und Akademisches Kunstmuseum
Kunsthistorisches Institut
Seminar für Orientalische Kunstgeschichte
Seminar für Völkerkunde (Alt-Amerikanistik und Ethnologie)
Volkskundliches Seminar
Geographische Institute
- Geographisches Institut
- Institut für Wirtschaftsgeographie
- Seminar für Historische Geographie
Graduiertenkolleg „Die Renaissance in Italien und ihre Rezeption: Kunst – Geschichte – Literatur"

Mathematisch-Naturwissenschaftliche Fakultät

Mathematisches Institut
Institut für Angewandte Mathematik
Institut für Informatik
Institut für Astrophysik und Extraterrestrische Forschung
Radioastronomisches Institut
Sternwarte
Physikalisches Institut
- Theoretische Physik
- Experimentelle Physik
Institut für Angewandte Physik
Institut für Strahlen- und Kernphysik
Institut für Theoretische Kernphysik
Chemische Institute
- Institut für Organische Chemie und Biochemie
- Institut für Anorganische Chemie
- Institut für Physikalische, Theoretische und Nuklearchemie
Pharmazeutisches Institut
Institut für Pharmazeutische Biologie
Mineralogisch-Petrologisches Institut und Museum
Geologisches Institut
Institut für Paläontologie
Geographische Institute
- Geographisches Institut
- Institut für Wirtschaftsgeographie
Meteorologisches Institut
Botanisches Institut und Botanischer Garten
Institut für Angewandte Zoologie
Institut für Zellbiologie
Zoologisches und Vergleichend-Anatomisches Institut
Institut für Zoophysiologie
Institut für Genetik

Institut für Mikrobiologie und Biotechnologie
Arbeitsgemeinschaft Festkörperanalytik
Sonderforschungsbereich „Wechselwirkungen kontinentaler Stoffsysteme und ihre Modellierung"
Sonderforschungsbereich „Wechselwirkungen in Molekülen"
Sonderforschungsbereich „Glykokonjugate und Kontaktstrukturen der Zelloberfläche
Sonderforschungsbereich "Nichtlineare partielle Differenzialgleichungen"
Graduiertenkolleg „Spektroskopie isolierter und kondensierter Moleküle"
Graduiertenkolleg „Funktionelle Proteindomänen"
Graduiertenkolleg „Das Magellansche System, seine Struktur und seine Wechselwirkung mit der Galaxis"
Graduiertenkolleg „Algebraische, analytische und geometrische Methoden und ihre Wechselwirkung in der modernen Mathematik"

Landwirtschaftliche Fakultät

Institut für Agrarpolitik, Marktforschung und Wirtschaftssoziologie
Agrikulturchemisches Institut
Institut für Anatomie und Physiologie und Hygiene der Haustiere
Institut für Bodenkunde
Institut für Ernährungswissenschaft
Geodätisches Institut
Institut für Kartographie und Topographie
Institut für Landtechnik
Institut für Landwirtschaftliche Betriebslehre
Institut für Landwirtschaftliche Botanik
Institut für Landwirtschaftliche Zoologie und Bienenkunde
Lehrstuhl für Lebensmittelwissenschaft und Lebensmittelchemie
Mathematisches Seminar
Institut für Obstbau und Gemüsebau
Institut für Pflanzenbau
Institut für Organischen Landbau
Institut für Pflanzenkrankheiten
Institut für Photogrammetrie
Institut für Städtebau, Bodenordnung und Kulturtechnik
Institut für Theoretische Geodäsie
Institut für Tierernährung
Institut für Tierzuchtwissenschaft
Institut für Lebensmitteltechnologie
Lehr- und Forschungsschwerpunkt „Umweltverträgliche und standortgerechte Landwirtschaft"

Pädagogische Fakultät

Seminar für Allgemeine Pädagogik
Seminar für Schulpädagogik
Seminar für Philosophie
Seminar für Psychologie
Seminar für Soziologie
Seminar für Deutsche Sprache und Literatur und ihre Didaktik
Seminar für Geschichte und ihre Didaktik und Politische Bildung

Seminar für Sportwissenschaft und Sport
Audiovisuelles Medienzentrum
Zentrum für schulpraktische Studien

Dem Senat unterstellte Forschungs- und Lehrstätten:
Franz Josef Dölger-Institut zur Erforschung der Spätantike
Altkatholisches Seminar
Seminar für orientalische Sprachen
Institut für Diskrete Mathematik

Der Universität angegliederte Institute und verbundene wissenschaftliche Einrichtungen:
Institut für das Recht der Wasserwirtschaft
Französisches Institut
Institut für Spar-, Giro- und Kreditwesen
Institut für Europäische Integrationsforschung
Institut für Wissenschaft und Ethik
Max-Planck-Institut für Radioastronomie
Max-Planck-Institut für Mathematik

4.2 Westfälische Wilhelms-Universität Münster

48149 Münster, Schloßplatz 2; F (02 51) 83-1; Telex 89 25 29 UNI MS d; Telefax (02 51) 83-48 31 (Universitäts-Verwaltung), 83-20 90 (Gesamtuniversität), 83-69 60 (Medizinische Einrichtungen–Verwaltung)

Rektorin der Westfälischen Wilhelms-Universität Münster: Prof Dr Maria Wasna, App 22 11
Prorektor für Forschung und wissenschaftlichen Nachwuchs: Prof Dr Werner Böcker, App 22 01
Prorektor für Lehre und studentische Angelegenheiten: Prof Dr Peter Funke, App 22 31
Prorektor für Struktur, Planung und Bauangelegenheiten: Prof Dr Walter Krebs, App 22 14
Prorektor für Finanzangelegenheiten und Personalangelegenheiten: Prof Dr Rainer Mattes, App 22 04
Kanzler: Dr Klaus Triebold, App 21 11

Dekanate der Fachbereiche und Fakultäten

Fachbereich 1 – Evangelisch-Theologische Fakultät
Universitätsstr 13-17; F 83 25 10 und 83 25 11
Dekan: Prof Dr Karl-Friedrich Pohlmann

Fachbereich 2 – Katholisch-Theologische Fakultät
Johannisstr 8-10; F 83 26 10 und 83 26 11
Dekan: Prof Dr Miguel Ma Garijo Guembe

Fachbereich 3 – Rechtswissenschaftliche Fakultät
Universitätsstr 14-16; F 83 27 10 und 83 27 11
Dekan: Prof Dr Dieter Birk

Fachbereich 4 – Wirtschaftswissenschaftliche Fakultät
Universitätsstr 14-16; F 83 29 10 und 83 29 11
Dekan: Prof Dr Hans-Jürgen Ewers

Fachbereich 5 – Medizinische Fakultät
Domagkstr 3; F 83-1, App 50 03/50 06/50 10
Dekan: Professorin Dr Ute Witting

Philosophische Fakultät
Prinzipalmarkt 38; F 83 41 01 und 83 41 02
Dekan: Prof Dr Hans Jürgen Teuteberg

Fachbereich 6 – Sozialwissenschaften
Scharnhorststr 1 00; F 83 93 31 und 83 93 36
Dekan: Prof Dr Reinhard Meyers

Fachbereich 7 – Philosophie
Spiekerhof 39; F 83 44 58
Dekan: Prof Dr Clemens-Peter Herbermann

Fachbereich 8 – Psychologie
Fliednerstr 21; F 83 41 38
Dekan: Prof Dr Hanko Bommert

Fachbereich 9 – Erziehungswissenschaft
Georgskommende 25; F 83 40 10 und 83 40 11
Dekan: Prof Dr Hansjörg Scheerer

Fachbereich 10 – Geschichte
Spiekerhof 40-43; F 83 40 12 und 83 40 13
Dekan: Prof Dr Elmar Schwerthelm

Fachbereich 11 – Germanistik
Johannisstr 1-4; F 83 44 07 und 83 44 08
Dekan: Prof Dr Jochen Splett

Fachbereich 12 – Anglistik
Johannisstr 12-20; F 83 45 00
Dekan: Prof Dr Klaus Ostheeren

Fachbereich 13 – Romanistik und Slavistik
Bispinghof 3A; F 83 45 10
Dekan: Prof Dr Christoph Miething

Fachbereich 14 – Alte und Außereuropäische Sprachen und Kulturen
Schlaunstr 2; F 83 45 78 und 83 45 79
Dekan: Prof Dr Manfried Dietrich

Fachbereich 20 – Sportwissenschaft
Horstmarer Landweg 62 b; F 83 23 00 und 83 23 01
Dekan: Prof Dr Winfried Joch

Fachbereich 21 – Deutsche Sprache und Literatur, Künste und deren Didaktik
Scharnhorststr 1 00; F 83 92 58
Dekan: Prof Dr Maximilian Scherner

Mathematisch-Naturwissenschaftliche Fakultät
Wilhelm-Klemm-Str 10; F 83 30 10 und 83 30 11
Dekan: Prof Dr Holtmeier

Fachbereich 15 – Mathematik
Einsteinstr 62; F 83 30 15 und 83 30 16
Dekan: Prof Dr Ludwig Bröcker

Fachbereich 16 – Physik
Wilhelm-Klemm-Str 9; F 83 30 91 und 83 36 46
Dekan: Prof Dr Wulfhard Lange

Fachbereich 17 – Chemie
Hittorfstr 58-62; F 83 30 13 und 83 30 14
Dekan: Prof Dr Hans-Joachim Galla

Fachbereich 18 – Biologie
Hindenburgplatz 55; F 83 47 81 und 83 30 12
Dekan: Prof Dr Dietrich Ribbert

Fachbereich 19 – Geowissenschaften
Robert-Koch-Str 26; F 83 39 06 und 83 39 07
Dekan: Prof Dr Peter Weber

Wissenschaftliche Einrichtungen der Fachbereiche

Fachbereich 1 – Evangelisch-Theologische Fakultät

Seminar für Religions- und Missionswissenschaft
Alttestamentliches Seminar
Neutestamentliches Seminar
Seminar für alte Kirchengeschichte
Seminar für mittlere und neuere Kirchengeschichte
Seminar für neue Kirchen- und Theologiegeschichte
Seminar für Systematische Theologie
Seminar für Reformierte Theologie
Seminar für Praktische Theologie und Religionspädagogik
Institut für Christliche Gesellschaftswissenschaften
Institut für neutestamentliche Textforschung
Ostkirchen-Institut
Institut für Oekumenische Theologie
Institutum Judaicum Delitzschianum
Institut für Evangelische Theologie und ihre Didaktik i G

Dem Fachbereich angegliedert:
Institut für Westfälische Kirchengeschichte
Bucer-Forschungsstelle
Forschungsstelle für Sprache, Literatur und Religion des nordwestsemitischen Raumes
Psalmen-Arbeitsstelle
Arbeitsstelle Münster der Historischen Kommission zur Erforschung des Pietismus
Forschungsstelle Gregor von Nyssa
Patristische Arbeitsstelle

Fachbereich 2 – Katholisch-Theologische Fakultät

Seminar für Philosophische Grundfragen der Theologie
Seminar für allgemeine Religionswissenschaft
Seminar für Alte Kirchengeschichte
Seminar für Mittlere und Neuere Kirchengeschichte
Seminar für Dogmatik und Dogmengeschichte
Seminar für Zeit- und Religionsgeschichte des Alten Testaments
Seminar für Exegese des Alten Testamentes
Seminar für Exegese des Neuen Testamentes
Seminar für Fundamentaltheologie
Seminar für Dogmatik
Seminar für Moraltheologie
Institut für Kanonisches Recht
Seminar für Pastoraltheologie und Religionspädagogik
Seminar für Liturgiewissenschaft
Arbeits- und Forschungsstelle Feministische Theologie
Institut für Christliche Sozialwissenschaften

Institut für Missionswissenschaft
Katholisch-Oekumenisches Institut
Institut für Lehrerausbildung

Fachbereich 3 – Rechtswissenschaftliche Fakultät

Rechtswissenschaftliches Seminar
Institut für Arbeits-, Sozial-, und Wirtschaftsrecht
Institut für Internationales Wirtschaftsrecht
Institut für Deutsche Rechtsgeschichte
Institut für Kirchenrecht
Institut für Kriminalwissenschaften
Institut für Öffentliches Recht und Politik
Institut für Römisches Recht
Institut für Steuerrecht
Institut für Wirtschaftsverwaltungsrecht
Institut für Berg- und Energierecht
Kommunalwissenschaftliches Institut – Institut für Verwaltungsrecht und Verwaltungswissenschaften
–
Lehrstuhl für Öffentliches Recht, insbesondere für Öffentliches Baurecht, Planungs- und Umweltrecht
Lehrstuhl für Rechtssoziologie, Rechts- und Sozialphilosophie
Lehrstuhl für Rechtstheorie und Zivilrecht
Lehrstuhl für Öffentliches Recht einschließlich Völker- und Europarecht
Lehrstuhl für Öffentliches Recht

Dem Fachbereich angegliedert:
Forschungsstelle für Versicherungswesen

Der Universität angegliedert:
Zentralinstitut für Raumplanung an der Universität Münster
Freiherr-vom-Stein-Institut, Wissenschaftliche Forschungsstelle des Landkreistages Nordrhein-Westfalen an der Universität Münster

Fachbereich 4 – Wirtschaftswissenschaftliche Fakultät

Institut für Wirtschafts- und Sozialwissenschaften
Forschungsstelle für Allgemeine und Textile Marktwirtschaft
Betriebswirtschaftliches Institut für Anlagen und Systemtechnologien
Institut für Finanzwissenschaft
Institut für Genossenschaftswesen
Institut für Kreditwesen
Institut für Industrie- und Krankenhausbetriebslehre
Institut für industriewirtschaftliche Forschung
Institut für Marketing
Institut für Ökonometrie und Wirtschaftsstatistik
Institut für Revisionswesen
Institut für Siedlungs- und Wohnungswesen
Institut für Unternehmensrechnung und -besteuerung
Institut für Verkehrswissenschaft
Institut für Wirtschafts- und Sozialgeschichte
Institut für Wirtschaftsinformatik
Lehrstuhl für Soziologie
Lehrstuhl für Volkswirtschaftstheorie
Lehrstuhl für Allgemeine Betriebswirtschaftslehre

Lehrstuhl für Betriebswirtschaftslehre, insbesondere Organisationstheorie und Personalmanagement
Lehrstuhl für Betriebswirtschaftslehre, insbesondere Unternehmensforschung
Lehrstuhl für Volkswirtschaftslehre, insbesondere für Geld und Währung
Lehrstuhl für Betriebswirtschaftslehre, insbesondere Distribution und Handel
Lehrstuhl für Betriebswirtschaftslehre, insbesondere Finanzierung

Der Universität angegliedert:
Zentralinstitut für Raumplanung an der Universität Münster
Freiherr-vom-Stein-Institut, Wissenschaftliche Forschungsstelle des Landkreistages Nordrhein-Westfalen an der Universität Münster
Institut für Handelsmanagement

Fachbereich 5 – Medizinische Fakultät

Zentrum für Vorklinische Medizin mit folgenden Abteilungen:
Institut für Anatomie
Institut für Physiologie
Institut für Physiologische Chemie und Pathobiochemie

Zentrum für theoretische Medizin mit folgenden Abteilungen:
Institut für Medizinische Physik und Biophysik
Institut für Theorie und Geschichte der Medizin

Zentrum für Klinisch-Theoretische Medizin I mit folgenden Abteilungen:
Institut für Arbeitsmedizin
Institut für Humangenetik
Institut für Medizinische Mikrobiologie
Institut für Hygiene
Institut für Immunologie
Institut für Medizinische Informatik und Biomathematik
Institut für Sportmedizin
Institut für Epidemiologie und Sozialmedizin

Zentrum für Klinisch-Theoretische Medizin II mit folgenden Abteilungen:
Institut für Neuropathologie
Gerhard-Domagk-Institut für Pathologie
Institut für Pharmakologie und Toxikologie
Institut für Rechtsmedizin

Zentrum für Innere Medizin mit folgenden Abteilungen:
Medizinische Klinik und Poliklinik
Innere Medizin A (Hämatologie und Onkologie)
Medizinische Klinik und Poliklinik
Innere Medizin B (Gastroenterologie und Stoffwechselkrankheiten)
Medizinische Klinik und Poliklinik
Innere Medizin C (Kardiologie und Angiologie)
Medizinische Poliklinik
Innere Medizin D

Zentrum für Nervenheilkunde mit folgenden Abteilungen:
Klinik und Poliklinik für Neurologie
Klinik und Poliklinik für Psychiatrie
Klinik und Poliklinik für Kinder- und Jugendpsychiatrie
Institut für Experimentelle Epilepsieforschung
Institut für Medizinische Psychologie

Zentrum für Kinderheilkunde mit folgenden Abteilungen:
Klinik und Poliklinik für Kinderheilkunde – Allgemeine Kinderheilkunde –
Klinik und Poliklinik für Kinderheilkunde – Kinderkardiologie –
Klinik und Poliklinik für Kinderheilkunde – Pädiatrische Hämatologie/Onkologie

Zentrum für Dermatologie mit folgenden Abteilungen:
Klinik und Poliklinik für Hauterkrankungen – Allgemeine Dermatologie und Venerologie –
Institut für Experimentelle Dermatologie
Poliklinik für Allergologie und Gewebedermatologie

Zentrum für Anästhesiologie und Laboratoriumsmedizin mit folgenden Abteilungen:
Klinik und Poliklinik für Anaesthesiologie und Operative Intensivmedizin
Institut für Klinische Chemie und Laboratoriumsmedizin (Zentrallaboratorium)
Institut für Transfusionsmedizin

Zentrum für Strahlenmedizin mit folgenden Abteilungen:
Institut für Klinische Radiologie – Röntgendiagnostik –
Klinik und Poliklinik für Strahlentherapie – Radioonkologie –
Klinik und Poliklinik für Nuklearmedizin
Institut für Strahlenbiologie

Zentrum für Chirurgie mit folgenden Abteilungen:
Klinik und Poliklinik für Allgemeine Chirurgie
Klinik und Poliklinik für Unfall- und Handchirurgie
Klinik und Poliklinik für Thorax-, Herz- und Gefäßchirurgie
Klinik und Poliklinik für Kinder- und Neugeborenen-Chirurgie
Klinik und Poliklinik für Neurochirurgie
Klinik und Poliklinik für spezielle Mund-Kiefer-Gesichtschirurgie mit Institut für Experimentelle Zahnheilkunde
Klinik und Poliklinik für Urologie

Zentrum für Augenheilkunde und Hals-, Nasen- und Ohren-Heilkunde mit folgenden Abteilungen:
Klinik und Poliklinik für Augenheilkunde
Klinik und Poliklinik für Hals-, Nasen- und Ohrenheilkunde
Institut für Experimentelle Audiologie
Poliklinik für Phoniatrie und Pädaudiologie

Zentrum für Frauenheilkunde mit folgenden Abteilungen:
Klinik und Poliklinik für Geburtshilfe und Frauenheilkunde A
Klinik und Poliklinik für Geburtshilfe und Frauenheilkunde B
Institut für Reproduktionsmedizin
DFG Forschungsgruppe „ Regulation der männlichen reproduktiven Funktionen"

Zentrum für Orthopädie (Hüfferstiftung) mit folgenden Abteilungen:
Klinik und Poliklinik für Allgemeine Orthopädie
Klinik und Poliklinik für Technische Orthopädie und Rehabilitation
Institut für Experimentelle Biomechanik

Zentrum für Zahn-, Mund- und Kieferheilkunde mit folgenden Abteilungen:
Klinik und Poliklinik für Mund-, Kiefer- und Gesichtschirurgie
Poliklinik für Kieferorthopädie
Poliklinik für Parodontologie
Poliklinik für Zahnerhaltung A
Poliklinik für Zahnerhaltung B
Poliklinik für Zahnärztliche Prothetik A
Poliklinik für Zahnärztliche Prothetik B
Institut für Zahnärztliche Röntgenologie
Institut für Zahnärztliche Werkstoffkunde

Zentrum für Molekularbiologie der Entzündung
Abteilung für Molekulare Virologie
Abteilung für Infektologie
Abteilung für Experimentelle Pathologie

Gemeinsame Einrichtungen:

Abteilungen ohne Zuordnung zu einem Zentrum
Institut für Ausbildung und Studienangelegenheiten der Medizinischen Fakultät
Tumorzentrum Münsterland e V
Epidemiologisches Krebsregister für den Regierungsbezirk Münster
Zentrale Tierexperimentelle Einrichtung der Medizinischen Fakultät (ZTE)

Der Medizinischen Fakultät angegliedert:
Fachklinik Hornheide für Tumoren, Tuberkulose und Wiederherstellung an Gesicht und Haut
Institut für Arterioskleroseforschung an der Universität Münster
Nephrologisches Institut an der Universität Münster
Akademie für Manuelle Medizin an der Universität Münster
Erich-Schütz-Forschungsinstitut für Präventive Medizin und Physiotherapeutische Rehabilitation

Philosophische Fakultät

Fachbereich 6 – Sozialwissenschaften

Institut für Politikwissenschaft
Institut für Publizistik
Institut für Soziologie
Institut für Soziologie und Sozialpädagogik i G

Institut für Wirtschaftswissenschaften und ihre Didaktik i G
Professur für Frauenforschung

Fachbereich 7 – Philosophie

Philosophisches Seminar
Leibniz-Forschungsstelle
Institut für Allgemeine Sprachwissenschaft
Institut für Kunstgeschichte
Atelier für künstlerisches und wissenschaftliches Zeichnen und Modellieren
Musikwissenschaftliches Seminar
Volkskundliches Seminar

Fachbereich 8 – Psychologie

Psychologisches Institut I Psychologische Diagnostik und Klinische Psychologie
Psychologisches Institut II Allgemeine und Angewandte Psychologie
Psychologisches Institut III Methodenlehre, Entwicklungspsychologie, Pädagogische Psychologie
Psychologisches Institut IV Sozialpsychologie, Persönlichkeitspsychologie und Organisationspsychologie
Betriebseinheit Beratungsstelle
Betriebseinheit Bibliothek
Betriebseinheit Technische Dienste

Fachbereich 9 – Erziehungswissenschaft

Institut für Allgemeine und Historische Erziehungswissenschaft
Institut für Pädagogische Lernfeld- und Berufsfeldforschung/Sozialgeschichte der Pädagogik
Institut für Sozialpädagogik, Weiterbildung und Empirische Pädagogik
Institut für Theorie der Schule und der Bildungsorganisation
Institut für Schul- und Unterrichtsforschung

Fachbereich 10 – Geschichte

Seminar für Alte Geschichte
Institut für Epigraphik
Historisches Seminar
Institut für Didaktik der Geschichte
Seminar für Mittellateinische Philologie
Seminar für Byzantinistik
Glossar zur frühmittelalterlichen Geschichte im östlichen Europa
Institut für vergleichende Städtegeschichte an der Universität Münster (der Universität angegliedert)

Fachbereich 11 – Germanistik

Germanistisches Institut
Niederländisches Seminar
Nordisches Seminar

Fachbereich 12 – Anglistik

Englisches Seminar
Institut für englische Sprache und Literatur und ihre Didaktik i G
Institutum Erasmianum
Ehrenpreis Institut für Swift Studien an der Westfälischen Wilhelms-Universität Münster

Fachbereich 13 – Romanistik und Slavistik

Romanisches Seminar
Slavisch-Baltisches Seminar
Institut für Interdisziplinäre Baltische Studien

Fachbereich 14 – Alte und Außereuropäische Sprachen und Kulturen

Institut für Altertumskunde
Seminar für Ur- und Frühgeschichte
Archäologisches Seminar und Archäologisches Museum
Altorientalisches Seminar
Seminar für Ägyptologie und Koptologie
Seminar für Arabistik und Islamwissenschaft
Indologisches Seminar
Ostasiatisches Seminar
Seminar für Indogermanische Sprachwissenschaft
Seminar für Völkerkunde

Fachbereich 20 – Sportwissenschaft

Institut für Bewegungswissenschaften
Institut für Geistes- und Sozialwissenschaften des Sports
Institut für Sportkultur und Weiterbildung
Bereich Hochschulsport

Fachbereich 21 – Deutsche Sprache und Literatur, Künste und deren Didaktik

Institut für Deutsche Sprache und Literatur und ihre Didaktik
Institut für Musikpädagogik
Institut für Textilgestaltung und ihre Didaktik
Arbeitsbereich Linguistik

Mathematisch-Naturwissenschaftliche Fakultät

Fachbereich 15 – Mathematik

Mathematisches Institut
Heinrich-Behnke-Seminar für Didaktik der Mathematik
Institut für mathematische Logik und Grundlagenforschung
Institut für Mathematische Statistik
Institut für numerische und instrumentelle Mathematik
Institut für Didaktik der Mathematik i G

Fachbereich 16 – Physik

Astronomisches Institut
Physikalisches Institut
Institut für Angewandte Physik
Institut für Theoretische Physik I
Institut für Theoretische Physik II - Festkörperphysik -
Institut für Kernphysik
Institut für Geophysik
Institut für Metallforschung
Institut für Didaktik der Physik
Institut für Technik und ihre Didaktik

In Zusammenarbeit mit der Westfälischen Wilhelms-Universität Münster:
Institut für Spektrochemie und angewandte Spektroskopie

Fachbereich 17 – Chemie

Anorganisch-Chemisches Institut
Organisch-Chemisches Institut
Institut für Biochemie
Institut für Physikalische Chemie
Institut für Pharmazeutische Biologie und Phytochemie
Institut für Pharmazeutische Chemie
Institut für Pharmazeutische Technologie
Institut für Lebensmittelchemie
Institut für Didaktik der Chemie
Institut für Haushaltswissenschaft und Didaktik der Haushaltslehre
Institut für Mineralogie, Mineralogisches Museum (Kristalle und Gesteine)

Fachbereich 18 – Biologie

Institut für Botanik und Botanischer Garten
Institut für Angewandte Botanik
Institut für Biochemie und Biotechnologie der Pflanzen
Institut für Mikrobiologie
Insitut für Allgemeine Zoologie und Genetik
Institut für Spezielle Zoologie und Vergleichende Embryologie
Institut für Neuro- und Verhaltensbiologie
Institut für Zoophysiologie
Institut für Didaktik der Biologie

Fachbereich 19 – Geowissenschaften

Geologisch-Paläontologisches Institut und Museum
Institut für Geographie
Institut für Planetologie
Institut für Didaktik der Geographie
Institut für Agrarinformatik an der Universität Münster

Zentrale und sonstige wissenschaftliche Einrichtungen:

Zentrum für Niederlande-Studien
Zentrum für Angewandte Informatik
Zentrum für Sprachforschung und Sprachlehre i G
Zentrum für Umweltforschung
Lateinamerika-Zentrum
Institut für Angewandte Informatik an der Universität Münster
Institut für Forschung und Lehre für die Primarstufe
Institut für Frühmittelalterforschung
Sonderforschungsbereich 310, Intra- und interzelluläre Erkennungssysteme
Sonderforschungsbereich 231, Träger, Felder, Formen pragmatischer Schriftlichkeit im Mittelalter
Graduiertenkolleg „Schriftkultur und Gesellschaft im Mittelalter" (Interdisziplinäre Mediävistik)
Graduiertenkolleg „Algebraische Geometrie und Zahlentheorie"

Graduiertenkolleg „Kognitive und soziale Repräsentation von Problemen und Konflikten, ihre Genese, Prädikation und Bewältigung"
Graduiertenkolleg „Entstehung und Entwicklung des Sonnensystems"
Sonderforschungsbereich 216, Bielefeld/Münster, „Polarisation und Korrelation in Atomaren Stoßkomplexen"
Sonderforschungsbereich 223 Bielefeld/Münster, „Pathomechanismen zellulärer Wechselwirkungen"
Forschergruppe Ugarit-Forschung (UNIT)
Forschungsgruppe „Soziale Gerontologie"
Zentrallaboratorium für Geochronologie
Verbundzentrum für Oberflächen- und Mikrobereichsanalyse – VOM – der Universitäten Düsseldorf und Münster
DFG-Forschungsgruppe „Regulation der männlichen reproduktiven Funktionen"
DFG-Projekt „Lexikon der Farbenbedeutungen im Mittelalter"
DFG-Forschergruppe „Biomagnetismus und Biosignalanalyse"

4.3 Universität zu Köln

50931 Köln, Albertus-Magnus-Platz; F (02 21)
4 70-1, Medizinische Einrichtungen (Lindenburg)
(02 21) 4 78-0; Telex Universität 8 88 22 91,
Medizinische Einrichtungen 8 88 24 26; Telefax
Universität (02 21) 4 70 51 51, Klinik (02 21)
4 78-40 95

Rektor der Universität Köln: Prof Dr jur Ulrich
Matz, App 4 70/22 01
Erster Prorektor: Prof Dr Günter Kohlmann
Kanzler: Dr Johannes Neyses, App 22 36

Fakultäten

Wirtschafts- und Sozialwissenschaftliche Fakultät
Dekan: Prof Dr Voppel, App 22 19

Rechtswissenschaftliche Fakultät
Dekan: Prof Dr Baur, App 40 95

Medizinische Fakultät
Dekan: Prof Dr med Rüßmann, App 60 39

Philosophische Fakultät
Dekan: Prof Dr Voßkamp, App 22 12

Mathematisch-Naturwissenschaftliche Fakultät
Dekan: Prof Dr Schrader, App 23 42

Erziehungswissenschaftliche Fakultät
Dekan: Prof Dr Becher, App 46 06; Telefax 4 70 51 74

Heilpädagogische Fakultät
Dekan: Prof Dr Wisotzki, App 46 40

Institute und Seminare

Wirtschafts- und Sozialwissenschaftliche Fakultät

Wirtschaftsarchiv der Wirtschafts- und Sozialwissenschaftlichen Fakultät
Seminar für Finanzwissenschaft
Finanzwissenschaftliches Forschungsinstitut
Staatswissenschaftliches (Volkswirtschaftliches) Seminar
Wirtschaftspolitisches Seminar
Institut für Wirtschaftspolitik
Seminar für Allgemeine Betriebswirtschaftslehre, Handel und Distribution
Seminar für Allgemeine Betriebswirtschaftslehre und Bankbetriebslehre
Forschungsinstitut für Leasing
Seminar für Allgemeine Betriebswirtschaftslehre, Industriebetriebslehre und Produktionswirtschaft
Lehrstuhl für Allgemeine Betriebswirtschaftslehre und Betriebswirtschaftliche Finanzierungslehre
Seminar für Allgemeine Betriebswirtschaftslehre, Marktforschung und Marketing
Institut für Markt- und Distributionsforschung
Lehrstuhl für ABWL und Personalwirtschaft
Seminar für Allgemeine Betriebswirtschaftslehre und Organisationslehre
Betriebswirtschaftliches Institut für Organisation und Automation
Seminar für Allgemeine Betriebswirtschaftslehre, Betriebswirtschaftliche Planung und Logistik
Seminar für Allgemeine Betriebswirtschaftslehre und Betriebswirtschaftliche Steuerlehre
Lehrstuhl für Allgemeine Betriebswirtschaftslehre und Unternehmensrechnung
Seminar für Allgemeine Betriebswirtschaftslehre und für Wirtschaftsprüfung
Seminar für Allgemeine Betriebswirtschaftslehre, Beschaffungs- und Produktpolitik
Energiewirtschaftliches Institut
Seminar für Genossenschaftswesen
Seminar für Verkehrswissenschaft
Institut für Verkehrswissenschaft
Seminar für Versicherungslehre
Institut für Rundfunkökonomie
Seminar für Politische Wissenschaft
Forschungsinstitut für Politische Wissenschaft und Europäische Fragen
Seminar für Sozialpolitik
Forschungsinstitut für Sozialpolitik
Forschungsinstitut für Einkommenspolitik und Soziale Sicherung
Institut für Wirtschafts- und Sozialpsychologie
Seminar für Soziologie
Forschungsinstitut für Soziologie
Institut für Angewandte Sozialforschung
Institut für Berufs-, Wirtschafts- und Sozialpädagogik
Lehrstuhl für Wirtschafts- und Sozialpädagogik
Lehrstuhl für Wirtschafts- und Berufspädagogik
Forschungsinstitut für Berufsbildung im Handwerk
Lehrstuhl für Informatik
Lehrstuhl für Wirtschaftsinformatik
Wirtschafts- und Sozialgeographisches Institut
Seminar für Wirtschafts- und Sozialgeschichte

Forschungsinstitut für Sozial- und Wirtschaftsgeschichte
Seminar für Wirtschafts- und Sozialstatistik
Zentralarchiv für empirische Sozialforschung
Institut für Mittelstandsforschung

Rechtswissenschaftliche Fakultät

Rechtswissenschaftliches Seminar
Seminar für Deutsches Recht
Forschungsinstitut für Sozialrecht
Institut für Arbeits- und Wirtschaftsrecht
Kriminalwissenschaftliches Institut
Abt Ausländisches und Internationales Strafrecht
Kriminologische Forschungsstelle
Institut für Römisches Recht
Institut für das Recht der Europäischen Union
Institut für Neuere Privatrechtsgeschichte
Abt Bankrecht des Instituts für Bankwirtschaft und Bankrecht
Lehrstuhl für Bürgerliches Recht und Handelsrecht
Institut für Versicherungsrecht
Institut für Ostrecht
Institut für Energierecht
Institut für Völkerrecht und ausländisches öffentliches Recht
Institut für internationales und ausländisches Privatrecht
Institut für Kirchenrecht und rheinische Kirchenrechtsgeschichte
Institut für Steuerrecht
Seminar für Staatsphilosophie und Rechtspolitik
Institut für Luftrecht und Weltraumrecht und Lehrstuhl für Internationales Wirtschaftsrecht
Institut für Öffentliches Recht und Verwaltungslehre
Institut für Verfahrensrecht
Institut für Rundfunkrecht
Institut für Staatsrecht
Lehrstuhl für Bürgerliches Recht, Römisches Recht und Steuerrecht
Lehrstuhl für Bürgerliches Recht, Arbeits- und Handelsrecht
Lehrstuhl für öffentliches Recht
Forschungsstelle für Deutsches und Europäisches Wissenschaftsrecht
Institut für Anwaltsrecht

Medizinische Fakultät

Institut für Geschichte der Medizin
Zentrum Anatomie
Zentrum Physiologie und Pathophysiologie
Institut für Biochemie
Institut für Experimentelle Medizin
Institut für Immunbiologie
Institut für Klinische Chemie
Institut für Transfusionsmedizin
Institut für Rechtsmedizin
Institut für Medizinische Mikrobiologie und Hygiene
Institut für Virologie
Institut für Pharmakologie

Institut für Medizinische Dokumentation und Statistik
Institut für Pathologie
Klinik und Poliklinik für Kinderheilkunde
Klinik und Poliklinik für Kinder- und Jugendpsychiatrie
Klinik und Poliklinik für Augenheilkunde
Klinik für Neurochirurgie
Klinik und Poliklinik für Neurologie und Psychiatrie
Klinik und Poliklinik für Zahn-, Mund- und Kiefernheilkunde
Klinik I für Innere Medizin
Klinik II und Poliklinik für Innere Medizin
Klinik III für Innere Medizin
Klinik V für Innere Medizin
Institut und Poliklinik für Arbeitsmedizin, Sozialmedizin und Sozialhygiene
Institut für Psychosomatik und Psychotherapie
Klinik und Poliklinik für Chirurgie
Chirurgischer Lehrstuhl in Köln-Merheim
Klinik und Poliklinik für Herzchirurgie
Klinik und Poliklinik für Frauenheilkunde und Geburtshilfe
Institut und Poliklinik für Radiologische Diagnostik
Klinik und Poliklinik für Nuklearmedizin
Klinik für Strahlentherapie
Klinik für Hals-, Nasen- und Ohrenheilkunde
Klinik und Poliklinik für Dermatologie und Venerologie
Klinik und Poliklinik für Orthopädie
Klinik und Poliklinik für Urologie
Rehabilitationszentrum
Institut für Anästhesiologie und Operative Intensivmedizin

Philosophische Fakultät

Philosophisches Seminar
Pädagogisches Institut
Psychologisches Institut
Institut für Altertumskunde
Klassische Philologie
Alte Geschichte mit Forschungsstelle Byzantinistik
Mittellateinische Philologie
Institut für Deutsche Sprache und Literatur mit volkskundlicher Abteilung
Institut für Niederländische Philologie
Institut für Nordische Philologie
Institut für Indologie
Institut für Sprachwissenschaft
Institut für Phonetik
Sprachliche Informationsverarbeitung
Englisches Seminar
Romanisches Seminar
Portugiesisch-Brasilianisches Institut
Orientalisches Seminar
Martin-Buber-Institut für Judaistik
Seminar für Ägyptologie
Ostasiatisches Seminar
Slavisches Institut
Institut für Afrikanistik

Historisches Seminar
Abt Geschichte der Publizistik
Anglo-Amerikanische Abt
Abt für Iberische und Lateinamerikanische Geschichte
Seminar für Osteuropäische Geschichte
Institut für Ur- und Frühgeschichte
Archäologisches Institut
Kunsthistorisches Institut
Institut für Theater-, Film- und Fernsehwissenschaft
Musikwissenschaftliches Institut
Institut für Völkerkunde
Bibliothekswissenschaft
Seminar für Katholische Theologie
Thomas-Institut
Husserl-Archiv
Petrarca-Institut
Sprachlabor
Arbeitskreis Spanien-Portugal-Lateinamerika
Arbeitskreis Nationalismusforschung

Mathematisch-Naturwissenschaftliche Fakultät

Mathematisches Institut
Institut für Informatik
I. Physikalisches Institut
II. Physikalisches Institut
Institut für Kernphysik
Institut für Theoretische Physik
Institut für Geophysik und Meteorologie
Institut für Anorganische Chemie
Institut für Organische Chemie
Institut für Physikalische Chemie
Institut für Biochemie
Abt für Nuklearchemie
Mineralogisch-Petrographisches Institut
Institut für Kristallographie
Geologisches Institut
Geographisches Institut
Botanisches Institut
Zoologisches Institut
Institut für Entwicklungsphysiologie
Institut für Genetik

Gemeinsame Institute

Arbeits- und Forschungsgemeinschaft für Straßenverkehr und Verkehrssicherheit
Institut für Versicherungswissenschaft
Institut für Wohnungsrecht und Wohnungswirtschaft
Institut für Bankwirtschaft und Bankrecht

Erziehungswissenschaftliche Fakultät

Seminar für Pädagogik
Institut für Psychologie
Seminar für Geschichte und ihre Didaktik und für Philosophie
Seminar für Sozialwissenschaften
Seminar für Theologie und ihre Didaktik
Seminar für Deutsche und Englische Sprache und ihre Didaktik
Seminar für Geographie und ihre Didaktik

Seminar für Mathematik und ihre Didaktik
Institut für Naturwissenschaften und ihre Didaktik
Seminar für Bildende Kunst und ihre Didaktik
Seminar für Musik und ihre Didaktik

Heilpädagogische Fakultät

Seminar für Allgemeine Heilpädagogik, Sozialpädagogik, Soziologie und Patholinguistik der Behinderten
Seminar für Heilpädagogische Psychologie und Psychiatrie
Seminar für Lernbehinderten-, Geistigbehinderten- und Erziehungsschwierigenpädagogik
Seminar für Hör- und Sprachgeschädigtenpädagogik
Seminar für Sprachbehinderten- und Körperbehindertenpädagogik
Seminar für Musische Erziehung in der Heilpädagogik
Forschungsstelle für Neue Rehabilitationstechnologien

4.4 Rheinisch-Westfälische Technische Hochschule Aachen

52062 Aachen, Templergraben 55; F (02 41) 80-1; Telex 8 32 704 thac d; Telefax (02 41) 80-36 97

Rektor der Rheinisch-Westfälischen Technischen Hochschule Aachen: UniProf Dr rer nat Klaus Habetha, App 40 00, 40 01
Prorektoren: UniProf Dr rer pol Hartwig Steffenhagen; UniProf Dr-Ing Heinrich Rake; UniProf Dr-Ing Hellmuth Sting
Kanzler: Jürgen Keßler

Fakultäten

Mathematisch-Naturwissenschaftliche Fakultät
Dekan: UniProf Dr rer nat Klaus Indermark, App 45 00, 45 01

Fakultät für Architektur
Dekan: UniProf Gerhard Curdes, App 50 00

Fakultät für Bauingenieur- und Vermessungswesen
Dekan: UniProf Dr-Ing Jürgen Güldenpfennig, App 50 79

Fakultät für Maschinenwesen
Dekan: UniProf Egon Kraus, App 53 05

Fakultät für Bergbau, Hüttenwesen und Geowissenschaften
Dekan: UniProf Dr-Ing Rolf Dieter Stoll, App 56 65

Fakultät für Elektrotechnik
Dekan: UniProf Dr-Ing Peter Vary, App 75 70, 75 71

Philosophische Fakultät
Dekan: UniProf Dr theol Dr theol habil Johannes Floß, App 60 02

Fakultät für Wirtschaftswissenschaften
Dekan: UniProf Dr rer nat Dr rer pol Werner Gocht, App 60 00

Medizinische Fakultät
Dekan: UniProf Dr med Bernhard Denticke, App 8 91 65/66

Lehrstühle, Institute und Seminare

Mathematisch-Naturwissenschaftliche Fakultät

Mathematik
Lehrstuhl für Mathematik und Institut für Reine und Angewandte Mathematik
Lehrstuhl I für Mathematik (für Ingenieure)
Lehrstuhl für Mathematik und Institut für Geometrie und Praktische Mathematik
Lehrstuhl für Numerische Mathematik
Lehrstuhl und Institut für Mathematik
Lehrstuhl II für Mathematik (für Ingenieure)
Lehrstuhl A für Mathematik
Lehrstuhl B für Mathematik
Lehrstuhl C für Mathematik
Lehrstuhl D für Mathematik
Lehrstuhl und Institut für Statistik und Wirtschaftsmathematik
Lehrstuhl für Statistik II und Institut für Statistik und Wirtschaftsmathematik
Lehrstuhl für Angewandte Mathematik, insbesondere Informatik

Informatik
Lehrstuhl für Informatik I
Lehrstuhl für Informatik II
Lehrstuhl für Informatik III
Lehrstuhl für Informatik IV
Lehrstuhl für Informatik V (Praktische Informatik)
Lehrstuhl für Informatik VI (Praktische Informatik)

Mechanik
Lehr- und Forschungsgebiet Mechanik

Physik
Lehrstuhl für Experimentalphysik I A und I. Physikalisches Institut
Lehrstuhl für Experimentalphysik I B und I. Physikalisches Institut
Lehrstuhl für Experimentalphysik I C und I. Physikalisches Institut
Lehrstuhl für Experimentalphysik II A und II. Physikalisches Institut
Lehrstuhl für Experimentalphysik II B und II. Physikalisches Institut
Lehrstuhl für Experimentalphysik III A und III. Physikalisches Institut
Lehrstuhl für Experimentalphysik III B und III. Physikalisches Institut
Lehrstuhl für Experimentalphysik IV A (Forschungszentrum Kernforschungsanlage (KFA) Jülich)
Lehrstuhl für Experimentalphysik IV B (KFA Jülich)
Lehrstuhl für Experimentalphysik IV C (KFA Jülich)
Lehrstuhl für Experimentalphysik IV D (KFA Jülich)
Lehrstuhl für Experimentalphysik IV E (KFA Jülich)
Lehrstuhl für Experimentalphysik IV F (KFA Jülich)
Lehrstuhl für Theoretische Physik A und Institut für Theoretische Physik
Lehrstuhl für Theoretische Physik B und Institut für Theoretische Physik
Lehrstuhl für Theoretische Physik C und Institut für Theoretische Physik
Lehrstuhl für Theoretische Physik D und Institut für Theoretische Physik
Lehrstuhl für Theoretische Physik E und Institut für Theoretische Physik
Lehrstuhl für Theoretische Physik (KFA Jülich)

Chemie
Lehrstuhl für Anorganische und Analytische Chemie und Institut für Anorganische Chemie
Lehrstuhl und Institut für Anorganische Chemie
Lehrstuhl für Anorganische Chemie und Elektrochemie und Institut für Anorganische Chemie
Lehrstuhl für Organische Chemie I und Institut für Organische Chemie
Lehrstuhl für Organische Chemie II und Institut für Organische Chemie
Lehrstuhl für Organische Chemie III und Institut für Organische Chemie
Lehrstuhl für Physikalische Chemie I und Institut für Physikalische Chemie
Lehrstuhl für Physikalische Chemie II und Institut für Physikalische Chemie
Lehrstuhl und Institut für Technische Chemie und Petrolchemie
Lehrstuhl und Institut für Brennstoffchemie und Physikalisch-chemische Verfahrenstechnik
Lehrstuhl für Textilchemie und Makromolekulare Chemie
Lehrstuhl für Makromolekulare Chemie

Biologie
Lehrstuhl für Botanik und Institut für Biologie I (Botanik)
Lehrstuhl und Institut für Biologie III (Pflanzenphysiologie)
Lehrstuhl und Institut für Biologie IV (Mikrobiologie)
Lehrstuhl und Institut für Biologie II (Zoologie)
Lehrstuhl für Biologie V (Ökologie)
Lehrstuhl für Biologie VII (Angewandte Entomologie und Didaktik der Biologie) Lehrstuhl für Biotechnologie

Fakultät für Architektur

Lehrstuhl für Baukonstruktion I
Lehrstuhl für Baukonstruktion II
Lehrstuhl für Baukonstruktion III
Lehrstuhl für Planungstheorie
Lehrstuhl für Stadtbereichsplanung und Werklehre
Lehrstuhl und Institut für Städtebau und Landesplanung

Lehrstuhl und Institut für Wohnbau
Lehrstuhl für Entwerfen von Hochbauten und Gebäudelehre und Institut für Schulbau
Lehrstuhl für Landschaftsökologie und Landschaftsgestaltung
Lehrstuhl für Bildnerische Gestaltung
Lehr- und Forschungsgebiet für Plastik
Lehrstuhl und Institut für Kunstgeschichte
Lehrstuhl für Baugeschichte und Denkmalpflege

Fakultät für Bauingenieur- und Vermessungswesen

Lehrstuhl für Baustoffkunde – Anorganische Baustoffe – und Institut für Bauforschung
Lehrstuhl für Baustoffkunde – Organische Baustoffe – und Institut für Bauforschung
Lehrstuhl für Mechanik und Baukonstruktion
Lehrstuhl und Institut für Baumaschinen und Baubetrieb
Lehrstuhl für Baustatik
Lehrstuhl und Institut für Massivbau
Lehrstuhl für Stahlbau
Lehrstuhl für Verkehrswirtschaft, Eisenbahnbau und -betrieb und Verkehrswissenschaftliches Institut
Lehrstuhl und Institut für Stadtbauwesen
Lehrstuhl und Institut für Siedlungswasserwirtschaft
Lehrstuhl für Straßenwesen, Erd- und Tunnelbau und Institut für Straßenwesen
Lehrstuhl und Institut für Grundbau, Bodenmechanik, Felsmechanik und Verkehrswasserbau
Lehrstuhl für Wasserbau und Wasserwirtschaft und Institut für Wasserbau
Lehrstuhl für Geodäsie und Geodätisches Institut

Fakultät für Maschinenwesen

Lehrstuhl und Institut für Allgemeine Mechanik
Lehrstuhl und Institut für Technische Mechanik
Lehrstuhl und Institut für Maschinenelemente und Maschinengestaltung
Lehrstuhl und Institut für Allgemeine Konstruktionstechnik des Maschinenbaues
Lehrstuhl und Institut für Werkstoffkunde
Lehrstuhl für Informatik im Maschinenbau
Lehrstuhl und Institut für Keramische Komponenten im Maschinenbau
Lehrstuhl für Technische Thermodynamik und Institut für Thermodynamik
Lehrstuhl für Angewandte Thermodynamik und Institut für Thermodynamik
Lehrstuhl für Wärmeübertragung und Klimatechnik
Lehrstuhl für Strömungslehre und Aerodynamisches Institut
Lehrstuhl und Institut für Luft- und Raumfahrt
Lehrstuhl für Dynamik der Flugkörper und Institut für Luft- und Raumfahrt
Lehrstuhl und Institut für Leichtbau
Lehrstuhl für Reaktorsicherheit und -technik
Lehrstuhl für Reaktorwerkstoffe und Brennelemente (KFA Jülich)
Lehrstuhl für Reaktorbauelemente und Reaktorsicherheit (KFA Jülich)

Lehrstuhl und Institut für Strahlantriebe und Turboarbeitsmaschinen
Lehrstuhl und Institut für Dampf- und Gasturbinen
Lehrstuhl für Produktionssystematik
Lehrstuhl für Technologie der Fertigungsverfahren
Lehrstuhl für Fertigungsmeßtechnik und Qualitätssicherung
Lehrstuhl für Werkzeugmaschinen
Lehrstuhl und Institut für Arbeitswissenschaft
Lehrstuhl und Institut für Schweißtechnische Fertigungsverfahren
Lehrstuhl für Kunststoffverarbeitung
Lehrstuhl und Institut für Regelungstechnik
Lehrstuhl für Verfahrenstechnik I und Institut für Verfahrenstechnik
Lehrstuhl für Verfahrenstechnik II
Lehrstuhl für Schiffbau, Konstruktion und Statik
Lehrstuhl und Institut für Hydraulische und Pneumatische Antriebe und Steuerungen
Lehrstuhl und Institut für Textiltechnik
Lehrstuhl und Institut für Kraftfahrwesen
Lehrstuhl und Institut für Fördertechnik und Schienenfahrzeuge
Lehrstuhl und Institut für Getriebetechnik und Maschinendynamik
Lehrstuhl für Lasertechnik
Lehrstuhl für Prozeßtechnik
Lehrstuhl für Bioverfahrenstechnik

Fakultät für Bergbau, Hüttenwesen und Geowissenschaften

Fachgruppe für Bergbau

Lehrstuhl und Institut für Bergbaukunde I
Lehrstuhl und Institut für Bergbaukunde II
Lehrstuhl und Institut für Bergbaukunde III
Lehrstuhl für Aufbereitung, Veredlung und Entsorgung und Institut für Aufbereitung, Kokerei und Brikettierung
Lehrstuhl und Institut für Bergwerks- und Hüttenmaschinenkunde
Lehrstuhl und Institut für Markscheidewesen, Bergschadenkunde und Geophysik im Bergbau

Fachgruppe für Metallurgie und Werkstofftechnik

Lehrstuhl und Institut für Eisenhüttenkunde
Lehrstuhl Glas und keramische Verbundwerkstoffe und Institut für Gesteinshüttenkunde
Lehrstuhl für Keramik und feuerfeste Werkstoffe und Institut für Gesteinshüttenkunde
Lehrstuhl und Institut für Metallhüttenkunde und Elektrometallurgie
Lehrstuhl für das Gesamte Gießereiwesen und Gießerei-Institut
Lehrstuhl und Institut für Bildsame Formgebung
Lehrstuhl und Institut für Industrieofenbau und Wärmetechnik im Hüttenwesen
Lehrstuhl für Allgemeine Metallkunde und Metallphysik und Institut für Metallkunde und Metallphysik
Lehrstuhl Angewandte Metallkunde der Nichteisenmetalle
Lehrstuhl für Theoretische Hüttenkunde und Metallurgie der Kernbrennstoffe

Lehrstuhl für Prozeßleittechnik

Fachgruppe für Geowissenschaften

Lehrstuhl für Geologie und Paläontologie und Geologisches Institut
Lehrstuhl für Ingenieurgeologie und Hydrogeologie
Lehrstuhl für Geologie, Geochemie und Lagerstätten des Erdöls und der Kohle
Lehrstuhl und Institut für Mineralogie und Lagerstättenlehre und Abteilung Angewandte Lagerstättenlehre
Lehrstuhl und Institut für Kristallographie

Fakultät für Elektrotechnik

Lehrstuhl für Allgemeine Elektrotechnik und Datenverarbeitungssysteme und Rogowski-Institut für Elektrotechnik
Lehrstuhl für Betriebssysteme
Lehrstuhl für Kommunikationsnetze
Lehrstuhl und Institut für Theoretische Elektrotechnik
Lehrstuhl für Werkstoffe der Elektrotechnik I und Institut für Werkstoffe der Elektrotechnik
Lehrstuhl für Werkstoffe der Elektrotechnik II und Institut für Werkstoffe der Elektrotechnik
Lehrstuhl für Meßtechnik
Lehrstuhl und Institut für Elektrische Maschinen
Lehrstuhl und Institut für Elektrische Anlagen und Energiewirtschaft
Lehrstuhl und Institut für Stromrichtertechnik und Elektrische Antriebe
Lehrstuhl und Institut für Allgemeine Elektrotechnik und Hochspannungstechnik
Lehrstuhl und Institut für Elektrische Nachrichtentechnik
Lehrstuhl und Institut für Nachrichtengeräte und Datenverarbeitung
Lehrstuhl und Institut für Technische Akustik
Lehrstuhl und Institut für Hochfrequenztechnik
Lehrstuhl für Halbleitertechnik I und Institut für Halbleitertechnik
Lehrstuhl für Halbleitertechnik II und Institut für Halbleitertechnik
Lehrstuhl und Institut für Technische Elektronik
Lehrstuhl für Integrierte Systeme der Signalverarbeitung
Lehrstuhl für Biomedizinische Technik
Lehrstuhl für Technische Informatik und Computerwissenschaften
Lehrstuhl für Geschichte der Technik
Lehrstuhl für Technische Informatik

Philosophische Fakultät

Lehrstuhl für Philosophie und Philosophisches Institut
Lehrstuhl für Philosophie und Wissenschaftstheorie und Philosophisches Institut
Lehrstuhl und Institut für Psychologie
Lehrstuhl für Psychologie
Lehrstuhl für Erziehungswissenschaft und Institut für Erziehungswissenschaft

Lehrstuhl für Berufs- und Wirtschaftspädagogik
Lehr- und Forschungsgebiet für Allgemeine Pädagogik
Lehrstuhl für Alte Geschichte und Historisches Institut
Lehrstuhl für Mittlere Geschichte und Historisches Institut
Lehrstuhl für Neuere Geschichte und Historisches Institut
Lehrstuhl für Angewandte Geographie und Geographisches Institut
Lehrstuhl für Deutsche Philologie und Germanistisches Institut
Lehrstuhl für Neuere Deutsche Literaturgeschichte und Germanistisches Institut
Lehrstuhl für Ältere Deutsche Literatur und Germanistisches Institut
Lehrstuhl für Anglistik I und Institut für Anglistik
Lehrstuhl für Anglistik II und Institut für Anglistik
Lehrstuhl für Anglistik III und Institut für Anglistik
Lehrstuhl für Englische Sprache und ihre Didaktik
Lehrstuhl für Romanische Philologie I und Institut für Romanische Philologie
Lehrstuhl für Romanische Philologie II und Institut für Romanische Philologie
Lehrstuhl und Institut für Soziologie
Lehrstuhl und Institut für Politische Wissenschaft
Lehrstuhl für Systematische Theologie
Lehrstuhl für Katholische Theologie und ihre Didaktik II
Lehrstuhl für Evangelische Theologie und ihre Didaktik

Fakultät für Wirtschaftswissenschaften

Lehrstuhl für Volkswirtschaftslehre (Außenwirtschaft) und Institut für Wirtschaftswissenschaften
Lehrstuhl für Betriebswirtschaftslehre, insbesondere Unternehmensrechnung und Finanzierung und Institut für Wirtschaftswissenschaften
Lehrstuhl für Betriebswirtschaftslehre, insbesondere Industriebetriebslehre und Institut für Wirtschaftswissenschaften
Lehrstuhl für Betriebswirtschaftspolitik und Marketing und Institut für Wirtschaftswissenschaften
Lehrstuhl für Betriebswirtschaftslehre
Lehrstuhl für Betriebswirtschaftslehre, insbesondere Betriebliche Finanzwirtschaft
Lehrstuhl für Betriebswirtschaftslehre mit Schwerpunkt Technologie- und Innovationsmanagement
Lehrstuhl für Unternehmensforschung und Institut für Wirtschaftswissenschaften
Lehrstuhl und Institut für Internationale Technische und Wirtschaftliche Zusammenarbeit
Lehrstuhl für Wirtschafts- und Sozialgeschichte
Lehrstuhl für Wirtschaftsinformatik
Lehrstuhl für Wirtschaftswissenschaft und Didaktik der Wirtschaftslehre

Medizinische Fakultät

Institut für Anatomie

Lehrstuhl für Anatomie I
Lehrstuhl für Anatomie II
Lehrstuhl für Anatomie und Reproduktionsbiologie
Institut für Medizinische Psychologie
Lehrstuhl für Medizinische Psychologie
Institut für Physiologie
Lehrstuhl für Physiologie
Institut für Biochemie
Lehrstuhl für Physiologische Chemie und Molekularbiologie
Institut für Geschichte der Medizin und des Krankenhauswesens
Lehrstuhl für Geschichte der Medizin und des Krankenhauswesens
Institut für Hygiene und Umweltmedizin
Lehrstuhl für Hygiene
Institut für Klinische Chemie und Pathobiochemie sowie Klinisch-Chemisches Zentrallaboratorium
Lehrstuhl für Klinische Chemie und Pathobiochemie
Institut für Medizinische Mikrobiologie
Lehrstuhl für Medizinische Mikrobiologie
Institut für Medizinische Immunologie
Institut für Medizinische Informatik und Biometrie
Lehrstuhl für Medizinische Informatik
Institut für Neuropathologie
Lehrstuhl für Neuropathologie
Institut für Pathologie
Lehrstuhl für Pathologie
Institut für Pharmakologie und Toxikologie
Lehrstuhl für Pharmakologie und Toxikologie
Institut für Rechtsmedizin
Lehrstuhl für Rechtsmedizin
Institut für Transfusionsmedizin
Institut für Versuchstierkunde sowie Zentrallaboratorium für Versuchstiere
Lehrstuhl für Biomedizinische Technik
Lehrstuhl für Biophysik
Lehrstuhl für Anästhesie
Lehrstuhl für Augenheilkunde
Lehrstuhl für Chirurgie
Lehrstuhl für Gynäkologie und Geburtshilfe
Lehrstuhl für Dermatologie
Lehrstuhl für Hals-, Nasen- und Ohrenheilkunde
Lehrstuhl für Innere Medizin I (mit dem Schwerpunkt Kardiologie und Pneumologie)
Lehrstuhl für Innere Medizin II (mit dem Schwerpunkt Nephrologie)
Lehrstuhl für Innere Medizin (mit dem Schwerpunkt Gastroenterologie und Stoffwechselkrankheiten)
Lehrstuhl für Innere Medizin (mit dem Schwerpunkt Onkologie und Hämatologie)
Lehrstuhl für Kinderheilkunde
Lehrstuhl für Kinderkardiologie
Lehrstuhl für Neurochirurgie
Lehrstuhl für Neurologie
Lehrstuhl für Nuklearmedizin
Lehrstuhl für Orthopädie
Lehrstuhl für Psychiatrie
Lehrstuhl für Psychosomatik und Psychotherapie

Lehrstuhl für Radiologische Diagnostik
Lehrstuhl für Strahlentherapie
Lehrstuhl für Thorax-, Herz- und Gefäßchirurgie
Lehrstuhl für Urologie
Lehrstuhl für Verbrennungs- und Plastische Wiederherstellungschirurgie
Lehrstuhl für Kieferorthopädie
Lehrstuhl für Konservierende Zahnheilkunde
Lehrstuhl für Zahnärztliche Prothetik
Lehrstuhl für Zahn-, Mund-, Kiefer- und Plastische Gesichtschirurgie

Sonderforschungsbereiche

Handhabungstechnik
Wirbelströmungen in der Flugtechnik
Methoden zur Energie- und Rohstoffeinsparung
Motorische Verbrennung
Faserverbundwerkstoffe
Parallele Produkt- und Prozeßgestaltung
Grundlagen des Entwurfs von Raumflugzeugen
Physik mesokopischer und niedrigdimensionaler metallischer Systeme (Köln-Aachen-Jülich)

Der Hochschule angegliederte Einrichtungen und Institute:

Haus der Technik e V, Essen
Technische Akademie Wuppertal e V
Institut für Kunststoffverarbeitung in Industrie und Handwerk
Deutsches Wollforschungsinstitut e V
Forschungsinstitut für Rationalisierung e V
Forschungsstelle Technisch-Wirtschaftliche Unternehmensstrukturen der Stahlindustrie
Helmholtz-Institut für Biomedizinische Technik
Interdisziplinärer Sonderbereich Umweltschutz
Forschungsinstitut für Wasser- und Abfallwirtschaft (FIW) e V
Fraunhofer-Institut für Produktionstechnologie (IPT)
Fraunhofer-Institut für Lasertechnik
Institut für Europapolitik (IEP)
Institut für Prozeß- und Anwendungstechnik Keramik (IPAK)
Gesellschaft von Freunden der Aachener Hochschule e V (FAHO)
Studienkolleg für ausländische Studierende
Außen-Institut
Forum Weltraumforschung
Umwelt-Forum
Werkstoff-Forum
Forum Technik und Gesellschaft
Forum Informatik

4.5 Ruhr-Universität Bochum

44801 Bochum, Universitätsstr 150; F (02 34) 7 00-1; Telex 17 23 43 56; Telefax (02 34) 70 94-2 01

Rektor der Ruhr-Universität Bochum: Prof Dr Manfred Bormann, App 29 26/27
Prorektor für Struktur, Planung und Finanzen: Prof Dr Werner H Engelhardt, App 29 28 und 28 95
Prorektor für Forschung und wissenschaftlichen Nachwuchs: Prof Dr Peter Scheid, App 29 28 und 48 52
Prorektorin für Lehre, Studien und Studienreform: Prof Dr Hanna Vollrath, App 29 28 und 26 48
Kanzler: Dr Bernhard Wiebel, App 29 21 und 29 22

Fakultäten

Evangelisch-Theologische Fakultät I
Dekan: Prof Dr Thomas Bonhoeffer, App 25 00

Katholisch-Theologische Fakultät II
Dekan: Prof Dr Theo Kobusch, App 26 20

Fakultät III für Philosophie, Pädagogik und Publizistik
Dekan: Prof Dr Bernhard Rosemann, App 27 12

Fakultät IV für Geschichtswissenschaft
Dekan: Prof Dr Walter Eder, App 25 25

Fakultät V für Philologie
Dekan: Prof Dr Siegmar Döpp, App 26 33

Juristische Fakultät VI
Dekan: Prof Dr Klaus Schreiber, App 65 66

Fakultät VII für Wirtschaftswissenschaft
Dekan: Prof Dr Roland Gabriel, App 28 84

Fakultät VIII für Sozialwissenschaft
Dekan: Prof Dr Rolf G Heinze, App 27 95

Fakultät IX für Ostasienwissenschaften
Dekan: Prof Dr Bodo Wiethoff, App 61 89

Fakultät X für Sportwissenschaft
Dekan: Prof Dr Dieter Steinhöfer, App 77 93

Fakultät XI für Psychologie
Dekan: Prof Dr Rainer Guski, App 46 06

Fakultät XII für Bauingenieurwesen
Dekan: Prof Dr Dietrich Hartmann, App 61 24

Fakultät XIII für Maschinenbau
Dekan: Prof Dr Gerhard Wagner, App 61 91

Fakultät XIV für Elektrotechnik
Dekan: Prof Dr Helmut Balzert, App 27 20

Fakultät XV für Mathematik
Dekan: Prof Dr Dietrich Braess, App 34 77

Fakultät XVI für Physik und Astronomie
Dekan: Prof Dr Hartmut Zabel, App 34 45

Fakultät XVII für Geowissenschaften
Dekan: Prof Dr Heiner Dürr, App 35 05

Fakultät XVIII für Chemie
Dekan: Prof Dr William S Sheldrick, App 41 91

Fakultät XIX für Biologie
Dekan: Prof Dr Elmar W Weiler, App 45 73

Medizinische Fakultät XX
Dekan: Prof Dr Wolfgang Opferkuch, App 49 60

Institute und Seminare

Fakultät I

Evangelisch-Theologisches Seminar
Ökumenisches Institut
Patristische Arbeitsstelle Bochum der Rheinisch-Westfälischen Akademie der Wissenschaften

Fakultät II

Zentrales Katholisch-Theologisches Seminar

Fakultät III

Institut für Philosophie
Hegel-Archiv
Institut für Pädagogik
Sektion für Publizistik und Kommunikation

Fakultät IV

Fächergruppe Geschichte
Ur- und Frühgeschichte
Archäologisches Institut
Kunstgeschichtliches Institut
Musikwissenschaftliches Institut
Historisches Institut

Fakultät V

Sprachwissenschaftliches Institut
Seminar für Orientalistik und Indologie
Seminar für Klassische Philologie
Sektion für Neugriechische und Byzantinische Philologie
Germanistisches Institut
Englisches Seminar
Romanisches Seminar
Seminar für Slavistik
Seminar für Sprachlehrforschung
Institut für Theater-, Film- und Fernsehwissenschaft
Institut für russische und sowjetische Kultur

Fakultät VI

Zentrales Rechtswissenschaftliches Seminar
Institut für Bank- und Kapitalmarktrecht
Institut für Deutsches und Europäisches Umweltrecht

Fakultät VII

Seminar für Theoretische Wirtschaftslehre
Seminar für Angewandte Wirtschaftslehre
Seminar für Wirtschafts- und Finanzpolitik
Institut für Unternehmensführung und Unternehmensforschung (übergreifendes Institut)
Sektion für Wirtschaftspolitik
Sektion Unternehmenstheorie und Rechnungswesen
Sektion Marketing
Sektion Mathematik und Informatik
Sektion Fertigung und Industriewirtschaft
Sektion Unternehmensrecht

Sektion Unternehmensforschung (Operations Research)

Fakultät VIII

Sektion sozialwissenschaftliche Methodenlehre und Statistik
Sektion Soziologie
Arbeitswissenschaft
Sektion Sozialpsychologie und Sozialanthropologie
Sektion politische Wissenschaft
Sektion Sozialpolitik und Sozialökonomik
Institut für Arbeitssoziologie und Arbeitspolitik (übergreifendes Institut)

Fakultät X

Sportmedizin
Sportpsychologie
Sportpädagogik
Sportsoziologie
Trainingswissenschaft
Biomechanik/Bewegungslehre

Fakultät XI

Arbeitseinheit Allgemeine und Entwicklungspsychologie
Arbeitseinheit Kognitions- und Umweltpsychologie
Arbeitseinheit Psychologie der Informationsverarbeitung
Arbeitseinheit Sozialpsychologie
Arbeitseinheit Klinische Psychologie/Zentrum für Psychotherapie
Arbeitseinheit Biopsychologie
Arbeitseinheit Arbeits- und Organisationspsychologie
Arbeitseinheit Methodenlehre, Diagnostik und Evaluation
Arbeitseinheit Sprach- und Kommunikationspsychologie
Arbeitseinheit Pädagogische Psychologie (Institut für Pädagogik)

Fakultät XII

Mechanik
Konstruktiver Ingenieurbau
Grundbau, Wasser- und Verkehrswesen

Fakultät XIII

Praktikantenamt
Institut für Automatisierungstechnik
Institut für Energietechnik
Institut für Konstruktionstechnik
Institut für Thermo- und Fluiddynamik
Institut für Werkstoffe

Fakultät XIV

Lehr- und Forschungsbereiche:
Technische Akustik
Elektrooptik und elektrische Entladungen
Energietechnik
Theoretische Elektrotechnik
Nachrichtentechnik
Regelungstechnik

Datenverarbeitung
Signaltheorie
Software-Technik
Werkstoffe
Hochfrequenztechnik
Elektronische Schaltungs- und Meßtechnik
Elektronische Bauelemente und Integrierte Schaltungen

Fakultät XVI

Institut für Experimentalphysik
Fachdidaktik der Physik
Institut für Theoretische Physik
Astronomisches Institut

Fakultät XVII

Geographisches Institut
Institut für Geologie
Institut für Geophysik
Institut für Mineralogie

Fakultät XVIII

Anorganische Chemie
Organische Chemie
Physikalische Chemie
Analytische Chemie
Biochemie
Technische Chemie
Theoretische Chemie

Fakultät XIX

Allgemeine Botanik
Allgemeine Zoologie und Neurobiologie
Spezielle Zoologie und Parasitologie
Pflanzenphysiologie
Tierphysiologie
Zellphysiologie
Zellmorphologie
Biochemie der Pflanzen
Biologie der Mikroorganismen
Spezielle Botanik
Biophysik
Verhaltensforschung
Zoologie und Ökologie

Fakultät XX

Vorklinische und medizinisch-theoretische Fachgebiete

Institut für Anatomie
Abteilung für Anatomie und Embryologie
Abteilung für Neuroanatomie
Abteilung für Cytologie
Abteilung für Funktionelle Morphologie
Abteilung für Mikromorphologie

Institut für Physiologie
Abteilung für Organphysiologie
Abteilung für Neurophysiologie
Abteilung für Angewandte Physiologie
Abteilung für Biokybernetik

Institut für Physiologische Chemie
Abteilung für Biochemie supramolekularer Systeme
Abteilung für Biochemie des Intermediärstoffwechsels
Abteilung für Biochemie der Differenzierung
Abteilung für Bioenergetik
Abteilung für Zellbiochemie

Institut für Genetik
Abteilung für Molekulare Humangenetik
Abteilung für Klinische Humangenetik

Institut für Hygiene und Mikrobiologie
Abteilung für Allgemeine und Umwelthygiene
Abteilung für Medizinische Mikrobiologie und Immunologie
Abteilung für Medizinische Mikrobiologie und Virologie

Institut für Medizinische Psychologie sowie Geschichte der Medizin
Abteilung für Medizinische Psychologie
Abteilung für Geschichte der Medizin
Institut für Sozialmedizin, Epidemiologie, Medizinische Informatik und Biomathematik
Abteilung für Sozialmedizin und Epidemiologie
Abteilung für Medizinische Informatik und Biomathematik
Abteilungen ohne Zuordnung zu einem Institut:
Abteilung für Allgemeine und Spezielle Pathologie
Abteilung für Pharmakologie und Toxikologie
Abteilung für Experimentelle Klinische Medizin
Allgemeinmedizin

Medizinisch-theoretische Institute in den Universitätskliniken

Institut für Arbeitsmedizin
Berufsgenossenschaftliches Forschungsinstitut für Arbeitsmedizin
Institut für Klinische Chemie und Laboratoriumsmedizin
Institut für Laboratoriums- und Transfusionsmedizin
Institut für Molekulare Biophysik, Radiopharmazie und Nuklearmedizin
Institut für Pathologie

Klinische Fachgebiete

Anaesthesiologie
Augenheilkunde
Chirurgie
Dermatologie und Venerologie
Geburtshilfe und Frauenheilkunde
Geriatrie
Hals-, Nasen- und Ohrenheilkunde
Innere Medizin
Kinderchirurgie
Kinderheilkunde
Mund-, Kiefer- und Gesichtschirurgie
Neurochirurgie
Neurologie
Orthopädie

Psychiatrie
Radiologie/Röntgenologie
Urologie
Universitätskliniken
Akademische Lehrkrankenhäuser

Zentrale Einrichtungen

Zentrale wissenschaftliche Einrichtungen

Institut für Arbeitswissenschaft
Institut zur Erforschung der europäischen Arbeiterbewegung
Institut für Neuroinformatik
Institut für Friedenssicherungsrecht und Humanitäres Völkerrecht
Weiterbildungszentrum
Institut für Berg- und Energierecht
Zentrum für interdisziplinäre Ruhrgebietsforschung
Institut für Entwicklungsforschung und Entwicklungspolitik
Sonderforschungsbereich „Neue Informationstechnologien und flexible Arbeitssysteme: Entwicklung und Bewertung von CIM-Systemen auf der Basis teilautonomer flexibler Fertigungsstrukturen"
Institut für Deutschlandforschung
Institut für Sozialrecht

Zentrale Betriebseinheiten

Universitätsbibliothek
Rechenzentrum
Musisches Zentrum
Botanischer Garten
Studienbüro
Zentrales Isotopenlabor

Sonstige Einrichtungen

Zentrum für Mikroelektronik und Systemtechnik
Dynamitron-Tandem-Laboratorium
Arbeitsgemeinschaft Plasmaphysik

Wissenschaftliche Einrichtungen an der Ruhr-Universität Bochum

Forschungsinstitut für Arbeiterbildung EV
Institut für angewandte Innovationsforschung EV
Berufsgenossenschaftliches Forschungsinstitut für Arbeitsmedizin
Institut für Umwelthygiene und Umweltmedizin

4.6 Universität Dortmund

44227 Dortmund, August-Schmidt-Str 4; F (02 31) 7 55-1; Telex 82 24 65 unido d; Telefax (02 31) 75 15 32

Rektor der Universität Dortmund: Prof Dr rer pol Detlef Müller-Böling
Prorektoren: Prof Dr phil Albert Klein; Prof Dr rer nat R P Kreher; Prof Dr phil Bernd Gasch
Kanzler: Dr jur Klaus Anderbrügge

Fachbereiche der Universität

Fachbereich Mathematik
Dekanat: Vogelpothsweg 87, Campus-Nord;
F (02 31) 7 55 30 51
Dekan: Prof Dr Müller

Fachbereich Physik
Dekanat: Otto-Hahn-Str 4, Campus-Nord;
F (02 31) 7 55 35 02 und 7 55 35 03
Dekan: Prof Dr Weber

Fachbereich Chemie
Dekanat: Otto-Hahn-Str 6, Campus-Nord;
F (02 31) 7 55 37 20 und 7 55 37 21
Dekan: Prof Dr Schmutzler

Fachbereich Informatik
Dekanat: August-Schmidt-Str 12, Campus-Süd;
F (02 31) 7 55 21 21 und 7 55 27 73
Dekan: Prof Dr Marwedel

Fachbereich Chemietechnik
Dekanat: Emil-Figge-Str 70, Campus-Nord;
F (02 31) 7 55 23 61 und 7 55 23 62
Dekan: Prof Dr Schmidt-Straup

Fachbereich Maschinenbau
Dekanat: Baroper Str 301, Campus-Süd; F (02 31)
7 55 27 23 und 7 55 27 24
Dekan: Prof Dr Kessel

Fachbereich Elektrotechnik
Dekanat: Otto-Hahn-Str 4, Campus-Nord;
F (02 31) 7 55 20 22
Dekan: Prof Dr Lütze

Fachbereich Raumplanung
Dekanat: August-Schmidt-Str 10, Campus-Süd;
F (02 31) 7 55 22 84
Dekan: Prof Dr Bade

Fachbereich Bauwesen
Dekanat: August-Schmidt-Str 8, Campus-Süd;
F (02 31) 7 55 20 74
Dekan: Prof Dr Klopfer

Fachbereich Wirtschaftswissenschaften und Sozial-
wissenschaften
Dekanat: Vogelpothsweg 87, Campus-Nord;
F (02 31) 7 55-31 82
Dekan: Prof Dr Welge

Fachbereich Statistik
Dekanat: Vogelpothsweg 87, Campus-Nord;
F (02 31) 7 55 31 09
Dekan: Prof Dr Gather

Fachbereich Erziehungswissenschaften und Biologie
Dekanat: Emil-Figge-Str 50, Campus-Nord;
F (02 31) 7 55 21 96/21 95
Dekan: Prof Dr Koch

Fachbereich Sondererziehung und Rehabilitation
Dekanat: Emil-Figge-Str 50, Campus-Nord;
F (02 31) 7 55-45 40/41
Dekan: Prof Dr Leyendecker

Fachbereich Gesellschaftswissenschaften, Philoso-
phie und Theologie
Dekanat: Emil-Figge-Str 50, Campus-Nord;
F (02 31) 7 55 29 97
Dekan: Prof Dr Post

Fachbereich Sprach- und Literaturwissenschaften,
Journalistik und Geschichte
Dekanat: Emil-Figge-Str 50, Campus-Nord;
F (02 31) 7 55 29 17
Dekan: Prof Dr Hömig

Fachbereich Musik, Gestaltung, Sport und Geogra-
phie
Dekanat: Emil-Figge-Str 50, Campus-Nord;
F (02 31) 7 55 41 70
Dekan: Prof Dr Hinkel

Wissenschaftliche Einrichtungen

Fachbereich Mathematik

Lehrstuhl für Analysis, Mathematik I
Lehrstuhl für Geometrie, Mathematik II
Lehrstuhl für Angewandte Mathematik, Mathema-
tik III
Lehrstuhl für Analysis, Mathematik IV
Lehrstuhl für Topologie, Mathematik V
Lehrstuhl für Algebra, Mathematik VI
Lehrstuhl für Differenzialgeometrie, Mathematik-
VII
Lehrstuhl für Angewandte Mathematik, Mathema-
tik VIII
Lehrstuhl für Funktionentheorie, Mathematik IX
Mathematisches Institut
Institut für Didaktik der Mathematik

Fachbereich Physik

Institut für Physik
Lehrstuhl für Experimentelle Physik I
Lehrstuhl für Experimentelle Physik II
Lehrstuhl für Experimentelle Physik III
Lehrstuhl für Experimentelle Physik IV
Lehrstuhl für Experimentelle Physik V
Lehrstuhl für Theoretische Physik I
Lehrstuhl für Theoretische Physik II
Lehrstuhl für Theoretische Physik III
Lehrstuhl für Theoretische Physik IV
Lehrstuhl für Didaktik der Physik I
Lehrstuhl für Didaktik der Physik II
Lehrstuhl für Beschleuniger-Physik

Fachbereich Chemietechnik

Lehrstuhl für Anlagensteuerungstechnik
Lehrstuhl für Anlagentechnik
Lehrstuhl für Energieprozeßtechnik
Lehrstuhl für Mechanische Verfahrenstechnik
Lehrstuhl für Technische Chemie A (Prozeßtech-
nik)
Lehrstuhl für Technische Chemie B (Reaktionstech-
nik)
Lehrstuhl für Technische Mikrobiologie
Lehrstuhl für Thermische Verfahrenstechnik
Lehrstuhl für Thermodynamik

Lehrstuhl für Werkstoffwissenschaften A
Arbeitsgruppe „Bioverfahrenstechnik"
Arbeitsgruppe „Chemieapparatebau"
Arbeitsgruppe „Physikalisch-Chemische Verfahrenstechnik
Arbeitsgruppe „Werkstoffe und Korrosion"

Fakultät Maschinenbau

Lehrstuhl für Fabrikorganisation
Lehrstuhl für Maschinenelemente
Lehrstuhl für Mechanik
Institut für Spanende Fertigung
Lehrstuhl für Umformende Fertigungsverfahren
Lehrstuhl für Förder- und Lagerwesen
Lehrstuhl für Werkstofftechnologie
Lehrstuhl für Fertigungsvorbereitung
Lehrstuhl für Maschinenelemente, -gestaltung und Handhabungstechnik
Lehrstuhl für Technik und ihre Didaktik I
Lehrstuhl für Technik und ihre Didaktik II
Fachgebiet Meßtechnik
Fachgebiet Fluidenergiemaschinen
Fachgebiet Maschinendynamik
Fachgebiet Qualitätskontrolle
Fachgebiet Logistik
Fachgebiet Maschinenelemente in der Transporttechnik

Fachbereich Chemie

Institut für Chemie
Lehrstühle für Anorganische Chemie
Lehrstuhl für Organische Chemie I
Lehrstuhl für Organische Chemie II
Lehrstuhl für Organische Chemie III
Lehrstuhl für Physikalische Chemie I
Lehrstuhl für Physikalische Chemie II
Lehrstühle für Didaktik der Chemie

Fachbereich Informatik

Informatik I (Fachgebiete: Automaten- und Schaltwerktheorie, Theorie der Automaten und Systeme, Automatentheorie)
Informatik II (Fachgebiete: Effiziente Algorithmen und Komplexitätstheorie, Rekursive Funktionen und Komplexitätstheorie, Parallele Algorithmen)
Informatik III (Betriebssysteme)
Informatik IV (Fachgebiete: Quantitative Methoden der Praktischen Informatik, Fehlertolerierende Systeme, Rechnernetze und Verteilte Systeme)
Informatik V (Programmiersysteme, Übersetzerbau) (Fachgebiet: Theorie der Datentypen)
Informatik VI (Datenbanken und Informationssysteme mit Fachgebiet: Information Retrieval))
Informatik VII (Computer Graphics)
Informatik VIII (Künstliche Intelligenz)
Informatik X (Fachgebiete: Softwaretechnologie, Spezifikationssprachen)
Informatik XI (Fachgebiet: Systemanalyse)
Informatik XII (Fachgebiet: Methodik des rechnergestützten Entwurfs integrierter Schaltungen)

Fachbereich Elektrotechnik

Lehrstuhl für Bauelemente der Elektrotechnik
Lehrstuhl für Datentechnik
Lehrstuhl für Elektrische Steuerung und Regelung
Lehrstuhl für Elektrische Energieversorgung
Lehrstuhl für Theoretische Elektrotechnik und Elektrische Maschinen
Lehrstuhl für Nachrichtentechnik
Lehrstuhl für Elektronische Systeme und Vermittlungstechnik
Lehrstuhl für Hochspannungstechnik und Elektrische Anlagen
Lehrstuhl für Hochfrequenztechnik
Lehrstuhl für Automatisierung und Robotertechnologie
Arbeitsgebiet Schaltungen der Informationsverarbeitung
Arbeitsgebiet Optoelektronik
Arbeitsgebiet Stromrichtertechnik
Arbeitsgebiet Mikroelektronik

Fachbereich Raumplanung

Institut für Raumplanung
Fachgebiet Rechtsgrundlagen der Raumplanung
Fachgebiet Stadt- und Regionalplanung
Fachgebiet Städtebau und Bauleitplanung
Fachgebiet Vermessungswesen und Bodenordnung
Fachgebiet Verkehrswesen und Verkehrsplanung
Fachgebiet Stadtbauwesen und Wasserwirtschaft
Fachgebiet Landschaftsökologie und Landschaftsplanung
Fachgebiet Systemtheorie und Systemtechnik in der Raumplanung
Fachgebiet Volkswirtschaftslehre, insbesondere Raumwirtschaftspolitik
Fachgebiet Volkswirtschaftslehre, insbesondere Finanz- und Haushaltsplanung
Fachgebiet Soziologische Grundlagen der Raumplanung
Fachgebiet Politische Ökonomie
Fachgebiet Raumordnung und Landschaftsplanung
Fachgebiet Geographische Grundlagen der Raumplanung
Fachgebiet Stadt- und Landschaftsgestaltung
Fachgebiet Gewerbeplanung
Fachgebiet Europäische Raumplanung

Fachbereich Bauwesen

Studiengang (B 1) Architektur
Fachgebiet Entwerfen und Gebäudetheorie
Fach Planungstheorie
Fachgebiet Entwerfen und Städtebau
Fachgebiet Baukonstruktion und Entwerfen
Fachgebiet Gestaltung und Darstellung
Fach konstruktive Bauphysik
Fachgebiet Baugeschichte

Studiengang Bauingenieurwesen, mit der Studienrichtung Konstruktiver Ingenieurbau (B 2) und mit der Studienrichtung Bauproduktion und Bauwirtschaft (B 3)

Fachgebiet Tragkonstruktionen
Fachgebiet Beton- und Stahlbetonbau
Fachgebiet Baumechanik/Statik
Fachgebiet Stahlbau
Fachgebiet Baubetrieb und Baumaschinen
Fachgebiet Bauwirtschaft
Fachgebiet Technische Gebäudeausrüstung
Fachgebiet Werkstoffe des Bauwesens
Fach Numerische Methoden und Informationsverarbeitung
Fachgebiet Baugrund – Grundbau
Fach Baubetrieb und Planungsverfahren
Fach Bauorganisation
Fach Grundlagen der Statistik und Bemessung
Fach Holzbau

Fachbereich Wirtschafts- und Sozialwissenschaften

Lehrstuhl Unternehmensführung
Lehrstuhl Investition und Finanzierung
Lehrstuhl Wirtschaftsinformatik
Lehrstuhl Industriebetriebslehre
Lehrstuhl Marketing
Lehrstuhl Unternehmensrechnung und Controlling
Lehrstuhl Wirtschaftspolitik, insbesondere Wettbewerbsordnung und Strukturpolitik
Lehrstuhl Volkswirtschaftslehre I
Lehrstuhl Wirtschaftstheorie (Mikroökonomik)
Lehrstuhl Soziologie, insbesondere Arbeitssoziologie
Lehrstuhl Technik und Gesellschaft
Lehrstuhl Volkswirtschaftslehre II
Fachgebiet Soziologie
Fachgebiet Methoden der empirischen Wirtschafts- und Sozialforschung
Fachgebiet Volkswirtschaftslehre (Geld und Kredit)
Fachgebiet Betriebswirtschaftslehre, insbesondere Operations Research
Fachgebiet Betriebswirtschaftslehre
Fachgebiet Wirtschaftswissenschaft und Didaktik der Wirtschaftslehre
Fachgebiet Privatrecht

Fachbereich Statistik

Lehrstuhl Mathematische Statistik und Anwendungen I
Lehrstuhl Statistik im Bereich der Ingenieurwissenschaften
Lehrstuhl Mathematische Statistik und Anwendungen II
Lehrstuhl Wirtschafts- und Sozialstatistik
Lehrstuhl Mathematische Statistik und industrielle Anwendungen
Fachgebiet Statistische Methoden in der Genetik
Lehrstuhl Ökonometrie
Fachgebiet Statistische Versuchsplanung

Fachbereich Erziehungswissenschaften und Biologie

Institut für Allgemeine, Vergleichende und Berufspädagogik
Institut für Allgemeine Didaktik und Schulpädagogik

Institut für Schulentwicklungsforschung
Institut für Sozialpädagogik, Erwachsenenbildung und Pädagogik in der frühen Kindheit
Fach Biologie

Fachbereich Sondererziehung und Rehabilitation

Sonderpädagogische Diagnostik
Sonderpädagogische Psychologie
Sonderpädagogische Soziologie
Berufspädagogik für Behinderte
Blinden- und Sehbehindertenpädagogik
Geistigbehindertenpädagogik
Motopädagogik
Körperbehindertenpädagogik
Sprachbehindertenpädagogik
Lernbehindertenpädagogik und -didaktik
Verhaltensgestörtenpädagogik
Musikerziehung bei Behinderten
Kunsterziehung bei Behinderten
Theorie der Sondererziehung

Fachbereich Gesellschaftswissenschaften, Philosophie und Theologie

Hauswirtschaftswissenschaft und Didaktik der Haushaltslehre
Philosophie
Psychologie
Soziologie
Evangelische Theologie
Katholische Theologie

Fachbereich Sprach- und Literaturwissenschaften, Journalistik und Geschichte

Institut für Deutsche Sprache und Literatur
Institut für Anglistik und Amerikanistik
Institut für Journalistik
Historisches Institut
Forschungsstelle Ostmitteleuropa
Forschungsstelle für politische und soziale Geschichte der Schule

Fachbereich Musik, Gestaltung, Sport und Geographie

Institut für Musik und ihre Didaktik
Institut für Kunst und ihre Didaktik
Institut für Textilgestaltung und ihre Didaktik/Kulturgeschichte der Textilien
Institut für Sport und seine Didaktik
Institut für Geographie und ihre Didaktik

Zentrale und übergreifende Einrichtungen

Universitätsbibliothek
Hochschulrechenzentrum
Institut für Umweltschutz
Hochschuldidaktisches Zentrum
Zentralstelle für Weiterbildung und Kontaktstudium am außerschulischen Bereich
Institut für Roboterforschung
Mediendidaktisches Zentrum Universität Dortmund
Transferstelle der Universität Dortmund
Institut für Arbeitsphysiologie an der Universität Dortmund

4.7 Heinrich-Heine-Universität Düsseldorf

40225 Düsseldorf, Universitätsstr 1; F (02 11) 3 11-1; Telex 8 58 73 48 uni d; Telefax (02 11) 34 22 29

Rektor der Heinrich-Heine-Universität Düsseldorf: Prof Dr phil Gert Kaiser, App 24 28 und 24 29; Telefax 3 11-51 93
Prorektoren: Prof Dr med Rolf Ackermann, App 24 26; Prof Dr rer nat Jürgen Uhlenbusch, App 37 72; Prof Dr rer oec Horst Degen, App 37 73
Kanzler: Ulf Pallme König, App 24 30/31

Fakultäten

Juristische Fakultät
Dekanat: 40219 Düsseldorf, Studienhaus, Fürstenwall 5, Ebene 03, Raum 10; F (02 11) 8 99-1
Gründungsdekan: Prof Dr Janbernd Oebbecke

Wirtschaftswissenschaftliche Fakultät
Dekanat: Universitätsstr 1; F (02 11) 3 11-38 20
Dekan: Prof Dr Gerd Rainer Wagner

Philosophische Fakultät
Dekanat: Universitätsstr 1; F (02 11) 3 11-29 36
Dekanin: Prof Dr Christine Schwarzer

Mathematisch-Naturwissenschaftliche Fakultät
Dekanat: Universitätsstr 1; F (02 11) 3 11-22 35 und 21 93
Dekan: Prof Dr Klaus Steffen

Medizinische Fakultät
Dekanat: Universitätsstr 1; F (02 11) 3 11/22 42 und 30 17
Dekan: Prof Dr Dr Peter Pfitzer

Institute, Seminare, Lehrstühle und Kliniken

Wirtschaftswissenschaftliche Fakultät

Lehrstuhl für Betriebswirtschaftslehre, insbesondere Controlling
Lehrstuhl für Betriebswirtschaftslehre, insbesondere Marketing
Lehrstuhl für Betriebswirtschaftslehre, insbesondere Unternehmensführung
Lehrstuhl für Betriebswirtschaftslehre, insbesondere Finanzierung und Investition
Lehrstuhl für Betriebswirtschaftslehre, insbesondere Produktionswirtschaft und Umweltökonomie
Lehrstuhl für Volkswirtschaftslehre
Fachgebiet Volkswirtschaftslehre
Fachgebiet Statistik und Ökonometrie
Fachgebiet Recht für Wirtschaftswissenschaftler

Philosophische Fakultät

Philosophisches Institut
Erziehungswissenschaftliches Institut
Institut für Entwicklungs- und Sozialpsychologie
Sozialwissenschaftliches Institut
Historisches Seminar

Institut für die Kultur und Geschichte der Deutschen im östlichen Europa
Seminar für Kunstgeschichte
Seminar für Allgemeine Sprachwissenschaft
Seminar für Klassische Philologie
Germanistisches Seminar
Anglistisches Institut
Romanisches Seminar
Ostasien-Institut
Institut für Sportwissenschaft

Mathematisch-Naturwissenschaftliche Fakultät

Mathematisches Institut
Institut für Experimentalphysik
Institut für Laser- und Plasmaphysik
Institut für Physik der kondensierten Materie (IPkM)
Institut für Theoretische Physik
Institut für Angewandte Physik
Institut für Anorganische Chemie und Strukturchemie
Institut für Organische Chemie und Makromolekulare Chemie
Institut für Physikalische Chemie und Elektrochemie
Institut für Theoretische Chemie
Institut für Biochemie
Institut für Pharmazeutische Chemie
Institut für Pharmazeutische Biologie
Institut für Pharmazeutische Technologie
Botanisches Institut und Botanischer Garten
Institut für Biochemie der Pflanzen
Institut für Ökologische Pflanzenphysiologie und Geobotanik
Institut für Entwicklungs- und Molekularbiologie der Pflanzen
Institut für Zoologie
Institut für Physikalische Biologie mit Abteilung Biokybernetik
Institut für Mikrobiologie
Institut für Genetik
Institut für Allgemeine Psychologie
Institut für Physiologische Psychologie
Geographisches Institut

Medizinische Fakultät

Zentrum für Anatomie und Hirnforschung
Institut für Neuroanatomie
Institut für Morphologische Endokrinologie und Histochemie
Institut für Topographische Anatomie und Biomechanik
C und O Vogt-Institut für Hirnforschung

Zentrum für Physiologie
Institut für Herz- und Kreislaufphysiologie
Institut für Neuro- und Sinnesphysiologie

Zentrum für Physiologische Chemie
Institut für Physiologische Chemie I
Institut für Physiologische Chemie II

Zentrum für Medizinische Psychologie, Soziologie und Statistik
Institut für Medizinische Psychologie
Institut für Medizinische Soziologie
Institut für Statistik in der Medizin

Zentrum für Pharmakologie und Toxikologie
Institut für Pharmakologie
Institut für Toxikologie

Zentrum für Pathologie
Institut für Pathologie
Institut für Neuropathologie
Institut für Cytopathologie

Zentrum für Ökologische Medizin
Institut für Hygiene
Institut für Rechtsmedizin
Institut für Arbeitsmedizin
Institut für Humangenetik und Anthropologie

Zentrum für Innere Medizin und Neurologie
Medizinische Klinik und Poliklinik
Klinik für Hämatologie, Onkologie und klinische Immunologie
Klinik für Kardiologie, Pneumologie und Angiologie
Klinik für Endokrinologie und Rheumatologie
Klinik für Gastroenterologie
Klinik für Ernährung und Stoffwechsel
Klinik für Nephrologie
Neurologische Klinik

Zentrum für Radiologie
Klinik und Poliklinik für Strahlentherapie und radiologische Onkologie
Nuklearmedizinische Klinik
Institut für Diagnostische Radiologie

Zentrum für Operative Medizin 1
Chirurgische Klinik und Poliklinik
Klinik für Allgemeine und Unfallchirurgie
Klinik für Gefäßchirurgie und Nierentransplantation
Klinik für Kinderchirurgie
Klinik für Thorax- und kardiovaskuläre Chirurgie
Institut für Experimentelle Chirurgie

Zentrum für Operative Medizin II
Augenklinik
Hals-, Nasen- und Ohrenklinik
Neurochirurgische Klinik

Zentrum für Operative Medizin III
Frauenklinik
Orthopädische Klinik
Urologische Klinik
Hautklinik

Zentrum für Anästhesiologie
Institut für Klinische Anästhesiologie
Institut für Experimentelle Anästhesiologie

Zentrum für Kinderheilkunde
Kinderklinik
Klinik für Allgemeine Pädiatrie, Neurologie und Pneumologie

Klinik für Allgemeine Pädiatrie, Neonatologie, Gastroenterologie, Stoffwechsel und Ernährung
Klinik für Kinderkardiologie
Klinik für pädiatrische Hämatologie und Onkologie

Zentrum für Zahn-, Mund- und Kieferheilkunde
Westdeutsche Kieferklinik
Poliklinik für Zahnärztliche Chirurgie und Aufnahme
Poliklinik für Parodontologie
Poliklinik für Zahnerhaltung und Präventive Zahnheilkunde
Poliklinik für Zahnärztliche Prothetik
Poliklinik für Kieferorthopädie
Klinik für Kiefer- und Plastische Gesichtschirurgie

Abteilungen ohne Zuordnung zu einem Zentrum

Institut für Geschichte der Medizin
Institut für Klinische Chemie und Laboratoriumsdiagnostik
Institut für Blutgerinnungswesen und Transfusionsmedizin
Institut für Lasermedizin
Institut für Onkologische Chemie
Institut für Immunbiologie
Institut für Medizinische Mikrobiologie und Virologie
Klinisches Institut für Psychotherapie und Psychosomatik
Klinik für Psychotherapie und Psychosomatik der Heinrich-Heine-Universität Düsseldorf – Rheinische Landes- und Hochschulklinik
Psychiatrische Klinik der Heinrich-Heine-Universität Düsseldorf – Rheinische Landes- und Hochschulklinik
Professur für Allgemeinmedizin

Zentrale wissenschaftliche Einrichtungen der Universität

Biologisch-Medizinisches Forschungszentrum (BMFZ)
Graduierten Kolleg „Toxikologie und Umwelthygiene"

Institute an der Universität

Diabetes-Forschungsinstitut an der Universität
Institut für Ernährungsberatung und Diätetik
Medizinisches Institut für Umwelthygiene
Neurologisches Therapiezentrum (NTC)
Eichendorff-Institut
Arbeitsgemeinschaft Elektrochemischer Forschungsinstitutionen AGEF e V (Arbeitsgemeinschaft Elektrochemischer Forschungsinstitutionen e V)

Institute in Zusammenarbeit mit der Universität

Institut für Medizin, Forschungszentrum Jülich GmbH
Institut für Biotechnologie, Forschungszentrum Jülich GmbH
Institut für Plasmaphysik, Forschungszentrum Jülich GmbH

Institut für Angewandte Physikalische Chemie, Forschungszentrum Jülich GmbH
DK/Deutsches Krankenhausinstitut e V
Technische Akademie Wuppertal e V
Institut für Internationale Kommunikation in Zusammenarbeit mit der Heinrich-Heine-Universität Düsseldorf e V

4.8 Universität Bielefeld

33615 Bielefeld, Universitätsstr 25; F (05 21) 1 06-00; Telefax (05 21) 1 06-58 44; Telex 93 23 62 unibi

Rektor der Universität Bielefeld: Prof Dr Helmut Skowronek, App 20 00
Prorektoren: Prof Dr Joachim Frohn, App 48 73; Prof Dr Peter Lundgreen, App 40 70; Prof Dr Dietrich Boueke, App 41 57 und 41 43; Prof Dr Alfred Pühler, App 41 56/43
Kanzler: Karl Hermann Huvendick, App 30 00

Fakultäten

Fakultät für Biologie
Dekan: Prof Dr Fritz Trillmich, App 47 57

Fakultät für Chemie
Dekan: Prof Dr Jürgen Frey, App 61 33

Fakultät für Geschichtswissenschaft und Philosophie
Dekanin: Prof Dr Gisela Bock, App 30 04

Fakultät für Linguistik und Literaturwissenschaft
Dekan: Prof Dr Jan Wirrer, App 52 40 und 52 41

Fakultät für Mathematik
Dekan: Prof Dr Thomas Zink, App 47 52

Fakultät für Pädagogik
Dekanin: Professorin Dr Juliane Jacobi, App 30 75

Fakultät für Physik
Dekan: Prof Dr Bengt Petersson, App 52 48

Fakultät für Psychologie und Sportwissenschaft
Dekan: Prof Dr Wolfgang Hartje, App 42 85

Fakultät für Rechtswissenschaft
Dekan: Prof Dr Martin Stock, App 43 01

Fakultät für Soziologie
Dekanin: Professorin Dr Otthein Rammstedt, App 38 23

Fakultät für Wirtschaftswissenschaften
Dekan: Prof Dr Lutz Hildebrandt, App 38 21

Fakultät für Theologie, Geographie, Kunst und Musik
Dekan: Prof Dr Axel Braun, App 30 68

Technische Fakultät
Dekan: Prof Dr Gerhard Sagerer, App 34 54

Wissenschaftliche Einrichtungen

Zentrum für interdisziplinäre Forschung
Institut für Bevölkerungsforschung und Sozialpolitik
Institut für Didaktik der Mathematik
Institut für Mathematische Wirtschaftsforschung
Zentrum für Lehrerbildung
Zentrum für Wissenschaft und Praxis
Laborschule des Landes NW an der Universität Bielefeld
Oberstufenkolleg des Landes NW an der Universität Bielefeld
Interdisziplinäres Zentrum für Hochschuldidaktik
Institut für Wissenschafts- und Technikforschung
Interdisziplinäres Frauenforschungzentrum
Forschungsschwerpunkt Mathematisierung der Einzelwissenschaften
Kontaktstelle Wissenschaftliche Weiterbildung
Sonderforschungsbereich „Polarisation und Korrelation in atomaren Stoßkomplexen"
Sonderforschungsbereich „Pathomechanismen zellulärer Wechselwirkungen"
Sonderforschungsbereich „Prävention und Intervention im Kindes- und Jugendalter"
Sonderforschungsbereich „Sozialgeschichte des neuzeitlichen Bürgertums: Deutschland im internationalen Vergleich"
Sonderforschungsbereich „Diskrete Strukturen in der Mathematik"
Forschungszentrum Bielefeld-Bochum-Stochastik
Nordrhein-Westfälischer Forschungsverbund Public Health

4.9 Universität – Gesamthochschule Essen

45141 Essen, Universitätsstr 2; F (02 01) 1 83-1; Telex 8 579 091; Btx 2 19 49; Telefax (02 01) 1 83-21 51

Rektor der Universität – Gesamthochschule Essen: Prof Dr phil Elmar Lehmann
Prorektorin für Lehre, Studium, Studienreform und Weiterbildung: Prof Dr rer nat Ingrid Ziegler
Prorektor für Forschung und wissenschaftlichen Nachwuchs: Prof Dr rer nat Robert Graham
Prorektor für Personal und Finanzen: Prof Dr-Ing Volker Hans
Prorektor für Struktur und Planung: Prof Dr med Wolfgang Senf
Kanzler: Dr jur Elmar Lengers

Fachbereiche

Fachbereich 1 Philosophie, Geschichts-, Religions- und Sozialwissenschaften
Universitätsstr 12; 1 82-35 45/35 44

Fachbereich 2 Erziehungswissenschaft, Psychologie, Sport
Universitätsstr 11; 1 83-22 28/22 29

Fachbereich 3 Literatur- und Sprachwissenschaften
Universitätsstr 12; F 1 83-33 75/33 74

Fachbereich 4 Gestaltung und Kunsterziehung
Universitätsstr 12; F 1 83-33 55/33 56

Fachbereich 5 Wirtschaftswissenschaften
Universitätsstr 12; F 1 83-36 33/36 34

Fachbereich 6 Mathematik und Informatik
Universitätsstr 3; F 1 83-25 03/25 02

Fachbereich 7 Physik
Universitätsstr 5; F 1 83-24 81/24 86

Fachbereich 8 Chemie
Universitätsstr 5; F 1 83-31 94/31 54

Fachbereich 9 Bio- und Geowissenschaften
Universitätsstr 15; F 1 83-32 13/28 28

Fachbereich 10 Bauwesen
Universitätsstr 15; F 1 83-27 73/27 75

Fachbereich 11 Vermessungswesen
Henri-Dunant-Str 65; F 1 83-42 10/42 11

Fachbereich 12 Maschinentechnik
Schützenbahn 70; F 1 83-29 25/29 26

Fachbereich 13 Energie-, Verfahrens- und Elektrotechnik
Universitätsstr 15; F 1 83-27 15

Fachbereich 14 Medizin
Hufelandstr 55; F 7 23-4696

Universtätsklinikum Essen

Medizinische Einrichtungen der Universität – Gesamthochschule Essen
45147 Essen, Hufelandstr 55; F (02 01) 723-0; Telex
8 579 573 Klies d; Telefax (02 01) 7 23-46 94; Teletex 20 13 59
Verwaltungsdirektor: Dr O Zöller LtdVwDir
Ärztlicher Direktor: Prof Dr U Stepahn

Vorklinische Abteilungen und Abteilungen der theoretischen Medizin, die keinem Zentrum zugeordnet sind
Institut für Anatomie
Institut für Physiologie
Institut für Physiologische Chemie
Institut für Medizinische Informatik und Biomathematik
Institut für Medizinische Psychologie
Institut für Pharmakologie

Klinische Abteilungen, die keinem Zentrum zugeordnet sind
Institut für Anästhesiologie
Institut für Audiologie und Vestibulometrie
Institut für Humangenetik
Klinik und Poliklinik für Angiologie
Klinik und Poliklinik für Dermatologie und Venerologie, Allergologie
Klinik und Poliklinik für Hals-Nasen-Ohrenheilkunde
Klinik und Poliklinik für Gesichts- und Kieferchirurgie
Klinik und Poliklinik für Neurochirurgie
Klinik und Poliklinik für Neurologie

Klinik und Poliklinik für Orthopädie
Klinik und Poliklinik für Urologie

Medizinische Zentren

Zentrum für Augenheilkunde
Klinik und Poliklinik für Augenheilkunde
Abteilung für Allgemeine Augenheilkunde und Erkrankungen des vorderen Augenabschnittes
Abteilung für Erkrankungen des hinteren Augenabschnittes

Zentrum für Chirurgie
Chirurgische Klinik und Poliklinik
Abteilung für Allgemeine Chirurgie
Abteilung für Thorax- und Kardiovaskuläre Chirurgie
Abteilung für Unfallchirurgie
Experimentelle Chirurgie

Zentrum für Frauenheilkunde
Klinik und Poliklinik für Frauenheilkunde und Geburtshilfe
Abteilung für Geburtshilfe und Perinatale Medizin
Abteilung für Gynäkologie, insbesondere gynäkologische Onkologie

Zentrum für Innere Medizin
Medizinische Klinik und Poliklinik
Abteilung für Endokrinologie
Abteilung für Gastroenterologie
Abteilung für Hämatologie
Abteilung für Kardiologie
Abteilung für Klinische Chemie und Laboratoriumsdiagnostik
Abteilung für Nieren- und Hochdruckkranke
Abteilung für Pathophysiologie

Zentrum für Kinderheilkunde
Klinik und Poliklinik für Kinder- und Jugendmedizin
Abteilung für Allgemeine Pädiatrie
Abteilung für Pädiatrische Endokrinologie
Abteilung für Pädiatrische Kardiologie
Abteilung für Pädiatrische Nephrologie
Abteilung für Pädiatrische Onkologie und Hämatologie

Radiologisches Zentrum
Klinik und Poliklinik für Nuklearmedizin
Klinik und Poliklinik für Strahlentherapie
Abteilung für Röntgendiagnostik I im Operativen Zentrum II
Abteilung Strahlentherapie II in der Strahlenklinik
Institut für Medizinische Strahlenbiologie
Institut für Medizinische Strahlenphysik

Zentrum für Tumorforschung und Tumortherapie
Innere Klinik und Poliklinik (Tumorforschung)
Klinik und Poliklinik für Knochenmarktransplantation
Institut für Molekularbiologie (Tumorforschung)
Institut für Zellbiologie (Tumorforschung)

Zentrum für Medizinische Ökologie
Institut für Hygiene- und Arbeitsmedizin
Institut für Immunologie
Institut für Medizinische Mikrobiologie
Institut für Medizinische Virologie
Institut für Transfusionsmedizin

Zentrum für Pathologie und Rechtsmedizin
Institut für Neuropathologie
Institut für Pathologie
Institut für Rechtsmedizin

Zentrale Dienstleistungseinrichtungen
Technisches Zentrallaboratorium
Zentrales Tierlaboratorium

Rheinische Landes- und Hochschulklinik
Klinik für Allgemeine Psychiatrie
Klinik für Kinder- und Jugendpsychiatrie
Klinik für Psychotherapie und Psychosomatik

4.10 Universität – Gesamthochschule Duisburg

47048 Duisburg, Lotharstr 65; F (02 03) 3 79-0;
Telex 8 55 793 uni du d; Telefax (02 03) 3 79-33 33

Rektor der Universität – Gesamthochschule Duisburg: Prof Dr Gernot Born
Prorektoren: Prof Ph D Volker Buß; Prof Dr Walter Eberhard; Prof Dr Regine Mathias
Kanzler: Dr jur Rudolf Baumanns

Fachbereich 1 Philosophie – Religionswissenschaft – Gesellschaftswissenschaften
Dekan: Prof Dr Dieter Gewenich

Fachbereich 2 Erziehungswissenschaft – Psychologie – Sport
Dekan: Prof Dr Siegfried Frey

Fachbereich 3 Sprach- und Literaturwissenschaft
Dekan: Prof Dr Wolfgang Hoeppner

Fachbereich 5 Wirtschaftswissenschaft
Dekan: Prof Dr Michael Wohlgemuth

Fachbereich 6 Biologie – Chemie – Geographie
Dekan: Prof Dr Gerald Henkel

Fachbereich 7 Maschinenbau
Dekan: Prof Dr-Ing Som Deo Sharma

Fachbereich 8 Hüttentechnik – Gießereitechnik
Dekan: Prof Dr Rüdiger Zeihe

Fachbereich 9 Elektrotechnik
Dekan: Prof Dr-Ing Werner Rasquin

Fachbereich 10 Physik – Technologie
Dekan: Prof Dr Peter Entel

Fachbereich 11 Mathematik
Dekan: Prof Dr Manfred Leppig

4.11 Universität – Gesamthochschule Paderborn

33098 Paderborn, Warburger Str 100; F (0 52 51) 60-0; Telex 9 36 776; Telefax (0 52 51) 60-25 19

Rektor der Universität – Gesamthochschule Paderborn: Prof Dr Hans Albert Richard
Prorektoren: Prof Dr Gerhard Allroggen; Prof Dr Horst Ziegler; Prof Dr Volker Paul; Prof Dr Bernd Rahmann
Kanzler: Ulrich Hintze

Abteilungen

Abteilung Höxter
37671 Höxter, An der Wilhelmshöhe 44; F (0 52 71) 6 87-0; Telefax (0 52 71) 68 72 00
Abteilungssprecher: Prof Holger Haag

Abteilung Meschede
59872 Meschede, Lindenstr 53; F (02 91) 99 10-0; Telefax (02 91) 99 10 40
Abteilungssprecher: Prof Dr-Ing Klaus Dieter Schwarz

Abteilung Soest
59494 Soest, Steingraben 21; F (0 29 21) 3 78-0
Abteilungssprecher: Prof Dr Reinald-Jörg Weimar

Fachbereiche

Fachbereich 1 Philosophie, Geschichte, Geographie, Religions- und Gesellschaftswissenschaften
33098 Paderborn, Warburger Str 100; F (0 52 51) 60-23 47
Dekan: Prof Dr Holm Tetens

Fachbereich 2 Erziehungswissenschaft, Psychologie, Sportwissenschaft
33098 Paderborn, Warburger Str 100; F (0 52 51) 60-29 45
Dekan: Prof Dr Peter Schneider

Fachbereich 3 Sprach- und Literaturwissenschaften
33098 Paderborn, Warburger Str 100; F (0 52 51) 60 28 77
Dekanin: Professorin Dr Jutta Langenbacher-Liebgott

Fachbereich 4 Kunst, Musik, Gestaltung
33098 Paderborn, Warburger Str 100; F (0 52 51) 60-29 57
Dekanin: Professorin Dr Silke Leopold

Fachbereich 5 Wirtschaftswissenschaften
33098 Paderborn, Warburger Str 100; F (0 52 51) 60 21 08
Dekan: Prof Dr Wilfried Fuhrmann

Fachbereich 6 Physik
33098 Paderborn, Warburger Str 100; F (0 52 51) 60 26 79
Dekan: Prof Dr Manfred Euler

Fachbereich 7 Architektur, Landespflege
37671 Höxter, An der Wilhelmshöhe 44; F (0 52 71) 6 87-1 02

Dekan: Prof Dr Bernd Gerken

Fachbereich 9 Landbau
59494 Soest, Windmühlenweg 25; F (0 29 21)
3 78-2 11
Dekan: Prof Dr Heinrich Schulte-Sienbeck

Fachbereich 10 Maschinentechnik
33098 Paderborn, Pohlweg 47-49; F (0 52 51)
60 22 55
Dekan: Prof Dr-Ing Rainer Koch

Fachbereich 11 Maschinenbau – Datentechnik
59872 Meschede, Lindenstr 53; F (02 91) 99 10 bis
99 13
Dekan: Prof Dr Wolfgang Oevenscheidt

Fachbereich 12 Maschinenbau – Automatisierungs-
technik
59494 Soest, Steingraben 21; F (0 29 21) 3 78-1 30
Dekan: Prof Dr Franz Stemmer

Fachbereich 13 Chemie und Chemietechnik
33098 Paderborn, Warburger Str 100; F (0 52 51)
60 21 45
Dekan: Prof Dr Hans-Christoph Broecker

Fachbereich 14 Elektrotechnik
33098 Paderborn, Pohlweg 47-49; F (0 52 51)
60 22 07
Dekan: Prof Dr Nicolas Dourdoumas

Fachbereich 15 Nachrichtentechnik
59872 Meschede, Lindenstr 53; F (02 91) 99 10-0
Dekan: Prof Dr Franz Hufnagel

Fachbereich 16 Elektrische Energietechnik
59494 Soest, Steingraben 21; F (0 29 21) 3 78-1 40
Dekan: Prof Dr Franz-Josef Schmitte

Fachbereich 17 Mathematik, Informatik
33098 Paderborn, Warburger Str 100; F (0 52 51)
60 26 26
Dekan: Prof Dr Hans Kleine Büning

Fachbereich 18 Technischer Umweltschutz
37671 Höxter, An der Wilhelmshöhe 44;
F (0 52 71) 6 87-1 09
Dekan: Prof Dr Joachim Fettig

4.12 Universität – Gesamthochschule Siegen

57072 Siegen, Herrengarten 3; F (02 71) 7 40-1;
Teletex 27 13 83; Telefax (02 71) 7 40-51 99

Rektor der Universität – Gesamthochschule Siegen:
Prof Dr Klaus Sturm
Prorektoren: Prof Dr Rüdiger Pethig; Prof Dr Lot-
har Schülke
Kanzler: Prof Dr Gerd Förch

Fachbereiche

Fachbereich 1 Sozialwissenschaften – Philosophie –
Theologie – Geschichte – Geographie
Dekan: Prof Dr Wolfgang H Schrader

Fachbereich 2 Erziehungswissenschaft – Psycholo-
gie – Sportwissenschaft
Dekan: Prof Dr Berthold Stötzel

Fachbereich 3 Sprach- und Literaturwissenschaften
Dekan: Prof Dr Johannes Kramer

Fachbereich 4 Kunst- und Musikpädagogik
Dekan: Prof Dr Gundolf Winter

Fachbereich 5 Wirtschaftswissenschaften
Dekan: Prof Dr Manfred Grauer

Fachbereich 6 Mathematik
Dekan: Prof Dr Franz-Jürgen Delvos

Fachbereich 7 Physik
Dekan: Prof Dr Manfred Simon

Fachbereich 8 Chemie – Biologie
Dekan: Prof Dr Dietbert Knöfel

Fachbereich 9 Architektur – Städtebau
Dekan: Prof Hanns M Sauter

Fachbereich 10 Bauingenieurwesen
Dekan: Prof Dr Dieter Polumsky

Fachbereich 11 Maschinentechnik
Dekan: Prof Dr-Ing Wilhelm Schwarz

Fachbereich 12 Elektrotechnik – Informatik
Dekan: Prof Dr-Ing Markus Böhm

4.13 Bergische Universität – Gesamthochschule Wuppertal

42119 Wuppertal, Gaußstr 20; F (02 02) 4 39-1;
Telex 8 592 262; Btx 17 92 39 89; Telefax (02 02)
4 39-29 01

*Rektor der Bergischen Universität – Gesamthoch-
schule Wuppertal:* Prof Dr rer pol Erich Hödl
Prorektor I: Prof Dr-Ing Bernhard Walz
Prorektor II: Prof Dr rer nat Hinrich Meyer
Prorektor III: Prof Dr rer pol Volker Ronge
Kanzler: Dr jur Klaus Peters

Dekanate

Fachbereich 1 Gesellschaftswissenschaften

Fachbereich 2 Geschichte – Philosophie – Theologie

Fachbereich 3 Erziehungswissenschaften

Fachbereich 4 Sprach- und Literaturwissenschaften

Fachbereich 5 Design – Kunst- und Musikpädagogik
– Druck

Fachbereich 6 Wirtschaftswissenschaft

Fachbereich 7 Mathematik

Fachbereich 8 Naturwissenschaften I (Physik)

Fachbereich 9 Naturwissenschaften II (Chemie –
Biologie)

Fachbereich 10 Architektur – Innenarchitektur

Fachbereich 11 Bautechnik

Fachbereich 12 Maschinentechnik

Fachbereich 13 Elektrotechnik

Fachbereich 14 Sicherheitstechnik

4.14 Fernuniversität – Gesamthochschule in Hagen

58084 Hagen, Feithstr 152; F (0 23 31) 9 87 01;
Telefax (0 23 31) 9 87 27 63; Teletex (17) 2 33 13 09

Rektor der Fernuniversität – Gesamthochschule in Hagen: Prof Dr Günter Fandel
Prorektoren: Prof Dr Gerd Wiendieck; Prof Dr Gunter Schlageter; Prof Dr-Ing Helmut Hoyer; Prof Dr Holger Petersson
Kanzler: Techn Dipl-Volksw Ralf Bartz

Fachbereiche

Fachbereich Mathematik
Dekan: Prof Dr Dieter Pumplün

Fachbereich Rechtswissenschaft
Dekan: Prof Dr Heinz-Dietrich Steinmeyer

Fachbereich Wirtschaftswissenschaft
Dekan: Prof Dr Wilhelm Rödder

Fachbereich Erziehungs-, Sozial- und Geisteswissenschaften
Dekan: Prof Dr Georg Hansen

Fachbereich Elektrotechnik
Dekan: Prof Dr Detlev Hackstein

Fachbereich Informatik
Dekan: Prof Dr Ralf-Hartmut Güting

Zentrale wissenschaftliche Einrichtung:

Zentrales Institut für Fernstudienforschung (ZIFF)
Zentrum für Fernstudienentwicklung (ZFE)

5 Kirchliche Hochschulen

5.1 Kirchliche Hochschule Bethel

33617 Bielefeld, Remterweg 45, F (05 21)
1 44-39 48; Telefax (05 21) 1 44-47 00

Rektor der Kirchlichen Hochschule Bethel: Prof Dr Hermann Braun
Prorektor: Prof Dr Alfred Jäger

Fachgebiete
Altes Testament, Neues Testament, Kirchengeschichte, Systematische Theologie, Praktische Theologie, Liturgik und Kirchenmusik, Philosophie, Kirchenrecht, Missions- und Religionswissenschaft, Klassische Philologie, Religionspädagogik, Sprecherziehung, Klassische und Christliche Archäologie, Medizinisch-theologische Grenzgebiete, Sprachkurse in Hebräisch, Griechisch und Latein.

5.2 Philosophisch-Theologische Hochschule

der Franziskaner und Kapuziner
48147 Münster, Hörsterplatz 4 und
Kapuzinerstr 27 bis 29; F (02 51) 5 76 77 oder
48 33-0

Rektor der Philosophisch-Theologischen Hochschule: Prof Dr Edilbert Schülle
Prorektor: Prof Dr Hermann Punsmann
Sekretär: Dr Ildefons Vanderheyden

Vorlesungen
Philosophie, Psychologie, Soziologie, Fundamentaltheologie, Kirchengeschichte, Alttestamentliche Bibelwissenschaft, Neutestamentliche Bibelwissenschaft, Theologische Anthropologie, Dogmatik, Moraltheologie, Kirchenrecht, Liturgiewissenschaft, Homiletik, Pastoral, Katechetik

5.3 Philosophisch-Theologische Hochschule SVD St Augustin

Kirchlich und staatlich anerkannte wissenschaftliche Hochschule
(angeschlossen der Päpstlichen Hochschule Sant' Anselmo in Rom)

53754 St Augustin, Arnold-Janssen-Str 30;
F (0 22 41) 23 72 22

Rektor der Philosophisch-Theologischen Hochschule SVD St Augustin: Prof Dr habil Karl Josef Rivinius SVD

Ausbildungsziel:
Dipl-Theologe/in;
Lizentiat in Theologie mit missionstheologischer Spezialisierung;
Doktorat in Theologie mit missionstheologischer Spezialisierung

5.4 Philosophisch-Theologische Hochschule

der Redemptoristen
53773 Hennef, Waldstr 9; F (0 22 42) 8 25 56

Rektor der Philosophisch-Theologischen Hochschule der Redemptoristen: Dr theol Josef Schmitz CSSR

Ausbildungsziel:
Diplom in Katholischer Theologie

5.5 Theologische Fakultät Paderborn

33098 Paderborn, Kamp 6; F (0 52 51) 1 21-6

Rektor der Theologischen Fakultät Paderborn: Prof Dr Michael Kunzler
Prorektor: Prof Dr Hans Gleixner
Quästor: Dr Friedrich Siebecke
Sekretär: Prof Dr Theodor Herr

111

Vorlesungen und Übungen:
Systematische Philosophie
Geschichte der Philosophie, Psychologie
Biblische Theologie
Altes Testament, Neues Testament
Historische Theologie
Kirchengeschichte, Bistumsgeschichte, Kunstgeschichte, Religiöse Volkskunde
Systematische Theologie
Fundamentaltheologie, Dogmatik, Moraltheologie
und Ethik, Christliche Gesellschaftslehre
Ökumenische Theologie
Praktische Theologie
Kirchenrecht, Religionspädagogik, Pastoraltheologie, Homiletik, Liturgiewissenschaft, Caritaswissenschaft, Kirchenmusik
Sprachkurse

5.6 Kirchliche Hochschule Wuppertal

42285 Wuppertal, Missionsstr 9 b; F (02 02)
28 20-0; Telefax (02 02) 28 20-1 01

Rektor der Kirchlichen Hochschule Wuppertal: Prof
Dr Martin Karrer
Verwaltungsleiter: Harald Kuhn

Fachrichtung
Evangelische Theologie

6 Deutsche Sporthochschule Köln

50933 Köln, Carl-Diem-Weg; F (02 21) 49 82-1;
Telefax (02 21) 4 97 17 82

Rechtliche Grundlage und Aufgabenkreis:
Gesetz über die wissenschaftlichen Hochschulen
des Landes Nordrhein-Westfalen (WissHG) vom
28. November 1979 (GV NW S 926), geändert am
20. Oktober 1987 (GV NW S 366).
Die Deutsche Sporthochschule Köln bildet Studierende in sportwissenschaftlichen Studiengängen
aus und bietet Abschlüsse mit Hochschulprüfungen
(Diplom, Dr Sportwiss) und mit staatlichen Prüfungen (im Rahmen der Ersten Staatsprüfung für die
Lehrämter) im Fach Sport an.

Rektor der Deutschen Sporthochschule Köln: Uni-
Prof Dr päd Joachim Mester
Prorektoren: UniProf Dr med Karl Weber (Lehre,
Studium und Studienreform); UniProf Dr phil Eckhard Meinberg (Forschung und wissenschaftlicher
Nachwuchs); UniProf Dr med Richard Rost (Planung und Finanzen)
Kanzler: Dr jur Eike Reschke

Fachbereich I
Erziehungs-, Geistes- und Sozialwissenschaften
Institut für Sportgeschichte
Institut für Sportsoziologie
Institut für Freizeitwissenschaft
Pädagogisches Seminar
Philosophisches Seminar

Psychologisches Institut
Fachgebiet Sportökonomie

Fachbereich II
Medizin- und Naturwissenschaften
Institut für Biochemie
Institut für Biomechanik
Institut für Experimentelle Morphologie
Institut für Kreislaufforschung und Sportmedizin
Physiologisches Institut
Institut für Rehabilitation und Behindertensport
Fachgebiet Sporttraumatologie

Fachbereich III
Sportdidaktik und Methodik
Institut für Trainings- und Bewegungslehre
Institut für Sportdidaktik
Institut für Leichtathletik und Turnen
Institut für Musik- und Tanzpädagogik
Institut für Schwimm-, Wasser-, Winter- und
Kampfsport
Institut für Sportspiele
Institut für Sportpublizistik

Der Sporthochschule angeschlossen:
Carl und Liselott Diem-Archiv
Alfons-Gerz-Institut für publizistische Medien und
Sport
Institut für Europäische Sportstudien

7 Kunsthochschulen

Rechtsgrundlage, Gliederung und Aufgabenkreis:
Gesetz über die Kunsthochschulen im Lande Nordrhein-Westfalen (Kunsthochschulgesetz –
KunstHG) vom 20. Oktober 1987 (GV NW S 366).
Die Kunsthochschulen sind Körperschaften des öffentlichen Rechts und zugleich Einrichtungen des
Landes. Kunsthochschulen des Landes Nordrhein-
Westfalen sind:
– die Hochschule für Musik Detmold mit den Abteilungen Dortmund und Münster
– die Kunstakademie Düsseldorf
– die Robert-Schumann-Hochschule Düsseldorf
– die Folkwang-Hochschule Essen mit der Abteilung Duisburg
– die Hochschule für Musik Köln mit den Abteilungen Aachen und Wuppertal
– die Kunsthochschule für Medien Köln
– die Kunstakademie Münster.
Die Kunsthochschulen dienen der Pflege der Künste auf den Gebieten der bildenden Kunst, der Musik und der darstellenden Kunst durch Lehre und
Studium, Kunstausübung und künstlerische Entwicklungsvorhaben. Im Rahmen der ihnen obliegenden Lehrerausbildung und anderer wissenschaftlicher Fächer nehmen sie darüber hinaus Aufgaben wissenschaftlicher Hochschulen einschließlich der Forschung wahr. Sie bereiten auf künstlerische Berufe und auf Berufe vor, deren Ausübung
künstlerische Fähigkeiten erfordern. Sie fördern
den künstlerischen Nachwuchs und im Rahmen
ihres Auftrages den wissenschaftlichen Nachwuchs.

7.1 Kunstakademie Düsseldorf

40213 Düsseldorf, Eiskellerstr 1; F (02 11) 13 96-0;
Telefax (02 11) 13 96-2 25

Rektor der Kunstakademie Düsseldorf: Prof Markus
Lüpertz
Prorektoren: Prof Tony Cragg, Prof Dr Walter J
Hofmann
Kanzler: Dr h c Peter Michael Lynen

Fachbereich I Kunst
Studiengebiete: Malerei; Bildhauerei; Baukunst
(Architektur); freie Grafik; Bühnenbild; Fotografie;
Film und Video

Fachbereich II Kunstbezogene Wissenschaften
Studiengebiete: Pädagogik; Kunstgeschichte; Soziologie; Philosophie; Kunstdidaktik; Poetik und Theorie des Ästhetischen

7.2 Kunstakademie Münster

– Hochschule für Bildende Künste –
48153 Münster, Scheibenstr 109; F (02 51)
9 72 17-0

Rektor der Kunstakademie Münster: Prof Gunther
Keusen
Kanzler: Hans Lesener

Studiengänge:
Freie Kunst
Kunst für das Lehramt für die Sekundarstufe II
Kunst für das Lehramt für die Sekundarstufe I
Kunst für das Lehramt für die Primarstufe (Schwer-
punktfach)

7.3 Hochschule für Musik Detmold

32756 Detmold, Neustadt 22; F (0 52 31) 74 07-0;
Telefax (0 52 31) 74 07 72

Rektor der Hochschule für Musik Detmold: Prof
Martin Christoph Redel
Prorektoren: Prof Karl-Heinz Bloemeke; Prof Jür-
gen Ulrich
Kanzler: Friedrich Kramer

**Fachbereich 1 Orchesterinstrumente, Orchester-
und Chorleitung**
Dekan: Prof Joachim Harder

**Fachbereich 2 Tasteninstrumente und Gesang (in-
klusive Oper) Künstlerisches Sprechen, Rhythmik**
Dekan: Prof Edmundo Lasheras

**Fachbereich 3 Kompostion/Musiktheorie, Musik-
pädagogik, Kirchenmusik, Musikübertragung**
Dekan: Prof Dr Ernst Klaus Schneider

Studiengänge:
Künstlerische Hauptfachklassen für Komposition,
Dirigieren, Gesang, Klavier und sämtliche Orche-
sterinstrumente,
Seminar für Musikschullehrer und selbständige Mu-
siklehrer

Studiengang Schulmusik (Ausbildung für die Se-
kundarstufe II),
Tonmeister-Institut (Musikübertragung),
Studiengang Kirchenmusik (A-Prüfung),
Opernschule
Musikwissenschaftliches Seminar in Kooperation
mit der GHS Paderborn

Fachbereich 4 Abt Dortmund
44227 Dortmund, Emil-Figge-Str 44; F (02 31)
7 55-1; Telefax (02 31) 7 55-49 98
Dekan: Prof Richard Braun

Studiengänge:
Künstlerische Hauptfachklassen für Gesang, Klavier, Gitarre, Akkordeon und sämtliche Orchesterinstrumente,
Seminar für Musikschullehrer und selbständige Mu-
siklehrer
Kirchenmusik-Abt (B-Prüfung)

Fachbereich 5 Abt Münster
48151 Münster, Ludgeriplatz 1; F (02 51) 83 56 98,
83 56 99 und 83 48 87; Telefax (02 51) 83 48 87
Dekan: Prof Dr Reinhard Lüttmann

Studiengänge:
Künstlerische Hauptfachklassen für Klavier, Gitarre und sämtliche Orchesterinstrumente,
Seminar für Musikschullehrer und selbständige Mu-
siklehrer

7.4 Robert-Schumann-Hochschule Düsseldorf

40476 Düsseldorf, Fischerstr 110; F (02 11)
4 91 20 11; Telefax (02 11) 4 91 16 18

*Rektor der Robert-Schumann-Hochschule Düssel-
dorf:* Prof Dr Helmut Kirchmeyer
Prorektoren: Prof Herbert Drechsel; Prof Paul Heuser
Kanzler: Werner Kowal

Fachbereich I
Dekan: Prof Edmund Buschinger

Fachbereich II
Dekan: Prof Claus Reichardt

Studiengänge:
Alle künstlerischen Studiengänge, Katholische Kirchenmusik, Evangelische Kirchenmusik, Musikpädagogik (außer Schulmusik), Promotionsstudien-
gang Musikwissenschaft, interdisziplinärer Studiengang Ton- und Bildingenieur in Verbindung mit der
Fachhochschule Düsseldorf.

7.5 Hochschule für Musik Köln

50668 Köln, Dagobertstr 38; F (02 21) 91 28 18-0;
Telefax (02 21) 13 12 04

Rektor der Hochschule für Musik Köln: Prof Dr
Franz Müller-Heuser
Prorektoren: Prof Dr Werner Lohmann

Kanzlerin: Isabel Pfeiffer-Poensgen

Fachbereich 1 Komposition, Tonsatz, Dirigieren – Orchester/Chor – Tasteninstrumente, Evangelische und katholische Kirchenmusik
Dekan: Prof Klaus Oldemeyer

Fachbereich 2 Instrumente – Orchester, Jazz
Dekanin: Professorin Brigitta Jochims

Fachbereich 3 Gesang, Musiktheater, Rhythmik, Tanz
Dekan: Professorin Natalie Usselmann-Kock

Fachbereich 4 Lehramt Sekundarstufe II, Aufbaustudiengang Promotion (Musikpädagogik und Musikwissenschaft)
Dekan: Prof Dr Sigmund Helms

Studiengänge:
Seminar für Musikerziehung, Promotion (Hauptfächer Musikwissenschaft und Musikpädagogik), Komposition, Dirigieren (Chor und Orchester), Gesang, Klavier, Orgel, Cembalo, Gitarre, Laute, Geige, Bratsche, Cello, Kontrabaß, Viola da Gamba, Harfe, Blockflöte, Flöte, Oboe, Klarinette, Saxophon, Fagott, Horn, Trompete, Barocktrompete, Posaune, Tuba, Pauken, Schlagzeug, Rhythmik, Neues Musiktheater, Musikpädagogik, evangelische Kirchenmusik, katholische Kirchenmusik, Musik Lehramt Sekundarstufe II

Fachbereich 5 Abt Aachen
52062 Aachen, Theaterstr 2-4; F (02 41) 45 53 78; Telefax (02 41) 45 52 21
Dekan: Prof Herbert Nobis

Studiengänge:
Gesang, Klavier, Cembalo, Gitarre, Geige, Bratsche, Cello, Kontrabaß, Gambe, Blockflöte, Flöte, Oboe, Klarinette, Fagott, Horn, Trompete, Posaune, Tuba, Saxophon, Schlagzeug; Tonsatz, Seminar für Musikerziehung

Fachbereich 6 Abt Wuppertal
42117 Wuppertal, Friedrich-Ebert-Str 141; F (02 02) 30 30 31; Telefax (02 02) 30 58 52
Dekan: Prof Karl-Heinz Zarius

Studiengänge:
Gesang, Klavier, Orgel, Gitarre, Geige, Bratsche, Cello, Laute, Mandoline, Blockflöte, Flöte, Oboe, Fagott, Horn, Harfe, Akkordeon, Tonsatz, Liedbegleitung, Cembalo, Klarinette, Saxophon, Trompete, Posaune, Tuba, Schlagzeug, Kontrobaß, Gambe Allgemeine Musikerziehung

7.6 Folkwang-Hochschule Essen mit Abteilung Duisburg

45239 Essen, Klemensborn 39; F (02 01) 49 03-0; Telefax (02 01) 49 03-2 88

Rektor der Folkwang-Hochschule Essen: Prof Wolfgang Hufschmidt

Abteilung Duisburg
47051 Duisburg, Düsseldorfer Str 19; F (02 03) 2 49 73; Telefax (02 03) 28 72 60

7.7 Kunsthochschule für Medien Köln

50676 Köln, Peter Welter Platz 2; F (02 21) 2 01 89-0; Telefax (02 21) 2 01 89-17

Rektor der Kunsthochschule für Medien Köln: Prof Dr Klaus Katz

Fächergruppen
Fernsehen/Film, Mediengestaltung, Medienkunst, Kunst- und Medienwissenschaften

8 Universität Witten/Herdecke
(private Universität)

58448 Witten, Alfred-Herrhausen-Str 50; F (0 23 02) 9 26-0; Telefax (0 23 02) 9 26-9 29

Präsident der Universität Witten/Herdecke: Dr Konrad Schily

9 Fachhochschulen

Rechtsgrundlage, Gliederung und Aufgabenkreis:
Gesetz über die Fachhochschulen im Lande Nordrhein-Westfalen (Fachhochschulgesetz – FHG) vom 20. November 1979 – GV NW 1979 Seite 964, zuletzt geändert durch Gesetz vom 14. Juli 1992 (GV NW Seite 282).
Die Fachhochschulen sind Körperschaften des öffentlichen Rechts und zugleich Einrichtungen des Landes. Es bestehen folgende Fachhochschulen:
– Fachhochschule Aachen mit einer Abteilung in Jülich
– Fachhochschule Bielefeld mit einer Abteilung in Minden
– Fachhochschule Bochum mit einer Abteilung in Gelsenkirchen
– Fachhochschule Dortmund
– Fachhochschule Düsseldorf
– Fachhochschule Gelsenkirchen
– Fachhochschule Köln mit einer Abteilung in Gummersbach
– Fachhochschule für Bibliotheks- und Dokumentationswesen in Köln
– Fachhochschule Lippe in Lemgo mit einer Abteilung in Detmold
– Märkische Fachhochschule in Iserlohn mit einer Abteilung in Hagen
– Fachhochschule Münster mit einer Abteilung in Steinfurt
– Fachhochschule Niederrhein in Krefeld mit einer Abteilung in Mönchengladbach.
Die Fachhochschulen bereiten durch anwendungsbezogene Lehre auf berufliche Tätigkeiten vor, die die Anwendung wissenschaftlicher Erkenntnisse und Methoden oder die Fähigkeit zu künstlerischer Gestaltung erfordern. In diesem Rahmen nehmen

die Fachhochschulen Forschungs- und Entwicklungsaufgaben und künstlerisch-gestalterische Aufgaben wahr, die zur wissenschaftlichen oder künstlerischen Grundlegung und Weiterentwicklung von Lehre und Studium erforderlich sind.

9.1 Fachhochschule Aachen

52066 Aachen, Kalverbenden 6; F (02 41) 60 09-0; Telefax (02 41) 60 09-10 90

Rektor der Fachhochschule Aachen: Prof Dipl-Phys Hermann-Josef Buchkremer
Prorektoren: Prof Dr-Ing Reinhard Fürmetz; Professorin Dr rer nat Gisela Engeln-Müllges; Prof Dr rer pol Alfred Joepen
Kanzler: Peter Michael Reusch

Fachbereiche

Fachbereich Architektur
Fachbereich Bauingenieurwesen
Fachbereich Chemieingenieurwesen
Fachbereich Design
Fachbereich Elektrotechnik; Energieelektronik; Informationsverarbeitung und Nachrichtentechnik
Fachbereich Flugzeugbau, Triebwerkbau und Raumfahrttechnik
Fachbereich Maschinenbau
Fachbereich Wirtschaft

Abteilung Jülich
52428 Jülich, Ginsterweg 1; F (0 24 61) 6 89-0

Fachbereich Kerntechnik und Biotechnik
Fachbereich Physikalische Technik
Fachbereich Elektrotechnik und Automation

9.2 Fachhochschule Bielefeld

33615 Bielefeld, Kurt-Schumacher-Str 6; F (05 21) 1 06-1; Telefax (05 21) 1 06-60 05

Rektor der Fachhochschule Bielefeld: Prof Dr Heinrich Ostholt
Prorektor für Lehre, Studium und Studienreform: Prof Dr Gunter Bertelsmann
Prorektor für Forschungs- und Entwicklungsaufgaben: Prof Gottfried Jäger
Prorektor für Planung und Finanzen: Prof Dr Axel Rosemann
Kanzler: Dr Gerd Böhlig

Fachbereiche

Fachbereich 1 Design
Fachbereich 2 Elektrotechnik
Fachbereich 3 Maschinenbau
Fachbereich 4 Sozialwesen
Fachbereich 5 Wirtschaft

Abteilung Minden
32427 Minden, Artilleriestr 9; F (05 71) 83 85-0; Telefax (05 71) 83 85-2 50
Abteilungssprecher: Prof Adolf Haase

Fachbereich 6 Architektur und Bauingenieurwesen

9.3 Fachhochschule Bochum

44801 Bochum, Universitätsstr 150; F (02 34) 7 00 78 31/32; Telefax (02 34) 70 94-2 19

Rektor der Fachhochschule Bochum: Prof Dr rer oec Heinz Becker
Prorektoren: Prof Dr-Ing Holger Klages; Professorin Dr-Ing Ingeborg Hübner; Prof Dipl-Ing Ulrich Bangert
Kanzler: Dr Rainer Ambrosy

Fachbereiche

Fachbereich 1 Architektur
Fachbereich 2 Bauingenieurwesen
Fachbereich 3 Elektrotechnik
Fachbereich 4 Maschinenwesen
Fachbereich 5 Vermessungswesen
Fachbereich 6 Wirtschaft

9.4 Fachhochschule Dortmund

44139 Dortmund, Sonnenstr 100; F (02 31) 91 12-0; Telefax (02 31) 91 12-3 13

Rektor der Fachhochschule Dortmund: Prof Dr Hans-Jürgen Kottmann
Prorektoren: Prof Dr Wolfgang Aßmus; Prof Dr Eberhard Menzel; Professorin Dr Angelika Cottmann
Kanzler: Hans-Joachim von Buchka

Fachbereiche

Fachbereich I Architektur
Fachbereich II Design
Fachbereich III Elektrische Energietechnik
Fachbereich IV Informatik
Fachbereich V Maschinenbau
Fachbereich VI Nachrichtentechnik
Fachbereich VII Sozialarbeit
Fachbereich VIII Sozialpädagogik
Fachbereich IX Wirtschaft

9.5 Fachhochschule Düsseldorf

40225 Düsseldorf, Universitätsstr, Gebäude 23,31/32; F (02 11) 3 11-33 50; Telefax (02 11) 3 11-53 03

Rektor der Fachhochschule Düsseldorf: Prof Dipl-Ing Paul Kuff
Prorektoren: Prof Dr Gerhard Henning; Prof Dr Hans-Joachim Krause; Prof Dr Gerhard Schub von Bossiazky
Kanzler: Dr Harald Lutter
Verwaltungsdirektor: Karl-Hans Lefhalm

Fachbereiche

Fachbereich 1 Architektur
Fachbereich 2 Design
Fachbereich 3 Elektrotechnik

Fachbereich 4 Maschinenbau und Verfahrenstechnik
Fachbereich 5 Sozialarbeit
Fachbereich 6 Sozialpädagogik
Fachbereich 7 Wirtschaft

9.6 Fachhochschule Gelsenkirchen

45877 Gelsenkirchen, Emscherstr 62; F (02 09) 95 96-0; Telefax (02 09) 95 96-5 00

Abteilung Bocholt
46397 Bocholt, Stenerner Weg 14 a

Rektor der Fachhochschule Gelsenkirchen: Prof Dr Peter Schulte
Prorektor: Prof Dr Dieter Hannemann
Kanzler: Günter Scholz

Fachbereiche

Fachbereich Elektrotechnik
Fachbereich Maschinenbau
Fachbereich Versorgungs- und Entsorgungstechnik
Fachbereich Wirtschaft
Fachbereich Ingenieurinformatik
Fachbereich Wirtschaft (Bocholt)
Fachbereich Elektrotechnik (Bocholt)

9.7 Märkische Fachhochschule

58644 Iserlohn, Frauenstuhlweg 31; F (0 23 71) 5 66-0; Telefax (0 23 71) 5 66-2 74

Rektor der Märkischen Fachhochschule: Prof Dr Michael Teusner
Prorektoren: Prof Dr Jürgen Albrecht; Prof Dr Rolf-Dieter Lepper; Prof Dipl-Ing Bruno Götte
Kanzler: Hellmut Cramer

Fachbereiche

Fachbereich Maschinenwesen
Fachbereich Physikalische Technik

Abteilung Hagen
58095 Hagen, Haldener Str 182; F (0 23 31) 9 87-01; Telefax (0 23 31) 9 87-23 26

Fachbereiche

Fachbereich Elektrotechnik
Fachbereich Technische Betriebswirtschaft

9.8 Fachhochschule Köln

50678 Köln, Claudiusstr 1; F (02 21) 82 75-1; Telefax (02 21) 82 75 31 31

Rektor der Fachhochschule Köln: Prof Dr phil Joachim Metzner
Prorektoren: Prof Winfried Lange, Prof Dr Horst Hartmann, Prof Dr Horst Stenzel
Kanzler: Dr jur Karlfriedrich Lange von Stocmeier

Fachbereiche

Das Lehrangebot der Fachhochschule Köln mit der Abteilung Gummersbach erstreckt sich auf die Ausbildungsbereiche Ingenieurwissenschaften, Design, Sozial-, Sprach- und Wirtschaftswissenschaften und Versicherungswesen. Innerhalb dieser Ausbildungsbereiche gibt es als organisatorische Grundeinheit 21 Fachbereiche sowie das Institut für Tropentechnologie. Es werden außerdem 7 Zusatzstudiengänge angeboten. Technologie in den Tropen (am Institut für Tropentechnologie), das Weiterbildungsstudium für Ingenieure der Haustechnik (im Fachbereich Wirtschaft in Köln), das Wirtschaftswissenschaftliche Zusatzstudium für Ingenieure (im Fachbereich Informatik in Gummersbach) sowie Architektur der Ausstellungen und Freizeitanlagen; Baudenkmalpflege, Denkmalbereichs- und Umfeldplanung; Versicherungsingenieurwesen.

Fachbereich 01 Architektur
Fachbereich 02 Anlagen- und Verfahrenstechnik
Fachbereich 03 Bauingenieurwesen
Fachbereich 04 Elektrische Energietechnik
Fachbereich 05 Fahrzeugtechnik
Fachbereich 06 Konstruktionstechnik
Fachbereich 07 Design
Fachbereich 08 Landmaschinentechnik
Fachbereich 09 Nachrichtentechnik
Fachbereich 10 Photoingenieurwesen
Fachbereich 11 Produktionstechnik
Fachbereich 12 Sozialarbeit
Fachbereich 13 Sozialpädagogik
Fachbereich 14 Sprachen
Fachbereich 15 Versorgungstechnik
Fachbereich 16 Wirtschaft
Fachbereich 17 Versicherungswesen
Fachbereich 21 Restaurierung und Konservierung von Kunst und Kulturgut

Abt Gummersbach
51643 Gummersbach, Am Sandberg 1; F (0 22 61) 81 96-0; Telefax (0 22 61) 2 35 11

Fachbereich 18 Elektrotechnik
Fachbereich 19 Maschinentechnik
Fachbereich 20 Informatik

9.9 Fachhochschule Münster

48149 Münster, Hüfferstr 27; F (02 51) 83-1; Telefax (02 51) 83-97 39; Telex 8 92 529 UNI MS d

Rektor der Fachhochschule Münster: Prof Dr phil Peter Pleyer, App 42 83
Prorektor für Lehre, Studium und Studienreform: Prof Dr-Ing Hartmut Hepcke, App 56 50
Prorektor für Forschungs- und Entwicklungsaufgaben: Prof Dr rer nat Wilhelm Erning, App 56 50
Prorektor für Planung und Finanzen: Prof Dr rer pol Friedrich Keun, App 56 50
Kanzler: Hans Michatsch, App 42 74

Fachbereiche

Fachbereich Architektur, App 56 11
Fachbereich Bauingenieurwesen, App 43 57
Fachbereich Design, App 56 97
Fachbereich Ernährung und Hauswirtschaft (Oeco-
trophologie), App 56 90
Fachbereich Wirtschaft, App 56 22
mit dem Deutsch-Französischen Studiengang Wirtschaft
mit dem Deutsch-Spanischen Studiengang Wirtschaft
mit dem Deutsch-Britischen Studiengang und mit
dem Deutsch-Niederländischen Studiengang Wirtschaft im Europäischen Studienprogramm Betriebswirtschaft, App 56 18
Fachbereich Sozialwesen, App 97 18

Fachbereiche in Steinfurt
48565 Steinfurt, Stegerwaldstr 39; F (0 25 51)
1 49-0

Fachbereich Chemieingenieurwesen, App 2 26
Fachbereich Elektrotechnik, App 2 85
Fachbereich Maschinenbau, App 2 30
Fachbereich Versorgungs- und Entsorgungstech-
nik, App 2 45
Fachbereich Physikalische Technik, App 1 66

9.10 Fachhochschule Lippe

32657 Lemgo, Liebigstr 87; F (0 52 61) 7 02-0;
Telefax (0 52 61) 7 02-2 22; Telex 93 54 11 fhl d

Rektor der Fachhochschule Lippe: Prof Dr sc agr
Dietrich Lehmann
Prorektor I: Prof Dr-Ing Horst Wißbrock
Prorektor II: Prof Dr rer oec Fritz Guht
Prorektor III: Prof Dipl-Ing Tilmann Fischer
Kanzler: Helmuth Hoffstetter

Fachbereiche
Fachbereich 1 Architektur und Innenarchitektur
(Abteilung Detmold)
Fachbereich 3 Bauingenieurwesen (Abteilung Det-
mold)

Abt Detmold
32756 Detmold, Bielefelder Str 66; F (0 52 31)
9 12-60

Fachbereiche
Fachbereich 4 Lebensmitteltechnologie
Fachbereich 5 Elektrotechnik
Fachbereich 6 Maschinenbau
Fachbereich 7 Produktions- und Fertigungstechnik

9.11 Fachhochschule Niederrhein

47805 Krefeld, Reinarzstr 49; F (0 21 51) 8 22/0;
Telefax (0 21 51) 8 22-5 55

Rektor der Fachhochschule Niederrhein: Dr Hermann Ostendorf
Prorektoren: Prof Dr Joachim Haas; Prof Dr Winfried Hußmann; Prof Rolf Poestges
Kanzler: Wilhelm-J Thelen

Fachbereiche

Fachbereich 01 Chemie
Fachbereich 02 Design
Fachbereich 03 Elektrotechnik
Fachbereich 04 Maschinenbau und Verfahrenstech-
nik

Abt Mönchengladbach
41065 Mönchengladbach, Webschulstr 41-43;
F (0 21 61) 18 61
Abteilungssprecher: Prof Dr Wilhelm Klüsche

Fachbereiche

Fachbereich 05 Ernährung und Hauswirtschaft
Fachbereich 06 Sozialwesen
Fachbereich 07 Textil- und Bekleidungstechnik
Fachbereich 08 Wirtschaft

9.12 Fachhochschule für Bibliotheks- und Dokumentationswesen in Köln

50678 Köln, Claudiusstr 1; F (02 21) 82 75 und
33 76

*Rektor der Fachhochschule für Bibliotheks- und Do-
kumentationswesen:* Prof Dipl-Ing Helmut Jüngling
Prorektor: Prof Dipl-Math Winfried Gödert
Kanzlerin: Brigitte Husmann

Studiengänge

Studiengang für Öffentliches Bibliothekswesen
Studiengang und Ausbildung für den gehobenen
Dienst an wissenschaftlichen Bibliotheken und Do-
kumentationseinrichtungen
Ausbildung zum höheren Bibliotheksdienst
Ausbildung zum mittleren Bibliotheksdienst

Private Fachhochschulen

9.13 Evangelische Fachhochschule Rheinland-Westfalen-Lippe

44803 Bochum, Immanuel-Kant-Str 18-20;
F (02 34) 3 69 01-0; Telefax (02 34) 3 69 01-1 00

Rechtliche Grundlage:
Vertrag zwischen der Evangelischen Kirche im
Rheinland, der Evangelischen Kirche von Westfalen und der Lippischen Landeskirche (Kirchl Amtsblatt der Evangelischen Kirche von Westfalen Nr
7/1983 sowie Landesgesetz vom 10. Dezember
1987 (GV NW 1987 S 487).

*Rektor der Evangelischen Fachhochschule Rhein-
land-Westfalen-Lippe:* Prof Gottfried Schmidt
Prorektor: Prof Dr Volker Riegels
Kanzler: Klaus Meinert

Fachbereich Sozialarbeit
Dekan: Prof Dr Ernst-Ulrich Huster

117

Fachbereich Sozialpädagogik
Dekan: Prof Dr Martin Bellermann

Fachbereich Religions- und Gemeindepädagogik
Dekan: Prof Dr Friedrich-W Bargheer

Fachbereich Heilpädagogik
Dekanin: Professorin Dr Marianne Hellmann

9.14 Katholische Fachhochschule Nordrhein-Westfalen

50668 Köln, Wörthstr 10; F (02 21) 77 57-0; Telefax (02 21) 77 57-1 80

Rechtliche Grundlage, Gliederung und Aufgaben-kreis:
Bekanntmachung des Ministers für Wissenschaft und Forschung vom 28. September 1971 – I B 243-61/4 – 10520/71.
Träger der Katholischen Fachhochschule Nordrhein-Westfalen (KFH NW) sind die (Erz-) Bistümer Aachen, Essen, Köln, Münster und Paderborn als Gesellschafter einer gemeinnützigen GmbH; Sitz der Hochschulleitung, der Zentralverwaltung und der Trägergesellschaft ist Köln. Die KFH NW gliedert sich in die vier Abteilungen Aachen, Köln, Münster und Paderborn. In allen Abteilungen bietet sie im Fachbereich Sozialwesen die Studiengänge Sozialarbeit und Sozialpädagogik an, in den Abteilungen Köln und Münster außerdem den Studiengang Heilpädagogik. In der Abteilung Paderborn ermöglicht der Fachbereich Theologie die Ausbildung zum Diplom-Religionspädagogen mit den Schwerpunkten Pastoral- und Religionspädagogik. In der Abteilung Köln gibt es einen neuen Fachbereich Gesundheitswesen mit dem Studiengang Pflegeleitung/Pflegemanagement (erstmals zum Wintersemester 1994/95).

Rektor der Katholischen Fachhochschule Nordrhein-Westfalen: Prof Dr Winfried Hofmann
Prorektor: Prof Dr Herbert Feser
Kanzler: Erhard Fries ORechtsR

Abteilung Aachen
52066 Aachen, Robert-Schuman Str 25; F (02 41) 6 60 03-3
Abteilungsleiter: Prof Dr Waldemar Andresen

Abteilung Köln
50668 Köln, Wörthstr 10; F (02 21) 77 57-0
Abteilungsleiter: Prof Dr Maximilian Buchka

Abteilung Münster
48147 Münster, Pius-Allee 89-93; F (02 51) 4 17 67-0
Abteilungsleiter: Prof Dr Klaus-Peter Kasiske

Abteilung Paderborn
33098 Paderborn, Leostr 19; F (0 52 51) 12 25-0
Abteilungsleiter: Prof Dr Alfred Völler

9.15 Rheinische Fachhochschule Köln

50674 Köln, Hohenstaufenring 16-18; F (02 21) 20 30 20; Telefax (02 21) 2 03 02 45

Rechtliche Grundlage:
Bekanntmachung des Ministers für Wissenschaft und Forschung vom 4. Juli 1972 – I B 2 43 – 61/ 4/32 – 10 223/72.

Rektor der Rheinischen Fachhochschule Köln: Prof Dipl-Ing Manfred Wolf
Kanzler: Dr jur Gottfried Päffgen

Fachbereiche

Fachbereich 1 Elektrotechnik
Fachbereich 2 Maschinenbau
Fachbereich 3 Produktionstechnik
Fachbereich 4 Wirtschaft, Technische Betriebswirtschaft, Wirtschaftsingenieurwesen

9.16 Fachhochschule Bergbau

der DMT-Gesellschaft für Lehre und Bildung mbH
44787 Bochum, Herner Str 45; F (02 34) 9 68-02; Telefax (02 34) 9 68-36 06; Telex 8 25 701

Rektor der Fachhochschule Bergbau der DMT-Gesellschaft für Lehre und Bildung mbH: Prof Hans-Jürgen Großekemper, App 33 81
Prorektoren: Prof Dr Gerd Falkenhain, App 33 16, Prof Dr Wolfgang Koenigsmann, App 33 64
Kanzler: Ulrich Weber RA

Fachbereiche

Bergtechnik
Allgemeine Vermessung
Steine und Erden/Tagebautechnik, Aufbereitung, Veredlung
Geotechnik und angewandte Geologie
Maschinentechnik und Verfahrenstechnik
Elektrotechnik

9.17 Fachhochschule für das öffentliche Bibliothekswesen Bonn

– staatlich anerkannt –
Träger: Borromäusverein EV
53115 Bonn, Wittelsbacher-Ring 9; F (02 28) 72 58-0; Telefax (02 28) 72 58-1 89

Aufgabenkreis:
Ausbildung von Diplom-Bibliothekaren für den Dienst an öffentlichen Bibliotheken.

Leiter: Erich Hodick Dir des Borromäusvereins
Studienleiter: Prof Dr Siegfried Schmidt

10 Sozialakademie Dortmund

44139 Dortmund, Hohe Str 141; F (02 31) 12 60 59;
Telefax (02 31) 12 61 65

Aufgabenkreis:
Die Sozialakademie Dortmund, eine Einrichtung
gemäß § 14 Landesorganisationsgesetz (LOG), ist
als wissenschaftliche Akademie des Landes Nordrhein-Westfalen eine selbständige, freie Lehr- und
Forschungsstätte. Ihre Aufgabe ist es, Personen,
vornehmlich aus dem Kreise der Arbeitnehmer, im
Rahmen eines speziellen sozialwissenschaftlichen
Studiums zu unabhängigem Urteil und zu selbständiger Tätigkeit in Arbeitswelt, Wirtschaft und Politik zu befähigen. Die Sozialakademie erfüllt ihre
Aufgabe in wechselseitigem Austausch mit Einrichtungen der Erwachsenenbildung, die um eine sozialwissenschaftliche Bildung und Weiterbildung be-
müht sind, und den Einrichtungen des Gesamthoch-
schulbereichs Dortmund.

Akademieleiter: Prof Dr Perygrin Warneke
Stellvertretender Akademieleiter: Prof Dr Peter
Kühne
Verwaltungsleiter: Ernst-Ottmar Nölle

Studienfächer

Fachbereich Arbeits- und Sozialrecht
Fachbereich Arbeitswissenschaft
Fachbereich Betriebswirtschaftslehre
Fachbereich Soziologie
Fachbereich Sozialpolitik
Fachbereich Volkswirtschaftslehre

11 Landesinstitut Sozialforschungsstelle Dortmund

44139 Dortmund, Rheinlanddamm 199; F (02 31)
13 88 01; Telefax (02 31) 12 95 85

Staatsrechtliche Grundlage und Aufgabenkreis:
Das Landesinstitut, eine Einrichtung gemäß § 14
Landesorganisationsgesetz (LOG), wurde durch
Erlaß des Ministers für Wissenschaft und Forschung des Landes NW vom 2. März 1973 eingerichtet.
Seine Aufgabe ist die Forschung – insbesondere
empirischer Art – auf dem Gebiet sozialwissen-
schaftlicher Fragen der industriellen Gesellschaft
sowie der Transfer dieser Forschungsergebnisse unter besonderer Berücksichtigung der Entwicklung
im Lande Nordrhein-Westfalen.

Geschäftsführender Direktor: Dr Gerd Peter
Stellvertretende geschäftsführende Direktorin: Dr
Monika Goldmann

12 Ämter für Ausbildungsförderung

Staatsrechtliche Grundlage und Organisation:
Aufgrund des § 1 Abs 2 des Ausführungsgesetzes
zum Bundesausbildungsförderungsgesetz vom
30. Januar 1973 (GV NW S 57) in der Fassung des
Gesetzes vom 26. Juni 1984 (GV NW S 367) und
§ 40 Abs 2 des Bundesausbildungsförderungsgesetzes vom 26. August 1971 (BGBl I S 1409) in der
Fassung der Bekanntmachung vom 6. Juni 1983
(BGBl I S 645, 1680), zuletzt geändert durch Art 33
des Gesetzes vom 20. Dezember 1988 (BGBl I
S 2477), ist die Verordnung über die Zuständigkeit
der Hochschulen, die als Ämter für Ausbildungsförderung tätig werden, vom 12. Januar 1981 (GVBl
1981 Seite 34) erlassen worden.
Im Hochschulbereich des Landes Nordrhein-Westfalen nehmen

die Technische Hochschule Aachen
die Universität Bielefeld
die Universität Bochum
die Universität Bonn
die Universität Dortmund
die Universität Düsseldorf
die Universität Köln
die Universität Münster
die Universität – Gesamthochschule Duisburg
die Universität – Gesamthochschule Essen
die Universität – Gesamthochschule Paderborn
die Universität – Gesamthochschule Siegen
die Universität – Gesamthochschule Wuppertal

die Aufgaben der Ämter für Ausbildungsförderung
jeweils für folgende Hochschulen bzw Hochschul-
einrichtungen wahr:

Technische Hochschule Aachen
für Technische Hochschule Aachen
Fachhochschule Aachen
Katholische Fachhochschule Nordrhein-Westfalen,
Abteilung Aachen
Hochschule für Musik Köln, Abteilung Aachen

Universität Bielefeld
für Universität Bielefeld
Kirchliche Hochschule Bethel
Fachhochschule Bielefeld
Hochschule für Musik Detmold-Lippe
Fachhochschule Lippe in Lemgo

Universität Bochum
für Universität Bochum
Fachhochschule Bochum
Fachhochschule Gelsenkirchen
Evangelische Fachhochschule Rheinland-Westfa-
len-Lippe in Bochum
Fachhochschule Bergbau der Westfälischen Berg-
gewerkschaftskasse, Bochum
Westfälische Schauspielschule Bochum
Private Universität Witten-Herdecke

Universität Bonn
für Universität Bonn
Staatlich anerkanntes Bibliothekar-Lehrinstitut
Bonn
Philosophisch-Theologische Hochschule SVD, St
Augustin
Philosophisch-Theologische Ordenshochschule der
Redemptoristen in Hennef
Philosophisch-Theologische Hochschule der Dominikaner in Bornheim-Walberberg

Universität Dortmund
für Universität Dortmund
Fachhochschule Dortmund
Märkische Fachhochschule in Iserlohn
Fernuniversität – Gesamthochschule in Hagen
Hochschule für Musik Detmold, Abteilung Dortmund

Universität Düsseldorf
für Universität Düsseldorf
Kunstakademie Düsseldorf
Fachhochschule Düsseldorf
Fachhochschule Niederrhein in Krefeld
Robert-Schumann-Hochschule Düsseldorf

Universität Köln
für Universität Köln
Deutsche Sporthochschule Köln
Musikhochschule Köln
Fachhochschule Köln
Katholische Fachhochschule Nordrhein-Westfalen,
Abteilung Köln
Bibliothekarlehrinstitut des Landes Nordrhein-Westfalen, Köln
Rheinische Fachhochschule EV Köln

Universität Münster
für Universität Münster
Fachhochschule Münster
Katholische Fachhochschule Nordrhein-Westfalen,
Abteilung Münster
Abteilung Münster der Staatlichen Hochschule für
Bildende Künste Düsseldorf
Institut Münster der Staatlichen Hochschule für
Musik Westfalen-Lippe
Philosophisch-Theologische Hochschule der Franziskaner und Kapuziner in Münster

Universität – Gesamthochschule Duisburg
für Universität – Gesamthochschule Duisburg
Folkwang-Hochschule Essen, Abteilung Duisburg

Universität – Gesamthochschule Essen
für Universität – Gesamthochschule Essen
Folkwang-Hochschule Essen

Universität – Gesamthochschule Paderborn
für Universität – Gesamthochschule Paderborn
Philosophisch-Theologische Hochschule Paderborn
Katholische Fachhochschule Nordrhein-Westfalen,
Abteilung Paderborn

Universität – Gesamthochschule Siegen
für Universität – Gesamthochschule Siegen

Universität – Gesamthochschule Wuppertal
für Universität – Gesamthochschule Wuppertal
Kirchliche Hochschule Wuppertal
Hochschule für Musik Köln, Abteilung Wuppertal

13 Bibliothekarische Zentraleinrichtungen im Hochschulbereich
des Landes Nordrhein-Westfalen

– Einrichtungen des Landes Nordrhein-Westfalen
im Sinne von § 14 Landesorganisationsgesetz
(LOG) –

13.1 Zentralbibliothek der Medizin

– Zentrale medizinische Fachbibliothek für Deutschland –
50924 Köln, Joseph-Stelzmann-Str 9; F (02 21)
4 78-56 00; Telefax (02 21) 4 78-56 97

Staatsrechtliche Grundlage und Aufgabenkreis:
Die Zentralbibliothek der Medizin in Köln wird als
Einrichtung mit Servicefunktion für die Forschung
nach der Vereinbarung zwischen Bund und Ländern über die gemeinsame Förderung der Forschung gemäß Art 91 b GG und der Ausführungsvereinbarung Forschungseinrichtungen von Bund
und Ländern nach einem Schlüssel von 30 : 70 gemeinsam finanziert.
Ihr obliegt die überregionale Literaturversorgung
auf dem Gebiet der Biomedizin für Deutschland.

Leiter: Dr F J Kühnen LtdBiblDir

13.2 Hochschulbibliothekszentrum

des Landes Nordrhein-Westfalen
50931 Köln, Classen-Kappelmann-Str 24; F (02 21)
4 00 75-0; Telefax (02 21) 4 00 75-80

Rechtliche Grundlage und Aufgabenkreis:
Satzung des Hochschulbiblioteszentrums vom
3. März 1993 (GABl NW II 1993, S 66).
Das Hochschulbiblioteszentrum erbringt Dienstleistungs- und Entwicklungsaufgaben für die Hochschulbibliotheken des Landes Nordrhein-Westfalen, darüber hinaus auch für die übrigen Bibliotheken in Nordrhein-Westfalen, soweit sie dem gegenwärtigen Leihverkehr angeschlossen sind. Entsprechende Aufgaben nimmt das Hochschulbibliothekszentrum aufgrund von Verwaltungsabkommen zwischen den Ländern Nordrhein-Westfalen und
Rheinland-Pfalz auch für Bibliotheken in den Regierungsbezirken Koblenz und Trier des Landes
Rheinland-Pfalz wahr.
In diesem Rahmen obliegen dem Hochschulbibliothekszentrum insbesondere
– die Beratung für den Einsatz der Datenverarbeitung im Bibliotheks- und bibliotheksbezogenen

Informationswesen und in Angelegenheiten des auswärtigen Leihverkehrs,
- die Mitarbeit an bibliothekarischen Gemeinschaftsvorhaben,
- die Entwicklung und Betreuung automatisierter bibliothekarischer Arbeitsvorhaben,
- die Steuerung und der Betrieb eines automatisierten Verbundsystems,
- die Redaktion und Erstellung von Katalogen und anderen bibliothekarischen Informationsmitteln sowie die Bereitstellung entsprechender automatisierter Auskunftsdienste,
- der Gesamtnachweis der für den auswärtigen Leihverkehr relevanten Literaturbestände aus Bibliotheken in Nordrhein-Westfalen sowie in den Regierungsbezirken Koblenz und Trier des Landes Rheinland-Pfalz (Zentralkatalog Nordrhein-Westfalen),
- Steuerung des auswärtigen Leihverkehrs,
- die Konversion des konventionellen Zentralkatalogs in das automatisierte Verbundsystem,
- die Mitwirkung bei der Herstellung der Nordrhein-Westfälischen Bibliographie,
- der Betrieb des Speichermagazins in Bochum,
- der Betrieb des Bücherautodienstes für den auswärtigen Leihverkehr,
- die Mitwirkung bei der Aus- und Fortbildung.

Zur Erfüllung seiner Aufgaben ist im Hochschulbibliothekszentrum ein Fachrechenzentrum (§ 6 Abs 1 Nr 4 des Gesetzes über die Organisation der automatisierten Datenverarbeitung in Nordrhein-Westfalen) eingerichtet.

Direktor: Dipl-Math Heinz Werner Hoffmann

Der Rechtsaufsicht des Ministeriums für Wissenschaft und Forschung unterstehen:

14 Studentenwerke

– Anstalten des öffentlichen Rechts –

Rechtliche Grundlage und Aufgabenkreis:
Gesetz über die Studentenwerke im Lande Nordrhein-Westfalen (Studentenwerksgesetz – StWG) vom 27. Februar 1974, zuletzt geändert durch Gesetz vom 15. März 1988 (GV NW 1988 Seite 145).
Zum 1. März 1974 wurde jeweils ein Studentenwerk als rechtsfähige Anstalt des öffentlichen Rechts mit dem Recht auf Selbstverwaltung mit Sitz in Aachen, Bielefeld, Bochum, Bonn, Dortmund, Duisburg, Düsseldorf, Essen, Köln, Münster, Paderborn, Siegen und Wuppertal errichtet.
Der Minister für Wissenschaft und Forschung kann im Einvernehmen mit dem Finanzminister und im Benehmen mit den jeweiligen Hochschulen durch Rechtsverordnung weitere Studentenwerke errichten, Studentenwerke zusammenlegen und die Zuständigkeit der Studentenwerke ändern sowie bestimmte Aufgaben mehrerer Studentenwerke einem Studentenwerk zur Durchführung übertragen.
Die Studentenwerke erbringen für die Studenten Dienstleistungen auf sozialem und wirtschaftlichem Gebiet insbesondere durch:

- die Errichtung, Bereitstellung und Unterhaltung von wirtschaftlichen und sozialen Einrichtungen,
- die Versicherung der Studenten gegen Krankheit und Unfall, soweit nicht gesetzlich etwas anderes geregelt ist,
- Maßnahmen zur Gesundheitsvorsorge für die Studenten,
- Förderung kultureller Interessen der Studenten durch Bereitstellung ihrer Räume,
- Maßnahmen der Studienförderung, insbesondere bei Heranziehung für die Durchführung des Bundesausbildungsförderungsgesetzes.

Die Landesregierung wird ermächtigt, den Studentenwerken im Wege der Rechtsverordnung weitere Dienstleistungsaufgaben für die Studenten auf sozialem und wirtschaftlichem Gebiet zu übertragen.
Die Studentenwerke gestatten den Studenten der Fernuniversität – Gesamthochschule Hagen die Benutzung ihrer Einrichtungen. Ausländischen Studenten, die nicht an einer Hochschule des Landes Nordrhein-Westfalen eingeschrieben sind, haben die Studentenwerke die Benutzung ihrer Einrichtungen zu gestatten, soweit Gegenseitigkeit mit dem Herkunftsland vereinbart ist.
Die Studentenwerke sollen ihren Bediensteten und den Bediensteten der Hochschulen die Benutzung ihrer Einrichtungen gegen Entgelt gestatten.

Studentenwerk Aachen – AdöR –
52072 Aachen, Turmstr 3; F (02 41) 88 84-0
Geschäftsführer: Werner Stark Ass
Zuständigkeitsbereich: Technische Hochschule Aachen, die Fachhochschule Aachen und das Grenzlandinstitut der Staatlichen Hochschule für Musik Rheinland.

Studentenwerk Bielefeld – AdöR –
33615 Bielefeld, Universitätsstr 25; F (05 21) 1 06-41 19; Telefax (05 21) 1 06-41 21
Geschäftsführer: Dipl-Soziologe Günther Remmel
Zuständigkeitsbereich: Universität Bielefeld, die Fachhochschule Bielefeld, die Fachhochschule Lippe in Lemgo und die Staatliche Hochschule für Musik in Detmold.

Akademisches Förderungswerk Bochum
Studentenwerk – AdöR –
44801 Bochum, Universitätsstr 150; F (02 34) 7 00-47 59; Telefax (02 34) 7 09 42 26
Geschäftsführer: Dipl-Sozialwissenschaftler Jürgen Graf
Zuständigkeitsbereich: Hochschulen an den Hochschulstandorten Bochum und Gelsenkirchen (einschließlich Bocholt und Recklinghausen).

Studentenwerk Bonn – AöR –
53113 Bonn, Nassestr 11; F (02 28) 73 71 01 und 73 71 02; Telefax (02 28) 73 71 00
Geschäftsführer: Dr Dieter Iversen
Zuständigkeitsbereich: Universität Bonn.

Studentenwerk Dortmund – AdöR –
44227 Dortmund, Vogelpothsweg 85; F (02 31)
7 55 36 00; Telefax (02 31) 75 40 60
Geschäftsführer: Theodor Oecking
Zuständigkeitsbereich: Universität Dortmund, die
Fachhochschule Dortmund, Hochschule für Musik
Detmold, Abteilung Dortmund, die Fernuniversität
– Gesamthochschule in Hagen und die Märkische
Fachhochschule Iserlohn.

Studentenwerk Düsseldorf – AdöR –
40225 Düsseldorf, Universitätsstr 1; F (02 11)
3 11-1; Telefax (02 11) 3 11-52 99
Geschäftsführer: Dipl-Kfm Manfred Losen
Zuständigkeitsbereich: Heinrich-Heine-Universität
Düsseldorf, Kunstakademie Düsseldorf, Fachhochschule Düsseldorf, Fachhochschule Niederrhein
Krefeld mit der Abteilung Mönchengladbach, Robert-Schumann-Hochschule Düsseldorf

Studentenwerk Duisburg – AdöR –
45478 Mülheim, Duisburger Str 426-428; F (02 08)
5 99 07-0; Telefax (02 08) 5 99 07-36 oder
47057 Duisburg, Lotharstr 65; F (02 03) 35 56 51
Geschäftsführer: Ansgar Schuldenzucker
Zuständigkeitsbereich: Universität – Gesamthochschule Duisburg und Folkwang Hochschule Essen,
Abteilung Duisburg.

Studentenwerk Essen – AdöR –
45127 Essen, Viehofer Str 31; F (02 01) 8 20 10-0;
Telefax (02 01) 8 20 10-35 (Verwaltung) und
1 83-23 34 (Verpflegungsbereich)
Geschäftsführerin: Ulrike Weingart Assessorin
Zuständigkeitsbereich: Universität – Gesamthoch-
schule-Essen und die Folkwang-Hochschule Essen.

Kölner Studentenwerk – AdöR –
50937 Köln, Universitätsstr 16; F (02 21) 47 29-0;
Telefax (02 21) 47 29-1 44 (Verwaltung); Telex
8 885 353 stwk
Geschäftsführer: Dipl-Volksw Hans-Peter Krauss
Zuständigkeitsbereich: Universität Köln, die Deutsche Sporthochschule Köln, die Fachhochschule
Köln, die Fachhochschule für Bibliotheks- und Dokumentationswesen in Köln, die Musikhochschule
Köln, die Kunsthochschule für Medien in Köln und
die Katholische Fachhochschule (FH).

Studentenwerk Münster – AöR –
48143 Münster, Am Stadtgraben 48; F (02 51) 83-1;
Telefax (02 51) 83 92 07
Geschäftsführer: Peter Haßmann
Zuständigkeitsbereich: Westfälische Wilhelms-Uni-
versität Münster, die Fachhochschule Münster, die
Kunstakademie Münster, die Hochschule für Mu-
sik Detmold, Abteilung Münster.

Studentenwerk Paderborn – AdöR –
33098 Paderborn, Warburger Str 100; F (0 52 51)
60-0; Telefax (0 52 51) 60 38 60
Geschäftsführer: Johannes Freise

Zuständigkeitsbereich: Universität – Gesamthochschule Paderborn.

Studentenwerk Siegen – AöR –
57072 Siegen, Herrengarten 5; F (02 71) 7 40-48 82
und 7 40-48 83; Telefax (02 71) 2 06 40
Geschäftsführer: Dipl Soz päd Detlef Rujanski
Zuständigkeitsbereich: Universität Gesamthoch-
schule-Siegen

Hochschul-Sozialwerk Wuppertal
Studentenwerk – AdöR –
42119 Wuppertal, Max-Horkheimer-Str 15,
Studentenhaus; F (02 02) 4 39-25 62; Telefax
(02 02) 4 39-25 68
Geschäftsführer: Fritz Berger-Marchand
Zuständigkeitsbereich: Universität – Gesamthochschule Wuppertal, Institut Wuppertal der Staatlichen Hochschule für Musik Rheinland und Kirchliche Hochschule Wuppertal.

15 Wissenschaftszentrum Nordrhein-Westfalen

– Kulturwissenschaftliches Institut –

45259 Essen, Hagmanngarten 5; F (02 01) 46 68 80

Staatsrechtliche Grundlage und Aufgabenkreis:
Bekanntmachung des Ministers für Wissenschaft
und Forschung vom 14. September 1988 – I A 5-
6213 (MBl NW 1988 S 1431).
Das Institut ist eine Einrichtung des Landes im
Sinne des § 14 des Landesorganisationsgesetzes
vom 10. Juli 1962 (GV NW S 421), zuletzt geändert
durch Gesetz vom 20. Oktober 1987 (GV NW
S 366), – SGV NW 2005.
Aufgaben des Kulturwissenschaftlichen Instituts
sind fachübergreifende Forschungen zu Problemen
einer durch Industrie, Technik und Wissenschaft
geprägten Kultur und ihren geschichtlichen Voraussetzungen. Das soll in wechselnden thematischen
Studiengruppen in Rahmen eines Wissenschaftskol-
legs an der Ruhr für Gäste aus dem In- und Ausland
geschehen. Durch enges Zusammenwirken mit Kol-
leginnen und Kollegen vor allem der Geistes- und
Sozialwissenschaften an den Hochschulen des Landes sollen zusätzliche Anreize und Kristallisations-
punkte zur Erforschung und Diskussion aktueller
soziokultureller Probleme geschaffen werden.

*Präsident des Wissenschaftszentrums Nordrhein-
Westfalen:* Prof Dr Wilfried Loth

VI Ministerium für Arbeit, Gesundheit und Soziales

des Landes Nordrhein-Westfalen

40213 Düsseldorf, Landeshaus, Horionplatz 1;
F (02 11) 8 37-03; Telex 8 58 21 92 asnw; Telefax
(02 11) 8 37-36 83

Aufgabenkreis:
Arbeitsschutz; technischer Öffentlichkeitsschutz;
Sprengstoffwesen; Strahlenschutz – außer beim
Bergbau; Angelegenheiten der Heimarbeit; soziale
und kulturelle Betreuung ausländischer Arbeitneh-
mer und ihrer Familienangehörigen;
Sozialversicherung; Rehabilitation; Bergmannsver-
sorgungsschein;
soziale Entschädigung der Kriegsopfer und anderer
Personen in Anwendung des Bundesversorgungsge-
setzes;
Schwerbehindertenrecht;
Tarif- und Schlichtungswesen;
Arbeitsmarktpolitik; Entwicklung und Durchfüh-
rung arbeitsmarktpolitischer Programme; Berufli-
che Bildung; Berufsförderung;
Angelegenheiten der Sozialgerichtsbarkeit;
Angelegenheiten der Arbeitsgerichtsbarkeit;
Sozialhilfe, Förderung von sozialen Einrichtungen
und Maßnahmen insbesondere für Alte und Behin-
derte.
Heimgesetz, Unterhaltssicherung;
Jugendhilfe (Elementarerziehung, erzieherische Ju-
gendhilfe, Jugendarbeit, Jugendsozialarbeit, Jugendschutz);
Familienpolitik (allgemeine familienpolitische Angelegenheiten, Familienbildung, Familienberatung,
Erholungsfürsorge);
Eingliederung von Vertriebenen, Flüchtlingen und
Aussiedlern; Maßnahmen für Kriegssachgeschädig-
te, ehemalige Kriegsgefangene, Heimkehrer und
heimatlose Ausländer, ausländische Flüchtlinge;
Gesundheitswesen, insbesondere allgemeine Fragen des Gesundheitsrechts, Rettungsdienst, Gut-
achtenwesen, Gesundheitshilfe, medizinische Fragen des Umweltschutzes, medizinische Rehabilitation, Gesundheiterziehung, Bekämpfung der
Suchtgefahren, Medizinalstatistik;
öffentlicher Gesundheitsdienst, Berufe des Gesund
heitswesens, Seuchenbekämpfung und Hygiene,
Apotheken, Arzneimittel; Landesprüfungsamt für
Medizin und Pharmazie; Kurortewesen, medizinische Fragen des Krankenhauswesens, Psychiatrie,
medizinische Sondermaßnahmen, medizinischer
Strahlenschutz, medizinischer Katastrophen- und
Zivilschutz, Sportmedizin;
Krankenhausplanung und -förderung, Grundsatzfragen des Krankenhausfinanzierungsgesetzes und
des Krankenhausgesetzes NW, Pflegesätze.

Minister: Franz Müntefering
Persönlicher Referent: Machnig RAng
Pressereferent: Oettler RAng

Referent für Öffentlichkeitsarbeit Knocke MinR

Staatssekretär: Dr Bodenbender

Dem Staatssekretaär unmittelbar unterstellt:

**Gruppe S Koordinierung, Kabinett- und Parlaments-
angelegenheiten**
Leiter: Dr Bürger LtdMinR

Ref S 1: **Koordinierung der politischen Rahmenplanung, Kabinett- und Landtagsangelegenheiten** Dr
Bürger LtdMinR
Ref S 2: **Bundesrat, Innerdeutsche Beziehungen, Europaangelegenheiten, Entwicklungshilfe** Godry
MinR
Ref S 3: **Kommunikation, Information** Hohlmann
RR
Ref S 4: **Bestandsaufnahme und Entwicklung, Koordinierung wissenschaftlicher Untersuchungen, Veranstaltungen, Gebietsentwicklung, Landesentwicklungsbericht, Landessozialberichterstattung** Red-
ders RR

**Abt I Haushalt, Organisation, Personal, Arbeits-
und Sozialgerichtsbarkeit, Rechtsangelegenheiten**
Leiter: Schorn MinDirig

**Gruppe I A Haushalt, Organisation, ADV, Liegen-
schafts- und Bauangelegenheiten, Staatsbad Oeynhausen, Kurorte, Beauftragter für den Haushalt**
Leiter: Inger LtdMinR

Ref I A 1: **Organisationsreferent, Stellenpläne** Inger
LtdMinR
Ref I A 2: **Angelegenheiten des Haushalts-, Kassen-
und Rechnungswesens, Landesrechnungshof** NN
Ref I A 3: **Revision, Förderrichtlinien** Brämswig
MinR
Ref I A 4: **Landesbeteiligungen, Liegenschafts- und
Bauangelegenheiten, Beschaffungswesen, Staatsbad
Oeynhausen, Kurorte, Heilquellen** Schuck-Mitzke
ORRätin
Ref I A 5: **ADV** Schmitz MinR

**Gruppe I B Personalwesen, Arbeits- und Sozialge-
richsbarkeit, Innerer Dienst**
Leiter: Alfons Pieper LtdMinR

Ref I B 1: **Personalangelegenheiten des Ministeriums** Klawikowski MinR
Ref I B 2: **Arbeits- und Sozialgerichtsbarkeit, Aus-
und Fortbildung** NN
Ref I B 3: **Personalangelegenheiten der Versorgungsverwaltung, Zentralstelle für den Bergmann-
versorgungsschein, des Landesversicherungsamtes,
des Sozialversicherungsträgers, AfU, Beamten- und
Versorgungsrecht, Ordensangelegenheiten, Personalvertretungen** Pieper LtdMinR
Ref I B 4: **Personalangelegenheiten der Gewerbeaufsicht, (Arbeitsschutz), Staatliche Gewerbeärzte,
ZfS, LuA's, RMP's, Dez 24 und 52 (Krankenhaus-
pflegesätze) des RP's, des Staatsbades Bad Oeynhausen, IAT, SPI** Fingas MinR
Ref: **Innerer Dienst, Statistik, Zivile Verteidigung**
Schölich RR

123

Gruppe I C Rechtsangelegenheiten, Arbeits-, Arbeitsschutz- und Gesundheitsrecht, Datenschutzrecht
Leiter: Schmitz LtdMinR

Ref I C 1: **Arbeits- und Strahlenschutzrecht, Datenschutzrecht, Justitiariat** Sattler MinR
Ref I C 2: **Mitbestimmung, Arbeitsrecht, Personalvertretungsrecht** NN
Ref I C 3: **Allgemeine und grundsätzliche Rechtsangelegenheiten, Beihilfen** Schmitz LtdMinR
Ref I C 4: **Gesundheitsrecht** Horn MinRätin
Ref I C 5: **Gleichstellungsbeauftragte** Horn MinRätin

Dem Abteilungsleiter I unmittelbar unterstellt:
Landesschlichter Kraft LtdMinR
Ref I 1: **Organisationsuntersuchungen im nachgeordneten Bereich** Obermeier MinR

Abt II Soziales
Leiter: Jeromin MinDirig

Gruppe II A Sozialversicherung, Sozialhilfe
Leiter: Buchheit LtdMinR

Ref II A 1: **Grundsatzfragen der sozialen Sicherung, Pflegeversicherung** Buchheit LtdMinR
Ref II A 2: **Krankenversicherung, Kassenarztrecht, Verbände der Krankenkassen** Dr Hermann RAng
Ref II A 3: **Rentenversicherung, Altershilfe für Landwirte, Internationales und EU-Sozialrecht** Dr von Einem MinR
Ref II A 4: **Unfallversicherung, Aufsicht in der Sozialversicherung, Sozialgesetzbuch** Broede MinR
Ref II A 5: **Sozialhilfe, Unterhaltssicherung** Vogt MinR

Gruppe II B Soziale Maßnahmen des Landes, Rehabilitation, soziale Entschädigung
Leiter: Kinstner LtdMinR

Ref II B 1: **Grundsatzfragen der sozialen Dienste, Zusammenarbeit mit der freien Wohlfahrtspflege** Borosch RR
Ref II B 2: **Ambulante Dienste, Förderung anderer sozialer Einrichtungen** Schmidt RRätin z A
Ref II B 3: **Altenhilfe** Heiliger RR z A
Ref II B 4: **Ausländerintegration, soziale Maßnahmen** Köhler-Büssow MinRätin
Ref II B 5: **Behindertenpolitik, Soziale Entschädigung** Kinstner LtdMinR
Ref II B 6: **Soziale Entschädigung nach dem Bundesversorgungsgesetz einschließlich besonderer Hilfen** Klitschke MinR

Gruppe II C Vertriebene, Aussiedler, ausländische Flüchtlinge
Leiter: Baumann LtdMinR

Ref II C 1: **Recht der Vertriebenen, politischen Häftlinge, Kriegsgefangenen, Heimkehrer** Lierenfeld MinR
Ref II C 2: **Schulische, berufliche und soziale Eingliederung** Schmitz MinR

Ref II C 3: **Förderung der deutschen Kultur der früheren deutschen Ost- und Vertreibungsgebiete, Patenschaften, Beiräte** Dr Plewe MinR
Ref II C 4: **Aufnahme, Unterbringung und Betreuung von Aussiedlern, Fachaufsicht über die Landesstelle Unna-Massen** Baumann LtdMinR
Ref II C 5: **Aufnahme, Unterbringung und Betreuung von ausländischen Flüchtlingen** Lechtenböhmer ORRätin

Abt III Arbeit
Leiter: Dr Schröder RAng

Gruppe III A Arbeitsschutz, Sicherheitstechnik, technische Überwachung, Strahlenschutz
Leiter: Dr Fischbach LtdMinR

Ref III A 1: **Grundsatzfragen des Arbeitsschutzes, Fachaufsicht** Dr Fischbach LtdMinR
Ref III A 2: **Überwachungsbedürftige Anlagen** Lange MinR
Ref III A 3: **Arbeitshygiene, Arbeitsmedizin, Gerätesicherheit, Unfallverhütung** Dr Meyer-Falcke GwMedDir
Ref III A 4: **Chemiepolitik, Gefahrstoffe, Eigenunfallversicherung, Gentechnik, Anlagensicherheit** Dr Deden MinR
Ref III A 5: **Beförderung gefährlicher Güter, Pipelines, Sprengstoffangelegenheiten** Schmitz MinR
Ref III A 6: **Strahlenschutz beim Umgang mit radioaktiven Stoffen und bei Anlagen zur Erzeugung ionisierender Strahlen** Lucks MinRätin
Ref III A 7: **Arbeits- und Entgeltschutz in der Heimarbeit, sozialpolitischer Arbeitsschutz** Smeetz RGwDir

Gruppe III B Arbeit und Strukturwandel
Leiter: Dr Schäffer RAng

Ref III B 1: **Grundsatzfragen der Struktur- und Technologiepolitik** Dr Schäffer RAng
Ref III B 2: **Sektoraler Strukturwandel und gesellschaftliche Aspekte des strukturellen Wandels** Metzner-Imiela RAngestellte
Ref III B 3: **Regionaler Strukturwandel Montanregionen** Dr Beenken MinR
Ref III B 4: **Arbeits- und Technologiepolitik** Riepert RAng
Ref B III 5: **Strukturwandel und Qualifizierung, Arbeitszeitberichterstattung** Müller-Ellermann RAng

Gruppe III C Arbeitsmarkt, Berufliche Bildung und Integration
Leiter: Matzdorf RDir z A

Ref III C 1: **Arbeitsmarkt- und Arbeitsförderungsrecht, Europäischer Binnenmarkt** Dr Müller MinR
Ref III C 2: **Berufliche Bildung** Pohlkamp MinR
Ref III C 3: **Arbeitsmarktpolitische Hilfen** Trimpop RDir
Ref III C 4: **Berufliche Rehabilitation** Scheele MinR
Ref III C 5: **Grundsatzfragen der Arbeitsmarktpolitik** Matzdorf RDir z A

Abt IV Kinder, Jugend und Familie
Leiter: Dr Harms LtdMinR

Gruppe IV A Kinder, Familie, Soziales Ausbildungswesen
Leiter: Dr Metzmacher LtdMinR

Ref IV A 1: **Beauftragter für Kinder, Familienbildung** Dr Eichholz MinR
Ref IV A 2: **Pädagogische Arbeit in Kindertageseinrichtungen und soziales Ausbildungswesen** Moskal MinRätin
Ref IV A 3: **Grundsatzfragen der Politik für Familie und Kinder** Dr Metzmacher LtdMinR
Ref IV A 4: **Rechtliche Rahmenbedingungen, Förderung und Finanzierung von Tageseinrichtungen für Kinder** Breuksch MinR
Ref IV A 5: **Familienberatung, Familienhilfe** Schmelzle MinRätin

Gruppe IV B Jugend
Leiter: Dieter Buchholtz LtdMinR

Ref IV B 1: **Grundsätzliche Fragen der Jugendhilfe, Offene Jugendarbeit** Schäfer RAng
Ref IV B 2: **Rechtsangelegenheiten der Jugendhilfe, Erzieherische Jugendhilfe, Einrichtungen der Jugendhilfe** Buchholtz LtdMinR
Ref IV B 3: **Jugendsozialarbeit, Mädchen und junge Ausländer in der Jugendhilfe, Kinder- und Jugendbericht** Rütten RAng
Ref IV B 4: **Jugendverbandsarbeit, Kulturelle sowie internationale Jugendarbeit** NN
Ref IV B 5: **Familie und Medien, Jugendschutz** Lieber MinR

Abt V Gesundheit
Leiter: Dr Sendler MinDirig

Gruppe V A Gesundheitspolitik, Gesundheitsschutz
Leiterin: Dr Weihrauch LtdMinRätin

Ref V A 1: **Grundsatzfragen der Gesundheitspolitik** NN
Ref V° A 2: **Sucht- und Drogenpolitik** Hüsgen MinR
Ref V A 3: **Präventive Gesundheitspolitik, Bekämpfung der Volkskrankheiten** Dr Weihrauch LtdMinRätin
Ref V A 4: **AIDS-Bekämpfung** Slawski-Haun RAngestellte
Ref V A 5: **Psychiatrie, Maßregelvollzug** Dr Meyer MinR
Ref V A 6: **Medizinische Rehabilitation und Frühförderung, Seuchenbekämpfung, neue Heilmethoden** Dr Zieger MinR

Gruppe V B Heilberufe, öffentlicher Gesundheitsdienst, Umweltmedizin, Arzneimittel
Leiter: Dr Werner Erdmann LtdMinR

Ref V B 1: **Öffentlicher Gesundheitsdienst** Dr Scharf RAng
Ref V B 2: **Sicherung der Krankenpflege** Oetzel-Klöcker RAngestellte
Ref V B 3: **Berufs- und Prüfungsrecht der Ärzte und Zahnärzte, Rechtsaufsicht über die Heilberufskammern** Dr Erdmann LtdMinR

Ref V B 4: **Umweltmedizin** Dr Weber MinR
Ref V B 5: **Apotheker, Apothekenwesen, Arzneimittelpolitik** Hartmann-Besche MinR
Ref V B 6: **Nichtärztliche Heilberufe, Berufsgerichtsbarkeiten, Gebühren** Link MinR

Gruppe V C Krankenhäuser
Leiter: Dr Prütting MinRätin

Ref V C 1: **Grundsatzfragen der Krankenhausplanung und Krankenhausfinanzierung** Dr Prütting MinRätin
Ref V C 2: **Krankenhausinvestitionsförderung** Dr Beyer RRätin z A
Ref V C 3: **Betriebswirtschaftliche Fragen der Krankenhausförderung, Pflegesatzrecht** Bracht RAng
Ref V C 4: **Krankenhausbau, Heimbau** Ignatz MinR
Ref V C 5: **Krankenhausplanung** Dr Siebertz MinR
Ref V C 6: **Rettungswesen, Katastrophen- und Zivilschutz, Gesundheitshilfen in Krisensituationen** Mais MinR

Zum Geschäftsbereich des Ministeriums für Arbeit, Gesundheit und Soziales gehören:

1 Landesanstalt für Arbeitsschutz

des Landes Nordrhein-Westfalen (LAfA)
40225 Düsseldorf, Uhlenbergstr 127-135; F (02 11) 31 01 -0; Telefax (02 11) 31 01-1 89

Aufgaben:
Die LAfA, mit Wirkung vom 01.April 1994 im Geschäftsbereich des Ministeriums für Arbeit, Gesundheit und Soziales eingerichtet, unterstützt die Dienststellen der Staatlichen Arbeitsverwaltung durch die Erarbeitung von Konzepten und die Beratung im Bereich Gesundheitsschutz in der Arbeitswelt. Sie nimmt darüber hinaus sicherheitstechnische Aufgaben zum Schutz Dritter wahr. **Zur Organisation der Landesanstalt für Arbeitsschutz lagen bei Redaktionsschluß keine weiteren Angaben vor.**

1.1 Staatliche Ämter für Arbeitsschutz

Nähere Angaben hierzu im nachgeordneten Bereich der Bezirksregierungen.

2 Gerichte der Arbeitsgerichtsbarkeit

Nähere Angaben hierzu siehe in Abschnitt d „Organe der Rechtspflege" auf den Seiten 224 und 243.

3 Gerichte der Sozialgerichtsbarkeit

Nähere Angaben hierzu siehe in Abschnitt d „Organe der Rechtspflege" auf den Seiten 223 und 242.

4 Landesversicherungsamt

Nordrhein-Westfalen
45127 Essen, Kopstadtplatz 13; F (02 01) 81 34-0;
Telefax (02 01) 81 34-1 10

Staatsrechtliche Grundlage und Aufgabenkreis:
Das Landesversicherungsamt Nordrhein-Westfalen als Landesoberbehörde mit Sitz in Essen wurde
aufgrund des Gesetzes zur Errichtung des Landesversicherungsamtes Nordrhein-Westfalen vom
14. Dezember 1989 ab 1. Januar 1990 errichtet.
Nach § 3 der Verordnung zur Regelung von Zuständigkeiten nach dem Sozialgesetzbuch (ZuVOSGB)
vom 13. Dezember 1989 gilt:
Das Landesversicherungsamt Nordrhein-Westfalen ist Aufsichtsbehörde im Sinne
- der §§ 144, 146, 148 bis 154, 156, 158 bis 164,
  195, 218, 220 bis 222 und 286 sowie – hinsichtlich
  der Krankenkassen – des § 287 des Sozialgesetzbuches – Gesetzliche Krankenversicherung –
  (SGB V) vom 20. Dezember 1988
  (BGBl I S 2477), zuletzt geändert durch Gesetz
  vom 6. Oktober 1989 (BGBl I S 1822),
- des § 85 Abs 1 Satz 1 und 2 SGB IV hinsichtlich
  der landesunmittelbaren Krankenkassen,
- des § 413 Abs 1 Satz 1 und der §§ 350, 354 bis 357
  der Reichsversicherungsordnung (RVO).
Im übrigen führen die Kreise und kreisfreien Städte
(Versicherungsämter) die Aufsicht über die landesunmittelbaren Allgemeinen Ortskrankenkassen,
Betriebskrankenkassen, Innungskrankenkassen
und Ersatzkassen.
Das Landesversicherungsamt Nordrhein-Westfalen ist Aufsichts- und Genehmigungsbehörde im
Sinne des Sozialgesetzbuches für
die Landesversicherungsanstalt Rheinprovinz,
die Landesversicherungsanstalt Westfalen,
die Westfälische landwirtschaftliche Berufsgenossenschaft,
die Lippische landwirtschaftliche Berufsgenossenschaft,
die Westfälische landwirtschaftliche Alterkasse,
die Lippische landwirtschaftliche Alterskasse,
die Westfälische landwirtschaftliche Krankenkasse,
die Lippische landwirtschaftliche Krankenkasse,
den Gemeindeunfallversicherungsverband Westfalen-Lippe,
den Rheinischen Gemeindeunfallversicherungsverband,
die Eigenunfallversicherung der Stadt Dortmund,
die Eigenunfallversicherung der Stadt Düsseldorf,
die Eigenunfallversicherung der Stadt Essen,
die Eigenunfallversicherung der Stadt Köln,
die Feuerwehr-Unfallkasse Rheinland,
die Feuerwehr-Unfallkasse Westfalen-Lippe,
die Arbeitsgemeinschaften im Sinne des § 219
SGB V und des § 94 des Sozialgesetzbuches – Verwaltungsverfahren – (SGB X) vom 18. August 1980
(BGBL I S 1469), zuletzt geändert durch Gestz vom
6. Oktober 1989 (BGBL I S 1822),

die Arbeitsgemeinschaft für Krebsbekämpfung der
Träger der gesetzlichen Kranken- und Rentenversicherung im Landes Nordrhein-Westfalen,
die Rheinische Arbeitsgemeinschaft zur Rehabilitation Suchtkranker,
die Westfälische Arbeitsgemeinschaft zur Rehabilitation Suchtkranker.
Dem Landesversicherungsamt Nordrhein-Westfalen wird die Prüfung der Geschäfts-, Rechnungs-
und Betriebsführung
der landesunmittelbaren Krankenkassen, ihrer Lan-
desverbände und der Kassenverbände,
der Westfälischen landwirtschaftlichen Krankenkasse,
der Lippischen landwirtschaftlichen Krankenkasse
und
der Medizinischen Dienste der Krankenversicherung übertragen.
Dem Landesversicherungsamt Nordrhein-Westfalen wird die Zuständigkeit für die Verfolgung und
Ahndung von Ordnungswidrigkeiten nach § 95
Abs 1 Nr 1 SGB IV übertragen.
Darüber hinaus ist das Landesversicherungsamt zuständige Stelle im Sinne des § 84 Abs 1 des Berufsbildungsgesetzes (BBiG) vom 14. August 1969
(BGBl I S 1112) für den Ausbildungsberuf „Sozial-
versicherungsfachangestellter".

Leiter: Udo Jockel Dir

Abt I Gesetzliche Renten- und Unfallversicherung,
Landwirtschaftliche Sozialversicherung
Leiter: Klein RDir

Abt II Gesetzliche Krankenversicherung
Leiter: Dr Schikorski LtdRDir

Abt III Prüfung der Krankenversicherung
Leiter: Wendt LtdRDir

5 Ausführungsbehörde für Unfallversicherung

des Landes Nordrhein-Westfalen
40223 Düsseldorf, Ulenbergstr 1; F (02 11) 90 24-0

Staatsrechtliche Grundlage und Aufgabenkreis:
§ 766 Abs 2 Reichsversicherungsordnung (RVO).
Die Ausführungsbehörde, eine Landesoberbehörde, nimmt die Aufgaben des Landes Nordrhein-
Westfalen als Träger der Unfallversicherung wahr.

Leiter: Manfred Lieske RDir

6 Zentralstelle für den Bergmannsversorgungsschein

des Landes Nordrhein-Westfalen

45886 Gelsenkirchen, Bochumer Str 86; F (02 09)
17 87-01

Staatsrechtliche Grundlage und Aufgabenkreis:
Der Zentralstelle, einer Landesoberbehörde, obliegt die Durchführung des Gesetzes über einen

126

Bergmannsversorgungsschein im Land Nordrhein-Westfalen in der Fassung vom 20. Dezember 1983 (GV NW S 635).

Leiter: Günter Warda RDir

7 Dienststellen der Kriegsopferversorgung

im Lande Nordrhein-Westfalen

Staatsrechtliche Grundlage und Aufgabenkreis:
Gesetz über die Errichtung der Verwaltungsbehörden der Kriegsopferversorgung vom 12. März 1951 (BGBl I Seite 169), geändert durch das 4. Überleitungsgesetz vom 27. April 1955 (BGBl I Seite 189), zuletzt geändert durch Artikel 3 des Vierten Gesetzes über die Anpassung von Leistungen nach dem Bundesversorgungsgesetz – 4. AnpG – KOV – vom 24. Juli 1972 (BGBl I Seite 1284).
Verordnung der Landesregierung Nordrhein-Westfalen über die Zuständigkeiten und Bezirke der Versorgungsämter vom 28. August 1978 (GV NW Seite 494, SGV NW 83).
Landesorganisationsgesetz vom 10. Juli 1962 (GV NW Seite 241), zuletzt geändert durch § 88 FHG vom 20. November 1979 (GV NW Seite 964, SGV NW 2005).
Die Versorgungsdienststellen dienen der Durchführung des Bundesversorgungsgesetzes (BVG) in der Fassung vom 22. Januar 1982 (BGBl I Seite 21), zuletzt geändert durch Artikel 25 des Haushaltsbegleitgesetzes 1983 vom 20. Dezember 1982 (BGBl I Seite 1857).
Die Zuständigkeit der Aufgabenabgrenzung zwischen den Behörden der Kriegsopferversorgung ergibt sich aus § 2 des Gesetzes über das Verwaltungsverfahren der Kriegsopferversorgung (VFG-KOV) in der Fassung vom 6. Mai 1976 (BGBl I Seite 1169), zuletzt geändert durch Art II § 16 des X. Buches des Sozialgesetzbuches vom 18. August 1980 (BGBl I Seite 1469) und der Verordnung über die sachliche Zuständigkeit in der Kriegsopferversorgung vom 20. Mai 1963 (BGBl I Seite 367), geändert durch die Verordnung vom 21. Januar 1968 (BGBl I Seite 104).
Gemäß dem Ersten Gesetz zur Funktionalreform vom 11. Juli 1978 (GV NW Nr 41 Seite 295 vom 21. Juli 1978) sind die Orthopädischen Versorgungsstellen weggefallen und gemäß Erlaß des Ministers für Arbeit, Gesundheit und Soziales des Landes Nordrhein-Westfalen vom 6. September 1978 als Abt IV in die Versorgungsämter integriert worden.
Gemäß Verordnung über die Zuständigkeiten und Bezirke der Versorgungsämter im Lande Nordrhein-Westfalen vom 28. August 1978 (GVBl Nr 51 vom 11. September 1978 Seite 494) sind die Versorgungsämter festgelegt worden, die nunmehr für die Amtsbezirke der aufgelösten Orthopädischen Versorgungsstellen zuständig sind. Weiterhin sind in dieser Verordnung auch die Bezirke der Versorgungsämter neu bestimmt worden.

7.1 Landesversorgungsamt Nordrhein-Westfalen

– Landesoberbehörde –
48143 Münster, Von Vincke-Str 23-25; F (02 51) 49 11; Telefax (02 51) 49 13 84

Präsident des Landesversorgungsamtes Nordrhein-Westfalen: Wilhelm Wenning
Vertreter: Günter Kahl AbtDir

Abt I Verwaltung
Leiter: Günter Kahl AbtDir

Dez I/1: **Stellenbewirtschaftung, Personaleinsatz, Beauftragter des Haushalts** Kahl AbtDir
Dez I/2: **Personalangelegenheiten, allgemeine Rechtsangelegenheiten, insbesondere Arbeitsrecht** Greinert RDir
Dez I/3: **Organisation, Personalbedarf, Statistiken, Aus- und Fortbildung** Geiß-Netthöfel RDirektorin
Dez I/4: **Zentrale ADV-Verfahren** NN
Dez I/5: **Dezentrale ADV-Verfahren, Planung, Entwicklung und Realisierung von allgemeinen ADV-Vorhaben und Grundsatzangelegenheiten, soweit nicht Dez I/4 zuständig** Rottke RDir
Dez I/6: **Haushalts-, Kassen- und Rechnungswesen, Beschaffungswesen, Liegenschaften, Innerer Dienst, Amtskasse** Vennemann RR

Abt II Fachaufsicht, Grundsatzfragen
Leiter: Hösel AbtDir

Dez II/1: **Grundsatzangelegenheiten des Bundesversorgungsgesetzes, der Versorgung von Kriegsopfern in den ost- und südosteuropäischen Staaten, Überzahlungs- und Verschuldensfälle, Einzelfälle der Versorgung und des Schwerbehindertenrechts** Hösel AbtDir
Dez II/2: **Datenschutzbeauftragter, Angelegenheiten der Aus- und Fortbildung, Einzelfälle der Versorgung und des Schwerbehindertenrechts** Efing RDir
Dez II/3: **Grundsatzangelegenheiten der Heil- und Krankenbehandlung, der orthopädischen Versorgung, der Versehrtenleibesübungen, des Verfahrensrechts, Überzahlungs- und Verschuldensfälle, Einzelfälle der Versorgung und des Schwerbehindertenrechts** Heckmann RR z A
Dez II/4: **Grundsatzangelegenheiten der Auslandsversorgung West, der Kapitalabfindung und des Bundeserziehungsgeldgesetzes, Überzahlungs- und Verschuldensfälle, Einzelfälle der Versorgung, der Kapitalabfindung, des Schwerbehindertenrechts und des Bundeserziehungsgeldgesetzes, Durchführung des Programms des Landes NRW zur Schaffung zusätzlicher Ausbildungsplätze in Krankenpflegeschulen und in Schulen der Krankenpflegehilfe** Giesa RDirektorin
Dez II/5: **Grundsatzangelegenheiten des Gesetzes über die Entschädigung für Opfer von Gewalttaten, des Soldatenversorgungsgesetzes, des Zivildienstgesetzes, des Unterhaltsbeihilfegesetzes, des Häftlingshilfegesetzes, des Strafrechtlichen Rehabilitationsgesetzes, des G 131, des Bundesseuchengesetzes, des**

Schwerbehindertengesetzes, Überzahlungs- und Verschuldensfälle, Einzelfälle der Versorgung, der Kapitalabfindung und des Schwerbehindertenrechts Keller ORR

Dez II/6: Grundsatzfragen der ADV gestützten Durchführung des Bundesversorgungsgesetzes und der Gesetze, die das Bundesversorgungsgesetz für anwendbar erklären, sowie des Schwerbehindertengesetzes und des Bundeserziehungsgeldgesetzes, des Aussiedleraufnahmegesetzes, des Heimkehrergesetzes und der Förderprogramme Grünewald RR

Dez II/7: Fachaufsicht über die Landesstelle Unna-Massen, Grundsatzangelegenheiten des Bundesvertriebenengesetzes, des Aussiedleraufnahmegesetzes, des Heimkehrergesetzes sowie Angelegenheiten der Aufnahme, Unterbringung, Betreuung und Verteilung von Aussiedlern und ausländischen Flüchtlingen, Erstattung von Rückführungskosten Dr Rabeneck RR z A

Dez II/8: Durchführung von Arbeitsmarkt/- und Sozialpolitischen Förderprogrammen des Landes Nordrhein-Westfalen Schlerkmann RDir

Abt III Vor- und Streitverfahren nach dem Sozialgerichtsgesetz, sonstige Streitverfahren, Vollstreckungsverfahren
Leiter: Fastenrath AbtDir

Dez III/1: Grundsatzfragen auf dem Gebiet des Versorgungs-, Schwerbehinderten-, Verfahrensrechts, der ÄAppO und AppOA im Zusammenhang mit anhängigen Vor- und Streitverfahren, Vorverfahren gegen Bescheide des Landesversorgungsamtes, welche die Heil- und Krankenbehandlung sowie die orthopädische Versorgung und die Rentenkapitalisierung betreffen, Vor- und Streitverfahren nach dem Sozialgerichtsgesetz (SGG), Vor- und Streitverfahren nach der Verwaltungsgerichtsordnung (VwGO) betreffend arbeitsmarktpolitische Zuwendungen des Landes Nordrhein-Westfalen Fastenrath AbtDir

Dez III/2: Grundsatzfragen der Kostenerstattung und der Auslandsversorgung (Belgien/Niederlande), Rechtsstreitigkeiten betreffend §§ 71 b, 81 b Bundesversorgungsgesetz, Rückerstattungsansprüche und Ansprüche anderer Behörden gegen die Versorgungsverwaltung auf Grund eines Forderungsüberganges und im Rahmen des Leistungsausgleichs, Vor- und Streitverfahren im Zusammenhang mit der Durchführung des Bundesseuchengesetzes, OEG und des BErzGG, sonstige Vor- und Streitverfahren nach dem Sozialgerichtsgesetz, Überwachung des Texthandbuches für die elektronische Textverarbeitung, Vor- und Streitverfahren nach VwGO betreffend arbeitsmarktpolitische Zuwendungen des Landes Nordrhein-Westfalen, Dienstaufsichtsbeschwerden ohne Berichtsauftrag Buscher RDir

Dez III/3: Revisionen, Auswertung der Rechtsprechung, Vor- und Streitverfahren nach dem SGG Estner RDir

Dez III/4: Revisionen, Vor- und Streitverfahren im Zusammenhang mit der Durchführung von Sondergesetzen (SVG, HHG, UBG) ohne Bundesseuchengesetz und OEG, Vor- und Streitverfahren, welche die Heilbehandlung betreffen, sonstige Vor- und Streitverfahren nach dem Sozialgerichtsgesetz, zivilrechtliche Ersatzansprüche gegen das Land und des Landes gegen Dritte Dr Erlemann RDir

Dez III/5: Ersatzansprüche, Vollstreckungssachen, Streitsachen im Zusammenhang mit Ansprüchen auf Lohnfortzahlung im Krankheitsfall, Bearbeitung strafbarer Handlungen und der sich daraus ergebenden Schadensersatzansprüche, Vor und Streitverfahren sowie Dienstaufsichtsbeschwerden im Zusammenhang mit der Durchführung von Sondergesetzen (BSeuchG und OEG), Streitfälle, die sich aus einer Kostenregelung nach I § 65 a SGB ergeben, sonstige Vor- und Streitverfahren nach dem Sozialgerichtsgesetz, Berichte und Streitsachen nach dem Beihilferecht Gutsche RDir

Dez III/6: Grundsatzfragen der Heil- und Krankenbehandlung sowie der orthopädischen Versorgung und der Versehrtenleibesübungen einschließlich Dienstaufsichtsbeschwerden, Vor- und Streitverfahren betreffend Heil- und Krankenbehandlung, orthopädische Versorgung, Versehrtenleibesübungen sowie Sondergesetze (ohne BSeuchG und OEG), sonstige Vor- und Streitverfahren nach dem Sozialgerichtsgesetz v Witzleben-Wurmb RDirektorin

Dez III/7: Grundsatzfragen, Dienstaufsichtsbeschwerden und Einzelfälle betreffend Ersatzansprüche gemäß §§ 81 a Bundesversorgungsgesetz, 5 OEG und sonstige Ansprüche des Bundes gegen Dritte, Vor- und Streitverfahren nach dem Sozialgerichtsgesetz NN

Dez III/8: Vor- und Streitverfahren nach dem Sozialgerichtsgesetz (auch BErzGG), LPA-Angelegenheiten Reber RDir

Dez III/9: Teilversorgung (Grundsatzfragen), Dienstaufsichtsbeschwerden, Vor- und Streitverfahren), Verwirklichung von Unterhaltsansprüchen Versorgungsberechtigter nach § 44 Abs 5 Bundesversorgungsgesetz einschließlich Kostenzusagen und Nebeninterventionen des Landes, Einzelfälle betreffend Ersatzansprüche gemäß §§ 81 a Bundesversorgungsgesetz, 5 OEG und sonstige Ansprüche des Bundes gegen Dritte, Vor- und Streitverfahren nach dem Sozialgerichtsgesetz Hölscher RDir

Dez III/10: Revisionen, Vor- und Streitverfahren nach dem Sozialgerichtsgesetz (auch Teilversorgung), Einzelfälle betreffend Ersatzansprüche gemäß §§ 81 a Bundesversorgungsgesetz, 5 OEG und sonstige Ansprüche des Bundes gegen Dritte Nospikkel RDir

Dez III/11: Vor- und Streitverfahren nach dem Sozialgerichtsgesetz (auch BErzGG) Strukl RDir

Dez III/12: Revisionen, Vor- und Streitverfahren nach dem Sozialgerichtsgesetz, LPA-Angelegenheiten Meyer-Hesse RDir

Dez III/13: Grundsatzfragen- und Dienstaufsichtsbeschwerden auf dem Gebiet des BErzGG, Vor- und Streitverfahren nach dem Sozialgerichtsgesetz (einschließlich Teilversorgung und BErzGG) Wenning RDir

Dez III/14: Vor- und Streitverfahren nach dem Sozialgerichtsgesetz (SER, SchwbG), Einzelfälle betreffend Ersatzansprüche gemäß §§ 81 a Bundesversorgungsgesetz, 5 OEG und sonstige Ansprüche des Bundes gegen Dritte NN

Abt IV Ärztlicher Dienst
Leiter: Dr Braun LtdRMedDir

Dez IV/1: **Fachaufsicht im gesamten Ärztlichen Bereich und Mitwirkung bei Personalangelegenheiten der Ärzte und des ärztlichen Hilfspersonals, Zuleitung der eingehenden Akten an die zuständigen ärztlichen Dezernenten** Dr Braun LtdRMedDir

Dez IV/2 a: **Entscheidungen über Anträge auf Badekuren, Stellungnahmen im Vorverfahren nach dem Schwerbehindertengesetz (SchwbG), Stellungnahmen im Vor- und Streitverfahren im sozialen Entschädigungsrecht, Stellungnahmen entsprechend den Zuschriften der Abteilung II** Pape Vertragsärztin

Dez IV/2 b: **Entscheidungen über Anträge auf Badekuren , Stellungnahmen im Vorverfahren nach dem SchwbG, Stellungnahmen im Vor- und Streitverfahren im sozialen Entschädigungsrecht, Stellungnahmen entsprechend den Zuschriften der Abteilung II** Dr Hildenhagen Vertragsärztin

Dez IV/2 c: **Entscheidungen über Anträge auf Badekuren, Stellungnahmen im Vorverfahren nach dem SchwbG, Stellungnahmen im Vor- und Streitverfahren im sozialen Entschädigungsrecht, Stellungnahmen entsprechend den Zuschriften der Abteilung II** Broberger Vertragsärztin

Dez IV/3: **Stellungnahmen, insbesondere auf chirurgischem und orthopädischem Gebiet, Gutachterüberprüfungen** Dr Böhmer RMedDir

Dez IV/4: **Stellungnahmen, insbesondere auf neurochirurgischem Gebiet, Gutachterüberprüfungen** Dr Herter RMedDir

Dez IV/5: **Stellungnahmen entsprechend den Zuschriften der Abteilung II und III zu Fragen der Heil- und Krankenbehandlung, in Beihilfeangelegenheiten sowie Widersprüchen und Klagen nach dem SchwbG, Überprüfung von Kapitalabfindungsgutachten, Stellungnahmen, insbesondere auf internistischem Gebiet, Gutachterüberprüfungen** Dr Bonenkamp RMedDirektorin

Dez IV/6: **Stellungnahmen entsprechend den Zuschriften der Abteilung III zu Widersprüchen und Klagen nach dem SchwbG, Überprüfung von Kapitalabfindungsgutachten, Stellungnahmen, insbesondere auf urologischem Gebiet, aber auch auf chirurgischem und orthopädischem Gebie, Gutachterüberprüfungen** Dr Semrau RMedDir

Dez IV/7: **Stellungnahmen entsprechend den Zuschriften der Abteilung II und III zu Widersprüchen und Klagen nach dem SchwbG, Stellungnahmen, insbesondere auf chirurgischem orthopädischem Gebiet, Gutachterüberprüfungen** Dr Ridder RMedDirektorin

Dez IV/8: **Stellungnahmen entsprechend den Zuschriften der Abteilung II und III** NN

Abt V Landesprüfungsamt für Medizin und Pharmazie
Leiter: Thamm LtdRDir

Außenstelle
Rechnungsamt beim Landesversorgungsamt Nordrhein-Westfalen
50676 Köln, Hohe-Pforte 9-11; F (02 21) 2 06 91
Leiter: Kapteina RDir

Der Dienst- und Fachaufsicht des Landesversorgungsamtes unterstehen:

7.1.1 Versorgungsämter

– Untere Landesbehörden –

Versorgungsamt
52066 Aachen, Schenkendorfstr 2-6; F (02 41) 51 07-0; Telefax (02 41) 51 07-1 37
Leiter: Edmund Brandl LtdRDir
Amtsbezirk: Die kreisfreie Stadt Aachen; die Kreise Aachen, Düren, Euskirchen, Heinsberg

Versorgungsamt
33615 Bielefeld, Stapenhorststr 62; F (05 21) 5 99-0; Telefax (05 21) 5 99-2 00
Leiterin: Geiping-Kahleyß RDirektorin
Amtsbezirk: Kreisfreie Stadt Bielefeld; die Kreise Gütersloh, Herford, Höxter, Lippe, Minden-Lübbecke, Paderborn

Versorgungsamt
44137 Dortmund, Lindemannstr 78; F (02 31) 10 85-1; Telefax (02 31) 10 85-3 22
Leiter: NN
Amtsbezirk: Die kreisfreien Städte Bochum, Dortmund, Hagen, Herne; die Kreise Ennepe-Ruhr-Kreis, Unna

Versorgungsamt
40476 Düsseldorf, Roßstr 92; F (02 11) 45 84-0; Telefax (02 11) 45 84-1 30 oder 1 31
Leiterin: Ursula Pelzner LtdRDirektorin
Amtsbezirk: Die kreisfreien Städte Düsseldorf, Krefeld, Mönchengladbach; die Kreise Mettmann, Neuss, Viersen, für die orthopädische Versorgung zusätzlich die kreisfreien Städte Remscheid, Solingen, Wuppertal

Versorgungsamt
47057 Duisburg, Ludgeristr 12; F (02 03) 30 05-0; Telefax (02 03) 30 05-3 90
Leiter: Walter Hellstern LtdRDir
Amtsbezirk: Die kreisfreie Stadt Duisburg; die Kreise Kleve und Wesel

Versorgungsamt
45138 Essen, Kurfürstenstr 33; F (02 01) 89 88-0; Telefax (02 01) 89 88-1 99
Leiter: Volker Lorenz LtdRDir
Amtsbezirk: Die kreisfreien Städte Essen, Mülheim a d Ruhr und Oberhausen; für die orthopädische

Versorgung zusätzlich die Kreise Kleve, Wesel und die kreisfreie Stadt Duisburg

Teildienststelle für Bundeserziehungsgeldkasse und Orthopädische Versorgungsstelle
45143 Essen, Altendorfer Str 97-101; F (02 01) 89 88-0; Telefax (02 01) 89 88-4 27

Versorgungsamt
45879 Gelsenkirchen, Vattmannstr 2-8; F (02 09) 1 63-0; Telefax (02 09) 1 63-2 58
Leiter: Humpert LtdRDir
Amtsbezirk: Die kreisfreien Städte Bottrop, Gelsenkirchen; der Kreis Recklinghausen

Versorgungsamt
50735 Köln, Boltensternstr 10; F (02 21) 77 83-0; Telefax (02 21) 77 83-2 99
Leiter: Jan E Mey LtdRDir
Amtsbezirk: Die kreisfreien Städte Bonn, Köln, Leverkusen; die Kreise Erftkreis, Oberbergischer Kreis, Rheinisch-Bergischer Kreis, Rhein-Sieg-Kreis

Versorgungsamt
48143 Münster, Von-Steuben-Str 10; F (02 51) 4 91-1; Telefax (02 51) 3 98
Leiter: NN
Amtsbezirk: Die kreisfreie Stadt Münster; die Kreise Borken, Coesfeld, Steinfurt und Warendorf; für die orthopädische Versorgung zusätzlich der Kreis Recklinghausen, die kreisfreien Städte Bottrop, Gelsenkirchen

Versorgungsamt
59494 Soest, Heinsbergplatz 13; F (0 29 21) 1 07-0
Leiter: Hartmut Scherf LtdRDir
Amtsbezirk: Die kreisfreie Stadt Hamm; die Kreise Olpe, Siegen, Soest, Hochsauerlandkreis, Märkischer Kreis

Versorgungsamt
42285 Wuppertal, Friedrich-Engels-Allee 76; F (02 02) 89 81-0; Telefax (02 02) 89 81-1 44
Leiter: Jürgen Daeg LtdRDir
Amtsbezirk: Die kreisfreien Städte Remscheid, Solingen, Wuppertal

7.1.2 Versorgungskuranstalten

– Einrichtungen des Landes Nordrhein-Westfalen im Sinne von § 16 LOG –

Kurklinik an der Rosenquelle
(Versorgungskuranstalt)
52066 Aachen, Kurbrunnenstr 5; F (02 41) 60 07-0; Telefax (02 41) 6 21 50
Leiter: Dr Arpad Jendralski LtdRMedDir

Kurklinik Eggeland
(Versorgungskuranstalt)
33014 Bad Driburg, Bahnhofstr 1; F (0 52 53) 9 86-0; Telefax (0 52 53) 9 86-1 00

Leiter: Dr Martin Momburg LtdRMedDir

8 Institut für Dokumentation und Information, Sozialmedizin und öffentliches Gesundheitswesen (IDIS)

33611 Bielefeld, Westerfeldstr 35/37; F (05 21) 80 07-0; Telefax (05 21) 80 07-2 00

Staatsrechtliche Grundlage und Aufgabenkreis:
Bekanntmachung des Arbeits- und Sozialministers des Landes Nordrhein-Westfalen vom 23. Oktober 1967 (MBl NW 1967 S 1801).
Das Institut, eine Einrichtung des Landes NW gemäß § 14 Landesorganisationsgesetz (LOG), dient der Dokumentation der Sozialmedizin, des öffentlichen Gesundheitsdienstes und der Arbeitsmedizin sowie seit 1978 der Förderung der Gesundheitserziehung und Sexualpädagogik im Lande Nordrhein-Westfalen und seit 1989 der Landesgesundheitsberichterstattung einschließlich der Umweltmedizin.

Leiter: Prof Dr med Ulrich Laaser LtdRMedDir

9 Sozialpädagogisches Institut für Kleinkind- und außerschulische Erziehung

des Landes Nordrhein-Westfalen
50668 Köln, An den Dominikanern 2; F (02 21) 1 60 52-0; Telefax (02 21) 1 60 52-50

Staatsrechtliche Grundlage und Aufgabenkreis:
Runderlaß des Ministers für Arbeit, Gesundheit und Soziales vom 21. Februar 1979 – I C 1/IV D 4 – 1000/1050.
Als Einrichtung des Landes im Sinne des § 14 des Landesorganisationsgesetzes (LOG NW) vom 10. Juli 1962 (GV NW S 421), zuletzt geändert durch Gesetz vom 19. Dezember 1978 (GV NW S 640) – SGV NW 2005 – , wurde im Geschäftsbereich des Ministers für Arbeit, Gesundheit und Soziales am 1. März 1979 das Sozialpädagogische Institut für Kleinkind- und außerschulische Erziehung (SPI) des Landes Nordrhein-Westfalen errichtet. Die Dienstaufsicht wird der Bezirksregierung Köln übertragen.
Dem Sozialpädagogischen Institut NW obliegt die Durchführung von Entwicklungsaufgaben für die pädagogische Tätigkeit in Einrichtungen der Kleinkind- und außerschulischen Erziehung, für die Fortbildung der pädagogisch tätigen Kräfte sowie die Erarbeitung von methodischen Hilfen zur Familienberatung/Familienbildung.

Leiter: Dr Jürgen Rolle LtdRDir

10 Hygienisch-bakteriologische Landesuntersuchungsämter

Staatsrechtliche Grundlage und Aufgabenkreis:
Die Aufgaben der Hygienisch-bakteriologischen Landesuntersuchungsämter, die Einrichtungen im Sinne des § 14 Landesorganisationsgesetz (LOG) sind, sind durch Erlaß vom 6. Juli 1978, zuletzt geändert am 30. Juli 1980 (SMBl NW 21260) geregelt.

Danach führen die beiden Landesuntersuchungsämter in Düsseldorf und Münster unter anderem bakteriologische und virologische Untersuchungen zur Ermittlung meldepflichtiger Krankheiten gegen Pauschalgebühren der angeschlossenen Kreise und kreisfreien Städte sowie gebührenpflichtige Untersuchungen der in Lebensmittelbetrieben beschäftigten Personen nach dem Bundes-Seuchengesetz und von Wasserproben aufgrund der Trinkwasser-Verordnung durch. An überörtlichen Aufgaben obliegt den Landesuntersuchungsämtern die Überwachung und Weiterentwicklung der Untersuchungsverfahren sowie die Koordinierung der Untersuchungsergebnisse zur Ermittlung überörtlicher epidemiologischer Zusammenhänge als „Zentralstellen für Epidemiologie". Das Institut für Virusdiagnostik am Landesuntersuchungsamt in Münster nimmt die Aufgaben eines regionalen Zentrallaboratoriums im Sinne der Forderung und Definition der Weltgesundheitsorganisation wahr und führt als solches virologische Spezialuntersuchungen durch, die anderswo nicht möglich sind.

Für die jeweiligen Landesteile werden Untersuchungen von Neugeborenen auf erbliche Stoffwechselstörungen mit Hirnschadensfolge sowie die Untersuchung auf Rötelnantikörper bei Lehrerinnen, Kindergärtnerinnen usw kostenfrei durchgeführt. Die beiden Untersuchungsamtsleiter werden als Berater der Obersten Landesgesundheitsbehörde in Fragen der Hygiene und Krankheitsverhütung herangezogen. Beide leiten ihren Ämtern angeschlossene Desinfektorenschulen.

Nähere Angaben zu den Landesuntersuchungsämtern, die der Dienst- und Fachaufsicht der Bezirksregierung in Düsseldorf und Münster unterstehen, siehe auf den Seiten 47 und 55.

11 Staatsbad Oeynhausen

Das Staatsbad Oeynhausen wird nach § 26 (1) LHO als Landesbetrieb geführt. Es ist eine Landeseinrichtung im Sinne des § 14 Landesorganisationsgesetz (LOG).

Nähere Angaben hierzu siehe unter Bezirksregierung Detmold auf der Seite 44, die die Dienst- und Fachaufsicht ausübt.

12 Landesstelle für Aussiedler, Zuwanderer und ausländische Flüchtlinge

in Nordrhein-Westfalen
59427 Unna, Auf der Tüte 1; F (0 23 03) 9 54-0; Telefax (0 23 03) 9 54-4 01

Staatsrechtliche Grundlage und Aufgabenkreis:
Einrichtung des Landes NRW gemäß § 14 Landesorganisationsgesetz (LOG) mit folgenden Zuständigkeiten:
– Zustimmung zur Aufnahme von Aussiedlern gemäß § 28 Abs 2 BVFG (BGBl 1993 Seite 829)
– Aufnahme, Verteilung und Zuweisung von Aussiedlern (RdErlaß des Ministers für Arbeit, Gesundheit und Soziales NRW vom 5. April 1993 –II C 1 – 9011)
– Beratungsstelle für Aussiedler zu Schul- und Bildungsangelegenheiten (Erlaß des Ministers für Arbeit, Gesundheit und Soziales des Landes NRW vom 23. März 1984 – IV C 2.1)
– Erstattung der Kosten der Rückführung von Deutschen aus dem Ausland (RdErlaß des Ministers für Arbeit, Gesundheit und Soziales NRW vom 22. Januar 1987 – II C 4 – 9057.1)
– Anerkennung als Heimkehrer nach dem Heimkehrergesetz (Verordnung zur Bereinigung des Vorschriftenbestandes vom 15. April 1987, GV NW S 156)

Leiter: Siegfried Pogadl

Außenstelle

51545 Waldbröl, Sachsenstr 6; F (0 22 91) 2 06 91

13 Institut „Arbeit und Technik"

45879 Gelsenkirchen, Florastr 26-28; F (02 09) 17 07-0; Telefax (02 09) 17 07-1 10

Staatsrechtliche Grundlage und Aufgabenkreis:
Bekanntmachung des Ministers für Arbeit, Gesundheit und Soziales vom 17. Dezember 1987 – I A 3-1009/III B 4-9.1.11 (MBl NW 1988 S 13).
Das Institut ist eine Einrichtung des Landes im Sinne des § 14 des Landesorganisationsgesetzes vom 10. Juli 1962 (GV NW Seite 421), zuletzt geändert durch Gesetz vom 20. Oktober 1987 (GV NW Seite 366), – SGV NW 2005.
Das Institut betreibt problemorientierte Grundlagenforschung und angewandte Forschung auf interdisziplinärer Grundlage (Ingenieurwissenschaften, Sozialwissenschaften, Wirtschaftswissenschaften) im Bereich „Arbeit und Technik". Es soll Beiträge zur Technikgestaltung und zur Bewältigung des Strukturwandels leisten und auf eine praxisnahe Umsetzung der Forschungsergebnisse hinarbeiten.

Präsident des Instituts Arbeit und Technik: Prof Dr Franz Lehner

14 Zentralstelle der Länder für Gesundheitsschutz bei Medizinprodukten

40123 Düsseldorf, Landeshaus, Horionplatz; F (02 11) 8 37-34 21; Telefax (02 11) 8 37-36 83

Staatsrechtliche Grundlage und Aufgabenkreis: Bekanntmachung des Ministeriums für Arbeit, Gesundheit und Soziales vom 11. November 1993 (MBl NW 1993 S 1762).

Die Zentralstelle der Länder für Gesundheitsschutz bei Medizinprodukten – eine Einrichtung des Landes gemäß § 14 des Landesorganisationsgesetzes – soll nach einer durchgängigen Systematik Zertifikationsstellen und Prüflaboratorien für Medizinprodukte auf der Basis der in deutsches Recht umgesetzten Richtlinie 93/42 EWG des Rates der Europäischen Gemeinschaft vom 14. Juni 1993 und des Medizinproduktegesetzes akkreditieren.

Leiterin: Dr Soltau

Der Rechtsaufsicht des Ministeriums für Arbeit, Gesundheit und Soziales unterstehen die nachfolgenden Körperschaften des öffentlichen Rechts:

15 Akademie für öffentliches Gesundheitswesen

– Gemeinsame Einrichtung der Bundesländer Berlin, Freie Hansestadt Bremen, Freie und Hansestadt Hamburg, Hessen, Niedersachsen, Nordrhein-Westfalen und Schleswig-Holstein –
40225 Düsseldorf, Auf'm Hennekamp 70; F (02 11) 3 10 96-0; Telefax 3 10 96-69

Staatsrechtliche Grundlage und Aufgabenkreis: Abkommen über die Errichtung und Finanzierung der Akademie für öffentliches Gesundheitswesen in Düsseldorf vom 24. Juni 1971.
Die Akademie wurde als rechtsfähige Anstalt des öffentlichen Rechts errichtet und untersteht der Rechtsaufsicht des Ministers für Arbeit, Gesundheit und Soziales des Landes Nordrhein-Westfalen.
Sie dient der Aus-, Fort- und Weiterbildung für Berufe im öffentlichen Gesundheitswesen. Außerdem betreibt sie angewandte Forschung im Bereich des öffentlichen Gesundheitswesens.

Präsident der Akademie für öffentliches Gesundheitswesen: NN

16 Landesversicherungsanstalten

– Körperschaften des öffentlichen Rechts –

Landesversicherungsanstalt Rheinprovinz
40215 Düsseldorf, Königsallee 71; F (02 11) 9 37-0; Telex 8 582 100; Telefax (02 11) 9 37-30 96
Vorstandsvorsitzende: Dr Siegfried Vossieg; Heinz-Dieter Mahlberg; (im jährlichen Wechsel zum 1. Oktober)

Geschäftsführung: Heiner Horsch Dir; Klaus Schenke Dir

Landesversicherungsanstalt Westfalen
48147 Münster, Gartenstr 194; F (02 51) 2 38-0; Telefax (02 51) 2 38-29 60
Vorstandsvorsitzende: Bernhard Kolks, Georg Henke
Geschäftsführung: Wilfried Gleitze Dir, Klaus Schulte Dir

17 Gemeindeunfallversicherungsverbände

– Körperschaften des öffentlichen Rechts –

Rheinischer Gemeindeunfallversicherungsverband
40625 Düsseldorf, Heyestr 99; F (02 11) 28 08-0; Telefax (02 11) 29 80 54
Vorsitzender: Helmut Etschenberg; Uwe Meyeringh (jährlich wechselnd zum 1. Oktober)
Geschäftsführer: Günter Oschmann Dir

Gemeindeunfallversicherungsverband Westfalen-Lippe
48159 Münster, Salzmannstr 156; F (02 51) 21 02-0; Telefax (02 51) 21 85 69
Vorsitzender: Karl-Heinrich Landwehr OKDir
Geschäftsführer: Josef Micha

18 Landwirtschaftliche Berufsgenossenschaften, Alterskassen, Krankenkassen

– Körperschaften des öffentlichen Rechts –

Westfälische landwirtschaftliche Berufsgenossenschaft, Alterskasse und Krankenkasse
48147 Münster, Hoher Heckenweg 76-80; F (02 51) 23 20-0; Telefax (02 51) 23 20-5 55
Vorsitzender des Vorstandes der Westfälischen landwirtschaftlichen Berufsgenossenschaft: Klaus Alte
Vorsitzender des Vorstandes der Westfälischen landwirtschaftlichen Alterskasse und Krankenkasse: Klaus Alte
Geschäftsführer: Jürgen Blauth

Lippische landwirtschaftliche Berufsgenossenschaft, Alterskasse und Krankenkasse
32756 Detmold, Felix-Fechenbach-Str 6; F (0 52 31) 60 04-0; Telefax (0 52 31) 60 04-30
Vorsitzender: Hermann Brinksmeier
Geschäftsführer: Albrecht Dreimann

19 Landesverbände der Ortskrankenkassen

– Körperschaften des öffentlichen Rechts –

AOK Rheinland
40213 Düsseldorf, Kasernenstr 61; F (02 11)
87 91-0; Telefax (02 11) 87 91-1 25
Vorsitzende: Heinz Dieter Mahlberg; Hans Dieter
Richardt (in jährlichem Wechsel)
Geschäftsführer: Wilfried Jacobs

AOK-Landesverband Westfalen-Lippe
44263 Dortmund, Nortkirchenstr 103; F (02 31)
41 93-0; Telefax (02 31) 41 93-1 07
Vorsitzende: Dr Peter G Meisel; Dieter Barabas (im
jährlichen Wechsel)
Geschäftsführer: Fred Nadolny

20 Landesverbände der Innungskrankenkassen

– Körperschaften des öffentlichen Rechts –

IKK-Landesverband Nordrhein und Rheinland-Pfalz
51469 Bergisch-Gladbach, St-Josef-Str 20,
F (0 22 02) 10 03-0; Telefax (0 22 02) 10 03-1 90
Vorsitzende: Walter Lütz; Dietrich Hakus (im jährlichen Wechsel)
Geschäftsführer: Friedhelm Bilski

IKK-Landesverband Westfalen-Lippe
48147 Münster, Albrecht-Thaer-Str 36-38;
F (02 51) 23 00 80; Telefax (02 51) 2 30 08 99
Vorstandsvorsitzende: Rolf Habermann; August
Schrahn (im jährlichen Wechsel)
Geschäftsführer: Werner Falk

21 Landesverband der Betriebskrankenkassen Nordrhein-Westfalen

– Körperschaft des öffentlichen Rechts –
45128 Essen, Kronprinzenstr 6; F (02 01) 1 79-02;
Telefax (02 01) 1 79-16 66

Rechtsgrundlage und Aufgabenkreis:
§§ 207, 211 Sozialgesetzbuch (SGB) V in Verbindung mit der Satzung des Landesverbandes der
Betriebskrankenkassen Nordrhein-Westfalen in der
Fassung vom 10. Dezember 1991;
Betreuung von 265 Mitgliedskassen mit Sitz in
Nordrhein-Westfalen;
Wahrnehmung der gesetzlichen (§ 211 Abs 2 und 3
SGB V) und satzungsgemäß (§ 3 SatzungLdBNW)
zugeordneten Aufgaben.

Vorsitzender: Wolfgang Linke
Stellvertreter: Willi Budde
Geschäftsführer: Dr Wilfried Berg Dir

22 Kassenärztliche Vereinigungen

– Körperschaften des öffentlichen Rechts –

Kassenärztliche Vereinigung Nordrhein
40547 Düsseldorf, Emanuel-Leutze-Str 8; F (02 11)
59 70-0

1. Vorsitzender des Vorstandes: Dr Winfried Schorre
Hauptgeschäftsführer: Bernhard Brautmeier

Kassenärztliche Vereinigung Westfalen-Lippe (KVWL)
44141 Dortmund, Robert-Schimrigk-Str 6-8;
F (02 31) 94 32-0
1. Vorsitzender: Dr med Ulrich Oesingmann
Hauptgeschäftsführer: Dr Rüdiger Balthasar

23 Kassenzahnärztliche Vereinigungen

– Körperschaften des öffentlichen Rechts –

Kassenzahnärztliche Vereinigung Nordrhein
40237 Düsseldorf, Lindemannstr 34-42; F (02 11)
96 84-0; Telefax (02 11) 96 84-3 33
Vorsitzender: Dr Wilhelm Osing
Geschäftsführer: Dipl-Volksw Manfred P Ingenhoven, Rolf Hehemann Ass jur

Kassenzahnärztliche Vereinigung Westfalen-Lippe
48147 Münster, Auf der Horst 25; F (02 51) 5 07-0;
Telefax 5 07-1 17
Vorsitzender: Prof Dr Rolf Hinz
Hauptgeschäftsführer: Dipl-Kfm A Wienefoet

24 Ärztekammern des Landes Nordrhein-Westfalen

– Körperschaften des öffentlichen Rechts –

Ärztekammer Nordrhein
40474 Düsseldorf, Tersteegenstr 31; F (02 11)
43 02-0; Telefax (02 11) 43 02-2 00 und 43 02-2 44
Präsident der Ärztekammer Nordrhein: Dr Jörg-Dietrich Hoppe
Geschäftsführender Arzt: Dr Robert D Schäfer
Geschäftsführer: Dr rer pol Wolfgang Klitzsch

Ärztekammer Westfalen-Lippe
48145 Münster, Kaiser-Wilhelm-Ring 4-6;
F (02 51) 3 75 00; Telefax (02 51) 37 50-4 50 und
37 50-3 99
Präsident der Ärztekammer Westfalen-Lippe: Dr
med Ingo Flenker
Hauptgeschäftsführer: Jörg-Erich Speth Ass

25 Zahnärztekammern des Landes Nordrhein-Westfalen

– Körperschaften des öffentlichen Rechts –

Zahnärztekammer Nordrhein
40547 Düsseldorf, Emanuel-Leutze-Str 8; F (02 11)
5 26 05-0; Telefax (02 11) 5 26 05-21
Präsident der Zahnärztekammer Nordrhein: Dr Joachim Schulz-Bongert
Direktor: Dr Peter Dierks

Zahnärztekammer Westfalen-Lippe
48147 Münster, Auf der Horst 29; F (02 51)
49 09 -02; Telefax (02 51) 49 09-1 17
Präsident der Zahnärztekammer Westfalen-Lippe:
Dr Dr Jürgen Weitkamp
Geschäftsführer: Dr Jochen Neumann-Wedekindt

26 Apothekerkammern des Landes Nordrhein-Westfalen

– Körperschaften des öffentlichen Rechts –

Apothekerkammer Nordrhein
40213 Düsseldorf, Poststr 4; F (02 11) 3 23 08 31;
Telefax (02 11) 32 06 17
Präsident der Apothekerkammer Nordrhein: Karl-
Rudolf Mattenklotz
Geschäftsführer: Dr Franz-Josef Schulte-Löbbert;
Peter Weidinger

Apothekerkammer Westfalen-Lippe
48151 Münster, Bismarckallee 25; F (02 51)
52 00 50
Präsident der Apothekenkammer Westfalen-Lippe:
Hans-Günter Friese
Geschäftsführer: Jochen Stahl

VII Ministerium für Wirtschaft, Mittelstand und Technologie

des Landes Nordrhein-Westfalen

40213 Düsseldorf, Haroldstr 4; F (02 11) 8 37 02;
Telex 08 582 728 wtnw d; Telefax (02 11)
8 37 22 00; Teletex 2 11 46 34 = MWMT

Aufgabenkreis:
Allgemeine Wirtschaftsfragen, insbesondere Strukturfragen, Mittelstand, Preise und Kartelle.
Grundsatzfragen der Technologiepolitik, Koordinierung der Technologieförderung, Entwicklung neuer Technologien; Aufgaben- und Finanzplanung der Großforschungseinrichtungen (KFA, GMD, DLR) – zusammen mit dem Ministerium für Wissenschaft und Forschung.
Industrie, Handel, Handwerk, Außenwirtschaft, Bergbau und Geologie, Energiewirtschaft, Energietechnik, Sicherheit in der Kerntechnik (insoweit auch Fachaufsicht über die Gewerbeaufsichtsverwaltung), rationale Energieverwendung, Eichwesen und Materialprüfung.
Sonstige Einzelfragen der Wirtschaft, soweit sie nicht anderen Ministerien zugewiesen sind, Staatsaufsicht über die Landesbank, Post- und Fernmeldewesen.
Der Minister für Wirtschaft, Mittelstand und Technologie bedient sich zur Durchführung seiner Aufgaben, soweit sie nicht im Ministerium unmittelbar bearbeitet werden, der ihm nachgeordneten Behörden, der Regierungspräsidenten sowie der in seinem Geschäftsbereich bestehenden Einrichtungen.

Minister: Günther Einert
Persönlicher Referent: Michael Kolmar MinR
Pressereferent: Rudolf Deckert RAng

Staatssekretär: Hartmut Krebs

Abt 1 Zentralabteilung, Außenwirtschaft
Leiter: Dr Wolfgang Buchow RAng

Gruppe 11 Aufgabenplanung und -koordinierung
Leiter: Michael Deitmer LtdMinR

Ref 111: **Planung und Koordinierung der Ressortaufgaben, Wirtschaftsministerkonferenz, Verbindung zu Parteien, Verbänden und Gewerkschaften** Deitmer LtdMinR
Ref 112: **Grundsatzfragen der Wirtschafts- und Gesellschaftspolitik, insbesondere der Konjunktur- und Wachstumspolitik einschließlich Koordinierung, Wirtschaftsagentur, allgemeine Standortfragen** Fischer MinR
Ref 113: **Standortperspektiven und Branchenkommunikation, Wirksamkeit und Erfolgskontrolle von Förderprogrammen** Dr Schöll RAng
Ref 114: **EU-Angelegenheiten einschließlich Wirtschaftsbeziehungen zu den EU-Staaten** Dr Jakoby ORR
Ref 115: **Kabinett- und Landtags-, Bundesrats- und Bundestagsangelegenheiten** Placzek MinR

Ref 116: **Öffentlichkeitsarbeit, Messen, Ausstellungen und Kongresse** Phlippen RAng

Gruppe 12 Haushalt, Personal, Organisation
Leiter: Hermann Lang LtdMinR

Ref 121: **Aufstellung und Vollzug des Haushalts, Beauftragter für den Haushalt** Lang LtdMinR
Ref 122: **Rechnungslegung, Rechnungsprüfung** Böhle RDir
Ref 123: **Beamten-, Besoldungs- und Tarifrecht, Personalangelegenheiten, Personalplanung** Haake RDir
Ref 124: **Angelegenheiten der Gleichstellung von Frau und Mann, Betreuung der Regionalstellen „Frau und Beruf", Ausbildung, Fortbildung, Hospitation** Bigge MinRätin
Ref 125: **Organisation, Stellenpläne** Nordmann MinR
Ref 126: **Beteiligungen an privatrechtlichen Unternehmen** Düring MinR
Ref 127: **Ordensangelegenheiten, Besoldungsrechtliche Nebengebiete, Innerer Dienst** Gabor MinR

Gruppe 13 Außenwirtschaft
Leiter: Helmar Schaps MinR

Ref 131: **Grundsatzfragen der Außenwirtschaft und des Kooperations-/Qualifizierungsprogramms** Schaps MinR
Ref 132: **China, Hongkong, Taiwan, Vietnam, Entwicklungszusammenarbeit** Grotz RAng
Ref 133: **Japan, Korea, ASEAN-Staaten und sonstige asiatische Staaten** Breulmann MinR
Ref 134: **Amerika, Australien, Afrika, arabische Länder und Indien, allgemeine Handelspolitik, Außenwirtschaftsrecht** Schreiber MinR
Ref 135: **Mittel- und Osteuropa ohne GUS sowie Israel und EFTA-Staaten** Schmidt MinR
Ref 136: **Wirtschaftsraum der GUS, Türkei** Becker RDir

Abt 2 Wirtschafts- und Strukturentwicklung, Mittelstand
Leiter: Reinhard Thomalla MinDirig

Gruppe 21 Strukturentwicklung
Leiter: Dr Peter Becker LtdMinR

Ref 211: **Grundsatzfragen der Strukturentwicklung, Regionale Entwicklungskonzepte, Flächen, wirtschafts- und strukturpolitische Fragen der Landesplanung und des Verkehrs** Noll RDir
Ref 212: **Geschäftsstelle für die Kohlegebiete sowie ZIM/ZIN, Konferenzen der Landesregierung in den Regionen, Flächenmobilisierung** Quiring MinR
Ref 213: **Gemeinschaftsaufgabe „Verbesserung der regionalen Wirtschaftsstruktur" und regionale Landesförderung** Dr Becker LtdMinR
Ref 214: **Zusammenarbeit mit der EU in der regionalen Strukturentwicklung, Förderkonzepte** Schulze Althoff MinR
Ref 215: **Regionale Strukturentwicklung, Arbeitsmarkt, Truppenabbau und Rüstungskonversion, Beschäftigungsförderung** Hennings MinR

Gruppe 22 Wirtschaftsförderung und Finanzierung
Leiter: Klaus-Dieter Schulz MinR

Ref 221: **Grundsatzfragen der Wirtschaftsförderung, Bürgschaften** Schulz MinR
Ref 222: **Wirtschaftsförderung und Finanzierung I (Regierungsbezirke Arnsberg und Köln)** Dr Bracht MinRätin
Ref 223: **Wirtschaftsförderung und Finanzierung II (Regierungsbezirke Detmold, Düsseldorf und Münster)** Petering MinR
Ref 224: **Durchführung der EU-Programme** Lempert MinR
Ref 225: **Finanzierungshilfen für den gewerblichen Mittelstand und die Freien Berufe** Dr Eisold RDir

Gruppe 23 Mittelständische Wirtschaft, Dienstleistungen
Leiter: Jürgen Kämpfer LtdMinR

Ref 231: **Grundsatzfragen des Mittelstandes und allgemeine Fragen des Dienstleistungssektors** Kämpfer LtdMinR
Ref 232: **Leistungssteigerung, Beratungsprogramme, Handel, Genossenschaften, Freie Berufe** Dr Nowka MinR
Ref 233: **Handwerkswirtschaft** Böttge MinR
Ref 234: **Tourismus, Gastgewerbe** Behrens MinR

Abt 3 Industrie, Technologie, Qualifizierung
Leiter: Dr Klaus Warnke-Gronau MinDirig

Gruppe 31 Wirtschaft und Umwelt, Industrie
Leiter: Dr Johannes Olivier LtdMinR

Ref 311: **Grundsatzfragen der Industrie- und Umweltpolitik** Dr Olivier LtdMinR
Ref 312: **Technologische Infrastruktur, Aufgaben- und Finanzplanung bei den Großforschungseinrichtungen (KFA, GMD, DLR)** Dr-Ing Send MinR
Ref 313: **Normen, Standards, Geologisches Landesamt, Eichverwaltung, Staatliches Materialprüfungsamt** Dr-Ing Joppa MinR
Ref 314: **Wirtschaft und Kultur** Broll RAngestellte
Ref 315: **Chemie und Umwelt, Bio- und Gentechnologien** Dr Kugler MinR
Ref 316: **Umweltschutzrecht, Koordinierung der Angelegenheiten des Umweltschutzes, Verbindung zum Ministerium für Umwelt, Raumordnung und Landwirtschaft** Pirstadt MinRätin

Gruppe 32 Technologieförderung und -entwicklung
Leiter: Dr Robert Mainberger MinR

Ref 321: **Grundsatzfragen der Technologieförderung, Luft- und Raumfahrttechnik** Dr Mainberger MinR
Ref 322: **Metallische Werkstoffe, Stahl, Stahlbau, Gießereien, NE-Metalle, EBM; Stahlbüro** Dr-Ing Michael RBauDir
Ref 323: **Informations- und Kommunikationstechnologien (Post- und Telekommunikation)** Dr-Ing Bruch MinR
Ref 324: **Umwelttechnologien, Holzwirtschaft** Crysandt MinR

Ref 325: **Mikrosystemtechnologien, Physikalische Technologien (Elektronik, Feinwerktechnik, Optik)** Dr Focke MinR
Ref 326: **Fertigungstechnologien (Maschinenbau, Fahrzeug- und Schiffbau), Lasertechnik** Monsau MinR
Ref 327: **Nichtmetallische Werkstoffe (Steine und Erden, Glas, Feinkeramik, Textil, Papier, Gummi, Leder), Bauwirtschaft, Druck, Tabak** Dr Höpfner MinR

Gruppe 33 Qualifizierung, Berufsbildung
Leiter: Reiner Kämpgen LtdMinR

Ref 331: **Grundsatzfragen der beruflichen Bildung, Koordination** Kämpgen LtdMinR
Ref 332: **Qualifikationsstruktur und -entwicklung, Regionalisierung, Qualifizierungsgesellschaften** Führer MinR
Ref 333: **Förderung der beruflichen Erstausbildung** Hallmann MinR
Ref 334: **Förderung der beruflichen Weiterbildung, EU-Förderprogramme** Müller MinR
Ref 335: **Geschäftsstelle des Landesausschusses für Berufsbildung, Berufsbildungsbericht** Schausten RAngestellte

Abt 4 Verbraucherschutz, Wirtschaftsordnung, Verfassungs- und Wirtschaftsrecht
Leiter: Dr Wolfgang Reichling MinDirig

Gruppe 41 Verbraucherschutz, Wettbewerb, Kartelle, Preise
Leiterin: Susanne Niemann LtdMinRätin

Ref 411: **Grundsatzfragen des Kartellrechts, Mißbrauchsaufsicht über marktbeherrschende Unternehmen der Versorgungswirtschaft, Preisauszeichnung, Mietpreisüberhöhung** Niemann LtdMinRätin
Ref 412: **Kooperationen, Kartelle, Mißbrauchsaufsicht ohne Versorgungswirtschaft, gewerblicher Rechtsschutz** Dr Scholten MinR
Ref 413: **Kartellrechtliche Bußgeldverfahren** Tapper MinR
Ref 414: **Verbraucherschutz** Dr Rößler MinR
Ref 415: **Öffentliches Auftragswesen, Preise (mit Ausnahme der Strompreise)** Raithel MinR
Ref 416: **Strompreisaufsicht, Konzessionsabgabewesen, betriebswirtschaftliche Fragen der Energieversorgung** Dr Schulte-Janson MinR

Gruppe 42 Körperschaftsaufsicht, Wirtschaftsprüferangelegenheiten, Wirtschaftspolitische Fragen des Steuer- und Abgabenwesens sowie der Finanzdienstleistungen
Leiter: Klaus von Normann LtdMinR

Ref 421: **Aufsicht über die Westdeutsche Landesbank, Wirtschaftspolitische Fragen der Finanzdienstleistungen** von Normann LtdMinR
Ref 422: **Aufsicht über Handwerkskammern und die Industrie- und Handelskammern** Reimann MinR
Ref 423: **Angelegenheiten der Wirtschaftsprüfer und der vereidigten Buchprüfer** Schaaps MinR
Ref 424: **Wirtschaftspolitische Fragen des Steuer- und Abgabenwesens** Reichmann MinR

Gruppe 43 Verfassungs- und Wirtschaftsrecht, Justitiariat, ADV, Kernenergierecht
Leiter: Helmut Wigge LtdMinR

Ref 431: Verfassungsrecht, Grundsatzfragen des Wirtschaftsrechts, allgemeines Verwaltungsrecht, Justitiariat, Datenschutz Wigge LtdMinR
Ref 432: Gewerberecht, Handwerksrecht, Schornsteinfegerangelegenheiten Willkomm MinR
Ref 433: Kernenergierecht, Haftungs- und Versicherungsfragen, Zuverlässigkeitsprüfungen Dr Cloosters MinR
Ref 434: Organisation der Datenverarbeitung Kleinschmidt MinR
Ref 435: Krisenvorsorge, Katastrophenabwehr Blume MinR

Abt 5 Energie, Kohle, Bergwesen
Leiter: Dr Gerhard Sohn MinDirig

Gruppe 51 Kohle, Bergwesen, Energierecht, Strukturfragen der Energieversorgung
Leiter: Dr Volkhard Riechmann MinR

Ref 511: Grundsatzfragen der Bergaufsicht, Prüfungsangelegenheiten NN
Ref 512: Bergaufsicht, Grubensicherheit und Gesundheitsschutz Hartwig MinR
Ref 513: Planungen im Bergbau, Lagerstättensicherung, Markscheidewesen Maatz MinR
Ref 514: Wasser- und Abfallwirtschaft, Altlasten, Immissions- und Bodenschutz im Bergbau Blase MinR
Ref 515: Wirtschaftliche Angelegenheiten des Steinkohlenbergbaus Trösken MinR
Ref 516: Rechtsangelegenheiten des Bergbaus, Energierecht, Europarechtliche Fragen der Energiepolitik Franke MinR
Ref 517: Strukturfragen der Energieversorgung, Verbindung zur Energiewirtschaft Dr Riechmann MinR

Gruppe 52 Rationelle Energienutzung
Leiter: Dr-Ing Eike Schwarz MinR

Ref 521: Grundsatzfragen der rationellen Energienutzung, Klimainstitut, Energieagentur Dr-Ing Schwarz MinR
Ref 522: EU-Angelegenheiten für den Bereich Energie, Energiesicherung NN
Ref 523: Elektrizitätswirtschaft, Fernwärme Jenne MinR
Ref 524: Maßnahmen der rationellen Energienutzung, Energieagentur Dr-Ing Baues MinR
Ref 525: Förderung der Grubensicherheit, des Umwelt- und Gesundheitsschutzes im Bergbau sowie rationeller Energietechniken Circel MinR
Ref 526: Mineralöl, Gaswirtschaft Dr Vonderbank MinR

Gruppe 53 Sicherheit in der Kerntechnik, Atomrechtliche Aufsicht
Leiter: Heinrich Siebel LtdMinR

Ref 531: Genehmigung und Beaufsichtigung der Verwendung von Kernbrennstoffen, Beaufsichtigung des Brennelementzwischenlagers Jülich, Entsorgung kerntechnischer Anlagen, Werkverträge für sicherheitstechnische Untersuchungen Dr-Ing Ronig MinR
Ref 532: Genehmigung von Kernkraftwerken mit gasgekühlten Reaktoren und sonstigen Anlagen des Kernbrennstoffkreislaufs Hohmann MinR
Ref 533: Grundsatzfragen der Sicherheit kerntechnischer Anlagen Siebel LtdMinR
Ref 534: Genehmigung und Beaufsichtigung von Kernkraftwerken mit Leichtwasserreaktoren, Beaufsichtigung von sonstigen Anlagen des Kernbrennstoffkreislaufs Köhler MinR
Ref 535: Kernkraftwerksfernüberwachungssystem, Beaufsichtigung der Emission radioaktiver Stoffe kerntechnischer Anlagen und Verwendungen, atomrechtliche Aufgaben des Katastrophenschutzes Wolf MinR
Ref 536: Genehmigung und Beaufsichtigung von Forschungs- und Unterrichtsreaktoren, Beaufsichtigung von Kernkraftwerken mit gasgekühlten Reaktoren und des Brennelementzwischenlagers Ahaus, Anlagensicherung Prof Dr Witulski MinR

Zum Geschäftsbereich des Ministeriums für Wirtschaft, Mittelstand und Technologie gehören:

1 Bergverwaltung

im Lande Nordrhein-Westfalen

Staatsrechtliche Grundlage und Aufgabenkreis:
Bundesberggesetz vom 13. August 1980 (BGBl I Seite 1310). Nach diesem Gesetz unterliegt der Bergbau der Aufsicht der Bergbehörden, dem Landesoberbergamt und den nachgeordneten Bergämtern. Die Bergämter, untere Landesbehörden, sind die erste Instanz in allen Angelegenheiten, die nach dem Berggesetz den Bergbehörden obliegen oder die den Bergämtern nach anderen Gesetzen und Bestimmungen übertragen sind.

1.1 Landesoberbergamt

Nordrhein-Westfalen
44135 Dortmund, Goebenstr 25; F (02 31) 54 10-0; Telex 8 22 550 loba d; Telefax (02 31) 52 94 10

Staatsrechtliche Grundlage und Aufgabenkreis:
Das Landesoberbergamt, das nach dem Gesetz vom 2. Dezember 1969 – GV NW 1969 S 900 – errichtet wurde, bildet als Landesoberbehörde die Aufsichtsinstanz für die Bergämter.

Leiter: Dr Hilmar Fornelli LtdMinR
Vertreter: Dipl-Ing Hans-Jürgen von Bardeleben VPräs

Abt 1
Leiter: Wolfgang Knof AbtDir

137

Dez 11: **Bergrecht, Bergaufsicht, Vorschriftenwesen, Sammelblatt** Kirchner BergDir
Dez 12: **Berechtsamsangelegenheiten, bergrechtliche Gewerkschaften, Grundabtretungen** Krauthausen BergDir
Dez 13: **Andere den Bergbau berührende Rechtsgebiete** Büscher BergDir
Dez 14: **Verwaltung** Knorr OBergR
Dez 15: **Umweltrecht (ohne Abfallrecht), Planungsrecht, bergrechtliche Umweltverträglichkeitsprüfung** Dr Franke LtdBergDir
Dez 16: **Zentrale Datenverarbeitung, Datenschutz** Ney BergR

Abt 2
Leiter: Dipl-Ing Hans-Jürgen Moench LtdBergDir

Dez 21: **Planung, Zusammenlegung und Stillegung von Steinkohlenbergwerken** Dipl-Ing Bekemeier BergDir
Dez 22: **Aus- und Vorrichtung, Abbau, Gewinnung, Versatz, Gebirgsschläge** Dipl-Ing Lechner BergDir
Dez 23: **Gebirgsmechanik, Ausbau, Besucherbergwerke, Besucherhöhlen** NN
Dez 24: **Maschinen, maschinelle Anlagen und Stetigförderer unter Tage** NN
Dez 25: **Sozialpolitischer Beirat** Poller

Abt 3
Leiter: Dipl-Ing Klaus Jägersberg BergDir (komm)

Dez 31: **Grubenbewetterung, Ausgasung, Gas-, Kohleausbrüche, Klima** Dipl-Ing Stalz BergDir
Dez 32: **Brand- und Explosionsschutz unter Tage, Rettungsangelegenheiten** Dipl-Ing Köpke BergDir
Dez 33: **Verhütung von Berufskrankheiten, Gesundheitsschutz, Strahlenschutz, Gefahrstoffe** Dipl-Ing Jägersberg BergDir
Dez 34: **Elektrische Anlagen unter und über Tage, Sicherheit in der Prozeßleittechnik** Dipl-Ing Jargstorf BergDir
Dez 35: **Sprengmittel und Sprengarbeit unter und über Tage** Dipl-Ing Wörmann BergDir
Dez 36: **Sozialpolitischer Beirat** Klasing BauOAR (mdWdAb)

Abt 4
Leiter: Dipl-Ing Hans-Jürgen von Bardeleben VPräs

Dez 41: **Förderung, Seilfahrt und Befahrung in Schächten, Aufzugsanlagen** Dipl-Ing Meier BergDir
Dez 42: **Förderung, Personenbeförderung und Fahrung unter und über Tage** Dipl-Ing Frenger BergDir
Dez 43: **Dampfkessel- und Feuerungsanlagen, Brikettfabriken, Immissionsschutz (Reinhaltung der Luft), rationelle Energieverwendung** Dipl-Ing Borchers BergDir
Dez 44: **Kokereien, Kohlevergasungs- und Verflüssigungsanlagen, Aufbereitungsanlagen, Immissionsschutz (Lärmschutz)** Dipl-Ing Schonefeld LtdBergDir
Dez 45: **Sonstige überwachungsbedürftige Anlagen und Tagesanlagen, Brand und Explosionsschutz über Tage, Koordinierung des Umweltschutzes** NN

Abt 5
Leiter: Dipl-Ing Jürgen Dietzsch AbtDir

Dez 51: **Raumordnung, Landesplanung** Dipl-Ing Nörthen BergDir
Dez 52: **Tagebautechnik und Rekultivierung (Braunkohle)** Dipl-Ing Hey BergDir
Dez 53: **Nichtkohlenbergbau, Untergrundspeicherung** Dipl-Ing Berndt BergDir
Dez 54: **Wasserwirtschaft** Dipl-Ing Fleckner BergDir
Dez 55: **Bodenmechanik, Tiefbohrtechnik, Tagebauentwässerung** Dipl-Ing Glembotzki BergVmDir
Dez 56: **Abfallbeseitigung, Altlasten, Halden** Dipl-Ing Czech LtdBergDir

Abt 6
Leiter: Dipl-Ing Günter Korte LtdBergDir

Dez 61: **Unfallverhütung, Betrieblicher Sicherheits- und Gesundheitsdienst, Erste Hilfe** Dipl-Ing Grigo BergDir
Dez 62: **Bergwirtschaft, Berichtswesen, Statistik, Öffentlichkeitsarbeit** Dipl-Ing Isermann BergDir
Dez 63: **Schulaufsicht** NN
Dez 64: **Berufsausbildung, Fortbildung** Dipl-Ing Heinrichs BergDir

Abt 7
Leiter: Dipl-Ing Karl-Heinz Kunert LtdBergVmDir

Dez 71: **Allgemeine Angelegenheiten im Markscheidewesen** Dipl-Ing Kunert LtdBergVmDir
Dez 72: **Lagerstätten, Berechtsamsangelegenheiten, Berechtsamskarte, Rißwerke** Dipl-Ing Regelmann BergVmDir
Dez 73: **Oberflächennaher Abbau, verlassene Grubenbaue, Stillegungen, Leitnivellement (Steinkohlenbergbau)** Dipl-Ing Welz OBergVmR
Dez 74: **Abbaueinwirkungen, schutzwürdige Anlagen, Schutzbezirke, Sicherheitspfeiler** Dipl-Ing Bugla BergVmDir
Dez 75: **Oberflächennaher Abbau, verlassene Grubenbaue, Leitnivellement (Nichtsteinkohlenbergbau)** Dipl-Ing Lieneke BergVmDir

Der Dienst- und Fachaufsicht des Landesoberbergamtes unterstehen:

1.1.1 Bergämter

Bergamt
52062 Aachen, Harscampstr 15/17; F (02 41) 4 70 91-0; Telefax (02 41) 4 70 91-12
Leiter: Dipl-Ing Christian Schmied BergDir
Amtsbezirk:
Vom Regierungsbezirk Köln die kreisfreie Stadt Aachen; die kreisfreie Stadt Bonn; den Kreis Aachen mit Ausnahme des nördlich der Südbegrenzung der Bundesautobahn Aachen-Köln (A 4) gelegenen Teiles der Stadt Eschweiler,
aus dem Kreis Düren die Städte Heimbach, Linnich und Nideggen sowie die Gemeinden Aldenhoven, Hürtgenwald, Kreuzau und Langerwehe,

den Kreis Euskirchen mit Ausnahme der Stadt Zülpich und der Gemeinde Weilerswist,
den Kreis Heinsberg,
aus dem Rhein-Sieg-Kreis die Städte Bornheim, Meckenheim und Rheinbach sowie die Gemeinden Alfter, Swisttal und Wachtberg.

Bergamt
46535 Dinslaken, Wiesenstr 65; F (0 20 64) 7 01 62, 5 14 03; Telefax (0 20 64) 5 77 26
Leiter: Dipl-Ing Johann Hüben LtdBergDir
Amtsbezirk:
Vom Regierungsbezirk Düsseldorf aus der kreisfreien Stadt Duisburg den von den Steinkohlenbergwerksfeldern Alsfeld, Am Stapp, Baerl, Beeckerwerth, Friedrich Thyssen 1, Friedrich Thyssen 2, Neu Eversael I, Neumühl 1, Neumühl 2, Neumühl 3, Neumühl 4, Neu Oberhausen, Rhein I, Rhein 5 b, Teilfeld Neumühl, Teilfeld Westende, Walsum, Westende und Zollhaus I überdeckten Teil,
aus der kreisfreien Stadt Essen den von den Steinkohlenbergwerksfeldern Alt-Oberhausen und Alt-Vondern überdeckten Teil,
die kreisfreie Stadt Oberhausen mit Ausnahme der von den Steinkohlenbergwerksfeldern Alstaden, Bottrop 2, Concordia, Franz Haniel, Franz Haniel Fortsetzung, Ludwig I, Nordlicht West 1 und Roland überdeckten Teile,
aus dem Kreis Wesel die Stadt Dinslaken mit Ausnahme des von den Steinkohlenbergwerksfeldern Lippermulde I, Nordlicht West 2 und Nordlicht West 3 überdeckten Teiles,
aus der Stadt Rheinberg die von den Steinkohlenbergwerksfeldern Am Stapp, Friedrichsfeld 11, Görsicker, Hiesfeld XVI, Hiesfeld XVIII, Hiesfeld XX, Neu Eversael I und Zollhaus I überdeckten Teile, die Stadt Voerde (Niederrhein), die Stadt Wesel mit Ausnahme des westlich bzw südlich der Steinkohlenbergwerksfelder Friedrichsfeld II, Hiesfeld XX, Wesel II und Wesel 20 liegenden Teiles,
aus der Stadt Xanten den von dem Steinkohlenbergwerksfeld Wesel 20 überdeckten Teil, die Gemeinde Hamminkeln, die Gemeinde Hünxe mit Ausnahme des von den Steinkohlenbergwerksfeldern Hiesfeld 49 b, Lippermulde I und Trier II, überdeckten Teiles sowie aus der Gemeinde Schermbeck den westlich der Steinkohlenbergwerksfelder Augustus XI, Augustus XV, Augustus XVI, Augustus VI Fortsetzung und Trier II liegenden Teil,
vom Regierungsbezirk Münster aus der kreisfreien Stadt Bottrop die von den Steinkohlenbergwerksfeldern Alt-Vondern, Heide, Jacobi 1, Jacobi 2, Neu Oberhausen und Rotbach überdeckten Teile,
aus dem Kreis Borken den von dem Steinkohlenbergwerksfeld Rees überdeckten Teil.

Bergamt
45897 Gelsenkirchen, Kurt-Schumacher-Str 313; F (02 09) 5 99 81 und 5 99 82; Telefax (02 09) 59 87 82

Leiter: Dipl-Ing Diethard Dylla LtdBergDir
Amtsbezirk:
Vom Regierungsbezirk Arnsberg aus der kreisfreien Stadt Bochum die von den Steinkohlenbergwerksfeldern Altendorf, Bonifacius 2, Bonifacius 3, Bonifacius 5, Carl Theodor-Fortsetzung, Eiberg, Feodor, Hans, Holland 2, Holland 3, Kätzchen, Katharina, Schwarze Junge Nr 2, Ver Charlotte, Ver Dahlhauser Tiefbau, Verlohrner Sohn und Wecklenbank überdeckten Teile,
aus der kreisfreien Stadt Herne den von den Steinkohlenbergwerksfeldern Pluto und Unser Fritz überdeckten Teil,
aus dem Ennepe-Ruhr-Kreis aus der Stadt Hattingen den von den Steinkohlenbergwerksfeldern Altendorf, Carl Theodor, Carl Theodor-Fortsetzung, Isenberg, Steingatt, Stephansburg, Ver Brüderschaft, Ver Dahlhauser Tiefbau, Verlohrner Sohn und Victoria überdeckten Teil sowie die südlich bzw westlich der Steinkohlenbergwerksfelder Alte Haase I, Blücher I, Deutschland, Helene Amalia Nr II, Paschalis, Thor, Tonne, Ver Aufgottgewagt und Ungewiß und Victoria gelegenen für Steinkohle bergfreien Teile;
Vom Regierungsbezirk Düsseldorf die kreisfreie Stadt Düsseldorf, aus der kreisfreien Stadt Duisburg die von den Steinkohlenbergwerksfeldern Alstaden und Concordia überdeckten Teile,
die kreisfreie Stadt Essen mit Ausnahme der von den Steinkohlenbergwerksfeldern Alt-Oberhausen und Alt-Vondern überdeckten Teile,
die kreisfreie Stadt Mülheim a d Ruhr mit Ausnahme des nordwestlich des Steinkohlenbergwerksfeldes Alstaden gelegenen für Steinkohle bergfreien Teils,
aus der kreisfreien Stadt Oberhausen die von den Steinkohlenbergwerksfeldern Alstaden, Bottrop 2, Concordia, Franz Haniel, Franz Haniel Fortsetzung, Ludwig I, Nordlicht West 1 und Roland überdeckten Teils,
die kreisfreie Stadt Remscheid,
die kreisfreie Stadt Solingen,
die kreisfreie Stadt Wuppertal mit Ausnahme des von den Steinkohlenbergwerksfeldern Caroline, Ida Wilhelmina, Robert und Ver Adelgunde und Wilhelmine überdeckten Teiles,
den Kreis Mettmann mit Ausnahme der von den Steinkohlenbergwerksfeldern Paschalis und Ver Aufgottgewagt und Ungewiß überdeckten Teile,
aus dem Kreis Wesel den von den Steinkohlenbergwerksfeldern Hiesfeld 49 b, Lippermulde I, Nordlicht West 2 und Nordlicht West 3 überdeckten Teil,
vom Regierungsbezirk Münster die kreisfreie Stadt Bottrop mit Ausnahme der von den Steinkohlenbergwerksfeldern Alt-Vondern, Heide, Im Vest, Jacobi 1, Jacobi 2, Neu Oberhausen und Rotbach überdeckten Teile,
die kreisfreie Stadt Gelsenkirchen mit Ausnahme der von den Steinkohlenbergwerksfeldern Ewald, Hannover 5, Im Vest, Königsgrube 1, Königsgrube 2 und Schlägel und Eisen überdeckten Teile,
aus dem Kreis Recklinghausen aus der Stadt Dor-

sten den von dem Steinkohlenbergwerksfeld, Lippermulde I überdeckten Teil,
die Stadt Gladbeck mit Ausnahme des von dem Steinkohlenbergwerksfeld Im Vest überdeckten Teiles sowie aus der Stadt Herten die von Steinkohlenbergwerksfeldern Graf Bismarck I, Graf Bismarck II und Hugo überdeckten Teile.

Bergamt
59065 Hamm, Goethestr 6; F (0 23 81) 2 00 33 und 2 00 34; Telefax (0 23 81) 2 67 36
Leiter: Dipl-Ing Friedhelm Seifert LtdBergDir
Amtsbezirk:
Vom Regierungsbezirk Arnsberg die kreisfreie Stadt Hamm mit Ausnahme der von den Steinkohlenbergwerksfeldern Bramey, Freiherr vom Stein, Monopol I und Werne überdeckten Teile,
den Kreis Soest mit Ausnahme der von den Steinkohlenbergwerksfeldern Bramey und Wilhelm der Große überdeckten Teile,
aus dem Kreis Unna den östlich der Steinkohlenbergwerksfelder Dora 1, Röchling und Werne liegenden Teil, den östlich bzw nördlich der Steinkohlenbergwerksfelder Bork und Hermann IV liegenden Teil sowie den von den Steinkohlenbergwerksfeldern Monopol III, Monopol X Erweiterung 2 und Prinz Schönaich überdeckten Teil,
den Regierungsbezirk Detmold,
vom Regierungsbezirk Münster die kreisfreie Stadt Münster,
aus dem Kreis Coesfeld aus der Stadt Dülmen den von den Steinkohlenbergwerksfeldern Lüdinghausen 25, Lüdinghausen 27, Lüdinghausen 34 und Münsterland überdeckten Teil, die Stadt Lüdinghausen mit Ausnahme der von dem Steinkohlenbergwerksfelder Bork und Haltern III überdeckten Teile, die Gemeinde Ascheberg mit Ausnahme des von dem Steinkohlenbergwerksfeld Röchling überdeckten Teiles,
die Gemeinde Nordkirchen mit Ausnahme der von den Steinkohlenbergwerksfeldern Bork, Hermann I, Hermann II, Hermann III, Hermann IV und Röchling überdeckten Teile sowie aus der Gemeinde Olfen den von den Steinkohlenbergwerkfeldern Ermen und Seppenrade überdeckten Teil, den Kreis Steinfurt, den Kreis Warendorf.

Bergamt
59174 Kamen, Poststr 4 a; F (0 23 07) 78 08 und 78 09; Telefax (0 23 07) 7 27 41
Leiter: Dipl-Ing Jobst Günther von Schaubert LtdBergDir
Amtsbezirk:
Vom Regierungsbezirk Arnsberg aus der kreisfreien Stadt Bochum den östlich der Steinkohlenbergwerksfelder Constantin 4, Herbeder Steinkohlenbergwerke, Lothringen, Lothringen II, Prinzregent und Ver Gibraltar Erbstollen gelegenen Teil,
die kreisfreie Stadt Dortmund mit Ausnahme der von den Steinkohlenbergwerksfeldern Ickern und Victor 7 überdeckten Teile,

die kreisfreie Stadt Hagen, aus der kreisfreien Stadt Hamm die von den Steinkohlenbergwerksfeldern Bramey, Freiherr vom Stein, Monopol I und Werne überdeckten Teile,
aus der kreisfreien Stadt Herne der von den Steinkohlenbergwerksfeldern Erin, Teutoburgia und Zollern II überdeckten Teil,
aus dem Ennepe-Ruhr-Kreis den östlich bzw nördlich der Steinkohlenbergwerksfelder Amalienburg, Anna Helena, Flößgraben II, Flößgraben III, Flößgraben IV, Gottlob, Herbeder Steinkohlen-Bergwerke, König, Kronprinz II, Laura, Ruhr, Wengern und Witten gelegenen Teil sowie den nördlich der Südgrenze des Steinkohlenbergwerksfeldes Eulalia II gelegenen Teil,
aus dem Kreis Soest die von den Steinkohlenbergwerksfeldern Bramey und Wilhelm der Große überdeckten Teile,
aus dem Kreis Unna die Stadt Bergkamen mit Ausnahme des von den Steinkohlenbergwerksfeldern Monopol III und Monopol X Erweiterung 2 überdeckten Teiles,
die Stadt Fröndenberg, die Stadt Kamen mit Ausnahme des von dem Steinkohlenbergwerksfeld Monopol III überdeckten Teiles, die Städte Lünen, Schwerte, die Stadt Selm mit Ausnahme des von den Steinkohlenbergwerksfeld Ermen überdeckten Teiles, die Stadt Unna, die Stadt Werne mit Ausnahme des von den Steinkohlenbergwerksfeldern Donar, Radbod-Fortsetzung und Wittekind überdeckten Teiles, die Gemeinde Bönen mit Ausnahme des von den Steinkohlenbergwerksfeldern Monopol III (einschließlich des für Steinkohle bergfreien Teiles) und Prinz Schönaich überdeckten Teiles sowie die Gemeinde Holzwickede;
vom Regierungsbezirk Münster aus dem Kreis Coesfeld die von den Steinkohlenbergwerksfeldern An der Haard (östlich der Alten Fahrt des Dortmund-Ems-Kanals einschließlich des für Steinkohle bergfreien Teils), Bork, Hermann I, Hermann II, Hermann III, Hermann IV und Röchling überdeckten Teile,
aus dem Kreis Recklinghausen den von den Steinkohlenbergwerksfeldern Aachen 5, Achenbach Erweiterung, Adolf von Hansemann 1, Adolf von Hansemann 2, Altlünen, An der Haard (östlich der Alten Fahrt des Dortmund-Ems-Kanals einschließlich des für Steinkohle bergfreien Teiles), Emilie, Emilie gestr Stück, Erin, Graf Schwerin, Kobold, Teutoburgia, Ver Minister Achenbach, Zollern 1 und Zollern 2 überdeckten Teile.

Bergamt
50829 Köln, Hugo-Eckener-Str 14; F (02 21) 5 97 78-0; Telefax (02 21) 5 97 78-3 05
Leiter: Dipl-Ing Alexander Respondek LtdBergDir
Amtsbezirk:
Vom Regierungsbezirk Düsseldorf die kreisfreie Stadt Mönchengladbach,
den Kreis Neuss,
vom Regierungsbezirk Köln die kreisfreie Stadt Köln,

die kreisfreie Stadt Leverkusen,
aus dem Kreis Aachen den nördlich der Südbegrenzung der Bundesautobahn Aachen-Köln (A 4) gelegenen Teil der Stadt Eschweiler,
den Kreis Düren mit Ausnahme der Städte Heimbach, Linnich und Nideggen sowie der Gemeinden Aldenhoven, Hürtgenwald, Kreuzau und Langerwehe, den Erftkreis,
aus dem Kreis Euskirchen die Stadt Zülpich und die Gemeinde Weilerswist.

Bergamt
45770 Marl, Lehmbecker Pfad 31; F (0 23 65) 31 24; Telefax (0 23 65) 3 53 04
Leiter: Dipl-Ing Reinhard Kügler LtdBergDir
Amtsbezirk:
Vom Regierungsbezirk Düsseldorf aus dem Kreis Wesel die von den Steinkohlenbergwerksfeldern Augustus III, Augustus IV, Augustus VIII, Augustus XI, Augustus XII, Augustus XV, Augustus XVI, Augustus XVII, Augustus XIX, Augustus XX, Augustus V Fortsetzung, Augustus VI Fortsetzung, Baldur, Freudenberg, Freudenberg II, Freudenberg III, Rüste, Trier II, Uefte, Uefte II und Uefte III überdeckten und eingeschlossenen Teile,
vom Regierungsbezirk Münster aus der kreisfreien Stadt Bottrop den von dem Steinkohlenbergwerksfeld Im Vest überdeckten Teil, aus der kreisfreien Stadt Gelsenkirchen den von dem Steinkohlenbergwerkfeld Im Vest überdeckten Teil,
den Kreis Borken mit Ausnahme des von dem Steinkohlenbergwerksfelde Rees überdeckten Teiles, aus dem Kreis Coesfeld die Städte Billerbeck und Coesfeld, die Stadt Dülmen mit Ausnahme des von den Steinkohlenbergwerksfeldern Lüdinghausen 25, Lüdinghausen 27, Lüdinghausen 34 und Münsterland überdeckten Teiles sowie die Gemeinden Havixbeck, Nottuln, Rosendahl und Senden,
aus dem Kreis Recklinghausen die Stadt Dorsten mit Ausnahme des von dem Steinkohlenbergwerksfeld Lippermulde I überdeckten Teiles, aus der Stadt Gladbeck den von dem Steinkohlenbergwerksfeld Im Vest überdeckten Teil, die Stadt Haltern mit Ausnahme des von den Steinkohlenbergwerksfeldern An der Haard, Haltern I, Haltern II und Haltern III überdeckten Teiles,
aus der Stadt Herten den von dem Steinkohlenbergwerksfeld Im Vest überdeckten Teil, die Stadt Marl mit Ausnahme der von den Steinkohlenbergwerksfeldern An der Haard, Haltern I, Reichskanzler, Schlägel & Eisen und Ver Deutschland überdeckten Teiles.

Bergamt
47445 Moers, Rheinberger Str 194; F (0 28 41) 4 18 66 und 4 78 66; Telefax (0 28 41) 4 26 44
Leiter: Dipl-Ing Eberhard Mogk LtdBergDir
Amtsbezirk:
Vom Regierungsbezirk Düsseldorf die kreisfreie Stadt Duisburg mit Ausnahme des von den Steinkohlenbergwerksfeldern Alsfeld, Alstaden, Am

Stapp, Baerl, Beeckerwerth, Concordia, Friedrich Thyssen 1, Friedrich Thyssen 2, Neu Eversael I, Neumühl 1, Neumühl 2, Neumühl 3, Neumühl 4, Neu Oberhausen, Rhein I, Rhein 5 b, Teilfeld Neumühl, Teilfeld Westende, Walsum, Westende und Zollhaus I überdeckten Teiles,
die kreisfreie Stadt Krefeld,
aus der kreisfreien Stadt Mülheim a d Ruhr den nordwestlich des Steinkohlenbergwerksfeldes Alstaden gelegenen für Steinkohle bergfreien Teil,
den Kreis Kleve,
den Kreis Viersen,
aus dem Kreis Wesel die Städte Kamp-Lintfort, Moers und Neunkirchen-Vluyn, die Stadt Rheinberg mit Ausnahme der von den Steinkohlenbergwerksfeldern Am Stapp, Friedrichsfeld 11, Görsikker, Hiesfeld XVI, Hiesfeld XVIII, Hiesfeld XX, Neu Eversael I und Zollhaus I überdeckten Teile,
aus der Stadt Wesel den westlich bzw südlich der Steinkohlenbergwerke Friedrichsfeld II; Hiesfeld XX, Wesel II und Wesel 20 liegenden Teil, die Stadt Xanten mit Ausnahme des von dem Steinkohlenbergwerk Wesel 20 überdeckten Teiles sowie die Gemeinden Alpen und Sonsbeck.

Bergamt
45657 Recklinghausen, Reitzensteinstr 28-30; F (0 23 61) 2 10 08 und 2 10 09; Telefax (0 23 61) 2 88 04
Leiter: Dr Aloys Berg LtdBergDir
Amtsbezirk:
Vom Regierungsbezirk Arnsberg die kreisfreie Stadt Bochum mit Ausnahme der von den Steinkohlebergwerksfeldern Altendorf, Amalia, Bonifatius 2, Bonifatius 3, Bonifatius 5, Bruchstraße, Carl-Theodor-Fortsetzung, Caroline, Constanze, Eiberg, Feodor, Glück und Segener Erbstolln, Hackelmei, Halter, Hans, Harpen, Heinrich Gustav, Hermann, Hofesaat, Holland 2, Holland 3, Junger Hermann, Kätzchen, Katharina, Klosterbusch, Klothkamp, Leonhard, Leonhard II, Neu Iserlohn, Neumond, Prinz von Preußen, Rosenbaum, Schwarze Junge Nr 2, Selinde, Siebenplaneten, Sirius, Sophia Friederica, Steinkohlenbergwerk Mansfeld, Streifen, Verbindungsbank Nord, Ver Charlotte, Ver Dahlhausener Tiefbau, Verlohrner Sohn, Ver Wallfisch, Vincenz West, Vollmond, Wecklenbank, Wehrhahn, Zollern 1 und Zollern 2 überdeckten Teile,
aus der kreisfreien Stadt Dortmund die von den Steinkohlebergwerksfeldern Ickern und Victor 7 überdeckten Teile,
die kreisfreie Stadt Herne mit Ausnahme der von den Steinkohlebergwersfeldern Erin, Pluto, Teutoburgia, Unser Fritz und Zollern 2 überdeckten Teile,
aus dem Ennepe-Ruhr-Kreis die Städte Breckerfeld, Ennepetal, Gevelsberg,
die Stadt Hattingen mit Ausnahme des von den Steinkohlebergwerksfeldern Altendorf, Carl-Theodor, Carl-Theodor Fortsetzung, Isenberg, Steingatt, Stephansburg, Ver Brüderschaft, Ver Dahlhausener Tiefbau, Verlohrner Sohn, und Victo-

ria überdeckten Teiles sowie der südlich bzw westlich der Steinkohlenbergwerksfelder Alte Haase I, Blücher I, Deutschland, Helene Amalia Nr II, Paschalis, Thor, Tonne, Ver Aufgottgewagt und Ungewiß und Victoria gelegenen für Steinkohle bergfreien Teile, die Städte Schwelm, Sprockhövel,
die Stadt Wetter mit Ausnahme der von den Steinkohlebergwerksfeldern Eulalia, Eulalia II, Eulalia III, Harkorten und Mallinkrodt überdeckten Teile sowie
die Stadt Witten mit Ausnahme des von den Steinkohlebergwerksfeldern Ardey und Dreigewerke, Auguste, Bergmann, Borussia, Concurrent, Constanze, Engelhardt, Erhalten, Eulalia, Franziskas Erbstolln ins Süden I, Franziskas Erbstolln ins Süden II, Halter, Helene Nachtigall, Hermann, Johannes Erbstolln, Kaiser Friedrich, Klosterbusch, Kronprinz, Krüger, Krüger II, Lappenberg, Mallinkrodt, Orlow, Saulus, Siebenplaneten, Steinkohlenbergwerk Mansfeld, Streifen, Tuchsen, Verbindungsbank Nord, Verbindungsbank Süd, Ver Ardey und Wiendahlsbank, Ver Berg Zion, Ver Hamburg und Franziska, Ver Siegfried Nr 1, Ver Siegfried Nr II, Ver Wallfisch, Ver Wiendahlsbank, Vinzens Nord, Vinzens Süd, Voerde, von Goeben und Wellington überdeckten Teiles,
vom Regierungsbezirk Düsseldorf aus der kreisfreien Stadt Wuppertal den von den Steinkohlebergwerksfeldern Caroline, Ida Wilhelmine, Robert und Ver Adelgunde und Wilhelmine überdeckten Teil,
aus dem Kreis Mettmann die von den Steinkohlebergwerksfeldern Paschalis und Ver Aufgottgewagt und Ungewiß überdeckten Teile;
vom Regierungsbezirk Münster aus der kreisfreien Stadt Gelsenkirchen die von den Steinkohlenbergwerksfeldern Ewald, Hannover 5, Königsgrube 1, Königsgrube 2 und Schlägel und Eisen überdeckten Teile,
aus dem Kreis Coesfeld aus der Stadt Lüdinghausen den von dem Steinkohlenbergwerksfeld Haltern III überdeckten Teil,
die Gemeinde Olfen mit Ausnahme der von den Steinkohlenbergwerksfeldern An der Haard (östlich der Alten Fahrt des Dortmund-Ems-Kanals einschließlich des für Steinkohle bergfreien Teils), Bork, Ermen und Seppenrade überdeckten Teiles,
aus dem Kreis Recklinghausen die Stadt Castrop-Rauxel mit Ausnahme der von den Steinkohlenbergwerksfeldern Adolph von Hansemann 1, Adolph von Hansemann 2, Emilie, Emilie getrenntes Stück, Erin, Graf Schwerin, Teutoburgia, Zollern 1 und Zollern 2 überdeckten Teile, die Stadt Datteln mit Ausnahme des von den Steinkohlenbergwerksfeld An der Haard (östlich der Alten Fahrt des Dortmund-Ems-Kanals einschließlich des für Steinkohle bergfreien Teiles) überdeckten Teiles,
aus der Stadt Haltern den von den Steinkohlenbergwerksfeldern An der Haard, Haltern I, Haltern II, Haltern III überdeckten Teil,
aus der Stadt Herten den von den Steinkohlenbergwerksfeldern Emscher, Ewald, Recklinghausen 1,

Schlägel und Eisen und Unser Fritz II überdeckten Teil,
aus der Stadt Marl den von den Steinkohlenbergwerksfeldern An der Haard, Haltern 1, Reichskanzler, Schlägel und Eisen und Vr Deutschland überdeckten Teil, die Städte Oer-Erkenschwick, Recklinghausen sowie die Stadt Waltrop mit Ausnahme des von den Steinkohlebergwerksfeldern Aachen V, Achenbach Erweiterung, Adolf von Hansemann 2, Altlünen, An der Haard, Kobold und Ver Minister Achenbach überdeckten Teiles.

Bergamt

57072 Siegen, Landesbehördenhaus; F (02 71) 5 85-1; Telefax (02 71) 5 79 18
Leiter: Dr-Ing Gisbert Roos
Amtsbezirk:
Vom Regierungsbezirk Arnsberg den Hochsauerlandkreis,
den Märkischen Kreis,
den Kreis Olpe,
den Kreis Siegen-Wittgenstein,
vom Regierungsbezirk Köln den Oberbergischen Kreis,
den Rheinisch-Bergischen Kreis,
den Rhein-Sieg-Kreis mit Ausnahme der Städte Bornheim, Meckenheim und Rheinbach sowie der Gemeinden Alfter, Swisttal und Wachtberg.

2 Geologisches Landesamt

Nordrhein-Westfalen
47803 Krefeld, De-Greiff-Str 195; F (0 21 51) 8 97-1; Telefax (0 21 51) 89 75 05

Staatsrechtliche Grundlage und Aufgabenkreis:
Nach dem Lagerstättengesetz vom 4. Dezember 1934 (Reichsgesetzblatt I S 1223) in der Fassung vom 9. März 1974 (BGBl I S 591) ist der Minister für Wirtschaft, Mittelstand und Technologie mit der Durchforschung des Landesgebietes nach nutzbaren Lagerstätten betraut. Auf Grund dieses Gesetzes hat er mit der Untersuchung sowie der Sammlung und Bearbeitung ihrer Ergebnisse das Geologische Landesamt Nordrhein-Westfalen, eine Landesoberbehörde, beauftragt. Neben der geologischen Durchforschung des Landesgebietes befaßt sich das Geologische Landesamt nach der Verordnung über die Errichtung eines Geologischen Landesamtes vom 12. März 1957 – GV NW 1957 S 61 – mit der Lagerstättenkunde, Hydrogeologie, Ingenieurgeologie, Bodenkunde und Geophysik. Die Herstellung von Karten auf den vorgenannten Gebieten, die fachliche Beratung und Erstattung von Gutachten, die Anlegung von Archiven, insbesondere einer zentralen Sammelstelle der Bohrergebnisse sowie Veröffentlichungen aus dem Aufgabenbereich des Amtes sind wichtige weitere Aufgaben der Behörde.

Präsident des Geologischen Landesamtes: Prof Dr Ing Peter Neumann-Mahlkau
Ständiger Vertreter: Dipl-Geologe Hanns Dieter Hilden

Abt 1 Zentrale Angelegenheiten
Leiter: Dipl-Geologe Hanns Dieter Hilden

Dez 11: **Information, Aus- und Weiterbildung, Veröffentlichungen** Dr Wolf
Dez 12: **Kartographie** Dipl-Geologe Nötting GeolDir
Dez 13: **Archive, Bibliothek, Sammlungen** Dr Bastin GeolDir
Dez 14: **Mitwirkung bei Angelegenheiten des Umweltschutzes und der Landesplanung – Grundsatzfragen, Koordinierung** – Dipl-Geologe Grünhage OGeolR
Dez 15: **Verwaltung** Amkreutz RDir
Dez 16: **Automatisierte Datenverarbeitung, Kommunikationstechnik, Datenschutz** Dr Burghardt GeolDir

Abt 2 Geowissenschaftliche Untersuchungen – Laboratorien –
Leiter: Dr Klaus Köwing

Dez 21: **Paläozoologie** Dr Rescher GeolDir
Dez 22: **Paläobotanik** Dr van Amerom
Dez 23: **Gesteins- und Bodenphysik, Mineralogie, Petrologie** NN
Dez 24: **Geochemie, Kohlenpetrologie** Dr Clausen LtdGeolDir
Dez 25: **Geophysik** Dr Pelzing GeolDir

Abt 3 Geologie, Lagerstättenkunde – Landesaufnahme und Beratung –
Leiter: Dr Arend Thiermann AbtDir

Dez 31: **Grundlagen und Methoden** Dr von Kamp LtdGeolDir
Dez 32: **Münsterland und Ruhrgebiet** Dr Stehn GeolDir
Dez 33: **Lagerstätten Kohle, Kohlenwasserstoffe, Salz, Erze, Steine und Erden** Dr Zeller GeolDir
Dez 34: **Ostwestfalen-Lippe** Dr Skupin GeolDir
Dez 35: **Niederrheinische Bucht** Dr Klostermann GeolDir
Dez 36: **Eifel, Bergisches Land** Dr Knapp GeolDir
Dez 37: **Sauerland, Siegerland** Dr Ribbert GeolDir

Abt 4 Bodenkunde – Landesaufnahme, Bodenschutz, Beratung –
Leiter: Dr Walter-Götz Schraps AbtDir

Dez 41: **Grundlagen und Methoden** Dr Staude OGeolR
Dez 42: **Bodenschutz und Fachinformationssystem, Bodenkunde** Dr Krahmer GeolDir
Dez 43: **Münsterland und Ruhrgebiet** Dipl-Geographin Stancu-Kristoff GeolDirektorin
Dez 44: **Ostwestfalen-Lippe** Dr Milbert OGeolR
Dez 45: **Niederrheinische Bucht** Dr Paas GeolDir
Dez 46: **Eifel, Bergisches Land** Dr Warstat GeolDir
Dez 47: **Sauerland, Siegerland** Dr Schneider GeolDir

Abt 5 Ingenieur- und Hydrogeologie
Leiter: Prof Dr-Ing Gert Michel LtdGeolDir

Dez 51: **Erd- und Grundbau, Felsbau** Dr Weber GeolDir
Dez 52: **Deponien, Halden und Standsicherheit von Lockergesteinsböschungen** Dipl-Geologe Jäger GeolDir
Dez 53: **Ingenieurgeologische Karten** Dr Suchan GeolDir
Dez 54: **Hydrogeologische Grundlagen und überregionale Aufgaben** NN
Dez 55: **Grundwassererkundung, Grundwasserschutz** Dr Wilder GeolDir
Dez 56: **Hydrogeologische Karten** Dr Schlimm GeolDir

3 Eichverwaltung

Staatsrechtliche Grundlage und Aufgabenkreis:
Die Aufgaben der Eichverwaltung leiten sich ab aus der Pflicht des Staates, seinen Bürgern richtiges Maß und Gewicht zur Verfügung zu stellen und gesetzlich zu sichern. Aus diesem Grunde führt die Eichverwaltung nach dem Gesetz über das Meß und Eichwesen (Eichgesetz) in der Fassung der Bekanntmachung vom 22. Februar 1985 (BGBl I Seite 410), zuletzt geändert durch Gesetz vom 23. März 1992 (BGBl I Seite 706) und dem Gesetz über Einheiten im Meßwesen in der Fassung der Bekanntmachung vom 22. Februar 1985 (BGBl I Seite 408) sowie den dazu ergangenen Rechtsverordnungen Eichungen und Überwachungsmaßnahmen aus. Die Tätigkeit der Eichverwaltung dient dem Schutz der Verbraucher als Konsumenten und Bezieher meßbarer Leistungen und schafft wichtige Voraussetzungen für den Leistungswettbewerb in der Fertigung und im Handel. Ihre durch das Eichrecht außerdem vorgeschriebenen Aufgaben im Umweltschutz und Gesundheitswesen wirken sich zum Schutz von Leib und Leben des Staatsbürgers aus. Die Landeseichdirektion Nordrhein-Westfalen in Köln, die nach dem Gesetz vom 23. Dezember 1969 – GV NW 1969 Seite 987 – errichtet wurde, ist Landesoberbehörde für das Meß- und Eichwesen; die 12 Eichämter sind untere Landesbehörden. Die Sitze und Bezirke der Eichämter sind in der Verordnung über die Zuständigkeiten im Meß- und Eichwesen vom 4. Oktober 1988 (GV NW Seite 412) bestimmt.

3.1 Landeseichdirektion

Nordrhein-Westfalen
50829 Köln, Hugo-Eckener-Str 14; F (02 21) 5 97 78-0; Telefax (02 21) 5 97 78-1 44

Leiter: Dipl-Phys Dr rer nat Gerhard G Weißbach EichDir
Vertreter: Dipl-Phys Reiner Joest EichDir

Dez 1: **Verwaltung** Dipl-Vww Uhle RDir
Dez 2: **Eich- und Meßtechnik** Dipl-Ing Demmer EichR
Dez 3: **Meßgeräte der Energie- und Wasserversorgung, Prüfstellen und Instandsetzer, spezielle Meßgeräte** Dipl-Phys Joest EichDir

Dez 4: Überwachungsaufgaben NN
Dez 5: Meßgeräte des Umwelt- und Arbeitsschutzes,
Sonderaufgaben Dipl-Phys Wolters EichDir

Der Dienst- und Fachaufsicht der Landeseichdirektion Nordrhein-Westfalen unterstellt:

3.1.1 Eichämter

Eichamt
52070 Aachen, Am Gut Wolf 7 a; F (02 41)
9 18 18-0
Amtsleiter: Gert Krüger EichOAR
Bezirk: Die kreisfreie Stadt Aachen; die Kreise Aachen, Düren, Euskirchen und Heinsberg

Eichamt
59759 Arnsberg, Bahnhofstr 173; F (0 29 32)
3 13 90; Telefax (0 29 32) 3 13 90
Amtsleiter: Erwin Becher EichR
Bezirk: Die kreisfreie Stadt Hamm; die Kreise Hochsauerlandkreis und Unna

Eichamt
33605 Bielefeld, Detmolder Str 513; F (05 21)
20 50 64; Telefax (05 21) 20 50 65
Amtsleiter: Gerhard Pahde OEichR
Bezirk: Die kreisfreie Stadt Bielefeld; die Kreise Gütersloh, Herford, Lippe und Minden-Lübbecke

Eichamt
44135 Dortmund, Kronprinzenstr 51; F (02 31)
95 20 41-0; Telefax (02 31) 95 20 41-44
Amtsleiter: Günther Berthold OEichR
Bezirk: Die kreisfreie Stadt Dortmund

Eichamt
40549 Düsseldorf, Werftstr 33; F (02 11) 9 56 80;
Telefax (02 11) 9 56 81 44
Amtsleiter: Grüning OEichR
Bezirk: Die kreisfreien Städte Düsseldorf, Mönchengladbach, Remscheid, Solingen, Wuppertal; die Kreise Mettmann und Neuss

Eichamt
47167 Duisburg, Konrad-Adenauer-Ring 19;
F (02 03) 58 15 14 und 58 21 88; Telefax (02 03)
58 21 88
Amtsleiter: Hans Hülsken EichDir
Bezirk: Die kreisfreien Städte Duisburg, Essen, Mülheim a d Ruhr, Oberhausen; Kreis Wesel

Eichamt
58099 Hagen, Pappelstr 3; F (0 23 31) 96 91-0;
Telefax (0 23 31) 96 91-44
Amtsleiter: Günter Schimiczek EichDir
Bezirk: Die kreisfreie Stadt Hagen; die Kreise Ennepe-Ruhr-Kreis, Olpe, Siegen und Märkischer Kreis

Eich- und Beschußamt Köln
50829 Köln, Hugo-Eckener Str 14; F (02 21)
5 97 78-0; Telefax (02 21) 5 97 78-2 05

Amtsleiter: Dipl-Ing Rolf Matschke OEichR
Bezirk: Die kreisfreien Städte Bonn, Leverkusen, Köln; die Kreise Erftkreis, Oberbergischer Kreis, Rheinisch-Bergischer Kreis, Rhein-Sieg-Kreis; für überregionale Aufgaben (Wärmezähler, Feingehalt von Gold- und Silberwaren, elektrische Widerstandsthermometer, Warmwasserzähler, Beschuß von Handfeuerwaffen, Zulassung von Munition) das Land Nordrhein-Westfalen

Eichamt
47798 Krefeld, Tannenstr 48; F (0 21 51) 77 05 61;
Telefax (0 21 51) 77 02 56
Amtsleiter: Erhard Schubert
Bezirk: Die kreisfreie Stadt Krefeld; die Kreise Kleve und Viersen

Eichamt
48155 Münster, Nieberdingstr 14-16; F (02 51)
6 01 75 und 6 01 76
Amtsleiter: Werner Audörsch OEichR
Bezirk: Die kreisfreie Stadt Münster; die Kreise Borken, Coesfeld, Steinfurt, Warendorf

Eichamt
33100 Paderborn, Steubenstr 25; F (0 52 51)
5 66 02; Telefax (0 52 51) 54 21 91
Amtsleiter: Hans-Jürgen Kollmann EichR
Bezirk: Die Kreise Höxter, Paderborn, Soest

Eichamt
45661 Recklinghausen, Koelner Str 17; F (0 23 61)
70 35, 70 36; Telefax (0 23 61) 70 36
Amtsleiter: Hans-Fr Fehrendt
Bezirk: Die kreisfreien Städte Bochum, Bottrop, Gelsenkirchen, Herne; der Kreis Recklinghausen

4 Staatliches Materialprüfungsamt

Nordrhein-Westfalen
44287 Dortmund, Marsbruchstr 186; F (02 31)
45 02-0; Telex 8 22 693 mpa d; Telefax (02 31)
45 85 49; Telegramme: prüfamt dortmund

Staatsrechtliche Grundlage und Aufgabenkreis:
Gemäß Runderlaß des Ministers für Wirtschaft, Mittelstand und Verkehr (heute Minister für Wirtschaft, Mittelstand und Technologie des Landes Nordrhein-Westfalen) vom 20. Februar 1972 hat das Staatliche Materialprüfungsamt Nordrhein-Westfalen als Einrichtung des Landes Nordrhein-Westfalen im Sinne des § 14 Landesorganisationsgesetz (LOG) die Aufgabe, außerhalb des wirtschaftlichen Wettbewerbs im Interesse des Landes liegende Prüfungen von Roh-, Bau- und Werkstoffen, Bauteilen, Werkstücken und Konstruktionen sowie prüftechnische Einrichtungen und Anlagen durchzuführen. Vorrang haben Prüfungen auf den Gebieten der Bausicherheit, des Feuer- und Brandschutzes, der Grubensicherheit, der Kerntechnik, des Strahlenschutzes, des Umweltschutzes und der Verkehrssicherheit.

Das Amt ist Meßstelle für Personendosismessungen gemäß § 63 der Strahlenschutzverordnung in der Fassung der Bekanntmachung vom 30. Juni 1989 (BGBl I S 1321) bzw § 35 Abs 2 der Röntgenverordnung in der Fassung der Bekanntmachung vom 8. Januar 1987 (BGBl I S 114). Außerdem ist es für den Regierungsbezirk Arnsberg regional zuständige Meßstelle zur Überwachung der Umweltradioaktivität gemäß § 3 des Strahlenschutzvorsorgegesetzes vom 19. Dezember 1986 (BGBl I S 2610), geändert durch das Gesetz vom 9. Oktober 1989 (BGBl I S 1830).

Es ist zuständige Behörde für die Erteilung und Entziehung der Zulassung nach Art IV des Übereinkommens vom 2. Dezember 1972 über sichere Container in der Fassung der Bekanntmachung vom 2. August 1985 (BGBl II S 1009), für die Baumusterzulassungen von festverbundenen Tanks, Aufsetzbatterien und Gefäßbatterien und für die Erteilung bestimmter Ausnahmen nach § 5 Abs 1 bzw § 9 Abs 3 der Gefahrgutverordnung Straße – GGVS – in der Fassung der Bekanntmachung vom 13. November 1990 (BGBl I S 2453) sowie für die Erteilung von Ausnahmen für die Herstellung und das Inverkehrbringen bestimmter Druckgaspackungen nach § 2 Abs 3 der FCKW-Halon-Verbots-Verordnung vom 26. Mai 1991 (BGBl I S 1090).

Leiter: Harald Friedrichs MinR
Vertreter: Dipl-Ing Winfried Pittack LtdRDir

Abt Z Zentralabteilung
Leiter: Jens-Peter Steuck LtdRDir

Abt 1 Bergbautechnik, Konstruktionsprüfungen, Qualitätssicherung
Leiter: Dipl-Ing Winfried Pittack LtdRDir

Abt 2 Baulicher Brandschutz, Baustoffe, Bauteile
Leiter: Dipl-Ing Dr Jürgen Froh LtdRDir

Abt 3 Metalle, Metallanalysen, Korrosion, Kunststoffe im Bauwesen
Leiter: NN

Abt 4 Physik, Meßtechnik
Leiter: Dipl-Chem Dr Hubert Groß LtdRDir

Der Rechtsaufsicht des Ministers für Wirtschaft, Mittelstand und Technologie unterstehen die nachfolgenden Körperschaften und Anstalten des öffentlichen Rechts:

5 Industrie- und Handelskammern

– Körperschaften des öffentlichen Rechts –

Rechtsgrundlage und Aufgabenkreis:
Nach dem Gesetz zur vorläufigen Regelung des Rechts der Industrie- und Handelskammern vom 18. Dezember 1956 (BGBl I Seite 920) haben die Industrie- und Handelskammern, soweit nicht die Zuständigkeit der Organisationen des Handwerks nach Maßgabe des Gesetzes zur Ordnung des Handwerks (Handwerksordnung) in der Fassung

vom 28. Dezember 1965 (BGBl I 1966 Seite 1) gegeben ist, die Aufgabe, das Gesamtinteresse der ihnen zugehörigen Gewerbetreibenden ihres Bezirkes wahrzunehmen, für die Förderung der gewerblichen Wirtschaft zu wirken und dabei die wirtschaftlichen Interessen einzelner Gewerbezweige oder Betriebe abwägend und ausgleichend zu berücksichtigen; dabei obliegt es ihnen insbesondere, durch Vorschläge, Gutachten und Berichte die Behörden zu unterstützen und zu beraten sowie für Wahrung von Anstand und Sitte des ehrbaren Kaufmanns zu wirken.

Die Industrie- und Handelskammern können Anlagen und Einrichtungen, die der Förderung der gewerblichen Wirtschaft oder einzelner Gewerbezweige dienen, begründen, unterhalten und unterstützen sowie Maßnahmen zur Förderung und Durchführung der kaufmännischen und gewerblichen Berufsbildung unter Beachtung der geltenden Rechtsvorschriften, insbesondere des Berufsbildungsgesetzes, treffen.

Den Industrie- und Handelskammern obliegt die Ausstellung von Ursprungszeugnissen und anderen dem Wirtschaftsverkehr dienenden Bescheinigungen, soweit nicht Rechtsvorschriften diese Aufgabe anderen Stellen zuweisen.

Zur Industrie- und Handelskammer gehören, sofern sie zur Gewerbesteuer veranlagt sind, natürliche Personen, Handelsgesellschaften, andere nicht rechtsfähige Personenmehrheiten und juristische Personen des privaten und des öffentlichen Rechts, welche im Bezirk der Industrie- und Handelskammer entweder eine gewerbliche Niederlassung oder eine Betriebsstätte oder eine Verkaufsstelle unterhalten (Kammerzugehörige).

Die Industrie- und Handelskammern sind Körperschaft des öffentlichen Rechts.

Industrie- und Handelskammer zu Aachen
52062 Aachen, Theaterstr 6-10; F (02 41) 43 80; Telex 8 32 708; Telefax (02 41) 43 82 59
Präsident der Industrie- und Handelskammer: Dr Heinz Malangré
Hauptgeschäftsführer: Dr Otto Eschweiler Konsul
Kammerbezirk: Stadt Aachen sowie die Kreise Aachen, Düren, Euskirchen, Heinsberg

Außenstelle Euskirchen
53879 Euskirchen, Alleestr 3; F (0 22 51) 20 70

Industrie- und Handelskammer für das südöstliche Westfalen zu Arnsberg
59821 Arnsberg, Königstr 18-20; F (0 29 31) 8 78-0; Telefax (0 29 31) 2 14 27
Präsident der Industrie- und Handelskammer: Dipl-Ing Dieter Henrici
Hauptgeschäftsführer: Dr Jürgen Huppert
Kammerbezirk: Hochsauerlandkreis und Kreis Soest

Geschäftsstelle Lippstadt
59555 Lippstadt, Königsau 7; F (0 29 41) 40 97/98

Industrie- und Handelskammer Ostwestfalen zu Bielefeld
33602 Bielefeld, Elsa-Brandström-Str 1-3; F (05 21) 5 54-0; Teletex 5 218 182 = IHK; Telefax (05 21) 5 54-2 19
Präsident der Industrie- und Handelskammer: Dr Peter von Möller
Hauptgeschäftsführer: Dipl-Volkswirt Karl-Peter Abt
Kammerbezirk: Stadt Bielefeld und die Kreise Gütersloh, Herford, Höxter, Minden-Lübbecke, Paderborn

Zweigstelle Paderborn
33102 Paderborn, Gierswall 4; F (0 52 51) 15 59-0
Leiter: Dipl-Volkswirt Thomas Herold

Industrie- und Handelskammer zu Bochum
44787 Bochum, Ostring 30-32; F (02 34) 6 89 01-0; Telefax (02 34) 6 89 01 10
Präsident der Industrie- und Handelskammer: Dipl-Kfm Gerd Pieper
Hauptgeschäftsführer: Klausjürgen Schilling
Kammerbezirk: Städte Bochum und Herne sowie aus dem Ennepe-Ruhr-Kreis die Städte Hattingen und Witten

Industrie- und Handelskammer Bonn
53113 Bonn, Bonner Talweg 17; F (02 28) 22 84-0; Telex 8 869 306; Telefax (02 28) 22 84-1 70
Präsident der Industrie- und Handelskammer: Dr Achim Heumann
Hauptgeschäftsführer: Dr Eberhard Schmitz
Kammerbezirk: Stadt Bonn und Rhein-Sieg-Kreis

Industrie- und Handelskammer Lippe zu Detmold
32756 Detmold, Willi-Hofmann-Str 5; F (0 52 31) 76 01-0; Telex 9 35 703 ihk dt; Telefax (0 52 31) 76 01 57
Präsident der Industrie- und Handelskammer: Dipl-Holzw Bernhard Hausmann
Hauptgeschäftsführer: Michael Swoboda Ass
Kammerbezirk: Kreis Lippe

Industrie- und Handelskammer zu Dortmund
44141 Dortmund, Märkische Str 120; F (02 31) 54 17-0; Btx 96 90 17; Telefax (02 31) 54 17-1 09; Teletex 17-23 14 09
Präsident der Industrie- und Handelskammer: Dipl-Kfm Fritz Jaeger
Hauptgeschäftsführer: Dr Walter Aden
Kammerbezirk: Stadtkreise Dortmund, Hamm sowie der Kreis Unna mit den Gemeinden Bergkamen, Bönen, Fröndenberg, Holzwickede, Kamen, Lünen, Schwerte, Selm, Unna, Werne a d Lippe

Industrie- und Handelskammer zu Düsseldorf
40212 Düsseldorf, Ernst-Schneider-Platz 1; F (02 11) 35 57-0; Telex 8 582 815 ihk d; Telefax (02 11) 35 57-4 01

Präsident der Industrie- und Handelskammer: Dipl-Ing Albrecht Woeste
Hauptgeschäftsführer: Joachim Kreplin Ass
Kammerbezirk: Stadt Düsseldorf, Kreis Mettmann

Zweigstelle Velbert
42551 Velbert, Nedderstr 6; F (0 20 51) 41 99, 41 90; Telefax (0 20 51) 5 37 09
Geschäftsführer: Dr Wulfhard Hischebeth

Niederrheinische Industrie- und Handelskammer Duisburg-Wesel-Kleve zu Duisburg
47051 Duisburg, Mercatorstr 22-24; F (02 03) 28 21-0; Teletex 20 33 67 IHKDU; Telefax (02 03) 2 65 33
Präsident der Niederrheinischen Industrie- und Handelskammer: Prof Dr Hans Georg Willers
Hauptgeschäftsführer: Dipl-Volkswirt Hans-Jürgen Reitzig
Kammerbezirk: Kreisfreie Stadt Duisburg sowie die Kreise Kleve und Wesel

Industrie- und Handelskammer für Essen, Mülheim an der Ruhr, Oberhausen zu Essen
45127 Essen, Am Waldthausenpark 2; F (02 01) 1 89 20; Telefax (02 01) 20 78 66
Präsident der Industrie- und Handelskammer: Dr Hans Singer
Hauptgeschäftsführer: Dr Werner Thoma
Kammerbezirk: Die kreisfreien Städte Essen, Mülheim an der Ruhr und Oberhausen

Südwestfälische Industrie- und Handelskammer zu Hagen
58095 Hagen, Bahnhofstr 18; F (0 23 31) 3 90-0; Telex 8 23 782 ihaka d; Telefax (0 23 31) 1 35 86
Präsident der Südwestfälischen Industrie- und Handelskammer: Dipl-Ing Robert Dicke
Hauptgeschäftsführer: Dipl-Volksw Runar Enwaldt
Kammerbezirk: Kreisfreie Stadt Hagen sowie der Märkische Kreis und Ennepe-Ruhr-Kreis mit Ausnahme der Städte Hattingen und Witten

Industrie- und Handelskammer zu Köln
50667 Köln, Unter Sachsenhausen 10-26; F (02 21) 16 40-0; Telex 8 881 400 ihkkd köln; Btx *96 90 39#; Telefax (02 21) 1 64 01 23; Teletex 22 15 07 IHKK
Präsident der Industrie- und Handelskammer: Alfred Neven DuMont
Hauptgeschäftsführer: Eberhard Garnatz
Kammerbezirk: Kreisfreie Städte Köln und Leverkusen sowie Erftkreis, Rheinisch-Bergischer Kreis und Oberbergischer Kreis

Industrie- und Handelskammer Mittlerer Niederrhein Krefeld-Mönchengladbach-Neuss
47798 Krefeld, Nordwall 39; F (0 21 51) 63 50; Telex 853 326 ihkkr d; Telefax (0 21 51) 63 51 38; Btx *969 099#
Präsident der Industrie- und Handelskammer: Dr Frank Paetzold

Hauptgeschäftsführer: Dr Wessel de Weldige-Cremer

Kammerbezirk: Die kreisfreien Städte Krefeld, Mönchengladbach sowie die Kreise Neuss und Viersen

Hauptgeschäftsstelle Neuss
41460 Neuss, Friedrichstr 40; F (0 21 31) 92 68-0; Telex 853 326 ihkkr d; Telefax (0 21 31) 27 55 01
Leiter: Harald Imig Ass

Hauptgeschäftsstelle Mönchengladbach
41061 Mönchengladbach, Bismarckstr 109; F (0 21 61) 2 41-0; Telex 853 326 ihkkr d; Telefax (0 21 61) 24 11 05
Leiter: Dr Karl B Gödde Ass

Industrie- und Handelskammer zu Münster
48151 Münster, Sentmaringer Weg 61; F (02 51) 7 07-0; Telex 8 92 817; Telefax (02 51) 70 73 25
Präsident der Industrie- und Handelskammer: Dipl rer pol Hans Günter Borgmann
Hauptgeschäftsführerin: Dipl-Volkwirtin Christa Thoben
Kammerbezirk: Kreisfreie Städte Bottrop, Gelsenkirchen, Münster; Kreise Borken, Coesfeld, Recklinghausen, Steinfurt und Warendorf

Industrie- und Handelskammer Siegen
57072 Siegen, Koblenzer Str 121; F (02 71) 33 02-0; Telex 8 72 649; Telefax (02 71) 33 02 37
Präsident der Industrie- und Handelskammer: Rolf Hofmann
Hauptgeschäftsführer: Dieter Höhne Ass
Kammerbezirk: Kreise Siegen-Wittgenstein, Olpe

Geschäftsstelle Olpe
57462 Olpe, Seminarstr 36; F (0 27 61) 67 96; Telefax (0 27 61) 6 59 62
Leiter: Franz J Mockenhaupt

Industrie- und Handelskammer Wuppertal-Solingen-Remscheid
42103 Wuppertal, Heinrich-Kamp-Platz 2; F (02 02) 24 90-0; Telefax (02 02) 24 90-9 99
Präsident der Industrie- und Handelskammer: Dr Jörg Mittelsten Scheid
Hauptgeschäftsführer: Dipl-Volksw Jürgen Schade
Kammerbezirk: Die kreisfreien Städte Wuppertal, Solingen, Remscheid

6 Handwerkskammern

– Körperschaften des öffentlichen Rechts –

Rechtsgrundlage und Aufgabenkreis:
Zur Vertretung der Interessen des Handwerks werden nach dem Gesetz zur Ordnung des Handwerks (Handwerksordnung) in der Fassung vom 28. Dezember 1965 (BGBl 1966 I Seite 1) Handwerkskammern errichtet; sie sind Körperschaften des öffentlichen Rechts sowie Selbstverwaltungseinrichtungen des Handwerks, die der Staatsaufsicht unterliegen.

Zur Handwerkskammer gehören die selbständigen Handwerker und die Inhaber handwerksähnlicher Betriebe des Handwerkskammerbezirks sowie die Gesellen, die weiteren Arbeitnehmer mit abgeschlossener Berufsausbildung und Lehrlinge dieser Gewerbetreibenden. Aufgabe der Handwerkskammer ist insbesondere,
die Interessen des Handwerks zu fördern und für einen gerechten Ausgleich der Interessen der einzelnen Handwerke und ihrer Organisationen zu sorgen,
die Behörden in der Förderung des Handwerks durch Anregungen, Vorschläge und durch Erstattung von Gutachten zu unterstützen und regelmäßig Berichte über die Verhältnisse des Handwerks zu erstatten,
die Handwerksrolle (§ 6) zu führen,
die Berufsausbildung zu regeln (§ 41), Vorschriften hierfür zu erlassen, ihre Durchführung zu überwachen (§ 41 a) sowie eine Lehrlingsrolle (§ 28 Satz 1) zu führen,
Vorschriften für Prüfungen im Rahmen einer beruflichen Fortbildung oder Umschulung zu erlassen und Prüfungsausschüsse hierfür zu errichten,
Gesellenprüfungsordnungen für die einzelnen Handwerke zu erlassen (§ 38), Prüfungsausschüsse für die Abnahme der Gesellenprüfungen zu errichten oder Handwerksinnungen zu der Errichtung von Gesellenprüfungsausschüssen zu ermächtigen (§ 37) und die ordnungsmäßige Durchführung der Gesellenprüfungen zu überwachen.
Meisterprüfungsordnungen für die einzelnen Handwerke zu erlassen (§ 50) und die Geschäfte des Meisterprüfungsausschusses (§ 47 Abs 2) zu führen,
die technische und betriebswirtschaftliche Fortbildung der Meister und Gesellen zur Erhaltung und Steigerung der Leistungsfähigkeit des Handwerks in Zusammenarbeit mit den Innungsverbänden zu fördern, die erforderlichen Einrichtungen hierfür zu schaffen oder zu unterstützen oder zu diesem Zweck eine Gewerbeförderungsstelle zu unterhalten,
Sachverständige zur Erstattung von Gutachten über Waren, Leistungen und der Preise von Handwerkern zu bestellen und zu vereidigen,
die wirtschaftlichen Interessen des Handwerks und die ihnen dienenden Einrichtungen, insbesondere das Genossenschaftswesen zu fördern,
Vermittlungsstellen zur Beilegung von Streitigkeiten zwischen selbständigen Handwerkern und ihren Auftraggebern einzurichten,
Ursprungszeugnisse über in Handwerksbetrieben gefertigte Erzeugnisse und andere dem Wirtschaftsverkehr dienende Bescheinigungen auszustellen, soweit nicht Rechtsvorschriften diese Aufgaben anderen Stellen zuweisen,
Maßnahmen zur Unterstützung notleidender Handwerker und Gesellen zu treffen oder zu unterstützen.
Neben diesen in der Handwerksordnung genannten Aufgaben kann sie weitere Tätigkeiten wahrnehmen, sofern diese geeignet sind, die Interessen des

Handwerks zu fördern.

Handwerkskammer Aachen
52062 Aachen, Sandkaulbach 21; F (02 41) 4 71-0;
Telefax (02 41) 47 11 03
Präsident der Handwerkskammer: Anton Immen-
dorf
Hauptgeschäftsführer: Dipl-Volksw Otto Brink
Kammerbezirk: Der Bezirk umfaßt die aus der kreis-
freien Stadt Aachen sowie den Kreisen Aachen,
Düren, Euskirchen und Heinsberg bestehenden Tei-
le des Regierungsbezirks Köln

Handwerkskammer Arnsberg
59821 Arnsberg, Brückenplatz 1; F (0 29 31)
8 77-0; Telefax (0 29 31) 8 77 60
Präsident der Handwerkskammer: Lothar Bub
Hauptgeschäftsführer: Gerhard Lohage Ass
Kammerbezirk: Hochsauerlandkreis, Märkischer
Kreis, Kreis Olpe, Kreis Siegen-Wittgenstein

Handwerkskammer Ostwestfalen-Lippe zu Bielefeld
33602 Bielefeld, Obernstr 48; F (05 21) 5 20 97-0;
Telefax (05 21) 5 20 97-67
Präsident der Handwerkskammer: Heinz Landré
Hauptgeschäftsführer: Dr Horst Lenz
Kammerbezirk: Regierungsbezirk Detmold

Handwerkskammer Dortmund
44135 Dortmund, Reinoldistr 7-9; F (02 31)
54 93-0; Telefax (02 31) 54 93-1 16
Präsident der Handwerkskammer: Karl Stickel
Hauptgeschäftsführer: Josef Fiekens
Kammerbezirk: Städte Bochum, Dortmund, Ha-
gen, Hamm, Herne sowie die Kreise EnnepeRuhr-
Kreis, Soest und Unna

Handwerkskammer Düsseldorf
40221 Düsseldorf, Georg-Schulhoff-Platz 1;
F (02 11) 8 79 50; Telefax (02 11) 87 95-1 10
Präsident der Handwerkskammer: Hansheinz Hau-
ser
Hauptgeschäftsführer: Dipl-Volksw Gerd Wieneke
Kammerbezirk: Regierungsbezirk Düsseldorf

Handwerkskammer zu Köln
50667 Köln, Heumarkt 12; F (02 21) 2 02 20;
Telefax (02 21) 2 02 23 20; Btx BKZ 18 *920889#
Präsident der Handwerkskammer: Wilfried Ober-
länder
Geschäftsführer: Uwe Nehrhoff
Kammerbezirk: Der Bezirk umfaßt den aus den
kreisfreien Städten Bonn, Köln und Leverkusen
sowie den Kreisen Erftkreis, Oberbergischer Kreis,
Rheinisch-Bergischer-Kreis und Rhein-Sieg-Kreis
bestehenden Teil des Regierungsbezirks Köln

Handwerkskammer Münster
48151 Münster, Bismarckallee 1; F (02 51) 52 03-0;
Telefax (02 51) 52 03-1 06
Präsident der Handwerkskammer: Paul Schnitker
Hauptgeschäftsführer: Bernd Schulze Wierling

VIII Ministerium für Umwelt, Raumordnung und Landwirtschaft

des Landes Nordrhein-Westfalen

**40476 Düsseldorf, Schwannstr 3; F (02 11) 45 66-0;
Teletex 21 17 09 = UMNW; Telefax (02 11)
4 56 63 88**

Aufgabenkreis:
Allgemeine Belange des Umweltschutzes, soweit die Zuständigkeit nicht anderen Ministerien zugewiesen ist.

Raumordnung und Landesplanung mit Ausnahme des Landesentwicklungsberichts.

Agrarwirtschaft (Land- und Ernährungswirtschaft), insbesondere Verbesserung der Betriebs-, Produktions-, Markt- und Sozialstruktur; Fischerei; ländliches Planungs- und Bauwesen, Bodennutzungsschutz.

Lebensmittelüberwachung, Veterinärwesen, insbesondere Tierseuchenbekämpfung, Fleischhygiene, Tierärzte, Tierschutz, Geflügelfleischhygiene.

Gewässerschutz, Wasserwirtschaft.

Bodenschutz, Abfallwirtschaft.

Agrarordnung, insbesondere Verbesserung der Agrarstruktur, Flurbereinigung, ländliche Siedlung, Wirtschaftswegebau.

Forst- und Holzwirtschaft, Waldökologie.

Landschaftspflege und Naturschutz, Jagd.

Das Ministerium für Umwelt, Raumordnung und Landwirtschaft bedient sich zur Durchführung seiner Aufgaben

- der ihm nachgeordneten Behörden und Einrichtungen;
- der Bezirksregierungen;
- der Landwirtschaftskammern Rheinland und Westfalen-Lippe;
- der Kreise und kreisfreien Städte.

Minister für Umwelt, Raumordnung und Landwirtschaft: Klaus Matthiesen
Persönlicher Referent: Düwel MinR
Pressereferent: Dr König RAng

Staatssekretäre: Dr Bentrup (Abt I-III), Dr Baedeker (Abt IV-VI)

Dem Staatssekretär Dr Bentrup unmittelbar unterstellt:

Ref 01: **Beauftragte für die Gleichstellung von Frau und Mann, Sonderaufgaben** Dr Wallfahrt RDirektorin

Abt 1 Personal, Haushalt, Organisation, Recht, Planung
Leiter: Schumacher MinDirig

Gruppe I A Recht, Verwaltung
Leiter: Schüßler MinR

Ref I A 1: **Rechtsangelegenheiten der Gruppe III A und des Ref III B 6 (Jagd)** NN
Ref I A 2: **Landwirtschaftskammern, Finanzverfassung, Steuer- und Abgabenrecht, Kreditwesen, Regionale Wirtschaftsförderung** Schüßler MinR
Ref I A 3: **Organisation der Datenverarbeitung** Diening MinR
Ref I A 4: **Verfassungsrecht, Gebühren- und Enteignungsrecht, Umwelt und Datenschutzrecht, Agrarrecht (allgemein)** Kurzinsky MinR
Ref I A 5: **Förderrichtlinien, Behördenunterbringung, Ordensangelegenheiten** Nentwig MinR
Innerer Dienst: **Innerer Dienstbetrieb, Kraftfahrzeugangelegenheiten, Reisekosten** Wiemers RDir
Bibliothek Reinerth BiblAmtfrau

Gruppe I B Personal, Haushalt, Organisation
Leiter: Fischer LtdMinR

Ref I B 1: **Organisation und Personalangelegenheiten des Ministeriums** Fischer LtdMinR
Ref I B 2: **Aufstellung und Vollzug des Haushalts, Beauftragter für den Haushalt, Stellenpläne, Controlling, Angelegenheiten des Landesrechnungshofs** Kayser MinR
Ref I B 3: **Organisation des nachgeordneten Geschäftsbereichs** Pudenz MinR
Ref I B 4: **Fortbildung, Zivildienst, Personalangelegenheiten** Lieser MinRätin
Ref I B 5: **Beamten- und Tarifrecht, Ausbildungs- und Prüfungsrecht (allgemein), Personalvertretungsrecht, Beihilfen** NN
Ref I B 6: **Personalangelegenheiten des nachgeordneten Geschäftsbereich (soweit nicht Ref I B 4)** Bastian MinRätin

Gruppe I C Planung, umweltpolitische Bezüge zu Fachpolitiken, Öffentlichkeitsarbeit
Leiter: P W Schneider LtdMinR

Ref I C 1: **Allgemeine Umweltpolitik, Umwelt und Wirtschaft, Finanzwirtschaft und Energie** Schneider LtdMinR
Ref I C 2: **Umwelt und Technik und Verkehr, Umweltzusammenarbeit mit den neuen Bundesländern** Dr Hendricks MinRätin
Ref I C 3: **Bundesrat, Bundestag, Umweltministerkonferenz, Kabinett, Landtag** Simons MinR
Ref I C 4: **Umweltinformation, kommunale Umweltpolitik, Umweltorganisationen und -verbände, Umweltbildung, Umweltberatung** Meyer-Mönnich MinRätin
Ref I C 5: **Öffentlichkeitsarbeit, Umweltausstellungen** Cammerer RAngestellte
Ref I C 6: **Umwelt-Zusammenarbeit mit dem Ausland, Umweltmessen im Ausland** Dr Becker MinR
Ref I C 7: **Europa, allgemeine EU-Angelegenheiten** Dr Thiel MinR

Abt II Landwirtschaft, Gartenbau, Lebensmittelüberwachung, Veterinärwesen
Leiter: Dr Wille LtdMinR

Gruppe II A Agrarwirtschaft und ländlicher Raum
Leiter: Dr Altmann LtdMinR

Ref II A 1: **Allgemeine Angelegenheiten der Agrarwirtschaft, EU-Angelegenheiten, Notifizierungs- und Erstattungsverfahren für alle Abteilungen** Dr Altmann LtdMinR
Ref II A 2: **Berufliche Bildung und Zusammenarbeit mit dem Ausland im Agrarbereich** Küsters MinR
Ref II A 3: **Betriebliche Förderung, EU-Ausgleichszahlungen im pflanzlichen Bereich** Dr Dohmen MinR
Ref II A 4: **Agrarsoziale Angelegenheiten, Landfrauen, Landjugend, Hauswirtschaft, Beratung** van der Beek MinRätin
Ref II A 5: **EU-Extensivierungsmaßnahmen, Gemeinschaftsaufgabe, Forschungsangelegenheiten im Agrarbereich, Notfallvorsorge** Dr Wilstacke RAng
Ref II A 6: **Agrarstruktur, Agrarberichterstattung, Dorferneuerung** Schlephorst MinR

Gruppe II B Agrarproduktion, Gartenbau, Vermarktung und Ernährungswirtschaft
Leiter: Brosch LtdMinR

Ref II B 1: **Allgemeine Angelegenheiten der Agrarproduktion, Agrarproduktionsvermarktung und Ernährungswirtschaft** Brosch LtdMinR
Ref II B 2: **Acker- und Pflanzenbau, Ernährungs- und Futtermittelwirtschaft, nachwachsende Rohstoffe, ökologischer Landbau, Ernährungswirtschaft pflanzliche Produkte, nachwachsende Rohstoffe** Nieder-Vahrenholz MinR
Ref II B 3: **Garten- und Weinbau, Wettbewerb „Schöneres Dorf", Kleingartenwesen** Kränzle MinR
Ref II B 4: **Milch- und Fettwirtschaft, Bauen, Technik und Energie im Agrarbereich, Vergabebestimmungen** Scheja MinR
Ref II B 5: **Tierzucht und -haltung, Futtermittel** Dr Harbeck MinR
Ref II B 6: **Fleisch- und Eierwirtschaft, EU-Ausgleichszahlungen im tierischen Bereich einschließlich Kontrollen, Rechtsangelegenheiten der Gruppen II A und II B** Pientak MinR

Gruppe II C Lebensmittelüberwachung und Veterinärwesen
Leiter: Dr Geßler LtdMinR

Ref II C 1: **Allgemeine Angelegenheiten der Lebensmittelüberwachung und des Veterinärwesens, Tierärztekammern** Dr Geßler LtdMinR
Ref II C 2: **Tierseuchenbekämpfung, Tiergesundheitsdienst, Tierkörperbeseitigung** Dr Zwingmann MinR
Ref II C 3: **Tierschutz, Tierarzneimittel, Futtermittel (soweit nicht II B 2)** Dr Jaeger RVetDir
Ref II C 4: **Lebensmittel tierischer Herkunft, Fleischhygiene** Dr David MinR
Ref II C 5: **Getränke, Bedarfsgegenstände, Lebensmittelchemiker** Wand MinR
Ref II C 6: **Lebensmittel (soweit nicht II C 4 und II C 5)** Dr Frede MinR

Ref II C 7: **Rechtsangelegenheiten der Gruppe II C** Kemming MinR

Abt III Forsten, Naturschutz, Agrarordnung
Leiter: Neiss RAng

Gruppe III A Forst- und Holzwirtschaft, Waldökologie
Leiter: Dr Eisele LtdMinR

Ref III A 1: **Landesforstverwaltung, EU-Angelegenheiten** Dr Eisele LtdMinR
Ref III A 2: **Waldökologie, Waldbau, Forstplanung, Jagd und Fischerei in der Landesforstverwaltung, Wald- und Katastrophenschutz** Heukamp MinR
Ref III A 3: **Haushaltskoordinierung, Förderprogramme, Grundstücke und Bauten, Nutzungsverträge – jeweils für die gesamte Abt III, außer III B 6 und III B 7 –, Biologische Stationen** Heitmann MinR
Ref III A 4: **Waldarbeiterangelegenheiten, Forsttechnik, Forstprodukte, Holzwirtschaft** Schlichting MinR
Ref III A 5: **Forstliche Aus- und Fortbildung, Forstwirtschaftliche Zusammenschlüsse, Ausschüsse, Verbände** Keimer MinR
Ref III A 6: **Wald in Raum und Landesplanung, Schutz und Erholungsfunktion, Waldumwandlung, Erstaufforstung** Collet MinR
Ref III A 7: **Betriebswirtschaft, Informatik und Informationssysteme, Statistik** Sternemann MinR

Gruppe III B Naturschutz, Agrarordnung, Jagd und Fischerei
Leiter: Bauer LtdMinR

Ref III B 1: **Allgemeine Angelegenheiten des Naturschutzes, Naturschutzgesetzgebung, Artenschutzrecht** Bauer LtdMinR
Ref III B 2: **Rechtsangelegenheiten der Gruppe III B, außer III B 1 und III B 7, Schutzausweisungen, Landschaftsbeiräte, Fischereirecht, Abgrabungsrecht** Kanis MinR
Ref III B 3: **Landschaftsplanung, Naturparke, Freizeit/Sport/Erholung** Heidtmann MinR
Ref III B 4: **Eingriffsregelungen, Abgrabungen** Oechelhaeuser MinRätin
Ref III B 5: **Biotop- und Artenschutz, Fachprogramme des Naturschutzes, ehrenamtlicher Naturschutz** Dr Dietz MinR
Ref III B 6: **Jagd und Fischerei (soweit nicht III A 2)** van Elsbergen MinR
Ref III B 7: **Agrarordnung** Kock MinR

Abt IV Boden- und Gewässerschutz, Wasser- und Abfallwirtschaft
Leiter: Dr Pietrzeniuk MinDirig

Gruppe IV A Abfallwirtschaft, Altlasten
Leiter: Ludwig LtdMinR

Ref IV A 1: **Allgemeine Angelegenheiten der Abfallwirtschaft und der Altlasten** Ludwig LtdMinR
Ref IV A 2: **Abfallrecht, Rechtsangelegenheiten der Gruppe IV A** Nieß-Mache MinRätin
Ref IV A 3: **Abfallvermeidung, Abfallverwertung, Abfallbehandlung** Dr Mertens MinR

Ref IV A 4: **Altlasten und Ablagerungen** Dr Fehlau MinR
Ref IV A 5: **Abfallwirtschaftliche Standortplanung** Döhne MınR
Ref IV A 6: **Koordinierungsaufgaben der Technische Anleitung Abfall** Dierkes MinR

Gruppe IV B Wasserwirtschaft, Gewässerschutz
Leiter: Dr Holtmeier LtdMinR

Ref IV B 1: **Allgemeine Angelegenheiten der Wasserwirtschaft und des Gewässerschutzes** Holtmeier LtdMinR
Ref IV B 2: **Grundlagen der Wasserwirtschaft, Wasserversorgung und Wasserbedarfsentwicklung, Wasserschutzgebiete** Philippi MinR
Ref IV B 3: **Gewässerökologie, Wasserbau und Hochwasserschutz, Gewässerunterhaltung, Talsperren** Spillner MinR
Ref IV B 4: **Wassergefährdende Stoffe, Koordination für Bundesimmissionsschutzgesetz-Verfahren** zu wasser- und abfallwirtschaftlichen Angelegenheiten Maciejewski MinR
Ref IV B 5: **Recht der Abwasserbeseitigung, Abwasserabgabenrecht** Spilleke RDir
Ref IV B 6: **Abwasserbeseitigung, Reinhaltung und Sanierung der Gewässer** Dr-Ing Treunert MinR
Ref IV B 7: **Naturwissenschaftliche Angelegenheiten der Wasserwirtschaft, Gewässerüberwachung** Dr Rocker MinR

Gruppe IV C Bodenschutz, Chemikalienrecht, Biotechnologie, Umweltradioaktivität
Leiter: Huber LtdMinR

Ref IV C 1: **Allgemeine Angelegenheiten des Bodenschutzes und des Chemikalienrechts** Huber LtdMinR
Ref IV C 2: **Wasserrecht (soweit nicht IV B 5), Wasserverbandsrecht** Dr Czychowski MinR
Ref IV C 3: **Naturwissenschaftliche Grundlagen des Bodenschutzes** Dr König MinR
Ref IV C 4: **Chemie, Bio- und Gentechnologie in den Bereichen Wasser, Boden und Abfall, Umweltradioaktivität** Dr Stöber MinRätin
Ref IV C 5: **Bodenschutzrecht, Chemikalienrecht** Tappen MinR
Ref IV C 6: **Wasserwirtschaftliche Belange der Raumordnung und Landesplanung** Ephan MinR

Abt V Immissionsschutz
Leiter: Prof Dr-Ing Pütz MinDirig

Gruppe V A Luftreinhaltung und Gentechnologie bei Anlagen, Luftüberwachung
Leiter: Krane LtdMinR

Ref V A 1: **Allgemeine Angelegenheiten der Luftreinhaltung und Gentechnologie, Koordinierungsstelle** Krane LtdMinR
Ref V A 2: **Verfahrensorganisation im Immssionsschutz** Herrmann MinR
Ref V A 3: **Emissions-, Immissions- und Smogüberwachung** Dr Bruckmann

Ref V A 4: **Gefahrenschutz bei Anlagen nach der Störfall-Verordnung, Luftreinhaltung bei Anlagen der Chemischen Industrie** Kunstein MinR
Ref V A 5: **Luftreinhaltung bei Energie-, Abfallverbrennungs- und Anlagen der Steine- und Erdenindustrie** Fabian MinR
Ref V A 6: **Luftreinhaltung im Bereich der Metallindustrie** Brehm MinR
Ref V A 7: **Gefahren- und Immissionsschutz bei Anlagen der Bio- und Gentechnologie, stoffbezogener Immissionsschutz** Dr-Ing Matzke MinR
Ref V A 8: **Reststoffvermeidung und -verwertung bei Anlagen nach dem Bundesimmissionsschutzgesetz** Dr-Ing Bartholot MinR

Gruppe V B Immissionsschutz- und Gentechnikrecht, Lärm, Immissionswirkungen
Leiter: Dr Hansmann LtdMinR

Ref V B 1: **Immissionsschutzrecht** Dr Hansmann LtdMinR
Ref V B 2: **Lärm- und Erschütterungsbekämpfung** Dr-Ing Knöpke MinR
Ref V B 3: **Luftreinhaltepläne, Immissionsschutz bei Baugebietsfestsetzungen sowie raumbedeutsame Vorhaben und Maßnahmen** Stöcker MinR
Ref V B 4: **Gentechnik- und Anlagensicherheitsrecht, wirtschaftliche Fragen des Immissionsschutzes** Moormann MinR
Ref V B 5: **Grundlagen der Luftreinhaltung, Wirkungen von Luftverunreinigungen** Schmitt MinR

Abt VI Raumordnung und Landesplanung
Leiter: Adamowitsch RAng

Gruppe VI A Landesplanung, Standortvorsorge, Raumordnungsrecht
Leiter: Dr Lowinski LtdMinR

Ref VI A 1: **Allgemeine Angelegenheiten der Landesplanung, Landesentwicklungsprogramm, grenzüberschreitende Landesplanung** Dr Lowinski LtdMinR
Ref VI A 2: **Lagerstätten, Planungskartographie** Dr Reiners MinR
Ref VI A 3: **Braunkohlenplanung, Landesplanerische Belange der Energiewirtschaft** Wittmann MinR
Ref VI A 4: **Verkehrsstruktur und Verkehrsplanungen** Schneider MinR
Ref VI A 5: **Allgemeine Rechtsfragen der Raumordnung und Landesplanung** Böckenhoff MinRätin
Ref VI A 6: **Umweltverträglichkeitsprüfung, landesplanerische Anpassungsverfahren** Lindemann RDir

Gruppe VI B Regionalplanung, Raumbeobachtung
Leiter: Ringel LtdMinR

Ref VI B 1: **Allgemeine Angelegenheiten der Regionalplanung, Gebietsentwicklungspäne und Bezirksplanungsräte** Ringel LtdMinR
Ref VI B 2: **Regionale Entwicklung , Projekte von regionalpolitischer Bedeutung** Müller MinR
Ref VI B 3: **Methoden der Landes- und Regionalplanung, Siedlungsökologie** Richter MinR

Ref VI B 4: **Ökologische Fragen der Freiraumplanung und Erholung** Rembierz MinR
Ref VI B 5: **Daten- und Informationssysteme** Dr Schumacher MinR
Ref VI B 5: **Statistik, Raumbeobachtung, Koordination Landesentwicklungsbericht, Ministerkonferenz für Raumordnung** Dr Michel MinR

Zum Geschäftsbereich des Ministeriums für Umwelt, Raumordnung und Landwirtschaft gehören:

1 Landesamt für Ernährungswirtschaft und Jagd

Nordrhein-Westfalen
40476 Düsseldorf, Tannenstr 24 b; F (02 11)
45 66-0; Telefax (02 11) 4 56 64 52

Staatsrechtliche Grundlage und Aufgabenkreis:
Das Landesamt für Ernährungswirtschaft und Jagd ist durch das Dritte Funktionalreformgesetz vom 26. Juni 1984 (GVBl NW S 370) durch Zusammenlegung des bisherigen Landesamtes für Ernährungswirtschaft mit dem bisherigen Landesjagdamt gebildet worden. Ihm ist gleichzeitig die Verwaltung der Tierseuchenkasse als nicht rechtsfähiges Sondervermögen des Landes übertragen worden. Es ist ferner zuständig für die Zulassung und Zuweisung von Bewerbern für den Vorbereitungsdienst des höheren agrarwirtschaftlichen Dienstes und des Lehramtes für die Sekundarstufe II und nimmt die Aufgaben der Geschäftsstelle des Prüfungsausschusses für die Große Agrarwirtschaftliche Staatsprüfung im Land NRW wahr.
Das Landesamt für Ernährungswirtschaft und Jagd ist obere Landesbehörde nach dem Landesorganisationsgesetz und obere Jagdbehörde nach dem Landesjagdgesetz (§ 46 Abs 2), dem die Jagdämter der 31 Kreise und 23 kreisfreien Städte als untere Jagdbehörde unterstehen. Es ist obere Aufsichtsbehörde über rund 3500 Jagdgenossenschaften.
Das Landesamt für Ernährungswirtschaft und Jagd ist zuständig
im Bereich Ernährungswirtschaft für
- den Vollzug von Rechts- und Verwaltungsvorschriften auf dem Gebiet der Ernährungswirtschaft, insbesondere bei Milch und Milcherzeugnissen, Fleisch, Eier und Geflügel, Obst, Gemüse und Kartoffeln, Saatgut und Düngemittel, Getreide und Futtermittel
- die Verfolgung und Ahndung von Ordnungswidrigkeiten bei Verstößen gegen ernährungswirtschaftliche Marktgesetze und Verordnungen in der Erzeuger- und Großhandelsstufe,
- Förderungsmaßnahmen in der Ernährungswirtschaft,
- Maßnahmen zur Verbesserung der Marktstruktur und der Rationalisierung der Vermarktung durch Gewährung von Beihilfen zur Förderung der Konzentration und der Verbesserung einer marktgerechten Aufarbeitung sowie der Qualitätsverbesserung landwirtschaftlicher Produkte,

- die Kontrollen im Rahmen der EU-Verordnung über den ökologischen Landbau,
- Zulassung von privaten Kontrollstellen und ihre Überwachung als Kontrollbehörde des Landes im Rahmen der EU-Verordnung über den ökologischen Landbau und die entsprechende Kennzeichnung der landwirtschaftlichen Erzeugnisse und Lebensmittel,
- Gewährung von Beihilfen zur Verbesserung des Absatzes landwirtschaftlicher Erzeugnisse im Rahmen der EU-Maßnahmen für die Verbilligung von Schulmilch und Magermilch zu Futterzwecken sowie Butter für Sozialeinrichtungen,
- Technische Prüfung von maschinellen Anlagen in Betrieben, die der Veterinäraufsicht unterstehen,
- Durchführung vorbereitender Maßnahmen zur Notfallvorsorge auf dem Ernährungssektor,
- Durchführung von Schulungsmaßnahmen;
im Bereich Tierseuchenkasse für
- die Erhebung von Tierhalterbeiträgen,
- die Zahlung von Entschädigungen und Beihilfen im Rahmen des Tierseuchengesetzes;
im Bereich Jagd für
- Aufsicht über die unteren Jagdbehörden und über die Jagdgenossenschaften.
- Gestaltung von Jagdbezirken und Maßnahmen des Tierschutzes und der Wildhege.
- Durchführung der Falknerprüfungen und Mitwirkung bei Jägerprüfungen.
- Bewilligungen von Zuwendungen aus Mitteln der Jagdabgabe.
- Bewirtschaftung der Jagdabgabe.

Leiter: Werner Hessing LtdRDir

Dez V: **Verwaltung** Balthaus ORR

Bereich R Recht und Prüfungswesen
Leiter: Fritzen-Welskop RDirektorin

Dez R 1: **Recht** Fritzen-Welskop RDirektorin
Dez R 2: **Prüfdienst und Schulungen** Andrä ORR
Dez R 3: **Maschinentechnische Betriebsprüfung** Rossmanith RAng
Dez R 4: **Notfallvorsorge** Dinglinger RR z A

Bereich E Ernährungswirtschaft
Leiter: NN

Dez E 1: **Pflanzliche Erzeugnisse** Dr Woltering RR
Dez E 2: **Vieh- und Fleischwirtschaft** Dr Roth RRätin
Dez E 3: **Milchwirtschaft** Dinglinger RR z A

Bereich J Jagd
Leiter: Dr Belgard RDir

Bereich T Tierseuchenkasse
48147 Münster, Nevinghoff 6; F (02 51)
23 50 14-16; Telefax (02 51) 23 11 80
Leiter: Bowinkelmann RAng

2 Direktoren der Landwirtschaftskammern als Landesbeauftragte

Staatsrechtliche Grundlage und Aufgabenkreis:
§ 18 (4) und § 24 (5) des Gesetzes über die Errichtung von Landwirtschaftskammern im Lande Nordrhein-Westfalen vom 11. Februar 1949 (GS NW S 706), zuletzt geändert durch Gesetz vom 14. Juli 1992 (GV NW S 284) – SGV NW 780 –.
Nach § 7 (2) des Landesorganisationsgesetzes vom 10. Juli 1962 (GV NW S 421), zuletzt geändert durch Gesetz vom 15. Dezember 1993 (GV NW S 987), sind die Direktoren der Landwirtschaftskammern als Landesbeauftragte Landesmittelbehörden. Nach § 9 (2) a a O sind die Geschäftsführer der Kreisstellen der Landwirtschaftskammern als Landesbeauftragte im Kreise untere Landesbehörden. In dieser Eigenschaft führen die Direktoren der Landwirtschaftskammern und die Geschäftsführer der Kreisstellen Landesaufgaben durch, die sich aus mehreren Gesetzen, Verordnungen und Richtlinien ergeben. Die Direktoren der Landwirtschaftskammern als Landesbeauftragte sind nach § 56 (1) des Landesforstgesetzes vom 24. April 1980 (GV NW S 546), zuletzt geändert durch Gesetz vom 20. Juni 1989 (GV NW S 437), höhere Forstbehörden, die Leiter der Forstämter der Landwirtschaftskammern als Landesbeauftragte sind nach § 57 (1) des Landesforstgesetzes untere Forstbehörden.
Zur Erfüllung der Aufgaben der Landesbeauftragten stellen die Landwirtschaftskammern ihre Dienstkräfte und Einrichtungen zur Verfügung.

2.1 Direktor der Landwirtschaftskammer Rheinland als Landesbeauftragter

– Landesmittelbehörde für staatliche landwirtschaftliche und forstwirtschaftliche Aufgaben –
53115 Bonn, Endenicher Allee 60; F (02 28) 70 30; Telefax (02 28) 70 34 98

Direktor der Landwirtschaftskammer Rheinland: Dipl-Landw Dr Gerhard Leßmann
Ständiger Vertreter des Direktors der Landwirtschaftskammer Rheinland: Ludwig Hanebrink AbtDir
Bezirk: Die Regierungsbezirke Düsseldorf und Köln

Dem Direktor der Landwirtschaftskammer unmittelbar unterstellt:

Ref 011: **Vorprüfung, Finanzkontrolle und Finanzberatung** Venier OAR
Ref 012: **Neutrale Prüfung von EU-Maßnahmen** Venier OAR
Ref 013: **Öffentlichkeitsarbeit, Assistenz der Kammerleitung** Rüb LandwDir

Ref 014: **Gleichstellungsbeauftragte** von Eicken

Abt 1 Verwaltung und Recht
Leiter: Dr Hans-Joachim Hötzel AbtDir

Ref 101: **Personal** Vianden LtdLandwDir
Ref 102: **Finanz- und Vermögensverwaltung** Möhring LtdLandwDir
Ref 103: **Recht** Dr Hötzel AbtDir
Ref 104: **Organisation, Innerer Dienst, Automatisierte Datenverarbeitung** Kossmann LandwDir
Ref 105: **Umweltschutz, Landes-, Braunkohlen- und Landschaftsplanung** Dr Ebel LtdLandwDir
Ref 106: **Steuer-, Versicherungs- und Sachverständigenwesen, Ernährungssicherung** Schmitz LandwDir

Abt 2 Berufsbildung, Beratung, Landfrauen
Leiter: Hausen LtdLandwDir

Gruppe 21 Berufsbildung, Hauswirtschaft, Landfrauen
Leiter: Hausen LtdLandwDir

Ref 211: **Betriebliche Berufsbildung, Agrarwirtschaft, Landjugendberatung** Volkert LandwDir
Ref 212: **Schulische Berufsbildung, Agrarwirtschaft** Lagemann LandwDir
Ref 213: **Berufliche Weiterbildung, Förderung der Berufsbildung** Göbel LandwDir
Ref 214: **Organisation und Koordination ländlicher Hauswirtschaft, Beratung, Ökonomie des Haushalts, Ernährung, Verbraucherfragen** von Laufenberg-Beermann LandwDirektorin
Ref 215: **Betriebliche und schulische Berufsbildung, Hauswirtschaft** Brentrup OLandwRätin
Ref 216: **Landfrauenbildung, Technik in Haushalt, Sozialökonomie** Berns LandwDirektorin

Gruppe 22 Betriebsführung, Beratung, Marktentwicklung
Leiter: Dr Karl-August Niepenberg LtdLandwDir

Ref 221: **Betriebsführung, Unternehmensberatung, Arbeitnehmerbetreuung, Umweltökonomie** Dr Niepenberg LtdLandwDir
Ref 222: **Organisation und Methodik der Beratung, Fortbildung Lehr- und Beratungskräfte** Dipl-Ing agr Dr Thoer
Ref 223: **Buchführung, Statistik** Rehse LandwDir
Ref 225: **Marktentwicklung, Marktberichterstattung** Dr Renze-Westendorf LandwDir

Dem Abteilungsleiter unmittelbar unterstellt.

Ref 224: **Förderungsmaßnahmen** Müller-List LandwDir

Gruppe 23 Technik und Bauwesen
Leiter: NN

Ref 231: **Technik in der Innenwirtschaft, Energiewirtschaft** NN
Ref 232: **Technik in der Außenwirtschaft, Arbeitswirtschaft** NN
Ref 233: **Landwirtschaftliches Bauwesen, Kammereigene Gebäude** Schade BauDir
Ref 234: **Bauberatung Mittelrhein** Dipl-Ing Boege

Ref 235: Bauberatung Niederrhein Dipl-Ing Lappé

Abt 3 Land- und Gartenbau
Leiter: Ludwig Hanebrink AbtDir

Gruppe 31 Landbau
Leiter: Prof Dr Werner Buchner LtdLandwDir

Ref 311: **Pflanzenbau, Bodenschutz, Ökologischer Landbau** Prof Dr Buchner LtdLandwDir
Ref 312: **Ackerpflanzenbau, Nachwachsende Rohstoffe, Feldversuchswesen** Dr Holz LandwDir
Ref 313: **Grünland, Pflanzenernährung, Feldfutterbau, Zwischenfrüchte** Dr von Fischer LandwDir
Ref 314: **Bodenkunde, Wasserwirtschaft, Landeskultur Regierungsbezirk Köln** Dr Matena LandwDir
Ref 315: **Wasserwirtschaft, Landeskultur Regierungsbezirk Düsseldorf** Schöler LandwDir
Ref 316: **Betriebs- und Marktwirtschaft im Landbau** Klinke LandwDir

Gruppe 32 Gartenbau
Leiter: Dr Ernst Vickermann LtdLandwDir

Ref 321: **Betriebsberatung und Versuchswesen im Gartenbau, Pflanzenernährung** Dr Vickermann LtdLandwDir
Ref 322: **Zierpflanzenbau, Garten- und Landschaftsbau, Friedhofsgärtnerei, Gartenkultur und Grünordnung, Baumschulen** Dr Schrage LandwDir
Ref 323: **Gemüsebau, Obstbau, Weinbau** Dr Keipert LandwDir
Ref 324: **Betriebs- und Marktwirtschaft im Gartenbau** Aust LandwDir
Ref 325: **Technik im Gartenbau** NN

Abt 4 Tierische Veredlung
Leiter: Dr Heinz-Hermann Ackermann AbtDir

Gruppe 41 Tierzucht und Tierproduktion
Leiter: Dr Heinz-Hermann Ackermann AbtDir

Ref 411: **Leistungs- und Qualitätsprüfung, Zuchtwertschätzung** Dr Fischer LandwDir
Ref 412: **Rinder** Dr Mügge LandwDir
Ref 413: **Schweine** Eping LandwDir
Ref 414: **Pferde** Dr Dohn LandwDir
Ref 415: **Schafe, Geflügel, Kleintiere** Dr Schulze-Messing LandwDir

Gruppe 42 Ökonomie, Markt, Fütterung, Haltung
Leiter: Dr Potthast LtdLandwDir

Ref 421: **Ökonomie der tierischen Veredlung** Dr Göbbel LandwDir
Ref 422: **Erzeugerringe und Erzeugergemeinschaften, Beratung Niederrhein** Dipl-Ing agr Dr Greshake
Ref 423: **Vermarktung tierischer Erzeugnisse** Meyer LandwDir
Ref 424: **Futter, Fütterung, Futterkonservierung** Dr Potthast LtdLandwDir
Ref 425: **Tierhaltung, Tierverhalten, Tierschutz** NN

Dem Ständigen Vertreter unmittelbar unterstellt:

51 Pflanzenschutzamt
Leiter: Dr Grigo LtdLandwDir

52 Landwirtschaftliche Untersuchungs- und Forschungsanstalt
Leiter: Dr Hans Poletschny LtdLandwDir

53 Tiergesundheitsamt
Leiter: Dr Eckart Körner LtdLandwDir

54 Milchwirtschaftliche Lehr- und Untersuchungsanstalt
Leiter: Dr Carl-Ludwig Riedel

Arbeitsgruppe Umweltschutz
Leiter: Ludwig Hanebrink AbtDir

Arbeitsgruppe Betriebswirtschaft und Beratung
Leiter: Dr Niepenberg LtdLandwDir

Arbeitsgruppe Marktwirtschaft
Leiter: Dr Renze-Westendorf LandwDir

Dem Ständigen Vertreter des Direktors der Landwirtschaftskammer als Landesbeauftragter unmittelbar unterstellt:

Höhere Forstbehörde
Leiter: Bernhard Pagenstert AbtDir

Gruppe A Waldwirtschaft, Waldökologie
Leiter: Erdle LtdFoDir

Ref A 1: **Betreuung, Förderung** Erdle LtdFoDir
Ref A 2: **Waldbau, Waldschutz, Forsteinrichtung, Jagd** Hecker FoDir
Ref A 3: **Forstprodukte, Waldarbeit, Walderschließung** Walter FoDir
Ref A 4: **Betriebskontrolle, Statistik, Waldbewertung, ADV-Forst** Hein FoDir
Ref A 5: **Forstliche Planungen insbesondere im Rahmen des Naturschutzes und der Landschaftpflege** Lückerath FoDir

Gruppe B Verwaltung, Recht
Leiter: Wagner LtdFoDir

Ref B 1: **Organisation, Personal, Aus- und Fortbildung, Verwaltungskontrolle, Öffentlichkeitsarbeit** Wagner LtdFoDir
Ref B 2: **Haushalt, Liegenschaften (einschließlich Fischerei und hauswirtschaftliche Abwicklung der Jagd)** Wasser FoDir
Ref B 3: **Recht, Hoheitsmaßnahmen** Gebhard LandwDir

Der Dienst- und Fachaufsicht des Direktors der Landwirtschaftskammer Rheinland als Landesbeauftragter unterstehen:

2.1.1 Kreisstellen der Landwirtschaftskammer Rheinland als Landesbeauftragte im Kreise

Der Geschäftsführer der Kreisstelle Aachen der Landwirtschaftskammer Rheinland als Landesbeauftragter im Kreis
52146 Würselen, Lindenplatz 24; F (0 24 05) 44 61-0; Telefax (0 24 05) 44 61 11
Geschäftsführer: Matthias Schever
Geschäftsbereich: Kreis Aachen und kreisfreie Stadt Aachen

Der Geschäftsführer der Kreisstelle Düren der Landwirtschaftskammer Rheinland als Landesbeauftragter im Kreis
52349 Düren, Rütger-von-Scheven-Str 44; F (0 24 21) 5 92 30
Geschäftsführer: Dr Otto Gräfrath LtdLandwDir
Geschäftsbereich: Kreis Düren

Der Geschäftsführer der Kreisstelle Erftkreis der Landwirtschaftskammer Rheinland als Landesbeauftragter im Kreis
50126 Bergheim, Schützenstr 3; F (0 22 71) 4 20 66 bis 4 20 68; Telefax (0 22 71) 4 15 28
Geschäftsführer: Dr Wilhelm Nesselrath LandwDir
Geschäftsbereich: Erftkreis und kreisfreie Stadt Köln

Der Geschäftsführer der Kreisstelle Euskirchen der Landwirtschaftskammer Rheinland als Landesbeauftragter im Kreis
53879 Euskirchen, Am Schwalbenberg 5; F (0 22 51) 5 20 18; Telefax (0 22 51) 7 42 29
Geschäftsführer: Dr Hans-Ulrich Stuhrmann LandwDir
Geschäftsbereich: Kreis Euskirchen

Der Geschäftsführer der Kreisstelle Heinsberg der Landwirtschaftskammer Rheinland als Landesbeauftragter im Kreis
52525 Heinsberg, Westpromenade 9; F (0 24 52) 2 17 61; Telefax (0 24 52) 2 36 84
Geschäftsführer: Jörg Metzger LandwDir
Geschäftsbereich: Kreis Heinsberg

Der Geschäftsführer der Kreisstelle Kleve der Landwirtschaftskammer Rheinland als Landesbeauftragter im Kreis
47533 Kleve, Felix-Roeloffs-Str 27; F (0 28 21) 4 00-0; Telefax (0 28 21) 4 00 36
Geschäftsführer: Dr Wilhelm Wehren LtdLandwDir
Geschäftsbereich: Kreis Kleve

Der Geschäftsführer der Kreisstelle Mettmann der Landwirtschaftskammer Rheinland als Landesbeauftragter im Kreis
40822 Mettmann, Goldberger Str 30; F (0 21 04) 2 40 58
Geschäftsführer: Dr Manfred Otto LandwDir
Geschäftsbereich: Kreis Mettmann, kreisfreie Städte Düsseldorf, Duisburg, Essen, Mülheim a d Ruhr, Oberhausen, Remscheid, Solingen, Wuppertal

Der Geschäftsführer der Kreisstelle Neuss der Landwirtschaftskammer Rheinland als Landesbeauftragter im Kreis
41515 Grevenbroich, Graf-Kessel-Str 51; F (0 21 81) 6 20 55 bis 6 20 57; Telefax (0 21 81) 6 11 42
Geschäftsführer: Bernd Umhofer LandwDir
Geschäftsbereich: Kreis Neuss und kreisfreie Stadt Mönchengladbach

Der Geschäftsführer der Kreisstelle Oberbergischer Kreis der Landwirtschaftskammer Rheinland als Landesbeauftragter im Kreis
51647 Gummersbach, Schwarzenberger Str 28-30; F (0 22 61) 6 10 41 bis 6 10 43; Telefax (0 22 61) 6 10 44
Geschäftsführer: Hartmut Heye LandwDir
Geschäftsbereich: Oberbergischer Kreis

Der Geschäftsführer der Kreisstelle Rheinisch-Bergischer Kreis der Landwirtschaftskammer Rheinland als Landesbeauftragter im Kreis
51429 Bergisch Gladbach, Kölner Str 5; F (0 22 04) 5 20 35 und 5 20 36; Telefax (0 22 04) 5 70 12
Geschäftsführer: Hartmut Heye LandwDir
Geschäftsbereich: Rheinisch-Bergischer Kreis und kreisfreie Stadt Leverkusen

Der Geschäftsführer der Kreisstelle Rhein-Sieg-Kreis der Landwirtschaftskammer Rheinland als Landesbeauftragter im Kreis
53721 Siegburg, Hochstr 9; F (0 22 41) 6 00 34 bis 6 00 36; Telefax (0 22 41) 6 14 27
Geschäftsführer: Dr Ulrich Daniel LtdLandwDir
Geschäftsbereich: Rhein-Sieg-Kreis und kreisfreie Stadt Bonn

Der Geschäftsführer der Kreisstelle Viersen der Landwirtschaftskammer Rheinland als Landesbeauftragter im Kreis
41747 Viersen, Gereonstr 80; F (0 21 62) 3 70 60
Geschäftsführer: Heinrich Große Westerloh LtdLandwDir
Geschäftsbereich: Kreis Viersen und kreisfreie Stadt Krefeld

Der Geschäftsführer der Kreisstelle Wesel der Landwirtschaftskammer Rheinland als Landesbeauftragter im Kreis
46483 Wesel, Stralsunder Str 23-25; F (02 81) 1 51-0; Telefax (02 81) 1 51-50
Geschäftsführer: Dr Ernst Bückers LandwDir
Geschäftsbereich: Kreis Wesel

2.1.2 Landwirtschaftsschulen und Beratungsstellen sowie Bildungs und Beratungsstellen

155

Landwirtschaftskammer Rheinland
Bildungs- und Beratungsstelle
52146 Würselen, Lindenplatz 24; F (0 24 05)
44 61-0; Telefax (0 24 05) 44 61-11
Leiter: Matthias Schever

Landwirtschaftskammer Rheinland
Landwirtschaftsschule und Beratungsstelle und Höhere Landbauschule
52349 Düren, Rütger-von-Scheven-Str 44;
F (0 24 21) 59 23-0; Telefax (0 24 21) 59 23-66
Leiter: Dr Otto Gräfrath LtdLandwDir

Landwirtschaftskammer Rheinland
Landwirtschaftsschule und Beratungsstelle
53879 Euskirchen, Am Schwalbenberg 5;
F (0 22 51) 5 20 18; Telefax (0 22 51) 7 42 29
Leiter: Dr Hans-Ulrich Stuhrmann LandwDir

Landwirtschaftskammer Rheinland
Landwirtschaftsschule und Beratungsstelle
47608 Geldern, Boeckelter Weg 2; F (0 28 31)
1 20 47 und 1 20 48; Telefax (0 28 31) 98 01 88
Leiter: Dr Wilhelm Wehren LtdLandwDir

Landwirtschaftskammer Rheinland
Landwirtschaftsschule und Beratungsstelle
41515 Grevenbroich, Graf-Kessel-Str 51;
F (0 21 81) 6 20 55 bis 6 20 57; Telefax (0 21 81)
6 11 42
Leiter: Bernd Umhofer LandwDir

Landwirtschaftskammer Rheinland
Landwirtschaftsschule und Beratungsstelle
52525 Heinsberg, Westpromenade 9; F (0 24 52)
2 17 61; Telefax (0 24 52) 2 36 84
Leiter: Jörg Metzger LandwDir

Landwirtschaftskammer Rheinland
Landwirtschaftsschule und Beratungsstelle und Höhere Landbauschule
47533 Kleve, Felix-Roeloffs-Str 27; F (0 28 21)
4 00-0; Telefax (0 28 21) 4 00 36
Leiter: Dr Wilhelm Wehren LtdLandwDir

Landwirtschaftskammer Rheinland
Landwirtschaftsschule und Beratungsstelle
40822 Mettmann, Goldberger Str 30; F (0 21 04)
2 40 58 und 2 40 59
Leiter: Dr Manfred Otto LandwDir

Landwirtschaftskammer Rheinland
Landwirtschaftsschule und Beratungsstelle, Höhere Landbauschule
53721 Siegburg, Hochstr 9; F (0 22 41) 6 00 34 bis
6 00 36; Telefax (0 22 41) 6 14 27
Leiter: Dr Ulrich Daniel LtdLandwDir

Landwirtschaftskammer Rheinland
Landwirtschaftsschule und Beratungsstelle und Höhere Landbauschule
41747 Viersen, Gereonstr 80; F (0 21 62) 3 70 60

Leiter: Heinrich Große Westerloh LtdLandwDir

Landwirtschaftskammer Rheinland
Landwirtschaftsschule und Beratungsstelle
51647 Gummersbach, Schwarzenberger Str 28-30;
F (0 22 61) 6 10 41 bis 6 10 43; Telefax (0 22 61)
6 10 44
Leiter: Hartmut Heye LandwDir

Landwirtschaftskammer Rheinland
Landwirtschaftsschule und Beratungsstelle
46483 Wesel, Stralsunder Str 23-25; F (02 81)
1 51-0; Telefax (02 81) 1 51-50
Leiter: Dr Ernst Bückers LandwDir

Landwirtschaftskammer Rheinland
– Bildungszentrum –
Lehranstalt für Ernährung und Hauswirtschaft –
Selikum
41466 Neuss, Gerhard-Hoehme-Allee 1;
F (0 21 31) 94 60-0; Telefax (0 21 31) 94 60 40
Leiterin: Brigitta Voigt StudDirektorin

2.1.3 Landwirtschaftskammer Rheinland

– Beratung Tierische Veredlungswirtschaft Bezirk Niederrhein –
47803 Krefeld, Westparkstr 92-96; F (0 21 51)
75 00 21 bis 75 00 24

Leiter: Dr Frank Greshake
Kreisstellen: Kleve, Mettmann, Neuss, Ruhrgroßstädte, Viersen, Wesel
Dienstbezirk: Regierungsbezirk Düsseldorf

2.1.4 Institute und Lehr- und Versuchsanstalten

der Landwirtschaftskammer Rheinland

Landwirtschaftskammer Rheinland
Institutszentrum
53229 Bonn, Siebengebirgsstr 200; F (02 28) 4 34-0;
Telefax (02 28) 43 44 27
Direktoren: Dr Grigo LtdLandwDir, Dr Poletschny
LtdLandwDir, Dr Körner LtdLandwDir

Landwirtschaftskammer Rheinland
Versuchsgut Wahn
51147 Köln, Burgallee 1; F (0 22 03) 6 41 22;
Telefax (0 22 03) 6 19 84
Leitung: Prof Dr Werner Buchner LtdLandwDir

Landwirtschaftskammer Rheinland
Lehr- und Versuchsanstalt für Tierhaltung
47533 Kleve, Haus Riswick; F (0 28 21) 99 60;
Telefax (0 28 21) 9 96 59
Direktor: Dr Wilhelm Zähres LtdLandwDir

Landwirtschaftskammer Rheinland
**Versuchsanstalt für Geflügelwirtschaft und Klein-
tierzucht, Beispielsbetrieb für Absatzförderung Kre-
feld-Großhüttenhof**
47800 Krefeld, Hüttenallee 235-239; F (0 21 51)
5 89 40; Telefax (0 21 51) 58 94 35
Oberleitung: Landwirtschaftskammer Rheinland

Landwirtschaftskammer Rheinland
**Versuchsanstalt für Pilzanbau Krefeld-Großhütten-
hof**
47800 Krefeld, Hüttenallee 235-239; F (0 21 51)
58 94-0
Direktor: Prof Dr Jan Lelley

Landwirtschaftskammer Rheinland
**Lehr- und Versuchsanstalt für Gartenbau, Fachschu-
le für Floristik**
50765 Köln, Gartenstr 11; F (02 21) 5 98 01-0
Direktor: Dr Artur Rütten LtdLandwDir

Landwirtschaftskammer Rheinland
**Lehr- und Versuchsanstalt für Garten- und Land-
schaftsbau und Friedhofsgärtnerei Essen**
45149 Essen, Külshammerweg 22; F (02 01)
77 46 49 und 78 72 89; Telefax (02 01) 72 11 07
Direktor: Dr Karl-Heinz Kerstjens LandwDir

Landwirtschaftskammer Rheinland
**Lehr- und Versuchsanstalt für Gemüse- und Zier-
pflanzenbau Straelen**
47638 Straelen, Hans-Tenhaeff-Str 40/42;
F (0 28 34) 7 04-0; Telefax (0 28 34) 7 04 37
Direktor: Hermann-Josef Schumacher OLandwR

2.1.5 Staatliche Forstämter

**im Bereich des Direktors der Landwirtschaftskam-
mer Rheinland als Landesbeauftragter**

Staatliches Forstamt Xanten
46509 Xanten, Klever Str 2; F (0 28 01) 71 30-0;
Telefax (0 28 01) 71 30-29
Leiter: Heinrich Hüllmann FoDir
Forstamtsbezirk: Von der kreisfreien Stadt Duis-
burg den linksrheinischen Teil; den linksrheinischen
Teil des Kreises Wesel; den Kreis Kleve – soweit
nicht Bezirk Kleve.

Staatliches Forstamt Hürtgenwald
52393 Hürtgenwald, Kirchstr 2; F (0 24 29) 10 14
und 10 15; Telefax (0 24 29) 29 79; Teletex
2 429 400
Leiter: Friedrich Deißner FoDir
Forstamtsbezirk: Aus dem Kreis Düren die Stadt
Düren, die Stadt Nideggen, die Stadt Heimbach mit
Ausnahme der südlich der Rur gelegenen Staatswaldflächen (Kermeter), die Gemeinde Langerwehe, die Gemeinde Hürtgenwald mit Ausnahme der
südwestlich des Straßenzuges Forsthaus Jägers-
fahrt-Raffelsbrand (L 24) und südlich der B 399 bis
zum Peterberg gelegenen Staatswaldflächen, die
Gemeinde Kreuzau, die Gemeinde Vettweiß;

aus dem Kreis Aachen von der Stadt Stolberg das
Gebiet östlich folgender Linie: Straße Raffelsbrand-
Zweifall (L 24) bis zur Staatswaldgrenze am Orts-
eingang Zweifall, von dort der Staatswaldgrenze in
nördlicher Richtung folgend über Ortsausgang Stollenwerk bis Schevenhütte, dann weiter der Staatswaldgrenze entlang in südöstlicher Richtung bis zur
Kreisgrenze, von dort in nordwestlicher Richtung
der Eigentumsgrenze der Lauffenburg GmbH folgend bis zur Kreisgrenze an der Straße Schevenhüt-
te-Langerwehe (Vehlsiefen); außerdem aus dem
Stadtgebiet Eschweiler die Flächen der „Halde
Nierchen" (Eigentumsgrenze des Staatswaldbesit-
zes).

Staatliches Forstamt Kleve
47533 Kleve, Grenzallee 66; F (0 28 21) 2 47 05
und 2 59 55; Telefax (0 28 21) 1 39 78
Leiter: Hanns-Karl Ganser FoDir
Forstamtsbezirk: Aus dem Kreis Kleve die Städte
Emmerich, Goch, Kalkar, Kleve und Rees sowie die
Gemeinden Bedburg-Hau, Kranenburg und Ue-
dem – ohne die im Osten der Gemeinde liegenden
Staatswaldflächen (Hochwald) – .

Staatliches Forstamt Königsforst
51429 Bergisch Gladbach, Broichen 1; F (0 22 04)
5 10 15; Telefax (0 22 04) 5 49 63
Leiter: NN
Forstamtsbezirk: Die kreisfreie Stadt Leverkusen;
von der kreisfreien Stadt Köln den rechtsrheinischen Teil; den Rheinisch-Bergischen Kreis.

Staatliches Forstamt Monschau
52156 Monschau, Trierer Str 242; F (0 24 72) 20 65
und 20 66; Telefax (0 24 72) 48 72
Leiter: Gerhard Ahnert FoDir
Forstamtsbezirk: Die kreisfreie Stadt Aachen; der
Kreis Aachen mit Ausnahme des ostwärts folgender
Linie liegenden Gebiets: Straße Drei-Kaiser-Eichen
– Jägersfahrt bis zur Staatswaldgrenze am Ortsein-
gang Zweifall, von dort der Staatswaldgrenze in
nördlicher Richtung folgend bis zum Stadtteil Vicht-
Stollenwerk, ab Ortsausgang Vicht-Stollenwerk in
nordwestlicher Richtung entlang der Staatswaldgrenze bis Schevenhütte, Staatswaldgrenze weiter in
südlicher Richtung bis zur Kreisgrenze, von dort
wieder zurück in nordwestlicher Richtung der Eigentumsgrenze der Lauffenburg GmbH folgend bis
zur Kreisgrenze an der Straße Schevenhütte und
Langerwehe (Vehlsiefen);
aus dem Kreis Düren von der Gemeinde Hürtgenwald die westlich des Straßenzuges Zweifall-Raffels-
brand (L 24) und südlich der B 399 liegenden
Staatswaldflächen.

Staatliches Forstamt Kottenforst
53125 Bonn, Flerzheimer Allee 15; F (02 28)
91 92 10; Telefax (02 28) 9 19 21 29
Leiter: Robert Jansen OFoR
Forstamtsbezirk: Von der kreisfreien Stadt Bonn der
linksrheinische Teil; vom Rhein-Sieg-Kreis der
linksrheinische Teil.

Staatliches Forstamt Schleiden
53937 Schleiden, Urftseestr 34; F (0 24 44) 20 84
und 20 85; Telefax (0 24 44) 35 45
Leiter: Ingo Esser OFoR
Forstamtsbezirk: Aus dem Kreis Euskirchen die
Stadt Schleiden sowie die Gemeinden Dahlem, Hellenthal und Kall; aus der Gemeinde Nettersheim im
Westen Staatswaldflächen, die Verbindung mit
Staatswald der vorgenannten Gemeinden haben sowie aus dem Kreis Düren die in der Stadt Heimbach
südlich der Rur gelegenen Staatswaldflächen (Kermeter).

Staatliches Forstamt Siegburg
53721 Siegburg, Siegfeldstr 11 a; F (0 22 41)
54 90-0; Telefax (0 22 41) 54 90 29
Leiter: Bernd Schwontzen OFoR
Forstamtsbezirk: Von der kreisfreien Stadt Bonn
den rechtsrheinischen Teil; aus dem Rhein-Sieg-
Kreis die Städte Bad Honnef, Königswinter, Niederkassel, Troisdorf, Siegburg, Sankt Augustin und
Hennef sowie die im Süden der Gemeinde Lohmar
liegenden Staatswaldflächen.

Staatliches Forstamt Ville
50321 Brühl, Kaiserstr 29; F (0 22 32) 9 45 06-0;
Telefax (0 22 32) 1 38 67
Leiter: Uwe Schölmerich FoDir
Forstamtsbezirk: Von der kreisfreien Stadt Köln den
linksrheinischen Teil; den Erftkreis; aus dem Kreis
Düren die Städte Jülich und Linnich sowie die Gemeinden Aldenhoven, Inden, Merzenich, Niederzier, Nörvenich und Titz; aus dem Kreis Euskirchen
die Gemeinde Weilerswist; aus dem Kreis Neuss die
in der Stadt Dormagen und in der Stadt Neuss
liegenden Staatswaldflächen; aus dem Rhein-Sieg-
Kreis den angrenzenden Staatswald in der Gemeinde Bornheim.

Staatliches Forstamt Wesel
46483 Wesel, Am Nordglacis 18; F (02 81) 2 80 66
und 2 80 67; Telefax (02 81) 2 63 92
Leiter: Otto Pöll OFoR
Forstamtsbezirk: Die kreisfreien Städte Essen, Mülheim a d Ruhr und Oberhausen; von der kreisfreien
Stadt Duisburg den rechtsrheinischen Teil; den
rechtsrheinischen Teil des Kreises Wesel.

2.1.6 Die Leiter der Forstämter der Landwirtschaftskammer Rheinland als Landesbeauftragte

**Der Leiter des Forstamtes Mönchengladbach der
Landwirtschaftskammer Rheinland als Landesbeauftragter**
41061 Mönchengladbach, Fliethstr 67; F (0 21 61)
92 00-0; Telefax (0 21 61) 92 00 29
Leiter: Hubert Kaiser FoDir

Forstamtsbezirk: Die kreisfreien Städte Krefeld und
Mönchengladbach; von der kreisfreien Stadt Düsseldorf den linksrheinischen Teil; die Kreise Heinsberg und Viersen; den Kreis Neuss – soweit nicht
Bezirk Ville.

**Der Leiter des Forstamtes Mettmann der Landwirt-
schaftskammer Rheinland als Landesbeauftragter –
Untere Forstbehörde –**
40822 Mettmann, Goldberger Str 32; F (0 21 04)
2 85 25 und 2 85 71; Telefax (0 21 04) 2 80 26
Leiter: Reinhart Hassel FoDir
Forstamtsbezirk: Die kreisfreien Städte Remscheid,
Solingen und Wuppertal; von der kreisfreien Stadt
Düsseldorf den rechtsrheinische Teil; der Kreis
Mettmann.

**Der Leiter des Forstamtes Wipperfürth der Land-
wirtschaftskammer Rheinland als Landesbeauftragter**
51688 Wipperfürth, Bahnstr 27; F (0 22 67) 30 56
und 30 57; Telefax (0 22 67) 8 06 76
Leiter: Günter Dieck OFoR
Forstamtsbezirk: Aus dem Oberbergischen Kreis
die Städte Hückeswagen, Radevormwald und Wipperfürth sowie die Gemeinden Engelskirchen, Lindlar und Marienheide.

**Der Leiter des Forstamtes Bad Münstereifel der
Landwirtschaftskammer Rheinland als Landesbe-
auftrager**
53902 Bad Münstereifel, Langenhecke 7;
F (0 22 53) 81 11 und 81 01; Telefax (0 22 53) 71 93
Leiter: Dr Gerhard Naumann FoDir
Forstamtsbezirk: Aus dem Kreis Euskirchen die
Städte Bad Münstereifel, Euskirchen, Mechernich
und Zülpich sowie die Gemeinden Blankenheim
und Nettersheim; aus dem Rhein-Sieg-Kreis von der
Stadt Rheinbach die im Westen die Stadtgrenze
überschreitenden Staatswaldflächen.

**Der Leiter des Forstamtes Eitorf der Landwirt-
schaftskammer Rheinland als Landesbeauftragter**
53783 Eitorf, Zum Höhenstein 12; F (0 22 43)
20 89 und 20 80
Leiter: Christian Griesche FoDir
Forstamtsbezirk: Vom Rhein-Sieg-Kreis die Gemeinde Much, die Gemeinde Ruppichteroth, die
Gemeinde Eitorf, die Gemeinde Windeck, die Gemeinde Neunkirchen-Seelscheid und die Stadt Lohmar ohne die im Süden gelegenen Staatswaldflächen, vom Oberbergischen Kreis die im Süden der
Stadt Waldbröl die Kreisgrenze überschreitenden
Staatswaldflächen.

**Der Leiter des Forstamtes Waldbröl der Landwirt-
schaftskammer Rheinland als Landesbeauftragter**
51545 Waldbröl, Bitzenweg 15; F (0 22 91) 20 95
und 20 96; Telefax (0 22 91) 32 68
Leiter: Klaus Lomnitz OFoR
Forstamtsbezirk: Aus dem Oberbergischen Kreis
die Städte Bergneustadt, Gummersbach, Waldbröl

und Wiehl sowie die Gemeinden Nümbrecht, Morsbach und Reichshof; aus dem Märkischen Kreis die im Süden der Stadt Meinerzhagen liegenden Staatswaldflächen und Flächen des Aggerverbandes

2.2 Direktor der Landwirtschaftskammer Westfalen-Lippe als Landesbeauftragter

– Landesmittelbehörde für staatliche landwirtschaftliche und forstwirtschaftliche Aufgaben –
48143 Münster, Schorlemerstr 26; F (02 51) 5 99-0; Telefax (02 51) 5 99-3 62

Kammerdirektor: Dr Wilhelm Diekmann
Ständiger Vertreter: Dr Heinrich Hüffmeier AbtDir
Bezirk: Die Regierungsbezirke Arnsberg, Detmold und Münster

Ref 010: **Präsidialbüro, Arbeitnehmerfragen und -betreuung** Böttcher LandwDir
Ref 020: **Gleichstellungsfragen von Frau und Mann** Sanner Angestellte
Ref 030: **Datenverarbeitung** Kuhn LandwDir
Ref 040: **Neutrale Prüfung von EU-Maßnahmen** Dr Riemann LtdLandwDir
Ref 050: **Rechnungsamt, Finanzkontrolle und -beratung** Damwerth LandwDir

Abt 1 Verwaltung und Recht
Leiter: NN

Ref 11: **Personalwesen, Allgemeine Verwaltung, Organisation** Schapmann LtdLandwDir
Ref 12: **Haushalt, Vermögensverwaltung, Hauptkasse** Müller LtdLandwDir
Ref 13: **Justitiariat** Netzer LtdLandwDirektorin
Ref 14: **Bewertungsfragen, Sachverständige, Steuern, Verträge, Geheimschutz- und Sicherheitsbeauftragter** Dr Riemann LandwDir
Ref 15: **Öffentlichkeitsarbeit** Spangenberg
Ref 16: **Raumordnung, Agrarstruktur, Naturschutz** Dr Büßis LtdLandwDir

Abt 2 Betriebsführung, Markt und Beratung
Leiter: Dr Heinrich-Ludwig Pahmeyer AbtDir

Gruppe 21 Betriebswirtschaft
Leiter: Dipl-Landw Dr Gunther Avenriep

Ref 211: **Sozioökonomische und Landarbeiterberatung, Einkommens- und Vermögenssicherung** Reimann LandwDir
Ref 212: **Buchführung, Buchführungsauswertung, Statistik, Kalkulationen** Mertens LandwDir
Ref 213: **Betriebsplanungen, Förderung, Kooperationen, Betriebszweigauswertungen, ADV in der Beratung, Betriebsleiterseminare** Spandau OLandwR
Ref 214: **Organisation der Beratung, Grundsatzfragen, Arbeitskreise für Beratung, Beraterfortbildung** Dipl-Landw Dr Avenriep

Gruppe 22 Technik und Bauwesen
Leiter: Dr Jens-Peter Ratschow LtdLandwDir

Ref 221: **Umweltschutz im technisch-baulichen Bereich, Haltungsverfahren** Dr Ratschow LtdLandwDir
Ref 222: **Technik der Kraft- und Arbeitsmaschinen** Dr Uppenkamp LandwR
Ref 223: **Technik der Ernte und Konservierung** Dr Matthias
Ref 224: **Bauplanung, Bauberatung, bautechnische Prüfung** Dipl-Ing Dr Damm
Ref 225: **Kammereigene Bauten, baufachliche Gutachten** Dipl-Ing Kondziella

Gruppe 23 Marktwirtschaft
Leiter: Dr Winfried Pentz LtdLandwDir

Ref 231: **Marktstruktur, Ernährungssicherung, Direktvermarktung** Dr Pentz LtdLandwDir
Ref 232: **Milch und Milchprodukte, Eier und Schlachtgeflügel** Dr Zinke LandwDir
Ref 233: **Vieh und Fleisch** von der Mehden LandwDir
Ref 234: **Pflanzliche Erzeugnisse** Dr Casper LandwDir

Ref 200: **Zentralstelle für Förderungsmaßnahmen (Gruppenfreies Referat der Abt 2)** Leifert LandwDir

Abt 3 Landwirtschaftliche Produktion und Gartenbau
Leiter: Dr Friedrich-Wilhelm Hottelmann AbtDir

Gruppe 31 Landbau
Leiter: Hermann Kühn LtdLandwDir

Ref 311: **Pflanzenbau, Saatgut** Dr Ruland LandwRätin
Ref 312: **Ackerbau, Düngung, Bodengesundheit** Dr Spielhaus LandwDir
Ref 313: **Grünland, Futterbau und -konservierung** Miltner LandwDir
Ref 314: **Umweltschutz, Landeskultur, Wasserwirtschaft** Kühn LtdLandwDir

Gruppe 32 Tierproduktion
Leiter: Dr Friedrich-Wilhelm Hottelmann AbtDir

Ref 321: **Tierzuchtrecht Rinderproduktion, Zuchtwertschätzung** Dr Wiemer OLandwR
Ref 322: **Kleintiere, Ziegenzucht** Simon LandwRätin
Ref 323: **Milchleistungsprüfung** Dr Rensing LandwR
Ref 324: **Tierernährung** Dr Sommer LandwDir
Ref 325: **Schweineproduktion, Qualitätssicherungssysteme, Warenteste, Erzeugerringe** Dr Adam OLandwR

Gruppe 33 Gartenbau
Leiter: Dr Joachim Schleiff LtdLandwDir

Ref 331: **Gartenbauliche Planung, Beratung, Versuchswesen und Absatzfragen** Dr Schleiff LtdLandwDir

159

Ref 332: Gärtnerisches Ausbildungswesen, Erwachsenenbildung Dr Böhm LandwDir

Ref 333: Gartenbauliche Betriebs- und Marktwirtschaft Wiesmann LandwRätin

Ref 334: Zierpflanzenbau, Friedhofsgärtnerei Range LandwR

Ref 335: Baumschulen, Landschaft, Gemüse- und Obstbau Dr Wetzlar LandwDir

Abt 4 Berufsbildung, Fachschulen, Landfrauenberatung
Leiter: Dr Heinrich Hüffmeier AbtDir

Gruppe 41 Berufsbildung Landwirtschaft
Leiter: Josef Hannig LtdLandwDir

Ref 411: Berufsausbildung, Landjugendberatung Schäfers OLandwR

Ref 412: Ausbildungsberatung, berufliche Fortbildung Hannig LtdLandwDir

Ref 413: Fachschulen, berufsbezogene Weiterbildung Dr Reul LandwR

Gruppe 42 Berufsbildung Hauswirtschaft
Leiterin: Elisabeth Ketzer LtdLandwDirektorin

Ref 421: Berufsausbildung in der Hauswirtschaft, Ausbildungs- und Landjugendberatung, berufliche Fortbildung in der ländlichen Hauswirtschaft Siepe LandwDirektorin

Ref 422: Weiterbildung und Beratung der Landfrauen, berufliche Fortbildung, EDV in der Hauswirtschaft, ländlich-hauswirtschaftliche Fachschulen Ketzer LtdLandwDirektorin

Ref 423: Haushaltsmanagement, sozioökonomische Beratung, Direktvermarktung, Ernährung und Verbrauch Fahlbusch LandwRätin

Ref 424: Einkommensalternativen, Arbeits- und Funktionsbereiche des Haushalts Potthoff LandwDirektorin, Raum-Kozlowski OLandwRätin

Abt 5 Landwirtschaftswissenschaftliches Institutszentrum – Gemeinsame Verwaltungsstelle –
48147 Münster, Nevinghoff 40; F (02 51) 23 76-0; Telefax (02 51) 23 76-5 21
Leiter: Prof Dr Heinrich Konermann AbtDir

Gruppe 51 Institut für Pflanzenschutz, Saatgutuntersuchung und Bienenkunde (IPSAB)
Leiter: Dr Theodor Kock LtdLandwDir

Ref 511: Forschungsarbeit, Öffentlichkeitsarbeit, Pflanzenschutzrecht Dr Kock LtdLandwDir

Ref 512: Pflanzenschutz im Landbau, Pflanzenschutztechnik Dr Frahm LandwDir

Ref 513: Pflanzenschutz im Gartenbau (Nahrungspflanzen) und Forst, Bisambekämpfung, Pflanzenbeschau, LTA-Ausbildung Dr Emschermann LandwDir

Ref 514: Pflanzenschutz im Gartenbau (Zierpflanzen, öffentliches Grün auf außerlandwirtschaftlichen Flächen), Mikrobiologie Dr Müller LandwDir

Ref 515: Qualitätssicherung (QSE), Versuchswesen, Warn- und Informationsdienst, Saatgutuntersuchung Dr Meyer LandwDir

Ref 516: Angewandte Zoologie, Bienenkunde, Schadtiere, Ökotoxikologie, Kontrolle der Laborpraxis (GLP) Dr Hänisch OLandwR

Gruppe 52 Institut für Tiergesundheit, Milchhygiene und Lebensmittelqualität (ITML)
Leiter: Prof Dr Heinrich Konermann AbtDir

Ref 521: Forschungsarbeit, Öffentlichkeitsarbeit Prof Dr Konermann AbtDir

Ref 522: Rinder-, Bullen-, Kälber- und Schafgesundheitsdienst, Milcherzeugerberatungsdienst Dr Zioleck LandwDir

Ref 523: Schweine-, Geflügel- und Kleintiergesundheitsdienst Dr Nienhoff LandwDir

Ref 524: Pferdegesundheitsdienst, Fütterungsschäden, Toxikologie Dr Ahlswede LandwDir

Ref 525: Labordiagnostik „Tiergesundheit" Dr Schmidt LandwDir

Ref 526: Labordiagnostik „Milchhygiene, Lebensmittelqualität, Umwelt" Dr Neumann OLandwR

Gruppe 53 Landwirtschaftliche Untersuchungs- und Forschungsanstalt (LUFA)
Leiter: Dr Gerd Crößmann LtdLandwDir

Ref 531: Forschungsarbeit, Öffentlichkeitsarbeit Dr Crößmann LtdLandwDir

Ref 532: Boden- und Düngemitteluntersuchung, Düngemittelverkehrskontrolle Dr Odenthal LandwDir

Ref 533: Futtermittel- und Qualitätsuntersuchung Dr Abramowski OLandwR

Ref 534: Wasser- und spezielle Umweltuntersuchungen Dr Rethfeld LandwDir

Ref 535: Anorganische und organische Umwelt- und Rückstandsuntersuchung Dr Seifert LandwDir

Höhere Forstbehörde
48147 Münster, Nevinghoff 40; F (02 51) 23 76-0; Telefax (02 51) 23 76-5 93
Leiter: Dr Wilhelm Diekmann KammerDir

Gruppe A Waldwirtschaft, Waldökologie
Leiter: Günter Kathol LtdFoDir

Ref A 1: Betreuung, Förderung Kathol LtdFoDir

Ref A 2: Waldbau, Waldschutz, Forsteinrichtung, Jagd Udelhoff OForR

Ref A 3: Forstprodukte, Waldarbeit, Walderschließung NN

Ref A 4: Betriebskontrolle, Statistik, Waldbewertung, ADV-Forst König OForR

Ref A 5: Forstliche Planungen, insbesondere im Rahmen des Naturschutzes und der Landschaftspflege Kleinhans FoDir

Gruppe B Verwaltung, Recht
Leiter: Roland Grüne LtdFoDir

Ref B 1: Organisation, Personal, Verwaltungskontrolle, Öffentlichkeitsarbeit Grüne LtdFoDir

Ref B 2: Haushalt, Liegenschaften Pasckert FoDir

Ref B 3: Recht, Hoheitsmaßnahmen Barkmeyer LandwR

Ref B 4: Aus- und Fortbildung Hochhäuser OFoR

Der Dienst- und Fachaufsicht des Direktors der Landwirtschaftskammer Westfalen-Lippe als Landesbeauftragter unterstehen:

2.2.1 Geschäftsführer der Kreisstellen der Landwirtschaftskammer Westfalen-Lippe als Landesbeauftragte im Kreis

Der Geschäftsführer der Kreisstelle Borken der Landwirtschaftskammer Westfalen-Lippe als Landesbeauftragter im Kreise
46325 Borken, Johann-Walling-Str 45; F (0 28 61) 92 27-0; Telefax (0 28 61) 92 27-33
Geschäftsführer: Josef Farwick LtdLandwDir
Geschäftsbereich: Kreis Borken

Der Geschäftsführer der Kreisstelle Coesfeld der Landwirtschaftskammer Westfalen-Lippe als Landesbeauftragter im Kreise
48653 Coesfeld, Am Fredesteen 17; F (0 25 41) 9 10-0; Telefax (0 25 41) 9 10-33
Geschäftsführer: Dr Reinhard Mantau LtdLandwDir
Geschäftsbereich: Kreis Coesfeld

Der Geschäftsführer der Kreisstelle Gütersloh der Landwirtschaftskammer Westfalen-Lippe als Landesbeauftragter im Kreise
33378 Rheda-Wiedenbrück, Bielefelder Str 47; F (0 52 42) 92 58-0; Telefax (0 52 42) 92 58-33
Geschäftsführer: Ulrich Bultmann OLandwR
Geschäftsbereich: Kreis Gütersloh

Der Geschäftsführer der Kreisstelle Herford-Bielefeld der Landwirtschaftskammer Westfalen-Lippe als Landesbeauftragter im Kreise
32051 Herford, Ravensberger Str 6; F (0 52 21) 59 77-0; Telefax (0 52 21) 59 77-33
Geschäftsführer: Dr Peter Epkenhans LandwDir
Geschäftsbereich: Kreis Herford, kreisfreie Stadt Bielefeld

Der Geschäftsführer der Kreisstelle Hochsauerland der Landwirtschaftskammer Westfalen-Lippe als Landesbeauftragter im Kreise
59872 Meschede, Dünnefeldweg 13; F (02 91) 99 15-0; Telefax (02 91) 99 15-33
Geschäftsführer: Dr Christian Mohr LtdLandwDir
Geschäftsbereich: Hochsauerlandkreis

Der Geschäftsführer der Kreisstelle Höxter der Landwirtschaftskammer Westfalen-Lippe als Landesbeauftragter im Kreise
33034 Brakel, Bohlenweg 3; F (0 52 72) 60 06-0; Telefax (0 52 72) 60 06-33
Geschäftsführer: Dr Josef Lammers LandwDir
Geschäftsbereich: Kreis Höxter

Der Geschäftsführer der Kreisstelle Lippe der Landwirtschaftskammer Westfalen-Lippe als Landesbeauftragter im Kreise
32791 Lage, Sedanplatz 9; F (0 52 32) 6 20 91; Telefax (0 52 32) 6 51 60
Geschäftsführer: Reinhard Lemke LandwDir
Geschäftsbereich: Kreis Lippe

Der Geschäftsführer der Kreisstelle Märkischer Kreis/Ennepe-Ruhr der Landwirtschaftskammer Westfalen-Lippe als Landesbeauftragter im Kreise
58509 Lüdenscheid, Grebbecker Weg 3; F (0 23 51) 65 91; Telefax (0 23 51) 6 32 53
Geschäftsführer: Antonius Bahlmann LandwDir
Geschäftsbereich: Kreis Ennepe-Ruhr, kreisfreie Stadt Hagen, Märkischer Kreis

Der Geschäftsführer der Kreisstelle Minden-Lübbecke der Landwirtschaftskammer Westfalen-Lippe als Landesbeauftragter im Kreise
32312 Lübbecke, Kaiserstr 17; F (0 57 41) 34 25-0; Telefax (0 57 41) 34 25-33
Geschäftsführer: Werner Weingarz LandwDir
Geschäftsbereich: Kreis Minden-Lübbecke

Der Geschäftsführer der Kreisstelle Münster der Landwirtschaftskammer Westfalen-Lippe als Landesbeauftragter im Kreise
48153 Münster, Kronprinzenstr 13-15; F (02 51) 7 70 11; Telefax (02 51) 79 17 22
Geschäftsführer: Otto-Eberhard Glatten LandwDir
Geschäftsbereich: Kreisfreie Stadt Münster

Der Geschäftsführer der Kreisstelle Olpe der Landwirtschaftskammer Westfalen-Lippe als Landesbeauftragter im Kreise
57462 Olpe, In der Stubicke 8; F (0 27 61) 92 47-0; Telefax (0 27 61) 92 47-33
Geschäftsführer: Dr Berndt Högermeyer LandwDir
Geschäftsbereich: Kreis Olpe

Der Geschäftsführer der Kreisstelle Paderborn der Landwirtschaftskammer Westfalen-Lippe als Landesbeauftragter im Kreise
33102 Paderborn, Bleichstr 41; F (0 52 51) 13 54-0; Telefax (0 52 51) 3 15 41
Geschäftsführer: Dr Walter Frede LandwDir
Geschäftsbereich: Kreis Paderborn

Der Geschäftsführer der Kreisstelle Recklinghausen der Landwirtschaftskammer Westfalen-Lippe als Landesbeauftragter im Kreise
45657 Recklinghausen, Bismarckplatz 7; F (0 23 61) 91 99-0; Telefax (0 23 61) 18 12 45
Geschäftsführer: Heinrich Helmer LandwDir
Geschäftsbereich: Kreis Recklinghausen und die kreisfreien Städte Bottrop und Gelsenkirchen

Der Geschäftsführer der Kreisstelle Ruhr-Lippe der Landwirtschaftskammer Westfalen-Lippe als Landesbeauftragter im Kreise
59425 Unna, Platanenallee 56; F (0 23 03) 9 61 61-0; Telefax (0 23 03) 9 61 61-33

Geschäftsführer: Dr Friedrich-Wilhelm Lütgemüller LandwDir
Geschäftsbereich: Kreis Unna, kreisfreie Städte Bochum, Dortmund, Hamm und Herne

Der Geschäftsführer der Kreisstelle Siegen-Wittgenstein der Landwirtschaftskammer Westfalen-Lippe als Landesbeauftragter im Kreise
57339 Erndtebrück, Hauptmühle 5; F (0 27 53) 8 05; Telefax (0 27 53) 43 98
Geschäftsführer: Dr Berndt Högermeyer LandwDir
Geschäftsbereich: Kreis Siegen-Wittgenstein

Der Geschäftsführer der Kreisstelle Soest der Landwirtschaftskammer Westfalen-Lippe als Landesbeauftragter im Kreise
59494 Soest, Niederbergheimer Str 24; F (0 29 21) 40 68; Telefax (0 29 21) 1 76 20
Geschäftsführer: Dr Gerhard Haumann LtdLandwDir
Geschäftsbereich: Kreis Soest

Der Geschäftsführer der Kreisstelle Steinfurt der Landwirtschaftskammer Westfalen-Lippe als Landesbeauftragter im Kreise
48565 Steinfurt, Bismarckstr 11; F (0 25 51) 80 09-0; Telefax (0 25 51) 80 09-33
Geschäftsführer: Dr Horst Kiepe LtdLandwDir
Geschäftsbereich: Kreis Steinfurt

Der Geschäftsführer der Kreisstelle Warendorf der Landwirtschaftskammer Westfalen-Lippe als Landesbeauftrager im Kreise
48231 Warendorf, Siskesbach 2; F (0 25 81) 63 79-0; Telefax (0 25 81) 63 79-33
Geschäftsführer: Dr Bernhard Strathaus LtdLandwDir
Geschäftsbereich: Kreis Warendorf

2.2.2 Landwirtschaftsschulen einschließlich Fachschulen für Wirtschafterinnen der ländlichen Hauswirtschaft und Höhere Landbauschulen

Landwirtschaftskammer Westfalen-Lippe
Landwirtschaftsschule und Höhere Landbauschule Borken
46325 Borken, Johann-Walling-Str 45; F (0 28 61) 92 27-0; Telefax (0 28 61) 92 27-33
Leiter: Josef Farwick LtdLandwDir

Landwirtschaftskammer Westfalen-Lippe
Landwirtschaftsschule und Höhere Landbauschule Brakel
33034 Brakel, Bohlenweg 3; F (0 52 72) 60 06-0; Telefax (0 52 72) 60 06-33
Leiter: Dr Josef Lammers LandwDir

Landwirtschaftskammer Westfalen-Lippe
Kreisstelle und Fachschulen für Landwirtschaft und ländliche Hauswirtschaft Coesfeld
48653 Coesfeld, Am Fredesteen 17; F (0 25 41) 9 10-0; Telefax (0 25 41) 9 10-33
Leiter: Dr Reinhard Mantau LtdLandwDir

Landwirtschaftskammer Westfalen-Lippe
Kreisstelle und Fachschulen für Landwirtschaft und ländliche Hauswirtschaft Herford-Bielefeld
32051 Herford, Ravensberger Str 6; F (0 52 21) 59 77-0; Telefax (0 52 21) 59 77-33
Leiter: Dr Peter Epkenhans LandwDir

Landwirtschaftskammer Westfalen-Lippe
Landwirtschaftsschule Ibbenbühren
49477 Ibbenbühren, Zum Welleken 2; F (0 54 51) 1 40 25; Telefax (0 54 51) 1 40 27
Leiter: Dr Horst Kiepe LtdLandwDir

Landwirtschaftskammer Westfalen-Lippe
Kreisstelle und Fachschulen für Landwirtschaft und ländliche Hauswirtschaft Minden-Lübbecke
32312 Lübbecke, Kaiserstr 17; F (0 57 41) 34 25-0; Telefax (0 57 41) 34 25-33
Leiter: Werner Weingarz LandwDir

Landwirtschaftskammer Westfalen-Lippe
Kreisstelle und Fachschule für Landwirtschaft Märkischer Kreis/Ennepe-Ruhr
58509 Lüdenscheid, Grebbecker Weg 3; F (0 23 51) 65 91; Telefax (0 23 51) 6 32 53
Leiter: Antonius Bahlmann LandwDir

Landwirtschaftskammer Westfalen-Lippe
Landwirtschaftsschule, Fachschule für Wirtschafterinnen der ländlichen Hauswirtschaft und Höhere Landbauschule Meschede
59872 Meschede, Dünnefeldweg 13; F (02 91) 99 15-0; Telefax (02 91) 99 15-33
Leiter: Dr Christian Mohr LtdLandwDir

Landwirtschaftskammer Westfalen-Lippe
Landwirtschaftsschule Münster (Abteilung Hauswirtschaft), Fachschule für Wirtschafterinnen der ländlichen Hauswirtschaft und Fachschule für Agrarwirtschaft Fachrichtung ländliche Hauswirtschaft – Stufe II/ Fachschule für Betriebsleiterinnen Münster
48153 Münster, Kronprinzenstr 13-15; F (02 51) 7 70 11; Telefax (02 51) 79 17 22
Leiter: Otto-Eberhard Glatten LandwDir

Landwirtschaftskammer Westfalen-Lippe
Landwirtschaftsschule Paderborn
33102 Paderborn, Bleichstr 39; F (0 52 51) 13 54-0; Telefax (0 52 51) 3 15 41
Leiter: Dr Walter Frede LandwDir

Landwirtschaftskammer Westfalen-Lippe
Landwirtschaftsschule Recklinghausen
45657 Recklinghausen, Bismarckplatz 7; F (0 23 61) 91 99-0; Telefax (0 23 61) 18 12 45

Leiter: Heinrich Helmer LandwDir

Landwirtschaftskammer Westfalen-Lippe
Landwirtschaftsschule und Höhere Landbauschule
Soest
59494 Soest, Niederbergheimer Str 24; F (0 29 21)
40 68; Telefax (0 29 21) 1 76 20
Leiter: Dr Gerhard Haumann LtdLandwDir

Landwirtschaftskammer Westfalen-Lippe
Landwirtschaftsschule und Höhere Landbauschule
Steinfurt
48565 Steinfurt, Bismarckstr 11; F (0 25 51)
80 09-0; Telefax (0 25 51) 80 09-33
Leiter: Dr Horst Kiepe LtdLandwDir

Landwirtschaftskammer Westfalen-Lippe
Kreisstelle und Fachschulen für Landwirtschaft Warendorf
48231 Warendorf, Siskesbach 2; F (0 25 81)
63 79-0; Telefax (0 25 81) 63 79-33
Leiter: Dr Bernhard Strathaus LtdLandwDir

2.2.3 Bezirksstellen für Agrarstruktur

Landwirtschaftskammer Westfalen-Lippe
Bezirksstelle für Agrarstruktur Arnsberg
59872 Meschede, Dünnefeldweg 13; F (02 91)
99 15-0; Telefax (02 91) 99 15-33
Leiter: Dr Christian Mohr LtdLandwDir
Dienstbezirk: Regierungsbezirk Arnsberg

Landwirtschaftskammer Westfalen-Lippe
Bezirksstelle für Agrarstruktur Lage
32791 Lage, Sedanplatz 9; F (0 52 32) 6 20 91;
Telefax (0 52 32) 6 51 60
Leiter: Reinhard Lemke LandwDir
Dienstbezirk: Regierungsbezirk Detmold

Landwirtschaftskammer Westfalen-Lippe
Bezirksstelle für Agrarstruktur Münster
48153 Münster, Kronprinzenstr 13-15; F (02 51)
7 70 11; Telefax (02 51) 79 17 22
Leiter: Otto-Eberhard Glatten LandwDir
Dienstbezirk: Regierungsbezirk Münster

Landwirtschaftskammer Westfalen-Lippe
Bezirksstelle für Agrarstruktur Ruhrgebiet
59425 Unna, Platanenallee 56; F (0 23 03)
9 61 61-0; Telefax (0 23 03) 9 61 61-33
Leiter: Dr Friedrich-Wilhelm Lütgemüller LandwDir
Dienstbezirk: Kreise Ennepe-Ruhr-Kreis, Märkischer Kreis, Recklinghausen und Unna sowie die kreisfreien Städte Bochum, Dortmund, Hagen, Hamm, Herne, Bottrop und Gelsenkirchen

2.2.4 Bezirksstellen für Gartenbau

Landwirtschaftskammer Westfalen-Lippe
Bezirksstelle für Gartenbau Herford
32051 Herford, Ravensberger Str 6; F (0 52 21)
59 77-44; Telefax (0 52 21) 59 77-33
Leiter: Günter Evers LandwDir
Dienstbezirk: Regierungsbezirk Detmold

Landwirtschaftskammer Westfalen-Lippe
Bezirksstelle für Gartenbau Münster
48147 Münster, Nevinghoff 40; F (02 51) 2 37 60;
Telefax (02 51) 2 37 68 33; Telex 892 866 lkms
Leiter: Reinhard Gerlach OLandwR
Dienstbezirk: Regierungsbezirk Münster ohne den Kreis Recklinghausen

Landwirtschaftskammer Westfalen-Lippe
Bezirksstelle für Gartenbau Unna
59425 Unna, Platanenallee 56; F (0 23 03)
96 16 10; Telefax (0 23 03) 9 61 61-33
Leiter: Horst Goldschmidt OLandwR
Dienstbezirk: Regierungsbezirk Arnsberg und der Kreis Recklinghausen

2.2.5 Landwirtschaftskammer Westfalen-Lippe – Lehr- und Versuchsanstalt für Tier- und Pflanzenproduktion „Haus Düsse" –

59505 Bad Sassendorf, Ostinghausen; F (0 29 45)
9 89-0; Telefax (0 29 45) 9 89-1 33

Aufgabenkreis
Aus- und Weiterbildung in der Tier- und Pflanzenproduktion. Leistungsprüfungen bei Schweinen, Rindern, Schafen und Geflügel.
Leiter: Dr Gerhard Beckmann LtdLandwDir

2.2.6 Landwirtschaftskammer Westfalen-Lippe – Lehr- und Versuchsanstalt für Gartenbau Münster-Wolbeck

48167 Münster, Münsterstr 62-68; F (0 25 06)
3 09-0; Telefax (0 25 06) 3 09-33

Leiter: Josef Jungbauer LtdLandwDir

2.2.7 Staatliche Forstämter

im Bereich des Direktors der Landwirtschaftskammer Westfalen-Lippe als Landesbeauftragter

Staatliches Forstamt Hilchenbach
57271 Hilchenbach, Vormwaldstr 9; F (0 27 33)
89 44-0; Telefax (0 27 33) 89 44-22
Leiter: Diethard Altrogge OFoR

Forstamtsbezirk: Aus dem Kreis Siegen-Wittgenstein die Städte Bad Berleburg, Hilchenbach – soweit nicht Bezirk Siegen-Nord – und Bad Laasphe, die Gemeinde Erndtebrück und von der Gemeinde Netphen die im Nordosten liegenden arrondierten Staatswaldflächen.

Staatliches Forstamt Glindfeld
59964 Medebach; F (0 29 82) 80 73; Telefax (0 29 82) 33 02
Leiter: Alfons Heimbach FoDir
Forstamtsbezirk: Aus dem Hochsauerlandkreis die Städte Hallenberg und Medebach.

Staatliches Forstamt Attendorn
57439 Attendorn, Fuchsring 25; F (0 27 22) 97 40-0; Telefax (0 27 22) 97 40-22
Leiter: von Bassewitz Vicke FoDir
Forstamtsbezirk: Aus dem Kreis Olpe die Stadt Attendorn; aus dem Märkischen Kreis die Stadt Meinerzhagen – soweit nicht Bezirk Waldbröl –, von der Gemeinde Herscheid das südlich der Östertalstraße liegende Gemeindegebiet sowie von der Stadt Plettenberg das südlich der Östertalstraße, der Straße Plettenberg-Landemert bis Steinkuhle und der Gemarkungsgrenze Dankelmert-Eiringhausen bis zur Kreisgrenze am Heiligenstuhl liegende Stadtgebiet.

Staatliches Forstamt Brilon
59929 Brilon, Gartenstr 18; F (0 29 61) 80 77 und 80 78; Telefax (0 29 61) 5 17 23
Leiter: Friedrich Terstesse FoDir
Forstamtsbezirk: Aus dem Hochsauerlandkreis die Stadt Brilon und die Stadt Marsberg – soweit nicht Bezirk Büren.

Staatliches Forstamt Warstein-Rüthen
59602 Rüthen, Hochstr 18; F (0 29 52) 16 22; Telefax (0 29 52) 7 00
Leiter: Hubert Schümmer FoDir
Forstamtsbezirk: Aus dem Kreis Soest die Städte Erwitte, Geseke – ohne die zum Haus Büren'schen Fonds gehörenden Waldflächen „Prövenholz" und „Ochsenholz" (Bezirk 41) – , Lippstadt, Rüthen und Warstein – ohne die im Südwesten liegenden Staatswaldflächen – sowie die Gemeinde Anröchte.

Staatliches Forstamt Obereimer
59821 Arnsberg, Obereimer 13; F (0 29 31) 52 06-0; Telefax (0 29 31) 52 06-22; Teletex 293 137 = foaaeim
Leiter: Heinz Nöllenheidt FoDir
Forstamtsbezirk: Aus dem Hochsauerlandkreis die Stadt Arnsberg – soweit nicht Forstamt Arnsberg –, von der Stadt Meschede die Staatswaldflächen im Nordwesten und von der Stadt Sundern die Staatswaldflächen in der Gemarkung Hellefeld; aus dem Kreis Soest die Städte Soest und Werl, von der Stadt Warstein die Staatswaldflächen im Südwesten sowie die Gemeinden Bad Sassendorf, Ense – soweit nicht Forstamt Arnsberg –, Lippetal, Möhnesee, Welver und Wickede (Ruhr).

Staatliches Forstamt Paderborn
33100 Paderborn, Hinter den Zäunen 38; F (0 52 52) 96 57-0; Telefax (0 52 52) 96 57-22
Leiter: Franz Lödige FoDir
Forstamtsbezirk: Den Kreis Paderborn, soweit nicht im Forstamtsbezirk Büren oder Neuenheerse; aus dem Kreis Lippe die Staatswaldflächen im Süden der Stadt Horn-Bad Meinberg; aus dem Kreis Höxter die Staatswaldflächen in der Stadt Steinheim westlich Ortsteil Sandebeck.

Staatliches Forstamt Büren
33142 Büren, Bahnhofstr 8; F (0 29 51) 20 12; Telefax (0 29 51) 76 80
Leiter: V Holtkämper FoDir
Forstamtsbezirk: Aus dem Kreis Paderborn die Städte Büren – ohne die Gemarkung Wewelsburg und die im Osten der Gemarkung Büren übergreifenden Staatswaldflächen – , Wünnenberg – ohne die Gemarkungen Helmern und Haaren – und Lichtenau – ohne die Staatswaldflächen in der Gemarkung Henglarn, im Osten der Gemarkungen Asseln, Hakenberg und Lichtenau, im Süden der Gemarkung Kleinenberg sowie in der Gemarkung Blankenrode östlich des Flusses Altenau – ; aus dem Kreis Soest von der Stadt Geseke die zum Haus Büren'schen Fonds gehörenden Waldflächen „Prövenholz" und „Ochsenholz" an der Grenze der Gemarkungen Geseke und Steinhausen; aus dem Hochsauerlandkreis von der Stadt Marsberg die Staatswaldflächen im Norden der Gemarkung Meerhof.

Staatliches Forstamt Neuenheerse
33008 Bad Driburg, Stiftsstr 15; F (0 52 59) 5 07 und 15 16; Telefax (0 52 59) 17 57
Leiter: Hans-Jörg Müller OFoR
Forstamtsbezirk: Aus dem Kreis Höxter die Städte Borgentreich, Warburg und Willebadessen; aus dem Kreis Paderborn von der Stadt Lichtenau die im Osten der Gemarkungen Asseln, Hakenberg und Lichtenau, im Süden der Gemarkung Kleinenberg sowie in der Gemarkung Blankenrode östlich des Flusses Altenau liegenden Staatswaldflächen.

Staatliches Forstamt Bad Driburg
33014 Bad Driburg, Auf der Bleiche 9; F (0 52 53) 20 46; Telefax (0 52 53) 38 50
Leiter: E H Uber FoDir
Forstamtsbezirk: Kreis Höxter – soweit nicht Bezirk Paderborn oder Neuenheerse.

2.2.8 Die Leiter der Forstämter der Landwirtschaftskammer Westfalen-Lippe als Landesbeauftragte

Der Leiter des Forstamtes Altenhundem der Landwirtschaftskammer Westfalen-Lippe als Landesbeauftragter

57368 Lennestadt, Zum Bauerhagen 6; F (0 27 23) 51 64 und 6 75 76; Telefax (0 27 23) 6 74 21
Leiter: Uwe Reifert FoR (komm)
Forstamtsbezirk: Aus dem Kreis Olpe die Gemeinde Finnentrop und die Stadt Lennestadt.

Der Leiter des Forstamtes Arnsberg der Landwirtschaftskammer Westfalen-Lippe als Landesbeauftragter
59821 Arnsberg, Klosterstr 4; F (0 29 31) 5 22 50; Telefax (0 29 31) 52 25 22
Leiter: Otto Schockemöhle FoDir
Forstamtsbezirk: Aus dem Hochsauerlandkreis die Stadt Sundern – soweit nicht Bezirk Obereimer – und von der Stadt Arnsberg die Gemarkungen Bachum, Bruchhausen, Herdringen, Holzen, Müschede – ohne die übergreifenden Staatswaldflächen –, Neheim-Hüsten, Voßwinkel und Wennigloh sowie den südlich der Ruhr liegenden Teil der Gemarkung Arnsberg ohne die Staatswaldflächen; aus dem Märkischen Kreis die Stadt Balve sowie von der Stadt Menden die Staatswaldflächen im Osten der Gemarkung Lendringsen; aus dem Kreis Soest die Staatswaldflächen im Süden der Gemeinde Ense und Möhnesee.

Der Leiter des Forstamtes Bielefeld der Landwirtschaftskammer Westfalen-Lippe als Landesbeauftragter
33615 Bielefeld, Dornberger Str 37; F (05 21) 9 64 83-0; Telefax (05 21) 9 64 83-22
Leiter: Willi Stock OFoR
Forstamtsbezirk: Die kreisfreie Stadt Bielefeld; den Kreis Gütersloh.

Der Leiter des Forstamtes Borken der Landwirtschaftskammer Westfalen-Lippe als Landesbeauftragter
46325 Borken, Ramsdorfer Postweg 20; F (0 28 61) 81 15; Telefax (0 28 61) 37 01
Leiter: Burkhard van Gember FoDir
Forstamtsbezirk: Kreis Borken.

Der Leiter des Forstamtes Steinfurt der Landwirtschaftskammer Westfalen-Lippe als Landesbeauftragter
48565 Steinfurt, Kirchstr 1; F (0 25 51) 13 66; Telefax (0 25 51) 74 81
Leiter: Frank-Dietmar Richter FoDir
Forstamtsbezirk: Kreis Steinfurt.

Der Leiter des Forstamtes Gevelsberg der Landwirtschaftskammer Westfalen-Lippe als Landesbeauftragter
58285 Gevelsberg, Kirchstr 24 a; F (0 23 32) 95 80-0; Telefax (0 23 32) 95 80-22
Leiter: Erhard Schmadtke OFoR
Forstamtsbezirk: Kreisfreie Städte Bochum, Dortmund, Hagen und Herne; Kreis Ennepe-Ruhr-Kreis.

Der Leiter des Forstamtes Letmathe der Landwirtschaftskammer Westfalen-Lippe als Landesbeauftragter
58642 Iserlohn, Aucheler Str 14; F (0 23 74) 92 95-0; Telefax (0 23 74) 92 95-22
Leiter: Jürgen Oppermann OFoR
Forstamtsbezirk: Die kreisfreie Stadt Hamm; den Kreis Unna; aus dem Märkischen Kreis die Städte Hemer, Iserlohn und Menden, von der Stadt Altena die Flächen östlich der Lenne und nördlich der Nette bis zum Steinwinkeltal sowie von der Gemeinde Nachrodt-Wiblingwerde die Flächen östlich der Lenne.

Der Leiter des Forstamtes Lage der Landwirtschaftskammer Westfalen-Lippe als Landesbeauftragter
32791 Lage, Sedanplatz 9; F (0 52 32) 95 98-0; Telefax (0 52 32) 95 98-22
Leiter: Dr Jobst Hein FoDir
Forstamtsbezirk: Kreis Lippe – soweit nicht Bezirk Paderborn.

Der Leiter des Forstamtes Lüdenscheid der Landwirtschaftskammer Westfalen-Lippe als Landesbeauftragter
58511 Lüdenscheid, Duisbergweg 1; F (0 23 51) 2 40 64 und 2 40 65; Telefax (0 23 51) 3 86 40
Leiter: Bernd-Josef Schmitt OFoR
Forstamtsbezirk: Aus dem Märkischen Kreis die Städte Altena – ohne die Flächen östlich der Lenne und nördlich der Nette bis zum Steinwinkeltal (Bezirk Letmathe) –, Halver, Kierspe, Lüdenscheid, Neuenrade, Plettenberg – soweit nicht Bezirk Attendorn – und Werdohl sowie die Gemeinden Herscheid – soweit nicht Bezirk Attendorn –, Nachrodt-Wiblingwerde – ohne die Flächen östlich der Lenne (Bezirk Letmathe) – und Schalksmühle.

Der Leiter des Forstamtes Meschede der Landwirtschaftskammer Westfalen-Lippe als Landesbeauftragter
59872 Meschede, Dünnefeldweg 13; F (02 91) 99 32-0; Telefax (02 91) 99 32-22
Leiter: Jörg Matzick OFoR
Forstamtsbezirk: Aus dem Hochsauerlandkreis die Stadt Meschede – soweit nicht Bezirk Obereimer – sowie die Gemeinden Bestwig und Eslohe.

Der Leiter des Forstamtes Minden der Landwirtschaftskammer Westfalen-Lippe als Landesbeauftragter
32423 Minden, Bleichstr 8; F (05 71) 8 37 86-0; Telefax (05 71) 8 37 86-22
Leiter: Bernt Wülfing FoDir
Forstamtsbezirk: Die Kreise Herford und Minden-Lübbecke.

Der Leiter des Forstamtes Münster der Landwirtschaftskammer Westfalen-Lippe als Landesbeauftragter
48145 Münster, Sauerländer Weg 7; F (02 51) 6 08 64-0; Telefax (02 51) 6 08 64-22

Leiter: Klaus Paschke OFoR
Forstamtsbezirk: Kreisfreie Stadt Münster; Kreis Coesfeld.

Der Leiter des Forstamtes Olpe der Landwirtschaftskammer Westfalen-Lippe als Landesbeauftragter
57462 Olpe, In der Stubicke 11; F (0 27 61) 50 77; Telefax (0 27 61) 4 08 86
Leiter: Joachim Zacharias FoDir
Forstamtsbezirk: Aus dem Kreis Olpe die Städte Drolshagen und Olpe sowie die Gemeinden Kirchhunden und Wenden.

Der Leiter des Forstamtes Recklinghausen der Landwirtschaftskammer Westfalen-Lippe als Landesbeauftragter
45657 Recklinghausen, Börster Weg 20; F (0 23 61) 2 90 64; Telefax (0 23 61) 2 20 16
Leiter: Johannes Herzel FoDir
Forstamtsbezirk: Kreisfreie Städte Bottrop und Gelsenkirchen; Kreis Recklinghausen.

Der Leiter des Forstamtes Schmallenberg der Landwirtschaftskammer Westfalen-Lippe als Landesbeauftragter
57392 Schmallenberg, Poststr 7; F (0 29 72) 97 02-0; Telefax (0 29 72) 97 02-22
Leiter: Hans von der Goltz OFoR
Forstamtsbezirk: Aus dem Hochsauerlandkreis die Stadt Schmallenberg.

Der Leiter des Forstamtes Siegen-Nord der Landwirtschaftskammer Westfalen-Lippe als Landesbeauftragter
57078 Siegen, Friedrichsplatz 7; F (02 71) 8 10 08; Telefax (02 71) 87 05 69
Leiter: Alfred Becker FoDir
Forstamtsbezirk: Aus dem Kreis Siegen die Städte Freudenberg und Kreuztal, von der Stadt Siegen die im Norden der Gemarkung Buchen liegenden Staatswaldflächen, von der Stadt Hilchenbach die zum vereinigten Stift Geseke-Keppel gehörende Waldfläche „Breitenbach" sowie die Gemeinde Netphen – soweit nicht Bezirk Hilchenbach.

Der Leiter des Forstamtes Siegen-Süd der Landwirtschaftskammer Westfalen-Lippe als Landesbeauftragter
57078 Siegen, Friedrichsplatz 7; F (02 71) 8 10 08; Telefax (02 71) 87 05 69
Leiter: Helmut Ahlborn OFoR
Forstamtsbezirk: Aus dem Kreis Siegen die Stadt Siegen, die Gemeinden Burbach, Neunkirchen und Wilnsdorf.

Der Leiter des Forstamtes Warendorf der Landwirtschaftskammer Westfalen-Lippe als Landesbeauftragter
48231 Warendorf, Brede 11; F (0 25 81) 93 15-0; Telefax (0 25 81) 93 15-22
Leiter: Franz Stockmann OFoR
Forstamtsbezirk: Kreis Warendorf.

Der Leiter des Forstamtes Winterberg der Landwirtschaftskammer Westfalen-Lippe als Landesbeauftragter
59955 Winterberg, Am Waltenberg 48; F (0 29 81) 30 67; Telefax (0 29 81) 63 01
Leiter: Frank-Ulrich Cramer OFoR
Forstamtsbezirk: Aus dem Hochsauerlandkreis die Städte Olsberg und Winterberg.

Gemeinsame Einrichtung der Landwirtschaftskammern Rheinland und Westfalen-Lippe:

2.2.9 Milchwirtschaftliche Untersuchungsanstalt Nordrhein

47803 Krefeld, Westparkstr 92-96; F (0 21 51) 75 00 21; Telefax (0 21 51) 75 45 51

Leiter: Dr Carl-Ludwig Riedel

3 Verwaltung für Agrarordnung

Nordrhein-Westfalen

Staatsrechtliche Grundlage, Gliederung und Aufgabenkreis:
Die Verwaltung für Agrarordnung wird nach dem Gesetz über die Organisation der Landesverwaltung – Landesorganisationsgesetz – vom 10. Juli 1962 (GV NW Seite 421), zuletzt geändert durch Gesetz vom 15. Dezember 1993 (GV NW Seite 987) – SGV NW 2005 – von der Landesanstalt für Ökologie, Bodenordnung und Forsten/Landesamt für Agrarordnung und den Ämtern für Agrarordnung wahrgenommen. Die Landesanstalt für Ökologie, Bodenordnung und Forsten/Landesamt für Agrarordnung ist für den Aufgabenbereich Landesamt für Agrarordnung Landesoberbehörde. Ihr unterstehen 8 Ämter für Agrarordnung als untere Landesbehörden.
Die Hauptaufgaben der Verwaltung für Agrarordnung sind:
– Durchführung des Flurbereinigungsgesetzes in der Fassung der Bekanntmachung vom 16. März 1976 (BGBl Seite 546), zuletzt geändert durch Gesetz vom 12. Februar 1991 (BGBl I Seite 405).
– Durchführung des Gemeinheitsteilungsgesetzes vom 28. November 1961 (GV NW 1961 Seite 319) zuletzt geändert durch Gesetz vom 8. April 1975 (GV NW Seite 304) – SGV NW 7815.
– Aufgaben nach Baugesetzbuch, Gemeinschaftswaldgesetz und Landschaftsgesetz Nordrhein-Westfalen.
– Aufgaben als Siedlungsbehörden bei der ländlichen Siedlung nach dem Reichssiedlungsgesetz vom 11. August 1919 (RGBl I Seite 1429, zuletzt geändert durch Gesetz über das Baugesetzbuch vom 8. Dezember 1986 (BGBl I Seite 2191).
– Eingliederung der Heimatvertriebenen, Flüchtlinge und Spätaussiedler nach dem Bundesver-

triebenengesetz in der Fassung vom 3. September 1971 (BGBl I Seite 1565), zuletzt geändert durch den Einigungsvertrag vom 23. September 1990 (BGBl II Seite 885),
– Verbesserung der Agrarstruktur, agrarstrukturelle Vorplanung, Landtausch, Dorfentwicklungsplanung, Dorferneuerung.

3.1 Landesanstalt für Ökologie, Bodenordnung und Forsten/Landesamt für Agrarordnung

Nordrhein-Westfalen
45659 Recklinghausen, Leibnizstr 10; F (0 23 61) 3 05-1; Telefax (0 23 61) 3 05-2 15

Staatsrechtliche Grundlage und Organisation:
Bekanntmachung des Ministeriums für Umwelt, Raumordnung und Landwirtschaft vom 6. Januar 1994 – I B 3 – 01.39 (MBl NW 1994, S 124) über die Errichtung der Landesanstalt für Ökologie, Bodenordnung und Forsten/Landesamt für Agrarordnung Nordrhein-Westfalen.
Mit Wirkung vom 1. April 1994 wurde im Geschäftsbereich des Ministeriums für Umwelt, Raumordnung und Landwirtschaft die Landesanstalt für Ökologie, Bodenordnung und Forsten/ Landesamt für Agrarordnung Nordrhein-Westfalen mit Sitz in Recklinghausen errichtet.
In ihr wurden folgende Dienststellen ganz oder teilweise zusammengefaßt:

– Die Landesanstalt für Ökologie, Landschaftsentwicklung und Forstplanung ohne Bodennutzungsschutz und Bodenökologie,
– das Landesamt für Agrarordnung,
– die Landesanstalt für Forstwirtschaft,
– die Landesanstalt für Fischerei
– die Forschungsstelle für Jagdkunde und Wildschadenverhütung

Die Landesanstalt für Ökologie, Bodenordnung und Forsten / Landesamt für Agrarordnung ist eine Einrichtung des Landes im Sinne des § 14 des Landesorganisationsgesetzes vom 10.Juli 1962 (GV NW S 421), zuletzt geändert durch Gesetz vom 15.Dezember 1993 (GV NW 987),SGV NW 2005 – und zugleich für den Aufgabenbereich Landesamt für Agrarordnung und die damit verbundene Dienst-und Fachaufsicht über die Ämter für Agrarordnung Landeoberbehörde gemäß § 6 des Landesorganisationsgesetzes.
Präsident der Landesanstalt für Ökologie, Bodenordnung und Forsten / Landesamt für Agrarordnung:
Kalkkuhl
Vertreter: Prof Schmidt

Abt 1 Zentrale Dienste, ADV
Leiter: Schmale AbtDir

Abt 2 Landesamt für Agrarordnung
Leiter: Dr Thomas AbtDir

Abt 3 Ökologie, Naturschutz und Landschaftspflege
Leiter: Prof Dr Schulte LtdRDir

Abt 4 Forsten, Waldökologie
Leiter: Schöller LtdFoDir

Abt 5 Fischerei und Jagd
Leiter: Dr Kierchner LtdRDir

3.1.1 Forstplanungsbezirke (FP-Bezirke)

Staatsrechtliche Grundlage und Aufgabenkreis:
Runderlaß des Ministers für Ernährung, Landwirtschaft und Forsten vom 23. November 1976 – IV A 230-00-00.00/I B 3 01.14.
Die Forstplanungsbezirke führen für die Außenarbeiten zur Erstellung von Betriebsplänen und Betriebsgutachten für Forstbetriebe durch. Die zehn Forstplanungsbezirke haben folgenden Sitz:

FP-Bezirk 1 – Nordeifel –
53937 Schleiden, Urftseestr 34; F (0 24 44) 20 84/85
Leiter des Forstplanungsbezirks: Dr Röös FoDir
Bezirk: Nordeifel mit den Forstamtsbezirken Monschau, Hürtgenwald, Schleiden und Bad Münstereifel.

FP-Bezirk 2 – Niederrheinische Tieflandbucht –
53721 Siegburg, Siegfeldstr 11 a; F (0 22 41) 5 49 00
Leiter des Forstplanungsbezirks: Thomas Artmann OFoR
Bezirk: Niederrheinische Tieflandbucht mit den Forstamtsbezirken Königsforst, Ville, Kottenforst, Siegburg und Eitorf.

FP-Bezirk 3 – Niederrheinische Tiefebene –
46509 Xanten, Klever Str 2; F (0 28 01) 7 13 00
Leiter des Forstplanungsbezirks: Heinrich Dohmen FoDir
Bezirk: Niederrheinische Tiefebene mit den Forstamtsbezirken Kleve, Wesel, Xanten und Mönchengladbach.

FP-Bezirk 4 – Bergisches Land –
51688 Wipperfürth, Bahnstr 27; F (0 22 67) 30 56
Leiter des Forstplanungsbezirks: Kay Boenig OFoR
Bezirk: Bergisches Land mit den Forstamtsbezirken Mettmann, Wipperfürth und Waldbröl.

FP-Bezirk 5 – Südwestfalen –
57462 Olpe, In der Stubicke 13; F (0 27 61) 50 77
Leiter des Forstplanungsbezirks: Klaus Blumenroth FoDir
Bezirk: Südwestfalen mit den Forstamtsbezirken Siegen-Süd, Siegen-Nord, Hilchenbach, Altenhundem, Olpe und Attendorn.

FP-Bezirk 6 – Westliches Sauerland –
59821 Arnsberg, Obereimer 13; F (0 29 31) 40 84
Leiter des Forstplanungsbezirks: Lutterbey FoDir
Bezirk: Westliches Sauerland mit den Forstamtsbezirken Lüdenscheid, Arnsberg, Letmathe und Gevelsberg.

FP-Bezirk 7 – Östliches Sauerland –
59872 Meschede, Dünnefeldweg 13; F (02 91)
40 26
Leiter des Forstplanungsbezirks: König OFoR
Bezirk: Östliches Sauerland mit den Forstamtsbezirken Glindfeld, Winterberg, Schmallenberg, Meschede, Warstein-Rüthen und Obereimer.

FP-Bezirk 8 – Ostwestfalen –
33100 Paderborn, Hinter den Zäunen 38;
F (0 52 51) 5 53 44 und 5 53 80
Leiter des Forstplanungsbezirks: Reiche FoR z A
Bezirk: Ostwestfalen mit den Forstamtsbezirken Brilon, Paderborn, Büren, Neuenheerse und Bad Driburg.

FP-Bezirk 9 – Münsterland –
48145 Münster, Sauerländer Weg 7; F (02 51)
60 86 40
Leiter des Forstplanungsbezirks: Kebbel FoR
Bezirk: Münsterland mit den Forstamtsbezirken Recklinghausen, Borken, Münster und Steinfurt.

FP-Bezirk 10 – Nordwestfalen-Lippe –
33615 Bielefeld, Dornbergerstr 37; F (05 21)
12 40 81
Leiter des Forstplanungsbezirks: Peter Heymann OFoR
Bezirk: Nordwestfalen-Lippe mit den Forstamtsbezirken Warendorf, Bielefeld, Lage und Minden.

3.1.2 Ämter für Agrarordnung

Amt für Agrarordnung
33602 Bielefeld, August-Bebel-Str 75-77; F (05 21)
52 84-0; Telefax (05 21) 52 84-2 04
Leiter: Jörg Rosenbaum LtdRDir
Amtsbezirk: Die kreisfreie Stadt Bielefeld; Kreise Gütersloh, Herford, Minden-Lübbecke.

Amt für Agrarordnung
48653 Coesfeld, Leisweg 12; F (0 25 41) 10 21;
Telefax (0 25 41) 10 26
Leiter: Christoph Freiherr von Plettenberg LtdRDir
Amtsbezirk: Kreisfreie Städte Bottrop, Gelsenkirchen und Münster; Kreise Borken, Coesfeld, Recklinghausen Steinfurt und Warendorf.

Außenstelle
48145 Münster, Wiener Str 52-54; F (02 51) 3 98-1;
Telefax (02 51) 3 98-2 18

Amt für Agrarordnung
53879 Euskirchen, Sebastianusstr 22; F (0 22 51)
70 02-0; Telefax (0 22 51) 70 02-1 60
Leiter: Johannes Schmitz LtdRDir
Amtsbezirk: Kreisfreie Stadt Aachen; Kreise Aachen, Düren, Heinsberg, Erftkreis und Euskirchen.

Amt für Agrarordnung
41061 Mönchengladbach, Croonsallee 36-40;
F (0 21 61) 81 95-0; Telefax (0 21 61) 81 95 27

Leiter: Heribert Hundenborn RDir
Amtsbezirk: Kreisfreie Städte Düsseldorf, Duisburg, Essen, Krefeld, Mönchengladbach, Mülheim, Oberhausen, Remscheid, Solingen und Wuppertal; Kreise Kleve, Mettmann, Neuss, Viersen und Wesel.

Außenstelle
40215 Düsseldorf, Karl-Rudolf-Str 180; F (02 11)
38 94-0; Telefax (02 11) 38 94-3 90

Amt für Agrarordnung
53721 Siegburg, Frankfurter Str 86-88; F (0 22 41)
3 08-1; Telefax (0 22 41) 30 82 20
Leiter: Elmar Plum LtdRVmDir
Amtsbezirk: Kreisfreie Städte Bonn, Köln und Leverkusen; Kreise Oberbergischer Kreis, Rheinisch-Bergischer Kreis und Rhein-Sieg-Kreis.

Außenstelle
51545 Waldbröl, Oststr 4; F (0 22 91) 79 00-0; Telefax (0 22 91) 79 00-50

Amt für Agrarordnung
57072 Siegen, Hermelsbacher Weg 15; F (02 71)
59 81-0; Telefax (02 71) 59 81-1 80
Leiter: Günther Johr LtdRDir
Amtsbezirk: Kreise Olpe, Siegen/Wittgenstein und Märkischer Kreis.

Amt für Agrarordnung
59494 Soest, Stiftstr 53; F (0 29 21) 8 79-0; Telefax
(0 29 21) 8 79-47
Leiter: Wilhelm Kohaupt LtdRVmDir
Amtsbezirk: Kreisfreie Städte Bochum, Dortmund, Hagen, Hamm und Herne; Kreise Ennepe-Ruhr-Kreis, Hochsauerlandkreis, Soest und Unna.

Außenstelle Arnsberg
59821 Arnsberg, Königstr 22; F (0 29 31) 8 79-0;
Telefax (0 29 31) 8 79-47
Amtsbezirk: Hochsauerlandkreis.

Amt für Agrarordnung
34414 Warburg, Prozessionsweg 1; F (0 56 41)
9 06-0; Telefax (0 56 41) 9 06-1 03
Leiter: Horst Braukmann LtdRVmDir
Amtsbezirk: Kreise Lippe, Höxter und Paderborn.

4 Landesumweltamt

Nordrhein-Westfalen

45133 Essen, Wallneyer Str 6; F (02 01) 79 95-0;
Telefax (02 01) 79 95-4 46

Staatsrechtliche Grundlage und Aufgabenkreis:
Das Landesumweltamt wurde durch das 1. Verwaltungstrukturreformgesetz vom 15.Dezember 1993
(GV NW S 987) mit Wirkung vom 1.April 1994
gegründet. Es übernahm die Aufgaben folgender Dienststellen:

– Landesamt für Wasser und Abfall
– Landesanstalt für Immissionsschutz
– Bodenschutzzentrum
– Fachinformationszentrum für gefährliche/umweltrelevante Stoffe
– die Bereiche Bodennutzungsschutz und Bodenökologie der Landesanstalt für Ökologie, Landschaftsentwicklung und Forstplanung

Präsident des Landesumweltamtes: Dr Irmer
Vertreter: Dr Davids Präsident

Abt 1 Zentrale Dienste, ADV
Leiter: Scheich AbtDir

Abt 2 Umweltqualität
Leiter: Dr Prinz AbtDir

Abt 3 Umweltüberwachung
Leiter: Dr Bruckmann LtdRDir

Abt 4 Umwelttechnik
Leiter: Dr Weber AbtDir

Abt 5 Umweltabgaben, Zulassungen
Leiter: Arnold LtdRBauDir

5 Staatliche Umweltämter

Staatrechtliche Grundlage und Aufgabenkreis:
Die zwölf Staatlichen Umweltämter sind untere Landesbehörden (§ 9 Abs 2 LOG). Sie sind Sonderordnungsbehörden ohne Rücksicht darauf, ob sie Aufgaben der Gefahrenabwehr im Sinne des § 1 Ordnungsbehördengesetz wahrnehmen.
Dienst- und Fachaufsichtsbehörden sind die Bezirksregierungen. Die oberste Dienst- und Fachaufsicht über die Staatlichen Umweltämter führt das Ministerium für Umwelt, Raumordnung und Landwirtschaft des Landes Nordrhein-Westfalen.
Die wesentlichen Aufgaben der zwölf Staatlichen Umweltämter ergeben sich
– aus dem Gesetz zum Schutz vor schädlichen Umwelteinwirkungen durch Luftverunreinigungen, Geräusche, Erschütterungen und ähnliche Vorgänge (Bundes-Immissionsschutzgesetz) in der Fassung vom 14. Mai 1990 (BGBl I S 880), zuletzt geändert durch Gesetz vom 22. April 1993 (BGBl I S 466),
– aus dem Gesetz zur Regelung der Gentechnik (Gentechnikgesetz) in der Fassung vom 20. Juni 1990 (BGBl I S 1080), zuletzt geändert durch Gesetz vom 16. Dezember 1993 (BGBl I S 2059),
– aus dem Gesetz zur Ordnung des Wasserhaushalts (Wasserhaushaltsgesetz) in der Fassung vom 23. September 1986 (BGBl I S 1529, berichtigt S 1654), zuletzt geändert durch Gesetz vom 26. August 1992 (BGBl I S 1564),
– aus dem Abfallgesetz in der Fassung vom 27. August 1986 (BGBl I S 1410, berichtigt S 1501), zuletzt geändert durch Gesetz vom 22. April 1993 (BGBl S I 446),
– aus dem Gesetz über Abgaben für das Einleiten von Abwasser in Gewässern (Abwasserabgabengesetz) in der Fassung vom 6. November 1990 (BGBl I S 2432),

– aus dem Gesetz zum Schutz vor Luftverunreinigungen, Geräuschen und ähnlichen Umwelteinwirkungen (Landes-Immissionsschutzgesetz) in der Fassung vom 18. März 1975 (GV NW S 232), zuletzt geändert durch Gesetz vom 15. Dezember 1993 (GV NW S 987),
– aus dem Wassergesetz für das Land Nordrhein-Westfalen (Landeswassergesetz) in der Fassung vom 9. Juni 1989 (GV NW S 384), zuletzt geändert durch Gesetz vom 15. Dezember 1993 (GV NW S 987),
– aus dem Abfallgesetz für das Land Nordrhein-Westfalen (Landesabfallgesetz) in der Fassung vom 21. Juni 1988 (GV NW S 250), zuletzt geändert durch Gesetz vom 15. Dezember 1993 (GV NW S 987)
und den hierzu erlassenen Verordnungen und Ausführungsvorschriften.
Die wesentlichen Aufgaben der Staatlichen Umweltämter sind:
– Durchführung von Genehmigungsverfahren und Beteiligung in Zulassungsverfahren tur nach dem Bundes-Immissionsschutzgesetz (BImSchG) genehmigungsbedürftigen Anlagen sowie nach dem Gentechnikgesetz genehmigungsbedürftige und anmeldebedürftige gentechnische Anlagen und Arbeiten,
– Stellungnahmen zu Bauvoranfragen, Bauanträgen und Erlaubnisanfragen im Hinblick auf den Immissionsschutz (z B Luft, Lärm) und die Anlagensicherheit für nach dem BImSchG nicht genehmigungsbedürftige Anlagen,
– Bearbeitung von Anzeigen von Nachbarbeschwerden, von Bußgeld- und Strafverfahren unter anderem mit für nach dem BImSchG genehmigungsbedürftige und nicht genehmigungsbedürftige Anlagen sowie gentechnische Anlagen und Arbeiten,
– Überwachung der Einhaltung von Betreiberpflichten im Hinblick auf Immissionsschutz (z B Luft, Lärm), Anlagensicherheit und Reststoffe für nach dem BImSchG genehmigungsbedürftige Anlagen (auch nach Stillegung der Anlagen),
– Emissions-, Immissions- und Reststoff-Überwachung,
– Erfassung, Fortschreibung und Auswertung von Genehmigungsverfahrens-, Anlagen-, Stoff- und Reststoff-Dateien,
– Überwachung des Baus und Betriebes von Deponien und deren Stillegung sowie nach deren Stillegung,
– Prüfung von Entwürfen und Anträgen für die Genehmigung und Förderung abfallwirtschaftlicher und wasserwirtschaftlicher Maßnahmen sowie von Anträgen für die Förderung von Maßnahmen zur Altlastenermittlung und -sanierung,
– Erfassung der Daten über die Entwicklung der Wasser- und Abfallwirtschaft in Nordrhein-Westfalen,
– Mitwirkung bei der Abfallentsorgungsplanung,
– chemische, physikalische und biologische Untersuchungen von Abwasser, Oberflächen- und

Grundwasser sowie von Abfällen,
- Überwachung der Gewässerqualität und der Abwassereinleitung, Aufklärung und Beratung in wasserwirtschaftlichen und abfallwirtschaftlichen Angelegenheiten der wasserwirtschaftlichen Planung,
- Ermittlung von Ausgangsdaten für die Abwasserabgabe,
- Verwaltung des Wasserschatzes des Landes,
- Ausbau und Unterhaltung von Gewässern I. Ordnung,
- Überwachung des Hochwasserschutzes, Leitung des Hochwassernachrichtendienstes an nicht schiffbaren Gewässern größerer Bedeutung,
- Erarbeitung von Rahmen- und Bewirtschaftungsplänen,
- Lenkung der wasserwirtschaftlichen Planung großräumiger überörtlicher wasserwirtschaftlicher Zusammenhänge,
- Landesgrundwasserdienst, Beobachtung der Wasserstände und des Abflußvorganges sowie meteorologische Feststellungen,
- Mitwirkung bei Planungen Dritter als Träger öffentlicher Belange der Wasser- und Abfallwirtschaft,
- Unterstützung der zuständigen Behörden bei der Erfassung, Gefährdungsabschätzung, Überwachung und Sanierung von Altlasten, Führung von Dateien und Karten über Altlast-Verdachtsflächen,
- Ermittlung fachlicher Grundlagen und des Standes der Technik für die Gefährdungsabschätzung und Sanierung von Altlasten,
- Mitwirkung bei der Katastrophenabwehr,
- Unterstützung der Wasser- und Abfallbehörden.
Die Bezirke der Staatlichen Umweltämter sind durch Verordnung vom 1. Februar 1994 (GV NW Nr 10 vom 25. Februar 1994, S 54/SGV NW 2005) bestimmt.
Nähere Angaben hierzu siehe unter „Bezirksregierungen" auf den Seiten 38, 42, 46, 51 und 54, die die unmittelbare Dienst- und Fachaufsicht ausüben.

6 Jugendwaldheime

Aufgabenkreis:
Die Lehrgänge in den Jugendwaldheimen – Einrichtungen des Landes Nordrhein-Westfalen im Sinne von § 14 Landesorganisationsgesetz (LOG) – sollen das Verständnis junger Menschen für den Wald wecken und vertiefen. Zielgruppen für den Aufenthalt in einem Jugendwaldheim sind Schulklassen aller Schulformen ab dem vierten Schuljahr, insbesondere aus den Ballungsgebieten des Landes Nordrhein-Westfalen. Bisher bestehen im Lande Nordrhein-Westfalen vier Jugendwaldheime, davon drei als Einrichtungen des Landes in Ringelstein bei Büren, Urft bei Schleiden und Raffelsbrand bei Hürtgenwald. Träger des Jugendwaldheimes Gillerberg bei Hilchenbach ist der Kreis Siegen, dem aus Landesmitteln für die Lehrgänge ein Zuschuß gezahlt wird.

Jugendwaldheim Ringelstein der Landesforstverwaltung NW
33142 Büren, Forstweg 3; F (0 29 58) 2 23
Leiter: Dipl-Ing der Forstwirtschaft Dieter Kube FoI

Jugendwaldheim Urft der Landesforstverwaltung NW
53925 Kall; F (0 24 41) 63 32
Leiter: Dr Wolfgang Thiel FoAR

7 Landesforstverwaltung

Nordrhein-Westfalen

Staatsrechtliche Grundlage und Aufgabenkreis:
Die wesentlichen Aufgaben der Landesforstverwaltung ergeben sich aus dem Gesetz zur Erhaltung des Waldes und zur Förderung der Forstwirtschaft (Bundeswaldgesetz) vom 2. Mai 1975 – (BGBl I S 1037), geändert durch Gesetz vom 27. Juli 1984 (BGBl I S 1034), dem Forstgesetz für das Land Nordrhein-Westfalen (Landesforstgesetz) in der Fassung der Bekanntmachung vom 24. April 1980 (GV NW S 546), zuletzt geändert durch Gesetz vom 20. Juni 1989 (GV NW S 437), dem Gesetz über den Gemeinschaftswald im Land Nordrhein-Westfalen (Gemeinschaftswaldgesetz) vom 8. April 1975 (GV NW S 304), zuletzt geändert durch Gesetz vom 26. Juni 1984 (GV NW S 370), dem Gesetz zur Sicherung des Naturhaushalts und zur Entwicklung der Landschaft (Landschaftsgesetz) in der Fassung der Bekanntmachung vom 26. Juni 1980 (GV NW S 734), zuletzt geändert durch Gesetz vom 20. Juni 1989 (GV NW S 366), dem Bundesjagdgesetz in der Fassung der Bekanntmachung vom 29. September 1976 (BGBl I S 2849), zuletzt geändert durch Gesetz vom 28. Juni 1990 (BGBl I S 1221), dem Landesjagdgesetz Nordrhein-Westfalen (LJG-NW) in der Fassung der Bekanntmachung vom 11. Juli 1978 (GV NW S 318), zuletzt geändert durch Bundeswildschutzverordnung vom 25. Oktober 1985 (BGBl I S 2040), sowie den auf diesen und anderen Gesetzen beruhenden Rechts- und Verwaltungsvorschriften.
Oberste Forstbehörde ist das Ministerium für Umwelt, Raumordnung und Landwirtschaft. Höhere Forstbehörden sind die Direktoren der Landwirtschaftskammern Rheinland und Westfalen-Lippe als Landesbeauftragte (§ 56 Abs 1 LFoG). Untere Forstbehörden sind die 20 staatlichen Forstämter und – mit den gleichen Aufgaben – die Leiter der 25 Forstämter der Landwirtschaftskammern als Landesbeauftragte (§ 57 LFoG).
Die Forstbehörden haben dafür zu sorgen, daß die rd 880 000 ha, d h ein Viertel der Landesfläche umfassende Waldfläche wegen ihrer Bedeutung für das Klima, die Reinhaltung der Luft, den Wasserhaushalt, die Bodenfruchtbarkeit, das Landschaftsbild und die Erholung der Bevölkerung (Wohlfahrtswirkungen) sowie wegen ihres wirtschaftlichen Nutzens, insbesondere der Erzeugung des auch in Zu-

kunft dringend benötigten Rohstoffes Holz, erhalten und unter Wahrung der Nachhaltigkeit ordnungsmäßig bewirtschaftet werden. Die Forstwirtschaft soll dementsprechend gefördert und durch Maßnahmen der Strukturverbesserung gestärkt werden (§ 10 LFoG).

Für die gesamte Waldfläche, d h für die Waldungen aller Besitzarten (Staatswald, Körperschaftswald und Privatwald) haben die Forstbehörden insbesondere durch forstliche Rahmenplanungen die Ordnung und Verbesserung der Forststruktur herbeizuführen (§ 7 Abs 1 BWaldG in Verbindung mit § 7 und § 8 LFoG), an allen raumwirksamen Planungen und Verfahren anderer Behörden mitzuwirken, soweit dabei Waldflächen betroffen werden (§ 8 BWaldG in Verbindung mit § 9 LFoG), forstfachliche Beiträge für die Landschaftspläne zu erarbeiten (§ 27 Abs 2 Landschaftsgesetz), die mit der Pflege und Gestaltung der Landschaft befaßten Behörden und Stellen fachlich zu beraten und zu unterstützen (§ 60 Abs 2 LFoG), die Einhaltung der in den Landschaftsplänen enthaltenen Festsetzungen für die forstliche Nutzung zu überwachen (§ 35 Abs 2 Landschaftsgesetz), die forstlichen Maßnahmen der Landschaftspläne durchzuführen (§ 36 Landschaftsgesetz), die Einhaltung aller den Wald betreffenden Rechtsvorschriften durch die Waldbesitzer zu überwachen (§ 60 Abs 2 LFoG), alle Ordnungswidrigkeiten, die den Wald betreffen, zu ahnden und zu verfolgen (§ 70 LFoG) sowie den Markt mit Rohholz und anderen Walderzeugnissen zu versorgen und sich um die ständige Weiterentwicklung der forstlichen Produktions- und Erntetechnik im organisatorischen, personellen und technischen Bereich zu bemühen.

Die Forstbehörden haben außerdem den rund 114 000 ha Waldfläche umfassenden Staatswald einschließlich der dazu gehörenden Jagd und Fischerei zu verwalten und zu bewirtschaften (Staatsforstbetrieb). Der Staatswald ist nach neuzeitlichen forstwirtschaftlichen Grundsätzen zu bewirtschaften (§ 31 LFoG). Dabei ist insbesondere die Ertragskraft des Waldes zu erhalten und die Nachhaltigkeit der Holznutzung zu wahren, der Wald vor Schäden zu bewahren, die Verwertung der Walderzeugnisse nach wirtschaftlichen Grundsätzen vorzunehmen, die Sicherung der Wohlfahrtswirkungen zu beachten und in besonderem Maße die Erholung der Bevölkerung zu ermöglichen. Der Staatsforstbetrieb besitzt einen Schätzwert von rund 1,3 Milliarden DM und hat einen Jahresumsatz von rund 75 Millionen DM. Die Jagd ist so durchzuführen, daß einerseits ein den landschaftlichen und landeskulturellen Verhältnissen angepaßter artenreicher und gesunder Wildbestand erhalten bleibt – dazu gehört auch die Pflege und Sicherung seiner Lebensgrundlagen – , andererseits jedoch Wildschäden möglichst vermieden werden (§ 1 Bundesjagdgesetz).

Der Körperschaftswald umfaßt Forstbetriebe unterschiedlicher Größe mit rd 19 % der Gesamtwaldfläche in Nordrhein-Westfalen. Die Städte, Gemeinden und andere Körperschaften des öffentlichen Rechts sind verpflichtet, ihren Wald mit eigenem forstlichen Fachpersonal nach den gleichen Grundsätzen zu bewirtschaften wie die Landesforsten (Betriebsplan oder -gutachten, Wirtschaftsplan) oder durch die Forstbehörde bewirtschaften zu lassen (§§ 32-37 LFoG).

Der Gemeinschaftswald (gebundener Privatwald) umfaßt etwa 41 000 ha Waldfläche mit rund 18 000 Anteilseignern, die zu Waldgenossenschaften zusammengeschlossen sind. Diese der Aufsicht der Forstbehörden unterstehenden Waldgenossenschaften sind verpflichtet, ihren Wald mit eigenem forstlichen Fachpersonal nach forstwirtschaftlichen Grundsätzen (Betriebsplan oder -gutachten, Wirtschaftsplan) zu bewirtschaften oder durch die Forstbehörde bewirtschaften zu lassen (§§ 21-25 Gemeinschaftswaldgesetz).

Der Privatwald (einschließlich Gemeinschaftswald) umfaßt rund 66 % der Gesamtwaldfläche in Nordrhein-Westfalen. Die Zahl der größeren und mittleren Privatforstbetriebe mit eigener Forstverwaltung bzw eigenem forstlichen Fachpersonal ist jedoch gering. Mehr als 90 % aller privaten Forstbetriebe gehören zum Klein- und Kleinstprivatwald mit weniger als 5 ha Waldfläche. Zur Verbesserung der Bewirtschaftung sind im ungebundenen Privatwald rund 250 forstwirtschaftliche Zusammenschlüsse mit rund 29 000 Mitgliedern und rund 220 500 ha Waldfläche gebildet und von den Forstbehörden als förderungswürdig anerkannt worden (§§ 15-39 BWaldG). Es ist Aufgabe der Forstbehörden, diese Zusammenschlüsse – aber auch die übrigen Waldbesitzer zu betreuen, d h durch Rat und Anleitung (kostenfrei) sowie durch tätige Mithilfe (gegen Entgelt) bei der Bewirtschaftung ihres Waldes zu unterstützen und ihnen dazu staatliche Zuwendungen der forstlichen Förderungsprogramme zur Verfügung zu stellen (§ 41 Abs 5 BWaldG, § 60 Abs 1 LFoG).

Landschaftsgestaltung und Landschaftspflege

Angesichts der erheblichen Bedeutung des Waldes für den Umweltschutz und die Erholung der Bevölkerung hat das Landesforstgesetz den Forstbehörden wichtige Aufgaben auf dem Gebiete der Landschaftsgestaltung und Landschaftspflege übertragen.

Die Forstbehörden sollen aufgrund ihrer Sachkunde die Gemeinden und Gemeindeverbände, die Ämter für Agrarordnung sowie die übrigen mit der Pflege und der Gestaltung der Landschaft befaßten Stellen und Behörden in Fragen der Landschaftsgestaltung und Landschaftspflege beraten und tatkräftig unterstützen.

Die Vorschrift beschränkt sich nicht auf Waldflächen im Sinne von § 2 Bundeswaldgesetz und § 1 Landesforstgesetz. Sie gilt auch für die sonstigen Bereiche der Landschaftsgestaltung und Landschaftspflege, auf die sich die besondere Sachkunde der Forstbehörden erstreckt.

Wünschen der betreffenden Behörden und Stellen nach entsprechender Beratung und Unterstützung ist nachzukommen. Die Gemeinden und Gemeindeverbände sind insbesondere bei der Bauleitplanung zu beraten. Ungeachtet der formellen Beteiligung aufgrund des Baugesetzbuchs haben die Forstbehörden auf Wunsch der zuständigen Stellen Beiträge zu erarbeiten und zur Verfügung zu stellen, in denen Aussagen über die schützenden und sonstigen landespflegerischen Funktionen der einzelnen Waldflächen sowie Hinweise auf die aus forstfachlicher Sicht für erforderlich gehaltenen Maßnahmen der Landschaftspflege enthalten sind.

Nähere Angaben hierzu siehe unter Direktoren der Landwirtschaftskammern Rheinland und Westfalen-Lippe als Landesbeauftragte auf den Seiten 153 und 159.

8 Domänenverwaltung

Der Flächenumfang des Domänenbesitzes beträgt insgesamt 1,9063 ha. Das Hotel-Restaurant „Drachenfels" im Naturschutzgebiet Siebengebirge wird durch den Regierungspräsidenten Köln verwaltet. Die Domäne ist verpachtet.
Der Flächenumfang der landeseigenen Naturschutzgrundstücke beträgt ca 8000 ha. Sie dienen Zwecken der Landschaftspflege und des Naturschutzes.

9 Staatliche Veterinäruntersuchungsämter

Staatsrechtliche Grundlage und Aufgabenkreis:
Runderlaß des Ministeriums für Umwelt, Raumordnung und Landwirtschaft vom 15. Oktober 1987
– I B 3 – 3.303 (MBl NW 1987, S 1718).
Tierseuchengesetz (TierSG) in der Fassung der Bekanntmachung vom 29. Januar 1993 (BGBl I S 116);
Ausführungsgesetz zum Tierseuchengesetz (AG-TierSG-NW) in der Fassung der Bekanntmachung vom 29. November 1984 (GV NW S 754), geändert durch Gesetz vom 6. Oktober 1987 (GV NW S 342), – SGV NW 7831 – in Verbindung mit den nach § 28 AGTierSG-NW erlassenen Verwaltungsvorschriften;
Durchführungsverordnung zum Ausführungsgesetz zum Tierseuchengesetz (DVO-AGTierSG-NW) vom 3. Juli 1986 (GV NW S 545), geändert durch Verordnung vom 27. April 1990 (GV NW S 279);
weitere auf Grund des Tierseuchengesetzes erlassene Rechts- und Verwaltungsvorschriften.
Gesetz zur Bekämpfung der Dasselfliege vom 28. April 1967 (BGBl I S 507), geändert durch Gesetz vom 18. Februar 1986 (BGBl I S 265), und hierzu erlassene Rechts- und Verwaltungsvorschriften.
Gesetz über die Beseitigung von Tierkörpern, Tierkörperteilen und tierischen Erzeugnissen (Tierkör-

perbeseitigungsgesetz – TierKBG) vom 2. September 1975 (BGBl I S 2313);
Gesetz zur Ausführung des Gesetzes über die Beseitigung von Tierkörpern, Tierkörperteilen und tierischen Erzeugnissen – Landestierkörperbeseitigungsgesetz (LTierKBG) vom 15. Juli 1976 (GV NW S 267), zuletzt geändert durch Gesetz vom 18. Mai 1982 (GV NW S 248), – SGV NW 7831 –;
weitere auf Grund des Tierkörperbeseitigungsgesetzes erlassene Vorschriften.
Tierschutzgesetz vom 24. Juli 1972 (BGBl I S 1277) in der Fassung der Bekanntmachung vom 17. Februar 1993 (BGBl I S 254).
Gesetz über den Verkehr mit Lebensmitteln, Tabakerzeugnissen, kosmetischen Mitteln und sonstigen Bedarfsgegenständen (Lebensmittel- und Bedarfsgegenständegesetz) vom 15. August 1974 (BGBl I S 1946), zuletzt geändert durch Gesetz vom 18. Dezember 1992 (BGBl I S 2022/2038);
Gesetz über den Vollzug des Lebensmittel- und Bedarfsgegenständerechts (LMBVG-NW) vom 19. März 1985 (GV NW S 259);
auf Grund des Lebensmittel- und Bedarfsgegenständegesetzes und des Gesetzes über den Vollzug des Lebensmittel- und Bedarfsgegenständegesetzes erlassene Rechts- und Verwaltungsvorschriften.
Gesetz über Milch, Milcherzeugnisse, Margarineerzeugnisse und ähnliche Erzeugnisse (Milch- und Margarinegesetz) vom 25. Juli 1990 (BGBl I S 1471);
weitere auf Grund des Milchgesetzes erlassene Rechts- und Verwaltungsvorschriften.
Fleischhygienegesetz (FlHG) in der Fassung der Bekanntmachung vom 24. Februar 1987 (BGBl I S 649), zuletzt geändert durch Gesetz vom 20. Dezember 1993 (BGBl I S 2170);
Verordnung über die hygienischen Anforderungen und amtlichen Untersuchungen beim Verkehr mit Fleisch (Fleischhygiene-Verordnung – FIHV) vom 30. Oktober 1986 (BGBl I S 1678), zuletzt geändert durch Verordnung vom 7. November 1991 (BGBl I S 2066);
weitere auf Grund des Fleischhygienegesetzes erlassene Rechts- und Verwaltungsvorschriften.
Geflügelfleischhygienegesetz – GFlHG – in der Fassung der Bekanntmachung vom 15. Juli 1982 (BGBl I S 993), zuletzt geändert durch Gesetz vom 20. Dezember 1993 (BGBl I S 2170);
Verordnung über die amtlichen Untersuchungen des Schlachtgeflügels und des Geflügelfleisches (Geflügelfleischuntersuchungs-Verordnung – GFlUV) in der Fassung der Bekanntmachung vom 3. November 1976 (BGBl I S 3077), zuletzt geändert durch Verordnung vom 4. Mai 1983 (BGBl I S 557);
weitere auf Grund des Geflügelfleischhygienegesetzes erlassene Rechts- und Verwaltungsvorschriften.
Heilberufsgesetz (HeilBerG) für das Land Nordrhein-Westfalen in der Fassung der Bekanntmachung vom 9. März 1989 (GV NW S 170), geändert durch Gesetz vom 14. Dezember 1989 (GV NW S 678) – SGV NW 2122 –.

Verordnung über die Ausbildung und Prüfung für die Laufbahn des tierärztlichen Dienstes in der Veterinärverwaltung im Lande Nordrhein-Westfalen (VAPVet) vom 25. April 1986 (GV NW S 367), geändert durch Verordnung vom 31. Mai 1990 (GV NW S 293) – SGV NW 203016 –, Strahlenschutzvorsorgegesetz vom 19. Dezember 1986 (BGBl I S 2610).

Die Staatlichen Veterinäruntersuchungsämter in Arnsberg, Detmold und Krefeld sowie das Chemische Landesuntersuchungsamt/Staatliches Veterinäruntersuchungsamt in Münster sind Einrichtungen des Landes Nordrhein-Westfalen im Geschäftsbereich des Ministeriums für Umwelt, Raumordnung und Landwirtschaft. Sie unterstehen der Dienst- und Fachaufsicht der Bezirksregierungen, in deren Bezirk sie liegen. Soweit das Ministerium keine abweichende Regelung für einzelne Untersuchungsaufgaben trifft oder zuläßt, erstreckt sich der Einzugsbereich eines Staatlichen Veterinäruntersuchungsamtes auf den Bezirk der Aufsichtsbehörde, der Einzugsbereich des Staatlichen Veterinäruntersuchungsamtes in Krefeld erstreckt sich auch auf den Bezirk der Bezirksregierung in Köln.

Das Staatliche Veterinäruntersuchungsamt Detmold ist amtliche Radioaktivitätsmeßstelle für den Regierungsbezirk Detmold.

Den Staatlichen Veterinäruntersuchungsämtern obliegen auf dem Gebiet der Veterinärmedizin Laboratoriumsuntersuchungen, die spezielle Fachkenntnisse voraussetzen oder für die besondere technische Geräte und Einrichtungen erforderlich sind, sowie Begutachtungen, Beratungen und Fortbildungsmaßnahmen. Sie wenden die vorgeschriebenen oder wissenschaftlich anerkannten Untersuchungsverfahren an.

Im einzelnen obliegen den Staatlichen Veterinäruntersuchungsämtern folgende Dienstaufgaben:
Untersuchungen zur Ermittlung und Bekämpfung von ansteckenden Krankheiten der Tiere einschließlich der von Tieren auf Menschen und von Menschen auf Tiere übertragbaren Krankheiten;
im öffentlichen Interesse liegende Untersuchungen, die dazu dienen, insbesondere bei nutzbaren Tieren die Gesundheit zu fördern sowie Schäden und Tierverluste zu vermeiden; von einem öffentlichen Interesse ist insbesondere regelmäßig auszugehen, wenn ein Amtstierarzt den Untersuchungsauftrag erteilt;
Untersuchungen von Lebensmitteln und Erzeugnissen tierischer Herkunft im Rahmen der amtlichen Lebensmittelüberwachung und auf Grund von Verbraucherbeschwerden, um den Verbraucher vor Gefahren und Schädigungen zu schützen und auf eine Steigerung der Güte von Lebensmitteln tierischer Herkunft hinzuwirken;
Untersuchungen im Rahmen des Fleisch- und Geflügelfleischhygienerechts;
Probeentnahmen, örtliche Besichtigungen und fachliche Beratungen, die sich als notwendig erweisen, nach Absprache mit der zuständigen Behörde oder Aufsichtsbehörde;

Vertretung und Erläuterung von Untersuchungsergebnissen vor Gerichten;
Mitwirkung bei der im Staatlichen Veterinäruntersuchungsamt durchgeführten Ausbildung von Studenten der Veterinärmedizin und der Ausbildung und Fortbildung von Tierärzten, insbesondere der Weiterbildung zum Fachtierarzt und der Ausbildung von Tierärzten im Rahmen der bakteriologischen Fleischuntersuchung; Mitwirkung bei der Ausbildung von Veterinärreferendaren; Mitwirkung bei der Ausbildung von Lebensmittelkontrolleuren und anderen Personen in technischen Berufen der Veterinärmedizin und der Naturwissenschaften im Staatlichen Veterinäruntersuchungsamt (dies gilt nicht für die Ausbildung an der Lehranstalt für veterinärmedizinisch-technische Assistenten).

Nähere Angaben hierzu siehe unter „Bezirksregierungen" auf den Seiten 40, 43 und 47, die die Dienst- und Fachaufsicht ausüben.

10 Chemisches Landesuntersuchungsamt Nordrhein-Westfalen/ Staatliches Veterinäruntersuchungsamt

48151 Münster, Sperlichstr 19; F (02 51) 9 82 12 00; Telefax (02 51) 9 82 12 50

Staatsrechtliche Grundlage und Aufgabenkreis:
Bekanntmachung des Ministers für Umwelt, Raumordnung und Landwirtschaft vom 14. März 1990 – I B 3 – 01.16 (MinBl NW 1990 S 478).

Das Chemische Landesuntersuchungsamt ist eine Einrichtung des Landes Nordrhein-Westfalen im Sinne des § 14 des Landesorganisationsgesetzes vom 10. Juli 1962 (GV NW S 421), zuletzt geändert durch Gesetz vom 14. Dezember 1989 (GV NW S 678), – SGV NW 2005 – im Geschäftsbereich des Ministers für Umwelt, Raumordnung und Landwirtschaft (Minister). Es untersteht der Dienstaufsicht der Bezirksregierung Münster. Die Fachaufsicht liegt beim Minister für Umwelt, Raumordnung und Landwirtschaft, dem Minister für Arbeit, Gesundheit und Soziales und dem Minister für Wirtschaft, Mittelstand und Technologie.

Das Chemische Landesuntersuchungsamt Nordrhein-Westfalen in Münster führt Untersuchungen von Lebensmitteln, Tabakerzeugnissen, kosmetischen Mitteln, Bedarfsgegenständen, Erzeugnissen der Weinwirtschaft sowie Arzneimitteln durch und begutachtet solche Erzeugnisse. Auf der Basis dieser Tätigkeit werden im Auftrag des Landes Entwicklungsarbeiten auf dem Gebiet der Lebensmittelanalytik durchgeführt, deren Ergebnisse allen einschlägigen Stellen in Nordrhein-Westfalen zugute kommen. Diese Tätigkeiten werden auch zur Ausbildung von Praktikanten der Lebensmittelchemie, von Regierungsmedizinalpraktikanten, von Lebensmittelkontrolleuren und von Chemielaboranten genutzt. Es ist außerdem amtliche Radioaktivitätsmeßstelle für den Regierungsbezirk Münster.

Im einzelnen obliegen dem Chemischen Landesuntersuchungsamt insbesondere folgende Aufgaben:

1. Im Geschäftsbereich des Ministeriums für Umwelt, Raumordnung und Landwirtschaft:
Untersuchung und Beurteilung von Lebensmitteln, einschließlich Wein, Tabakerzeugnissen, kosmetischen Mitteln und Bedarfsgegenständen sowie von Pflanzen und Pflanzenteilen nach den Vorschriften des Lebensmittel- und Bedarfsgegenständerechts sowie des Weinrechts;

Amtliche Untersuchung (Erst- und Zweitgutachten) von Wein und Weinerzeugnissen im Rahmen der Zulassung zum Verbringen ins Inland (§ 6 Abs 4 der Wein-Überwachungs-Verordnung);

Überwachung der Radioaktivität in der Umwelt nach dem Strahlenschutzvorsorgegesetz, amtliche Meßstelle im Bereich des Regierungsbezirks Münster;

Untersuchung und Begutachtung von Tier-Arzneimitteln, als Arzneimittel geltenden Erzeugnissen und Medicalprodukten für Tiere sowie Verpackungsmaterialien der Tier-Arzneimittel und Medicalprodukte für Tiere (Arzneimittelgesetz);

Untersuchung und Beurteilung von Futtermitteln auf futtermittelrechtlich nicht zugelassene Arzneistoffe (Futtermittelgesetz);

Probeentnahmen und örtliche Besichtigungen, die sich im Zusammenhang mit Untersuchungen in besonderen Fällen als notwendig erweisen, nach Absprache mit der zuständigen Behörde oder Aufsichtsbehörde;

Vertretung und Erläuterung der Ergebnisse von Untersuchungen vor Gerichten;

Entgegennahme von Meldungen über für den Export bestimmte Lebensmittel, die nicht den in der Bundesrepublik Deutschland geltenden Vorschriften entsprechen (§ 50 des Lebensmittel- und Bedarfsgegenständegesetzes – LMBG);

Anlaufstelle für die zuständige Behörde für die Übermittlung sowie die Entgegennahme von Durchschriften der Begleitdokumente (Art 12 Unterabs 2 der Verordnung (EWG) Nr 986/89);

Herabstufung und Mitteilung über die Herabstufung eines Qualitätsweins b A (Art 2 Abs 1 bzw 3 der Verordnung (EWG) Nr 460/79;

Genehmigung, die Verarbeitung von Weintrauben zu Traubenmost und des Traubenmostes zu Wein auch außerhalb des bestimmten Anbaugebietes vorzunehmen, in dem die Weintrauben geerntet worden sind (§ 5 Abs 1 des Weingesetzes – WeinG –);

Entgegennahme von Meldungen über zum Verbringen aus dem Inland bestimmte Erzeugnisse, die mit im Inland unzulässigen Bezeichnungen, sonstigen Angaben oder Aufmachungen versehen sind (§ 52 Abs 5 WeinG);

Durchführung des Prüfungsverfahrens und Zuteilung einer Prüfungsnummer für Qualitätsschaumweine einschließlich Untersuchung (§ 3 Abs 2, §§ 5 und 6 der Schaumwein-Branntwein-Verordnung);

Durchführung des Prüfungsverfahrens und Zuteilung einer Prüfungsnummer für Qualitätsbranntweine einschließlich Untersuchung (§§ 13 und 14 der Schaumwein-Branntwein-Verordnung);

Mitwirkung bei der Überwachung des Verkehrs mit Erzeugnissen der Weinwirtschaft und mit Spirituosen durch Wein und Spirituosenkontrolleure (§ 2 Abs 2 LMBVG-NW);

Zentrale Verwaltung der Zulassungsunterlagen sämtlicher Tierarzneimittel pharmazeutischer Unternehmen in Nordrhein-Westfalen;

Erarbeitung und Überprüfung von Analysemethoden;

Ausrichtung von Ringversuchen, Teilnahme an Ringversuchen;

Erfassung und Auswertung von Mitteilungen über die Durchführung der Lebensmittel- und Bedarfsgegenständeüberwachung einschließlich Weinüberwachung (§ 9 LMBVG-NW);

Untersuchungsstelle für Abwassereinleitungen (§ 60 LWG);

Statistik, Dokumentation, Information nach Weisung der Fachaufsichtsbehörde;

Ausbildung von Praktikanten der Lebensmittelchemie (§ 3 Abs 1 der Ausbildungs und Prüfungsordnung für Lebensmittelchemiker);

Fortbildung von Lebensmittelchemikern;

Mitwirkung bei der Ausbildung von Lebensmittelkontrolleuren (§ 1 Abs 1 Nr 3 der Ausbildungs- und Prüfungsordnung für Lebensmittelkontrolleure);

Mitwirkung bei der Fortbildung der Lebensmittelkontrolleure;

Mitwirkung bei der Fortbildung der Weinkontrolleure;

Ausbildung für den Beruf des Chemielaboranten;

2. Im Geschäftsbereich des Ministeriums für Arbeit, Gesundheit und Soziales:
Arzneimitteluntersuchungsstelle;

Untersuchung und Begutachtung von Human-Arzneimitteln, als Arzneimittel geltenden Erzeugnissen und Medicalprodukte sowie Verpackungsmaterialien der Human-Arzneimittel und Medicalprodukte (Arzneimittelgesetz);

Probeentnahmen und örtliche Besichtigung, die sich im Zusammenhang mit Untersuchungen in besonderen Fällen als notwendig erweisen, nach Absprache mit der zuständigen Behörde oder Aufsichtsbehörde;

Vertretung und Erläuterung der Ergebnisse von Untersuchungen vor Gerichten;

Zentrale Verwaltung der Zulassungsunterlagen sämtlicher Humanarzneimittel pharmazeutischer Unternehmen in Nordrhein-Westfalen;

Überprüfung und Begutachtung der in den Zulassungsunterlagen angegebenen firmeneigenen Analysemethoden für Fertigarzneimittel;

Statistik, Dokumentation, Information nach Weisung der Fachaufsichtsbehörde;

Untersuchung von Muttermilch auf Schadstoffe (z B Dioxine und andere chlorhaltige organische Verbindungen);

3. Im Geschäftsbereich des Ministeriums für Wirt-

schaft, Mittelstand und Technologie: Radioaktivitätsüberwachung von Lebensmitteln einschließlich Trinkwasser, Boden und Bewuchs in der Umgebung kerntechnischer Anlagen.

Leiter: Dr Axel Preuß LtdRChemDir
Stellvertreterin: Dr Mechthild Meyer RPharmaziedirektorin

11 Nordrhein-Westfälisches Landgestüt

– Deutsche Reitschule –
48231 Warendorf, Sassenberger Str 11; F (0 25 81) 35 05; Telefax (0 25 81) 63 28 45

Staatsrechtliche Grundlage und Aufgabenkreis:
Das Nordrhein-Westfälische Landgestüt Warendorf, eine Einrichtung des Landes im Sinne von § 14 Landesorganisationsgesetz (LOG) NW, hat die Aufgabe, den Pferdezüchtern des Landes gute, leistungsgeprüfte, den jeweiligen Anforderungen entsprechende Hengste zur Bedeckung ihrer Stuten zur Verfügung zu stellen. Die Deckstellen sind über das ganze Land verteilt. Eine Hengstleistungsprüfungsanstalt ist angegliedert. Seit 1980 besteht eine Besamungsstation für Pferde.
Die Deutsche Reitschule im Nordrhein-Westfälischen Landgestüt fördert den deutschen Reitsport überregional durch:
– Aus- und Fortbildung von Berufsreitern; Durchführung von Prüfungen für Pferdewirte (Bereiter FN, Reitlehrer FN, Reitmeister);
– Lehrgänge für qualifizierte Reiter als Vorbereitung für den Einsatz im nationalen Turniersport;
– Ausbildung und Prüfung von Amateurreitlehrern, Turnierrichtern und Parcoursgestaltern.

Leiter: Dr Gerd Lehmann Landstallmeister und Dir der Deutschen Reitschule

Der Rechtsaufsicht des Ministers für Umwelt, Raumordnung und Landwirtschaft unterstehen die nachfolgenden Körperschaften des öffentlichen Rechts:

12 Landwirtschaftskammern

– Körperschaften des öffentlichen Rechts –

Rechtsgrundlage und Aufgabenkreis:
Die Landwirtschaftskammern fördern und betreuen die Landwirtschaft und die Berufstätigen in der Landwirtschaft. Ihre Aufgaben ergeben sich im einzelnen aus § 2 des Gesetzes über die Errichtung von Landwirtschaftskammern im Lande Nordrhein-Westfalen vom 11. Februar 1949 (GS NW S 706), zuletzt geändert durch Gesetz vom 14. Juli 1992 (GV NW S 284) – SGV NW 780 – .
Die Landwirtschaftskammer hat hiernach insbesondere die Aufgabe,
– die Wirtschaftlichkeit und die Umweltverträglichkeit bei der landwirtschaftlichen Erzeugung durch geeignete Einrichtungen und Maßnahmen zu fördern und auf eine flächenbezogene und artgerechte Tierhaltung hinzuwirken;

– die nicht pflichtschulmäßige Aus- und Fortbildung sowie die praktische Berufsausbildung des landwirtschaftlichen Nachwuchses und die Wirtschaftsberatung durchzuführen;
– den Bau von Landarbeiterwohnungen zu fördern und für eine einwandfreie Unterbringung der Landarbeiter einzutreten;
– in Fragen der Bewirtschaftung, der Verwertung und der Regelung des Absatzes landwirtschaftlicher Erzeugnisse beratend mitzuwirken und das landwirtschaftliche Genossenschaftswesen zu fördern;
– die Behörden und Gerichte in Fragen der Landwirtschaft, vor allem durch die Erstattung von Gutachten und die Bestellung von Sachverständigen zu unterstützen;
– Richtlinien über das Sachverständigen- und Buchführungswesen herauszugeben;
– in rechtlichen Angelegenheiten der Landwirtschaft nach den besonderen gesetzlichen Vorschriften mitzuwirken, insbesondere Vorschläge zu machen und Beisitzer für die in Landwirtschaftssachen zuständigen Gerichte zu benennen;
– bei der Verwaltung und den Preisnotierungen der Produktenbörsen sowie der Märkte, insbesondere der Viehmärkte nach den für die Behörden und Märkte zu erlassenden Bestimmungen teilzunehmen.
Der Ministerium für Umwelt, Raumordnung und Landwirtschaft kann nach Maßgabe des Gesetzes über die Auflösung des Reichsnährstandes im Vereinigten Wirtschaftsgebiet vom 21. Januar 1948 im Einvernehmen mit dem Ausschuß für Landwirtschaft, Forsten und Naturschutz des Landtags der Landwirtschaftskammer weitere Aufgaben auch mit der Bestimmung übertragen, daß sie nach seinen Weisungen durchzuführen sind.
Die Landwirtschaftskammer hat das Recht, in allen die Landwirtschaft berührenden Angelegenheiten bei den Behörden Anträge zu stellen. Sie soll insbesondere bei der Vorberatung von gesetzlichen Vorschriften über Fragen der Landwirtschaft gehört werden.
Die Landwirtschaftskammer ist auskunftsberechtigte Stelle im Sinne der Verordnung über Auskunftspflicht vom 13. Juli 1923 (RGBl I S 723).
Die Direktoren der Landwirtschaftskammern als Landesbeauftragte sind zugleich Landesmittelbehörde und die Geschäftsführer der Kreisstellen der Landwirtschaftskammern als Landesbeauftragte im Kreise zugleich untere Landesbehörde (siehe weitere Angaben unter „Direktoren der Landwirtschaftskammern als Landesbeauftragte" auf den Seiten 153 und 159).

Landwirtschaftskammer Rheinland
– Körperschaft des öffentlichen Rechts –
53115 Bonn, Endenicher Allee 60; F (02 28) 70 30; Telefax (02 28) 70 34 98
Präsident der Landwirtschaftskammer: Wilhelm Lieven MdL

Kammerdirektor: Dr Gerhard Leßmann
Kammerbezirk: Nordrhein-Westfalen – Landesteil
Nordrhein

Landwirtschaftskammer Westfalen-Lippe
– Körperschaft des öffentlichen Rechts –
48143 Münster, Schorlemerstr 26; F (02 51) 59 90;
Telefax (02 51) 5 99-3 62
Präsident der Landwirtschaftskammer: Karl Meise
Kammerdirektor: Dr Wilhelm Diekmann
Kammerbezirk: Nordrhein-Westfalen – Landesteil
Westfalen einschließlich Lippe

13 Tierärztekammern

– Körperschaften des öffentlichen Rechts –

Tierärztekammer Nordrhein
47906 Kempen, St Töniser Str 15; F (0 21 52) 30 96;
Telefax (0 21 52) 51 76 22
Präsident der Tierärztekammer: Dr med vet Hans-
Joachim Bieniek
Geschäftsführer: Dipl-Betriebswirt Harald Fischer

Tierärztekammer Westfalen-Lippe
48151 Münster, Goebenstr 50; F (02 51) 52 63 67;
Telefax (02 51) 52 78 14
Präsident der Tierärztekammer: Dr Karl Boesing
Geschäftsführerin: Barbara Grothaus

14 Ruhrverband

– Körperschaft des öffentlichen Rechts –
45128 Essen, Kronprinzenstr 37; F (02 01) 1 78-1;
Telex 8 57 414 rvrtv d; Telefax (02 01) 17 84 08

Rechtsgrundlage und Aufgabenkreis:
Gegründet 1990 als Nachfolgeorganisation von
Ruhrverband und Ruhrtalsperrenverein (1913);
Gesetz zur Änderung wasserverbandsrechtlicher
Vorschriften für das Einzugsgebiet der Ruhr vom 7.
Februar 1990 (GV NW S 178).
Wassermengen- und Wassergütewirtschaft im Ein-
zugsgebiet der Ruhr.
Verbandsgebiet: Oberirdisches Einzugsgebiet der
Ruhr.
Mitglieder: Gewerbliche und industrielle Unterneh-
men, Gemeinden, Kreise und Wasserentnehmer.

Vorstandsvorsitzender: Dieter Bongert
Verbandsratsvorsitzender: Kurt Busch OStaDir

15 Emschergenossenschaft

– Körperschaft des öffentlichen Rechts –
45128 Essen, Kronprinzenstr 24; F (02 01) 1 04-1;
Telefax (02 01) 1 04-22 77

Aufgabenkreis:
Regelung der Vorflut und Abwässerreinigung im
Emschergebiet durch Herstellen, Unterhalten und
Betrieb der dazu erforderlichen Anlagen.

Vorsitzender des Genossenschaftsrates: Dr Hans
Wolfgang Arauner
Vorsitzender des Vorstandes: Dr jur Jochen Stem-
plewski

16 Lippeverband

– Körperschaft des öffentlichen Rechts –
44137 Dortmund, Königswall 29; F (02 31) 91 51-0;
Telefax (02 31) 91 51-2 77

Aufgabenkreis:
Regelung des Wasserabflusses einschließlich Ausgleich der Wasserführung und Sicherung des Hochwasserabflusses der oberirdischen Gewässer in deren Einzugsgebiet; Unterhaltung der Lippe und ihrer Nebenläufe, Rückführung ausgebauter oberirdischer Gewässer in einen naturnahen Zustand; Regelung des Grundwasserstandes; Abwasserbeseitigung; Entsorgung der bei der Durchführung der
Verbandsaufgaben anfallenden Abfälle.

Vorsitzender des Verbandsrates: Dr-Ing Klaus
Schucht
Vorsitzender des Vorstandes: Dr jur Jochen Stem-
plewski

17 Erftverband

– Körperschaft des öffentlichen Rechts –
50126 Bergheim, Paffendorfer Weg 42; F (0 22 71)
88-0; Telefax (0 22 71) 88-2 10

Aufgabenkreis:
Innerhalb seines Verbandsgebietes hat der Erftver-
band gemäß Erftverbandsgesetz folgende Aufgaben:
– Erforschung und Beobachtung der wasserwirtschaftlichen Verhältnisse im Zusammenhang mit
  dem Braunkohlenabbau.
– Regelung des Wasserabflusses einschließlich
  Ausgleich der Wasserführung und Sicherung des
  Hochwasserabflusses der oberirdischen Gewäs-
  ser oder Gewässerabschnitte und in deren Ein-
  zugsgebieten.
– Unterhaltung oberirdischer Gewässer oder Ge-
  wässerabschnitte und der mit ihnen in funktionel-
  lem Zusammenhang stehenden Anlagen.
– Rückführung ausgebauter oberirdischer Gewässer in einen naturnahen Zustand.
– Regelung des Grundwasserstandes.
– Vermeidung, Minderung, Beseitigung und Aus-
  gleich ökologischer, durch Einwirkungen auf den
  Grundwasserstand, insbesondere durch den
  Braunkohlenabbau hervorgerufener oder zu erwartender nachteiliger Veränderungen.
– Beschaffung und Bereitstellung von Wasser zur
  Sicherung der gegenwärtigen und künftigen Ver-
  sorgung der Bevölkerung und der Wirtschaft so-
  wie Förderung von Maßnahmen zur Minderung
  des Wasserverbrauchs.
– Abwasserbeseitigung.
– Entsorgung der bei der Durchführung der Verbandsaufgaben anfallenden Abfälle.

- Vermeidung, Minderung, Beseitigung und Ausgleich eingetretener oder zu erwartender, auf Abwassereinleitungen oder sonstige Ursachen zurückzuführender nachteiliger Veränderungen des oberirdischen Gewässers.
- Ermittlungen der wasserwirtschaftlichen Verhältnisse, soweit es die Verbandsaufgaben erfordern.

Außerhalb des Verbandsgebietes hat der Verband in der Venloer Scholle, der Rurscholle und der Erftscholle sowie in der linken Rheintalscholle von der nördlichen Stadtgrenze Bonn bis zur Erftmündung und darüber hinaus zwischen Nordkanal, der Grenze des Kreises Viersen und Neuer Niers (Tätigkeitsbereich) die Aufgaben vorgenannter Art. Wenn es das öffentliche Interesse erfordert, kann der Verband die genannten Aufgaben auch außerhalb dieser Bereiche in den Grenzen des Braunkohlenplangebietes durchführen.

Vorsitzender: Hans Gottfried Bernrath
Geschäftsführer: Jens-Christian Rothe

IX Finanzministerium
des Landes Nordrhein-Westfalen

40479 Düsseldorf, Jägerhofstr 6; F (02 11) 49 72-0; Telefax (02 11) 49 72 - 27 50

Aufgabenkreis:
Allgemeine Finanzfragen, Haushalts-, Kassen- und Rechnungswesen des Landes, Finanzausgleich mit Bund und Ländern, Kommunalfinanzen einschließlich kommunaler Finanzausgleich zusammen mit dem Innenminister, Börsen-, Wertpapier- und Versicherungswesen, Aufsicht über Sparkassen und Sparkassenverbände, Besoldungs-, Versorgungs- und Tarifrecht des öffentlichen Dienstes, Landessteuerverwaltung, Steuerberatende Berufe, Vermögens- und Schuldenverwaltung soweit sie nicht anderen Ministern zugewiesen ist, Verteidigungslastenverwaltung, Lastenausgleichsverwaltung.
Der Finanzminister bedient sich zur Durchführung seiner Aufgaben, soweit sie nicht im Ministerium unmittelbar bearbeitet werden, der nachgeordneten Behörden und Einrichtungen. Außerdem werden in der Lastenausgleichsverwaltung Aufgaben des Finanzministeriums (Landesausgleichsamt) von Außenstellen des Landesausgleichsamtes wahrgenommen, die bei den Regierungspräsidenten gebildet sind.

Publikationsorgan: Ministerialblatt für das Land Nordrhein-Westfalen

Finanzminister: Heinz Schleußer
Staatssekretär: Dr Bentele

Dem Minister unmittelbar unterstellt:

Persönlicher Referent Krähmer VwAng
Presse- und Öffentlichkeitsarbeit Hoffmann VwAngestellte
Kabinett-, Landtags- und Bundesratsangelegenheiten Marienfeld MinRätin

Dem Staatssekretär unmittelbar unterstellt:

Gleichstellungsbeauftragte Nagel RDirektorin
Arbeitsstab Aufgabenkritik Kalenberg MinDirig

Abt 1 Haushalt, Finanzplanung, Kassen- und Rechnungswesen, Europäische Union
Leiter: Dr Berg MinDirig

Gruppe A Finanzpolitische und volkswirtschaftliche Grundlagen der Ressortarbeit, kommunale Angelegenheiten, Finanzplanung, Steuerschätzungen, EU-Angelegenheiten, Kreditfinanzierung des Landeshaushalts
Leiter: Steller LtdMinR

Ref I A 1: **Grundsatzfragen der Finanz-, Haushalts- und Wirtschaftspolitik** Steller LtdMinR
Ref I A 2: **Finanzplanung, Finanzplanungsrat, Steuerschätzungen, Maßnahmen der Konjunktursteuerung, Finanzstatistik** Paulus MinR
Ref I A 3: **Kommunale Angelegenheiten, Finanz- und Lastenausgleich mit den Gemeinden, Kommunales Haushalts- und Abgabenrecht** Krähmer VwAng

Ref I A 4: **Kreditfinanzierung des Landeshaushalts** Helms RDir
Ref I A 5: **EU-Angelegenheiten, Interministerieller Ausschuß für Europapolitik** Kurz MinR

Gruppe I B Landeshaushalt (Einzelpläne 01 bis 04, 07 bis 10, 13 bis 15)
Leiter: Hagemann LtdMinR

Ref I B 1: **Einzelplan 02 – Ministerpräsident, Einzelplan 14 – Ministerium für Bauen und Wohnen** Dr Hagemann LtdMinR
Ref I B 2: **Einzelplan 08 – Ministerium für Wirtschaft, Mittelstand und Technologie, Einzelplan 15 – Ministerium für Stadtentwicklung und Verkehr, Strukturförderung** Dr Koschik MinR
Ref I B 3: **Einzelplan 07 – Ministerium für Arbeit, Gesundheit und Soziales, Einzelplan 09 – Ministerium für Bundesangelegenheiten, Koordinierung von Angelegenheiten des Umweltschutzes** Stolz MinR
Ref I B 4: **Einzelplan 04 – Justizministerium, Einzelplan 10 – Ministerium für Umwelt, Raumordnung und Landwirtschaft** Dr von Ingersleben MinR
Ref I B 5: **Einzelplan 01 – Landtag, Einzelplan 03 – Innenministerium, Einzelplan 13 – Landesrechnungshof** Dr Lüneborg MinR

Gruppe I C Landeshaushalt (Einzelpläne 05, 06 und 11), überregionale Finanzbeziehungen im Bildungs- und Wissenschaftsbereich, Bildungsplanung und Bildungsfinanzierung, Koordination des Strukturhilfegesetzes
Leiter: Will LtdMinR

Ref I C 1: **Einzelplan 06 – Kapitel 06010, 06021, 06022, 06023, 06110, Bildungsplanung und Bildungsfinanzierung** Will LtdMinR
Ref I C 2: **Einzelplan 06 – Kapitel 06020 Titelgruppe 93, 06111 bis 06510** Rubin MinR
Ref I C 3: **Einzelplan 05 (ohne Kapitel 05030, 05050 und 05300 Titel 68130)** Schmiking MinR
Ref I C 4: **Einzelplan 05 – Kapitel 05030 und 05050, 05300 Titel 68130, Einzelplan 06 – Kapitel 06020, 06030, 06085, überregionale Finanzbeziehungen im Bildungs- und Wissenschaftsbereich** Mansdorf MinRätin
Ref I C 5: **Koordination des Strukturhilfegesetzes, Einzelplan 06 – Kapitel 06520 bis 06580, 06670 bis 06830, Einzelplan 11 – Ministerium für die Gleichstellung von Frau und Mann** Dietrich MinR

Gruppe I D Landeshaushalt (Einzelpläne 12 und 20), Generalreferat des Landeshaushalts, Haushaltsplanung, Haushaltsvollzug, Zuwendungen, Kassen-, Rechnungs und Rechnungsprüfungswesen, Haushalts- und Kreditcontrolling
Leiter: Dr Schneider LtdMinR

Ref I D 1: **Generalreferat des Landeshaushalts, Mitwirkung bei der Finanzplanung, Haushaltsabschluß, Haushaltsrechnung** Dr Schneider LtdMinR
Ref I D 2: **Haushaltsplanung, Haushaltsvollzug, Zuwendungen, Einzelplan 12 – Finanzministerium, 20 – Allgemeine Finanzverwaltung** NN

Ref I D 3: **Allgemeine Angelegenheiten des Kassen-, Rechnungs- und Rechnungsprüfungswesens des Landes und der Gemeinden, Vorprüfungsstelle der Landesregierung** Theißen MinR

Ref I D 4: **Grundsatzfragen des Personalhaushalts** Dr Wild MinR

Ref I D 5: **Haushaltsrecht, Verwaltungsvorschriften zur Landeshaushaltsordnung** Dahnz MinR

Ref I D 6: **Haushalts- und Kreditcontrolling** Goetting MinR

Dem Abteilungsleiter unmittelbar unterstellt:

Landeshauptkasse
Leiter: Raunig RDir

Abt II Personal-, Organisations- und Haushaltsangelegenheiten des Finanzministeriums, des Landesamts für Besoldung und Versorgung und der nachgeordneten Dienststellen der Steuerverwaltung
Leiter: Jeske MinDirig

Gruppe II A Personalangelegenheiten, Schulungs- und Prüfungswesen, Disziplinarsachen, Personalvertretung und Verbände, Frauenförderung
Leiter: Stadermann LtdMinR

Ref II A 1: **Beurteilungs- und Beförderungswesen, Angelegenheiten der Personalvertretungen und der Verbände, allgemeine Angelegenheiten des Schwerbehindertenrechts (Beamte), Gleichstellungsbeauftragte** Stadermann LtdMinR

Ref II A 2: **Allgemeine Angelegenheiten des Beamtenrechts, Personalien der Beamten des Finanzministeriums und der nachgeordneten Dienststellen** Spies MinR

Ref II A 3: **Allgemeine Angelegenheiten des Angestellten- und Arbeiterrechts, Personalien der Angestellten und Arbeiter des Finanzministeriums und der nachgeordneten Dienststellen, Vergütung und Entlohnung, Ordensangelegenheiten** Strutz MinR

Ref II A 4: **Ausbildung und Fortbildung, Prüfungswesen, Laufbahnverordnung, Disziplinar- und Gnadensachen, Dienstaufsichtsbeschwerden und Rechtsstreitigkeiten in Personalangelegenheiten der Beamten** Rehse MinR

Gruppe II B Automation, Kassen- und Rechnungswesen der Landesfinanzverwaltung
Leiter: Dr Handrock LtdMinR

Ref II B 1: **Grundsatzfragen der Automation und Systemplanung, Datenfernverarbeitung, Fachaufsicht über das Rechenzentrum der Finanzverwaltung, Büroautomation** Dr Handrock LtdMinR

Ref II B 2: **Automation der Steuerfestsetzung** Klink MinR

Ref II B 3: **Kassen- und Rechnungswesen, Automation der Steuererhebung, des Haushalts-, Kassen- und Rechnungswesen** Frost MinR

Ref II B 4: **Marktbeobachtung und Beschaffung, Kommunikationssysteme, Automation des Beschaffungswesens** Nathaus MinR

Gruppe II C Organisation des Finanzministeriums, des Landesamts für Besoldung und Versorgung und der nachgeordneten Dienststellen, der Steuerverwaltung, Geheimschutz, Beschaffungswesen, Innerer Dienst
Leiter: Dr Kettling LtdMinR

Ref II C 1: **Organisationsreferent gemäß § 15 GGO, Grundsatzfragen der Organisation** Kettling LtdMinR

Ref II C 2: **Organisation der Steuerverwaltung** Bleker MinR

Ref II C 3: **Organisation des Landesamts für Besoldung und Versorgung und der Bildungseinrichtungen, Zivile Verteidigung, Geheimschutz, Vorschlagwesen** MinR

Ref II C 4: **Organisationsuntersuchungen, Organisation des Rechenzentrums, Textverarbeitung** Dr Stein MinR

Ref II C 5: **Zentrale Informationsstelle der Landesverwaltung für Beschaffungsfragen, Zentrale Beschaffung für die Landesfinanzverwaltung** Meyer VwAng

Innerer Dienst Quente RDir

Bibliothek Jansen OAR

Fremdsprachendienst der Landesregierung Bidegaray VwAngestellte

Gruppe II D Koordinierung der Beziehungen zu den neuen Bundesländern, Haushalt Einzelplan 12, Verwaltung der Liegenschaften der Landesfinanzverwaltung, Besoldungs- und Versorgungsangelegenheiten
Leiter: Nordmann LtdMinR

Ref II D 1: **Koordinierung der Beziehungen zu den fünf neuen Bundesländern, insbesondere zu Brandenburg** Nordmann LtdMinR

Ref II D 2: **Besoldungsangelegenheiten, Versorgungsangelegenheiten einschließlich G 131, Besoldungsnebengebiete, Wohnungsfürsorge** Möhrke MinR

Ref II D 3: **Haushalt Einzelplan 12** Hollender MinR

Ref II D 4: **Verwaltung der Liegenschaften, Bauvorhaben (Haushalt) des Einzelplan 12, Kraftfahrzeugangelegenheiten** Simon MinR

Abt III Vermögens- und Schuldenverwaltung, Bürgschaften, Garantien, Beteiligungen, Geld- und Kapitalverkehr, Sparkassen und Sparkassenverbände, Versicherungswesen, Liegenschaftsverwaltung, Justitiariat, Landesausgleichsamt, Verteidigungslastenverwaltung
Leiter: Dr Oerter MinDirig

Gruppe III A Vermögensverwaltung, Beteiligungen, Bürgschaften, Garantien, Liegenschaften
Leiter: Arling LtdMinR

Ref III A 1: **Grundsatzfragen der Beteiligungen und des Bürgschaftswesens, Nordwest-Lotto, Nordwestdeutsche Klassenlotterie, Spielbanken** Arling LtdMinR

Ref III A 2: **Beteiligungen des Landes (ohne Westdeutsche Landesbank), Bürgschaften bei freien Berufen und der Land- und Forstwirtschaft, Grundsatz-**

fragen der Vermögensverwaltung Tscheuschner MinR

Ref III A 3: Bürgschaften und Garantien, regionale Wirtschaftsförderung, Arbeitsplatzsicherung, Immissionsschutzförderung Jaeger MinR

Ref III A 4: Mittelstandsförderung, Rückbürgschaften des Landes und des Bundes, Bürgschaftsbank NRW, Exportgarantien Brinkmann MinR

Ref III A 5: Liegenschaftsverwaltung Hoffmann MinR

Gruppe III B Kredit-, Bank-, Börsen-, Wertpapier- und Versicherungswesen, Beteiligung der Westdeutschen Landesbank, Sparkassen und Sparkassenverbände, Justitiariat
Leiter: Kiesow LtdMinR

Ref III B 1: Grundsatzfragen der Finanzdienstleistungen, Aufsicht über die Sparkassenverbände Kiesow LtdMinR

Ref III B 2: Sparkassenaufsicht und Sparkassenrecht Dr Schmitt MinR

Ref III B 3: Beteiligung des Landes an der Westdeutschen Landesbank und allgemeine Landesbankangelegenheiten, Grundsatz- und Rechtsfragen der Spezialkreditinstitute und Kapitalanlagegesellschaften, Außenwirtschaftsrecht Dr Lahrmann MinR

Ref III B 4: Versicherungswesen Dr Schmitt MinR

Ref III B 5: Börsenaufsicht Ricken MinRätin

Ref III B 6: Justitiariat, Verfassungsrecht einschließlich Verfahren vor den Verfassungsgerichten, Regreß- und Schadenersatzansprüche Heilgenberg MinR

Gruppe III C Landesausgleichsamt, Schuldenverwaltung, Verteidigungslastenverwaltung
Leiter: Sievers LtdMinR

Ref III C 1: Grundsatzfragen, Teilgebiete und Haushaltsangelegenheiten des Lastenausgleichs Haß MinR

Ref III C 2: Organisation der Ausgleichsverwaltung, Statistik, Teilgebiete des Lastenausgleichs Pillokat MinR

Ref III C 3: Verteidigungslastenverwaltung, IMA Verteidigungsliegenschaften Dr Schwär MinR

Ref III C 4: Schuldenverwaltung (Landesschuldbuch), Fiskalische Erbschaften, Haushaltsangelegenheiten, Leiter des Landesausgleichsamtes Sievers LtdMinR

Abt IV Beamten-, Besoldungs-, Versorgungs- und Tarifrecht, Fachaufsicht über das Landesamt für Besoldung und Versorgung
Leiter: Lucas LtdMinR

Dem Abteilungsleiter unmittelbar unterstellt:

Ref IV 1: Arbeits- und Tarifrecht, Sozialversicherungsrecht, zusätzliche Alters- und Hinterbliebenenversorgung Gotsche LtdMinR

Gruppe IV A Besoldungsrecht und Recht der Nebenbezüge
Leiter: Dr Jockel MinR

Ref IV A 1: Allgemeine Besoldungspolitik, Ämterbewertung, Eingruppierung der Ämter im Bildungsbereich, Hochschullehrerbesoldung Dr Jockel MinR

Ref IV A 2: Besoldung der Landesbeamten, Rückforderung von Dienstbezügen, vermögenswirksame Leistungen Dr Peters MinR

Ref IV A 3: Besoldung der kommunalen Wahlbeamten, Aufwandsentschädigungen, Nebenbezüge, Anwärterbezüge, Kfz-Richtlinien und Kfz-Bestimmungen Hetman MinR

Ref IV A 4: Besoldungsnebengebiete, allgemeine soziale Fürsorge Schmidt MinR

Gruppe IV B Beamten- und Versorgungsrecht, Personalien
Leiter: Quabius LtdMinR

Ref IV B 1: Beamtenrechtsfragen und Personalien von besonderer Bedeutung, Beurlaubung nach der Sonderurlaubsverordnung Quabius LtdMinR

Ref IV B 2: Beamtenrecht, Disziplinarrecht, Personalvertretungsrecht Dr Piel MinR

Ref IV B 3: Personalien, Laufbahnverordnungen, Ausbildungs- und Prüfungsordnungen Lebro MinR

Ref IV B 4: Allgemeine Fragen des Versorgungsrechts, Versorgung nach dem Beamtenversorgungsgesetz und nach dem G 131, Versorgung nach dem Landesministergesetz, Versorgungshaushalt Pieper MinR

Abt V Steuern, Angelegenheiten der steuerberatenden Berufe
Leiter: Dr Wätzig LtdMinR

Gruppe V A Lastenausgleichsabgaben, Innenprüfung, Steuerfahndung, Steuerstrafrecht, Recht der Steuerberatung, Rechtshilfeverkehr, Verkehrsteuern, Erbschaftsteuer, Einheitsbewertung, Vermögensteuer, Grundsteuer, Zölle- und Verbrauchsteuern
Leiter: Dr Fuchs LtdMinR

Ref V A 1: Steuerfahndung, Steuerstrafrecht, Rechtshilfeverkehr, Kfz-Steuer, Zölle und Verbrauchsteuern, Einfuhrumsatzsteuer, Abschöpfungen, Lastenausgleichsabgaben, Innenprüfung Willemsen MinR

Ref V A 2: Verkehrsteuern, Erbschaftsteuer Dr Fuchs LtdMinR

Ref V A 3: Steuerberatungsrecht Foerster MinR

Ref V A 4: Einheitsbewertung, Vermögensteuer, Grundsteuer Busch MinR

Gruppe V B Steuern vom Einkommen und Ertrag
Leiter: NN

Ref V B 1: Teilgebiete der Einkommensteuer, Bilanzrecht, Umwandlungsrecht Schmitz MinR

Ref V B 2: Teilgebiete der Einkommensteuer Brandenberg MinR

Ref V B 3: Teilgebiete der Einkommensteuer, Lohnsteuer, Wohnungsbau-Prämiengesetz, Vermögensbildungsgesetz, Zerlegungsgesetz Dr Wolf MinR

Ref V B 4: Körperschaftsteuer, Gewerbesteuer Prof Dr Thiel MinR

Ref V B 5: Teilgebiete der Einkommensteuer, Grundsatzfragen des Ertragsteuerrechts, Erarbeitung von Steueränderungsvorschlägen NN
Ref V B 6: Teilgebiete der Einkommensteuer, Kirchensteuer NN

Gruppe V C Abgabenordnung, Betriebsprüfung, Außensteuerrecht, Umsatzsteuer
Leiter: Dr Wiechen LtdMinR

Ref V C 1: **Außensteuerrecht, Doppelbesteuerung, Steuerabzug vom Kapitalertrag** Grigat MinR
Ref V C 2: **Abgabenordnung, Mitwirkung bei der Automation, Umstellung des Besteuerungsverfahrens** Dr Leiber MinR
Ref V C 3: **Stundung, Erlaß und Niederschlagung von Steuern, Sonderabschreibungen, Beitreibung** Dr Neumann MinR
Ref V C 4: **Umsatzsteuer** Pich MinRätin
Ref V C 5: **Betriebsprüfung, Prüfungsbemerkungen der Rechnungshöfe** Dr Wiechen LtdMinR

Zum Geschäftsbereich des Finanzministers gehören:

Landesfinanzverwaltung Nordrhein-Westfalen

Oberfinanzdirektionen Düsseldorf, Köln und Münster (Landesmittelbehörden) sowie 147 Finanzämter (untere Landesbehörden)

Staatsrechtliche Grundlage, Gliederung und Aufgabenkreis:
Durch Artikel 108 des Grundgesetzes ist die Finanzverwaltung in eine Bundesfinanzverwaltung und in Finanzverwaltungen der einzelnen Länder aufgeteilt.
Die Zölle, die Finanzmonopole, die bundesgesetzlich geregelten Verbrauchsteuern einschließlich der Einfuhrumsatzsteuer und die Abgaben im Rahmen der Europäischen Gemeinschaften werden durch Bundesfinanzbehörden, die übrigen Steuern durch Landesfinanzbehörden verwaltet.
Darüber hinaus verwaltet die Landesfinanzverwaltung Nordrhein-Westfalen die Kirchensteuern für die katholische und evangelische Kirchengemeinden (Verordnungen vom 27. Dezember 1962 und 29. Juli 1964 – SGV NW 610 –) sowie die Kultussteuer der jüdischen Kultusgemeinden des Landes (Verordnung vom 19. Oktober 1968 – SGV NW 610 –).
Dem Gesetz über die Finanzverwaltung entsprechend gliedert sich die Finanzverwaltung des Landes in 3 Oberfinanzdirektionen als Mittelbehörden (Düsseldorf, Köln und Münster) und 147 Finanzämter als örtliche Behörden. Die Oberfinanzdirektionen sind mit Bundes- und Landesabteilungen gleichzeitig Mittelbehörden der Bundesfinanz- und Landesfinanzverwaltung; ihre Leiter, die Oberfinanzpräsidenten, sind sowohl Bundesbeamte als auch Landesbeamte, welche im Einvernehmen zwischen Bundes- und Landesregierung zu bestellen sind.

Die Bezüge der Oberfinanzpräsidenten werden vom Bund und vom Land je zur Hälfte getragen.
Dem Finanzminister unmittelbar nachgeordnet sind als Landesoberbehörden das Rechenzentrum der Finanzverwaltung des Landes Nordrhein-Westfalen (NW) und das Landesamt für Besoldung und Versorgung des Landes NW sowie als Einrichtungen des Landes gemäß § 14 Landesorganisationsgesetz (LOG) NW die Fachhochschule für Finanzen, die Landesfinanzschule NW und die Fortbildungsanstalt der Finanzverwaltung des Landes NW.

1 Oberfinanzdirektion Düsseldorf

40219 Düsseldorf, Jürgensplatz 1; F (02 11) 82 22-0; Telex 8 582 767 ofdd d; Telefax (02 11) 82 22-5 28 (Bund) und 82 22 - 7 05 (Land); Teletex 211 487 OFDD

Oberfinanzpräsident: Dr Peter Meyer
Vertreter: Herbert Kaiser FinPräs
Persönliche Referentin und Pressereferentin: Schwensfeier RRätin
Präsidialbüro: Fuchs SteuOAR
Amtsbezirk: Regierungsbezirk Düsseldorf

Besitz- und Verkehrsteuerabteilung
Leiter: Ulrich Müting LtdRDir

Vorprüfungsstelle (Land) ohne Bauausgaben – VPL –
Leiter: Pietschmann RDir

Gruppe St 1 Steuern vom Einkommen und Ertrag, Umsatzsteuer
Leiter: Rudolf Stephan AbtDir

Ref St 11: **Einkommensteuer** Schuldt RDir
Ref St 12: **Einkommensteuer** Dr Behrens RDir
Ref St 13: **Körperschaftsteuer und Gewerbesteuer** Deubelly RDir
Ref St 14: **Umsatzsteuer** Mannheim RDir
Ref St 15: **Lohnsteuer und andere Abzugsteuern** Gehrmann RDir

Gruppe St 2 Bewertung, Steuern und Abgaben vom Vermögen, Verkehrsteuern
Leiter: Pellengahr LtdRDir

Ref St 21: **Bewertung und Vermögensteuer, Lastenausgleichsabgaben** Pellengahr LtdRDir
Ref St 22: **Verkehrsteuern** Haberland RR
Ref St 24: **Ertragswertermittlung–Landwirtschaft** Dr Petzold ORR
Ref St 25: **Ertragswertermittlung–Forstwirtschaft** Imig FoDir (mdWdGb) (zugleich OFD Köln)

Gruppe St 3 Abgabenordnung (AO), Finanzverwaltungsgesetz (FVG), Finanzgerichtsordnung (FGO), Steuerberatungsgesetz (StBerG), Innenrevision
Leiter: Alexander von Wedelstädt LtdRDir

Ref St 31: **Abgabenordnung, Finanzgerichtsordnung, Finanzverwaltungsgesetz, Steuerberatungsgesetz** von Wedelstädt LtdRDir
Ref St 32: **Vollziehungsaussetzung, Stundung und Erlaß** Kratz RDir

Ref St 33: **Beitreibung** Hartmann RDir
Ref St 35: **Innenrevision** Koepsell RDir

Gruppe St 4 Betriebsprüfung, Steuerfahndung, Steuerstraf- und Steuerordnungswidrigkeitenrecht
Leiter: Wannhoff LtdRDir

Ref St 41: **Allgemeine Angelegenheiten der Betriebsprüfung, Konzern-, Groß- und Landwirtschaftliche Betriebsprüfung** Wannhoff LtdRDir
Ref St 42: **Steuerfahndung, Steuerstrafrecht und Steuerordnungswidrigkeitenrecht** Hesse RDir
Ref St 43: **Amtsbetriebsprüfung** Susallek RDirektorin

Gruppe St 6 Organisation, Automation, Haushalt und Kassenwesen
Leiter: Peters AbtDir

Ref St 61: **Allgemeine Organisationsangelegenheiten der Finanzverwaltung, Organisationsangelegenheiten der OFD (Land) und der Finanzämter** Szech RDir
Ref St 62: **Allgemeine Automationsangelegenheiten der Finanzverwaltung, Automationsangelegenheiten der Steuerverwaltung** Hartmann RDir
Ref St 63: **Haushalt, Beschaffung und Kfz-Angelegenheiten** Intreen ORR
Ref St 64: **Kassenwesen** Fettweis ORR
Ref St 65: **Organisationsangelegenheiten der Finanzbauverwaltung; organisatorische Maßnahmen für die Finanzverwaltung im Rahmen der zivilen Verteidigung, der Sicherung der Dienstgebäude, des Behördenselbstschutzes, der Arbeitssicherheit und des Datenschutzes, Textverarbeitung einschließlich Vordruckwesen, Mikrofilmanwendung, Telefax** Gruse RDir

Oberfinanzkasse – Land–
Leiter: Wehres SteuOAR

Gruppe St 7 Personalangelegenheiten
Leiter: Zillkes LtdRDir

Ref St 71: **Personalangelegenheiten der Beamten und Besoldungsrecht** Warich RDir
Ref St 72: **Angestellten- und Arbeiterangelegenheiten, Tarifrecht** Ginsberg RDir
Ref St 73: **Reise- und Umzugskostenrecht, Soziale Fürsorge** Schmitz ORR
Ref St 74: **Rechtssachen und Disziplinarsachen** Schraa ORR
Ref St 75: **Ausbildung und Fortbildung, Zentrale Unterrichtung der Finanz- und Steueranwärter** Derksen RDir

Landesvermögens- und Bauabteilung
Leiter: Helmut Wilharm FinPräs

Ref VL 01: **Allgemeine Verwaltungsangelegenheiten** Hakes RR

Vorprüfungsstelle für Bauausgaben – VL VP –
Leiter: Busch ORBauR

Gruppe VL 1 Liegenschaften, Wohnungsfürsorge und Baurecht
Leiter: Hübner LtdRDir

Ref VL 11: **Liegenschaften** Hübner LtdRDir
Ref VL 12: **Wohnungsfürsorge** Dr Schmidinger RDirektorin
Ref VL 13: **Bau- und Bauvertragsrecht** Horstkamp ORR

Gruppe VL 2 Baumaßnahmen des Bundes und des Landes, Haushalts- und baufachliche Automationsangelegenheiten
Leiter: Raedt AbtDir

Ref VL 21: **Allgemeine Bauangelegenheiten** Geißler RBauR
Ref VL 22: **Haushalts- und baufachliche Automationsangelegenheiten** Dicke ORBauR
Ref VL 23: **Zivile Bauaufgaben des Bundes und des Landes** Frank RBauDir
Ref VL 24: **Bauaufgaben der Bundeswehr (ohne Luftwaffe** Steppat RBauDir
Ref VL 25: **Bauaufgaben der Bundeswehr (Luftwaffe)** Steppat RBauDir
Ref VL 26: **Bauaufgaben der ausländischen Streitkräfte und der NATO** Piechotta ORBauR

Gruppe VL 3 Ingenieuertechnische Angelegenheiten
Leiter: Elsenbach LtdRBauDir

Ref VL 31: **Allgemeiner Ingenieurbau, Depotbauten, Schießanlagen und Zivilschutz** Broda RBauDir
Ref VL 32/33: **Elektrotechnik/Versorgungstechnnik** Elsenbach LtdRBauDir
Ref VL 34: **Tragwerksplanung/Baustatik** Bartschat RBauDir

Der Dienst- und Fachaufsicht der Oberfinanzdirektion Düsseldorf unterstehen:

1.1 Finanzämter für Konzernbetriebsprüfung

im Oberfinanzbezirk Düsseldorf

Aufgabenkreis:
Prüfung der Konzerne des Oberfinanzbezirks.

Finanzamt für Konzernbetriebsprüfung Düsseldorf I
40227 Düsseldorf, Kruppstr 110-112; F (02 11) 7 79-9; Telefax (02 11) 7 79-89 20
Vorsteher: Helmut Katzwinkel LtdRDir
Amtsbezirk: Bezirke aller Finanzämter des Oberfinanzbezirks Düsseldorf für Anordnung und Durchführung von Betriebsprüfungen bei
– Betrieben aller Größenklassen der Konzerne im Oberfinanzbezirk Düsseldorf mit einem Außenumsatz ab 500 Mio DM der Wirtschaftszweige „Elektrizitäts-, Gas-, Fernwärme- und Wasserversorgung", „Chemische Industrie, Herstellung und Verarbeitung von Spalt- und Brutstoffen, Mineralölverarbeitung", „Herstellung von Kunststoff- und Gummiwaren", „Gewinnung und Verarbeitung von Steinen und Erden, Fein-

keramik, Glasgewerbe", Holz-, Papier- und Druckgewerbe", „Leder-, Textil- und Bekleidungsgewerbe", „Verkehr, Nachrichtenübermittlung (ohne Spedition, Lagerei, Verkehrsvermittlung)", „Organisationen ohne Erwerbszweck" und anderer Wirtschaftszweige, soweit nicht das Finanzamt für Konzernbetriebsprüfung Düsseldorf II, das Finanzamt für Konzernbetriebsprüfung Düsseldorf III, das Finanzamt für Betriebsprüfung der Land- und Forstwirtschaft Duisburg, das Finanzamt für Großbetriebsprüfung Krefeld oder das Finanzamt für Großbetriebsprüfung Wuppertal zuständig ist,

– Betrieben aller Größenklassen der Konzerne im Oberfinanzbezirk Düsseldorf des Wirtschaftszweiges „Kreditinstitute" mit einem konsolidierten Aktivvermögen ab 1 Mrd DM,

– Betrieben aller Größenklassen

– der Konzerne im Oberfinanzbezirk Düsseldorf der Wirtschaftszweige „Versicherungsgewerbe" und „Rundfunk- und Fernsehanstalten",

– der Wirtschaftszweige „Versicherungsgewerbe" und Rundfunk- und Fernsehanstalten", soweit sie nicht zu einem Konzern im Oberfinanzbezirk Düsseldorf gehören.

Finanzamt für Konzernbetriebsprüfung Düsseldorf II
40227 Düsseldorf, Kruppstr 110-112; F (02 11) 7 79-9; Telefax (02 11) 7 79-84 88
Vorsteher: Dr Heinz Miese LtdRDir
Amtsbezirk: Für Bezirke aller Finanzämter des Oberfinanzbezirks Düsseldorf:
Anordnung und Durchführung von Betriebsprüfungen bei Betrieben aller Größenklassen der Konzerne im Oberfinanzbezirk Düsseldorf mit einem Außenumsatz ab 500 Mio DM der Wirtschaftszweige „Bergbau", „Metallerzeugung und -bearbeitung", „Stahl-, Maschinen- und Fahrzeugbau, Herstellung von Büromaschinen, Datenverarbeitungsgeräten und -einrichtungen", Elektrotechnik, Feinmechanik, Optik; Herstellung von Eisen-, Blech- und Metallwaren, Musikinstrumenten, Sportgeräten, Schmuck; Foto- und Filmlabors".

Finanzamt für Konzernbetriebsprüfung Düsseldorf III
40227 Düsseldorf, Kruppstr 110-112; F (02 11) 7 79-9; Telefax (02 11) 7 79-88 90
Vorsteher: Wolfdieter Gantenberg LtdRDir
Amtsbezirk: Für Bezirke aller Finanzämter des Oberfinanzbezirks Düsseldorf:
Anordnung und Durchführung von Betriebsprüfungen bei Betrieben aller Größenklassen der Konzerne im Oberfinanzbezirk Düsseldorf mit einem Außenumsatz ab 500 Mio DM der Wirtschaftszweige „Ernährungsgewerbe, Tabakverarbeitung", „Bauhauptgewerbe", „Ausbaugewerbe", „Großhandel", „Handelsvermittlung", „Einzelhandel", „Spedition, Lagerei, Verkehrsvermittlung".

1.2 Finanzamt für Betriebsprüfung der Land- und Forstwirtschaft Duisburg

für die Finanzämter im Oberfinanzbezirk Düsseldorf
47226 Duisburg, Friedrich-Ebert-Str 133;
F (0 20 65) 3 07-0
Aufgabenkreis:
Prüfung der land- und forstwirtschaftlichen Betriebe im Oberfinanzbezirk.

Vorsteher: Heinz-Wilhelm Steinkamp RDir
Amtsbezirk: Bezirke aller Finanzämter des Oberfinanzbezirks Düsseldorf:
Anordnung und Durchführung von Betriebsprüfungen bei Betrieben aller Größenklassen

– der Konzerne im Oberfinanzbezirk Düsseldorf der Wirtschaftszweige „Landwirtschaft", „Gewerbliche Gärtnerei, gewerbliche Tierhaltung, Tierzucht und Tierpflege", „Forstwirtschaft", „Fischerei, Fischzucht", einschließlich landwirtschaftlicher und forstwirtschaftlicher Dienstleistungen,

– der oben aufgeführten Wirtschaftzweige, soweit sie nicht zu einem Konzern im Oberfinanzbezirk Düsseldorf gehören,

– der Konzerne im Oberfinanzbezirk Düsseldorf mit einem Außenumsatz unter 500 Mio DM der Wirtschaftszweige „Zuckerindustrie", „Obst- und Gemüseverarbeitung", „Milchverwertung", „Alkoholbrennerei", „Großhandel mit Getreide, Saaten, Pflanzen, Futter- und Düngemitteln, lebenden Tieren, textilen Rohstoffen und Halbwaren", „Einzelhandel mit Blumen und Pflanzen"

– der oben aufgeführten Wirtschaftzweige, soweit sie nicht zu einem Konzern im Oberfinanzbezirk Düsseldorf gehören.

1.3 Finanzämter für Großbetriebsprüfung

im Oberfinanzbezirk Düsseldorf

Aufgabenkreis:
Prüfung der Groß- und Anhangbetriebe im Oberfinanzbezirk.

Finanzamt für Großbetriebsprüfung Düsseldorf
40227 Düsseldorf, Kruppstr 110-112; F (02 11) 7 79-84 59 und 7 79-84 67; Telefax (02 11) 7 79-88 80
Vorsteher: Dieter Sündermann LtdRDir
Amtsbezirk: Für die Bezirke der Finanzämter Düsseldorf-Altstadt, Düsseldorf-Mitte, Düsseldorf-Nord, Düsseldorf-Süd Anordnung und Durchführung von Betriebsprüfungen bei

– Betrieben aller Größenklassen der Konzerne im Oberfinanzbezirk Düsseldorf mit einem Außenumsatz unter 500 Mio DM, zu denen mindestens ein Großbetrieb gehört, soweit nicht das Finanzamt für Konzernbetriebsprüfung Düsseldorf I, das Finanzamt für Betriebsprüfung der Land-

und Forstwirtschaft Duisburg oder ein anderes Finanzamt für Großbetriebsprüfung zuständig ist,

– Großbetrieben, soweit nicht das Finanzamt für Konzernbetriebsprüfung Düsseldorf I, das Finanzamt für Betriebsprüfung der Land- und Forstwirtschaft Duisburg oder ein anderes Finanzamt für Großbetriebsprüfung zuständig ist,

– steuerbegünstigte Körperschaften und bedeutende Berufsverbände mit Einnahmen von jeweils mehr als 20 Mio DM.

Bei Verlustzuweisungsgesellschaften beschränkt sich die Anordnung und Durchführung von Betriebsprüfungen auf die ersten 10 Jahre nach Entstehung der Eigenschaft als Verlustzuweisungsgesellschaft.

Finanzamt für Großbetriebsprüfung Essen

45143 Essen, In der Hagenbeck 64; F (02 01) 63 00-1; Telefax (02 01) 63 00-2 36
Vorsteher: Dr Dieter W Fröhling LtdRDir
Amtsbezirk: Für die Bezirke der Finanzämter Essen-Nord, Essen-Ost, Essen-Süd, Mülheim a d Ruhr, Oberhausen-Nord, Oberhausen-Süd Anordnung und Durchführung von

– Betriebsprüfungen bei Betrieben aller Größenklassen der Konzerne im Oberfinanzbezirk Düsseldorf mit einem Außenumsatz von unter 500 Mio DM, zu denen mindestens ein Großbetrieb gehört, soweit nicht das Finanzamt für Konzernprüfung Düsseldorf I, das Finanzamt für Betriebsprüfung Duisburg oder ein anderes Finanzamt für Großbetriebsprüfungen zuständig ist,

– Betriebsprüfungen bei Großbetrieben, soweit nicht das Finanzamt für Konzernbetriebsprüfung Düsseldorf I, das Finanzamt für Betriebsprüfungen Duisburg oder ein anderes Finanzamt für Großbetriebsprüfungen zuständig ist,

– Außenprüfungen (ausgenommen Lohnsteueraußenprüfungen) bei Körperschaften, die gemeinnützigen, mildtätigen oder kirchlichen Zwecken dienen, mit Einnahmen von mehr als 20 Mio DM sowie bei Berufsverbänden mit Einnahmen von mehr als 20 Mio DM.

Für die Bezirke der Finanzämter Dinslaken, Düsseldorf-Hilden, Düsseldorf-Mettmann, Duisburg-Hamborn, Duisburg-Süd, Duisburg-West, Essen-Nord, Essen-Ost, Essen-Süd, Geldern, Kleve, Krefeld, Moers, Mülheim a d Ruhr, Oberhausen-Nord, Oberhausen-Süd, Remscheid, Solingen-Ost, Solingen-West, Velbert, Wesel, Wuppertal-Barmen, Wuppertal-Elberfeld Anordnung und Durchführung von Betriebsprüfungen bei Betrieben aller Größenklassen

– der Konzerne im Oberfinanzbezirk Düsseldorf des Wirtschaftszweiges „Kreditinstitute" mit einem konsolidierten Aktivvermögen unter 1 Mrd DM,

– des Wirtschaftszweiges „Kreditinstitute", soweit sie nicht zu einem Konzern im Oberfinanzbezirk Düsseldorf gehören,

– Betriebsprüfungen bei Betrieben aller Größenklassen der Konzerne im Oberfinanzbezirk Düsseldorf des Wirtschaftszweiges „Brauerei" mit einem Außenumsatz unter 500 Mio DM, zu denen mindestens ein Großbetrieb gehört, sowie Großbetrieben des Wirtschaftszweiges „Brauerei", soweit sie nicht zu einem Konzern im Oberfinanzbezirk Düsseldorf gehören.

Für die Bezirke der Finanzämter Düsseldorf-Altstadt, Düsseldorf-Hilden, Düsseldorf-Mettmann, Düsseldorf-Mitte, Düsseldorf-Nord, Düsseldorf-Süd, Essen-Nord, Essen-Ost, Essen-Süd, Mülheim a d Ruhr, Oberhausen-Nord, Oberhausen-Süd, Remscheid, Solingen-Ost, Solingen-West, Velbert, Wuppertal-Barmen, Wuppertal-Elberfeld Anordnung und Durchführung von

– Außenprüfungen (ausgenommen Lohnsteueraußenprüfungen) bei Bauherren- und Erwerbermodellen.

Finanzamt für Großbetriebsprüfung Krefeld

47798 Krefeld, Steinstr 137; F (0 21 51) 84 18-0; Telefax (0 21 51) 84 18-16
Vorsteher: Günter Amon LtdRDir
Amtsbezirk: Für die Bezirke der Finanzämter Dinslaken, Duisburg-Hamborn, Duisburg-Süd, Duisburg-West, Geldern, Kleve, Krefeld, Moers, Wesel Anordnung und Durchführung von

– Betriebsprüfungen bei Betrieben aller Größenklassen der Konzerne im Oberfinanzbezirk Düsseldorf mit einem Außenumsatz unter 500 Mio DM, zu denen mindestens ein Großbetrieb gehört, soweit nicht das Finanzamt für Konzernbetriebsprüfung Düsseldorf I, das Finanzamt für Betriebsprüfung der Land- und Forstwirtschaft Duisburg oder ein anderes Finanzamt für Großbetriebsprüfung zuständig ist,

– Betriebsprüfungen bei Großbetrieben, soweit nicht das Finanzamt für Konzernbetriebsprüfung Düsseldorf I, das Finanzamt für Betriebsprüfung der Land- und Forstwirtschaft Duisburg oder ein anderes Finanzamt für Großbetriebsprüfung zuständig ist.

Für die Bezirke der Finanzämter und Bauherrengemeinschaften in den Bezirken der Finanzämter Dinslaken, Düsseldorf-Altstadt, Düsseldorf-Mitte, Düsseldorf-Nord, Düsseldorf-Süd, Duisburg-Hamborn, Duisburg-Süd, Duisburg-West, Geldern, Grevenbroich, Kempen, Kleve, Krefeld, Mönchengladbach-Mitte, Mönchengladbach-Rheydt, Moers, Neuss I, Neuss II, Viersen, Wesel Anordnung und Durchführung von

– Betriebsprüfungen bei Großbetrieben der Wirtschaftszweige „Elektrizitäts-, Gas-, Fernwärme und Wasserversorgung" sowie „Verkehr, Nachrichtenübermittlung (ohne Spedition, Lagerei, Verkehrsvermittlung)" der Gebietskörperschaften (§§ 89, 93 GO),

– Betriebsprüfungen bei Gebietskörperschaften, die Großbetriebe der oben aufgeführten Wirtschaftszweige unterhalten, mit ihren wirtschaftlichen Unternehmen und Gesellschaften.

Für die Bezirke der Finanzämter Dinslaken, Duisburg-Hamborn, Duisburg-Süd, Duisburg-West, Geldern, Grevenbroich, Kempen, Kleve, Krefeld, Mönchengladbach-Mitte, Mönchengladbach-Rheydt, Moers, Neuss I, Neuss II, Viersen, Wesel Anordnung und Durchführung von

– Außenprüfungen bei Bauherrenmodellen und Erwerbermodellen,
– Außenprüfungen (ausgenommen Lohnsteueraußenprüfungen) bei Körperschaften, die gemeinnützigen, mildtätigen oder kirchlichen Zwecken dienen mit Einnahmen von mehr als 20 Mio DM sowie bei Berufsverbänden mit Einnahmen von mehr als 20 Mio DM.

Finanzamt für Großbetriebsprüfung Mönchengladbach

41061 Mönchengladbach, Aachener Str 114; F (0 21 61) 3 21 80, 3 21 88, 3 21 89
Vorsteher: Manfred Lunkenheimer LtdRDir
Amtsbezirk: Für die Bezirke der Finanzämter Grevenbroich, Kempen, Mönchengladbach-Mitte, Mönchengladbach-Rheydt, Neuss I, Neuss II, Viersen Anordnung und Durchführung von Betriebsprüfungen bei,

– Betrieben aller Größenklassen der Konzerne im Oberfinanzbezirk Düsseldorf mit einem Außenumsatz unter 500 Mio DM, zu denen mindestens ein Großbetrieb gehört, soweit nicht das Finanzamt für Konzernbetriebsprüfung Düsseldorf I, das Finanzamt für Betriebsprüfung der Land- und Forstwirtschaft Duisburg oder ein anderes Finanzamt für Großbetriebsprüfung zuständig ist,
– Großbetrieben, soweit nicht das Finanzamt für Konzernbetriebsprüfung Düsseldorf I, das Finanzamt für Betriebsprüfung der Land- und Forstwirtschaft Duisburg oder ein anderes Finanzamt für Großbetriebsprüfung zuständig ist,
– Außenprüfungen (ausgenommen Lohnsteueraußenprüfungen) bei Körperschaften, die gemeinnützigen, mildtätigen oder kirchlichen Zwecken dienen, mit Einnahmen von mehr als 20 Mio DM sowie bei Berufsverbänden mit Einnahmen von mehr als 20 Mio DM.

Für die Bezirke der Finanzämter Düsseldorf-Altstadt, Düsseldorf-Mitte, Düsseldorf-Nord, Düsseldorf-Süd, Grevenbroich, Kempen, Mönchengladbach-Mitte, Mönchengladbach-Rheydt, Neuss I, Neuss II und Viersen Anordnung und Durchführung von Betriebsprüfungen bei Betrieben aller Größenklassen

– der Konzerne im Oberfinanzbezirk Düsseldorf des Wirtschaftszweiges „Kreditinstitute" mit einem Aktivvermögen unter 1 Mrd DM,
– des Wirtschaftszweiges „Kreditinstitute", soweit sie nicht zu einem Konzern im Oberfinanzbezirk Düsseldorf gehören.

Prüfung der Einkommensmillionäre im Zusammenhang mit Großbetrieben in Auftragsprüfung.

Finanzamt für Großbetriebsprüfung Solingen

42699 Solingen, Kamper Str 16; F (02 12) 2 32 01-0; Telefax (02 12) 2 32 01-31
Vorsteher: Dr Dietmar Siepen LtdRDir
Amtsbezirk: Für die Bezirke der Finanzämter Düsseldorf-Hilden, Düsseldorf-Mettmann, Remscheid, Solingen-Ost, Solingen-West Anordnung und Durchführung von Betriebsprüfungen bei

– Betrieben aller Größenklassen der Konzerne im Oberfinanzbezirk Düsseldorf mit einem Außenumsatz unter 500 Mio DM, zu denen mindestens ein Großbetrieb gehört, soweit nicht das Finanzamt für Konzernbetriebsprüfung Düsseldorf I, das Finanzamt für Betriebsprüfung der Land- und Forstwirtschaft Duisburg oder ein anderes Finanzamt für Großbetriebsprüfung zuständig ist,
– Betriebsprüfungen bei Großbetrieben, soweit nicht das Finanzamt für Konzernbetriebsprüfung Düsseldorf I, das Finanzamt für Betriebsprüfung der Land- und Forstwirtschaft Duisburg oder ein anderes Finanzamt für Großbetriebsprüfung zuständig ist,
– Außenprüfungen (ausgenommen Lohnsteueraußenprüfungen) bei Körperschaften, die gemeinnützigen, mildtätigen oder kirchlichen Zwecken dienen, mit Einnahmen von mehr als 20 Mio DM sowie bei Berufsverbänden mit Einnahmen von mehr als 20 Mio DM.

Finanzamt für Großbetriebsprüfung Wuppertal

42283 Wuppertal, Zur Schafbrücke 7; F (02 02) 5 67-2 53; Telefax (02 02) 56 72 96
Vorsteher: Manfred Becker RDir
Amtsbezirk: Für die Bezirke der Finanzämter Velbert, Wuppertal-Barmen, Wuppertal-Elberfeld Anordnung und Durchführung von Betriebsprüfungen bei

– Betrieben aller Größenklassen der Konzerne im Oberfinanzbezirk Düsseldorf mit einem Außenumsatz unter 500 Mio DM, zu denen mindestens ein Großbetrieb gehört, soweit nicht das Finanzamt für Konzernbetriebsprüfung Düsseldorf I, das Finanzamt für Betriebsprüfung der Land- und Forstwirtschaft Düsseldorf oder ein anderes Finanzamt für Großbetriebsprüfung zuständig ist,
– Großbetrieben, soweit nicht das Finanzamt für Konzernbetriebsprüfung Düsseldorf I, das Finanzamt für Betriebsprüfung der Land- und Forstwirtschaft Düsseldorf oder ein anderes Finanzamt für Großbetriebsprüfung zuständig ist,

Für die Bezirke der Finanzämter Düsseldorf-Hilden, Düsseldorf-Mettmann, Essen-Nord, Essen-Ost, Essen-Süd, Mülheim an der Ruhr, Oberhausen-Nord, Oberhausen-Süd, Remscheid, Solingen-Ost, Solingen-West, Velbert, Wuppertal-Barmen, Wuppertal-Elberfeld Anordnung und Durchführung von Betriebsprüfungen bei

– Großbetrieben der Wirtschaftszweige „Elektrizitäts-, Gas-, Fernwärme und Wasserversorgung" sowie „Verkehr, Nachrichtenübermittlung (ohne

Spedition, Lagerei, Verkehrsvermittlung)" der Gebietskörperschaften (§§ 89, 93 GO),
- Gebietskörperschaften, die Großbetriebe der oben aufgeführten Wirtschaftzweige unterhalten, mit ihren wirtschaftlichen Unternehmen und Gesellschaften.

1.4 Finanzämter für Steuerstrafsachen und Steuerfahndung

im Oberfinanzbezirk Düsseldorf

Aufgabenkreis:
Durchführung von Fahndungsmaßnahmen im Oberfinanzbezirk.

Finanzamt für Steuerstrafsachen und Steuerfahndung Düsseldorf
40479 Düsseldorf, Kruppstr 110-112; F (02 11) 7 79-9; Telefax (02 11) 7 79-78 35 und 7 79-75 01
Vorsteher: Dieter Schrick LtdRDir
Amtsbezirk: Für Aufgaben in Straf- und Bußgeldverfahren sowie der Steuerfahndung die Bezirke der Finanzämter Düsseldorf-Altstadt, Düsseldorf-Mitte, Düsseldorf-Nord, Düsseldorf-Süd, Geldern, Grevenbroich, Kempen, Kleve, Krefeld, Moers, Mönchengladbach-Mitte, Mönchengladbach-Rheydt, Neuss I, Neuss II, Viersen.

Finanzamt für Steuerstrafsachen und Steuerfahndung Essen
45143 Essen, In der Hagenbeck 64; F (02 01) 63 00-1; Telefax (02 01) 63 00-3 27
Vorsteher: Hans Goertz RDir
Amtsbezirk: Für Aufgaben in Straf- und Bußgeldverfahren sowie der Steuerfahndung die Bezirke der Finanzämter Dinslaken, Duisburg-Hamborn, Duisburg-Süd, Duisburg-West, Essen-Nord, Essen-Ost, Essen-Süd, Mülheim (Ruhr), Oberhausen-Nord, Oberhausen-Süd, Wesel.

Finanzamt für Steuerstrafsachen und Steuerfahndung Wuppertal
42283 Wuppertal, Unterdörnen 96; F (02 02) 5 67-3 67; Telefax (02 02) 5 67-3 64
Vorsteher: Wolfgang Terwort RDir
Amtsbezirk: Für Aufgaben in Straf- und Bußgeldverfahren sowie der Steuerfahndung die Bezirke der Finanzämter Düsseldorf-Hilden, Düsseldorf-Mettmann, Remscheid, Solingen-Ost, Solingen-West, Velbert, Wuppertal-Barmen, Wuppertal-Elberfeld.

1.5 Finanzämter

im Oberfinanzbezirk Düsseldorf

Finanzamt
46535 Dinslaken, Schillerstr 71; F (0 20 64) 6 06-0; Telefax (0 20 64) 6 06-5 20
Vorsteher: Tröschel RDir

Amtsbezirk: Vom Kreis Wesel die Städte Dinslaken und Voerde (Niederrhein) und die Gemeinde Hünxe.

Finanzamt Düsseldorf-Altstadt
40479 Düsseldorf, Kaiserstr 52; F (02 11) 49 74-1; Telefax (02 11) 4 97 42 22
Vorsteher: Dr Ulrich Lemmer LtdRDir
Amtsbezirk: Von der Stadt Düsseldorf die Stadtteile Altstadt, Heerdt, Karlstadt, Niederkassel, Oberkassel, Pempelfort und Lörick.
Ferner: Verwaltung der Gesellschaftsteuer, Börsenumsatzsteuer, Wechselsteuer, Versicherungsteuer, Feuerschutzsteuer, Verwaltung der Vermögensabgabe, Kreditgewinnabgabe und der Hypothekengewinnabgabe für den Bereich der Oberfinanzdirektion Düsseldorf, Erfassung der beschränkt steuerpflichtigen Lizenzgeber, Bearbeitung der Steuerabzugsfälle nach § 50 a Abs 4 Nr 1-3 Einkommensteuergesetz, Ermittlungsverfahren gegen Steuervergehen, Steuerordnungswidrigkeiten und Ordnungswidrigkeiten nach dem Steuerberatungsgesetz für den Bezirk des Finanzamts Düsseldorf-Altstadt.
Zentrale Lohnsteuer-Außenprüfung für Arbeitgeber bestimmter Größenklassen in den Bezirken der Finanzämter Düsseldorf-Altstadt, Düsseldorf-Nord, Düsseldorf-Mitte und Düsseldorf-Süd.
Zentrale Bearbeitung der Erstattungsanträge von Arbeitsämtern für Arbeitnehmerzulagen nach dem Berlinförderungsgesetz für das Land NRW.
Wahrnehmung der Rechte des Landes NRW an der Zerlegung der Körperschaftsteuer nach dem Zerlegungsgesetz.

Finanzamt Düsseldorf-Hilden
40210 Düsseldorf, Immermannstr 65 B; F (02 11) 16 01-0; Telefax (02 11) 16 01 - 2 45
Vorsteher: Albert Kletti LtdRDir
Amtsbezirk: Vom Kreis Mettmann die Städte Haan, Hilden, Langenfeld und Monheim.

Finanzamt Düsseldorf-Mettmann
40210 Düsseldorf, Harkortstr 2; F (02 11) 38 04-0; Telefax (02 11) 3 80 43 33
Vorsteher: Manfred Eigendorf LtdRDir
Amtsbezirk: Die Städte Erkrath, Mettmann und Ratingen des Kreises Mettmann.
Ferner: Verwaltung der Kraftfahrzeugsteuer für den Amtsbezirk und für die Bezirke der Finanzämter Velbert und Düsseldorf-Hilden bezüglich der zum Kreis Mettmann gehörenden Gebietsteile.

Finanzamt Düsseldorf-Mitte
40227 Düsseldorf, Kruppstr 110-112; F (02 11) 7 79-9; Telefax (02 11) 7 79-58 70
Vorsteher: NN
Amtsbezirk: Von der Stadt Düsseldorf die Stadtteile Eller, Flingern-Nord, Flingern-Süd, Gerresheim, Grafenberg, Hubbelrath, Lierenfeld, Ludenberg, Oberbilk sowie Stadtmitte.
Ferner: Verwaltung der Erbschaft- und Schenkungsteuer für die Finanzämter Düsseldorf-Alt-

stadt, Düsseldorf-Mitte, Düsseldorf-Nord und Düsseldorf-Süd.

Finanzamt Düsseldorf-Nord
40476 Düsseldorf, Roßstr 68; F (02 11) 4 49 61
Vorsteher: Werner Peter van Endert LtdRDir
Amtsbezirk: Von der kreisfreien Stadt Düsseldorf die Stadtteile Angermund, Derendorf, Düsseltal (Zooviertel), Golzheim, Kaiserswerth, Kalkum, Lichtenbroich, Lohausen, Mörsenbroich, Rath, Stockum, Unterrath, Wittlaer
Ferner: die Verwaltung der Kraftfahrzeugsteuer für die Bezirke der Finanzämter Düsseldorf-Altstadt, Düsseldorf-Mitte und Düsseldorf-Süd.

Finanzamt Düsseldorf-Süd
40227 Düsseldorf, Kruppstr 110-112; F (02 11) 7 79-9; Telefax (02 11) 7 79-68 19
Vorsteher: Dr Winfried Theis LtdRDir
Amtsbezirk: Von der Stadt Düsseldorf die Stadtteile Benrath, Bilk, Friedrichstadt, Flehe, Hafen, Garath, Hamm, Hassels, Hellerhof, Himmelgeist, Holthausen, Itter, Reisholz, Unterbach, Unterbilk, Urdenbach, Vennhausen, Volmerswerth, Wersten.
Ferner: Verwaltung der Grunderwerbsteuer für das Stadtgebiet Düsseldorf, Kassenaufgaben im Straf- und Bußgeldverfahren.

Finanzamt Duisburg-Hamborn
47166 Duisburg, Hufstr 23/25; F (02 03) 54 45-0; Telefax (02 03) 54 45 - 1 00
Vorsteher: Feyen LtdRDir
Amtsbezirk: Von der kreisfreien Stadt Duisburg die Stadtbezirke Hamborn, Meiderich-Beeck und Walsum

Finanzamt Duisburg-Süd
47051 Duisburg, Landfermannstr 25; F (02 03) 30 01-0
Vorsteher: Jürgen Stratmann LtdRDir
Amtsbezirk: Von der kreisfreien Stadt Duisburg der Stadtbezirk Süd und die Stadtteile Altstadt, Dellviertel, Duissern, Neudorf-Nord und Neudorf-Süd; Verteiler-Finanzamt für das Gebiet der Stadt Duisburg.

Finanzamt Duisburg-West
47226 Duisburg, Friedrich-Ebert-Str 133; F (0 20 65) 3 07-0
Vorsteher: Günter Menser LtdRDir
Amtsbezirk: Von der kreisfreien Stadt Duisburg die Stadtbezirke Homberg-Ruhrort, Rheinhausen und die Stadtteile Hochfeld, Kaßlerfeld, Neuenkamp und Wanheimerort.
Ferner: Verwaltung der Gesellschaftssteuer, Börsenumsatzsteuer, Wechselsteuer, Versicherungssteuer, Feuerschutzsteuer, Rennwett- und Lotteriesteuer für die Bezirke der Finanzämter Dinslaken, Duisburg-Hamborn, Duisburg-Süd, Duisburg-West, Geldern, Moers, Kleve und Wesel,
Verwaltung der Grunderwerbsteuer für die Bezirke der Finanzämter Duisburg-Hamborn, Duisburg-Süd und Duisburg-West,

Verwaltung der Erbschaft- und Schenkungsteuer für die Bezirke der Finanzämter Dinslaken, Duisburg-Hamborn, Duisburg-Süd, Duisburg-West, Moers, Oberhausen-Nord, Oberhausen-Süd und Wesel,
Verwaltung der Kraftfahrzeugsteuer für die Bezirke der Finanzämter Duisburg-Hamborn, Duisburg-Süd und Duisburg-West.

Finanzamt Essen-Nord
45127 Essen, III. Hagen 39; F (02 01) 17 02 - 1
Vorsteher: Dr Romberg LtdRDir
Amtsbezirk: Von der kreisfreien Stadt Essen die Stadtteile Altendorf, Bedingrade, Bergeborbeck, Bochold, Borbeck-Mitte, Dellwig, Frintrop, Gerschede, Nordviertel, Ostviertel, Schönebeck, Stadtkern, Vogelheim, Westviertel.
Ferner: Verwaltung der Erbschaftsteuer für die Bezirke der Finanzämter Essen-Ost, Essen-Süd und Mülheim (Ruhr).
Zentrale Außenprüfstelle Lohnsteuer für die Finanzämter Essen-Ost, Essen-Süd, Mülheim (Ruhr), Oberhausen-Nord, Oberhausen-Süd.

Finanzamt Essen-Ost
45145 Essen, Kruppstr 64; F (02 01) 18 94-1; Telefax (02 01) 18 94 - 2 80
Vorsteher: Klaus Larisch LtdRDir
Amtsbezirk: Von der kreisfreien Stadt Essen die Stadtteile Altenessen-Nord, Altenessen-Süd, Burgaltendorf, Byfang, Fischlaken, Freisenbruch, Frillendorf, Heidhausen, Horst, Karnap, Katernberg, Kettwig, Kray, Kupferdreh, Leithe, Schonebeck, Steele, Stoppenberg, Überruhr/Hinsel, Überruhr/Holthausen, Werden.
Ferner: Verwaltung der Rennwett- und Lotteriesteuer, Versicherungssteuer, Feuerschutzsteuer für die Bezirke der Finanzämter Essen-Nord, Essen-Süd, Mülheim (Ruhr) und Oberhausen, Grunderwerbsteuer und Kraftfahrzeugsteuer für die Bezirke der Finanzämter Essen-Nord, Essen-Süd.

Nebenstellen
45143 Essen, OPTI-Gewerbepark, Altendorfer Str 97-101; F (02 01) 18 94-1
45143 Essen, In der Hagenbeck 64; F (02 01) 63 00-1

Finanzamt Essen-Süd
45130 Essen, Goethestr 65; F (02 01) 72 42-1; Telefax (02 01) 72 42 - 4 20
Vorsteher: Dr Hans-Henning Heidorn LtdRDir
Amtsbezirk: Von der Stadt Essen die Stadtteile Bergerhausen, Bredeney, Frohnhausen, Fulerum, Haarzopf, Heisingen, Holsterhausen, Huttrop, Margarethenhöhe, Rellinghausen, Südostviertel, Südviertel, Rüttenscheid, Schuir, Stadtwald.
Ferner: Kassenaufgaben in Straf- und Bußgeldverfahren.

Finanzamt
47608 Geldern, Gelderstr 32; F (0 28 31) 1 27-0;
Telefax (0 28 31) 1 27 - 2 11
Vorsteher: Dietmar Tielsch LtdRDir
Amtsbezirk: Die Städte Geldern, Kevelaer und
Straelen und die Gemeinden Issum, Kerken,
Rheurdt, Wachtendonk und Weeze des Kreises
Kleve.

Finanzamt
41515 Grevenbroich, Erckensstr 2; F (0 21 81)
6 07-0; Telefax (0 21 81) 60 71 21
Vorsteher: Bruno Pesch RDir
Amtsbezirk: Die Stadt Grevenbroich und die Gemeinden Jüchen und Rommerskirchen des Kreises
Neuss.
Ferner: Festsetzung und Erhebung der Kraftfahrzeugsteuer für die Finanzämter Neuss I und II. Die
Beitreibung der Kraftfahrzeugsteuer erfolgt durch
die örtlich zuständigen Finanzämter.

Finanzamt
47906 Kempen, Von-Saarwerden-Str 24;
F (0 21 52) 9 19-0; Telefax (0 21 52) 91 94 99
Vorsteher: Klaus Herriger LtdRDir
Amtsbezirk: Die Städte Kempen, Nettetal und Tö-
nisvorst und die Gemeinde Grefrath des Kreises
Viersen

Finanzamt
47533 Kleve, Emmericher Str 182; F (0 28 21)
8 03-1
Vorsteher: Eberhard Dittrich LtdRDir
Amtsbezirk: Die Städte Emmerich, Goch, Kalkar,
Kleve, Rees und die Gemeinden Bedburg-Hau,
Kranenburg und Uedem des Kreises Kleve.
Ferner: Verwaltung der Kraftfahrzeugsteuer für das
Gebiet des Kreises Kleve

Finanzamt
47799 Krefeld, Grenzstr 100; F (0 21 51) 8 54-0;
Telefax (0 21 51) 8 54 - 2 00
Vorsteher: Ranko Ziellenbach LtdRDir
Amtsbezirk: Stadt Krefeld.
Ferner: Verwaltung der Wechselsteuer, Versiche-
rungsteuer, Feuerschutzsteuer sowie Rennwett-
und Lotteriesteuer für die Bezirke der Finanzämter
Grevenbroich, Kempen, Krefeld, Mönchenglad-
bach-Mitte, Mönchengladbach-Rheydt, Neuss I
und II und Viersen;
Verwaltung der Erbschaft- und Schenkungsteuer
für die Bezirke der Finanzämter Geldern, Kempen,
Kleve, Krefeld und Viersen.

Finanzamt Mönchengladbach-Mitte
41061 Mönchengladbach, Kleiststr 1-5; F (0 21 61)
1 89-0; Telefax (0 21 61) 1 89-2 00
Vorsteher: Franz-Josef Becker RDir
Amtsbezirk: Von der kreisfreien Stadt Mönchengladbach die Stadtbezirke Hardt, Neuwerk, Rheindahlen, Stadtmitte und Volksgarten.

Ferner: Verwaltung der Kraftfahrzeugsteuer für
den Bezirk des Finanzamtes Mönchengladbach-
Rheydt, Verwaltung der Erbschaftsteuer für die Bezirke der Finanzämter Grevenbroich (Niederrhein), Mönchengladbach-Rheydt, Neuss I und
Neuss II, Verwaltung der Grunderwerbsteuer für
den Bezirk des Finanzamtes Mönchengladbach-
Rheydt.

Finanzamt Mönchengladbach-Rheydt
41236 Mönchengladbach, Wilhelm-Strauß-Str 50;
F (0 21 66) 4 50-1; Telefax (0 21 66) 45 02 04
Vorsteher: Dr Hans Ernst Schulze LtdRDir
Amtsbezirk: Von der kreisfreien Stadt Mönchengladbach die Stadtbezirke Giesenkirchen, Odenkirchen, Rheydt-Mitte, Rheydt-West und Wickrath.

Finanzamt
47441 Moers, Unterwallstr 1; F (0 28 41) 20 80
Vorsteherin: Eva Hagemann LtdRegierungsdirekto-
rin
Amtsbezirk: Die Städte Kamp-Lintfort, Moers,
Neukirchen-Vluyn, Rheinberg und Xanten und die
Gemeinden Alpen und Sonsbeck des Kreises Wesel.
Ferner: Verwaltung der Kraftfahrzeugsteuer für das
Gebiet des Kreises Wesel in den Zuständigkeitsbe-
reichen Dinslaken und Wesel.

Nebenstelle
47441 Moers, Mühlenstr 30; Telefax (0 28 41)
20 83 32

Finanzamt
45468 Mülheim an der Ruhr, Wilhelmstr 7;
F (02 08) 30 01-1; Telefax (02 08) 30 01-4 18
Vorsteher: Walter Falke LtdRDir
Amtsbezirk: Kreisfreie Stadt Mülheim an der Ruhr.

Finanzamt Neuss I
41464 Neuss, Schillerstr 80; F (0 21 31) 9 43-0
Vorsteher: Dr Peter Maubach LtdRDir
Amtsbezirk: Vom Kreis Neuss die Stadt Neuss.

Finanzamt Neuss II
41460 Neuss, Hammfelddamm 9; F (0 21 31)
1 72-0; Telefax (0 21 31) 1 72-4 99
Vorsteher: Hans-Eckhardt Hübner LtdRDir
Amtsbezirk: Vom Kreis Neuss die Städte Dormagen, Kaarst, Korschenbroich und Meerbusch.

Finanzamt Oberhausen-Nord
46145 Oberhausen, Gymnasialstr 16; F (02 08)
64 99-0
Vorsteher: Hans-Ulrich Honke RDir
Amtsbezirk: Von der kreisfreien Stadt Oberhausen
die Stadtteile Sterkrade und Osterfeld nördlich des
Rhein-Herne-Kanals.

Finanzamt Oberhausen-Süd
46045 Oberhausen, Schwartzstr 7-9; F (02 08)
85 04-0; Telefax (02 08) 8 50 43 44
Vorsteher: Osmar Offermann RDir

Amtsbezirk: Von der Stadt Oberhausen der Stadtteil Alt-Oberhausen und der Stadtteil Osterfeld südlich des Rhein-Herne-Kanals.
Ferner: Verwaltung der Grunderwerbsteuer und Kraftfahrzeugsteuer für den Bezirk des Finanzamtes Oberhausen-Nord.

Finanzamt
42897 Remscheid, Wupperstr 10; F (0 21 91) 6 91-1; Telefax (0 21 91) 6 91 - 3 10
Vorsteher: Hans-Peter Scharwächter LtdRDir
Amtsbezirk: Kreisfreie Stadt Remscheid.

Finanzamt Solingen-Ost
42651 Solingen, Goerdelerstr 24-26; F (02 12) 2 82 - 1; Telefax (02 12) 2 82 - 2 82
Vorsteher: Detlef Barkhaus LtdRDir
Amtsbezirk: Von der kreisfreien Stadt Solingen die Stadtteile Burg/Wupper, Dorp, Gräfrath, Höhscheid und Solingen.
Ferner: Verwaltung der Grunderwerbsteuer und Kraftfahrzeugsteuer für den Bezirk des Finanzamtes Solingen-West.

Finanzamt Solingen-West
42699 Solingen, Merscheider Busch 23; F (02 12) 3 85 - 1; Telefax (02 12) 3 85 - 2 65
Vorsteher: Dr Thomas Hennig RDir
Amtsbezirk: Von der kreisfreien Stadt Solingen die Stadtteile Ohligs und Wald.
Ferner: Zentrale Lohnsteuer-Außenprüfung für Arbeitgeber bestimmter Größenklassen in den Bezirken der Finanzämter Velbert, Düsseldorf-Hilden, Düsseldorf-Mettmann, Remscheid, Solingen-Ost, Solingen-West, Wuppertal-Barmen und Wuppertal-Elberfeld.

Finanzamt
42549 Velbert, Nedderstr 38-40; F (0 20 51) 47 - 1
Vorsteher: Theodor Hußmann LtdRDir
Amtsbezirk: Städte Heiligenhaus, Velbert und Wülfrath des Kreises Mettmann.
Ferner: Beitreibung rückständiger Kraftfahrzeugsteuer, die auf den Bezirk des Finanzamtes Velbert entfällt, für das Finanzamt Düsseldorf-Mettmann. Kapitalverkehrsteuer für die Amtsbezirke der Finanzämter Düsseldorf-Hilden, Düsseldorf-Mettmann, Solingen-Ost, Solingen-West, Remscheid, Wuppertal-Barmen und Wuppertal-Elberfeld.
Erbschaft- und Schenkungsteuer für die Amtsbezirke der Finanzämter Düsseldorf-Hilden und Düsseldorf-Mettmann.

Finanzamt
41751 Viersen, Mühlenberg 7; F (0 21 62) 95 50; Telefax (0 21 62) 95 53 50
Vorsteher: Klaus Schmolke LtdRDir
Amtsbezirk: Vom Kreis Viersen die Städte Viersen und Willich, die Gemeinden Brüggen, Niederkrüchten und Schwalmtal.
Ferner: Festsetzung der Kraftfahrzeugsteuer für den gesamten Kreis Viersen.

Finanzamt
46483 Wesel, Poppelbaumstr 5-7; F (02 81) 10 51
Vorsteherin: Dagmar Schilli-Frank RDirektorin
Amtsbezirk: Die Stadt Wesel und die Gemeinden Hamminkeln und Schermbeck des Kreises Wesel.

Finanzamt Wuppertal-Barmen
42283 Wuppertal, Unterdörnen 96; F (02 02) 5 67 - 1; Telefax (02 02) 56 72 40
Vorsteher: Hans Hausmann LtdRDir
Amtsbezirk: Von der kreisfreien Stadt Wuppertal die Stadtteile Barmen, Beyenburg, Langerfeld und Ronsdorf.
Ferner: Verwaltung der Erbschaftsteuer für die Bezirke der Finanzämter Wuppertal-Elberfeld, Solingen-Ost, Solingen-West, Remscheid.

Finanzamt Wuppertal-Elberfeld
42103 Wuppertal, Kasinostr 12; F (02 02) 4 89-0; Telefax (02 02) 48 94 26
Vorsteher: Hans-Arno Bluhm LtdRDir
Amtsbezirk: Von der kreisfreien Stadt Wuppertal die Stadtteile Cronenberg, Elberfeld, Schöller, Vohwinkel.
Ferner: Verwaltung der Grunderwerbsteuer und Kraftfahrzeugsteuer für den Bezirk des Finanzamtes Wuppertal-Barmen.

2 Oberfinanzdirektion Köln

(Bundesfinanzverwaltung in der Teilausgabe „Bund")
50668 Köln, Riehler Platz 2; F (02 21) 97 78-0; Telefax (02 21) 97 78-39 80; Telex 8 885 348 ofdk d

Oberfinanzpräsident: Dr Klaus Manke
Vertreter: Hans Joseph Henk FinPräs
Persönlicher Referent: Dr Frank Mlosch RDir
Leiter des Präsidialbüros: Karl-Josef Werner ORR
Amtsbezirk: Regierungsbezirk Köln

Besitz- und Verkehrsteuerabteilung
Leiter: Hans-Joseph Henk FinPräs
Vorprüfungsstelle Land – VPL – Kemener RDir

Gruppe St 1 Steuern vom Einkommen und Ertrag
Leiter: Josef Eich AbtDir

Ref St 11: **Einkommensteuer (ohne Steuerabzüge)** Nickel RDir
Ref St 12: **Steuerabzüge** Rau RDir
Ref St 13: **Körperschaftsteuer und Gewerbesteuer** Breier RDir
Ref St 14: **Umsatzsteuer (Grundsatzfragen, Umsatzsteuer-Sonderprüfung)** Steinhauser ORR
Ref St 15: **Einkommensteuer** Gras RDir

Gruppe St 2 Bewertung, Steuern und Abgaben vom Vermögen, Verkehrsteuern
Leiter: Karl-Joseph Wolff LtdRDir

Ref St 21: **Bewertung, Vermögensteuer, Grundsteuer, Lastenausgleichsabgaben** Wolff LtdRDir
Ref St 22: **Verkehrsteuern** Dr Kuhna RDir

Ref St 24: **Ertragswertermittlung – Landwirtschaft** Niehörster RDir
Ref St 25: **Ertragswertermittlung – Forstwirtschaft** Imig FoDir

Gruppe St 3 Abgabenordnung (AO), Vorprüfung der Abgabenerhebung und Innenprüfung
Leiter: Rüdiger Kraak LtdRDir

Ref St 31: **Abgabenordnung (AO)** Kraak LtdRDir
Ref St 32: **Stundung, Erlaß und Aussetzung** Graupner RDir
Ref St 33: **Vollstreckung der Steuerschuld** Horster ORR
Ref St 35: **Innenprüfung** Antonetty RDir

Gruppe St 4 Betriebsprüfung, Steuerfahndung, Steuerstraf(verfahrens)recht und Bußgeld(verfahrens)recht
Leiter: Uwe Heidemeyer LtdRDir

Ref St 41: **Betriebsprüfung, Konzern-, Groß- und Landwirtschaftliche Betriebsprüfung** Heidemeyer LtdRDir
Ref St 42: **Steuerstraf(verfahrens)recht, Bußgeld(verfahrens)recht und Steuerfahndung** Heidenreich RDir
Ref St 43: **Amtsbetriebsprüfung** Jardin RDir

Gruppe St 6 Organisation, Haushalts- und Kassenwesen, Oberfinanzkasse
Leiter: Hans Klaus Wolff AbtDir

Ref St 61: **Organisation – Allgemein und Finanzverwaltung** Kuhl RDir
Ref St 62: **Automation – Allgemein und Finanzverwaltung** Wurms ORR
Ref St 63: **Haushalt und Beschaffung** Franken ORR
Ref St 64: **Kassenwesen, Rechnungsamt** Schikowski ORR
Ref St 65: **Organisationsangelegenheiten der Finanzverwaltung** Schikowski ORR

Oberfinanzkasse (Land)
Leiter: Lemmer SteuOAR

Gruppe St 7 Personalangelegenheiten für die Abteilungen St und VL
Leiter: Johann Georg Cadenbach LtdRDir

Ref St 71: **Personalangelegenheiten der Beamten** Curt RDir
Ref St 72: **Personalangelegenheiten der Verwaltungsangestellten und Verwaltungsarbeiter** Löhr ORR
Ref St 73: **Soziale Fürsorge** Rütten ORR
Ref St 74: **Rechts- und Disziplinarsachen** Mohr RDir
Ref St 75: **Ausbildung und Fortbildung** Hasbach RDir

Landesvermögens- und Bauabteilung
Leiter: Clemens Mooren FinPräs

Ref VL 01: **Allgemeine Verwaltungsangelegenheiten** Gaul ORR
VL VP: **Vorprüfungsstelle für Bauausgaben** NN

Gruppe VL 1
50676 Köln, Marsilstein 23; F (02 21) 2 02 10; Telefax (02 21) 2 02 12 27
Leiter: Dieter Münker LtdRDir

Ref VL 11: **Liegenschaften** Münker LtdRDir
Ref VL 12: **Wohnungsfürsorge, Fehlbelegungsabgabe** Sistig RR
Ref VL 13: **Bau- und Bauvertragsrecht** Henkel RDir

Gruppe VL 2
Leiter: Wilhelm Krämer AbtDir

Ref VL 21: **Allgemeine Bauangelegenheiten** Gersmann ORBauR
Ref VL 22: **Haushalts- und baufachliche Automationsangelegenheiten** Janssen ORBauR
Ref VL 23: **Zivile Baumaßnahmen des Bundes** Richter ORBauR
Ref VL 24: **Baumaßnahmen der Bundeswehr (ohne Luftwaffe), Aufbauhilfe Land Brandenburg (Heer und Luftwaffe)** Schnier RBauDir
Ref VL 25: **Baumaßnahmen der Luftwaffe, (einschließlich Heeresflieger) und der NATO** Karmanski RBauDir
Ref VL 26: **Baumaßnahmen der ausländischen Streitkräfte (ohne Luftwaffe und Heeresflieger) und Mitwirkung bei der Wohnungsfürsorge** Karmanski RBauDir

Gruppe VL 3
Leiter: Wilfried Hartmann LtdRBauDir

Ref VL 31: **Allgemeiner Ingenieurbau, Depotbauten, Munitionsanlagen, Schießstandanlangen, Truppenübungsplätze, Bauaufgaben des Zivilschutzes, POL-Bauten im Land NRW** Hartmann LtdRBauDir
Ref VL 32: **Elektrotechnik** Heun RBauDir
Ref VL 33: **Versorgungstechnik** NN
Ref VL 34: **Konstruktiver Ingenieurbau, Tragwerksplanung/Prüfung Tragwerksplanung** Schmidt ORBauR

Der Dienst- und Fachaufsicht der Oberfinanzdirektion Köln unterstehen:

2.1 Finanzamt für Konzernbetriebsprüfung Köln

50676 Köln, Marsilstein 29; F (02 21) 20 21-0; Telefax (02 21) 20 21 - 2 83

Aufgabenkreis:
Prüfung der Konzerne des Oberfinanzbezirks.

Vorsteher: Dr Hans-Josef Bär LtdRDir
Amtsbezirk: Für Betriebe aller Größenklassen im Oberfinanzbezirk Köln, im einzelnen Anordnung und Durchführung von Betriebsprüfungen bei
– Betrieben aller Größenklassen der Konzerne im Oberfinanzbezirk Köln mit einem Außenumsatz ab 500 Mio. DM, soweit nicht das Finanzamt für Betriebsprüfung der Land- und Forstwirtschaft Köln, das Finanzamt für Großbetriebsprüfung

Aachen oder das Finanzamt für Großbetriebsprüfung Köln I zuständig ist,
- Betrieben aller Größenklassen
  - der Konzerne im Oberfinanzbezirk Köln der Wirtschaftszweige „Versicherungsgewerbe" und „Rundfunk- und Fernsehanstalten",
  - der Wirtschaftszweige „Versicherungsgewerbe" und „Rundfunk- und Fernsehanstalten", soweit sie nicht in einem Konzern im Oberfinanzbezirk Köln gehören.

2.2 Finanzamt für Betriebsprüfung der Land- und Forstwirtschaft Köln

für die Finanzämter im Oberfinanzbezirk Köln
50823 Köln, Am Gleisdreieck 7-9; F (02 21) 57 72-0; Telefax (02 21) 57 72 - 1 63

Aufgabenkreis:
Prüfung der land- und forstwirtschaftlichen Betriebe sowie gewerblichen Betriebe aller Größenklassen bestimmter, eng mit der Landwirtschaft verbundener Branchen.

Vorsteher: Rolf-Dieter Hartmann RDir
Amtsbezirk: Oberfinanzbezirk Köln, hierbei im einzelnen Anordnung und Durchführung von Betriebsprüfungen bei Betrieben aller Größenklassen
- der Konzerne im Oberfinanzbezirk Köln der Wirtschaftszweige „Landwirtschaft", „Gewerbliche Gärtnerei, gewerbliche Tierhaltung, -zucht und -pflege", „Forstwirtschaft", „Fischerei, Fischzucht" einschließlich landwirtschaftlicher und forstwirtschaftlicher Dienstleistungen,
- der aufgeführten Wirtschaftszweige, soweit sie nicht zu einem Konzern im Oberfinanzbezirk Köln gehören,
- der Konzerne im Oberfinanzbezirk Köln mit einem Außenumsatz unter 500 Mio. DM der Wirtschaftszweige „Zuckerindustrie", „Obst- und Gemüseverarbeitung", „Milchverwertung", „Alkoholbrennerei", „Großhandel mit Getreide, Saaten, Pflanzen, Futter- und Düngemitteln, lebenden Tieren", „Großhandel mit Gemüse, Obst, Früchten", „Vermittlung von landwirtschaftlichen Grundstoffen, lebenden Tieren, textilen Rohstoffen und Halbwaren", „Einzelhandel mit Blumen, Pflanzen",
- der aufgeführten Wirtschaftszweige, soweit sie nicht zu einem Konzern im Oberfinanzbezirk Köln gehören.

2.3 Finanzämter für Großbetriebsprüfung

im Oberfinanzbezirk Köln
Aufgabenkreis:
Prüfung der Groß- und Anhangbetriebe im Oberfinanzbezirk.

Finanzamt für Großbetriebsprüfung Aachen
52066 Aachen, Beverstr 17; F (02 41) 9 40-19 10, 19 11, 19 23; Telefax (02 41) 9 40-19 32
Vorsteher: Günter Reinartz RDir
Amtsbezirk: Für Betriebe aller Größenklassen, Großbetriebe und Gebietskörperschaften im Oberfinanzbezirk Köln die Bezirke der Finanzämter Aachen-Außenstadt, Aachen-Innenstadt, Aachen-Kreis, Düren, Erkelenz, Geilenkirchen und Jülich Anordnung und Durchführung von Betriebsprüfungen bei
- Betrieben aller Größenklassen der Konzerne im Oberfinanzbezirk Köln mit einem Außenumsatz unter 500 Mio. DM, zu denen mindestens ein Großbetrieb gehört, soweit nicht das Finanzamt für Konzernbetriebsprüfung Köln, das Finanzamt für Betriebsprüfung der Land- und Forstwirtschaft Köln oder ein anderes Finanzamt für Großbetriebsprüfung zuständig ist,
- Großbetrieben, soweit nicht das Finanzamt für Konzernbetriebsprüfung Köln, das Finanzamt für Betriebsprüfung der Land- und Forstwirtschaft Köln oder ein anderes Finanzamt für Großbetriebsprüfung zuständig ist,
- Außenprüfungen (ausgenommen Lohnsteuerprüfungen) bei Körperschaften, die gemeinnützigen, mildtätigen oder kirchlichen Zwecken dienen, mit Einnahmen von mehr als 20 Mio DM sowie bei Berufsverbänden mit Einnahmen von mehr als 20 Mio DM,
- Großbetrieben der Wirtschaftszweige „Elektrizitäts-, Gas-, Fernwärme und Wasserversorgung" sowie „Verkehr, Nachrichtenübermittlung (ohne Spedition, Lagerei, Verkehrsvermittlung)" der Gebietskörperschaften (§§ 89, 93 GO),
- Gebietskörperschaften, die Großbetriebe der unter vorangegangenem Punkt aufgeführten Wirtschaftszweige unterhalten, mit ihren wirtschaftlichen Unternehmen und Gesellschaften.

Finanzamt für Großbetriebsprüfung Köln I
50823 Köln, Am Gleisdreieck 7-9; F (02 21) 57 72-0; Telefax (02 21) 57 72 - 2 00
Vorsteher: Martin LtdRDir
Amtsbezirke: Für die Bezirke der Finanzämter Bergheim, Brühl, Köln-Altstadt, Köln-Mitte, Köln-Nord, Köln-Süd und Köln-West Anordnung und Durchführung von Betriebsprüfungen bei
- Betrieben aller Größenklassen der Konzerne im Oberfinanzbezirk Köln mit einem Außenumsatz unter 500 Mio. DM, zu denen mindestens ein Großbetrieb gehört, soweit nicht das Finanzamt für Konzernbetriebsprüfung Köln, das Finanzamt für Betriebsprüfung der Land- und Forstwirtschaft Köln oder ein anderes Finanzamt für Großbetriebsprüfung zuständig ist,
- Großbetrieben, soweit nicht das Finanzamt für Konzernbetriebsprüfung Köln, das Finanzamt für Betriebsprüfung der Land- und Forstwirtschaft Köln oder ein anderes Finanzamt für Großbetriebsprüfung zuständig ist,
- Körperschaften, die gemeinnützigen, mildtäti-

gen oder kirchlichen Zwecken dienen, mit Einnahmen von mehr als 20 Mio DM sowie bei Berufsverbänden mit Einnahmen von mehr als 20 Mio DM.

Für die Bezirke aller Finanzämter des Oberfinanzbezirks Köln Anordnung und Durchführung von Betriebsprüfungen bei Betrieben aller Größenklassen
– der Konzerne im Oberfinanzbezirk Köln des Wirtschaftszweiges „Kreditinstitute",
– des Wirtschaftszweiges „Kreditinstitute", soweit sie nicht zu einem Konzern im Oberfinanzbezirk Köln gehören.

Für die Bezirke der Finanzämter Bergheim, Bergisch Gladbach, Bonn-Außenstadt, Bonn-Innenstadt, Brühl, Euskirchen, Gummersbach, Köln-Altstadt, Köln-Mitte, Köln-Nord, Köln-Ost, Köln-Porz, Köln-Süd, Köln-West, Leverkusen, Sankt Augustin, Schleiden, Siegburg und Wipperfürth Anordnung und Durchführung von Betriebsprüfungen bei
– Großbetrieben der Wirtschaftszweige „Elektrizitäts-, Gas-, Fernwärme und Wasserversorgung" sowie „Verkehr, Nachrichtenübermittlung (ohne Spedition, Lagerei, Verkehrsvermittlung)" der Gebietskörperschaften (§§ 89, 93 GO),
– Gebietskörperschaften, die Großbetriebe der aufgeführten Wirtschaftszweige unterhalten, mit ihren wirtschaftlichen Unternehmen und Gesellschaften.

Finanzamt für Großbetriebsprüfung Köln II
50823 Köln, Am Gleisdreieck 7-9; F (02 21) 57 72-0; Telefax (02 21) 57 72 - 1 63
Vorsteher: Dr Franz-Josef Schmitz-Rode LtdRDir
Amtsbezirk: Für die Bezirke der Finanzämter Bergisch Gladbach, Gummersbach, Köln-Ost, Köln-Porz, Leverkusen, Wipperfürth Anordnung und Durchführung von
– Betriebsprüfungen bei Betrieben aller Größenklassen der Konzerne im Oberfinanzbezirk Köln mit einem Außenumsatz unter 500 Mio. DM, zu denen mindestens ein Großbetrieb gehört, soweit nicht das Finanzamt für Konzernbetriebsprüfung Köln, das Finanzamt für Betriebsprüfung der Land- und Forstwirtschaft Köln oder ein anderes Finanzamt für Großbetriebsprüfung zuständig ist,
– Betriebsprüfungen bei Großbetrieben, soweit nicht das Finanzamt für Konzernbetriebsprüfung Köln, das Finanzamt für Betriebsprüfung der Land- und Forstwirtschaft Köln oder ein anderes Finanzamt für Großbetriebsprüfung zuständig ist,
– Außenprüfungen (ausgenommen Lohnsteueraußenprüfungen) bei Körperschaften, die gemeinnützigen, mildtätigen oder kirchlichen Zwecken dienen, mit Einnahmen von mehr als 20 Mio DM sowie bei Berufsverbänden mit Einnahmen von mehr als 20 Mio DM.

Für die Bezirke aller Finanzämter der Oberfinanzdirektion Köln Anordnung und Durchführung von

– Außenprüfungen (ausgenommen Lohnsteueraußenprüfungen) bei Gesellschaften, die ab der Gründung oder ab einem späteren Zeitpunkt Verlustzuweisungsgesellschaft sind, bis zum Ablauf des zehnten auf die Gründung oder den späteren Zeitpunkt folgenden Kalenderjahres,
– Außenprüfungen (ausgenommen Lohnsteueraußenprüfungen) bei Bauherrenmodellen und Erwerbermodellen.

Finanzamt für Großbetriebsprüfung Sankt Augustin
53757 Sankt Augustin, Hubert-Minz-Str 10; F (0 22 41) 2 42 - 4 89; Telefax (0 22 41) 24 24 92
Vorsteher: Beulke RDir
Amtsbezirk: Für die Bezirke der Finanzämter Bonn-Außenstadt, Bonn-Innenstadt, Euskirchen, Sankt Augustin, Schleiden und Siegburg Anordnung und Durchführung von Betriebsprüfungen bei
– Betrieben aller Größenklassen der Konzerne im Oberfinanzbezirk Köln mit einem Außenumsatz unter 500 Mio. DM, zu denen mindestens ein Großbetrieb gehört, soweit nicht das Finanzamt für Konzernbetriebsprüfung Köln, das Finanzamt für Betriebsprüfung der Land- und Forstwirtschaft Köln oder ein anderes Finanzamt für Großbetriebsprüfung zuständig ist,
– Großbetrieben, soweit nicht das Finanzamt für Konzernbetriebsprüfung Köln, das Finanzamt für Betriebsprüfung der Land- und Forstwirtschaft Köln oder ein anderes Finanzamt für Großbetriebsprüfung zuständig ist.

2.4 Finanzämter für Steuerstrafsachen und Steuerfahndung

im Oberfinanzbezirk Köln

Aufgabenkreis:
Durchführung von Fahndungsmaßnahmen im Oberfinanzbezirk.

Finanzamt für Steuerstrafsachen und Steuerfahndung Aachen
52064 Aachen, Kasernenstr 25; F (02 41) 4 69-0; Telefax (02 41) 4 69 - 7 99
Vorsteher: Rudolf Gerber RDir
Amtsbezirk: Für Aufgaben in Straf- und Bußgeldverfahren sowie der Steuerfahndung die Bezirke der Finanzämter Aachen-Außenstadt, Aachen-Innenstadt, Aachen-Kreis, Düren, Erkelenz, Geilenkirchen, Jülich.

Finanzamt für Steuerstrafsachen und Steuerfahndung Bonn
53111 Bonn, Theaterstr 1; F (02 28) 7 18-9; Telefax (02 28) 71 81 43
Vorsteher: Herbert Fischer RDir
Amtsbezirk: Für Aufgaben in Straf- und Bußgeldverfahren sowie der Steuerfahndung für die Bezirke der Finanzämter Bonn-Außenstadt, Bonn-Innenstadt, Euskirchen, Schleiden, Sankt Augustin, Siegburg.

Finanzamt für Steuerstrafsachen und Steuerfahndung Köln
50823 Köln, Am Gleisdreieck 7-9; F (02 21)
57 72-0; Telefax (02 21) 57 72 - 3 40
Vorsteher: Hans Joachim Adam LtdRDir
Amtsbezirk: Für Aufgaben in Straf- und Bußgeldverfahren sowie der Steuerfahndung die Bezirke der Finanzämter Bergheim, Bergisch Gladbach, Brühl, Gummersbach, Köln-Altstadt, Köln-Mitte, Köln-Nord, Köln-Ost, Köln-Porz, Köln-Süd, Köln-West, Leverkusen, Wipperfürth.

2.5 Finanzämter

im Oberfinanzbezirk Köln

Finanzamt Aachen-Außenstadt
52034 Aachen, Postfach 6225; F (02 41) 9 40-0;
Telefax (02 41) 9 40 - 20 02
Vorsteher: Dr Erwin Marx LtdRDir
Amtsbezirk: Von der Stadt Aachen die Stadtbezirke Brand, Eilendorf, Haaren, Kornellmünster/Walheim, Laurensberg, Richterich und den Stadtbezirk Aachen, soweit dieser nicht zum Bezirk des Finanzamtes Aachen-Innenstadt gehört.

Finanzamt Aachen-Innenstadt
52064 Aachen, Mozartstr 2-10; F (02 41) 4 69-0;
Telefax (02 41) 46 92 57
Vorsteher: Dr Alfred Jansen LtdRDir
Amtsbezirk: Von der kreisfreien Stadt Aachen den nördlich der Bundesbahnstrecke Köln-Aachen-Belgien gelegenen Teil des Stadtbezirks Aachen.
Ferner: Verwaltung der Grunderwerbsteuer für die Bezirke der Finanzämter Aachen-Außenstadt und Aachen-Kreis,
die Verwaltung der Gesellschaftsteuer, Börsenumsatzsteuer, Wechselsteuer, Rennwett- und Lotteriesteuer, Versicherungsteuer und Feuerschutzsteuer für die Bezirke der Finanzämter Aachen-Außenstadt, Aachen-Kreis, Düren, Erkelenz, Geilenkirchen und Jülich,
die Verwaltung der Erbschaftsteuer und Schenkungsteuer für die Bezirke der Finanzämter Aachen-Außenstadt, Aachen-Kreis, Düren, Erkelenz, Geilenkirchen und Jülich,
die Verwaltung der Kraftfahrzeugsteuer für die Bezirke der Finanzämter Aachen-Außenstadt und Aachen-Kreis,
Zentrale Lohnsteueraußenprüfung für Betriebe bestimmter Größenklassen im Zuständigkeitsbereich der Finanzämter Aachen-Kreis, Aachen-Außenstadt, Düren, Erkelenz, Geilenkirchen und Jülich.

Finanzamt Aachen-Kreis
52066 Aachen, Beverstr 17; F (02 41) 9 40-0;
Telefax (02 41) 9 40 15 15
Vorsteher: Josef Schneiderwind LtdRDir
Amtsbezirk: Kreis Aachen
Amtlicher Landwirtschaftlicher Sachverständiger für den Bezirk der Finanzämter Aachen-Innenstadt und Aachen-Außenstadt.

Wohnungsfürsorge für Angehörige der Landesfinanzverwaltung in Aachen.

Finanzamt
50126 Bergheim, Rathausstr 3; F (0 22 71) 8 20;
Telefax (0 22 71) 82 22 44
Vorsteher: Gottfried Großer LtdRDir
Amtsbezirk: Vom Erftkreis die Städte Bedburg, Bergheim, Kerpen und Pulheim sowie die Gemeinde Elsdorf.
Ferner: Verwaltung der Kraftfahrzeugsteuer für den Bezirk des Finanzamts Brühl

Finanzamt
51469 Bergisch Gladbach, Refrather Weg 35;
F (0 22 02) 93 42-0; Telefax (0 22 02) 10 95 32
Vorsteher: Dr Werner Holbeck LtdRDir
Amtsbezirk: Vom Rheinisch-Bergischen Kreis die Stadt Bergisch Gladbach und die Gemeinden Kürten, Odenthal, Overath und Rösrath.
Ferner: Verwaltung der Kraftfahrzeugsteuer für den Bezirk des Finanzamts Leverkusen (nur Gemeinden Burscheid, Leichlingen und Wermelskirchen des Rheinisch-Bergischen Kreises)

Finanzamt Bonn-Außenstadt
53115 Bonn, Bachstr 36; F (02 28) 7 26 80; Telefax
(02 28) 7 26 85 19
Vorsteher: Dieter Braun LtdRDir
Amtsbezirk: Von der kreisfreien Stadt Bonn die Stadtbezirke Bad Godesberg, Beuel, Hardtberg, Lengsdorf.
Ferner: Verwaltung der Grunderwerbsteuer für den Bezirk des Finanzamts Bonn-Innenstadt.

Finanzamt Bonn-Innenstadt
53111 Bonn, Welschnonnenstr 15; F (02 28) 71 89;
Telefax (02 28) 71 82 99
Vorsteher: Hans Kraemer LtdRDir
Amtsbezirk: Von der kreisfreien Stadt Bonn der Stadtbezirk Bonn.
Ferner: Für das Finanzamt Bonn-Außenstadt die Verwaltung der Kraftfahrzeugsteuer.
Zentrale Lohnsteuer-Außenprüfung für Betriebe bestimmter Größenklassen für die Finanzämter Bonn-Innenstadt, Bonn-Außenstadt, Euskirchen, Sankt Augustin, Schleiden und Siegburg

Finanzamt
50321 Brühl, Kölnstr 104; F (0 22 32) 7 03-0;
Telefax (0 22 32) 7 03-1 70
Vorsteher: Dr Reinhard Edeler LtdRDir
Amtsbezirk: Vom Erftkreis die Städte Brühl, Erftstadt, Frechen, Hürth und Wesseling

Finanzamt
52349 Düren, Goethestr 7; F (0 24 21) 4 95-1
Vorsteher: Dr Hermann Gerbener LtdRDir
Amtsbezirk: Vom Kreis Düren die Städte Düren, Heimbach und Nideggen sowie die Gemeinden Hürtgenwald, Kreuzau, Langerwehe, Merzenich, Niederzier, Nörvenich und Vettweiß.

193

Ferner: Verwaltung der Kraftfahrzeugsteuer für den Bezirk des Finanzamts Jülich

Finanzamt
41812 Erkelenz, Südpromenade 37; F (0 24 31) 8 01-0; Telefax (0 24 31) 80 12 71
Vorsteher: Heinrich Iber RDir
Amtsbezirk: Vom Kreis Heinsberg die Städte Erkelenz, Hückelhoven und Wegberg.
Ferner: Verwaltung der Kraftfahrzeugsteuer für den Bezirk des Finanzamts Geilenkirchen

Finanzamt
53879 Euskirchen, Thomas-Mann-Str 2; F (0 22 51) 6 25-0; Telefax (0 22 51) 62 51 40
Vorsteher: Karl Lambert Watrin RDir
Amtsbezirk: Vom Kreis Euskirchen die Städte Bad Münstereifel, Euskirchen und Zülpich sowie die Gemeinde Weilerswist.
Ferner: Verwaltung der Kraftfahrzeugsteuer für den Bezirk des Finanzamts Schleiden; Verwaltung der Erbschaft- und Schenkungsteuer für die Finanzamtsbezirke Bonn-Außenstadt, Bonn-Innenstadt, Euskirchen, Sankt Augustin und Schleiden

Finanzamt
52511 Geilenkirchen, Herzog-Wilhelm-Str 41-47; F (0 24 51) 62 30
Vorsteher: Hans-Uwe Kunau LtdRDir
Amtsbezirk: Vom Kreis Heinsberg die Städte Geilenkirchen, Heinsberg, Übach-Palenberg und Wassenberg sowie die Gemeinden Gangelt, Selfkant und Waldfeucht

Finanzamt
51645 Gummersbach, Mühlenbergweg 5; F (0 22 61) 8 61
Vorsteher: Karl-Heinrich Strohe RDir
Amtsbezirk: Vom Oberbergischen Kreis die Städte Bergneustadt, Gummersbach, Waldbröl und Wiehl sowie die Gemeinden Engelskirchen, Marienheide, Morsbach, Nümbrecht und Reichshof.
Ferner: Verwaltung der Kraftfahrzeugsteuer für den Bezirk des Finanzamts Wipperfürth

Finanzamt
52428 Jülich, Wilhelmstr 5; F (0 24 61) 6 85-0; Telefax (0 24 61) 68 51 00
Vorsteherin: Marianne Eggeling RDirektorin
Amtsbezirk: Vom Kreis Düren die Städte Jülich und Linnich und die Gemeinden Aldenhoven, Inden und Titz

Finanzamt Köln-Altstadt
50676 Köln, Am Weidenbach 4; F (02 21) 20 26-0; Telefax (02 21) 2 02 63 06
Vorsteher: Dirk Deutgen LtdRDir
Amtsbezirk: Von der kreisfreien Stadt Köln die Stadtteile Altstadt-Süd, Deutz und Neustadt-Süd.
Ferner: Verwaltung der Hypothekengewinnabgabe für den Bereich der Oberfinanzdirektion Köln; Verwaltung der Rennwett- und Lotteriesteuer, Versi-

cherungsteuer und Feuerschutzsteuer für die Bezirke der Finanzämter Bergheim, Bergisch Gladbach, Bonn-Außenstadt, Bonn-Innenstadt, Brühl, Euskirchen, Gummersbach, Köln-Altstadt, Köln-Mitte, Köln-Nord, Köln-Ost, Köln-Porz, Köln-Süd, Köln-West, Leverkusen, Sankt Augustin, Schleiden, Siegburg und Wipperfürth; Verwaltung der Grunderwerbsteuer für die Bezirke der Finanzämter Köln-Altstadt, Köln-Mitte, Köln-Nord, Köln-Ost, Köln-Porz, Köln-Süd und Köln-West.

Finanzamt Köln-Mitte
50676 Köln, Blaubach 7; F (02 21) 92 40 00; Telefax (02 21) 9 24 00 - 2 75
Vorsteher: Zebandt LtdRDir
Amtsbezirk: Von der kreisfreien Stadt Köln die Stadtteile Altstadt-Nord und Neustadt-Nord.
Ferner: Verwaltung der Kraftfahrzeugsteuer für die Bezirke der Finanzämter Köln-Altstadt, Köln-Mitte, Köln-Nord, Köln-Ost, Köln-Porz, Köln-Süd, Köln-West sowie Bergisch Gladbach, soweit dessen Bezirk die Stadt Köln umfaßt und für die Bezirke der Finanzämter Bergheim, Brühl für Fahrzeuge mit dem Kennzeichen K; − für alle Fahrzeuge der Deutschen Bundespost − Postdienst und der Deutschen Bahn AG mit Standort im Land Nordrhein-Westfalen. Zentrale Lohnsteuer-Außenprüfung für die Bezirke der Finanzämter Bergheim, Brühl, Bergisch Gladbach, Gummersbach, Köln-Altstadt, Köln-Mitte, Köln-Nord, Köln-Ost, Köln-Porz, Köln-Süd, Köln-West, Leverkusen und Wipperfürth.

Finanzamt Köln-Nord
50670 Köln, Innere Kanalstr 214; F (02 21) 7 76 01; Telefax (02 21) 77 60 - 5 19 und 4 68
Vorsteher: Manfred Boos LtdRDir
Amtsbezirk: Von der Stadt Köln der Stadtbezirk Chorweiler ohne die Stadtteile Esch/Auweiler und Pesch, der Stadtbezirk Ehrenfeld ohne die Stadtteile Bocklemünd/Mengenich und Vogelsang und Stadtbezirk Nippes.
Ferner: Kassenaufgaben in Straf- und Bußgeldverfahren.

Finanzamt Köln-Ost
50679 Köln, Siegesstr 1; F (02 21) 98 05-0; Telefax (02 21) 98 05-3 23
Vorsteher: Horst Koester LtdRDir
Amtsbezirke: Von der kreisfreien Stadt Köln der Stadtteile Kalk ohne die Stadtteile Ostheim, Brück, Rath/Heumar und der Stadtbezirk Mülheim.
Ferner: Verwaltung der Vermögens- und Kreditgewinnabgabe für die Finanzämter des Bezirks der Oberfinanzdirektion Köln.
Umsatzbesteuerung aller Unternehmer, die nicht im Erhebungsgebiet ansässig sind und die im Erhebungsgebiet auf dem Rhein oder dessen Nebenflüssen − ausgenommen den Bodensee und den Hochrhein − Personenschiffahrt betreiben oder Hotelschiffe einsetzen.

Bewertung des forstwirtschaftlich genutzten Grundbesitzes der Stadt Köln.

Finanzamt Köln-Porz
51143 Köln, Klinger Str 2-6; F (0 22 03) 59 80; Telefax (0 22 03) 59 81 99
Vorsteher: Dr Axer LtdRDir
Amtsbezirk: Von der kreisfreien Stadt Köln den Stadtbezirk Porz, vom Stadtbezirk Kalk die Stadtteile Rath/Heumar, Ostheim, Brück und Neubrück.

Finanzamt Köln-Süd
50676 Köln, Am Weidenbach 6; F (02 21) 20 26-0; Telefax (02 21) 2 02 62 82
Vorsteher: Hans-Ferdinand Amberg
Amtsbezirk: Von der kreisfreien Stadt Köln den Stadtbezirk Rodenkirchen sowie die Stadtteile Klettenberg und Sülz.

Finanzamt Köln-West
50931 Köln, Haselbergstr 20; F (02 21) 57 34-0; Telefax (02 21) 5 73 43 76
Vorsteher: Lothar Stähler LtdRDir
Amtsbezirk: Von der kreisfreien Stadt Köln den Stadtbezirk Lindenthal ohne die Stadtteile Klettenberg und Sülz und die Stadtteile Bocklemünd/Mengenich, Esch/Auweiler, Pesch, Vogelsang.
Ferner: Verwaltung der Erbschaftsteuer für die Bezirke der Finanzämter Bergheim, Bergisch Gladbach, Brühl, Gummersbach, Köln-Altstadt, Köln-Mitte, Köln-Nord, Köln-Ost, Köln-Porz, Köln-Süd, Leverkusen, Siegburg

Finanzamt Leverkusen
51379 Leverkusen, Haus-Vorster-Str 12; F (0 21 71) 4 07-1
Vorsteher: Konrad Tomahogh LtdRDir
Amtsbezirk: Die Stadt Leverkusen und vom Rheinisch-Bergischen Kreis die Städte Burscheid, Leichlingen und Wermelskirchen.
Ferner: Verwaltung der Kraftfahrzeugsteuer (mit Vollstreckung), Verwaltung der Kraftfahrzeugsteuer (ohne Vollstreckung).

Finanzamt
53757 Sankt Augustin, Hubert-Minz-Str 10; F (0 22 41) 2 42-1; Telefax (0 22 41) 24 22 65
Vorsteher: Rolf Dieter Loose LtdRDir
Amtsbezirk: Vom Rhein-Sieg-Kreis die Städte Bad Honnef, Bornheim, Königswinter, Meckenheim, Rheinbach und Sankt Augustin sowie die Gemeinden Alfter, Swisttal und Wachtberg.

Finanzamt
53937 Schleiden, Kurhausstr 7; F (0 24 44) 85-0; Telefax (0 24 44) 85-2 11
Vorsteher: Velden RDir
Amtsbezirk: Vom Kreis Euskirchen die Städte Schleiden und Mechernich und die Gemeinden Blankenheim, Dahlem, Hellenthal, Kall und Nettersheim.

Finanzamt
53721 Siegburg, Mühlenstr 19; F (0 22 41) 1 05-0; Telefax (0 22 41) 1 05-2 04
Vorsteher: Adolf Klandt LtdRDir
Amtsbezirk: Vom Rhein-Sieg-Kreis die Städte Hennef (Sieg), Lohmar, Niederkassel, Siegburg, Troisdorf sowie die Gemeinden Eitorf, Much, Neunkirchen-Seelscheid, Ruppichteroth und Windeck.
Ferner: Verwaltung der Kraftfahrzeugsteuer für den Bezirk des Finanzamts Sankt Augustin.

Finanzamt
51688 Wipperfürth, Lüdenscheider Str 10; F (0 22 67) 65-0
Vorsteher: Franz Fürst RDir
Amtsbezirk: Vom Oberbergischen Kreis die Städte Hückeswagen, Radevormwald und Wipperfürth und die Gemeinde Lindlar

3 Oberfinanzdirektion Münster

(Bundesfinanzverwaltung in der Teilausgabe „Bund")
48145 Münster, Andreas-Hofer-Str 50; F (02 51) 9 34-0; Teletex 251 20; Telefax (02 51) 9 34 - 25 81

Oberfinanzpräsident: Jürgen Himstedt
Vertreter: Rolf Bertrams FinPräs
Persönlicher Referent: Rolf Schirmbeck RDir
Präsidialbüro: Reinhold Werninghaus ORR
Amtsbezirk: Die Regierungsbezirke Arnsberg, Detmold und Münster

Besitz- und Verkehrsteuerabteilung
Leiter: Wilhelm Wendt FinPräs

Vorprüfungsstelle Land (ohne Bauausgaben) Rademacher RDir

Gruppe St 1 Steuern vom Einkommen und Ertrag
Leiter: Dr Franz Wegmann LtdRDir

Ref St 11: **Einkommensteuer (ohne Steuerabzüge)** Dr Wegmann LtdRDir
Ref St 12: **Einkommensteuer** Küper ORR
Ref St 13: **Körperschaftsteuer, Gewerbesteuer** Bienhold RDir
Ref St 15: **Einkommensteuer** Tinnefeld RDirektorin

Gruppe St 2 Bewertung, Steuern und Abgaben vom Vermögen, Verkehrsteuern
Leiter: Lothar Maschke AbtDir

Ref 21: **Einheitsbewertung, Vermögensteuer, Lastenausgleichsabgabe, Grundsteuer** Maschke AbtDir
Ref St 24: **Verkehrsteuern und Beihilfe** Förster RDir
Ref St 24: **Ertragswertermittlung − Landwirtschaft, Gartenbau und Saatzucht** Brune RDir
Ref St 25: **Ertragswertermittlung − Forstwirtschaft und Fischerei-, Forstwirtschaftliche Ertragsbesteuerung** Schulte-Hötte FoDir

Gruppe St 3 Abgabenordnung, Finanzgerichtsordnung, Steuerberatungsgesetz und Innenprüfung
Leiter: Dr Arnold Schmidt LtdRDir

Ref St 31: **Abgabenordnung, Finanzgerichtsordnung, Steuerberatungsgesetz** Dr Schmidt LtdRDir
Ref St 32: **Stundung, Erlaß und Aussetzung der Vollziehung** Barholomé RDir
Ref St 33: **Vollstreckung** Wiesehöfer RDir
Ref St 35: **Innenprüfung** Werth-Vogel ORRätin

Gruppe St 4 Betriebsprüfung, Steuerfahndung, Steuerstrafrecht und Steuerordnungswidrigkeiten, Umsatzsteuer
Leiter: Dr Notthoff LtdRDir

Ref St 41: **Betriebsprüfung** Dr Notthoff LtdRDir
Ref St 42: **Steuerfahndung, Steuerstrafrecht und Steuerordnungswidrigkeiten** Börnemeier RDir
Ref St 43: **Amtsbetriebsprüfung** Keller RDir
Ref St 44: **Umsatzsteuer** Tiemann RDirektorin

Gruppe St 6 Organisation, Haushalts- und Kassenwesen, Oberfinanzkasse
Leiter: Dr Jochen Dirichs LtdRDir

Ref St 61: **Organisation – Allgemein und Finanzverwaltung –, Textverarbeitung und Datenschutz** Hermes RDir
Ref St 62: **Organisation, Maschinelle Verfahren** Alfes ORR
Ref St 63: **Haushalt und Beschaffung** Buschmeier RDir
Ref St 64: **Kassenwesen, Rechnungsamt** Wonnemann ORR

Oberfinanzkasse (Land)
Leiter: Erwin Lisiecki SteuOAR

Gruppe St 7 Personalangelegenheiten, Justitiariat
Leiter: Joachim Krebs AbtDir

Ref St 71: **Personal- und Besoldungssachen der Beamten – Personalvertretungsgesetz** Frerics RDir
Ref St 72: **Personalsachen der Angestellten und Arbeiter** Krause RDir
Ref St 73: **Soziale Fürsorge** Kraemer RDir
Ref St 74: **Rechts- und Disziplinarsachen** Krajewski RDir
Ref St 75: **Ausbildung und Fortbildung** Wiedeck RDir

Landesvermögens- und Bauabteilung
Leiter: Dr Hans Eberhard Kaßner FinPräs

Ref VL 01: **Allgemeine Verwaltungsangelegenheiten** Bröker RDir
Vorprüfungsstelle für Bauausgeben NN

Gruppe VL 1 Liegenschaften, Wohnungsfürsorge, Bau- und Bauvertragsrecht
Leiter: Voß LtdRDir

Ref VL 11: **Liegenschaften** Voß LtdRDir
Ref VL 12: **Wohnungsfürsorge (Land)** NN
Ref VL 13: **Bau- und Bauvertragsrecht** Lammers RDir

Gruppe VL 2 Baumaßnahmen des Bundes und des Landes, Haushalts- und baufachliche Automationsangelegenheiten
Leiter: Santel LtdRBauDir

Ref VL 21: **Allgemeine Bauangelegenheiten** Heine ORBauR
Ref VL 22: **Haushalts- und baufachliche Automationsangelegenheiten** Kramer OBergR
Ref VL 23: **Zivile Bauaufgaben des Bundes und des Landes** Busen RBauDir
Ref VL 24: **Bauaufgaben der Bundeswehr (ohne Luftwaffe)** Heidemann RBauDir
Ref VL 25: **Bauaufgaben der NATO, der Bundeswehr (Luftwaffe) und der ausländischen Streitkräfte** NN
Ref VL 26: **Bauaufgaben der ausländischen Streitkräfte** König RBauDir
Ref VL 27: **Bauaufgaben des Bundes für das Land Brandenburg** Richter ORBauR

Gruppe VL 3 Ingenieurtechnische Angelegenheiten
Leiter: Erich Frieling AbtDir

Ref VL 31: **Allgemeiner Ingenieurbau, Bauaufgaben des Zivilschutzes** Frieling AbtDir
Ref VL 32: **Elektrotechnik** Wirz RBauDir
Ref VL 33: **Versorgungstechnik** Aldehoff ORBauR
Ref VL 34: **Tragwerksplanung/Baustatik – Prüfung und Aufstellung –** Klaverkamp RBauDir

Der Dienst- und Fachaufsicht der Oberfinanzdirektion Münster unterstehen:

3.1 Finanzämter für Konzernbetriebsprüfung

im Oberfinanzbezirk Münster

Aufgabenkreis:
Prüfung der Konzerne des Oberfinanzbezirks.

Finanzamt für Konzernbetriebsprüfung Dortmund
44143 Dortmund, Rennweg 1; F (02 31) 51 88-1;
Telefax (02 31) 51 88 - 22 20
Vorsteher: Joachim Pfaffenbach LtdRDir
Amtsbezirk: Für die Bezirke der Finanzämter Altena, Arnsberg, Bochum-Mitte, Bochum-Süd, Bottrop, Brilon, Dortmund-Hörde, Dortmund-Ost, Dortmund-Unna, Dortmund-West, Gelsenkirchen-Nord, Gelsenkirchen-Süd, Hagen, Hattingen, Hamm, Herne-Ost, Herne-West, Iserlohn, Lippstadt, Lüdenscheid, Meschede, Olpe, Schwelm, Siegen, Soest, Witten Anordnung und Durchführung von Betriebsprüfungen bei Betrieben
– aller Größenklassen der Konzerne im Oberfinanzbezirk Münster mit einem Außenumsatz ab 500 Mio DM, soweit nicht das Finanzamt für Konzernbetriebsprüfung Münster, das Finanzamt für Betriebsprüfung der Land- und Forstwirtschaft Münster oder das Finanzamt für Betriebsprüfung der Land- und Forstwirtschaft Paderborn, das Finanzamt für Großbetriebsprüfung Bielefeld oder das Finanzamt für Großbetriebsprüfung Bochum zuständig ist.
Für die Bezirke aller Finanzämter des Oberfinanzbezirks Münster Anordnung und Durchführung von Betriebsprüfungen bei

– Betrieben aller Größenklassen der Konzerne im Oberfinanzbezirk Münster mit einem Außenumsatz ab 500 Mio DM der Wirtschaftszweige „Elektrizitäts-, Gas-, Fernwärme- und Wasserversorgung" sowie „Verkehr, Nachrichtenübermittlung (ohne Spedition, Lagerei, Verkehrsvermittlung)",
– Großbetrieben der Wirtschaftszweige „Elektrizitäts-, Gas-, Fernwärme und Wasserversorgung" sowie „Verkehr, Nachrichtenübermittlung (ohne Spedition, Lagerei, Verkehrsvermittlung)" der Gebietskörperschaften (§§ 89, 93 GO),
– Gebietskörperschaften, die Großbetriebe der oben aufgeführten Wirtschaftszweige unterhalten, mit ihren wirtschaftlichen Unternehmen und Gesellschaften.

Finanzamt für Konzernbetriebsprüfung Münster
48145 Münster, Hohenzollernring 80; F (02 51) 93 70-0; Telefax (02 51) 93 70-8 82
Vorsteher: Wolfhart Kansteiner LtdRDir
Amtsbezirk: Für die Bezirke der Finanzämter Ahaus, Beckum, Bielefeld-Außenstadt, Bielefeld-Innenstadt, Borken, Bünde, Coesfeld, Detmold, Gladbeck, Herford, Höxter, Ibbenbüren, Lemgo, Lübbecke, Lüdinghausen, Marl, Minden, Münster-Außenstadt, Münster-Innenstadt, Paderborn, Recklinghausen, Steinfurt, Warburg, Warendorf, Wiedenbrück Anordnung und Durchführung von Betriebsprüfungen bei
– Betrieben aller Größenklassen der Konzerne im Oberfinanzbezirk Münster mit einem Außenumsatz ab 500 Mio. DM, soweit nicht das Finanzamt für Konzernbetriebsprüfung Dortmund, das Finanzamt für Betriebsprüfung der Land- und Fortstwirtschaft Münster, das Finanzamt für Betriebsprüfung der Land- und Forstwirtschaft Paderborn, das Finanzamt für Großbetriebsprüfung Bielefeld oder das Finanzamt für Großbetriebsprüfung Bochum zuständig ist.
Für die Bezirke aller Finanzämter des Oberfinanzbezirks Münster:
– Betriebe aller Größenklassen der Konzerne im Oberfinanzbezirk Münster der Wirtschaftszweige „Versicherungsgewerbe" und „Rundfunk- und Fernsehanstalten",
– Betriebe aller Größenklassen der Wirtschaftszweige „Versicherungsgewerbe" und „Rundfunk- und Fernsehanstalten", soweit sie nicht zu einem Konzern im Oberfinanzbezirk Münster gehören,
– Betriebe aller Größenklassen der Konzerne im Oberfinanzbezirk Münster des Wirtschaftszweiges „Brauerei", zu denen mindestens ein Großbetrieb gehört, sowie Großbetriebe des Wirtschaftszweiges „Brauerei", soweit sie nicht zu einem Konzern im Oberfinanzbezirk Münster gehören.

3.2 Finanzämter für Betriebsprüfung der Land- und Forstwirtschaft

für die Finanzämter im Oberfinanzbezirk Münster

Aufgabenkreis:
Prüfung der land- und forstwirtschaftlichen Betriebe im Oberfinanzbezirk.

Finanzamt für Betriebsprüfung der Land- und Forstwirtschaft Münster
48145 Münster, Hohenzollernring 80; F (02 51) 93 70-0; Telefax (02 51) 93 70-8 82
Vorsteher: Peter Frey RDir
Amtsbezirk: Für die Bezirke der Finanzämter Ahaus, Altena, Beckum, Bochum-Mitte, Bochum-Süd, Borken, Bottrop, Coesfeld, Dortmund-Hörde, Dortmund-Ost, Dortmund-Unna, Dortmund-West, Gelsenkirchen-Nord, Gelsenkirchen-Süd, Gladbeck, Hagen, Hamm, Hattingen, Herne Ost, Herne-West, Ibbenbüren, Iserlohn, Lüdenscheid, Lüdinghausen, Marl, Münster-Außenstadt, Münster-Innenstadt, Olpe, Recklinghausen, Schwelm, Siegen, Steinfurt, Warendorf, Witten Anordnung und Durchführung von Betriebsprüfungen bei Betrieben aller Größenklassen
– der Konzerne im Oberfinanzbezirk Münster der Wirtschaftszweige „Landwirtschaft", „Gewerbliche Gärtnerei, gewerbliche Tierhaltung, -zucht und -pflege", „Forstwirtschaft", „Fischerei, Fischzucht" einschließlich landwirtschaftlicher und forstwirtschaftlicher Dienstleistungen,
– der aufgeführten Wirtschaftszweige, soweit sie nicht zu einem Konzern im Oberfinanzbezirk Münster gehören,
– der Konzerne im Oberfinanzbezirk Münster mit einem Außenumsatz unter 500 Mio. DM der Wirtschaftszweige „Zuckerindustrie", „Obst- und Gemüseverarbeitung", „Milchverwertung", „Alkoholbrennerei", „Großhandel mit Getreide, Saaten, Pflanzen, Futter- und Düngemitteln, lebenden Tieren", „Großhandel mit Gemüse, Obst und Früchten", „Vermittlung von landwirtschaftlichen Grundstoffen, lebenden Tieren, textilen Rohstoffen und Halbwaren", „Einzelhandel mit Blumen und Pflanzen",
– der aufgeführten Wirtschaftszweige, soweit sie nicht zu einem Konzern im Oberfinanzbezirk Münster gehören.

Finanzamt für Betriebsprüfung der Land- und Forstwirtschaft Paderborn
33102 Paderborn, Ferdinandstr 26-28; F (0 52 51) 28 80; Telefax (0 52 51) 28 81 25
Vorsteher: Mattick RDir
Amtsbezirk: Für die Bezirke der Finanzämter Arnsberg, Bielefeld-Außenstadt, Bielefeld-Innenstadt, Brilon, Bünde, Detmold, Herford, Höxter, Lemgo, Lippstadt, Lübbecke, Meschede, Minden, Paderborn, Soest, Warburg, Wiedenbrück Anordnung und Durchführung von Betriebsprüfungen bei Betrieben aller Größenklassen

- der Konzerne im Oberfinanzbezirk Münster der Wirtschaftszweige „Landwirtschaft", „Gewerbliche Gärtnerei, gewerbliche Tierhaltung, -zucht und -pflege", „Forstwirtschaft", „Fischerei, Fischzucht" einschließlich landwirtschaftlicher und forstwirtschaftlicher Dienstleistungen,
- der aufgeführten Wirtschaftszweige, soweit sie nicht zu einem Konzern im Oberfinanzbezirk Münster gehören,
- der Konzerne im Oberfinanzbezirk Münster mit einem Außenumsatz unter 500 Mio. DM der Wirtschaftszweige „Zuckerindustrie", „Obst- und Gemüseverarbeitung", „Milchverwertung", „Alkoholbrennerei", „Großhandel mit Getreide, Saaten, Pflanzen, Futter- und Düngemitteln, lebenden Tieren", „Großhandel mit Gemüse, Obst und Früchten", „Vermittlung von landwirtschaftlichten Grundstoffen, lebenden Tieren, textilen Rohstoffen und Halbwaren", „Einzelhandel mit Blumen und Pflanzen",
- der aufgeführten Wirtschaftszweige, soweit sie nicht zu einem Konzern im Oberfinanzbezirk Münster gehören.

3.3 Finanzämter für Großbetriebsprüfung

im Oberfinanzbezirk Münster

Aufgabenkreis:
Prüfung der Groß- und Anhangbetriebe im Oberfinanzbezirk.

Finanzamt für Großbetriebsprüfung Bielefeld
33602 Bielefeld, Am Bahnhof 6; F (05 21) 52 87-0; Telefax (05 21) 5 28 71 90
Vorsteher: Meyer-Holtkamp RDir
Amtsbezirk: Für die Bezirke der Finanzämter Bielefeld-Außenstadt, Bielefeld-Innenstadt, Bünde, Herford, Wiedenbrück;
Anordung und Durchführung von
- Betriebsprüfungen bei Betrieben aller Größenklassen der Konzerne im Oberfinanzbezirk Münster mit einem Außenumsatz unter 500 Mio. DM, zu denen mindestens ein Großbetrieb gehört, soweit nicht das Finanzamt für Konzernbetriebsprüfung Dortmund, das Finanzamt für Konzernbetriebsprüfung Münster oder das Finanzamt für Betriebsprüfung der Land- und Forstwirtschaft Paderborn zuständig ist,
- Betriebsprüfungen bei Großbetrieben, soweit nicht das Finanzamt für Konzernbetriebsprüfung Dortmund, das Finanzamt für Konzernbetriebsprüfung Münster, das Finanzamt für Betriebsprüfung der Land- und Forstwirtschaft Paderborn oder ein anderes Finanzamt für Großbetriebsprüfung zuständig ist,
- Außenprüfungen (ausgenommen Lohnsteueraußenprüfungen) bei Körperschaften, die gemeinnützigen, mildtätigen oder kirchlichen Zwecken dienen, mit Einnahmen von mehr als 20 Mio DM sowie bei Berufsverbänden mit Einnahmen von mehr als 20 Mio DM,
- Außenprüfungen (ausgenommen Lohnsteueraußenprüfungen) bei Gesellschaften, die ab der Gründung oder ab einem späteren Zeitpunkt Verlustzuweisungsgesellschaft sind, bis zum Ablauf des zehnten auf die Gründung oder den späteren Zeitpunkt folgenden Kalenderjahres,
- Außenprüfungen (ausgenommen Lohnsteueraußenprüfungen) bei Bauherrenmodellen oder Erwerbermodellen.

Für die Bezirke der Finanzämter Ahaus, Beckum, Bielefeld-Außenstadt, Bielefeld-Innenstadt, Borken, Bünde, Coesfeld, Detmold, Herford, Höxter, Ibbenbühren, Lemgo, Lübbecke, Lüdinghausen, Minden, Münster-Außenstadt, Münster-Innenstadt, Paderborn, Steinfurt, Warburg, Warendorf, Wiedenbrück Anordnung und Durchführung von
- Betriebsprüfungen bei Betrieben aller Größenklassen,
- der Konzerne im Oberfinanzbezirk Münster des Wirtschaftszweiges „Kreditinstitute",
- des Wirtschaftszweiges „Kreditinstitute", soweit sie nicht zu einem Konzern im Oberfinanzbezirk Münster gehören.

Finanzamt für Großbetriebsprüfung Herne
44651 Herne, Hauptstr 123; F (0 23 25) 6 93-0; Telefax (0 23 25) 6 93-1 01
Vorsteher: Ernst Holzhüter LtdRDir
Amtsbezirk: Für die Bezirke der Finanzämter Bochum-Mitte, Bochum-Süd, Bottrop, Gelsenkirchen-Nord, Gelsenkirchen-Süd, Gladbeck, Hattingen, Herne-Ost, Herne-West, Marl, Recklinghausen, Schwelm, Witten Anordnung und Durchführung von
- Betriebsprüfungen bei Betrieben aller Größenklassen der Konzerne im Oberfinanzbezirk Münster mit einem Außenumsatz unter 500 Mio DM, zu denen mindestens ein Großbetrieb gehört, soweit nicht das Finanzamt für Konzernbetriebsprüfung Dortmund, das Finanzamt für Konzernbetriebsprüfung Münster oder das Finanzamt für Betriebsprüfung der Land- und Forstwirtschaft Münster zuständig ist,
- Betriebsprüfungen bei Großbetrieben, soweit nicht das Finanzamt für Konzernbetriebsprüfung Dortmund, das Finanzamt für Konzernbetriebsprüfung Münster, das Finanzamt für Betriebsprüfung der Land- und Forstwirtschaft Münster, das Finanzamt für Betriebsprüfung der Land- und Forstwirtschaft Paderborn oder ein anderes Finanzamt für Großbetriebsprüfung zuständig ist.

Für die Bezirke der Finanzämter Altena, Arnsberg, Bochum-Mitte, Bochum-Süd, Bottrop, Brilon, Dortmund-Hörde, Dortmund-Ost, Dortmund-Unna, Dortmund-West, Gelsenkirchen-Nord, Gelsenkirchen-Süd, Gladbeck, Hagen, Hamm, Hattingen, Herne-Ost, Herne-West, Iserlohn, Lippstadt, Lüdenscheid, Marl, Meschede, Olpe, Recklinghausen, Schwelm, Siegen, Soest, Witten

- Betriebsprüfungen bei Betrieben aller Größenklassen
- der Konzerne im Oberfinanzbezirk Münster des Wirtschaftszweiges „Kreditinstitute",
- des Wirtschaftszweiges „Kreditinstitute", soweit sie nicht zu einem Konzern im Oberfinanzbezirk Münster gehören.

Finanzamt für Großbetriebsprüfung Detmold
32756 Detmold, Langestr 79; F (0 52 31) 9 74-3 00; Telefax (0 52 31) 9 74-5 55
Vorsteher: Günter Stumpf LtdRDir
Amtsbezirk: Für die Bezirke der Finanzämter Detmold, Höxter, Lemgo, Lübbecke, Minden, Paderborn, Warburg Anordnung und Durchführung von
- Betriebsprüfungen bei Betrieben aller Größenklassen der Konzerne im Oberfinanzbezirk Münster mit einem Außenumsatz unter 500 Mio DM, zu denen mindestens ein Großbetrieb gehört, soweit nicht das Finanzamt für Konzernbetriebsprüfung Dortmund, das Finanzamt für Konzernbetriebsprüfung Münster oder das Finanzamt für Betriebsprüfung der Land- und Forstwirtschaft Paderborn zuständig ist,
- Betriebsprüfungen bei Großbetrieben, soweit nicht das Finanzamt für Konzernbetriebsprüfung Dortmund, das Finanzamt für Konzernbetriebsprüfung Münster, das Finanzamt für Betriebsprüfung der Land- und Forstwirtschaft Münster, das Finanzamt für Betriebsprüfung der Land- und Forstwirtschaft Paderborn oder ein anderes Finanzamt für Großbetriebsprüfung zuständig ist,
- Betriebsprüfungen bei Verlustzuweisungsgesellschaften,
- Außenprüfungen bei Bauherrenmodellen und Erwerbermodellen.

Finanzamt für Großbetriebsprüfung Dortmund
44143 Dortmund, Nussbaumweg 210; F (02 31) 51 88-1
Vorsteher: Hans Ritter LtdRDir
Amtsbezirk: Für die Bezirke der Finanzämter Arnsberg, Brilon, Dortmund-Hörde, Dortmund-Ost, Dortmund-Unna, Dortmund-West, Hamm, Lippstadt, Meschede, Soest Anordnung und Durchführung von
- Betriebsprüfungen bei Betrieben aller Größenklassen der Konzerne im Oberfinanzbezirk Münster mit einem Außenumsatz unter 500 Mio DM, zu denen mindestens ein Großbetrieb gehört, soweit nicht das Finanzamt für Konzernbetriebsprüfung Dortmund, das Finanzamt für Konzernbetriebsprüfung Münster, das Finanzamt für Betriebsprüfung der Land- und Forstwirtschaft Paderborn zuständig ist,
- Betriebsprüfungen bei Großbetrieben, soweit nicht das Finanzamt für Konzernbetriebsprüfung Dortmund, das Finanzamt für Konzernbetriebsprüfung Münster, das Finanzamt für Be-

triebsprüfung der Land- und Forstwirtschaft Münster, das Finanzamt für Betriebsprüfung der Land- und Forstwirtschaft Paderborn oder ein anderes Finanzamt für Großbetriebsprüfung zuständig ist,
- Betriebsprüfungen bei Verlustzuweisungsgesellschaften,
- Außenprüfungen bei Bauherrenmodellen und Erwerbermodellen.

Finanzamt für Großbetriebsprüfung Hagen
58089 Hagen, Becheltestr 32; F (0 23 31) 30 89-0; Telefax (0 23 31) 30 89-43
Vorsteher: Dr Lothar Kohorst LtdRDir
Amtsbezirk: Für die Bezirke der Finanzämter Altena, Hagen, Iserlohn, Lüdenscheid, Olpe, Siegen Anordnung und Durchführung von
- Betriebsprüfungen bei Betrieben aller Größenklassen der Konzerne im Oberfinanzbezirk Münster mit einem Außenumsatz unter 500 Mio DM, zu denen mindestens ein Großbetrieb gehört, soweit nicht das Finanzamt für Konzernbetriebsprüfung Dortmund, das Finanzamt für Konzernbetriebsprüfung Münster oder das Finanzamt für Betriebsprüfung der Land- und Forstwirtschaft Münster zuständig ist,
- Betriebsprüfungen bei Großbetrieben, soweit nicht das Finanzamt für Konzernbetriebsprüfung Dortmund, das Finanzamt für Konzernbetriebsprüfung Münster, das Finanzamt für Betriebsprüfung der Land- und Forstwirtschaft Münster, das Finanzamt für Betriebsprüfung der Land- und Forstwirtschaft Paderborn oder ein anderes Finanzamt für Großbetriebsprüfung zuständig ist,
- Außenprüfungen (ausgenommen Lohnsteueraußenprüfungen) bei Körperschaften, die gemeinnützigen, mildtätigen oder kirchlichen Zwecken dienen, mit Einnahmen von mehr als 20 Mio DM sowie bei Berufsverbänden mit Einnahmen von mehr als 20 Mio DM,
- Außenprüfungen (ausgenommen Lohnsteueraußenprüfungen) bei Gesellschaften, die ab der Gründung oder ab einem späteren Zeitpunkt Verlustzuweisungsgesellschaft sind, bis zum Ablauf des zehnten auf die Gründung oder den späteren Zeitpunkt folgenden Kalenderjahres,
- Außenprüfungen (ausgenommen Lohnsteueraußenprüfungen) bei Bauherrenmodellen und Erwerbermodellen.

Finanzamt für Großbetriebsprüfung Münster
48145 Münster, Hohenzollernring 80; F (02 51) 93 70-6 96
Vorsteher: Clemens Tofall LtdRDir
Amtsbezirk: Für die Bezirke der Finanzämter Ahaus, Beckum, Borken, Coesfeld, Ibbenbüren, Lüdinghausen, Münster-Außenstadt, Münster-Innenstadt, Steinfurt, Warendorf Anordnung und Durchführung von
- Betriebsprüfungen bei Betrieben aller Größenklassen der Konzerne im Oberfinanzbezirk Mün-

ster mit einem Außenumsatz unter 500 Mio DM, zu denen mindestens ein Großbetrieb gehört, soweit nicht das Finanzamt für Konzernbetriebsprüfung Dortmund, das Finanzamt für Konzernbetriebsprüfung Münster oder das Finanzamt für Betriebsprüfung der Land- und Forstwirtschaft Münster zuständig ist,

- Betriebsprüfungen bei Großbetrieben, soweit nicht das Finanzamt für Konzernbetriebsprüfung Dortmund, das Finanzamt für Konzernbetriebsprüfung Münster, das Finanzamt für Betriebsprüfung der Land- und Forstwirtschaft Münster, das Finanzamt für Betriebsprüfung der Land- und Forstwirtschaft Paderborn oder ein anderes Finanzamt für Großbetriebsprüfung zuständig ist,

- Außenprüfungen (ausgenommen Lohnsteueraußenprüfungen) bei Körperschaften, die gemeinnützigen, mildtätigen oder kirchlichen Zwecken dienen, mit Einnahmen von mehr als 20 Mio DM sowie bei Berufsverbänden mit Einnahmen von mehr als 20 Mio DM,

- Außenprüfungen (ausgenommen Lohnsteueraußenprüfungen) bei Gesellschaften, die ab der Gründung oder ab einem späteren Zeitpunkt Verlustzuweisungsgesellschaft sind, bis zum Ablauf des zehnten auf die Gründung oder den späteren Zeitpunkt folgenden Kalenderjahres,

- Außenprüfungen (ausgenommen Lohnsteueraußenprüfungen) bei Bauherrenmodellen und Erwerbermodellen.

3.4 Finanzämter für Steuerstrafsachen und Steuerfahndung

im Oberfinanzbezirk Münster

Aufgabenkreis:
Durchführung von Fahndungsmaßnahmen im Oberfinanzbezirk.

Finanzamt für Steuerstrafsachen und Steuerfahndung Bielefeld
33602 Bielefeld, Am Bahnhof 6; F (05 21) 52 87-0; Telefax (05 21) 52 87-2 90
Vorsteher: Josef Wehage LtdRDir
Amtsbezirk: Für Aufgaben in Straf- und Bußgeldverfahren sowie der Steuerfahndung die Bezirke der Finanzämter Bielefeld-Außenstadt, Bielefeld-Innenstadt, Bünde, Detmold, Herford, Höxter, Lemgo, Lübbecke, Minden, Paderborn, Warburg, Wiedenbrück.

Finanzamt für Steuerstrafsachen und Steuerfahndung Bochum
44791 Bochum, Uhlandstr 37-39; F (02 34) 58 78-0; Telefax (02 34) 5 87 84 44
Vorsteher: Gert Buddenhorn LtdRDir
Amtsbezirk: Für Aufgaben in Straf- und Bußgeldverfahren sowie der Steuerfahndung die Bezirke der Finanzämter Bochum-Mitte, Bochum-Süd, Bot-

trop, Dortmund-Hörde, Dortmund-Ost, Dortmund-Unna, Dortmund-West, Gelsenkirchen-Nord, Gelsenkirchen-Süd, Gladbeck, Hamm, Hattingen, Herne-Ost, Herne-West, Lippstadt, Marl, Recklinghausen, Soest, Witten.

Finanzamt für Steuerstrafsachen und Steuerfahndung Hagen
58089 Hagen, Bechelestr 32; F (0 23 31) 30 89-0; Telefax (0 23 31) 30 89 14
Vorsteher: Gernot Schelkmann RDir
Amtsbezirk: Für Aufgaben in Straf- und Bußgeldverfahren sowie der Steuerfahndung die Bezirke der Finanzämter Altena, Arnsberg, Brilon, Hagen, Iserlohn, Lüdenscheid, Meschede, Olpe, Schwelm und Siegen.

Finanzamt für Steuerstrafsachen und Steuerfahndung Münster
48145 Münster, Hohenzollernring 80; F (02 51) 93 70-5 37; Telefax (02 51) 93 70 - 8 81
Vorsteher: Elmar Haakshorst RDir
Amtsbezirk: Für Aufgaben in Straf- und Bußgeldverfahren sowie der Steuerfahndung die Bezirke der Finanzämter Ahaus, Beckum, Borken, Coesfeld, Ibbenbüren, Lüdinghausen, Münster-Außenstadt, Münster-Innenstadt, Steinfurt, Warendorf.

3.5 Finanzämter

im Oberfinanzbezirk Münster

Finanzamt
48683 Ahaus, Rathausplatz 2; F (0 25 61) 74-0
Vorsteher: Paul Sprenger LtdRDir
Amtsbezirk: Die Städte Ahaus, Gescher, Gronau, Stadtlohn und Vreden und die Gemeinden Heek, Legden, Schöppingen und Südlohn des Kreises Borken.
Ferner: Erhebung der Umsatzsatzsteuer der Ausländer für den Bezirk der Oberfinanzdirektion Münster.

Finanzamt
58762 Altena, An der Lohmühle 2; F (0 23 52) 2 07-1
Vorsteher: Wolfgang Overthun RDir
Amtsbezirk: Die Städte Altena, Neuenrade, Plettenberg und Werdohl und die Gemeinden Herscheid und Nachrodt-Wiblingwerde des Märkischen Kreises.

Finanzamt
59821 Arnsberg, Rumbecker Str 36; F (0 29 31) 8 75-0
Vorsteher: Friedrich-Wilhelm Fürst LtdRDir
Amtsbezirk: Die Städte Arnsberg und Sundern (Sauerland) des Hochsauerlandkreises.
Ferner: Verwaltung der Erbschaftsteuer für die Bezirke der Finanzämter Altena, Brilon, Hagen, Iserlohn, Lippstadt, Lüdenscheid, Meschede, Olpe, Siegen und Soest.

Finanzamt
59269 Beckum, Elisabethstr 19; F (0 25 21) 25-1;
Telefax (0 25 21) 2 53 19
Vorsteher: Detlef von Jouanne LtdRDir
Amtsbezirk: Die Städte Ahlen, Beckum, Drensteinfurt, Ennigerloh, Oelde, Sendenhorst und die Gemeinde Wadersloh des Kreises Warendorf.

Finanzamt Bielefeld-Außenstadt
33607 Bielefeld, Ravensberger Str 125; F (05 21)
5 48 - 0; Telefax (05 21) 5 48-7 03
Vorsteher: Alfred Euen LtdRDir
Amtsbezirk: Von der Stadt Bielefeld das Gebiet der
durch das Gesetz zur Neugliederung der Gemeinden und Kreise des Neugliederungsraumes Bielefeld vom 24. Oktober 1972 (GV NW Seite 284) in
die kreisfreie Stadt Bielefeld eingegliederten Gemeinden und Gemeindeteile und vom Kreis Gütersloh die Städte Borgholzhausen, Halle, Versmold,
Werther und die Gemeinden Schloß Holte-Stukenbrock und Steinhagen.
Ferner: Zentrale Lohnsteuer-Außenprüfung bei
Kapitalgesellschaften als Arbeitgeber mit jeweils
mindestens 100 Arbeitnehmern, öffentlich-rechtlichen Arbeitgebern und bei anderen Arbeitgebern
mit jeweils mindestens 500 Arbeitnehmern für die
Bezirke der Finanzämter Bielefeld-Außenstadt, Bielefeld-Innenstadt, Bünde, Detmold, Herford,
Höxter, Lemgo, Lübbecke, Minden, Paderborn,
Warburg und Wiedenbrück.

Finanzamt Bielefeld-Innenstadt
33607 Bielefeld, Ravensberger Str 90; F (05 21)
5 48-0; Telefax (05 21) 54 88 88
Vorsteher: E Deppe LtdRDir
Amtsbezirk: Von der Stadt Bielefeld das Gebiet der
kreisfreien Stadt Bielefeld vor dem Inkrafttreten des
Gesetzes zur Neugliederung der Gemeinden und
Kreise des Neugliederungsraumes Bielefeld vom
24. Oktober 1972 (GV NW Seite 284).
Ferner: Bewertung des Grundbesitzes, Grunderwerbsteuer für den Bezirk des Finanzamtes Biele-
feld-Außenstadt, Verwaltung der Kraftfahrzeugsteuer für das Gebiet der kreisfreien Stadt Bielefeld,
Verwaltung der Gesellschaftsteuer, Börsenumsatzsteuer, Wechselsteuer, Versicherungsteuer und
Feuerschutzsteuer für die Bezirke der Finanzämter
Bielefeld-Außenstadt, Bünde, Detmold, Herford,
Höxter, Lemgo, Lübbecke, Minden, Paderborn,
Warburg, Wiedenbrück, Kassenaufgaben in Straf-
und Bußgeldverfahren für die Bezirke der Finanzämter Bielefeld-Innenstadt, Bielefeld-Außenstadt,
Bünde, Detmold, Herford, Höxter, Lemgo, Lübbecke, Minden, Paderborn, Warburg und Wieden-
brück.

Finanzamt Bochum-Mitte
44791 Bochum, Castroper Str 40-42; F (02 34)
5 14-0; Telefax (02 34) 51 44 44
Vorsteher: Konrad Voß LtdRDir
Amtsbezirk: Die Stadtbezirke Nord, Mitte und Ost
der kreisfreien Stadt Bochum.

Ferner: Verwaltung der Kraftfahrzeugsteuer für das
Gebiet der kreisfreien Stadt Bochum.

Finanzamt Bochum-Süd
44789 Bochum, Königsallee 21; F (02 34) 33 37-0;
Telefax (02 34) 33 37 - 7 51
Vorsteher: Wiffel LtdRDir
Amtsbezirk: Von der Stadt Bochum die Stadtbezirke
Süd, Süd-West und Wattenscheid.
Ferner: Verwaltung der Erbschaft- und Schen-
kungsteuer.

Finanzamt
46325 Borken, Nordring 10; F (0 28 61) 9 29-0;
Telefax (0 28 61) 9 29-1 00
Vorsteher: Herbert Trinn LtdRDir
Amtsbezirk: Die Städte Bocholt, Borken, Isselburg
und Rhede und die Gemeinden Heiden, Raesfeld,
Reken und Velen des Kreises Borken.
Ferner: Verwaltung der Kraftfahrzeugsteuer für das
Gebiet der Städte Ahaus, Gescher, Gronau, Stadt-
lohn und Vreden und der Gemeinden Heek, Leg-
den, Schöppingen und Südlohn (Kreis Borken) des
Finanzamtsbezirkes Ahaus.

Finanzamt
46236 Bottrop, Scharnhölzstr 32; F (0 20 41) 6 91-0
Vorsteher: Ulrich Eisenack RDir
Amtsbezirk: Stadt Bottrop.
Ferner: Verwaltung der Kraftfahrzeugsteuer der
Stadt Gladbeck für Kfz mit auslaufendem Bottro-
per Kennzeichen.

Finanzamt
59929 Brilon, Steinweg 30; F (0 29 61) 7 88-0;
Telefax (0 29 61) 7 88 - 2 24
Vorsteher: Bernd Seipp RDir
Amtsbezirk: Vom Hochsauerlandkreis die Städte
Brilon, Hallenberg, Marsberg, Medebach, Olsberg
und Winterberg.

Finanzamt
32257 Bünde, Lettow-Vorbeck-Str 2-10; F (0 52 23)
1 69-0
Vorsteher: Wilfried Bess RDir
Amtsbezirk: Vom Kreis Herford die Städte Bünde
und Löhne sowie die Gemeinden Kirchlengern, Rödinghausen.

Finanzamt
48653 Coesfeld, Friedrich-Ebert-Str 8; F (0 25 41)
7 32-0; Telefax (0 25 41) 7 32 - 3 00
Vorsteher: Dr Gerhard Niemeier LtdRDir
Amtsbezirk: Vom Kreis Coesfeld die Städte Biller-
beck, Coesfeld und Dülmen sowie die Gemeinden
Havixbeck, Nottuln und Rosendahl.
Ferner: Verwaltung der Kraftfahrzeugsteuer für das
Gebiet der Städte Lüdinghausen und Olfen und der
Gemeinden Ascheberg, Nordkirchen und Senden
(Kreis Coesfeld).

Finanzamt
32756 Detmold, Wotanstr 8; F (0 52 31) 9 72-0;
Telefax (0 52 31) 9 72-2 50
Vorsteher: Rolf-Dieter Engel LtdRDir
Amtsbezirk: Vom Kreis Lippe die Städte Bad Salzuflen, Blomberg, Detmold, Horn-Bad Meinberg, Lage, Lüdge, Oerlinghausen und Schieder-Schwalenberg und die Gemeinden Augustdorf, Leopoldshöhe und Schlangen.
Ferner: Verwaltung der Erbschaftsteuer für die Bezirke der Finanzämter Bielefeld-Außenstadt, Bielefeld-Innenstadt, Bünde, Detmold, Herford, Höxter,
Lemgo, Lübbecke, Minden, Paderborn, Warburg
und Wiedenbrück, Verwaltung der Kraftfahrzeugsteuer für den Bezirk des Finanzamtes Lemgo.

Finanzamt Dortmund-Hörde
44263 Dortmund, Niederhofener Str 3; F (02 31)
41 03-0; Telefax (02 31) 41 03-3 33
Vorsteher: Heinz Tellkamp LtdRDir
Amtsbezirk: Von der kreisfreien Stadt Dortmund
die Stadtbezirke Aplerbeck, Hörde und Hombruch.

Finanzamt Dortmund-Ost
44143 Dortmund, Nußbaumweg 210; F (02 31)
51 88-1; Telefax (02 31) 51 88-25 76
Vorsteher: Dr Peter Scheel LtdRDir
Amtsbezirk: Von der kreisfreien Stadt Dortmund
die Stadtbezirke Eving, Innenstadt-Nord, Innenstadt-Ost und Scharnhorst.
Ferner: Verwaltung der Versicherungsteuer, Feuerschutzsteuer, Rennwett- und Lotteriesteuer für die
Bezirke der Finanzämter Bochum-Mitte, Bochum-
Süd, Bottrop, Dortmund-West, Dortmund-Hörde,
Dortmund-Unna, Gelsenkirchen-Nord, Gelsenkir-
chen-Süd, Herne-Ost, Herne-West, Verwaltung der
Grunderwerbsteuer für die Bezirke der Finanzäm-
ter Dortmund-Hörde, Dortmund-West und aus
dem Bezirk des Finanzamtes Dortmund-Unna für
das Gebiet des Stadtbezirks Brackel der kreisfreien
Stadt Dortmund.
Verwaltung der Zentralen Außenprüfung Lohn-
steuer für die Bezirke der Finanzämter Bochum-
Mitte, Bochum-Süd, Bottrop, Dortmund-Hörde,
Dortmund-Unna, Dortmund-West, Gelsenkirchen-
Nord, Gelsenkirchen-Süd, Gladbeck, Hamm, Hat-
tingen, Herne-Ost, Herne-West, Lippstadt, Marl,
Recklinghausen, Schwelm, Soest und Witten.

Finanzamt Dortmund-Unna
44143 Dortmund, Rennweg 1; F (02 31) 51 88-1;
Telefax (02 31) 51 88-27 96
Vorsteher: Eberhard Scheidemantel LtdRDir
Amtsbezirk: Von der kreisfreien Stadt Dortmund
den Stadtbezirk Brackel, vom Kreis Unna die Städ-
te Fröndenberg, Lünen, Schwerte, Unna und die
Gemeinde Holzwickede.

Finanzamt Dortmund-West
44141 Dortmund, Märkische Str 124; F (02 31)
95 81-0
Vorsteher: Franz-Josef Flacke RDir

Amtsbezirk: Von der kreisfreien Stadt Dortmund
die Stadtbezirke Huckarde, Innenstadt-West, Lüt-
gendortmund und Mengede.
Ferner: Verwaltung der Kraftfahrzeugsteuer – mit
Vollstreckung – für die Bezirke der Finanzämter
Dortmund-Hörde, Dortmund-Ost sowie den Bezirk
des Finanzamts Dortmund-Unna, soweit dieser Teile der Stadt Dortmund umfaßt.

Finanzamt Gelsenkirchen-Nord
45894 Gelsenkirchen, Rathausplatz 1; F (02 09)
3 86-1; Telefax (02 09) 3 86-3 20
Vorsteher: Walter Busch RDir
Amtsbezirk: Von der kreisfreien Stadt Gelsenkirchen die Stadtbezirke Nord und Ost.

Finanzamt Gelsenkirchen-Süd
45879 Gelsenkirchen, Zeppelinallee 9-13; F (02 09)
1 73-1; Telefax (02 09) 1 73 37 70
Vorsteher: Martin Friedrich LtdRDir
Amtsbezirk: Von der Stadt Gelsenkirchen die Stadtbezirke Mitte, Süd und West.
Ferner: Verwaltung der Grunderwerbsteuer und
der Kraftfahrzeugsteuer für das gesamte Gebiet der
kreisfreien Stadt Gelsenkirchen.

Finanzamt
45964 Gladbeck, Jovyplatz 4; F (0 20 43) 2 70-1
Vorsteher: Karl Bauer LtdRDir
Amtsbezirk: Vom Kreis Recklinghausen die Städte
Dorsten und Gladbeck.

Finanzamt
58097 Hagen, Schürmannstr 7; F (0 23 31) 1 27 - 1;
Telefax (0 23 31) 12 74 44
Vorsteher: Dr Wolfgang Weiß LtdRDir
Amtsbezirk: Kreisfreie Stadt Hagen.
Ferner: Verwaltung der Gesellschaftsteuer, Börsenumsatzsteuer, Wechselsteuer, Versicherungsteuer
und Feuerschutzsteuer für die Bezirke der Finanzämter Altena, Arnsberg, Brilon, Iserlohn, Lüdenscheid, Meschede, Olpe, Schwelm, Siegen, Witten
und Hattingen. Zentrale Außenprüfungsstelle
Lohnsteuer (ZALSt) für die Bezirke der Finanzämter Altena, Arnsberg, Brilon, Iserlohn, Lüdenscheid, Meschede, Olpe und Siegen.

Finanzamt
59063 Hamm, Grünstr 2; F (0 23 81) 9 18-0
Vorsteher: Rudi Bartling LtdRDir
Amtsbezirk: Kreisfreie Stadt Hamm sowie vom
Kreis Unna die Städte Bergkamen, Kamen und die
Gemeinde Bönen.
Ferner: Verwaltung der Kraftfahrzeugsteuer für
den gesamten Kreis Unna.

Finanzamt
45525 Hattingen, Rathausplatz 19; F (0 23 24)
2 08 - 0
Vorsteher: Hubert Block RDir
Amtsbezirk: Vom Ennepe-Ruhr-Kreis die Städte
Hattingen und Sprockhövel.

Finanzamt
32051 Herford, Wittekindstr 5; F (0 52 21) 17-1;
Telefax (0 52 21) 1 73 16
Vorsteher: Dr Franz Wiehler LtdRDir
Amtsbezirk: Vom Kreis Herford die Städte Enger,
Herford, Spenge und Vlotho und die Gemeinde
Hiddenhausen.
Ferner: Verwaltung der Kraftfahrzeugsteuer für
den Bezirk des Finanzamtes Bünde.

Finanzamt Herne-Ost
44623 Herne, Markgrafenstr 12; F (0 23 23) 59 80
Vorsteher: Dieter Albers RDir
Amtsbezirk: Von der kreisfreien Stadt Herne das
Gebiet der früheren Stadt Herne.
Ferner: Verwaltung der Kraftfahrzeugsteuer für
den Bezirk des Finanzamtes Herne-West.

Finanzamt Herne-West
44651 Herne, Edmund-Weber-Str 210; F (0 23 25)
6 96-0; Telefax (0 23 25) 69 62 22
Vorsteher: Klaus-Peter Hemming RDir
Amtsbezirk: Von der kreisfreien Stadt Herne das
Gebiet der früheren Stadt Wanne-Eickel.
Ferner: Verwaltung der Grunderwerbsteuer.

Finanzamt
37671 Höxter, Bismarckstr 11; F (0 52 71) 6 89-1;
Telefax (0 52 71) 6 89 - 3 27
Vorsteher: Rainer Engelhardt RDir
Amtsbezirk: Vom Kreis Höxter die Städte Bad Dri-
burg, Beverungen, Brakel, Höxter, Marienmünster,
Nieheim und Steinheim.
Ferner: Verwaltung der Kraftfahrzeugsteuer für
den Bezirk des Finanzamtes Warburg.

Finanzamt
49477 Ibbenbüren, Uphof 10; F (0 54 51) 9 20-0;
Telefax (0 54 51) 92 03 95
Vorsteher: Roland Uhlenbruch LtdRDir
Amtsbezirk: Vom Kreis Steinfurt die Städte Greven,
Hörstel, Ibbenbüren, Lengerich und Tecklenburg
und die Gemeinden Hopsten, Ladbergen, Lienen,
Lotte, Mettingen, Recke, Saerbeck und Westerkap-
peln.

Finanzamt
58636 Iserlohn, Zollernstr 16; F (0 23 71) 9 69-1;
Telefax (0 23 71) 9 69 - 3 88
Vorsteherin: Temming-Ebbinghaus RDirektorin
Amtsbezirk: Vom Märkischen Kreis die Städte Bal-
ve, Hemer, Iserlohn und Menden (Sauerland).

Finanzamt
32657 Lemgo, Engelbert-Kämpfer-Str 18;
F (0 52 61) 2 53-1; Telefax (0 52 61) 25 33 03
Vorsteher: Dr Rembert Glunz RDir
Amtsbezirk: Vom Kreis Lippe die Städte Lemgo
und Barntrup und die Gemeinden Dörentrup, Extertal und Kalletal.

Finanzamt
59555 Lippstadt, Im grünen Winkel 3; F (0 29 41)
9 82-0; Telefax (0 29 41) 9 82-4 99
Vorsteher: Dr Hans-Joachim Ant
Amtsbezirk: Vom Kreis Soest die Städte Erwitte,
Geseke, Lippstadt, Rüthen und Warstein und die
Gemeinde Anröchte.

Finanzamt
32312 Lübbecke, Bohlenstr 102; F (0 57 41) 3 34-0
Vorsteher: Heinrich Schulte RDir
Amtsbezirk: Vom Kreis Minden-Lübbecke die Städte Espelkamp, Lübbecke, Preußisch Oldendorf,
Rahden und die Gemeinden Hüllhorst und Stemwede.

Finanzamt
58507 Lüdenscheid, Dukatenweg 6; F (0 23 51)
1 55-0; Telefax (0 23 51) 1 55-2 13
Vorsteher: Norbert Schmidt LtdRDir
Amtsbezirk: Vom Märkischen Kreis die Städte Halver, Kierspe, Lüdenscheid und Meinerzhagen und
die Gemeinde Schalksmühle.
Ferner: Verwaltung der Kraftfahrzeugsteuer für
den Bezirk des Märkischen Kreises.

Finanzamt
59348 Lüdinghausen, Bahnhofstr 32; F (0 25 91)
27-1
Vorsteherin: Edeltraud Eustermann LtdRDirektorin
Amtsbezirk: Vom Kreis Coesfeld die Städte Lüdinghausen und Olfen und die Gemeinden Ascheberg,
Nordkirchen und Senden; vom Kreis Unna die
Städte Selm und Werne.

Finanzamt
45768 Marl, Brassertstr 1; F (0 23 65) 1 03 - 1;
Telefax (0 23 65) 10 34 44
Vorsteher: Wolfgang Schäfer LtdRDir
Amtsbezirk: Vom Kreis Recklinghausen die Städte
Haltern, Herten und Marl.

Finanzamt
59872 Meschede, Fritz-Honsel-Str 4; F (02 91)
9 50-0
Amtsbezirk: Vom Hochsauerlandkreis die Städte
Meschede und Schmallenberg und die Gemeinden
Bestwig und Eslohe (Sauerland).
Ferner: Verwaltung der Kraftfahrzeugsteuer für
den Bezirk der Finanzämter Arnsberg und Brilon.

Finanzamt
32427 Minden, Heidestr 10; F (05 71) 8 04-1;
Telefax (05 71) 80 44 83
Vorsteher: Jürgen Junker LtdRDir
Amtsbezirk: Vom Kreis Minden-Lübbecke die Städ-
te Bad Oeynhausen, Minden, Petershagen, Porta
Westfalica und die Gemeinde Hille.
Ferner: Verwaltung der Kraftfahrzeugsteuer für
den Bezirk des Finanzamtes Lübbecke.

Finanzamt Münster-Außenstadt
48153 Münster, Friedrich-Ebert-Str 46; F (02 51)
9 72 90; Telefax (02 51) 9 72 97 56
Vorsteher: Helmut Dorendorf LtdRDir
Amtsbezirk: Von der kreisfreien Stadt Münster die
Stadtbezirke Hiltrup, Ost, Süd-Ost und West und
vom Kreis Warendorf die Stadt Telgte.

Erweiterte Zuständigkeiten: Verwaltung der Feuerschutzsteuer, Versicherungsteuer und Rennwett-
und Lotteriesteuer sowie Abwicklung der Börsenumsatzsteuer, Gesellschaftsteuer und Wechselsteuer für die Finanzamtsbezirke Ahaus, Borken, Bekkum, Coesfeld, Gladbeck, Hamm, Ibbenbüren,
Lippstadt, Lüdinghausen, Marl, Münster-Außenstadt, Münster-Innenstadt, Recklinghausen, Soest,
Steinfurt und Warendorf. Verwaltung der Grunderwerbsteuer für die Finanzamtsbezirke Münster-
Außenstadt und Münster-Innenstadt.

Kassenaufgaben in Straf- und Bußgeldverfahren für
die Finanzamtsbezirke Ahaus, Beckum, Borken,
Coesfeld, Ibbenbüren, Lüdinghausen, Münster-
Außenstadt, Münster-Innenstadt, Steinfurt und
Warendorf.

Verwaltung der Kraftfahrzeugsteuer Bezirk des Finanzamts Münster-Außenstadt, soweit dieser Teile
der Stadt Münster umfaßt, Bezirk des Finanzamts
Münster-Außenstadt, soweit dieser Teile des Kreises Warendorf umfaßt, und soweit es sich um Neu-
an/ummeldungen von Fahrzeugen vor dem 01. Januar 1975 handelt, Bezirk des Finanzamts Münster-
Innenstadt Bezirke der Finanzämter Beckum, Coesfeld, Ibbenbüren, Lüdinghausen und Warendorf,
für Fahrzeuge mit Kennzeichen MS, für alle Fahrzeuge der Wasser- und Schiffahrtsdirektion West in
Münster.

Amtlich landwirtschaftliche Sachverständigen-Auf-
gaben für die Finanzämter Ahaus, Borken, Coesfeld, Ibbenbüren, Lüdinghausen, Münster-Außenstadt und Münster-Innenstadt, Steinfurt.

Bausachverständigenaufgaben für die Finanzämter
Münster-Außenstadt und Ibbenbüren, Städte Lengerich, Greven, Tecklenburg; Gemeinden Landber-
gen, Lienen und Lotte.

Amtlich forstwirtschaftliche Sachverständigen-Auf-
gaben für die Finanzämter Beckum, Bielefeld-Außenstadt und Bielefeld-Innenstadt, Ibbenbüren,
Münster-Außenstadt und Münster-Innenstadt,
Steinfurt, Warendorf, Wiedenbrück.

Amtshilfeleistung für die Verteidigungslastenverwaltung in den Finanzamtsbezirken Bielefeld-Außenstadt und Bielefeld-Innenstadt, Wiedenbrück,
Warendorf – teilweise – nur Stadt Harsewinkel.

Finanzamt Münster-Innenstadt
48143 Münster, Münzstr 10/11; F (02 51) 4 16-1;
Telefax (02 51) 41 63 08
Vorsteher: Heinrich Hinricher LtdRDir
Amtsbezirk: Von der kreisfreien Stadt Münster die
Stadtbezirke Mitte und Nord.
Ferner: Erbschaftsteuer für die Bezirke der Finanz-
ämter Ahaus, Beckum, Borken, Coesfeld, Ibbenbü-
ren, Lüdinghausen, Münster-Außenstadt, Steinfurt
und Warendorf.

Zentrale Außenprüfung Lohnsteuer für die Finanzamtsbezirke Ahaus, Beckum, Borken, Steinfurt, Coesfeld, Ibbenbüren, Lüdinghausen, Münster-Außenstadt und Warendorf.

Finanzamt
57462 Olpe, Am Gallenberg 20; F (0 27 61) 84 - 1;
Telefax (0 27 61) 8 43 72
Vorsteher: Peter Moskob LtdRDir
Amtsbezirk: Kreis Olpe.

Finanzamt
33102 Paderborn, Bahnhofstr 28-30; F (0 52 51)
20 50; Telefax (0 52 51) 20 53 00
Vorsteher: Dr Schmidt LtdRDir
Amtsbezirk: Kreis Paderborn.
Ferner: Verwaltung der Kraftfahrzeugsteuer mit
Vollstreckung.

Finanzamt
45657 Recklinghausen, Westerholter Weg 2;
F (0 23 61) 5 83-0; Telefax (0 23 61) 58 34 48
Vorsteher: Hans Koch LtdRDir
Amtsbezirk: Die Städte Castrop-Rauxel, Datteln,
Oer-Erkenschwick, Recklinghausen und Waltrop
des Kreises Recklinghausen.
Ferner: Verwaltung der Kraftfahrzeugsteuer für die
Städte Dorsten, Gladbeck und die Städte des Krei-
ses Recklinghausen.

Finanzamt
58332 Schwelm, Bahnhofplatz 6; F (0 23 36)
8 03 - 0
Vorsteher: Bandorski LtdRDir
Amtsbezirk: Vom Ennepe-Ruhr-Kreis die Städte
Breckerfeld, Ennepetal, Gevelsberg, Schwelm.
Ferner: Verwaltung der Kraftfahrzeugsteuer für das
Gebiet der Städte Hattingen und Sprockhövel (En-
nepe-Ruhr-Kreis) – Finanzamt Hattingen – sowie
die Städte Witten, Herdecke, Wetter und Herbede
(Ennepe-Ruhr-Kreis) – Finanzamt Witten – .

Finanzamt
57076 Siegen, Weidenauer Str 207; F (02 71) 40 00
Vorsteher: Helmut Tripp LtdRDir
Amtsbezirk: Kreis Siegen-Wittgenstein.

Finanzamt
59494 Soest, Waisenhausstr 11; F (0 29 21) 3 51-0;
Telefax (0 29 21) 3 51-3 70
Vorsteher: Könemann LtdRDir
Amtsbezirk: Vom Kreis Soest die Städte Soest und
Werl und die Gemeinden Bad Sassendorf, Ense,
Lippetal, Möhnesee, Welver und Wickede (Ruhr).
Ferner: Verwaltung der Kraftfahrzeugsteuer für
den Bezirk des Finanzamtes Lippstadt.

Finanzamt
48565 Steinfurt, Ochtruper Str 2; F (0 25 51) 1 71
Vorsteher: Wolfgang Beckert LtdRDir
Amtsbezirk: Vom Kreis Steinfurt die Städte Emsdetten, Horstmar, Ochtrup, Rheine und Steinfurt so-

wie die Gemeinden Altenberge, Laer, Metelen, Neuenkirchen, Nordwalde, Wettringen.
Ferner: Verwaltung der Kraftfahrzeugsteuer für den Bezirk des Finanzamtes Ibbenbüren.

Finanzamt
34414 Warburg, Sternstr 33; F (0 56 41) 30 21 bis 30 24, 30 27; Telefax (0 56 41) 5 03 63
Vorsteherin: Ilse Birkwald ORRätin
Amtsbezirk: Vom Kreis Höxter die Städte Borgentreich, Warburg und Willebadessen.

Finanzamt
48231 Warendorf, Düsternstr 43; F (0 25 81) 58 - 1; Telefax (0 25 81) 5 82 41
Vorsteher: Rupert Mantlik RDir
Amtsbezirk: Vom Kreis Warendorf die Städte Sassenberg und Warendorf und die Gemeinden Beelen, Everswinkel und Ostbevern, vom Kreis Gütersloh die Stadt Harsewinkel.
Ferner: Verwaltung der Kraftfahrzeugsteuer für die Städte Ahlen, Beckum, Drensteinfurt, Oelde und Sendenhorst und die Gemeinden Ennigerloh und Wadersloh (Kreis Warendorf) − Finanzamt Bekkum − die Stadt Telgte (Kreis Warendorf) − Finanzamt Münster-Außenstadt − .

Finanzamt Wiedenbrück
33378 Rheda-Wiedenbrück, Hauptstr 34; F (0 52 42) 18-1; Telefax (0 52 42) 18 - 3 81
Vorsteher: Hans Rudolf Hoffknecht LtdRDir
Amtsbezirk: Vom Kreis Gütersloh die Städte Gütersloh, Rheda-Wiedenbrück, Rietberg und die Gemeinden Herzebrock-Clarholz, Langenberg und Verl.
Ferner: Verwaltung der Kraftfahrzeugsteuer für das Gebiet der Städte Borgholzhausen, Halle, Versmold, Werther und der Gemeinden Schloß Holte-Stukenbrock, Steinhagen (Kreis Gütersloh) − Finanzamt Bielefeld-Außenstadt − und der Stadt Harsewinkel (Kreis Gütersloh) − Finanzamt Warendorf − .

Finanzamt
58452 Witten, Casinostr 12/14; F (0 23 02) 9 21-0; Telefax (0 23 02) 92 12 00
Vorsteher: Klaus Reuter LtdRDir
Amtsbezirk: Vom Ennepe-Ruhr-Kreis die Städte Herdecke, Wetter (Ruhr) und Witten.

4 Landesamt für Besoldung und Versorgung (LBV)

Nordrhein-Westfalen
40221 Düsseldorf, Völklinger Str 49; F (02 11) 8 96-01; Telefax (02 11) 8 96-12 43

Staatsrechtliche Grundlage und Aufgabenkreis:
Das LBV, eine Landesoberbehörde im Sinne von § 6 des Landesorganisationsgesetzes (LOG NW), bearbeitet alle Besoldungs-, Vergütungs-, Versorgungs- und Entlohnungsfälle, für die das Land zu-

ständig ist und die für eine Zentralisierung geeignet sind.
Die Dienst- und Fachaufsicht über das Landesamt übt der Finanzminister aus. Zur Berechnung und Zahlbarmachung der Dienst- und Versorgungsbezüge bedient sich das Landesamt des Rechenzentrums beim Landesamt für Datenverarbeitung und Statistik NRW.

Leiterin: Renate Spiecker Direktorin des LBV
Vertreter: Dieter Friedrich AbtDir

Abt 1 Zentralabteilung
Leiter: Dieter Friedrich AbtDir

Abt 2 Grundsatzfragen, Datenplanung, Datenorganisation und Datenverarbeitung, Justitiariat
Leiter: Reinhard Jung LtdRDir

Abt 3 Besoldung und Versorgung Land
Leiter: Heinz-Franz Haufs LtdRDir

Abt 4 Versorgung Bund, Vergütung und Entlohnung
Leiter: Dieter von Mallinckrodt LtdRDir

Beim Landesamt für Besoldung und Versorgung eingerichtet:

4.1 Rechnungsamt beim Landesamt für Besoldung und Versorgung

40221 Düsseldorf, Völklinger Str 49; F (02 11) 8 96-01

Staatsrechtliche Grundlage und Aufgabenkreis:
Im Einvernehmen mit dem Finanzminister und dem Landesrechnungshof ist beim Landesamt für Besoldung und Versorgung ein Rechnungsamt mit eigenem Bestand an Prüfungspersonal eingerichtet, dem die Vorprüfung obliegt und dem der LRH Prüfungsaufgaben übertragen kann (§ 100 LHO). Das Rechnungsamt prüft die Einnahmen und Ausgaben des Landes und des Bundes einschließlich der Verwahrungen und Vorschüsse sowie Maßnahmen, die sich finanziell auswirken können (§ 89 LHO und § 56 Abs 3 HGrG).

Leiter: Helmut Zimmer RDir

5 Fachhochschule für Finanzen

Nordrhein-Westfalen
59394 Nordkirchen, Schloß; F (0 25 96) 10 01

Staatsrechtliche Grundlage und Aufgabenkreis:
Verordnung vom 27. Juni 1976 (GVBl Nr 36 vom 16. Juli 1976 Seite 246).
Die Fachhochschule für Finanzen, eine Einrichtung des Landes im Sinne von § 14 LOG, dient der Ausbildung für den gehobenen nichttechnischen Dienst der Steuerverwaltung des Landes Nordrhein-Westfalen.

Direktor der Fachhochschule für Finanzen: P Bornfelder
Vertreter: Dr H Krill LtdRDir

6 Landesfinanzschule

Nordrhein-Westfalen
42781 Haan, Kaiserstr 10-14; F (0 21 29) 9 18-0

Aufgabenkreis:
Die Landesfinanzschule, eine Einrichtung des Landes im Sinne von § 14 LOG, dient in erster Linie der Ausbildung der Beamten des mittleren Dienstes der Landesfinanzverwaltung Nordrhein-Westfalen.
Weitere Aufgabe ist unter anderen die Mitwirkung bei der Fortbildung der Bediensteten der Landesfinanzverwaltung Nordrhein-Westfalen.

Leiter: Klaus Saalmann LtdRDir

7 Fortbildungsanstalt der Finanzverwaltung

des Landes Nordrhein-Westfalen
53177 Bonn, Horionstr 1; F (02 28) 95 10 10; Telefax (02 28) 95 10 - 1 30

Aufgabenkreis:
Die Fortbildungsanstalt, eine Einrichtung des Landes im Sinne von § 14 LOG, dient der Fortbildung der Beschäftigten der Finanzverwaltung des Landes Nordrhein-Westfalen

Leiter: Arnold Bendels ORR

8 Rechenzentrum der Finanzverwaltung

des Landes Nordrhein-Westfalen (RZF NRW)
40476 Düsseldorf, Roßstr 131; F (02 11) 45 72 - 3 09; Telefax (02 11) 4 57 23 02

Staatsrechtliche Grundlage und Aufgabenkreis:
Gesetz zur Einrichtung des Rechenzentrums der Finanzverwaltung als Landesoberbehörde vom 30. September 1986 (GVBl NW vom 15. Oktober 1986).
Das Rechenzentrum der Finanzverwaltung des Landes Nordrhein-Westfalen, eine Landesoberbehörde im Sinne des § 6 Landesorganisationsgesetz (LOG) NW, untersteht unmittelbar dem Finanzminister des Landes Nordrhein-Westfalen.
Dem Rechenzentrum sind folgende Aufgaben übertragen:
- Für die Finanzämter des Landes NW:
  - die Berechnung von Steuern einschließlich der Steuervergütungen und Steuererstattungen sowie von steuerlichen Nebenleistungen; ferner die Fertigung und Bekanntgabe der entsprechenden Verwaltungsakte,
  - die Berechnung von gesondert festzustellenden Besteuerungsgrundlagen, von Steuermeßbeträgen und Zerlegungsanteilen sowie die Fertigung und Bekanntgabe der entsprechenden Verwaltungsakte,

- die Aufforderung zur Abgabe von Steuererklärungen durch Zusendung von Steuererklärungsvordrucken oder Erinnerungsschreiben,
- die Buchführung über die von den Finanzkassen anzunehmenden oder auszuzahlenden Beträge einschließlich der Fertigung von Unterlagen für Ein- und Auszahlungen,
- die Fertigung sowie der Versand von Mitteilungen, insbesondere Erinnerungen an demnächst fällige Beträge, Mahnungen sowie Mitteilungen über Steuernummern, Lastschriften und Umbuchungen,
- die Entgegennahme von Steueranmeldungen und Steuererklärungen, soweit diese beleglos auf Datenträgern oder im Wege der Datenfernübertragung übermittelt werden,
- die Annahme von Zahlungen, die aufgrund einer Einzugsermächtigung oder unter Verwendung vorgefertigter Zahlungsträger an das Rechenzentrum der Finanzverwaltung geleistet werden,
- die Leistung von Zahlungen, soweit diese im beleglosen Datenaustausch mit Kreditinstituten oder durch Übersendung von Schecks zur Abrechnung im automatisierten Verfahren bewirkt werden,
- die Übermittlung von Daten, insbesondere an Behörden und Körperschaften des öffentlichen Rechts.
- Für die Landwirtschaftskammern des Landes NW:
  - die Festsetzung und Erhebung ihrer Umlage.
- Für die Ausgleichsämter im Lande NW:
  - die Berechnung und Zahlbarmachung der Kriegsschadenrente und der Hauptentschädigung nach dem Lastenausgleichsgesetz.
- Für die Landesverwaltung NW:
  - Unterstützung bei der Stellenverwaltung.
- Für die Ministerien, die haushaltsbewirtschaftenden Stellen und die Landeskassen des Landes NW:
  - Unterstützung bei der Aufstellung und dem Vollzug des Haushalts sowie bei der Durchführung des Strukturhilfegesetzes.
- Für die Staatsbauämter im Lande NW:
  - die maschinelle Bearbeitung der Ausschreibung, Vergabe und Abrechnung von Bauleistungen,
  - Führung einer Datenbank über die landeseigenen Gebäude,
  - Informationssystem zum Haushaltsvollzug bei der Abwicklung von Bauvorhaben des Landes und des Bundes, Betreuung der in den Bauämtern eingesetzten dezentralen Programme.

Leiter: Malte Bartels LtdRDir
Vertreter: Rudolf Göldner LtdRDir

9 Heimatauskunftstellen

beim Landesausgleichsamt Nordrhein-Westfalen
40215 Düsseldorf, Jahnstr 52; F (02 11) 38 94-0

Staatsrechtliche Grundlage und Aufgabenkreis:
Nach § 24 des Feststellungsgesetzes sind seit dem
1. April 1953 bei den Landesausgleichsämtern des
Bundesgebietes Heimatauskunftstellen eingerichtet. Aufgabe der fünf Heimatauskunftstellen in
Nordrhein-Westfalen, Einrichtungen im Sinne von
§ 14 Landesorganisationsgesetz (LOG), ist es, die
Anträge der Vertriebenen auf Schadensfeststellung
im Lastenausgleich auf Anforderung der Feststel-
lungsbehörden (Ausgleichsämter) zu begutachten,
den Ausgleichsämtern Auskünfte zu erteilen und
Zeugen sowie Sachverständige zu benennen. Amts-
hilfe für die das BEG durchführenden Entschädi-
gungsbehörden, Rententräger und die das BVFG
durchführenden Flüchtlingsverwaltungen.

Leiter: Karl-Heinz Waldschmidt

*Der Rechtsaufsicht des Finanzministeriums unterste-
hen die nachfolgenden Körperschaften des öffentlichen Rechts:*

10 Steuerberaterkammern

– Körperschaften des öffentlichen Rechts –

Steuerberaterkammer Düsseldorf KdöR
40237 Düsseldorf, Uhlandstr 11; F (02 11)
6 69 06-0; Telefax (02 11) 6 69 06 - 80
Präsident der Steuerberaterkammer: Kurt-Rolf En-
ters
Hauptgeschäftsführer: Dipl-Kfm Dieter Müller
Geschäftsführer: Peter Maxl RA

Steuerberaterkammer Köln KdöR
50677 Köln, Volksgartenstr 48; F (02 21) 31 50 91;
Telefax (02 21) 32 79 99
Präsident der Steuerberaterkammer: Hubert Mök-
kershoff
Hauptgeschäftsführer: Clemens Kuhls RA
Stellv Hauptgeschäftsführer: Theo Meurers Asses-
sor
Geschäftsführer: Dipl-Kfm Hartmut Demel

Steuerberaterkammer Westfalen-Lippe KdöR
48143 Münster, Urbanstr 1; F (02 51) 4 17 64-0;
Telefax (02 51) 5 54 84
Präsident der Steuerberaterkammer: Dipl-Volksw
Günther Sussieck Steuerberater
Hauptgeschäftsführer: Dipl-Volksw Georg Richter
Geschäftsführer: Dr Christoph Goez RA

11 Provinzial-Feuerversicherungs-
anstalt der Rheinprovinz

– Anstalt des öffentlichen Rechts –
40217 Düsseldorf, Friedrichstr 62-80; F (02 11)
8 76-0; Telex 172 114 105 = RROV; Telefax (02 11)

8 76 33 60; Btx *44554#; Teletex
2 11 41 05 = PROV

Aufgabenkreis:
Schaden- und Unfallversicherung (Feueranstalt).

Vorsitzender des Verwaltungsrates: Dr Dieter Fuchs
Vorsitzender des Vorstandes: Dr Bernd Michaels

12 Provinzial-Lebensversiche-
rungsanstalt der Rheinprovinz

– Anstalt des öffentlichen Rechts –
40217 Düsseldorf, Friedrichstr 62-80; F (02 11)
8 76-0; Telex 172 114 105 = RROV; Telefax (02 11)
8 76 33 60; Btx *44554#; Teletex
2 11 41 05 = PROV

Aufgabenkreis:
Lebensversicherung (Lebensanstalt).

Vorsitzender des Verwaltungsrates: Dr Dieter Fuchs
Vorsitzender des Vorstandes: Dr Bernd Michaels

13 Westfälische
Provinzial-Lebensversiche-
rungsanstalt

**– Gemeinnützige öffentlich-rechtliche Versiche-
rungsanstalt –**
48159 Münster, Bröderichweg 58; F (02 51) 2 19-0;
Telex 8 92 822 prova d; Telefax (02 51) 2 19-20 17

Aufgabenkreis:
Alle Arten der Lebensversicherung.

Vorstand: Reinhold Brauner GenDir (Vorsitzender); Dr Wolfgang Drols Dir; Rainer de Backere
Dir; Dieter Heumann Dir; Jürgen Kropp Dir

14 Westfälische
Provinzial-Feuersozietät

**– Gemeinnützige öffentlich-rechtliche Versiche-
rungsanstalt –**
48159 Münster, Bröderichweg 58; F (02 51) 2 19-0;
Telex 8 92 822 prova d; Telefax (02 51) 2 19-20 17

Aufgabenkreis:
Schaden- und Unfallversicherung.

Vorstand: Reinhold Brauner GenDir (Vorsitzender); Dr Wolfgang Drols Dir; Rainer de Backere
Dir; Dieter Heumann Dir; Jürgen Kropp Dir

15 Lippische
Landes-Brandversicherungsanstalt

– Anstalt des öffentlichen Rechts –
32756 Detmold, Sprottauer Str 1; F (0 52 31)
6 01-0; Telefax (0 52 31) 6 01-2 00

Aufgabenkreis:
Die Lippische Landes-Brandversicherungsanstalt ist ein öffentlich-rechtliches Versicherungsunternehmen und betreibt die Sach- und HUK-Versicherungszweige im Kreis Lippe.

Leitender Direktor: Dr Albert Hüser

16 Verband öffentlicher Lebens- und Haftpflichtversicherer

– Körperschaft des öffentlichen Rechts –
40476 Düsseldorf, Roßstr 166; F (02 11) 45 54-01; Telex 8 584 915; Telefax (02 11) 45 54-2 02

Aufgabenkreis:
Der Verband fördert die öffentlich-rechtliche Individualversicherung und nimmt die gemeinsamen Interessen seiner Mitglieder wahr. Zu seinem Aufgabenbereich gehört die Rückversicherung seiner Mitglieder. Gegenstand der Rückversicherungstätigkeit ist die Lebens-, Haftpflicht-, Unfall- und Kraftfahrtversicherung sowie die Computer-Mißbrauchversicherung.

Vorsitzender des Verwaltungsrats: Klaus R Uschkoreit
Mitglieder des Vorstandes: Dr Werner Boeck; Dr Bernhard Laetsch; Ulf Peters

17 Verband öffentlicher Feuerversicherer

– Körperschaft des öffentlichen Rechts –
40476 Düsseldorf, Roßstr 166; F (02 11) 45 54-01; Telex 8 584 915; Telefax (02 11) 45 54-2 02

Aufgabenkreis:
Der Verband fördert die öffentlich-rechtliche Feuer- und sonstige Sachversicherung, die dazugehörige Rückversicherung sowie die Schadenverhütung.

Vorsitzender des Verwaltungsrats: Dr Walter Rieger
Mitglieder des Vorstandes: Dr Werner Boeck; Dr Bernhard Laetsch; Ulf Peters

18 Sparkassen- und Giroverbände

– Körperschaften des öffentlichen Rechts –

Rheinischer Sparkassen- und Giroverband
40217 Düsseldorf, Kirchfeldstr 60; F (02 11) 38 92-1; Telefax (02 11) 38 92-2 40
Präsident des Rheinischen Sparkassen- und Giroverbandes: Johannes Fröhlings
Geschäftsführer: Heinz Biesenbach

Westfälisch-Lippischer Sparkassen- und Giroverband
48159 Münster, Prothmannstr 1; F (02 51) 21 04-0; Telex 8 92 649; Telefax (02 51) 2 10 42 09
Geschäftsführender Präsident des Westfälisch-Lippischen Sparkassen- und Giroverbandes: Dr Helmut Keßler

Verbandsgeschäftsführer: Dr Rolf Gerlach Dir

19 Kursmaklerkammer bei der Rheinisch-Westfälischen Börse

40212 Düsseldorf, Ernst-Schneider-Platz 1; F (02 11) 89 02-0; Telefax (02 11) 89 02-2 00

1. Vorsitzender: Dipl-Kfm Albert Bürger

X Ministerium für die Gleichstellung von Frau und Mann

des Landes Nordrhein-Westfalen

40213 Düsseldorf, Breite Str 27; F (02 11) 8 37-05; Telefax (02 11) 8 37-47 08, 47 16, 47 70 und 47 71

Ministerin: Ilse Ridder-Melchers

Persönliche Referentin: Kuntzsch RAngestellte
Referentin für Presse- und Öffentlichkeitsarbeit: Prüfer-Storcks RAngestellte

Abteilungsleiterin: Gabriele Behler MinDirigentin

Gruppe I Kabinett- und Landtagsangelegenheiten, Grundsatzangelegenheiten, Planung, Presse- und Öffentlichkeitsarbeit, Personal, Haushalt
Leiter: Rudi Kliege LtdMinR

Ref I 1: **Kabinettbüro, Angelegenheiten des Landtags und des Bundesrates, Justitiariat** Kliege LtdMinR
Ref I 2: **Grundsatzangelegenheiten der Frauenpolitik, Europa, Internationale Angelegenheiten, Dritte Welt** Knödler RAngestellte
Ref I 3: **Presseangelegenheiten, Öffentlichkeitsarbeit, Ausstellungen, Veranstaltungen, Medienpolitik** Prüfer-Storcks RAngestellte
Ref I 4: **Personal, Haushalt, Organisation, Innerer Dienstbetrieb, Bibliothek, Registratur, Beihilfen, Kommunikationstechnologien** Meinhardt MinR

Gruppe II Frauenförderung in Ausbildung und Beruf, Arbeitsmarktpolitik, Soziale Sicherung, Rechtsfragen der Frauenpolitik
Leiterin: Dr Andrea Hellmich RAngestellte

Ref II 1: **Frauenbeschäftigung und Frauenförderung in der Wirtschaft, Duale Ausbildung, berufliche Weiterbildung** Dr Hellmich RAngestellte
Ref II 2: **Arbeitsmarktpolitik, Wiedereingliederung, Arbeitsrecht, Neue Technologien** Golinske MinR
Ref II 3: **Frauenförderung im öffentlichen Dienst / öffentliches Dienstrecht, Frauenförderungsgesetz, Frauenförderungskonzept mit Berichten, Interministerieller Ausschuß für die Gleichstellung von Frau und Mann** Schürcks RR
Ref II 4: **Grund- und Einzelfragen der sozialen Sicherungssysteme, Arbeitsrecht, Schwangerschaftskonflikte, Strafrecht, Ausländerrecht** Meier-Beck RDirektorin, Gräbel RRätin

Gruppe III Soziale und politische Infrastruktur, Familie, Jugend, Bildung, Kultur
Leiterin: Dr Christine Vollmer RAngestellte

Ref III 1: **Frauenpolitik in den Kommunen, Zusammenarbeit mit Frauenorganisationen, Verbänden und Kommunalen Gleichstellungsstellen, Stadtentwicklung, Stadterneuerung, ländlicher Raum** Dr Vollmer RAngestellte
Ref III 2: **Familie, Kinderbetreuung, Jugend** Paulsmeyer RRätin

Ref III 3: **Gewalt gegen Frauen und sexueller Mißbrauch von Kindern, Frauenhäuser, Frauenberatungsstellen, Gesundheit** Grosser RDirektorin
Ref III 4: **Schule, Hochschule, Weiterbildung, Frauenforschung, Kultur, Sport** Tatje RAngestellte

XI Ministerium für Stadtentwicklung und Verkehr

des Landes Nordrhein-Westfalen

40213 Düsseldorf, Breite Str 31; F (02 11) 8 37-04; Telex 8 584 410; Teletex 211 4672 msvnzw; Telefax (02 11) 8 37 44 44

Minister: Franz-Josef Kniola
Staatssekretär: Westermann

Dem Minister unmittelbar unterstellt:

Presse, Öffentlichkeitsarbeit Gaedtke Ang
Persönlicher Referent, Verbindung zu Parteien und Verbänden, Terminplanung, Landtagsangelegenheiten Schüller MinR
Kabinett- und Bundesratsangelegenheiten, Parlamentarische Anfragen, Ministerkonferenzen Zühlke MinR

Abt Z Zentralabteilung, Grundsatzangelegenheiten, Koordination
Leiter: Dr vom Rath MinDirig

Gruppe Z A Organisation, Personal und Haushalt des Ministeriums und nachgeordneter Dienststellen, Beteiligungen
Leiter: Kahler LtdMinR

Ref Z A 1: **Beteiligungen an privatrechtlichen Unternehmen** Kahler LtdMinR
Ref Z A 2: **Haushalt, finanzwirtschaftliche Grundsatzfragen** Kolenbrander ORR
Ref Z A 3: **Organisation und Stellenplan des Ministeriums und nachgeordneter Dienststellen, Aus- und Fortbildung, Dienstfürsorge** Aluttis RDir
Ref Z A 4: **Personalangelegenheiten des Ministeriums und nachgeordneter Dienststellen** Reschke MinR
Ref Z A 5: **Allgemeines Verwaltungsrecht, Verfassungsrecht, Justitiariat, Dienstrecht, Datenschutz** Dilloo MinR
Ref Z A 6: **Automatisierte Datenverarbeitung und Informationstechnik** Brandes MinR
Ref Z A ID: **Innerer Dienst** Crefeld RDir

Gruppe Z B Planung und Koordination, Grundsatzangelegenheiten des Ministeriums, Forschung, internationale Beziehungen, Kontakte zu den neuen Bundesländern
Leiter: Dr Bajohr LtdMinR

Ref Z B 1: **Aufgabenplanung und Koordination, Grundsatzangelegenheiten, Internationale Beziehungen, Aufsicht über das Institut für Landes- und Stadtentwicklungsforschung** Dr Bajohr LtdMinR
Ref Z B 2: **Angelegenheiten der Europäischen Union** Feldmann MinR
Ref Z B 3: **Forschung, Evaluierung der Programme des Hauses, Kontakte zu den neuen Bundesländern, Mitwirkung an der Stadtentwicklungspolitik** Otto RDir

Ref Z B 4: **Umwelt- und Technikkoordination, Energiefragen** Küppers-Ullrich MinRätin
Ref Z B 5: **Grundsatzfragen der Verkehrspolitik** Landau MinR

Gruppe Z C Landesverkehrsplanung
Leiter: Dr-Ing Weller LtdMinR

Ref Z C 1: **Grundsatzfragen der Landesverkehrsplanung** Dr-Ing Weller LtdMinR
Ref Z C 2: **Verkehrsnachfrage, Verkehrsprognose, Bundesverkehrswegeplan** Dr-Ing Ueberschaer MinR
Ref Z C 3: **Verkehrsinfrastrukturplanung** Dr Lose MinR
Ref Z C 4: **Verkehrsbeobachtung, Daten für den Bereich Verkehr** Schlatter MinR

Abt I Stadtentwicklung
Leiter: Dr Roters MinDirig

Gruppe I A Stadtentwicklung, Stadterneuerung und Stadtverkehr
Leiter: Faßhauer LtdMinR z A

Ref I A 1: **Grundsatzfragen der Stadtentwicklung und des Stadtverkehrs** Dr Monheim MinR
Ref I A 2: **Stadterneuerung und Wohnungsbau, Verkehrsberuhigung** Faßhauer LtdMinR z A
Ref I A 3: **Bauleitplanung und Städtebaurecht** Heitfeld-Hagelgans MinRätin
Ref I A 4: **Richtlinien der Städtebauförderung, Zuwendungsrecht** Robrecht MinR
Ref I A 5: **Förderung und Finanzierung des kommunalen Straßenbaus** Kolks MinR

Gruppe I B Stadterneuerung und Denkmalschutz
Leiter: Dr Memmesheimer MinR

Ref I B 1: **Finanzierungsfragen der Abteilung, Stadterneuerungsprogramme** Müller RDir
Ref I B 2: **Städtebauliche Großprojekte, gebietsbezogene Programme, Koordination** Sierau MinR
Ref I B 3: **Kulturelle und freizeitwirtschaftliche Aufgaben der Stadterneuerung, Umnutzungsangelegenheiten** Drevermann RDirektorin
Ref I B 4: **Baudenkmalschutz und Baudenkmalpflege** Dr Memmesheimer MinR
Ref I B 5: **Bodendenkmalschutz und Bodendenkmalpflege** Dr Horn MinR
Ref I B 6: **Schutz bundes- und landeseigener Baudenkmäler, bautechnische Grundlagen der Denkmalpflege** Dr Zinn MinR

Gruppe I C Stadterneuerung und Strukturpolitik
Leiter: Collinet LtdMinR

Ref I C 1: **Grundsatzfragen von Stadterneuerung und Wirtschaft, Grundstücksfonds** Collinet LtdMinR
Ref I C 2: **Strukturwirksame Programme und Stadterneuerung** Dr Wiesenberger MinR
Ref I C 3: **Angelegenheiten der Internationalen Bauausstellung Emscher-Park** Jasper MinR
Ref I C 4: **Stadtökologie, städtebauliche Wettbewerbe** Ohrmann MinR

Ref I C 5: Freitzeitanlagen, Umsiedlungen Odia MinR

Abt II Öffentlicher Nahverkehr, Luftfahrt, Eisenbahnen, Schiffahrt
Leiter: Hilker MinDirig

Gruppe II A Luftfahrt
Leiter: Hünermann LtdMinR

Ref II A 1: **Grundsatzfragen der Luftfahrt, Luftverkehr** Hünermann LtdMinR
Ref II A 2: **Flugplatzplanung, Genehmigung und Planfeststellung von Flughäfen** Brunstein MinR
Ref II A 3: **Flugbetrieb, Luftaufsicht, Luftfahrtunternehmen, Aufsicht über Flughäfen, Flugsicherungs- und Wetterdienstangelegenheiten** Meyer MinR
Ref II A 4: **Rechts- und Verwaltungsangelegenheiten, Förderungsmaßnahmen, Luftsicherheitsmaßnahmen** Glow MinR
Ref II A 5: **Umweltschutz in der Luftfahrt** Barthel MinR

Gruppe II B Eisenbahnen, Schiffahrt
Leiter: Busch LtdMinR

Ref II B 1: **Grundsatzfragen Eisenbahnen, Schiffahrt** Busch LtdMinR
Ref II B 2: **Eisenbahntechnische Angelegenheiten (Deutsche Bahn AG) und Nichtbundeseigene Eisenbahnen (NE)** Klusmann MinR
Ref II B 3: Ref II B 4: **Eisenbahnverwaltungsangelegenheiten (Deutsche Bahn AG und NE)** Wever MinR
Ref II B 4: **Häfen, Wasserstraßen, Schiffahrt** Goldschagg MinR
Ref II B 5: **Finanzielle und wirtschaftliche Fragen der Abteilung** Dr Opladen MinR

Gruppe II C Öffentlicher Nahverkehr
Leiter: Herz LtdMinR

Ref II C 1: **Grundsatzfragen des öffentlichen Nahverkehrs** Herz LtdMinR
Ref II C 2: **Förderung von Infrastrukturmaßnahmen für den öffentlichen Personennahverkehr, technische Angelegenheiten des öffentlichen Personennahverkehrs (ÖPNV)** Müller MinR
Ref II C 3: **Wirtschaftlichkeit des ÖPNV** Dr Carl MinR
Ref II C 4: **Rechts-, Verwaltungs- und Betriebsangelegenheiten der Personenbeförderung** Oberlinger MinR
Ref II C 5: **Verkehrsverbünde, Verkehrsgemeinschaften** Kaufmann MinR

Abt III Straßenwesen
Leiter: Ley MinDirig

Gruppe III A Straßenrecht, Straßenverwaltung, Umweltschutz
Leiter: Dr Schneider LtdMinR

Ref III A 1: **Umweltschutz im Straßenwesen** Braun MinR
Ref III A 2: **Grundsatzfragen der Straßenverwaltung, Straßenrecht** Dr Schneider LtdMinR
Ref III A 3: **Planfeststellung, Kreuzungsrecht** Walter MinR
Ref III A 4: **Finanzierung, Rechnungsprüfung (Straßen- und Brückenbau)** Scheiermann MinR
Ref III A 5: **Straßenunterhaltung und Straßenbetrieb** Dr-Ing Morgenstern MinR

Gruppe III B Straßenplanung, Straßen- und Ingenieurbau
Leiter: Ketteniß LtdMinR

Ref III B 1: **Grundsatzfragen im Straßenbau, Straßenbauforschung** Ketteniß LtdMinR
Ref III B 2: **Bundesfernstraßen** Schmidt MinR
Ref III B 3: **Straßenplanung, Bedarfspläne** Theilmeier MinR
Ref III B 4: **Ingenieurbau, Verdingungswesen, Notfallvorsorge** Keil MinR
Ref III B 5: **Kreisstraßen, Straßeneingruppierung** NN
Ref III B 6: **Landesstraßen, Straßenbautechnik, Straßenbauforschung** Potz MinR

Gruppe III C Straßenverkehr, Verkehrssicherheit
Leiter: Schäfer LtdMinR

Ref III C 1: **Grundsatzfragen des Straßenverkehrs, des Güterkraftverkehrs und der Verkehrssicherheit** Schäfer LtdMinR
Ref III C 2: **Rechts- und Verwaltungsangelegenheiten des Straßenverkehrs, Kfz-Technik** Härter MinR
Ref III C 3: **Verkehrssicherung, Verkehrslenkung** Ziegler MinR
Ref III C 4: **Verkehrssicherheit und -aufklärung** Dr Bohrer Ang

Zum Geschäftsbereich des Ministeriums für Stadtentwicklung und Verkehr gehören:

1 Institut für Landes- und Stadtentwicklungsforschung

des Landes Nordrhein-Westfalen (ILS)
44137 Dortmund, Königswall 38-40; F (02 31) 90 51-0; Telefax (02 31) 90 51-1 55

Staatsrechtliche Grundlagen und Aufgabenkreis:
Bekanntmachung der Ministerpräsidenten vom 17. März 1971 (MinBl NW Seite 828/SMBl NW 2000) und Institutsordnung des Instituts für Landes- und Stadtentwicklungsforschung des Landes Nordrhein-Westfalen, Dortmund (RdErl des Ministers für Landes- und Stadtentwicklung – II B3 – 20.45.1 – vom 10. Dezember 1980 – MBl NW 1980 Seite 2929/SMBl NW 20020).
Das Institut, eine Einrichtung des Landes nach § 14 Landesorganisationsgesetz (LOG) NW, betreibt Landes- und Stadtentwicklungsforschung im Rahmen interdisziplinärer Zusammenarbeit.

Hierbei soll es insbesondere Grundlagen und Entscheidungshilfen für die Landes-, Regional- und Stadtentwicklung sowie für die damit zusammenhängenden Fragen der Bauleit-, Finanz-, Umwelt- und Verkehrsplanung erarbeiten. Dagegen ist es nicht seine Aufgabe, Planungen, die anderen Behörden oder Einrichtungen des Landes, den Gemeinden, Gemeindeverbänden und sonstigen Körperschaften des öffentlichen Rechts obliegen, für diese zu erstellen.

Die Forschungsaufgaben des Instituts beziehen sich auf die Themenfelder: Stadtentwicklung und Städtebau, Verkehr und Rahmenbedingungen der Infrastrukturentwicklung im Geschäftsbereich des Ministeriums für Stadtentwicklung und Verkehr des Landes Nordrhein-Westfalen. Im Geschäftsbereich des Ministers für Umwelt, Raumordnung und Landwirtschaft des Landes Nordrhein-Westfalen werden Fachaufgaben der Raumordnung und Landesentwicklung bearbeitet.

Darüber hinaus hat das Institut die Koordinierung der im Land Nordrhein-Westfalen auf dem Gebiet der raumbedeutsamen Forschung tätigen Institute und Organisationen zu fördern, den wissenschaftlichen Erfahrungsaustausch mit entsprechenden Einrichtungen des In- und Auslands zu pflegen und die mit Fragen der Landes- und Stadtentwicklungsplanung befaßten Stellen über die Ergebnisse der Landes- und Stadtentwicklungsforschung in geeigneter Weise zu unterrichten.

Das Institut untersteht der Dienstaufsicht und Fachaufsicht des Ministers für Stadtentwicklung und Verkehr sowie der Fachaufsicht des Ministers für Umwelt, Raumordnung und Landwirtschaft des Landes NW für den Fachbereich Raumordnung und Landesentwicklung.

Das ILS gibt eine Schriftenreihe heraus.

Leiter: Dipl-Ing Ullrich Sierau LtdRBauDir
Vertreter: Dr-Ing Gerhard Boeddinghaus LtdRBauDir

Aufgabenbereich I – Verwaltung
Leiter: Dipl-Geogr Wolf-E Merk RDir

Aufgabenbereich II – Information
Leiter: Dr rer hort Heinz Dürholt RDir

Aufgabenbereich III – Raumordnung und Landesentwicklung
Leiter: Dr rer pol Rolf Gruber RDir

Aufgabenbereich IV – Rahmenbedingungen der Infrastrukturentwicklung
Leiter: Werner Zühlke RDir

Aufgabenbereich V – Stadtentwicklung und Städtebau
Leiter: Dr-Ing Gerhard Boeddinghaus LtdRBauDir

Aufgabenbereich VI – Verkehrsentwicklung und Verkehrsinfrastruktur
Leiter: NN

Aufgabenbereich VII – Verkehrstechnik und Umweltschutz
Leiter: Dr rer pol Herbert Kemming

2 Seemannsämter

Staatsrechtliche Grundlage und Aufgabenkreis:
Die Seemannsämter Köln, Düsseldorf und Duisburg sind untere Landesbehörden gemäß § 9 Abs 2 Landesorganisationsgesetz (LOG). Sie haben nach dem Seemannsgesetz vom 26. Juli 1957 (BGBl II Seite 713), zuletzt geändert durch Gesetz vom 23. September 1990 (BGBl I Seite 885), im Bereich der Kauffahrteischiffahrt u a folgende Aufgaben: Seefahrtbücher und Musterrollen auszustellen, Musterungen durchzuführen, bei Streit über die Krankenfürsorge des Reeders eine vorläufige Regelung zu treffen, über die Berechtigung einer außerordentlichen Kündigung des Heuerverhältnisses vorläufig zu entscheiden, für Sachen und Heuerguthaben eines erkrankten, verletzten, verstorbenen oder vermißten Besatzungsmitgliedes zu sorgen, Beschwerden bei Seeuntüchtigkeit des Schiffs oder mangelhaften Verpflegungsvorräten entgegenzunehmen, Ordnungswidrigkeiten zu ahnden.

Seemannsamt
40219 Düsseldorf, Franziusstr 3; F (02 11) 8 21-1; Telex 8 582 907 stwe d; Telefax (02 11) 8 21-30 80
Leiter: Horst Rademacher

Seemannsamt
47119 Duisburg, Alte Ruhrorter Str 42-52; F (02 03) 8 03-2 02
Leiter: Dr-Ing Jochen Müller

Seemannsamt
50678 Köln, Bayenstr 2; F (02 21) 33 81-0; Telefax (02 21) 33 81 - 2 16
Leiter: Klaus Sporenberg

XII Ministerium für Bauen und Wohnen

des Landes Nordrhein-Westfalen

40217 Düsseldorf, Elisabethstr 5-11; F (02 11) 38 43-0; Telefax (02 11) 38 43-6 01

Ministerin: Ilse Brusis
Persönliche Referentin: Dr Bartels MinRätin
Referent für Presse und Öffentlichkeitsarbeit: Dahlheimer Ang

Staatssekretär: Dr Ritter

Abt I Aufgabenplanung, Koordinierung, Haushalt, Personal, Organisation
Leiter: Brauser Ang

Gruppe I A Aufgabenplanung und Koordinierung, Allgemeines Bauwesen
Leiterin: Huesmann-Kaiser Angestellte

Ref I A 1: **Politische Grundsatzangelegenheiten und Koordinierung, Aufgabenplanung, Forschung** Huesmann-Kaiser Angestellte
Ref I A 2: **Volkswirtschaftliche und finanzpolitische Grundsatzangelegenheiten** NN
Ref I A 3: **Allgemeines Bauwesen, Bauen, Wohnen und Stadtenwicklung** Keller MinR
Ref I A 4: **Energie, Technik, Umwelt** Dr Verhoek-Köhler Angestellte
Ref I A 5: **Kapitalbeteiligungen des Landes im Geschäftsbereich des Ministeriums für Bauen und Wohnen** Hopfe Ang
Ref I A 6: **EU-Angelegenheiten und auswärtige Beziehungen** Wendt MinR

Gruppe 1 B Haushalt, Personal, Recht
Leiter: NN

Ref I B 1: **Haushalt** Michel ORR
Ref I B 2: **Grundsatzfragen des öffentlichen Dienstrechts, Justitiariat, Rechnungsprüfungsangelegenheiten** Steingen MinR
Ref I B 3: **Personalangelegenheiten des Ministeriums und der Angestellten der nachgeordneten Dienststellen** Bung RRätin
Ref I B 4: **Grundsatzfragen der Personalplanung, Personalangelegenheiten der Beamten der nachgeordneten Dienststellen** NN

Gruppe I C Organisation, Datenverarbeitung, Aus- und Fortbildung
Leiter: Riesenbeck LtdMinR

Ref I C 1: **Kabinett, Bundesrat, Landtag** Fries MinR
Ref I C 2: **Aufgabenkritik, Organisation des Ministeriums, Aus- und Fortbildung, Gleichstellungsbeauftragte** Riesenbeck LtdMinR
Ref I C 3: **Organisation, räumliche Unterbringung der nachgeordneten Dienststellen** Winter Ang
Ref I C 4: **Automatisierte Datenverarbeitung** Blaschke MinR
Innerer Dienst Tiefenthal ORRätin

Abt II Bauaufsicht, Bautechnik
Leiter: Dahlke LtdMinR

Gruppe II A Bauaufsicht
Leiterin: Dr Sattler LtdMinRätin

Ref II A 1: **Städtebaurecht, Verwaltungsstreitverfahren** Dr Rabeneck MinR
Ref II A 2: **Grundsatzfragen, Allgemeine Angelegenheiten der Bauaufsicht** Dr Sattler LtdMinRätin
Ref II A 3: **Bauliche Anlagen für große Menschenansammlungen** Wichmann MinR
Ref II A 4: **Technische Gebäudeausrüstung, Gewässer- und Immissionsschutz** Wischerhoff MinR
Ref II A 5: **Baunutzung, baulicher Brandschutz** Temme MinR
Ref II A 6: **Bauliche Anlagen besonderer Art oder Nutzung, Bauvorlagen, Modernisierung** Dr-Ing Pehla MinR
Ref II A 7: **Bauordnungsrecht, Bauberufsrecht** NN

Gruppe II B Bautechnik
Leiter: Eschenfelder LtdMinR

Ref II B 1: **Allgemeine bautechnische Angelegenheiten, Prüfungsingenieurwesen, Bauforschung** Scherf MinR
Ref II B 2: **Beton- und Stahlbetonbau, Fassadenbau, Befestigungstechnik** Dr-Ing Bertram MinR
Ref II B 3: **Holz- und Mauerwerksbau, Kunststoffe, energietechnische Bauten** Schollmeyer MinR
Ref II B 4: **Bauphysik, ökologisches Bauen, Energieeinsparung** Eschenfelder LtdMinR
Ref II B 5: **Rechts- und Verwaltungsangelegenheiten der Gruppe Bautechnik** Klöterkes MinR
Ref II B 6: **Anerkennung von Prüf-, Überwachungs- und Zertifizierungsstellen, Metallbau und Grundbau** Klauke MinR

Abt III Staatlicher Hochbau
Leiter: Dr Giebeler MinDirig

Gruppe III A Grundsatz- und Rechtsangelegenheiten des Staatlichen Hochbaus, Bauhaushalt, Bauingenieurwesen, Technische Gebäudeausrüstung, Bauangelegenheiten des Bundes
Leiter: Momm LtdMinR

Ref III A 1: **Allgemeine baufachliche Grundsatzangelegenheiten, Bauangelegenheiten des Bundes** Wiese MinR
Ref III A 2: **Strukturfragen des Staatlichen Hochbaus, Bauen mit Investoren, Controlling, baufachliche Rechnungsprüfungsangelegenheiten** Dr Kobbe LtdRBauDir
Ref III A 3: **Bauhaushalt und mittelfristige Investitionsplanung, Bauunterhaltung, Bauingenieurwesen, Garten- und Landschaftsbau** Momm LtdMinR
Ref III A 4: **Bauauftragswesen, Rechtsangelegenheiten des Staatlichen Hochbaus** Prof Wörmann MinR
Ref III A 5: **Technische Gebäudeausrüstung, betriebstechnische Energiesparmaßnahmen** Dr Siebert MinR
Ref III A 6: **Elektro-, Nachrichten- und Fördertechnik** Hardkop RBauDir

Gruppe III B Baumaßnahmen des Landes
Leiter: NN

Ref III B 1: **Bauangelegenheiten des Landtags, der Landesregierung, des Ministerpräsidenten, des Finanzministeriums, des Ministeriums für Arbeit, Gesundheit und Soziales, des Ministeriums für Umwelt, Raumordnung und Landwirtschaft, des Ministeriums für Bauen und Wohnen, des Ministeriums für Bundesangelegenheiten, des Landesrechnungshofes und der allgemeinen Finanzverwaltung** Wieske MinR
Ref III B 2: **Bauangelegenheiten des Innenministeriums, des Ministeriums für Wirtschaft, Mittelstand und Technologie, des Ministeriums für Stadtentwicklung und Verkehr und des Ministeriums für die Gleichstellung von Frau und Mann** Müller MinRätin
Ref III B 3: **Bauangelegenheiten des Justizministeriums, des Kulturministeriums und des Ministeriums für Wissenschaft und Forschung im Regierungsbezirk Münster** Pies MinR
Ref III B 4: **Grundsatzfragen des Hochschul- und Klinikbaus, Bauangelegenheiten des Ministeriums für Wissenschaft und Forschung in den Regierungsbezirken Arnsberg und Düsseldorf** Lamprecht MinRätin
Ref III B 5: **Bauangelegenheiten des Ministeriums für Wissenschaft und Forschung in den Regierungsbezirken Detmold und Köln** Rumpf MinR

Abt IV Wohnungsbau und Wohnungswesen
Leiter: Dr Krupinski LtdMinR

Gruppe IV A Wohnungsbaufinanzierung
Leiter: Dr Bellinger LtdMinR

Ref IV A 1: **Wohnungsbaurecht, Wohnungsbauförderungsrecht** Dr Bellinger LtdMinR
Ref IV A 2: **Sozialpolitische und zukunftsweisende Förderungsprogramme** Schuchardt-Müller Angestellte
Ref IV A 3: **Modernisierung, Ausbau und Erweiterung** Claßen MinR
Ref IV A 4: **Wohnungsbauförderungsbestimmungen, Bergarbeiter- und Stahlarbeiterwohnungsbau, Härteausgleich** NN

Gruppe IV B Wohnungsrecht
Leiter: Bücker LtdMinR

Ref IV B 1: **Grundsatzfragen des Wohnungsrechts, Aufsicht über die Anerkennungsbehörden, Wohneigentumssicherungshilfe** Bücker LtdMinR
Ref IV B 2: **Wohnungsgemeinnützigkeitsrecht, Genossenschaftswesen, landeseigene Mietwohnungen** Peter MinR
Ref IV B 3: **Wohnungsbindungsrecht, Abbau der Fehlsubventionierung, Mietpreis- und Berechnungsrecht** Langer MinR
Ref IV B 4: **Wohnungs- und Mietrecht** Dr Biebricher MinR
Ref IV B 5: **Wohngeld, Wohnkostenbelastung** Braun-Kampschule MinRätin

Gruppe IV C Wohnungswirtschaft
Leiter: Dr Bölting LtdMinR

Ref IV C 1: **Grundsatzfragen der Wohnungswirtschaft, der Wohnungspolitik, Forschung** Dr Bölting LtdMinR
Ref IV C 2: **Bürgschaften, Vermögens- und Schuldenverwaltung, steuerrechtliche Fragen des Wohnungswesens** Herrmann MinR
Ref IV C 3: **Kommunale Wohnungspolitik, Erwerb im Bestand, Bauland** Halstenberg RDir
Ref IV C 4: **Wohnungsmarkt, Aufsicht über die Wohnungsbauförderungsanstalt** Aßmann MinRätin

Gruppe IV D Wohnungspolitik, Umsetzung der wohnungspolitischen Programme
Leiter: Dr Degen LtdMinR

Ref IV D 1: **Koordination mit Bund und Ländern (ARGEBAU)** Dr Degen LtdMinR
Ref IV D 2: **Neue Wohnsiedlungen und Innovationen im Wohnungsbau, Förderung des Wohnungsbestands** NN
Ref IV D 3: **Technische Fragen des Wohnungsbaus** Everding MinRätin
Ref IV D 4: **Aufstellung und Durchführung der Wohnungsbauprogramme** Erenli ORRätin

Zum Geschäftsbereich des Ministeriums für Bauen und Wohnen gehören:

1 Staatliche Bauverwaltung

des Landes Nordrhein-Westfalen

Gliederung und Aufgabenkreis:
Die Staatliche Bauverwaltung des Landes Nordrhein-Westfalen gliedert sich auf Ortsebene in 31 Staatliche Bauämter als untere Landesbehörden. Sie unterstehen der unmittelbaren Dienstaufsicht der Bezirksregierungen; denen auch die Fachaufsicht über Landesbauten obliegt. Die Fachaufsicht über die Bundesbauaufgaben wird durch die Oberfinanzdirektionen ausgeübt. Die Staatliche Bauverwaltung ist für die Bauaufgaben des Landes zuständig. Außerdem führt sie Bauaufgaben für nichtstaatliche Bauträger durch, mit denen das Land entsprechende Vereinbarungen abgeschlossen hat und erfüllt die Verpflichtungen aus Kultusbaulasten. Weiterhin führt die Staatliche Bauverwaltung die zivilen und militärischen Bauaufgaben des Bundes, der Bundesanstalt für Arbeit, der ausländischen Streitkräfte und der NATO auf der Grundlage entsprechender Verwaltungsabkommen (Vergl. § 8 Abs 7 Finanzverwaltungsgesetz) gegen Kostenerstattung durch.

1.1 Staatliche Bauämter

Nähere Angaben hierzu siehe im nachgeordneten Bereich der Bezirksregierungen auf den Seiten 38, 42, 45, 50 und 54.

2 Landesinstitut für Bauwesen und angewandte Bauschadensforschung (LBB)

52062 Aachen, Theaterplatz 14; F (02 41) 4 55-0;
Telefax (02 41) 45 52 21

Staatsrechtliche Grundlage und Aufgabenkreis:
Das Landesinstitut für Bauwesen und angewandte Bauschadensforschung (LBB) in Aachen ist eine Einrichtung des Landes nach § 14 Landesorganisationsgesetz und untersteht der unmittelbaren Dienst- und Fachaufsicht des Ministeriums für Bauen und Wohnen NW.
Dem Landesinstitut für Bauwesen und angewandte Bauschadensforschung ist die Aufgabe übertragen:
- Grundsatzentscheidungen des Ministeriums zur Wahrnehmung seiner Leitungs und Aufsichtsfunktionen vorzubereiten,
- Arbeits- bzw Methodenhilfen für die Aufgabenerledigung der beiden Bauverwaltungen zur Verfügung zu stellen,
- Bauschäden zu erfassen und Bauschadensforschung praxisgerecht auszuwerten.

Leiter: Dr-Ing Gerth LtdRBauDir

Abt I Zentrale Dienste
Leiter: Dr-Ing Gerth LtdRBauDir

Abt II Bauherrenaufgaben, Grundsatzangelegenheiten
Leiter: NN

Abt III Planung und Konstruktion
Leiter: Dipl-Ing Tomm

Abt IV Bautechnik und Bauqualität
Leiter: Dipl-Ing Meisel

Abt V Technische Gebäudeausrüstung, rationelle Energieverwendung
Leiter: Dipl-Ing Kuck

Abt VI Datenverarbeitung der Staatlichen Bauverwaltung
Leiter: Dipl-Ing Stoffel

XIII Ministerium für Bundesangelegenheiten

des Landes Nordrhein-Westfalen

53113 Bonn, Friedrich-Ebert-Allee 30; F (02 28) 53 03-0; Telex 886 850; Telefax (02 28) 53 03-2 21; Teletex 2 28 37 82 MBA NRW

Minister: Dr hc Johannes Rau MinPräs
Bevollmächtigte beim Bund: Heide Dörrhöfer-Tucholski Staatssekretärin
Beauftragter der Landesregierung für das Projekt „Wissenschaftsstadt Bonn": Dr Gerhard Konow Staatssekretär a D

Persönlicher Referent, Kabinetts- und Landtagsangelegenheiten, Politische Grundsatzfragen, Verbindungen zu Parteien, Organisationen und Verbänden Hopfeld RAng
Referat für Presse- und Öffentlichkeitsarbeit, Veranstaltungen und Ausstellungen Döll RAngestellte

Abteilungsleiter: Lehmann LtdMinR (mdWdGb)

Ref K: **Referatskoordination, Angelegenheiten des Bundesrates und des Bundestages, Auswärtiges, Verteidigung, Grundsatzfragen des Bund-Länder-Verhältnisses, wirtschaftliche Zusammenarbeit** Zimmermann-Schwartz MinRätin (mdWdGb)

Ref 1: **Finanzen und Haushaltswesen, Steuern, Besoldungs-, Versorgungs und Tarifangelegenheiten** Dr Messal MinR
Ref 2: **Wirtschafts- und Energiepolitik, Wirtschaftsbeziehungen mit Osteuropa, ERP-Sondervermögen** NN
Ref 3: **Bildung, Wissenschaft, Forschungs- und Technologiepolitik, Kultur, Sport** Kassmann MinR
Ref 4: **Wohnungs- und Städtebau, Verkehr, Post- und Fernmeldewesen** Koeppinghoff RDirektorin
Ref 5: **Umwelt, Raumordnung, Land- und Forstwirtschaft, Lebensmittelüberwachung** Lersch-Mense RAng
Ref 6: **Angelegenheiten der Staatskanzlei, Europaangelegenheiten, Medienpolitik** Dockter MinR*Ref 7:* **Arbeit und Soziales, Familie und Jugend, Gesundheitswesen, Vertriebene, Flüchtlinge und Kriegsgeschädigte** Feuß MinR
Ref 8: **Inneres, Wiedergutmachung, Petitionen** Zimmermann-Schwartz MinRätin
Ref 9: **Justiz, Justitiariat, Ständige Vertragskommission, Gleichstellungsbeauftragte** Diederich Richterin am AG
Ref 10: **Vermittlungsausschuß, Deutschlandpolitik, Verfassungsangelegenheiten** Fischer MinR
Referat Verwaltung: **Organisations-, Personal- und Haushaltsangelegenheiten, ADV** von Deuten RR

XIV Landesrechnungshof Nordrhein-Westfalen

40210 Düsseldorf, Konrad-Adenauer-Platz 13;
F (02 11) 38 96-0; Telefax (02 11) 38 96 - 367

Staatsrechtliche Grundlage und Aufgabenkreis:
Verfassung für das Land Nordrhein-Westfalen in
der Fassung vom 14. Dezember 1971 (SGV
NW 100) – Art 86 und 87; Gesetz über den Landesrechnungshof Nordrhein-Westfalen (LRHG) vom
14. Dezember 1971 (SGV NW 630).
Nach der Verfassung für das Land Nordrhein-Westfalen in der Fassung vom 14. Dezember 1971 (SGV
NW 100) und der Landeshaushaltsordnung vom
14. Dezember 1971 (SGV NW 630) obliegt dem
Landesrechnungshof die Prüfung der Haushaltsrechnung und der Ordnungsmäßigkeit und Wirtschaftlichkeit der Haushalts- und Wirtschaftsführung des Landes einschließlich seiner Sondervermögen und Betriebe sowie die Beratung des Landtags,
der Landesregierung und einzelner Minister aufgrund von Prüfungserfahrungen.

Präsident des Landesrechnungshofes: Prof Dr Eberhard Munzert
Vizepräsident: Dr Hans Blasius

Senate und Prüfungsgebiete

Vereinigter Senat (gemäß den §§ 9 und 11 des
LRHG)
Vorsitzender: Prof Dr Eberhard Munzert Präs des
LRH

I. Senat
Vorsitzender: Prof Dr Eberhard Munzert Präs des
LRH

PrüfGeb I A: **Landtag; Ministerpräsident und
Staatskanzlei; Ministerium für Bundesangelegenheiten; Prüfungen nach § 12 LRHG; Landeszentrale
für politische Bildung; Wissenschaftszentrum NW;
Rundfunkangelegenheiten** Prof Dr Munzert Präs
des LRH
PrüfGeb I B: **Organisations- einschließlich Personal-
bedarfsprüfungen; Gutachten; Grundsätzliche Fragen der Verwaltungsautomation** Vogt LtdMinR
PrüfGeb I C: **Allgemeine Haushalts- und Finanzwirtschaft** Bücker LtdMinR

II. Senat
Vorsitzender: Armin Jansen Dir beim LRH

PrüfGeb II A: **Steuern** Jansen Dir beim LRH
PrüfGeb II B: **Innenministerium; Justizministerium,
Ministerium für die Gleichstellung von Frau und
Mann** Dr Winter LtdMinR
PrüfGeb II C: **Ministerium für Wirtschaft, Mittel-
stand und Technologie; Finanzministerium; betriebs-
wirtschaftliche Prüfungen** Dr Heikaus LtdMinR

III. Senat
Vorsitzender: Dr Harald Volkmar Dir beim LRH

PrüfGeb III A: **Ministerium für Wissenschaft und
Forschung; Wissenschaftliche Hochschulen; Fachhochschulen; Kunsthochschulen; Forschungsförderung** Dr Volkmar Dir beim LRH
PrüfGeb III B: **Wissenschaftliche Hochschulen; medizinische Einrichtungen bei den Universitäten;
Fachhochschulen; Zentralstelle für die Vergabe von
Studienplätzen** Wolff LtdMinR
PrüfGeb III C: **Kultusministerium; Sport; Ausbildungsförderung; Studentenwerke; Kunst- und Kulturpflege** Riethmacher LtdMinR

IV. Senat
Vorsitzender: Horst Lund Dir beim LRH

PrüfGeb IV A: **Straßen- , Brücken- und U-Stadt-
bahn- und S-Bahnbau** Lund Dir bei LRH
PrüfGeb IV B: **(Hoch-) Bauausgaben** Bordt
LtdMinR
PrüfGeb IV C: **Personalausgaben des Landes; Lan-
desamt für Besoldung und Versorgung** Asmuth
LtdMinRätin

V. Senat
Vorsitzender: Dr Hans Blasius VPräs des LRH

PrüfGeb V A: **Ministerium für Umwelt, Raumord-
nung und Landwirtschaft** Dr Blasius VPräs des LRH
PrüfGeb V B: **Ministerium für Arbeit, Gesundheit
und Soziales** Werp LtdMinR
PrüfGeb V C: **Ministerium für Bauen und Wohnen;
Ministerium für Stadtentwicklung und Verkehr;
Denkmalpflege; Immissionsschutz; Wasserbau**
Schmid LtdMinR

Präsidialabteilung
Leiterin: Annegret Keisers LtdMinRätin

Ref 1: **Personalangelegenheiten der Mitglieder;
Dienstaufsichts- und Disziplinarangelegenheiten;
Justitiariat; Presseangelegenheiten; Vertreter des
Präsidenten gemäß § 8 Abs 1 Satz 2 Halbsatz 2 Lan-
despersonalvertretungsgesetz (LPVG)** Keisers
LtdMinRätin
Ref 2: **Arbeitsgemeinschaft der Rechnungshöfe; Ge-
schäftsverteilung; Erfahrungsaustausch; Gemein-
schaftsstelle der Rechnungshöfe für Fortbildung;
Beihilfen** Adams RDir
Ref 3: **Gesetzgebungssachen; Jahresberichte; Ent-
scheidungssammlung; Angelegenheiten des Verei-
nigten Senats; Datenverarbeitung** Fröls MinR
Ref 4: **Personalangelegenheiten (soweit nicht Ref 1);
Beauftragter für den Haushalt; Organisationsange-
legenheiten; Hausverwaltung; Beschaffungswesen;
Beauftragter des Arbeitgebers für Angelegenheiten
der Schwerbehinderten** Wulst MinR
Ref 5: **Angelegenheiten der zukünftigen Staatlichen
Rechnungsprüfungsämter und der Vorprüfung**
Kampschulte RDirektorin

d Organe der Rechtspflege

Rechtspflege

Einführender Beitrag von Heinrich M Granow Richter

Die Rechtspflege ist die Tätigkeit staatlicher und staatlich anerkannter Organe, die dem Rechtsschutz, der Rechtsausübung und der Rechtsvorsorge dient, sei es durch Rechtsprechung, sei es in anderen Zweigen der Gerichtsbarkeit.

Die rechtsprechende Gewalt wird nach dem Grundgesetz der Bundesrepublik Deutschland durch vom Staat eingesetzte unabhängige und nur dem Gesetz unterworfene Gerichte ausgeübt (Artikel 92, 97 GG). Aufgabe der Gerichte ist es, in einem geregelten Verfahren für einen konkreten Fall den wirklichen Sachverhalt festzustellen und hierbei das materielle Recht anzuwenden, d h die Vorschriften, welche die Rechtsverhältnisse der Privatpersonen regeln (Privatrecht), oder das Recht des Staates zu strafen (Strafrecht), oder die sich aus dem sonstigen öffentlichen Recht (insbesondere Staats- und Verwaltungsrecht) ergebenden Rechtsbeziehungen behandeln.

Träger der Gerichtsbarkeit sind der Bund und die Länder (vgl Artikel 92 GG).

Die Organisation der Gerichte und die Abgrenzung ihrer Geschäftsbereiche sind teils in der Verfassung, im übrigen in einer Gerichtsverfassung, im Land Nordrhein-Westfalen im einzelnen auch in der Landesverfassung, Landesgesetzen und Landesverordnungen bestimmt.

a Das Land Nordrhein-Westfalen hat in seiner Verfassung (Verfassung des Landes Nordrhein-Westfalen) vom 18. Juni 1950, weiterhin in dem Gesetz über den Verfassungsgerichtshof für das Land Nordrhein-Westfalen – VGHG – vom 14. Dezember 1989 die Grundlagen für die Tätigkeit des

Verfassungsgerichtshofes für das Land Nordrhein-Westfalen

geschaffen. Die Besetzung und Zusammensetzung des Gerichts im einzelnen ist in Artikel 76 Verfassung sowie den §§ 2 ff VGHG niedergelegt. Danach besteht der Verfassungsgerichtshof aus dem Präsidenten des Oberverwaltungsgerichtes als Vorsitzenden, den beiden lebensältesten Präsidenten der Oberlandesgerichte des Landes als Vizepräsidenten und vier vom Landtag auf die Dauer von sechs Jahren gewählten Mitgliedern, von denen zwei die Befähigung zum Richteramt oder zum höheren Verwaltungsdienst haben müssen.

Der Verfassungsgerichtshof hat seinen Sitz in Münster. Seine Zuständigkeit und Aufgaben ergeben sich aus Artikel 75 Verfassung sowie § 12 VGHG. Danach entscheidet er

1. über den Ausschluß von Wahlen und Abstimmungen gemäß Artikel 32 der Verfassung,

2. über Beschwerden im Wahlprüfungsverfahren gemäß Artikel 33 der Verfassung,

3. über Anklagen gegen den Ministerpräsidenten oder gegen Minister gemäß Artikel 63 der Verfassung,

4. über die Zulässigkeit eines Volksbegehrens gemäß Artikel 68 Absatz 1 der Verfassung,

5. über die Auslegung der Verfassung aus Anlaß von Streitigkeiten über den Umfang der Rechte und Pflichten eines obersten Landesorgans oder anderer Beteiligter, die durch die Verfassung oder in der Geschäftsordnung eines obersten Landesorgans mit eigenen Rechten ausgestattet sind (Artikel 75 Ziffer 2 Verfassung),

6. über Meinungsverschiedenheiten oder Zweifel über die Vereinbarkeit von Landesrecht mit der Verfassung auf Antrag der Landesregierung oder eines Drittels der Mitglieder des Landtags (Artikel 75 Ziffer 3 Verfassung),

7. in den nach Artikel 100 des Grundgesetzes der Bundesrepublik Deutschland der Zuständigkeit der Landesverfassungsgerichte zugewiesenen Fällen,

8. über die Verfassungsbeschwerden der Gemeinden und Gemeindeverbände nach § 50 VGHG,

9. in sonstigen, durch künftige Landesgesetze zugewiesenen Fällen (Artikel 75 Ziffer 4 Verfassung).

Die Entscheidungen des Gerichts binden die Verfassungsorgane des Landes sowie alle Gerichte und Behörden. In den Fällen der oben erwähnten Ziffern 5, 6 und 8 hat die Entscheidung des Gerichts Gesetzeskraft und ist im Gesetz- und Verordnungsblatt zu veröffentlichen (§ 26 VGHG).

b Die Organisation und Zuständigkeit sowie der Aufgabenbereich der

Gerichte der ordentlichen Gerichtsbarkeit

ergeben sich aus dem Gerichtsverfassungsgesetz in der Verfassung vom 12. September 1950 mit späteren Änderungen (GVG) sowie für das Land Nordrhein-Westfalen aus verschiedenen Landesgesetzen und -verordnungen.

Die Amtsgerichte

sind in Zivilsachen allgemein zuständig für bürgerliche Rechtsstreitigkeiten über Ansprüche, deren Gegenstandswert die Summe von 10 000,- DM nicht übersteigt, weiterhin ohne Rücksicht auf den Wert des Streitgegenstandes in Mietstreitigkeiten; Streitigkeiten aus Beförderungs-, Transport- und Gastwirtverträgen, soweit sie sich auf Wirtszechen, Fuhrlohn, Überfahrtsgelder, Beförderungen der Reisenden und ihrer Habe und auf den Verlust und die Beschädigung der letzteren beziehen; Streitigkeiten wegen Viehmängel und Wildschäden; für Entscheidungen über Ansprüche aus einem mit der Überlassung eines Grundstücks in Verbindung stehenden Leibgedings-, Leibzuchts-, Altenteils- oder Auszugsvertrages; in Familiensachen als Familiengericht (Scheidungssachen und damit in Zusammenhang stehende Vermögens-, Kindschafts- und Unterhaltsangelegenheiten), in Vormundschaftssachen als Vormundschaftsgericht; in Zwangsvollstreckungssachen; in Landwirtschaftssachen als Landwirtschaftsgericht (1 Berufsrichter, 2 landwirtschaftliche Beisitzer); in Zwangsverwaltungs- und Zwangsversteigerungssachen; in Konkurssachen; in Vereinssachen; in der Führung des Handelsregisters; in Personenstandssachen; für Wiederaufnahmeverfahren in Erbgesundheitssachen (AV v 25. November 1947 JMBl NW 1948 Seite 2).

In allen diesen Fällen entscheidet der Einzelrichter.

In Strafsachen ist der Einzelrichter des Amtsgerichts zuständig (§ 25 GVG):

1. als Ermittlungsrichter außerhalb der Hauptverhandlung für alle Untersuchungshandlungen einschließlich Durchsuchung und Beschlagnahme, Haftbefehl, Rechtshilfe sowie beim Schöffengericht für alle Entscheidungen außerhalb der Hauptverhandlung, z B Eröffnungsbeschluß (§ 30 Abs 2 GVG);

2. Als Spruchrichter bei Bußgeldverfahren, Privatklagedelikten, bei sonstigen Vergehen, die mit höchstens 6 Monaten Freiheitsstrafe bedroht sind, und bei Vergehen, bei denen die Staatsanwaltschaft Anklage vor dem Einzelrichter erhebt und keine höhere Strafe als zwei Jahre Freiheitsstrafe zu erwarten ist;

3. in Jugendsachen auf Antrag der Staatsanwaltschaft, wenn Zuchtmittel oder Erziehungsmaßregeln zu erwarten sind; Jugendstrafe darf der Jugendrichter nur bis zu einem Jahr verhängen (§ 39 JGG).

Das Schöffengericht beim Amtsgericht (§§ 28 ff GVG) entscheidet in allen zur Zuständigkeit des Amtsgerichts gehörigen Strafsachen, soweit nicht der Einzelrichter entscheidet, bei Verbrechen und Vergehen, falls nicht das Schwurgericht oder die Staatsschutzkammer beim Landgericht oder das Oberlandesgericht zuständig ist oder die Staatsanwaltschaft wegen der besonderen Bedeutung des Falles Anklage beim Landgericht erhebt; dabei darf weder eine höhere Strafe als vier Jahre Freiheitsstrafe noch Sicherungsverwahrung oder Unterbringung in einem psychiatrischen Krankenhaus oder einer sozialtherapeutischen Anstalt zu erwarten sein (§ 24 GVG). Über Verfehlungen von Jugendlichen entscheidet diesbezüglich das Jugendschöffengericht beim Amtsgericht (§§ 33 ff JGG).

Das Schöffengericht besteht aus einem Berufsrichter als Vorsitzenden und zwei Schöffen (kleines Schöffengericht) Auf Antrag der Staatsanwaltschaft kann bei umfangreichen Sachen ein zweiter Richter zur Hauptverhandlung zugezogen werden (erweitertes oder großes Schöffengericht, §§ 28, 29 GVG). In Jugendsachen entscheiden ein Jugendrichter und zwei Jugendschöffen.

Eine ausschließliche Zuständigkeit in Jugendschöffengerichtssachen und Jugendrichterhaftsachen hat das Amtsgericht Heinsberg für die Amtsgerichtsbezirke Geilenkirchen und Heinsberg (Verordnung zur Änderung der Verordnung über die Zuständigkeit der Amtsgerichte des Landes Nordrhein-Westfalen in Jugendstrafsachen vom 15. Mai 1993 GVBl NRW S 271).

Die **Landgerichte**

Düsseldorf, Duisburg, Kleve, Krefeld, Mönchengladbach, Wuppertal, Arnsberg, Bielefeld, Bochum, Detmold, Dortmund, Essen, Hagen, Münster, Paderborn, Siegen, Aachen, Bonn und Köln sind jeweils besetzt mit dem Präsidenten des Landgerichts, Vorsitzenden Richtern und weiteren Richtern (§ 59 Abs 1 GVG). Es bestehen:

1. **Zivilkammern** (3 Berufsrichter; in Sachen ohne besondere Schwierigkeiten tatsächlicher oder rechtlicher Art und von nicht grundsätzlicher Bedeutung soll in der Regel ein Mitglied der Zivilkammer als Einzelrichter entscheiden) als erstinstanzliche Gerichte in bürgerlichen Rechtsstreitigkeiten, die nicht den Amtsgerichten zugewiesen sind und nicht auf Antrag in die Kammern für Handelssachen verwiesen sind, sowie ohne Rücksicht auf den Wert des Streitgegenstandes für Ansprüche gegen den Staat oder eine Körperschaft des öffentlichen Rechts und als zweitinstanzliche Gerichte zur Entscheidung über Berufung und Beschwerde gegen amtsgerichtliche Urteile und Beschlüsse (§§ 71, 72, 75 GVG);

2. **Kammern für Handelssachen** (1 Berufsrichter, 2 ehrenamtliche Richter, die von der Industrie- und Handelskammer vorgeschlagen und für die Dauer von 3 Jahren ernannt werden, § 108 GVG), zuständig auf Antrag für Handelssachen anstelle der Zivilkammern (§§ 94 ff GVG). Sie bestehen bei den Landgerichten Duisburg, Düsseldorf, Kleve, Krefeld, Mönchengladbach, Wuppertal, Arnsberg, Bielefeld, Bochum, Detmold, Dortmund, Essen, Hagen, Münster, Paderborn, Siegen, Aachen, Bonn und Köln (Verordnung über die Bildung von Kammern für Handelssachen vom 22. November 1983, GV NW Seite 607);

3. **Kammern für Baulandsachen** (2 Richter des Landgerichts einschließlich des Vorsitzenden sowie 1 hauptamtlicher Richter des Verwaltungsgerichts, § 160 Bundesbaugesetz BBauG) bei den Landgerichten

Aachen für den Bezirk des Landgerichts Aachen

Arnsberg für die Bezirke der Landgerichte Arnsberg, Hagen und Siegen,

Detmold für die Bezirke der Landgerichte Detmold, Bielefeld und Paderborn,

Düsseldorf für die Bezirke der Landgerichte Düsseldorf, Duisburg, Kleve, Krefeld, Mönchengladbach und Wuppertal,

Essen für die Bezirke der Landgerichte Essen, Bochum und Dortmund,

Köln für die Bezirke der Landgerichte Köln und Bonn,

Münster für den Bezirk des Landgerichts Münster.

Sie sind zuständig für die Verhandlung und Entscheidung über Anträge gemäß § 157 Abs 1 Satz 1 BBauG

(Verordnung über die Zusammenfassung der Baulandsachen bei bestimmten Landgerichten vom 29. November 1960, GV NW Seite 430);

4. **Kammern für Wertpapierbereinigungssachen** bei den Landgerichten

Düsseldorf für die Oberlandesgerichtsbezirke Düsseldorf und Köln,
Hagen für den Oberlandesgerichtsbezirk Hamm
(Verordnung über die Zuweisung von Wertpapierbereinigungssachen an einzelne Gerichte vom 6. Dezember 1964, GV NW Seite 414, mit späteren Änderungen);

5. **Strafkammern** zur Entscheidung in Strafsachen und zwar:
– in erster Instanz in der Besetzung 2 Berufsrichter einschließlich des Vorsitzenden und 2 Schöffen, wenn nicht wegen des Umfangs oder der Schwierigkeit der Sache die Mitwirkung eines dritten Berufsrichters notwendig erscheint für alle Verbrechen, die nicht zur Zuständigkeit des Amtsgerichts und des Oberlandesgerichts gehören, sowie für alle Straftaten, wenn mehr als vier Jahre Freiheitsstrafe oder Unterbringung in einem psychiatrischen Krankenhaus oder einer sozialtherapeutischen Anstalt oder Sicherungsverwahrung zu erwarten ist oder wenn die Staatsanwaltschaft wegen der besonderen Bedeutung der Sache bei der Strafkammer Anklage erhebt (§ 74 GVG); nachdem früher beim Landgericht nach Bedarf Schwurgerichte, bestehend aus 3 Richtern und 6 Schöffen, die zuständig waren für Verbrechen gegen das Leben und bestimmte andere schwere Verbrechen (z B Raub, Diebstahl oder Erpressung jeweils mit Todesfolge, besonders schwere Brandstiftung), gebildet wurden, haben seit dem 1. Januar 1975 Strafkammern in der Besetzung 3 Berufsrichter einschließlich des Vorsitzenden und 2 Schöffen diese Funktion übernommen; in bezug auf Wirtschaftsstrafsachen besteht eine ausschließliche Zuständigkeit des
Landgerichts Krefeld für die Landgerichtsbezirke Kleve, Krefeld und Mönchengladbach,
Landgerichts Bielefeld für die Landgerichtsbezirke Bielefeld, Detmold und Paderborn
(Verordnung zur Zusammenfassung von Wirtschaftsstrafsachen vom 7. August 1972, GV NW Seite 255, mit späteren Änderungen);
– in Jugendsachen entscheiden in gleicher Besetzung große Jugendkammern;
– in zweiter Instanz entscheiden die Strafkammern in der Besetzung 1 Berufsrichter als Vorsitzender und 2 Schöffen als Berufungsgerichte gegen Urteile des Einzelrichters in Strafsachen beim Amtsgericht oder des Schöffengerichts beim Amtsgericht; in Verfahren über Berufungen gegen Urteile des erweiterten Schöffengerichts (§ 29 Abs 2 GVG) ist ein zweiter Berufsrichter hinzuzuziehen.

6. **Auswärtige Strafkammern** sind gebildet worden (§ 78 GVG):
im Landgerichtsbezirk Bochum bei dem Amtsgericht Recklinghausen für den Bezirk des Amtsgerichts Recklinghausen,
im Landgerichtsbezirk Münster bei dem Amtsgericht Bocholt für die Bezirke der Amtsgerichte Bocholt und Borken,
im Landgerichtsbezirk Kleve bei dem Amtsgericht

Moers für die Bezirke der Amtsgerichte Moers und Rheinberg
(Verordnung über die Bildung auswärtiger Strafkammern vom 15. Juli 1960, GV NW Seite 296, mit späteren Änderungen);

7. **Staatsschutzkammern** bei den Landgerichten Düsseldorf, Dortmund und Köln, zuständig für leichtere Fälle von Friedensverrat, Gefährdung des demokratischen Rechtsstaates oder der Landesverteidigung, Verschleppung und politische Denunziation, § 74 a GVG;

8. **Kammern für Bußgeldverfahren;** die Zuständigkeit ergibt sich aus §§ 46 ff Ordnungswidrigkeitengesetz (OWiG), 464 b Strafprozeßordnung (StPO) und 104 Zivilprozeßordnung (ZPO). Danach kann gegen den Kostenfestsetzungsbeschluß des Rechtspflegers beim Amtsgericht Erinnerung eingelegt werden, über die das Amtsgericht entscheidet, wenn der Beschwerdewert unter 100,- DM liegt (§§ 567, 577 ZPO), ansonsten diese als sofortige Beschwerde gilt und von der Strafkammer entschieden wird;

9. **Strafvollstreckungskammern,** zuständig für die nachträglichen gerichtlichen Entscheidungen bei der Vollstreckung von Freiheitsstrafen und freiheitsentziehenden, sichernden und bessernden Maßregeln (§ 462 a StPO). Sie sind mit drei Richtern unter Einschluß des Vorsitzenden in Verfahren über die Aussetzung der Vollstreckung des Restes einer lebenslangen Freiheitsstrafe oder die Aussetzung der Vollstreckung der Unterbringung im psychiatrischen Krankenhaus, ansonsten mit einem Richter besetzt (§ 78 b GVG);

10. **Kammern für Steuerberater- und Steuerbevollmächtigtensachen** (1 Richter, 2 Steuerberater oder Steuerbevollmächtigte), zuständig im ersten Rechtszug für Verhandlung und Entscheidung bezüglich Pflichtverletzungen von Steuerberatern und Steuerbevollmächtigten.
Beim Landgericht Düsseldorf ist weiterhin das
Dienstgericht für Richter
errichtet (§ 35 Abs 2 Landesrichtergesetz NW). Es entscheidet in der Besetzung mit einem Vorsitzenden Richter der ordentlichen Gerichtsbarkeit, einem ständigen Beisitzer, Richter der Verwaltungsgerichtsbarkeit, und einem nichtständigen Beisitzer, Richter des Gerichtszweiges, dem der betroffene Richter angehört (§§ 43, 44 LRiG) in Disziplinarsachen der Richter, über die Versetzung im Interesse der Rechtspflege, Nichtigkeit einer Ernennung, Rücknahme der Ernennung, Entlassung, Versetzung in den Ruhestand wegen Dienstunfähigkeit, bei Anfechtung einer Maßnahme wegen Veränderung der Gerichtsorganisation, der Abordnung eines Richters nach § 37 Abs 3 des Deutschen Richtergesetzes, einer Verfügung, durch die ein Richter auf Probe oder ein Richter kraft Auftrags entlassen, durch die seine Ernennung zurückgenommen oder die Nichtigkeit seiner Ernennung festgestellt oder durch die er wegen Dienstunfähigkeit in den Ruhestand versetzt wird, der Heranziehung zu einer Nebentätigkeit, einer Maßnahme der Dienstaufsicht aus den Gründen des § 26 Abs 3 des Deutschen

Richtergesetzes, einer Verfügung über die Teilzeitbeschäftigung und Beurlaubung von Richtern (§ 37 LRiG).

Eine ausschließliche Zuständigkeit für alle Landesgerichtsbezirke des Landes NW hat das Landgericht Düsseldorf in zur Zuständigkeit der Landgerichte gehörende Entschädigungssachen (VO zur Zusammenfassung der Entschädigungssachen vom 07. Juni 1988 in GV NW Nr 24 vom 27. Juni 1988); in Patentstreitsachen, Sortenschutzstreitsachen, Gebrauchsmusterstreitsachen und Topographiestreitsachen (VO über die Zuweisung von Patentstreitsachen, Sortenschutzstreitsachen, Gebrauchsmusterstreitsachen und Topographiestreitsachen in GV NW Nr 30 vom 22. Juli 1988).

Eine ausschließliche Zuständigkeit in Geschmacksmusterstreitsachen, Warenzeichenstreitsachen und Urheberrechtsstreitsachen haben das Landgericht Düsseldorf für den Oberlandesgerichtsbezirk Düsseldorf; das Landgericht Bielefeld für die Landgerichtsbezirke Bielefeld, Detmold und Paderborn; das Landgericht Bochum für die Landgerichtsbezirke Bochum, Dortmund und Essen; das Landgericht Hagen für die Landgerichtsbezirke Arnsberg, Hagen und Siegen; das Landgericht Köln für den Oberlandesgerichtsbezirk Köln (VO zur Zusammenfassung von Geschmacksmusterstreitsachen, Warenzeichenstreitsachen und Urheberrechtsstreitsachen vom 10. Oktober 1990, in GV NW Nr 60 vom 12. November 1990).

Die **Oberlandesgerichte**
Düsseldorf, Hamm und Köln sind jeweils besetzt mit einem Präsidenten, Vorsitzenden Richtern und weiteren Richtern. Es bestehen
1. Zivilsenate (3 Berufsrichter), zuständig in bürgerlichen Rechtsstreitigkeiten für die Verhandlung und Entscheidung über die Rechtsmittel:
der Berufung gegen Endurteile sowie der Beschwerde gegen Entscheidungen des Familiengerichts beim Amtsgericht;
der Berufung gegen Endurteile sowie der Beschwerde gegen Entscheidungen der Landgerichte;
weitere Zuständigkeiten sind
Bestimmung des zuständigen Gerichts, § 36 ZPO,
Entscheidung über die Ablehnung eines Richters, wenn das Landgericht beschlußunfähig wird, § 45 Abs 1 ZPO,
Entscheidung über die Verpflichtung zur Übernahme einer Entmündigungssache gemäß §§ 650, 651, 676 ZPO,
Entscheidung über die Beschwerde gegen Verweigerung der Rechtshilfe, § 159 GVG,
Entscheidung über die Beschwerde bei sitzungspolizeilichen Strafen, § 181 Abs 3 GVG,
Entscheidung über die weitere Beschwerde in Konkurs- und Zwangsversteigerungssachen,
Amtsenthebung eines ehrenamtlichen Richters, §§ 113 Abs 2 GVG,
Entscheidung über die weitere Beschwerde in Sachen der Freiwilligen Gerichtsbarkeit, § 28 Gesetz über die Freiwillige Gerichtsbarkeit,

sofortige Beschwerde in Landwirtschaftssachen (3 Richter des OLG, 2 landwirtschaftliche Beisitzer), gerichtliche Entscheidung über die Rechtmäßigkeit von Justizverwaltungsakten im Rahmen von § 23 EGGVG;
2. Senate für Baulandsachen (2 Berufsrichter einschließlich des Vorsitzenden, 1 hauptamtlicher Richter des Oberverwaltungsgerichts in Nordrhein-Westfalen, § 169 BBauG), zuständig für Berufungen gegen Entscheidungen der Landgerichte in Baulandsachen;
3. Strafsenate, im ersten Rechtszug in der Besetzung mit 5 Berufsrichtern zuständig für Straftaten wegen Friedens-, Hoch- und Landesverrat, Nötigung von Verfassungsorganen und Völkermord, ferner in den an sich nach § 74 a GVG zur Zuständigkeit der Strafkammer gehörenden politischen Strafsachen, wenn der Generalbundesanwalt wegen der besonderen Bedeutung die Verfolgung übernimmt.
Soweit das OLG im ersten Rechtszug zuständig ist, können Ermittlungsrichter des OLG Untersuchungshandlungen an Stelle des Amtsrichters oder neben diesem vornehmen (§ 168 a StPO);
in zweiter Instanz ist das OLG zuständig in der Besetzung mit 3 Berufsrichtern für Revisionen gegen Urteile der großen Strafkammern, wenn die Revision ausschließlich auf die Verletzung einer in den Landesgesetzen enthaltenen Rechtsnorm gestützt wird, über die Revision gegen Urteile des Einzelrichters beim Amtsgericht (Sprungrevision § 355 StPO);
in dritter Instanz ist das OLG in gleicher Besetzung Revisionsinstanz gegen Berufungsurteile der großen und kleinen Strafkammern (§ 121 GVG);
weiterhin sind die Strafsenate zuständig für Beschwerden gegen strafrichterliche Entscheidungen, soweit nicht die Zuständigkeit der Strafkammern oder des Bundesgerichtshofes begründet ist (§ 121 Abs 1 Nr 2 GVG);
in Bußgeldverfahren für die Entscheidung über Rechtsbeschwerden (§ 79 OWiG) oder Zulassung der Rechtsbeschwerde (§ 80 OWiG) gegen Urteile und Beschlüsse nach § 72 OWiG der Amtsgerichte in Bußgeldsachen.
4. Besondere Zuständigkeiten haben in **Rechtssachen,** für die nach § 54 Abs 2 Satz 2, § 62 Abs 4, § 82 Abs 1, § 85 Satz 2, § 86 Abs 2 und § 86 a Satz 1 des Gesetzes gegen Wettbewerbsbeschränkungen die Oberlandesgerichte zuständig sind und das Oberlandesgericht Düsseldorf für die Oberlandesgerichtsbezirke Düsseldorf, Hamm und Köln (Verordnung über die Bildung gemeinsamer Kartellgerichte vom 7. Januar 1958, GV NW Seite 17, mit späteren Änderungen);
in **Verfahren nach dem Aktiengesetz**
das Oberlandesgericht Düsseldorf für die Oberlandesgerichtsbezirke Düsseldorf, Hamm und Köln zur Entscheidung über Beschwerden gegen die gerichtliche Entscheidungen der Landgerichte (Verordnung über die örtliche Zuständigkeit der Landgerichte und der Oberlandesgerichte des Lan-

des Nordrhein-Westfalen in Verfahren nach dem Aktiengesetz und dem Einführungsgesetz zum Aktiengesetz vom 15. Februar 1966, GV NW Seite 65);

in **Binnenschiffahrtssachen**

das Oberlandesgericht Hamm für die Verhandlung und Entscheidung über Berufungen und Beschwerden gegen Entscheidungen der Schiffahrtsgerichte Dortmund und Minden

das Oberlandesgericht Köln für die Verhandlung und Entscheidung über Berufungen und Beschwerden gegen Entscheidungen der Schiffahrtsgerichte St Goar und Duisburg-Ruhrort

(Verordnung über die Zuweisung von Binnenschiffahrtssachen vom 28. Februar 1984, GV NW Seite 205, Abkommen zwischen den Ländern Baden-Württemberg, Hessen, Nordrhein-Westfalen und Rheinland-Pfalz über die Gliederung der Schiffahrtsgerichtsbezirke im Rheinstromgebiet, GV NW 1954, Seite 263,

Bekanntmachung des Abkommens zwischen den Ländern Nordrhein-Westfalen, Rheinland-Pfalz und dem Saarland über die Errichtung von Moselschiffahrtsgerichten vom 13. Mai 1966, GV NW Seite 294);

in **Wertpapierbereinigungssachen**, soweit die Oberlandesgerichte zuständig sind

das Oberlandesgericht Düsseldorf für die Oberlandesgerichtsbezirke Düsseldorf, Hamm und Köln;

in nach den §§ 116, 117, 138 Abs 2 StVollzG den Strafsenaten der Oberlandesgerichte zugewiesenen Entscheidungen

das Oberlandesgericht Hamm für die Oberlandesgerichtsbezirke Düsseldorf, Hamm und Köln

(VO zur Übertragung von Entscheidungen nach den §§ 116, 117, 138 Abs 2 des Strafvollzugsgesetzes auf das Oberlandesgericht Hamm vom 8. Januar 1985, GV NW 1985 Seite 46);

in **Notarsachen als Disziplinargericht**

das Oberlandesgericht Köln für die Oberlandesgerichtsbezirke Düsseldorf, Hamm und Köln,

es entscheidet in der Besetzung 1 Vorsitzender Richter, 1 weiterer Richter und 1 Notar im ersten Rechtszug in Disziplinarverfahren gegen Notare (§§ 93 ff Bundesnotarordnung, Verordnung zur Ausführung der Bundesnotarordnung vom 14. März 1961, GV NW Seite 163);

in **Steuerberater- und Steuerbevollmächtigtensachen** des zweiten Rechtszuges

das Oberlandesgericht Düsseldorf für die Oberlandesgerichtsbezirke Düsseldorf, Hamm und Köln;

für Beschwerdeentscheidungen über die Aussetzung des Strafrestes bei lebenslanger Freiheitsstrafe das Oberlandesgericht Hamm für die Oberlandesgerichtsbezirke Düsseldorf, Hamm und Köln (Gesetz vom 6. April 1982).

Bei dem Oberlandesgericht Hamm ist weiterhin der **Dienstgerichtshof für Richter**

errichtet (§ 35 Abs 2 LRiG). Er entscheidet in der Besetzung 1 Vorsitzender Richter und 1 Beisitzer der ordentlichen Gerichtsbarkeit sowie 1 weiterer Beisitzer, Richter der Verwaltungsgerichtsbarkeit,

Arbeitsgerichtsbarkeit oder Sozialgerichtsbarkeit über Berufungen gegen Urteile und Beschwerden gegen Beschlüsse des Dienstgerichts sowie in sonstigen Fällen, in denen nach den Vorschriften des Landesrichtergesetzes und den danach anzuwendenden Verfahrensvorschriften das Gericht des zweiten Rechtszuges zuständig ist (§ 38 LRiG).

Ferner ist bei dem Oberlandesgericht Hamm für die Oberlandesgerichtsbezirke Düsseldorf, Hamm und Köln

der **Ehrengerichtshof für Rechtsanwälte**

errichtet (Verordnung über die Errichtung des Ehrengerichtshofes für Rechtsanwälte vom 16. September 1959, GV NW Seite 144). Dieser ist in zweiter Instanz zuständig für Berufungen gegen Urteile und Beschwerden gegen Beschlüsse des Ehrengerichts für Rechtsanwälte (§§ 142, 143 Bundesrechtsanwaltsordnung BRAO). Der Senat verhandelt und entscheidet in der Besetzung mit 1 Rechtsanwalt als Vorsitzenden, 2 weiteren Rechtsanwälten und 2 Berufsrichtern als Beisitzer. Ebenso wie die Rechtsanwälte werden auch die Berufsrichter, die aus der Zahl der ständigen Mitglieder des Oberlandesgerichts kommen müssen, von der Justizverwaltung für die Dauer von 4 Jahren bestellt.

Bundesrechtlich zugelassen und bestellt sind die besonderen Gerichte, die dem GVG nicht unterstehen.

c Die Gerichte der allgemeinen Verwaltungsgerichtsbarkeit

(§§ 2 ff Verwaltungsgerichtsordnung, Landesgesetz zur Ausführung der Verwaltungsgerichtsordnung vom 21. Januar 1960 im Lande Nordrhein-Westfalen AG VwGO vom 26. März 1960, mit späteren Änderungen). Zweck der Verwaltungsgerichtsbarkeit ist die Kontrolle der Verwaltung und der Schutz des Staatsbürgers gegen fehlerhafte Ausübung der staatlichen Gewalt.

1. Die Verwaltungsgerichte

Aachen, Arnsberg, Düsseldorf, Gelsenkirchen, Köln, Minden und Münster bestehen aus dem Präsidenten des Verwaltungsgerichts, Vorsitzenden Richtern und weiteren Richtern. Sie sind zuständig in allen öffentlich-rechtlichen Streitigkeiten nichtverfassungsrechtlicher Art, soweit nicht die Streitigkeiten durch Bundesgesetz einem anderen Gericht ausdrücklich zugewiesen sind (§ 40 Abs 1 VwGO). Das öffentliche Recht umfaßt die Rechtsnormen, welche die Rechtsbeziehungen des einzelnen gegenüber einer übergeordneten Gewalt (Staat, Gemeinde, öffentliche Körperschaft) oder die Beziehungen dieser Gewalten untereinander behandeln (z B Polizei-, Beamten-, Gewerbe-, Bau-, Verkehrs-, Schul- und Hochschulrecht).

Es bestehen Kammern, die in der Besetzung mit 1 Berufsrichter und 2 ehrenamtlichen Verwaltungsrichtern in Sachen, die keine besonderen Schwierigkeiten tatsächlicher oder rechtlicher Art aufweisen und die Rechtssache keine grundsätzliche Bedeutung hat, ansonsten mit 3 Berufsrichtern und 2 ehrenamtlichen Verwaltungsrichtern verhandeln und entscheiden. Diese wirken bei Beschlüssen außerhalb der mündlichen Verhandlung nicht mit (§ 5 VwGO).

Eine besondere Zuständigkeit in Verwaltungsstreitverfahren über die Vergabe von Studienplätzen hat das Verwaltungsgericht Gelsenkirchen für die Bezirke aller anderen Verwaltungsgerichte (§ 1 Abs 3 AG VwGO).

Ferner bestehen bei den Verwaltungsgerichten Düsseldorf und Münster **Disziplinarkammern** als Disziplinargerichte. Sie entscheiden in der Besetzung 1 Richter als Vorsitzender, 1 weiterer Richter sowie 1 Beamtenbeisitzer in förmlichen Disziplinarverfahren gegen Beamte, auf die das Landesbeamtengesetz Anwendung findet (§§ 1, 41, 45 und 47 der Disziplinarordnung des Landes Nordrhein-Westfalen vom 20. Januar 1970).

2. Das Oberverwaltungsgericht

für das Land Nordrhein-Westfalen in Münster besteht aus dem Präsidenten des Oberverwaltungsgerichts, Vorsitzenden Richtern und weiteren Richtern. Die Senate entscheiden und verhandeln in der Besetzung mit 3 Berufsrichtern und 2 ehrenamtlichen Richtern. Bei Beschlüssen außerhalb der mündlichen Verhandlung wirken die ehrenamtlichen Richter nicht mit (§ 9 Abs 3 VwGO). Das OVG entscheidet über Berufungen gegen Urteile sowie Beschwerden gegen andere Entscheidungen der Verwaltungsgerichte.

Beim Oberverwaltungsgericht Münster ist ein **Disziplinarsenat** errichtet, der in der Besetzung mit 3 Berufsrichtern einschließlich des Vorsitzenden sowie 2 ehrenamtlichen Beamtenbeisitzern, außerhalb der Hauptverhandlung nur mit 3 Berufsrichtern, über Berufungen gegen Urteile und Beschwerden gegen andere Entscheidungen der Disziplinargerichte entscheidet.

d Die Gerichte der besonderen Verwaltungsgerichtsbarkeit

1. Die Sozialgerichte

Aachen, Detmold, Dortmund, Düsseldorf, Duisburg, Gelsenkirchen, Köln und Münster (Gesetz zur Ausführung des Sozialgerichtsgesetzes vom 3. September 1953 im Lande Nordrhein-Westfalen vom 8. Dezember 1953 mit Änderungen) verhandeln und entscheiden in der Besetzung mit 1 Berufsrichter als Vorsitzenden sowie 2 ehrenamtlichen Richtern als Beisitzern. Bei Beschlüssen außerhalb der mündlichen Verhandlung und bei Gerichtsbescheiden (Entscheidungen ohne mündliche Verhandlung in Sachen ohne besondere Schwierigkeiten tatsächlicher oder rechtlicher Art und geklärtem Sachverhalt) wirken die ehrenamtlichen Richter nicht mit. Sie sind zuständig für öffentlich-rechtliche Streitigkeiten in Angelegenheiten der Sozialversicherung, der Arbeitslosenversicherung und der übrigen Aufgaben der Bundesanstalt für Arbeit sowie der Kriegsopferversorgung. Sie entscheiden ferner über Angelegenheiten, die aufgrund der Beziehungen zwischen Ärzten, Zahnärzten und Kranken-

kassen (Krankenarztrecht) im Rechtsweg zu entscheiden sind, und über sonstige öffentlich-rechtliche Streitigkeiten, für die durch Gesetz der Rechtsweg vor diesen Gerichten eröffnet ist;

2. das Landessozialgericht

für das Land Nordrhein-Westfalen in Essen (§ 1 Abs 1 Gesetz zur Ausführung des Sozialgerichtsgesetzes vom 3. September 1953 im Lande Nordrhein-Westfalen vom 8. Dezember 1953) entscheidet und verhandelt in der Besetzung mit 3 Berufsrichtern und 2 ehrenamtlichen Richtern über Berufungen gegen Urteile und Beschwerden gegen andere Entscheidungen der Sozialgerichte (§ 29 SGG);

3. die Finanzgerichte

Düsseldorf, Münster und Köln (§ 1 Gesetz zur Ausführung der Finanzgerichtsordnung vom 6. Oktober 1965 im Lande Nordrhein-Westfalen vom 1. Februar 1966, mit späteren Änderungen, AG FGO) verhandeln und entscheiden in der Besetzung mit 3 Berufsrichtern und 2 ehrenamtlichen Richtern. Sie sind im ersten Rechtszug zuständig für Klagen gegen Finanzbehörden in Abgabesachen (Steuer- und Zollsachen). Mit der Klage kann auch die Aufhebung (auch Änderung) eines Verwaltungsaktes, die Verpflichtung zum Erlaß eines abgelehnten oder unterlassenen Verwaltungsaktes oder eine Feststellung über ein Rechtsverhältnis begehrt werden (§ 40 FGO);

4. die Berufsgerichte für Heilberufe

sind bei den Verwaltungsgerichten Köln für den Landesteil Nordrhein und Münster für den Landesteil Westfalen-Lippe errichtet (2. Verordnung zur Durchführung des Gesetzes über Kammern und die Berufsgerichtsbarkeit der Ärzte, Apotheker, Tierärzte und Zahnärzte vom 5. Februar 1952, GV NW Seite 16). Sie sind zuständig in erster Instanz für das berufsgerichtliche Verfahren gegen Kammerangehörige, die ihre Berufspflichten verletzen (§ 46 Heilberufsgesetz), und entscheiden und verhandeln in der Besetzung mit 1 Berufsrichter als Vorsitzenden und 2 Berufsangehörigen aus dem Beruf des Beschuldigten als Beisitzer (§ 49 HeilBerG);

5. das Landesberufsgericht für Heilberufe

ist beim Oberverwaltungsgericht in Münster errichtet. Es entscheidet in Senaten, die mit 3 Berufsrichtern einschließlich des Vorsitzenden und 2 Beisitzern aus dem Beruf des Beschuldigten besetzt sind (§ 49 Abs 2 HeilBerG). Es ist zuständig für Berufungen gegen Urteile der Berufsgerichte für Heilberufe.

e Als weitere besondere Gerichtsbarkeit besteht die

Arbeitsgerichtsbarkeit

Diese wird ausgeübt durch unabhängige Arbeitsgerichte, die von der obersten Arbeitsbehörde in Nordrhein-Westfalen im Einvernehmen mit der Landesjustizverwaltung nach Anhörung der Gewerkschaften und Arbeitgebervereinigungen errichtet werden. Die Dienstaufsicht obliegt im allgemeinen der obersten Landesarbeitsbehörde im Einvernehmen mit der Landesjustizverwaltung, daneben aber den jeweiligen aufsichtführenden Richtern der Arbeitsgerichte, dem sie angehören, und dem Präsidenten des Landesarbeitsgerichts (§ 1 Verordnung zur Übertragung der Dienstaufsicht auf die Präsidenten der Landesarbeitsgerichte und die Vorsitzenden der Arbeitsgerichte vom 25. Juli 1960).

In Nordrhein-Westfalen bestehen als Gerichte in Arbeitssachen (Gesetz zur Ausführung des Arbeitsgerichtsgesetzes im Lande Nordrhein-Westfalen, AG ArbGG, vom 24. November 1981)

1. die Arbeitsgerichte
Aachen, Bonn, Düsseldorf, Duisburg, Essen, Köln, Krefeld, Mönchengladbach, Oberhausen, Siegburg, Solingen, Wesel, Wuppertal, Arnsberg, Bielefeld, Bocholt, Bochum, Detmold, Dortmund, Gelsenkirchen, Hagen, Hamm, Herford, Herne, Iserlohn, Minden, Münster, Paderborn, Rheine und Siegen. Die Kammern entscheiden in der Besetzung mit 1 Berufsrichter als Vorsitzenden, 1 Arbeitgeber und 1 Arbeitnehmer. Sie sind zuständig für bürgerliche Rechtsstreitigkeiten zwischen Tarifvertragsparteien oder zwischen diesen und Dritten aus Tarifverträgen, über deren Bestehen oder Nichtbestehen und aus unerlaubten Handlungen, soweit es sich um Maßnahmen zum Zwecke des Arbeitskampfes oder um Fragen der Vereinigungsfreiheit handelt, weiter für bürgerliche Rechtsstreitigkeiten zwischen Arbeitnehmern und Arbeitgebern aus dem Arbeitsverhältnis, über dessen Bestehen oder Nichtbestehen und Auswirkungen sowie aus unerlaubten Handlungen, wenn ein Zusammenhang mit einem Arbeitsvertrag gegeben ist (z B Beschädigung einer Maschine durch einen Arbeitnehmer), ferner für Streitigkeiten zwischen Arbeitnehmern bei Zusammenhang mit dem Arbeitsverhältnis, letztlich im Beschlußverfahren für Streitfälle nach dem Betriebsverfassungsgesetz, die den Betriebsrat, Betriebsvereinbarungen, Einstellungen und Entlassungen betreffen (§§ 80, 2 Abs 1 ArbGG);

2. die Landesarbeitsgerichte
Düsseldorf, Hamm und Köln verhandeln und entscheiden in Kammern in der Besetzung mit 1 Berufsrichter als Vorsitzenden, 1 Arbeitgeber und 1 Arbeitnehmer als Beisitzer über Berufungen gegen Urteile und Beschwerden gegen andere Entscheidungen der Arbeitsgerichte (§§ 64, 78 ArbGG).

Ein weiteres wesentliches Organ der Rechtspflege ist die
Staatsanwaltschaft.
Sie ist die staatliche Untersuchungs- und Anklagebehörde in Strafsachen. Bei den Oberlandesgerichten besteht jeweils eine Generalstaatsanwaltschaft, bei den Landgerichten jeweils Staatsanwaltschaften, deren erste Beamte (Generalstaatsanwalt bzw Leitender Oberstaatsanwalt) befugt sind, bei allen Gerichten ihres Bezirkes die Amtsverrichtungen der Staatsanwaltschaft selbst zu übernehmen oder bestimmte Beamte damit zu beauftragen. Bei den Amtsgerichten können auch Amtsanwälte das Amt des Staatsanwaltes ausüben (§§ 143, 154 GVG).

Die Staatsanwälte müssen zum Richteramt befähigt sein, sind jedoch nichtrichterliche Beamte. Sie üben ihre Verrichtungen unabhängig von den Gerichten aus.

I Verfassungsgerichtshof

für das Land Nordrhein-Westfalen
48143 Münster, Aegidiikirchplatz 5; F (02 51)
5 05-0; Telefax (02 51) 505 352

Staatsrechtliche Grundlage und Aufgabenkreis:
Siehe hierzu Angaben auf der Seite 218.

Präsident des Verfassungsgerichtshofes: Prof Dr
Max Dietlein Präs des OVG
1. Vizepräsident: Dr Heinz-Dieter Laum Präs des
OLG Köln

II Die Gerichte der ordentlichen Gerichtsbarkeit

(bestehen im Geschäftsbereich des Justizministeriums des Landes Nordrhein-Westfalen)

Staatsrechtliche Grundlage und Aufgabenkreis:
Siehe hierzu Angaben auf den Seiten 218.

Oberlandesgericht Düsseldorf

40474 Düsseldorf, Cecilienallee 3; F (02 11)
49 71-0; Telefax (02 11) 49 71 - 5 48; Teletex
2 11 40 10 = OLGD

Präsident des Oberlandesgerichts: Dr Klaus Bilda

Generalstaatsanwaltschaft Düsseldorf

40223 Düsseldorf, Sternwartstr 31; F (02 11)
90 16-0; Telex 8 586 327 GSt D; Telefax (02 11)
90 16 - 2 00

Generalstaatsanwalt: Walter Selter

Landgericht Düsseldorf

40213 Düsseldorf, Neubrückstr 3; F (02 11)
83 06-0; Telex 8 587 583; Telefax (02 11)
83 06 26 30

Präsident des Landgerichts: Prof Dr Stephan Liermann Präs des LG
Besondere Zuständigkeiten:
Bestimmte Verfahren nach dem *Aktienrecht* für die
Bezirke der Landgerichte Düsseldorf, Duisburg,
Kleve, Krefeld, Mönchengladbach und Wuppertal,
Baulandsachen für den Bezirk des Oberlandesgerichts Düsseldorf,
Berufsgerichtliche Verfahren nach dem Steuerberatungsgesetz für den Bezirk der Berufskammer der
Steuerbevollmächtigten in Düsseldorf,
Berufsgerichtliche Verfahren nach der Wirtschaftsprüferordnung für das gesamte Bundesgebiet,
Entschädigungssachen für alle Klagen auf Entschädigung für Schaden an Freiheit, Eigentum, beruflichem Fortkommen und Vermögen aus Land Nordrhein-Westfalen,

Entschädigungssachen, soweit sich die Klagen gegen
Bescheide der Landesrentenbehörde aus Schaden
an Leben, Körper oder Gesundheit richten, aus
dem Lande Nordrhein-Westfalen,
Gebrauchsmustersachen zuständig für das Land
Nordrhein-Westfalen, wenn Kläger vor dem Landgericht Düsseldorf Klage erhebt oder Beklagter
Verweisung beantragt,
Kartellstreitigkeiten aus dem Oberlandesgerichtsbezirk Düsseldorf,
Urheberrechtsstreitigkeiten für den Oberlandesgerichtsbezirk Düsseldorf,
Wertpapierbereinigungssachen für den Oberlandesgerichtsbezirk Düsseldorf,
Die Patentstreitsachen, Sortenschutzstreitsachen, Gebrauchsmusterstreitsachen und Topographiestreitsachen aus allen Landgerichtsbezirken des Landes
Nordrhein-Westfalen sind ebenfalls dem Landgericht Düsseldorf zugewiesen.
Rechtsstreitigkeiten nach § 13 Abs 1 AGB-Gesetz
für den Oberlandesgerichtsbezirk Düsseldorf.

Beim Landgericht Düsseldorf errichtet:

Dienstgericht für Richter
für das Land Nordrhein-Westfalen
40213 Düsseldorf, Neubrückstr 3; F (02 11)
83 06-0; Telex 8 587 573
Vorsitzender: Hans Grüßenmeyer VorsRchtr am
LG

Amtsgerichte

Amtsgericht
40213 Düsseldorf, Mühlenstr 34; F (02 11) 83 06-0;
Telefax (02 11) 83 06-20 59
Präsident des Amtsgerichts: Dieter Heetfeld
Amtsgerichtsbezirk:
Kreisfreie Stadt Düsseldorf
Besondere Zuständigkeiten:
in Urheberrechtssachen für den Oberlandesgerichtsbezirk Düsseldorf,
*bei gerichtlichen Verfahren betreffend das Gesetz für
Untersuchungsausschüsse* des Landtags für das
Land Nordrhein-Westfalen,
in Verfahren nach dem Transsexuellengesetz für den
Oberlandesgerichtsbezirk Düsseldorf,
a) in Umweltschöffen-, in Umweltstrafsachen sowie
in Bußgeldverfahren wegen Umweltordnungswidrigkeiten gegen Erwachsene
*b) in Steuerstrafsachen vor dem Schöffengericht, vor
dem Strafrichter sowie Steuerordnungswidrigkeiten
gegen Erwachsene* für den Landgerichtsbezirk Düsseldorf,
in Schöffengerichtssachen und Jugendrichterhaftsachen für den Amtsgerichtsbezirk Ratingen,
in Schöffengerichtshaft-, Strafrichterhaft- und Jugendrichterhaftsachen für den Amtsgerichtsbezirk
Langenfeld,
in Konkurssachen für die Amtsgerichtsbezirke Langenfeld und Ratingen

Amtsgericht
41460 Neuss, Breite Str 48; F (0 21 31) 28 90;
Telefax (0 21 31) 2 89 - 1 81
Direktor des Amtsgerichts: Klaus Balke
Amtsgerichtsbezirk: Gemeinden: Dormagen,
Kaarst, Korschenbroich, Meerbusch und Neuss

Amtsgericht Langenfeld (Rheinland)
40764 Langenfeld, Hauptstr 13-19; F (0 21 73)
1 80 21 bis 1 80 27; Telefax (0 21 73) 14 96 07
Direktor des Amtsgerichts: Hans-Wolfgang Bleike
Amtsgerichtsbezirk: Gemeinden Hilden, Langenfeld (Rhld), Monheim
Besondere Einrichtungen: Schöffengericht (ohne
Schöffengerichtshaftsachen) und ein Jugendschöffengericht für den Bezirk des Amtsgerichts Langenfeld
Besondere Zuständigkeiten: Konkurssachen aus
dem Amtsgerichtsbezirk Langenfeld werden vom
Amtsgericht Düsseldorf und Landwirtschaftssachen vom Amtsgericht Mettmann bearbeitet.

Amtsgericht
40878 Ratingen, Düsseldorfer Str 54; F (0 21 02)
10 09-0; Telefax (0 21 02) 10 09 - 22
Direktor des Amtsgerichts: Johannes Schultz
Amtsgerichtsbezirk: Gemeinde Ratingen

Landgericht Duisburg

47051 Duisburg, König-Heinrich-Platz 1; F (02 03)
99 28-0; Telex 885 454; Telefax (02 03) 99 28-4 41
und 99 28-4 44

Präsident des Landgerichts: Dr Armin Lünterbusch

Staatsanwaltschaft Duisburg

47057 Duisburg, Koloniestr 72; F (02 03) 99 38-5;
Telefax (02 03) 99 38-8 88

Ltd Oberstaatsanwalt: Günter Kimmel

Amtsgerichte

Amtsgericht
46535 Dinslaken, Schillerstr 76; F (0 20 64)
60 08-0; Telefax (0 20 64) 60 08 - 70
Direktor des Amtsgerichts: Bernhard Benninghoff
Amtsgerichtsbezirk: Gemeinden Stadt Dinslaken
und Stadt Voerde (Niederrhein)

Amtsgericht
47051 Duisburg, König-Heinrich-Platz 1; F (02 03)
99 28-0; Telefax (02 03) 99 28-4 41
Direktor des Amtsgerichts: Dirk Hartmann
Amtsgerichtsbezirk: Kreisfreie Stadt Duisburg, und
zwar die Stadtbezirke Innenstadt mit den Stadtteilen (Altstadt, Neuenkamp, Kaßlerfeld, Duissern,
Neudorf-Nord, Neudorf-Süd, Dellviertel, Hochfeld, Wanheimerort), Rheinhausen mit den Stadtteilen (Rheinhausen-Mitte, Hochemmerich, Berg-

heim, Friemersheim, Rumeln-Kaldenhausen), Süd
mit den Stadtteilen (Bissingheim, Wedau, Buch-
holz, Wanheim-Angershausen, Großenbaum,
Rahm, Huckingen, Hüttenheim, Ungelsheim, Mün-
delheim)
*Besondere Zuständigkeiten: in Zwangsversteige-
rungs- und Zwangsverwaltungssachen* für den Bezirk der Amtsgerichte Duisburg, Duisburg-Hamborn, Duisburg-Ruhrort
in Konkurssachen für den Bezirk der Amtsgerichte
Duisburg, Duisburg-Hamborn, Duisburg-Ruhrort,
Mülheim a d Ruhr, Oberhausen
in der Führung des Handels- und Vereinsregisters für
den Bezirk der Amtsgerichte Duisburg, Duisburg-
Hamborn, Duisburg-Ruhrort
in Wirtschaftsstrafsachen (Schöffengericht und Einzelrichter) für den Bezirk der Amtsgerichte in dem
Landgerichtsbezirk Duisburg
in Haftsachen für den Bezirk der Amtsgerichte
Duisburg, Duisburg-Hamborn, Duisburg-Ruhrort
Besondere Einrichtungen:
Schöffengericht und Jugendschöffengericht für den
Bezirk der Amtsgerichte Duisburg, Duisburg-Ruhrort
*in gerichtlichen Verfahren nach dem Personenstands-
gesetz* für den Bezirk der Amtsgerichte in dem
Landgerichtsbezirk Duisburg
in Umweltstrafsachen für den Bezirk der Amtsgerichte in dem Landgerichtsbezirk Duisburg
*Wiederaufnahmeverfahren in Strafsachen (ein-
schließlich Bußgeldsachen)* für die Bezirke der Amtsgerichte Duisburg-Hamborn, Duisburg-Ruhrort,
Dinslaken, Düsseldorf, Mülheim a d Ruhr, Oberhausen und Wesel.

Amtsgericht
47116 Duisburg, Duisburger Str 220; F (02 03)
54 40 40
Direktorin des Amtsgerichts: Erika van Laak
Amtsgerichtsbezirk: Kreisfreie Stadt Duisburg, und
zwar der Stadtbezirk Walsum mit den Stadtteilen
(Vierlinden, Overbruch, Alt-Walsum, Aldenrade,
Wehofen, Fahrn), Hamborn mit den Stadtteilen
(Röttgersbach, Marxloh, Obermarxloh, Neumühl,
Alt-Hamborn)
Besondere Einrichtungen: Schöffengericht und Ju-
gendschöffengericht für den Bezirk des Amtsge-
richts Duisburg-Hamborn.

Amtsgericht
47119 Duisburg, Amtsgerichtsstr 36; F (02 03)
8 60 95; Telefax (02 03) 8 61 77
Direktor des Amtsgerichts: NN
Amtsgerichtsbezirk: Kreisfreie Stadt Duisburg, und
zwar die Stadtbezirke Meiderich-Beeck mit den
Stadtteilen (Bruckhausen, Beeck, Beeckerwerth,
Laar, Untermeiderich, Mittelmeiderich, Obermei-
derich), Homberg/Ruhrort mit den Stadtteilen
(Ruhrort, Alt-Homberg, Hochheide, Baerl)
*Besondere Zuständigkeiten: in Zwangsversteige-
rungssachen* betr eingetragene Schiffe, die sich im
Regierungsbezirk Düsseldorf oder im Landge-
richtsbezirk Essen befinden,

226

in der Führung des Schiffsregister
a) Binnenschiffsregister für Schiffe, deren Heimatort in einem der nachstehend aufgeführten Gewässer liegt: das Stromgebiet des Rheins von Düsseldorf und Neuß einschließlich bis zur deutsch-niederländischen Grenze, für den Rhein-Herne-Kanal vom Rhein bis Wanne-Eickel einschließlich, für den Wesel-Datteln-Kanal vom Rhein bis zur Zeche Auguste Viktoria (Hafen) einschließlich und für die Ruhr bis zum Rhein-Herne-Kanal,
b) Seeschiffsregister für Schiffe, deren Heimathafen im Gebiet des Landes Nordrhein-Westfalen liegt, Rheinschiffahrtsgericht von Stromkilometer 650 bis zur niederländischen Grenze. Schiffahrtsgericht für Rhein-Herne-Kanal, Wesel-Datteln-Kanal, Ruhr, Spoy-Kanal und die umliegenden Seen

Amtsgericht
45466 Mülheim, Georgstr 13; F (02 08) 4 42 71
Direktor des Amtsgerichts: NN
Amtsgerichtsbezirk: Kreisfreie Stadt Mülheim a d Ruhr

Amtsgericht
46045 Oberhausen, Friedensplatz 1; F (02 08) 85 86-1; Telefax (02 08) 85 86 - 2 18
Direktor des Amtsgerichts: NN
Amtsgerichtsbezirk: Kreisfreie Stadt Oberhausen

Amtsgericht
46483 Wesel, Herzogenring 33; F (02 81) 1 44-0; Telefax (02 81) 1 44 - 48
Direktor des Amtsgerichts: Helmut Velroyen
Amtsgerichtsbezirk: Gemeinden Hamminkeln, Hünxe, Schermbeck und Wesel
Besondere Zuständigkeiten: in Landwirtschaftssachen für den Bezirk der Amtsgerichte Duisburg, Duisburg-Hamborn, Duisburg-Ruhrort, Oberhausen, Mülheim, Dinslaken, Wesel
in Zwangsversteigerungs- und Zwangsverwaltungssachen für den Bezirk des Amtsgerichts Wesel
in Konkurssachen für den Bezirk der Amtsgerichte Dinslaken und Wesel
in der Führung des Handels- und Vereinsregisters für den Bezirk des Amtsgerichts Wesel

Landgericht Kleve

47533 Kleve, Schwanenburg; F (0 28 21) 87-0; Telefax (0 28 21) 8 72 90

Präsident des Landgerichts: Dr Heinz-August Zimmermann

Staatsanwaltschaft Kleve

47533 Kleve, Ringstr 13; F (0 28 21) 5 95-0; Telefax (0 28 21) 59 52 00

Ltd Oberstaatsanwalt: Rudolf Zillkes (mdWdGb)

Zweigstelle der Staatsanwaltschaft
47441 Moers, Uerdinger Str 19-21; F (0 28 41) 1 80 50; Telefax (0 28 41) 18 05 40

Amtsgerichte

Amtsgericht
46446 Emmerich, Seufzerallee 20; F (0 28 22) 6 94-0
Direktor des Amtsgerichts: Edmund Verbeet
Amtsgerichtsbezirk: Gemeinden Emmerich, Rees

Amtsgericht
47608 Geldern, Nordwall 51; F (0 28 31) 12 30; Telefax (0 28 31) 1 23 45
Direktor des Amtsgerichts: Georg Vogt
Amtsgerichtsbezirk: Gemeinden Geldern, Issum, Kerken, Kevelaer, Rheurdt, Straelen, Wachtendonk, Weeze

Amtsgericht
47533 Kleve, Schwanenburg; F (0 28 21) 87-0; Telefax (0 28 21) 8 71 00
Direktor des Amtsgerichts: Dr Ulf Hientzsch
Amtsgerichtsbezirk: Gemeinden Bedburg-Hau, Goch, Kalkar, Kleve, Kranenburg, Uedem
Besondere Zuständigkeiten: in Landwirtschaftssachen für den Bezirk der Amtsgerichte Kleve und Emmerich
in Zwangsversteigerungs- und Zwangsverwaltungssachen für den Bezirk der Amtsgerichte Kleve und Emmerich
in Konkurssachen für den Bezirk der Amtsgerichte Kleve, Emmerich, Geldern
in Haftsachen für den Bezirk der Amtsgerichte Kleve und Emmerich
Besondere Einrichtungen: Schöffengericht und Jugendschöffengericht für den Bezirk der Amtsgerichte Kleve und Emmerich

Amtsgericht
47441 Moers, Haagstr 7; F (0 28 41) 18 06-0; Telefax (0 28 41) 18 06 77
Direktor des Amtsgerichts: Wolf Volkmer
Amtsgerichtsbezirk: Gemeinden Moers, Neukirchen-Vluyn
Besondere Zuständigkeiten: in Konkurssachen für den Bezirk der Amtsgerichte Rheinberg und Moers
in Haftsachen für den Bezirk der Amtsgerichte Rheinberg und Moers
Besondere Einrichtungen: Schöffengericht und Jugendschöffengericht für den Bezirk der Amtsgerichte Rheinberg und Moers

Amtsgericht
47495 Rheinberg, Rheinstr 67; F (0 28 43) 17 30; Telefax (0 28 43) 1 73 78
Direktor des Amtsgerichts: Helmut Bangen
Amtsgerichtsbezirk: Gemeinden Alpen, Kamp-Lintfort, Rheinberg, Sonsbeck, Xanten

Landgericht Krefeld

47798 Krefeld, Nordwall 129-131; F (0 21 51)
8 47-0; Telex 8 53 648; Telefax (0 21 51) 84 72 18

Präsident des Landgerichts: Gustav Marten

Staatsanwaltschaft Krefeld

47798 Krefeld, Nordwall 131; F (0 21 51) 84 70;
Telex 8 53 648; Telefax (0 21 51) 847 - 522

Ltd Oberstaatsanwalt: Manfred Claßen

Amtsgerichte

Amtsgericht
47906 Kempen, Hessenring 43; F (0 21 52) 14 90-0;
Telefax (0 21 52) 14 90 59
Direktor des Amtsgerichts: Rohde
Amtsgerichtsbezirk: Gemeinden: Grefrath, Kempen
(Niederrhein), Tönisvorst
*Besondere Zuständigkeiten: in Landwirtschaftssa-
chen* für den Bezirk der Amtsgerichte Kempen,
Krefeld und Nettetal
in Familiensachen für den Bezirk des Amtsgerichts
Kempen
Besondere Einrichtungen: Jugendschöffengericht
für den Bezirk der Amtsgerichte Kempen und Net-
tetal

Amtsgericht
47798 Krefeld, Nordwall 131; F (0 21 51) 84 72 66;
Telex 853 648; Telefax (0 21 51) 8 47-5 35
Direktor des Amtsgerichts: Otto Nohlen
Amtsgerichtsbezirk: Die kreisfreie Stadt Krefeld
und die Gemeinde Willich
*Besondere Zuständigkeiten: in Zwangsversteige-
rungs- und Zwangsverwaltungssachen* für den Bezirk des Amtsgerichts Krefeld
in Konkurssachen für den Bezirk der Amtsgerichte
Krefeld, Kempen und Nettetal
in der Führung des Handels- und Vereinsregisters für
den Bezirk des Amtsgerichts Krefeld
in Wirtschaftssachen (Schöffengericht und Einzelrichter) für den Bezirk der Amtsgerichte Krefeld,
Kempen und Nettetal
in Haftsachen für den Bezirk des Amtsgerichts Krefeld

Amtsgericht
41334 Nettetal, Steegerstr 61; F (0 21 53) 10 74 bis
10 76, 6 09 47; Telefax (0 21 53) 66 98
Direktor des Amtsgerichts: Hans Hoeke
Amtsgerichtsbezirk: Gemeinde Brüggen und Stadt-
Nettetal

Landgericht Mönchengladbach

41061 Mönchengladbach, Hohenzollernstr 157;
F (0 21 61) 2 76-0; Telefax (0 21 61) 2 76 - 3 10

Präsident des Landgerichts: Dr Heinz Gräber

Staatsanwaltschaft Mönchengladbach

41063 Mönchengladbach, Rheinbahnstr 1;
F (0 21 61) 2 76-1; Telefax (0 21 61) 27 66 96

Ltd Oberstaatsanwalt: Heinz-Dieter Schreiber

Amtsgerichte

Amtsgericht
41812 Erkelenz, Kölner Str 61; F (0 24 31) 50 50
Direktor des Amtsgerichts: Oswald Lennartz
Amtsgerichtsbezirk: Gemeinden Erkelenz, Hückelhoven und Wegberg

Amtsgericht
41517 Grevenbroich, Lindenstr 33-37; F (0 21 81)
30 86; Telefax (0 21 81) 65 92 46
Direktor des Amtsgerichts: NN
Amtsgerichtsbezirk: Gemeinden Grevenbroich, Jüchen und Rommerskirchen
*Besondere Zuständigkeiten: in Landwirtschaftssa-
chen* für die Amtsgerichtsbezirke Mönchengladbach, Mönchengladbach-Rheydt, Grevenbroich

Amtsgericht
41061 Mönchengladbach, Hohenzollernstr 157;
F (0 21 61) 2 76-0; Telefax (0 21 61) 2 76-4 88
Direktor des Amtsgerichts: Burger Wittke
Amtsgerichtsbezirk: Die Postleitzahlenbezirke
41061, 41063, 41065, 41066, 41068, 41069, 41169,
41179 der Stadt Mönchengladbach
*Besondere Zuständigkeiten: in Zwangsversteige-
rungs- und Zwangsverwaltungssachen* für den Bezirk des Amtsgerichts Mönchengladbach
in Konkurssachen für den Bezirk der Amtsgerichte
Erkelenz, Grevenbroich, Viersen, Mönchengladbach-Rheydt und Mönchengladbach
in der Führung des Handels- und Vereinsregisters für
den Bezirk der Amtsgerichte Mönchengladbach
und Mönchengladbach-Rheydt
in Ermittlungsrichterhaftsachen (bis zur Anklageer-
hebung) für den Bezirk des Landgerichts Mönchengladbach
in sonstigen Haftsachen für den Bezirk des Amtsgerichts Mönchengladbach
Besondere Einrichtungen: Schöffengericht und Jugendschöffengericht für den Bezirk der Amtsgeri-
che Erkelenz, Grevenbroich, Viersen, Mönchengladbach-Rheydt und Mönchengladbach

Amtsgericht
41236 Mönchengladbach, Brucknerallee 115;
F (0 21 66) 9 72-0; Telefax (0 21 66) 9 72-1 00
Direktor des Amtsgerichts: Ulrich Jopen
Amtsgerichtsbezirk: Kreisfreie Stadt Mönchenglad-
bach, und zwar die Stadtbezirke Rheydt-West,
Rheydt-Mitte, Odenkirchen, Giesenkirchen, Wick-
rath

Amtsgericht
41747 Viersen, Dülkener Str 5; F (0 21 62)
2 90 41-47
Direktor des Amtsgerichts: Gollos
Amtsgerichtsbezirk: Gemeinden Niederkrüchten
und Schwalmtal, Stadt Viersen

Landgericht Wuppertal

42103 Wuppertal, Eiland 1; F (02 02) 4 98-0;
Telefax (02 02) 4 98 - 4 22

Präsident des Landgerichts: Horst Crummenerl

Staatsanwaltschaft Wuppertal

42103 Wuppertal, Eiland 4; F (02 02) 49 80; Telefax
(02 02) 49 85 02

Ltd Oberstaatsanwalt: Friedhelm Gabriel

Amtsgerichte

Amtsgericht
40822 Mettmann, Gartenstr 5 und 7; F (0 21 04)
7 74-0; Telefax (0 21 04) 77 41 70
Direktor des Amtsgerichts: Rolf Söhnchen
Amtsgerichtsbezirk: Gemeinden Erkrath, Haan,
Mettmann und Wülfrath
Besondere Zuständigkeiten: in *Landwirtschaftssa-*
chen für den Bezirk der Amtsgerichte Düsseldorf,
Langenfeld, Mettmann, Ratingen, Remscheid, Solingen, Velbert, Wuppertal
Besondere Einrichtungen: Jugendschöffengericht
für den Bezirk der Amtsgerichte Velbert und Mettmann

Amtsgericht
42853 Remscheid, Alleestr 119; F (0 21 91) 7 96-0
Direktor des Amtsgerichts: Dr Werner Ohler
Amtsgerichtsbezirk: Kreisfreie Stadt Remscheid
Besondere Zuständigkeiten: in *Konkurssachen* für
den Bezirk der Amtsgerichte Remscheid, Solingen

Amtsgericht
42651 Solingen, Wupperstr 32; F (02 12) 1 30 91
Direktor des Amtsgerichts: Norbert Frotz
Amtsgerichtsbezirk: Kreisfreie Stadt Solingen

Amtsgericht
42549 Velbert, Nedderstr 40; F (0 20 51) 40 71-77
Direktor des Amtsgerichts: Dr Karl-Ernst Escher
Amtsgerichtsbezirk: Gemeinden Heiligenhaus, Velbert

Amtsgericht
42103 Wuppertal, Eiland 4; F (02 02) 4 98-0;
Telefax (02 02) 49 84 44 und 49 86 59
Direktor des Amtsgerichts: Siegfried von Bor-
zeszkowski
Amtsgerichtsbezirk: Kreisfreie Stadt Wuppertal

Besondere Zuständigkeiten: in *Zwangsversteige-*
rungs- und Zwangsverwaltungssachen für den Bezirk des Amtsgerichts Wuppertal
in *Konkurssachen* für den Bezirk der Amtsgerichte
Mettmann, Velbert und Wuppertal
in der *Führung des Handels- und Vereinsregisters* für
den Bezirk des Amtsgerichts Wuppertal
in *Wirtschaftssachen* (Schöffengericht und Einzelrichter) für den Bezirk des Amtsgerichts Wuppertal
in *Haftsachen* für den Bezirk der Amtsgerichte in
den Landgerichtsbezirken Wuppertal, Mettmann,
Remscheid, Velbert
Besondere Einrichtungen: Schöffengericht und Jugendschöffengericht für den Bezirk des Amtsgerichts Wuppertal

Oberlandesgericht Hamm

59065 Hamm, Heßlerstr 53; F (0 23 81) 2 72-0;
Telex 828 870; Telefax (0 23 81) 27 25 18

Präsident des Oberlandesgerichts: Dr Heinz Palm

Beim Oberlandesgericht Hamm errichtet:

Dienstgerichtshof für Richter
59065 Hamm, Heßlerstr 53; F (0 23 81) 27 20
Vorsitzende: 1. Senat: Dr Horst Gaebert VorsRchtr
am OLG
2. Senat: Hans Peter Löwe VorsRchtr am OLG

Generalstaatsanwaltschaft Hamm

59065 Hamm, Heßlerstr 53; F (0 23 81) 2 72-0;
Telex 828 870; Telefax (0 23 81) 2 72-4 03

Generalstaatsanwalt: Rudolf Mosqua

Landgericht Arnsberg

59821 Arnsberg, Brückenplatz 7; F (0 29 31) 86-1;
Telefax (0 29 31) 8 62 10

Präsident des Landgerichts: Dr Alfred Meschede

Staatsanwaltschaft Arnsberg

59821 Arnsberg, Brückenplatz 9; F (0 29 31) 86-1;
Telefax (0 29 31) 8 62 54

Ltd Oberstaatsanwalt: Heinz-Bruno Lutticke

Amtsgerichte

Amtsgericht
59821 Arnsberg, Eichholzstr 4; F (0 29 31) 80 46;
Telefax (0 29 31) 80 47 77
Direktor des Amtsgerichts: Karlheinz Volbracht
Amtsgerichtsbezirk: Städte Arnsberg und Sundern
Besondere Zuständigkeiten: in *Landwirtschaftssa-*
chen für den Bezirk der Amtsgerichte Arnsberg,
Meschede
in *Konkurssachen* für den Bezirk der Amtsgerichte
Arnsberg, Meschede, Schmallenberg

in *Steuerstrafsachen* (Schöffengericht und Einzelrichter) für den Bezirk der Amtsgerichte in dem Landgerichtsbezirk Arnsberg
in *Ordnungswidrigkeiten* (soweit Verwaltungsbehörde der Regierungspräsident Arnsberg ist) für den Regierungsbezirk Arnsberg.

Amtsgericht
59929 Brilon, Bahnhofstr 32; F (0 29 61) 40 14; Telefax (0 29 61) 67 07
Direktor des Amtsgerichts: Ekkehard Habel
Amtsgerichtsbezirk: Gemeinden Brilon und Olsberg
Besondere Zuständigkeiten: in Landwirtschaftssachen für den Bezirk der Amtsgerichte Brilon, Marsberg, Medebach
in Zwangsversteigerungs- und Zwangsverwaltungssachen für den Bezirk der Amtsgerichte Brilon, Marsberg
in Konkurssachen für den Bezirk der Amtsgerichte Brilon, Marsberg, Medebach
in Familiensachen für den Bezirk der Amtsgerichte Brilon, Marsberg, Medebach
Besondere Einrichtungen: Schöffengericht und Jugendschöffengericht für den Bezirk der Amtsgerichte Brilon, Marsberg, Medebach

Amtsgericht
34431 Marsberg, Hauptstr 3; F (0 29 92) 7 48 und 7 49; Telefax (0 29 92) 30 25
Direktor des Amtsgerichts: NN
Amtsgerichtsbezirk: Stadt Marsberg

59964 Medebach, Marktstr 2; F (0 29 82) 2 91; Telefax (0 29 82) 80 96
Direktor des Amtsgerichts: Heinrich Weking
Amtsgerichtsbezirk: Gemeinden Hallenberg, Medebach und Winterberg

Amtsgericht
58706 Menden, Heimkerweg 7; F (0 23 73) 95 92-0; Telefax (0 23 73) 95 92 40
Direktor des Amtsgerichts: Manfred Biermann
Amtsgerichtsbezirk: Gemeinden Balve und Menden
Besondere Zuständigkeiten: in Landwirtschaftssachen für den Bezirk des Amtsgerichts Iserlohn

Amtsgericht
59872 Meschede, Steinstr 35; F (02 91) 5 10 96; Telefax (02 91) 5 78 14
Direktor des Amtsgerichts: Michael Schaefer
Amtsgerichtsbezirk: Gemeinden Bestwig, Eslohe und Meschede
Besondere Zuständigkeiten: in Zwangsversteigerungs- und Zwangsverwaltungssachen für den Bezirk der Amtsgerichte Meschede, Schmallenberg
in Haftsachen für den Bezirk der Amtsgerichte Brilon, Medebach, Marsberg, Meschede, Schmallenberg in dem Landgerichtsbezirk Arnsberg
Besondere Einrichtungen: Schöffengericht, Jugendschöffengericht und Familiengericht für den Bezirk der Amtsgerichte Schmallenberg, Meschede

Amtsgericht
57382 Schmallenberg, Im Ohle 6; F (0 29 74) 70 51 und 70 52; Telefax (0 29 74) 10 14
Direktor des Amtsgerichts: Jens Christian Festersen
Amtsgerichtsbezirk: Stadt Schmallenberg

Amtsgericht
59494 Soest, Nöttenstr 28; F (0 29 21) 39 80; Telefax (0 29 21) 3 98 44
Direktor des Amtsgerichts: Ismar
Amtsgerichtsbezirk: Gemeinden Möhnesee, Bad Sassendorf, Soest, Welver und Lippetal
Besondere Zuständigkeiten: in Landwirtschaftssachen für den Bezirk des Amtsgerichts Warstein
in Konkurssachen für den Bezirk der Amtsgerichte Warstein, Werl
in Familienrechtssachen für den Bezirk der Amtsgerichte Warstein, Werl
Besondere Einrichtungen: Schöffengericht und Jugendschöffengericht für den Bezirk der Amtsgerichte Warstein und Werl

Amtsgericht
59581 Warstein, Bergenthalstr 11; F (0 29 02) 6 01
Direktorin des Amtsgerichts: Eva Heine
Amtsgerichtsbezirk: Städte Rüthen und Warstein

Amtsgericht
59457 Werl, Walburgisstr 45; F (0 29 22) 40 91 bis 40 93; Telefax (0 29 22) 86 70 38
Direktor des Amtsgerichts: Antonius Voeth
Amtsgerichtsbezirk: Gemeinden Ense, Werl, Wickede (Ruhr)
Besondere Zuständigkeiten: in Landwirtschaftssachen für den Bezirk des Amtsgerichts Werl
in Zwangsversteigerungs- und Zwangsverwaltungssachen für den Bezirk des Amtsgerichts Werl
in der Führung des Handels- und Vereinsregisters für den Bezirk des Amtsgerichts Werl
in Haftsachen für den Bezirk des Amtsgerichts Werl
Besondere Einrichtungen: Große Strafvollstreckungskammer des Landgerichts Arnsberg – Außenstelle bei dem Amtsgericht Werl –

Landgericht Bielefeld
33602 Bielefeld, Niederwall 71; F (05 21) 5 49-0; Telex 0 932 632; Telefax (05 21) 5 49 10 26
Präsident des Landgerichts: NN

Staatsanwaltschaft Bielefeld
33595 Bielefeld, Rohrteichstr 16; F (05 21) 54 90; Telex 9 32 632; Telefax (05 21) 5 49 21 67

Ltd Oberstaatsanwalt: Heinrich Potthoff

Amtsgerichte

Amtsgericht
32545 Bad Oeynhausen, Bismarckstr 12; F (0 57 31) 1 58-0
Direktor des Amtsgerichts: Dr Helmut Domeier
Amtsgerichtsbezirk: Städte Bad Oeynhausen, Löhne und Vlotho

Amtsgericht
33602 Bielefeld, Gerichtstr 6; F (05 21) 5 49-0;
Telefax (05 21) 5 49 23 08
Direktor des Amtsgerichts: Donath
Amtsgerichtsbezirk: Kreisfreie Stadt Bielefeld sowie
die Gemeinde Schloß Holte-Stukenbrock
Besondere Zuständigkeiten: in Konkurssachen für
den Bezirk der Amtsgerichte Bielefeld und Halle
in Haftsachen für den Bezirk der Amtsgerichte Bielefeld und Halle
Besondere Einrichtungen: Schöffengericht und Jugendschöffengericht für den Bezirk der Amtsgerichte Bielefeld und Halle

Amtsgericht
32257 Bünde, Hangbaumstr 19; F (0 52 23)
1 00 58; Telefax (0 52 23) 18 48 76
Direktor des Amtsgerichts: Hans-Jörg Depke
Amtsgerichtsbezirk: Gemeinden Bünde, Kirchlengern, Rödinghausen

Amtsgericht
33330 Gütersloh, Friedrich-Ebert-Str 30;
F (0 52 41) 2 60 81/5; Telefax (0 52 41) 2 09 66
Direktor des Amtsgerichts: Edmund Rammert
Amtsgerichtsbezirk: Gemeinden Gütersloh, Harsewinkel, Verl
Besondere Zuständigkeiten: in Konkurssachen für
den Bezirk des Amtsgerichts Rheda-Wiedenbrück
in Haftsachen für den Bezirk des Amtsgerichts Rheda-Wiedenbrück
Besondere Einrichtungen: Schöffengericht und Jugendschöffengericht für den Bezirk des Amtsgerichts Rheda-Wiedenbrück

Amtsgericht
33790 Halle, Lange Str 46; F (0 52 01) 30 53 bis
30 55
Direktor des Amtsgerichts: Klaus-Dieter Junker
Amtsgerichtsbezirk: Gemeinden Borgholzhausen,
Halle (Westf), Steinhagen, Versmold, Werther
(Westf)

Amtsgericht
32052 Herford, Auf der Freiheit 7; F (0 52 21)
1 66-0
Direktor des Amtsgerichts: Johannes Ernst
Amtsgerichtsbezirk: Gemeinden Enger, Herford,
Hiddenhausen, Spenge
Besondere Zuständigkeiten: in Landwirtschaftssachen für den Bezirk der Amtsgerichte Herford und
Bünde
in Zwangsversteigerungs- und Zwangsverwaltungssachen für den Bezirk des Amtsgerichts Herford
in Konkurssachen für den Bezirk der Amtsgerichte
Herford, Bad Oeynhausen und Bünde
in der Führung des Handels- und Vereinsregisters für
den Bezirk des Amtsgerichts Herford
in Haftsachen für den Bezirk der Amtsgerichte Herford und Bünde
Besondere Einrichtungen: Schöffengericht und Jugendschöffengericht für den Bezirk der Amtsgerichte Herford, Bünde und Bad Oeynhausen

Amtsgericht
32312 Lübbecke, Kaiserstr 18; F (0 57 41) 1 20 01;
Telefax (0 57 41) 29 85 75
Direktor des Amtsgerichts: Manfred Surmeier
Amtsgerichtsbezirk: Gemeinden Hüllhorst, Lübbecke, Preußisch Oldendorf
Besondere Zuständigkeiten: in Landwirtschaftssachen für den Bezirk des Amtsgerichts Lübbecke
in Zwangsversteigerungs- und Zwangsverwaltungssachen für den Bezirk des Amtsgerichts Lübbecke
in Konkurssachen für den Bezirk der Amtsgerichte
Lübbecke und Rahden
in der Führung des Handels- und Vereinsregisters für
den Bezirk des Amtsgerichts Lübbecke
in Familiensachen für den Bezirk der Amtsgerichte
Lübbecke und Rahden
in Bußgeldverfahren wegen Verkehrsordnungswidrigkeiten für den Bezirk der Amtsgerichte Lübbecke
und Rahden

Amtsgericht
32423 Minden, Königswall 8; F (05 71) 88 86-0;
Telefax (05 71) 88 86-2 48
Direktor des Amtsgerichts: Gottfried Weidelhofer
Amtsgerichtsbezirk: Gemeinden Hille, Minden, Petershagen und Porta Westfalica
Besondere Zuständigkeiten: in Haftsachen für den
Bezirk der Amtsgerichte Minden, Lübbecke und
Rahden
Besondere Einrichtungen: Schöffengericht und Jugendschöffengericht für den Bezirk der Amtsgerichte Minden, Lübbecke und Rahden

Amtsgericht
32369 Rahden, Lange Str 18; F (0 57 71) 8 18 und
8 19; Telefax (0 57 71) 6 06 87
Direktor des Amtsgerichts: Dieter-Karl Sussiek
Amtsgerichtsbezirk: Städte Espelkamp, Rahden,
Gemeinde Stemwede

Amtsgericht
33378 Rheda-Wiedenbrück, Ostenstr 3; F (0 52 42)
7 02-1
Direktor des Amtsgerichts: Hans-Joachim Hellemann
Amtsgerichtsbezirk: Gemeinden Herzebrock, Langenberg, Rheda-Wiedenbrück, Rietberg

Landgericht Bochum

44782 Bochum, Westring 8; F (02 34) 6 26-1; Telex
825 737; Telefax (02 34) 6 26 22 44

Präsident des Landgerichts: Dr Hans Gerhard Feckler

Staatsanwaltschaft Bochum

44787 Bochum, Westring 8; F (02 34) 6 26-1; Telex
825 737; Telefax (02 34) 6 26 25 87

Ltd Oberstaatsanwalt: Gustav-Adolf Masthoff

Zweigstelle der Staatsanwaltschaft
45657   Recklinghausen,   Reitzensteinstr 17;
F (0 23 61) 5 85-0

Amtsgerichte

Amtsgericht
44787 Bochum, Viktoriastr 14; F (02 34) 6 26-1;
Telex 825 737; Telefax (02 34) 6 26-24 24
Direktor des Amtsgerichts: NN
Amtsgerichtsbezirk: Kreisfreie Stadt Bochum
Besondere Zuständigkeiten: in Konkurs- und Vergleichssachen für den Bezirk der Amtsgerichte Herne I und Herne II, Bochum
in Urheberrechtsstreitigkeiten aus den Landgerichtsbezirken Bochum, Essen und Dortmund
in Steuerstrafsachen und Steuerordnungswidrigkeiten sowie Personenstandssachen aus dem Landgerichtsbezirk Bochum
in Sachen des Umweltschutzes (Straf- und Ordnungswidrigkeiten) für den Landgerichtsbezirk Bochum
Besondere Einrichtungen: Jugendschöffengericht für den Bezirk der Amtsgerichte Bochum, Witten, Herne I und Herne II

Amtsgericht
44623 Herne, Friedrich-Ebert-Platz 1; F (0 23 23) 1 40 80
Direktor des Amtsgerichts: Lütgens
Amtsgerichtsbezirk: Kreisfreie Stadt Herne, und zwar die Stadtbezirke Herne-Mitte, Sodingen und Holsterhausen

Amtsgericht
44651 Herne, Hauptstr 129; F (0 23 25) 6 90-0
Direktor des Amtsgerichts: Harald Hache
Amtsgerichtsbezirk: Kreisfreie Stadt Herne, und zwar die Stadtbezirke Wanne und Eickel
Besondere Zuständigkeiten: in Zwangsversteigerungs- und Zwangsverwaltungssachen für den Bezirk des Amtsgerichts Herne-Wanne
in der Führung des Handels- und Vereinsregisters für den Bezirk des Amtsgerichts Herne-Wanne
in Haftsachen für den Bezirk des Amtsgerichts Herne-Wanne
Besondere Einrichtungen: Schöffengericht für den Bezirk des Amtsgerichts Herne-Wanne

Amtsgericht
45657 Recklinghausen, Reitzensteinstr 17-21;
F (0 23 61) 5 85-0; Telefax (0 23 61) 58 53 00
Direktor des Amtsgerichts: Heinz-Jürgen Held
Amtsgerichtsbezirk: Gemeinden Datteln, Herten, Oer-Erkenschwick, Recklinghausen und Waltrop
Besondere Zuständigkeiten: in Landwirtschaftssachen für den Bezirk der Amtsgerichte Bochum, Castrop-Rauxel, Herne, Herne-Wanne und Recklinghausen

Amtsgericht
58452 Witten, Bergerstr 14; F (0 23 02) 20 06-0;
Telefax (0 23 02) 20 06 60
Direktor des Amtsgerichts: Friedhelm Oldenburg
Amtsgerichtsbezirk: Gemeinde Witten
Besondere Zuständigkeiten: in Zwangsversteigerungs- und Zwangsverwaltungssachen für den Bezirk des Amtsgerichts Witten
in Konkurssachen für den Bezirk des Amtsgerichts Witten

in der Führung des Handels- und Vereinsregisters für den Bezirk des Amtsgerichts Witten
Besondere Einrichtungen: Schöffengericht für den Bezirk des Amtsgerichts Witten

Landgericht Detmold

32756 Detmold, Paulinenstr 46; F (0 52 31) 76 81;
Telex 9 35 800; Telefax (0 52 31) 2 81 40

Präsident des Landgerichts: Günther Bosse

Staatsanwaltschaft Detmold

32756 Detmold, Heinrich-Drake-Str 1; F (0 52 31) 7 68-1; Telex 9 35 800; Telefax (0 52 31) 76 82 43

Ltd Oberstaatsanwalt: Rainer Nehlert

Amtsgerichte

Amtsgericht
32825 Blomberg, Kolberger Str 1; F (0 52 35);
96 94-34; Telefax (0 52 35) 96 94 34
Direktor des Amtsgerichts: Walter Friedrichs
Amtsgerichtsbezirk: Gemeinden Barntrup, Blomberg, Lüdge, Schieder-Schwalenberg

Amtsgericht
32756 Detmold, Heinrich-Drake-Str 3; F (0 52 31) 7 68-1; Telex 935 800; Telefax (0 52 31) 2 01 48
Direktorin des Amtsgerichts: Freya de Vries
Amtsgerichtsbezirk: Gemeinden Augustdorf, Detmold, Horn-Bad Meinberg, Lage, Oerlinghausen, Schlangen
Besondere Zuständigkeiten: in Zwangsversteigerungs- und Zwangsverwaltungssachen für den Bezirk der Amtsgerichte Blomberg und Detmold
in Konkurs-, Vergleichs- und Haftsachen für den Bezirk der Amtsgerichte in dem Landgerichtsbezirk Detmold
Besondere Einrichtungen: Schöffengericht und Jugendschöffengericht für den Bezirk der Amtsgerichte Blomberg und Detmold

Amtsgericht
32657 Lemgo, Am Lindenhaus 2; F (0 52 61) 2 57-0; Telefax (0 52 61) 25 72 91
Direktor des Amtsgerichts: Dr Reinhard Becker
Amtsgerichtsbezirk: Gemeinden Bad Salzuflen, Dörentrup, Extertal, Kalletal, Lemgo, Leopoldshöhe
Besondere Zuständigkeiten: in Landwirtschaftssachen für die Bezirke der Amtsgerichte Lemgo und Detmold
in Zwangsversteigerungs- und Zwangsverwaltungssachen für den Bezirk des Amtsgerichts Lemgo
in der Führung des Handels- und Vereinsregisters für den Bezirk des Amtsgerichts Lemgo

Landgericht Dortmund

44135 Dortmund, Kaiserstr 34; F (02 31) 54 03-0;
Telex 08 22 451, Telefax (02 31) 5 40 32 00

Präsident des Landgerichts: Dittmar Schulten

Staatsanwaltschaft Dortmund

44135 Dortmund, Hans-Litten-Str 5; F (02 31)
54 03-0; Telex 822 451; Telefax (02 31) 54 03-3 00

Ltd Oberstaatsanwalt: Horst Babatz

Zweigstelle der Staatsanwaltschaft
59065 Hamm, Borbergstr 1; F (0 23 81) 1 47-0

Amtsgerichte

Amtsgericht
44575 Castrop-Rauxel, Bahnhofstr 61 63;
F (0 23 05) 10 09 - 0
Direktor des Amtsgerichts: Rolf Becker
Amtsgerichtsbezirk: Gemeinde Castrop-Rauxel

Amtsgericht
44135 Dortmund, Gerichtsstr 22; F (02 31) 54 05-0;
Telefax (02 31) 57 94 58; Telex 822 451
Präsident des Amtsgerichts: Hermann Rottmann
Amtsgerichtsbezirk: Kreisfreie Stadt Dortmund
Besondere Zuständigkeiten: in Zwangsversteigerungssachen bezüglich von im Schiffsregister eingetragenen Schiffen und Schiffsbauwerken, die im Schiffsbauregister eingetragen sind oder in dieses eingetragen werden können, die Amtsgerichte der Landgerichtsbezirke Arnsberg, Bochum, Dortmund, Hagen, Münster und Siegen
in Binnenschiffsregistersachen und Schiffsbauregistersachen das Amtsgericht Dortmund für Binnenschiffe mit Heimatort und Schiffsbauwerke mit Bauort in den Landgerichtsbezirken Arnsberg, Bochum, Dortmund, Hagen, Münster und Siegen
in Konkurs- und Vergleichsverfahren die Amtsgerichtsbezirke Dortmund, Castrop-Rauxel und Lünen
Besondere Einrichtungen:
in Jugendschöffengerichtssachen und Schöffengerichtssachen (Jugendrichter-Haftsachen) die Amtsgerichtsbezirke Dortmund und Castrop Rauxel
in Schöffengerichtshaftsachen und Strafrichterhaftsachen die Amtsgerichtsbezirke Dortmund, Castrop-Rauxel und Lünen
Für die Verhandlung und Entscheidung von *Binnenschiffahrtssachen* im ersten Rechtszuge das Amtsgericht Dortmund
für den Dortmund-Ems-Kanal und für die Ems bis zur Landesgrenze zu Niedersachsen, für den Rhein-Herne-Kanal ab Kilometerpunkt 29,00 unweit der Westgrenze der Stadt Herne nach Osten, für den Wesel-Datteln-Kanal östlich von Zeche Auguste-Viktoria (Hafen) ausschließlich, für den Datteln-Hamm-Kanal und für die Ruhr oberhalb des Wehrs Kemnade unweit der Ostgrenze der Stadt Hattingen

Für die Verfahren nach dem *Transsexuellengesetz* das Amtsgericht Dortmund für den Oberlandesgerichtsbezirk Hamm

Amtsgericht
59065 Hamm, Borbergstr 1; F (0 23 81) 1 47-0;
Telex (0 23 81) 14 72 22
Direktor des Amtsgerichts: Jürgen Dietrich
Amtsgerichtsbezirk: Kreisfreie Stadt Hamm

Amtsgericht
59174 Kamen, Poststr 1; F (0 23 07) 9 92-0; Telefax
(0 23 07) 9 92-12
Direktor des Amtsgerichts: Burkhard Treese
Amtsgerichtsbezirk: Städte Bergkamen, Kamen

Amtsgericht
44532 Lünen, Spormeckerplatz 5; F (0 23 06)
24 05-0; Telefax (0 23 06) 24 05 90
Direktor des Amtsgerichts: Hans-Joachim Koschmieder
Amtsgerichtsbezirk: Stadt Lünen
Besondere Einrichtungen: Familiengerichtssachen und Ordnungswidrigkeitssachen für den gesamten Bezirk des Amtsgerichts Lünen (Haupt- und Zweigstellen)

Zweigstelle des Amtsgerichts
59368 Werne, Bahnhofstr 8; F (0 23 89) 20 60 und
20 69; Telefax (0 23 89) 53 84 14
Amtsgerichtsbezirk: Städte Selm und Werne
Besondere Einrichtungen: Schöffengericht und Jugendschöffengericht für den gesamten Bezirk des Amtsgerichts Lünen (Haupt- und Zweigstelle)

Amtsgericht
59425 Unna, Friedrich-Ebert-Str 65 a; F (0 23 03)
67 03-0
Direktor des Amtsgerichts: Werner Hiltenkamp
Amtsgerichtsbezirk: Gemeinden Bönen, Fröndenberg, Holzwickede, Unna
Besondere Zuständigkeiten: in Landwirtschaftssachen für den Bezirk der Amtsgerichte Dortmund, Schwerte, Hamm, Unna
in Zwangsversteigerungs- und Zwangsverwaltungssachen für den Bezirk des Amtsgerichts Unna
in der Führung des Handels- und Vereinsregisters für den Bezirk des Amtsgerichts Unna
in Haftsachen für den Bezirk der Amtsgerichte Unna und Kamen (nur Jugendhaftsachen) im Landgerichtsbezirk Dortmund
Besondere Einrichtungen: Schöffengericht und Jugendschöffengericht für den Bezirk der Amtsgerichte Unna und Kamen in Bußgeldbescheiden des Kreises Unna für die Bezirke der Amtsgerichte Kamen und Unna

Landgericht Essen

45130 Essen, Zweigertstr 52; F (02 01) 8 03-0;
Telex 8 57 647; Telefax (02 01) 8 03-29 00

Präsident des Landgerichts: Gero Hans Debusmann

Staatsanwaltschaft Essen

45130 Essen, Zweigertstr 36-50; F (02 01) 8 03-1;
Telex 8 57 647; Telefax (02 01) 8 03-29 20

Ltd Oberstaatsanwalt: Karl-Wilhelm Spreen

Zweigstelle der Staatsanwaltschaft
45894 Gelsenkirchen, Uhlenbrockstr 10; F (02 09)
60 07-1; Telefax (02 09) 60 07-1 73

Amtsgerichte

Amtsgericht
46236 Bottrop, Gerichtsstr 24-26; F (0 20 41)
1 71-0; Telefax (0 20 41) 1 71-1 00
Direktor des Amtsgerichts: Lühl
Amtsgerichtsbezirk: Kreisfreie Stadt Bottrop
Besondere Zuständigkeiten: in Zwangsversteige-
rungs- und Zwangsverwaltungssachen für den Bezirk des Amtsgerichts Bottrop
in der Führung des Handels- und Vereinsregisters für
den Bezirk des Amtsgerichts Bottrop
in Haftsachen für den Bezirk des Amtsgerichts Bottrop
Besondere Einrichtungen: Schöffengericht und Jugendschöffengericht für den Bezirk des Amtsgerichts Bottrop

Amtsgericht
46282 Dorsten, Alter Postweg 36; F (0 23 62)
2 00 80; Telefax (0 23 62) 20 08 51
Direktor des Amtsgerichts: Ulrich W Roer
Amtsgerichtsbezirk: Gemeinde Dorsten
Besondere Zuständigkeiten: in Landwirtschaftssa-
chen für den Bezirk der Amtsgerichte Dorsten,
Marl, Gladbeck, Gelsenkirchen, Gelsenkirchen-
Buer, Bottrop
in Zwangsversteigerungs- und Zwangsverwaltungs-
sachen für den Bezirk des Amtsgerichts Dorsten
in der Führung des Handels- und Vereinsregisters für
den Bezirk des Amtsgerichts Dorsten
in Wirtschaftsstrafsachen (Schöffengericht und Einzelrichter) für den Bezirk des Amtsgerichts Dorsten
in Haftsachen für den Bezirk des Amtsgerichts Dorsten
Besondere Einrichtungen: Jugendschöffengericht
für den Bezirk des Amtsgerichts Dorsten

Amtsgericht
45130 Essen, Zweigertstr 52; F (02 01) 8 03-0;
Telefax (02 01) 8 03-29 10; Telex 8 57 647
Präsident des Amtsgerichts: Dr Klaus Wygold
Amtsgerichtsbezirk: Kreisfreie Stadt Essen und zwar
die Stadtteile Altenessen-Nord, Altenessen-Süd, Altendorf, Bergerhausen, Bredeney, Fischlaken, Frillendorf, Frohnhausen, Fulerum, Haarzopf, Heidhausen, Heisingen, Holsterhausen, Huttrop, Karnap, Katernberg, Kettwig, Margarethenhöhe, Nordviertel, Ostviertel, Rellinghausen, Rüttenscheid,
Schonnebeck, Schuir, Stadtkern, Stadtwald, Stoppenberg, Südostviertel, Südviertel, Werden, Westviertel

Amtsgericht Essen-Borbeck
45355 Essen, Marktstr 70; F (02 01) 67 30 71 bis
67 30 73; Telefax (02 01) 67 72 82
Direktor des Amtsgerichts: Klaus Dreesen
Amtsgerichtsbezirk: Kreisfreie Stadt Essen, und
zwar die Stadtteile Bedingrade, Bergeborbeck, Bochold, Borbeck-Mitte, Dellwig, Frintrop, Gerschede, Schönebeck, Vogelheim

Amtsgericht
45276 Essen, Grendplatz 2; F (02 01) 8 51 04-0;
Telefax (02 01) 8 51 04-30
Direktor des Amtsgerichts: Nikolaus Wohlhage
Amtsgerichtsbezirk: Kreisfreie Stadt Essen, und
zwar die Stadtteile Burgaltendorf, Byfang, Freisen-
bruch, Horst, Kray, Kupferdreh, Leithe, Steele,
Überruhr-Hinsel, Überruhr-Holthausen

Amtsgericht
45879 Gelsenkirchen, Overwegstr 35; F (02 09)
1 79 10; Telefax (02 09) 1 79 11 88
Direktor des Amtsgerichts: Dr Hanspeter Riegel
Amtsgerichtsbezirk: Kreisfreie Stadt Gelsenkirchen,
und zwar die Stadtbezirke Gelsenkirchen-Mitte,
Gelsenkirchen-Süd
Besondere Zuständigkeiten: in Konkurssachen für
den Bezirk der Amtsgerichte Gelsenkirchen, Gel-
senkirchen-Buer, Bottrop, Dorsten, Gladbeck und
Marl
Besondere Einrichtungen: Jugendschöffengericht
für den Bezirk der Amtsgerichte Gelsenkirchen und
Gelsenkirchen-Buer

Amtsgericht Gelsenkirchen-Buer
45894 Gelsenkirchen, Goldbergstr 89; F (02 09)
3 60 98-0; Telefax (02 09) 3 60 98 90
Direktor des Amtsgerichts: Klaus Metten
Amtsgerichtsbezirk: Kreisfreie Stadt Gelsenkirchen,
und zwar die Stadtteile Gelsenkirchen-Buer, Gel-
senkirchen-Horst

Amtsgericht
45501 Hattingen, Postfach 800153; F (0 23 24)
5 05-0; Telefax (0 23 24) 5 39 23
Direktor des Amtsgerichts: Dr Ortfrid Weidermann
Amtsgerichtsbezirk: Gemeinden Hattingen und
Sprockhövel

Amtsgericht
45768 Marl, Adolf-Grimme-Str 3; F (0 23 65)
1 50 22; Telefax (0 23 65) 5 67 64
Direktor des Amtsgerichts: Karlheinz Stirnberg
Amtsgerichtsbezirk: Gemeinden Haltern, Marl

Landgericht Hagen

58097 Hagen, Heinitzstr 42; F (0 23 31) 9 85-0;
Telex 8 23 816 (über Staatsanwaltschaft Hagen);
Telefax (0 23 81) 9 85 - 5 85

Präsident des Landgerichts: Dieter Hollwitz

Staatsanwaltschaft Hagen

58095 Hagen, Lenzmannstr 16-22; F (0 23 31)
3 93-0; Telex 8 23 816; Telefax (0 23 31) 39 33 36

Leitende Oberstaatsanwältin: Ursula Monzel

Amtsgerichte

Amtsgericht
58762 Altena, Gerichtsstr 10; F (0 23 52) 20 18-0;
Telefax (0 23 52) 20 18 29
Direktor des Amtsgerichts: Ernst-W Kunze
Amtsgerichtsbezirk: Gemeinden Altena, Nachrodt-Wiblingwerde, Neuenrade, Werdohl
Besondere Einrichtungen: Schöffengericht, Jugendschöffengericht und Familiengericht auch für den Bezirk des Amtsgerichts Plettenberg

Amtsgericht
58097 Hagen, Heinitzstr 42; F (0 23 31) 9 85-0;
Telex 8 23 816; Telefax (0 23 31) 9 85-5 78
Direktor des Amtsgerichts: Winfried Seidel
Amtsgerichtsbezirk: Kreisfreie Stadt Hagen
Besondere Zuständigkeiten: in Mahnsachen zur Zeit für die Oberlandgerichts-Bezirke Hamm und Köln
in Zwangsversteigerungs- und Zwangsverwaltungssachen für den Bezirk der Amtsgerichte Hagen,
Wetter/Ruhr
in Konkurssachen für den Bezirk der Amtsgerichte Hagen, Schwerte/Ruhr, Wetter/Ruhr
Besondere Einrichtungen: Schöffengericht, Jugendschöffengericht und Haftgericht für den Bezirk der Amtsgerichte Hagen, Schwerte/Ruhr, Wetter/Ruhr

Nebenstelle – Zentrale Mahnabteilung
58099 Hagen, Hagener Str 145; F (0 23 31) 96 75;
Telefax (0 23 31) 9 67-7 00

Amtsgericht
58636 Iserlohn, Friedrichstr 108-110; F (0 23 71)
6 61-0; Telefax (0 23 71) 66 11 10
Direktor des Amtsgerichts: Friedrich Neumann
Amtsgerichtsbezirk: Städte Iserlohn und Hemer
Besondere Zuständigkeiten: in Zwangsversteigerungs- und Zwangsverwaltungssachen für den Bezirk des Amtsgerichts Iserlohn
in Konkurssachen für den Bezirk des Amtsgerichts Iserlohn
in der Führung des Handels- und Vereinsregisters für den Bezirk des Amtsgerichts Iserlohn
in Wirtschaftssachen (Schöffengericht und Einzelrichter) für den Bezirk des Amtsgerichts Iserlohn
in Weinstrafsachen (Schöffengericht und Einzelrichter) für den Bezirk des Amtsgerichts Iserlohn
in Haftsachen für den Bezirk des Amtsgerichts Iserlohn
Besondere Einrichtungen: Schöffengericht und Jugendschöffengericht für den Bezirk des Amtsgerichts Iserlohn

Amtsgericht
58511 Lüdenscheid, Philippstr 29; F (0 23 51)
18 97-0
Direktor des Amtsgerichts: Hans-Walter Wild
Amtsgerichtsbezirk: Gemeinden Halver, Lüdenscheid, Schalksmühle
Besondere Zuständigkeiten: in Landwirtschaftssachen für die Bezirke der Amtsgerichte Lüdenscheid, Altena, Meinerzhagen, Plettenberg

in Konkurssachen für die Bezirke der Amtsgerichte Lüdenscheid, Altena, Meinerzhagen, Plettenberg
in Haftsachen für die Bezirke der Amtsgerichte Lüdenscheid, Altena, Meinerzhagen, Plettenberg
in Familiensachen für die Bezirke der Amtsgerichte Lüdenscheid und Meinerzhagen
Besondere Einrichtungen: Schöffengericht und Jugendschöffengericht für die Bezirke der Amtsgerichte Lüdenscheid und Meinerzhagen

Amtsgericht
58540 Meinerzhagen, Gerichtsstr 14; F (0 23 54)
1 30 31; Telefax (0 23 54) 52 07
Direktorin des Amtsgerichts: Dr Hildegard Hartisch
Amtsgerichtsbezirk: Städte Kierspe, Meinerzhagen

Amtsgericht
58840 Plettenberg, An der Lohmühle 5; F (0 23 91)
18 48-49, 18 20; Telefax (0 23 91) 14 84 78
Direktor des Amtsgerichts: Hans-Peter Rosenfeld
Amtsgerichtsbezirk: Stadt Plettenberg und Gemeinde Herscheid

Amtsgericht
58332 Schwelm, Schulstr 5; F (0 23 36) 4 98-0
Direktor des Amtsgerichts: Klaus-Albrecht Heine
Amtsgerichtsbezirk: Gemeinden Breckerfeld, Ennepetal, Gevelsberg, Schwelm
Besondere Zuständigkeiten: in Landwirtschaftssachen für den Bezirk der Amtsgerichte Schwelm, Hattingen, Wetter, Witten, Hagen

Amtsgericht
58239 Schwerte, Hagener Str 40; F (0 23 04)
1 30 88; Telefax (0 23 04) 2 30 07
Direktor des Amtsgerichts: Norbert Stiller
Amtsgerichtsbezirk: Gemeinde Schwerte

Amtsgericht
58300 Wetter, Gustav-Vorsteher-Str 1; F (0 23 35)
50 31 und 50 32; Telefax (0 23 35) 13 88
Direktor des Amtsgerichts: Jürgen Kaiser
Amtsgerichtsbezirk: Städte Herdecke, Wetter (Ruhr)

Landgericht Münster

48143 Münster, Am Stadtgraben 10; F (02 51)
4 94-1; Telex 8 92 650; Telefax (02 51) 494-4 99

Präsident des Landgerichts: Dr jur h c Helmut Proppe

Staatsanwaltschaft Münster

48149 Münster, Gerichtsstr 6; F (02 51) 4 94-1;
Telex 8 92 650; Telefax (02 51) 494 555

Ltd Oberstaatsanwalt: Dr Hans Pauli

Zweigstelle der Staatsanwaltschaft
46399 Bocholt, Benölkenplatz 3; F (0 28 71) 41 61;
Telefax (0 28 71) 48 83 20

Amtsgerichte

Amtsgericht
48683 Ahaus, Sümmermannplatz 1-3 und 5;
F (0 25 61) 4 27-0
Direktor des Amtsgerichts: Dr Hans-Georg Lagemann
Amtsgerichtsbezirk: Gemeinden Ahaus, Heek, Legden, Schöppingen, Stadtlohn und Vreden
Besondere Zuständigkeiten: in Landwirtschaftssachen für den Bezirk der Amtsgerichte Ahaus und Gronau
in Zwangsversteigerungs- und Zwangsverwaltungssachen für den Bezirk der Amtsgerichte Ahaus und Gronau
in Haftsachen für den Bezirk der Amtsgerichte Ahaus und Gronau, jedoch nur in Jugendhaftsachen
in Familiensachen für den Bezirk der Amtsgerichte Ahaus und Gronau
in Verkehrsordnungswidrigkeitensachen für den Bezirk der Amtsgerichte Ahaus und Gronau
Besondere Einrichtungen: Schöffengericht und Jugendschöffengericht für den Bezirk der Amtsgerichte Ahaus und Gronau

Amtsgericht
59227 Ahlen, Gerichtsstr 12; F (0 23 82) 51 13 bis 51 17; Telefax (0 23 82) 8 20 79
Direktorin des Amtsgerichts: Brigitte Wettengel-Wigger
Amtsgerichtsbezirk: Gemeinden Ahlen, Drensteinfurt und Sendenhorst
Besondere Einrichtung: Jugendschöffengericht für den Bezirk der Amtsgerichte Ahlen und Beckum

Nebenstelle
59229 Ahlen, Von-Geismar-Str 3

Amtsgericht
59269 Beckum, Elisabethstr 15/17; F (0 25 21) 50 11 bis 50 14; Telefax (0 25 21) 1 05 98
Direktor des Amtsgerichts: Walter Hötte
Amtsgerichtsbezirk: Gemeinden Beckum, Oelde, Wadersloh
Besondere Zuständigkeiten: in Landwirtschaftssachen für den Bezirk der Amtsgerichte Beckum, Ahlen
in Verkehrsbußgeldsachen für den Bezirk der Amtsgerichte Beckum, Ahlen
in Konkurssachen für den Bezirk der Amtsgerichte Beckum, Ahlen
Besondere Einrichtung: Schöffengericht für den Bezirk des Amtsgerichts Beckum
Familiengericht für den Bezirk des Amtsgerichts Beckum

Amtsgericht
46399 Bocholt, Benölkenplatz 1, 2 und 3;
F (0 28 71) 41 61-66
Direktor des Amtsgerichts: Bernhard Fissan
Amtsgerichtsbezirk: Städte Bocholt, Isselburg und Rhede

Besondere Zuständigkeiten: in Konkurs- und Vergleichssachen für den Bezirk der Amtsgerichte Borken und Bocholt

Amtsgericht
46325 Borken, Heidener Str 3; F (0 28 61) 8 99-0; Telefax (0 28 61) 89 91 56
Direktor des Amtsgerichts: Alfons Thesing
Amtsgerichtsbezirk: Gemeinden Borken, Gescher, Heiden, Raesfeld, Reken, Südlohn und Velen
Besondere Zuständigkeiten: in Landwirtschaftssachen auch für den Bezirk des Amtsgerichts Bocholt

Amtsgericht
48653 Coesfeld, Friedrich-Ebert-Str 6; F (0 25 41) 7 31-0
Direktor des Amtsgerichts: Klaus Kruse
Amtsgerichtsbezirk: Gemeinden Billerbeck, Coesfeld, Havixbeck, Nottuln und Rosendahl
Besondere Zuständigkeiten: in Familien- und Landwirtschaftssachen für den Bezirk der Amtsgerichte Coesfeld und Dülmen
in Konkurssachen für den Bezirk der Amtsgerichte Ahaus, Coesfeld, Dülmen und Gronau
in Strafsachen (Schöffengericht und Einzelrichter) für den Bezirk des Amtsgerichts Coesfeld
in Haftsachen gegen Erwachsene auch für den Bezirk des Amtsgerichts Dülmen
in Bußgeldsachen auch für die Verkehrssachen aus dem Amtsgerichtsbezirk Dülmen mit Ausnahme der Sachen aus ruhendem Verkehr

Amtsgericht
48249 Dülmen, Königswall 15; F (0 25 94) 29 75; Telefax (0 25 94) 94 82 26
Direktor des Amtsgerichts: Bernd Beckmann
Amtsgerichtsbezirk: Gemeinde Dülmen

Amtsgericht
45964 Gladbeck, Friedrichstr 63; F (0 20 43) 6 50 51 bis 6 50 55
Direktor des Amtsgerichts: Bernd Walter
Amtsgerichtsbezirk: Gemeinde Gladbeck

Amtsgericht
48599 Gronau, Alter Markt 7; F (0 25 62) 30 11
Direktor des Amtsgerichts: Rolf Friedrich Cyprian
Amtsgerichtsbezirk: Stadt Gronau (Westf)

Amtsgericht
49477 Ibbenbüren, Münsterstr 35; F (0 54 51) 1 50 61; Telefax (0 54 51) 7 35 85
Direktor des Amtsgerichts: Manfred Wels
Amtsgerichtsbezirk: Gemeinden Ibbenbüren, Hörstel, Hopsten, Recke, Mettingen und Saerbeck
Besondere Zuständigkeiten: in Konkurssachen für den Bezirk des Amtsgerichts Tecklenburg
Besondere Einrichtungen: Schöffengericht und Jugendschöffengericht für den Bezirk des Amtsgerichts Tecklenburg

Amtsgericht
59348 Lüdinghausen, Seppenrader Str 3;
F (0 25 91) 23 07-0; Telefax (0 25 91) 23 07 60
Direktor des Amtsgerichts: Günther Kins
Amtsgerichtsbezirk: Stadt Lüdinghausen mit Seppenrade, Stadt Olfen, Gemeinden Ascheberg mit

Herbern und Davensberg, Senden mit Ottmarsbocholt und Bösensell, Nordkirchen mit Südkirchen und Capelle

Amtsgericht
48149 Münster, Gerichtsstr 2; F (02 51) 4 94-1;
Telex 08 92 650; Telefax (02 51) 494 - 555
Direktor des Amtsgerichts: Heinrich Arning
Amtsgerichtsbezirk: Kreisfreie Stadt Münster
Besondere Zuständigkeiten: in Konkurssachen für den Bezirk der Amtsgerichte Münster und Warendorf

Amtsgericht
48431 Rheine, Salzbergener Str 29; F (0 59 71)
40 05-0; Telefax (0 59 71) 40 05 20
Direktor des Amtsgerichts: Karl Röttger
Amtsgerichtsbezirk: Gemeinden Emsdetten, Neuenkirchen, Rheine
Besondere Zuständigkeiten: in Konkurssachen für den Bezirk des Amtsgerichts Steinfurt
in Haftsachen für den Bezirk der Amtsgerichte Ibbenbüren und Steinfurt
Besondere Einrichtungen: Schöffengericht und Jugendschöffengericht für den Bezirk des Amtsgerichts Steinfurt

Amtsgericht
48565 Steinfurt, Gerichtstr 2; F (0 25 51) 66-0
Direktor des Amtsgerichts: Harald Kleinke
Amtsgerichtsbezirk: Gemeinden Altenberge, Greven, Horstmar, Laer, Metelen, Nordwalde, Ochtrup, Steinfurt und Wettringen
Besondere Zuständigkeiten: in Landwirtschaftssachen für den Bezirk der Amtsgerichte Steinfurt und Rheine

Amtsgericht
49545 Tecklenburg, Brochterbecker Str 2;
F (0 54 82) 67-0; Telefax (0 54 82) 67 12
Direktor des Amtsgerichts: Arnulf Gröger
Amtsgerichtsbezirk: Gemeinden Ladbergen, Lengerich, Lienen, Lotte, Tecklenburg, Westerkappeln

Amtsgericht
48231 Warendorf, Dr-Leve-Str 22; F (0 25 81)
63 64-0; Telefax (0 25 81) 63 64 65
Direktorin des Amtsgerichts: Brigitte Knauer
Amtsgerichtsbezirk: Gemeinden Beelen, Ennigerloh, Everswinkel, Ostbevern, Telgte, Sassenberg, Warendorf

Landgericht Paderborn

33098 Paderborn, Am Bogen 2-4; F (0 52 51)
1 26- 0; Telefax (0 52 51) 12 61 60

Präsidentin des Landgerichts: Christel Meyer-Wentrup

Staatsanwaltschaft Paderborn

33102 Paderborn, Am Bischofsteich 36; F (0 52 51)
1 26-0; Telefax (0 52 51) 5 98 53; Telex 9 36 875

Ltd Oberstaatsanwalt: Specht

Amtsgerichte

Amtsgericht
33034 Brakel, Nieheimer Str 17; F (0 52 72) 80 35 –
80 38
Direktor des Amtsgerichts: Günter Köhne
Amtsgerichtsbezirk: Gemeinden Bad Driburg, Brakel, Nieheim, Steinheim
Besondere Zuständigkeiten: in Landwirtschaftssachen für den Bezirk der Amtsgerichte Brakel und Höxter
in Familiensachen für den Bezirk der Amtsgerichte Brakel, Höxter und Warburg

Amtsgericht
33129 Delbrück, Lohmannstr 28; F (0 52 50) 80 31
und 80 32; Telefax (0 52 50) 4 13 45
Direktor des Amtsgerichts: Sippel
Amtsgerichtsbezirk: Gemeinden Delbrück, Hövelhof

Amtsgericht
37671 Höxter, Möllingerstr 8; F (0 52 71) 39 01
Direktor des Amtsgerichts: Reinhart Deisberg
Amtsgerichtsbezirk: Gemeinden Beverungen, Höxter, Marienmünster
Besondere Zuständigkeiten: in Verkehrsbußgeldsachen für den Bezirk der Amtsgerichte Höxter, Brakel
in Konkurssachen für den Bezirk der Amtsgerichte Höxter, Brakel
in Haftsachen für den Bezirk der Amtsgerichte Höxter, Brakel in dem Landgerichtsbezirk Paderborn
Besondere Einrichtungen: Schöffengericht und Jugendschöffengericht für den Bezirk der Amtsgerichte Höxter, Brakel

Amtsgericht
59555 Lippstadt, Lipperoder Str 8 (Behördenhaus);
F (0 29 41) 75 61
Direktor des Amtsgerichts: Wolfgang Lutterbeck
Amtsgerichtsbezirk: Gemeinden Anröchte, Erwitte, Geseke, Lippstadt

Amtsgericht
33098 Paderborn, Am Bogen 2-4; F (0 52 51)
1 26-0; Telex 9 36 875; Telefax (0 52 51) 12 63 60
Direktor des Amtsgerichts: Wolfgang Rasche
Amtsgerichtsbezirk: Gemeinden Altenbeken, Bad Lippspringe, Borchen, Buren, Lichtenau, Paderborn, Salzkotten und Wünnenberg
Besondere Zuständigkeiten: in Landwirtschaftssachen für den Bezirk des Amtsgerichts Delbrück
in Zwangsversteigerungs- und Zwangsverwaltungssachen für den Bezirk des Amtsgerichts Delbrück
in Konkurssachen für den Bezirk des Amtsgerichts Delbrück
in Haftsachen für den Bezirk des Amtsgerichts Delbrück
Besondere Einrichtungen: Schöffengericht für den Bezirk des Amtsgerichts Delbrück
Jugendschöffengericht für den Bezirk des Amtsgerichts Delbrück

237

Familiensachen für den Bezirk des Amtsgerichts Delbrück

Amtsgericht
34414 Warburg, Puhlplatz 1; F (0 56 41) 38 05-7; Telefax (0 56 41) 35 83
Direktor des Amtsgerichts: Solzbach
Amtsgerichtsbezirk: Gemeinden Borgentreich, Warburg und Willebadessen

Landgericht Siegen

57072 Siegen, Berliner Str 21; F (02 71) 3 37 31; Telex 8 72 643; Telefax (02 71) 33 73-4 46

Präsident des Landgerichts: Dr Emil Kämper

Staatsanwaltschaft Siegen

57072 Siegen, Berliner Str 22; F (02 71) 3 37 31; Telex 8 72 643; Telefax (02 71) 3 37 34 37

Ltd Oberstaatsanwalt: Klaus Höhn

Amtsgerichte

Amtsgericht
57319 Bad Berleburg, Im Herrengarten 5; F (0 27 51) 4 91; Telefax (0 27 51) 1 34 61
Direktor des Amtsgerichts: Hans Jürgen Niediek
Amtsgerichtsbezirk: Gemeinden Bad Berleburg, Erndtebrück und Bad Laasphe

Amtsgericht
57368 Lennestadt, Lehmbergstr 50; F (0 27 21) 92 42-0; Telefax (0 27 21) 92 42 30
Direktor des Amtsgerichts: Franz-Josef Dreykluft
Amtsgerichtsbezirk: Gemeinden Finnentrop, Kirchhundem und Lennestadt
Besondere Zuständigkeiten: in Landwirtschaftssachen für den Bezirk der Amtsgerichte Lennestadt und Olpe

Amtsgericht
57462 Olpe, Bruchstr 32; F (0 27 61) 80 40; Telefax (0 27 61) 8 04-1 11
Direktor des Amtsgerichts: Eberhard Birkelbach
Amtsgerichtsbezirk: Gemeinden Attendorn, Drolshagen, Olpe, Wenden

Amtsgericht
57072 Siegen, Berliner Str 21-22; F (02 71) 33 73-1; Telex 8 72 643; Telefax (02 71) 33 73-4 49
Direktor des Amtsgerichts: Gerd Ulrich Hammer
Amtsgerichtsbezirk: Gemeinden Burbach, Feudenberg, Hilchenbach, Kreuztal, Netphen, Neunkirchen, Siegen und Wilnsdorf

Oberlandesgericht Köln

50670 Köln, Reichenspergerplatz 1; F (02 21) 77 11-0; Telex 8 885 192; Telefax (02 21) 7 71 17 00

Präsident des Oberlandesgerichts: Dr Heinz-Dieter Laum

Generalstaatsanwaltschaft Köln

50670 Köln, Reichenspergerplatz 1; F (02 21) 77 11-0; Telex 8-885 192 olgk; Telefax (02 21) 7 71 14 18

Generalstaatsanwalt: Dr Siegfried Coenen

Landgericht Aachen

52070 Aachen, Adalbertsteinweg 90; F (02 41) 5 17-0; Telefax (02 41) 54 38 03

Präsident des Landgerichts: Peter Gerber

Staatsanwaltschaft Aachen

52062 Aachen, Stiftstr 39/43; F (02 41) 5 17-0; Telex 832 715 lgaan d; Telefax (02 41) 51 76 48

Ltd Oberstaatsanwalt: Dr Georg Linden

Amtsgerichte

Amtsgericht
52070 Aachen, Adalbertsteinweg 90; F (02 41) 51 70; Telefax (02 41) 54 38 03
Direktor des Amtsgerichts: Dr Martin Birmanns
Amtsgerichtsbezirk: Kreisfreie Stadt Aachen und die Gemeinden Alsdorf, Baesweiler, Herzogenrath, Roetgen und Würselen; bezüglich der Wiederaufnahmeverfahren in Strafsachen für die Bezirke der Amtsgerichte Düren, Eschweiler, Geilenkirchen und Schleiden
Besondere Zuständigkeiten: in Landwirtschaftssachen für den Bezirk der Amtsgerichte Eschweiler und Monschau
in Konkurssachen für den Bezirk der Amtsgerichte Eschweiler und Monschau
in Wirtschaftsstrafsachen (Schöffengericht und Einzelrichter) für den Bezirk des Landgerichts Aachen
in Familiensachen für den Bezirk des Amtsgerichts Monschau
in Vergleichssachen für den Bezirk der Amtsgerichte Eschweiler und Monschau
in Personenstandssachen, Steuerstrafsachen und Steuerordnungswidrigkeiten für den Bezirk des Landgerichts Aachen
in Umweltstrafsachen und Umweltordnungswidrigkeiten für den Bezirk des Landgerichts Aachen

Amtsgericht
52349 Düren, August-Klotz-Str 14; F (0 24 21) 4 93-0; Telefax (0 24 21) 4 38 34
Direktor des Amtsgerichts: Erich Crump
Amtsgerichtsbezirk: Gemeinden Düren, Heimbach, Hürtgenwald, Kreuzau, Langerwehe, Merzenich, Nideggen, Nörvenich und Vettweiß
Besondere Zuständigkeiten: in Haft- und Konkurssachen für den Bezirk der Amtsgerichte Düren, Jülich
Besondere Einrichtungen: Schöffengericht und Jugendschöffengericht für den Bezirk der Amtsgerichte Düren, Jülich

Amtsgericht
52249 Eschweiler, Kaiserstr 6; F (0 24 03) 70 07-0;
Telefax (0 24 03) 2 84 41
Direktor des Amtsgerichts: Hans-Hermann Menzel
Amtsgerichtsbezirk: Gemeinden Eschweiler und
Stolberg
Besondere Einrichtungen: Schöffengericht und Jugendschöffengericht für den Bezirk des Amtsgerichts Eschweiler

Nebenstelle
52249 Eschweiler, Kaiserstr 4 und 9 und Rosenallee 25

Amtsgericht
52511 Geilenkirchen, Konrad-Adenauer-Str 225;
F (0 24 51) 9 91-0; Telefax (0 24 51) 99 12 70
Direktor des Amtsgerichts: Anselm Pütz
Amtsbezirk: Gemeinden Gangelt, Geilenkirchen
und Übach-Palenberg

Amtsgericht
52525 Heinsberg, Schafhausener Str 47; F (0 24 52)
1 09-0
Stellvertretender Direktor des Amtsgerichts: Wolfgang Pfeifer
Amtsgerichtsbezirk: Städte Heinsberg, Wassenberg,
Gemeinden Selfkant, Waldfeucht

Amtsgericht
52428 Jülich, Wilhelmstr 15; F (0 24 61) 6 81-0;
Telefax (0 24 61) 49 80
Direktor des Amtsgerichts: Dr Josef Polzius
Amtsgerichtsbezirk: Städte Jülich, Linnich, Gemeinden Aldenhoven, Inden, Niederzier und Titz

Amtsgericht
52156 Monschau, Laufenstr 38; F (0 24 72) 20 81;
Telefax (0 24 72) 25 23
Direktor des Amtsgerichts: Endemann
Amtsgerichtsbezirk: Gemeinden Monschau und
Simmerath
Besondere Zuständigkeiten: in Zwangsversteigerungs- und Zwangsverwaltungssachen für den Bezirk des Amtsgerichts Monschau
in der Führung des Handels- und Vereinsregisters für
den Bezirk des Amtsgerichts Monschau

Amtsgericht
53937 Schleiden, Marienplatz; F (0 24 44) 20 17 bis
20 19
Direktor des Amtsgerichts: Dr Elmar Schnitzler
Amtsgerichtsbezirk: Gemeinden Blankenheim, Hellenthal, Kall, Nettersheim, Dahlem und Schleiden
Besondere Zuständigkeiten: in Haftsachen für den
Bezirk der Amtsgerichte Monschau und Schleiden
Besondere Einrichtungen: Schöffengericht und Jugendschöffengericht für den Bezirk der Amtsgerichte Monschau und Schleiden

Landgericht Bonn

53113 Bonn, Wilhelmstr 21; F (02 28) 7 02-0; Telex
8 86 521; Telefax (02 28) 70 21 61

Präsident des Landgerichts: Dr Heinz Faßbender

Staatsanwaltschaft Bonn

53225 Bonn, Herbert-Rabius-Str 3; F (02 28)
97 52-0; Telefax (02 28) 97 52-6 00

Leitender Oberstaatsanwalt: Dr Rudi Gehrling

Amtsgerichte

Amtsgericht
53111 Bonn, Oxfordstr 19; F (02 28) 7 02-0; Telefax
(0 2 28) 70 27 08; Telex 8 86 521
Direktor des Amtsgerichts: Detlev Bayer
Amtsgerichtsbezirk: Kreisfreie Stadt Bonn sowie die
Gemeinden Alfter, Bornheim, Wachtberg

Amtsgericht
53879 Euskirchen, Kölner Str 40; F (0 22 51)
5 20 36; Telefax (0 22 51) 7 58 77
Direktor des Amtsgerichts: Erhard Väth
Amtsgerichtsbezirk: Gemeinden Bad Münstereifel,
Euskirchen, Mechernich, Weilerswist, Zülpich
Besondere Zuständigkeiten: in Landwirtschaftssachen für den Bezirk der Amtsgerichte Euskirchen
und Schleiden
in Konkurssachen für den Bezirk der Amtsgerichte
Euskirchen und Rheinbach
Besondere Einrichtungen: Schöffengericht und Jugendschöffengericht für den Bezirk der Amtsgerichte Euskirchen und Rheinbach

Amtsgericht
53639 Königswinter, Drachenfelsstr 39; F (0 22 23)
7 05-0; Telefax (0 22 23) 2 88 35
Direktor des Amtsgerichts: Bernhard Hengst
Amtsgerichtsbezirk: Gemeinden Bad Honnef, Königswinter

Amtsgericht
53359 Rheinbach, Schweigelstr 30; F (0 22 26)
8 01-0; Telefax (0 22 26) 1 46 35
Direktor des Amtsgerichts: Werner Biedermann
Amtsgerichtsbezirk: Gemeinden Meckenheim,
Rheinbach, Swisttal

Amtsgericht
53721 Siegburg, Neue Poststr 16; F (0 22 41)
3 05-0; Telefax (0 22 41) 3 05-3 00
Direktor des Amtsgerichts: Dr Bernward Böhle-Stamschräder
Amtsgerichtsbezirk: Gemeinden Eitorf, Hennef,
Lohmar, Much, Neunkirchen-Seelscheid, Niederkassel, Ruppichteroth, Sankt Augustin, Siegburg,
Troisdorf
Besondere Zuständigkeiten: in Landwirtschaftssachen für den Bezirk der Amtsgerichte Siegburg,
Bonn, Königswinter, Rheinbach

Amtsgericht
51545 Waldbröl, Gerichtsstr 1, Nebenstelle
(Grundbuchamt) Schladerner Str 26; F (0 22 91)
7 95-0; Telefax (0 22 91) 7 95 - 2 00
Direktor des Amtsgerichts: NN
Amtsgerichtsbezirk: Gemeinden Morsbach, Nümbrecht, Reichshof, Waldbröl, Windeck

Besondere Zuständigkeiten: in Landwirtschaftssachen für den Bezirk des Amtsgerichts Waldbröl
in Zwangsversteigerungs- und Zwangsverwaltungssachen für den Bezirk des Amtsgerichts Waldbröl
in Konkurssachen für den Bezirk des Amtsgerichts Waldbröl
in der Führung des Handels- und Vereinsregisters für den Bezirk des Amtsgerichts Waldbröl
Besondere Einrichtungen: Schöffengericht und Jugendschöffengericht für den Bezirk des Amtsgerichts Waldbröl

Landgericht Köln

50939 Köln, Luxemburger Str 101; F (02 21) 4 77-0; Telex 8 881 927 LGAG; Telefax (02 21) 4 77 - 33 33 und 33 34

Präsident des Landgerichts: Bernhard Schneider

Staatsanwaltschaft Köln

50939 Köln, Am Justizzentrum 13; F (02 21) 47 70; Telefax (02 21) 4 77 40 50

Leitender Oberstaatsanwalt: Dr Helmut Schäfer

Amtsgerichte

Amtsgericht
51429 Bergisch Gladbach, Schloßstr 21; F (0 22 04) 4 04-0; Telefax (0 22 04) 12 87
Direktor des Amtsgerichts: Wolfgang Mann
Amtsgerichtsbezirk: Gemeinden Bergisch Gladbach, Kürten, Odenthal, Overath, Rösrath
Besondere Zuständigkeiten: in Landwirtschaftssachen für den Bezirk der Amtsgerichte Leverkusen und Wermelskirchen
in Zwangsversteigerungs-, Zwangsverwaltungs-, Konkurs- und Vergleichssachen, Haftsachen, Jugendschöffengerichts- und Schöffengerichtssachen für den Bezirk des Amtsgerichts Wermelskirchen

Amtsgericht
50126 Bergheim, Kennedystr 2; F (0 22 71) 8 09-0
Direktor des Amtsgerichts: Udo Römer
Amtsgerichtsbezirk: Städte Bedburg, Bergheim, Pulheim und Gemeinde Elsdorf
Besondere Zuständigkeiten: in Landwirtschaftssachen für den Bezirk der Amtsgerichte Bergheim, Brühl, Kerpen, Köln
in Konkurssachen für den Bezirk der Amtsgerichte Bergheim und Kerpen

Bewährungshilfe bei dem AG Bergheim
50126 Bergheim, Hauptstr 5-7 I. OG, F (0 22 71) 4 10 26

Amtsgericht
50321 Brühl, Balthasar-Neumann-Platz 3; F (0 22 32) 7 09-0; Telefax (0 22 32) 4 69 - 07
Direktor des Amtsgerichts: Siegfried Willutzki
Amtsgerichtsbezirk: Städte Brühl, Erftstadt, Hürth, Wesseling

Amtsgericht
51643 Gummersbach, Moltkestr 6; F (0 22 61) 81 10
Direktor des Amtsgerichts: J Schmidt
Amtsgerichtsbezirk: Gemeinden Bergneustadt, Engelskirchen, Gummersbach, Marienheide und Wiehl
Besondere Zuständigkeiten: in Haftsachen und Schöffenhaftsachen für den Bezirk der Amtsgerichte Waldbröl und Wipperfürth
in Konkurs-, Vergleichs- und Landwirtschaftssachen für den Bezirk des Amtsgerichts Wipperfürth

Amtsgericht
50171 Kerpen, Nordring 2-8; F (0 22 37) 5 08-0; Telefax (0 22 37) 5 24 74
Direktor des Amtsgerichts: Dr Wolfgang Raack
Amtsgerichtsbezirk: Städte Frechen und Kerpen

Amtsgericht
50670 Köln, Reichenspergerplatz 1; F (02 21) 7 71 10; Telex 8 885 192
50939 Köln, Luxemburger Str 101; F (02 21) 47 70; Telex 8 881 927; Telefax (02 21) 4 77 - 33 33 und 33 34
Präsident des Amtsgerichts: Dr Helmut Wohlnick
Amtsgerichtsbezirk: Kreisfreie Stadt Köln

Amtsgericht Leverkusen
51379 Leverkusen, Gerichtsstr 9; F (0 21 71) 4 91-0; Telefax (0 21 71) 4 91 - 2 22
Direktor des Amtsgerichts: Dr Klaus Türpe
Amtsgerichtsbezirk: Kreisfreie Stadt Leverkusen sowie die Gemeinden Burscheid, Leichlingen (Rhld)

Amtsgericht
42929 Wermelskirchen, Telegrafenstr 17; F (0 21 96) 30 15 bis 30 17
Direktorin des Amtsgerichts: Ute Weiss
Amtsgerichtsbezirk: Gemeinde Wermelskirchen

Amtsgericht
51688 Wipperfürth, Gaulstr 22; F (0 22 67) 70 41
Direktorin des Amtsgerichts: Ewe Imogen Krämer
Amtsgerichtsbezirk: Gemeinden Hückeswagen, Lindlar, Radevormwald, Wipperfürth

III Die Gerichte der allgemeinen Verwaltungsgerichtsbarkeit

(bestehen im Geschäftsbereich des Justizministeriums des Landes Nordrhein-Westfalen)

Staatsrechtliche Grundlage und Aufgabenkreis:
Siehe hierzu Angaben auf der Seite 222.

Oberverwaltungsgericht

für das Land Nordrhein-Westfalen
48143 Münster, Aegidiikirchplatz 5; F (02 51) 5 05-0; Telefax (02 51) 505 352

Präsident des Oberverwaltungsgerichts: Prof Dr Max Dietlein
Vizepräsident: Dr Hans-Georg Franzke
Geschäftsleiter: Wacker ORR

Beim Oberverwaltungsgericht errichtet:

Disziplinarsenate
bei dem Oberverwaltungsgericht
Vorsitzende: Dr Brockhaus Vors Rchtr am OVG (1. Senat); Dr Schwarz Vors Rchtr am OVG (2. Senat)

Verwaltungsgerichte

Verwaltungsgericht Aachen
52064 Aachen, Kasernenstr 25; F (02 41) 4 77 97-0; Telefax (02 41) 4 77 97 90
Präsident des Verwaltungsgerichts: Dr Herbert Limpens
Ständige Vertreterin: Anna-Maria Hollfelder Vors Richterin am VwG
Geschäftsleiter: Haase RAR
Gerichtsbezirk: Das Gebiet der kreisfreien Stadt Aachen und der Kreise Aachen, Düren, Euskirchen und Heinsberg

Verwaltungsgericht Arnsberg
59821 Arnsberg, Jägerstr 1; F (0 29 31) 8 02-0; Telefax (0 29 31) 802 111
Präsident des Verwaltungsgerichts: Dr Ulrich Morgenstern
Ständiger Vertreter: Günter Proppe VPräs des VwG
Geschäftsleiter: Schmidt ROAR
Gerichtsbezirk: Die kreisfreien Städte Hagen und Hamm, der Ennepe-Ruhr-Kreis, der Hochsauerlandkreis, der Märkische Kreis und die Kreise Olpe, Siegen und Soest **Verwaltungsgericht Düsseldorf**

40213 Düsseldorf, Bastionstr 39; F (02 11) 88 91-0; Telefax (02 11) 8 89 12 97
Präsident des Verwaltungsgerichts: Paul Grus
Ständiger Vertreter: Ulrich Ruge VPräs des VwG
Geschäftsleiter: Piening ORRätin
Gerichtsbezirk: Das Gebiet der kreisfreien Städte Düsseldorf, Duisburg, Krefeld, Mönchengladbach, Mülheim a d Ruhr, Oberhausen, Remscheid, Solingen und Wuppertal sowie die Kreise Kleve, Mettmann, Neuss, Viersen und Wesel

Beim Verwaltungsgericht Düsseldorf errichtet:

Disziplinarkammern
40213 Düsseldorf, Bastionstr 39; F (02 11) 8 89 10
Vorsitzender der 1. Disziplinarkammer: Dohnke Vors Rchtr am VwG
Vorsitzende der 2. Disziplinarkammer: Scheiter Vors Richterin am VwG

Berufsgericht für Architekten, Architektinnen, Stadtplaner und Stadtplanerinnen
40213 Düsseldorf, Bastionstr 39; F (02 11) 8 89 10
Vorsitzender: Feldmann Vors Richter am VwG

Berufsgericht für Beratende Ingenieure und Ingenieurinnen sowie Ingenieure und Ingenieurinnen im Bauwesen
40213 Düsseldorf, Bastionstr 39; F (02 11) 8 89 10
Vorsitzender: Feldmann Vors Richter am VwG

Verwaltungsgericht Gelsenkirchen
45879 Gelsenkirchen, Bahnhofsvorplatz 3; F (02 09) 17 01-0; Telefax (02 09) 1 70 11 24
Präsident des Verwaltungsgerichts: Prof Dr Helmut Schnellenbach
Ständiger Vertreter: Wolfgang Schmitz VPräs des VG
Geschäftsleiter: Fengler ROARätin
Gerichtsbezirk: Städte Bochum, Bottrop, Dortmund, Essen, Gelsenkirchen, Herne sowie Kreise Recklinghausen und Unna

Verwaltungsgericht Köln
50667 Köln, Appellhofplatz; F (02 21) 20 66-0; Telefax (02 21) 20 66-4 57
Präsident des Verwaltungsgerichts: Prof Ernst Kutscheidt
Ständiger Vertreter: Klaus-Dieter Haase VPräs
Geschäftsleiterin: Angelika Fuchs RRätin
Gerichtsbezirk: Kreisfreie Städte Bonn, Köln, Leverkusen sowie die Kreise Erftkreis, Oberbergischer Kreis, Rheinisch-Bergischer Kreis, Rhein-Sieg-Kreis

Verwaltungsgericht Minden
32423 Minden, Königswall 8; F (05 71) 88 86-0; Telefax (05 71) 88 86 - 3 29
Präsident des Verwaltungsgerichts: Ernst-Ludwig Grimm
Ständiger Vertreter: Eberhard Thiele VPräs des VwG
Geschäftsleiter: Kohlhase RAR
Gerichtsbezirk: Regierungsbezirk Detmold

Verwaltungsgericht Münster
48147 Münster, Piusallee 38; F (02 51) 5 97-0; Telefax (02 51) 59 72 00
Präsident des Verwaltungsgerichts: Dr Ulf Fischer
Ständiger Vertreter: Hans-Dieter Upmeier VPräs des VwG
Geschäftsleiter: Günter Giesbert RAmtm
Gerichtsbezirk: Die kreisfreie Stadt Münster sowie die Kreise Borken, Coesfeld, Steinfurt und Warendorf

Beim Verwaltungsgericht Münster errichtet:

Disziplinarkammern
48147 Münster, Piusallee 38; F (02 51) 5 97-0; Telefax (02 51) 59 72 00
Vorsitzender der 1. Disziplinarkammer: Dr Ridder Vors Rchtr am VwG
Vorsitzender der 2. Disziplinarkammer: Dr Busch Vors Rchtr am VwG

IV Die Gerichte der besonderen Verwaltungsgerichtsbarkeit

(bestehen im Geschäftsbereich des Justizministeriums und des Ministeriums für Arbeit, Gesundheit und Soziales des Landes Nordrhein-Westfalen)

Staatsrechtliche Grundlage und Aufgabenkreis:
Siehe hierzu Angaben auf der Seite 223.

Finanzgerichte

Finanzgericht Düsseldorf
40227 Düsseldorf, Ludwig-Erhard-Allee 21;
F (02 11) 77 70-0; Telefax (02 11) 77 70-6 00
Präsident des Finanzgerichts: Eugen Johannemann
Vizepräsident: Heinrich Seifert
Geschäftsleiter: Eberhard Nicklisch
Gerichtsbezirk: Oberfinanzdirektion Düsseldorf
Für Zoll- und Verbrauchsteuersachen: Land Nordrhein-Westfalen

Finanzgericht Köln
50670 Köln, Adolf-Fischer-Str 12-16; F (02 21) 16 44-0; Telefax (02 21) 16 44 - 2 50
Präsident des Finanzgerichts: Dr Jürgen Schmidt-Troje
Ständiger Vertreter: Herbert Faust VPräs des FinG
Leiter der Verwaltung: Walter Jonetzko ORR
Gerichtsbezirk: Oberfinanzdirektion Köln

Finanzgericht Münster
48145 Münster, Warendorfer Str 70; F (02 51) 37 84-0; Telefax (02 51) 3 78 41 00
Präsident des Finanzgerichts: Hartmut Reim
Ständiger Vertreter: Dr Klaus Freitag VPräs des FinG
Leiter der Verwaltung: Helmut Richter ORR
Gerichtsbezirk: Bezirk der Oberfinanzdirektion Münster

Landessozialgericht

Nordrhein-Westfalen
45130 Essen, Zweigertstr 54; F (02 01) 7 99 21; Telefax (02 01) 7 99 23 02

Präsident des Landessozialgerichts: Dr Helmut Kallrath
Ständiger Vertreter: Wilhelm Berstermann VPräs des LSozG
Gerichtsbezirk: Land Nordrhein-Westfalen

Sozialgerichte

Sozialgericht Aachen
52064 Aachen, Franzstr 49 (Landesbehördenhaus); F (02 41) 45 70; Telefax (02 41) 45 72 01

Präsident des Sozialgerichts: Georg Boehm
Ständiger Vertreter: Klaus Thimm VPräs
Gerichtsbezirk: Gebiet der kreisfreien Stadt Aachen sowie der Kreise Aachen, Düren und Heinsberg

Sozialgericht Detmold
32756 Detmold, Richthofenstr 3; F (0 52 31) 7 04-0
Präsident des Sozialgerichts: Dr Rolf Pieper
Ständiger Vertreter: Martin Löns VPräs des SozG
Gerichtsbezirk: Gebiet der kreisfreien Stadt Bielefeld sowie der Kreise Gütersloh, Herford, Höxter, Lippe, Minden-Lübbecke und Paderborn

Sozialgericht Dortmund
44139 Dortmund, Ruhrallee 3; F (02 31) 5 41 51; Telefax (02 31) 5 415 509
Präsident des Sozialgerichts: Dr Jürgen Brand
Ständiger Vertreter: Heinz Timmermann VPräs des SozG
Gerichtsbezirk: Gebiet der kreisfreien Städte Bochum, Dortmund, Hagen und Hamm sowie die Kreise Olpe, Siegen, Soest und Unna, des Ennepe-Ruhr-Kreises, des Hochsauerlandkreises und des Märkischen Kreises

Sozialgericht Düsseldorf
40227 Düsseldorf, Ludwig-Erhard-Allee 21; F (02 11) 77 70-0; Telefax (02 11) 7 77 03 73
Präsident des Sozialgerichts: Dr Karl J Schäfer
Ständiger Vertreter: Albert Stürmer VPräs des SozG
Gerichtsbezirk: Gebiet der kreisfreien Städte Düsseldorf, Krefeld, Leverkusen, Mönchengladbach, Remscheid, Solingen und Wuppertal sowie der Kreise Mettmann, Neuss und Viersen

Sozialgericht Duisburg
47057 Duisburg, Mülheimer Str 54; F (02 03) 30 05-0; Telefax (02 03) 30 05-2 54
Präsident des Sozialgerichts: Ulrich Meierkamp
Ständige Vertreterin: Barbara Bromby Richterin
Gerichtsbezirk: Gebiet der kreisfreien Städte Duisburg, Essen, Mülheim a d Ruhr und Oberhausen sowie der Kreise Kleve und Wesel

Sozialgericht Gelsenkirchen
45879 Gelsenkirchen, Ahstr 22; F (02 09) 17 88-0; Telefax (02 09) 17 88 - 1 77
Präsident des Sozialgerichts: Dr Peter Lange
Ständiger Vertreter: Dieter Banke VPräs des SozG
Gerichtsbezirk: Gebiet der kreisfreien Städte Bottrop, Gelsenkirchen und Herne sowie des Kreises Recklinghausen

Sozialgericht Köln
50668 Köln, An den Dominikanern 2; F (02 21) 16 17-0; Telefax (02 21) 1 61 71 60
Präsident des Sozialgerichts: Dr Klaus Louven
Ständiger Vertreter: Wolfgang Aghte VPräs des SozG
Gerichtsbezirk: Gebiet der kreisfreien Städte Bonn und Köln sowie des Kreises Euskirchen, des Erftkreises, des Oberbergischen Kreises, des Rheinisch-Bergischen Kreises und des RheinSieg-Kreises

Sozialgericht Münster
48143 Münster, Alter Steinweg 45; F (02 51)
5 10 23-0; Telefax (02 51) 5 10 23 74
Präsident des Sozialgerichts: Dr Dieter Füchten-
busch
Ständiger Vertreter: Hardy Störmann VPräs des
SozG
Gerichtsbezirk: Gebiet der kreisfreien Stadt Münster sowie der Kreise Borken, Coesfeld, Steinfurt
und Warendorf

Landesberufsgericht für Heilberufe

48143 Münster, Aegidiikirchplatz 5; F (02 51)
5 05-0; Telefax (02 51) 505 352

Vorsitzende: Dr Schwarz Vors Rchtr am OVwG
(1. Senat); Cecior Vors Rchtr am OVwG (2. Senat)

Berufsgerichte für Heilberufe

Berufsgerichte für Heilberufe
50667 Köln, Appellhofplatz; F (02 21) 20 66-0;
Telefax (02 21) 20 66-4 57
Vorsitzender der 1. Kammer: Frieder Dicke Vors
Rchtr am VwG
Vorsitzender der 2. Kammer: Peter Aengenvoort
Vors Rchtr am VwG
Vorsitzender der 3. Kammer: Jürgen Kohlheim Vors
Rchtr am VwG
Vorsitzender der 4. Kammer: Peter Mautes Vors
Rchtr am VwG
Gerichtsbezirk: Landesteil Nordrhein

Berufsgericht für Heilberufe
48147 Münster, Piusallee 38; F (02 51) 5 97-0;
Telefax (02 51) 59 72 00
Vorsitzender der 1. Kammer: Dr Rüdiger Busch
Vors Rchtr am VwG
Vorsitzender der 2. Kammer: Dr Klaus Mertens
Rchtr am VwG
Vorsitzender der 3. Kammer: Dr Erhard Ostermann
Vors Rchtr am VwG
Vorsitzender der 4. Kammer: Dr Hans-Joachim Rid-
der Vors Rchtr am VwG
Gerichtsbezirk: Landesteil Westfalen-Lippe

V Die Gerichte der Arbeitsgerichtsbarkeit

(bestehen im Geschäftsbereich des Ministeriums
für Arbeit, Gesundheit und Soziales des Landes
Nordrhein-Westfalen)

Staatsrechtliche Grundlage und Aufgabenkreis:
Siehe hierzu Angaben auf der Seite 223.

Landesarbeitsgericht Düsseldorf

40227 Düsseldorf, Ludwig-Erhard-Allee 21;
F (02 11) 77 70-0; Telefax (02 11) 77 70 - 199

Präsident des Landesarbeitsgerichts: Klaus Dieter
Weber
Ständige Vertreterin: Lemppenau-Krieger VPräsi-
dentin des LArbG
Gerichtsbezirk: Die Arbeitsgerichte Düsseldorf,
Duisburg, Essen, Krefeld, Mönchengladbach,
Oberhausen, Solingen, Wesel und Wuppertal

Arbeitsgerichte

Arbeitsgericht Düsseldorf
40227 Düsseldorf, Ludwig-Erhard-Allee 21;
F (02 11) 7 77 00; Telefax (02 11) 7770 299
Direktor des Arbeitsgerichts: Günter Furch
Ständiger Vertreter: Josef Dortschy Rchtr am ArbG
Gerichtsbezirk: Kreisfreie Stadt Düsseldorf und
Kreis Mettmann mit Ausnahme der Gemeinden
Heiligenhaus, Velbert und Wülfrath

Arbeitsgericht Duisburg
47057 Duisburg, Landesbehördenhaus, Mülheimer
Str 54; F (02 03) 30 05-0; Telefax (02 03) 30 05-262
Direktor des Arbeitsgerichts: Wilfried Schröder
Gerichtsbezirk: Kreisfreie Stadt Duisburg

Arbeitsgericht Essen
45130 Essen, Zweigertstr 54; F (02 01) 79 92-1;
Telefax (02 01) 79 92-4 50
Direktor des Arbeitsgerichts: Ulrich Pannenbäcker
Gerichtsbezirk: Kreisfreie Stadt Essen

Arbeitsgericht Krefeld
47798 Krefeld, Luth-Kirch-Str 39; F (0 21 51)
61 18 36 bis 61 18 38; Telefax (0 21 51) 80 05 85
Direktor des Arbeitsgerichts: Theodor Dierdorf
Ständige Vertreterin: Herzberg Richterin am ArbG
Gerichtsbezirk: Kreisfreie Stadt Krefeld und Kreis
Viersen

Arbeitsgericht Mönchengladbach
41061 Mönchengladbach, Hohenzollernstr 155;
F (0 21 61) 27 60; Telefax (0 21 61) 276 768
Direktor des Arbeitsgerichts: Dr Kurt Meyer
Ständige Vertreterin: Dr Gisela Baumgarte Richte-
rin am ArbG
Gerichtsbezirk: Kreisfreie Stadt Mönchengladbach
und Kreis Neuss

Arbeitsgericht Oberhausen
46045 Oberhausen, Schwartzstr 52; F (02 08)
2 60 14 und 2 60 15; Telefax (02 08) 80 60 74
Direktor des Arbeitsgerichts: Rudolf Reichert
Gerichtsbezirk: Kreisfreie Städte Oberhausen und
Mülheim a d Ruhr

Arbeitsgericht Solingen
42651 Solingen, Wupperstr 1 (Behördenhaus);
F (02 12) 28 09-69; Telefax (02 12) 28 09 - 61
Direktor des Arbeitsgerichts: Ernst Müller
Gerichtsbezirk: Kreisfreie Städte Solingen und Le-
verkusen und die Städte bzw Gemeinden Burscheid,
Wermelskirchen und Leichlingen

Arbeitsgericht Wesel
46483 Wesel, Ritterstr 1; F (02 81) 3 38 91-0;
Telefax (02 81) 3 38 91 44
Direktor des Arbeitsgerichts: Albrecht Kleinschmidt
Gerichtsbezirk: Kreise Kleve und Wesel

Arbeitsgericht Wuppertal
42283 Wuppertal, Friedrich-Engels-Allee 430-432;
F (02 02) 2 55 86-0; Telefax (02 02) 2 55 86-40
Direktor des Arbeitsgerichts: Ulrich Tittel
Gerichtsbezirk: Kreisfreie Städte Wuppertal und
Remscheid, das Gebiet der Städte bzw Gemeinden
Heiligenhaus, Hückeswagen, Radevormwald, Velbert und Wülfrath

Landesarbeitsgericht Hamm

59071 Hamm, Marker Allee 94; F (0 23 81) 89 11;
Telefax (0 23 81) 891 283
Präsident des Landesarbeitsgerichts: Günter Ide
Ständiger Vertreter: Dr Leonhard Wenzel VPräs des
LArbG
Gerichtsbezirk: Die Arbeitsgerichte Arnsberg, Bielefeld, Bocholt, Bochum, Detmold, Dortmund, Gelsenkirchen, Hagen, Hamm, Herford, Herne, Iserlohn, Minden, Münster, Paderborn, Rheine und
Siegen

Arbeitsgerichte

Arbeitsgericht
59821 Arnsberg, Johanna-Baltz-Str 28; F (0 29 31)
17 38
Direktor des Arbeitsgerichts: Jürgen Henke
Gerichtsbezirk: Hochsauerlandkreis

Arbeitsgericht
33604 Bielefeld, Detmolder Str 9; F (05 21) 5 49-0;
Telefax (05 21) 5 49 - 17 05
Direktor des Arbeitsgerichts: Walter Klingebiel
Ständiger Vertreter: Hans-Ulrich Hoffmann Rchtr
am ArbG
Gerichtsbezirk: Kreisfreie Stadt Bielefeld und Kreis
Gütersloh

Arbeitsgericht
44787 Bochum, Marienplatz 2; F (02 34) 68 95-0;
Telefax (02 34) 68 95 - 2 00
Direktor des Arbeitsgerichts: Dr Franz-Josef Jasper
Ständiger Vertreter: Helmut Busso van der Leeden
Rchtr am ArbG
Gerichtsbezirk: Die kreisfreie Stadt Bochum sowie
die Gemeinde Witten

Arbeitsgericht
32756 Detmold, Richthofenstr 3; F (0 52 31)
70 42 65; Telefax (0 52 31) 70 42 70
Direktor des Arbeitsgerichts: Reinhard Wolf
Ständiger Vertreter: Johannes Hempel Rchtr am
ArbG
Gerichtsbezirk: Der Kreis Lippe

Arbeitsgericht
44139 Dortmund, Ruhrallee 3; F (02 31) 54 15-1;
Telefax (02 31) 54 15 - 5 19
Direktor des Arbeitsgerichts: NN
Ständiger Vertreter: Gisbert Gralmann Rchtr am
ArbG
Gerichtsbezirk: Die kreisfreie Stadt Dortmund und
der Kreis Unna

Arbeitsgericht
45886 Gelsenkirchen, Bochumer Str 86; F (02 09)
17 87-00; Telefax (02 09) 17 87-1 99
Direktor des Arbeitsgerichts: Rudolf Mewes
Ständige Vertreterin: Annemarie von Rosenberg-Lipinsky-Küçükince Richterin am ArbG
Gerichtsbezirk: Die kreisfreien Städte Gelsenkirchen und Bottrop sowie aus dem Kreis Recklinghausen die Stadt Gladbeck

Arbeitsgericht
58097 Hagen, Heinitzstr 44; F (0 23 31) 98 52 92
Direktor des Arbeitsgerichts: Hans-Joachim Habbe
Ständiger Vertreter: Dr Gerhard Wendling Rchtr
am ArbG
Gerichtsbezirk: Die kreisfreie Stadt Hagen und der
Ennepe-Ruhr-Kreis mit Ausnahme der Stadt Witten

Arbeitsgericht
59071 Hamm, Marker Allee 94; F (0 23 81) 8 91-1;
Telefax (0 23 81) 8 91 - 2 83
Direktor des Arbeitsgerichts: Dr Ludwig Diers
Ständiger Vertreter: Martin Letz Rchtr am ArbG
Gerichtsbezirk: Die kreisfreie Stadt Hamm und der
Kreis Soest

Arbeitsgericht
32052 Herford, Münsterkirchplatz 1; F (0 52 21)
10 54-0; Telefax (0 52 21) 5 62 05
Direktor des Arbeitsgerichts: Fritz Sauerländer
Ständiger Vertreter: Wolf S Oltmanns Rchtr am
ArbG
Gerichtsbezirk: Der Kreis Herford

Arbeitsgericht
44623 Herne, Schillerstr 37/39; F (0 23 23) 95 32-0;
Telefax (0 23 23) 95 32-32
Direktorin des Arbeitsgerichts: Jella Tupay
Vertreter: Klaus Geimer Rchtr am ArbG
Gerichtsbezirk: Die kreisfreie Stadt Herne sowie der
Kreis Recklinghausen ohne die Stadt Gladbeck

Arbeitsgericht
58636 Iserlohn, Karlstr 15; F (0 23 71) 1 30 51;
Telefax (0 23 71) 1 37 49
Direktor des Arbeitsgerichts: Manfred Keimer
Ständiger Vertreter: Jürgen Körnig Rchtr am ArbG
Gerichtsbezirk: Der Märkische Kreis

Arbeitsgericht
32423 Minden, Königswall 8; F (05 71) 88 86-2 29;
Telefax (05 71) 88 86 - 2 35

Direktor des Arbeitsgerichts: Wolfgang Weizenegger
Ständiger Vertreter: Joachim Kleveman Rchtr am
ArbG
Gerichtsbezirk: Kreis Minden-Lübbecke

Arbeitsgericht
48151 Münster, von-Stauffenberg-Str 16; F (02 51)
7 73 13; Telefax (02 51) 79 18 47
Direktor des Arbeitsgerichts: Wolfgang Markus
Ständiger Vertreter: Dr Franz Müller Rchtr am
ArbG
Gerichtsbezirk: Die kreisfreie Stadt Münster und
Kreis Warendorf

Arbeitsgericht
33102 Paderborn, Grevestr 1; F (0 52 51) 3 40 41;
Telefax (0 52 51) 3 12 22
Direktor des Arbeitsgerichts: Rainer Mathias
Ständiger Vertreter: Holger Kuhlmey Rchtr am
ArbG
Gerichtsbezirk: Die Kreise Höxter und Paderborn

Arbeitsgericht
48431 Rheine, Poststr 26; F (0 59 71) 5 01 85 und
5 01 86; Telefax (0 59 71) 1 59 96
Direktor des Arbeitsgerichts: Friedrich-Wilhelm Hei-
ringhoff
Gerichtsbezirk: Der Kreis Steinfurt

Arbeitsgericht
57072 Siegen, Unteres Schloß 10; F (02 71) 5 85-1;
Telefax (02 71) 50 10 01
Direktor des Arbeitsgerichts: Walter Reinhart
Gerichtsbezirk: Die Kreise Siegen-Wittgenstein und
Olpe

Landesarbeitsgericht Köln

50670 Köln, Blumenthalstr 33; F (02 21) 7 74 00;
Telefax (02 21) 7 740 356

Präsident des Landesarbeitsgerichts: Dr Udo Isen-
hardt
Gerichtsbezirke: Die Arbeitsgerichtsbezirke Aachen, Bonn, Köln und Siegburg

Arbeitsgerichte

Arbeitsgericht Aachen
52064 Aachen, Aureliusstr 30; F (02 41) 47 09 20;
Telefax (02 41) 4 84 90
Direktor des Arbeitsgerichts: NN
Ständiger Vertreter: Heino Vogelbruch Rchtr am
ArbG
Gerichtsbezirk: Kreisfreie Stadt Aachen sowie Krei-
se Aachen, Düren, Heinsberg

Arbeitsgericht Bonn
53115 Bonn, Kreuzbergweg 5; F (02 28) 9 85 69-0;
Telefax (02 28) 69 23 81
Direktor des Arbeitsgerichts: Dr Volker von Altrock
Ständiger Vertreter: Dietmar Besgen Rchtr am
ArbG

Gerichtsbezirk: Kreisfreie Stadt Bonn sowie der
Kreis Euskirchen und die Gemeinden Alfter, Born-
heim, Meckenheim, Rheinbach, Swisttal und
Wachtberg

Arbeitsgericht Köln
50668 Köln, Aduchtstr 7; F (02 21) 72 01 84;
Telefax (02 21) 72 78 25
Direktor des Arbeitsgerichts: Franz-Joachim Thür
Ständiger Vertreter: Hartmut Münster Rchtr am
ArbG
Gerichtsbezirk: Kreisfreie Stadt Köln sowie der Erft-
kreis, der Rheinisch-Bergische Kreis mit Ausnahme
der Städte Burscheid, Leichlingen und Wermelskir-
chen

Arbeitsgericht Siegburg
53721 Siegburg, Neue Poststr 16; F (0 22 41)
3 05-1; Telefax (0 22 41) 5 26 57
Direktorin des Arbeitsgerichts: Birgit Reinecke
Ständige Vertreterin: Kirsten Heuser Hesse Richterin am ArbG
Gerichtsbezirk: Oberbergischer Kreis mit Ausnahme der Gemeinden Hückeswagen und Radevormwald sowie der Rhein-Sieg-Kreis mit Ausnahme der
Gemeinden Alfter, Bornheim, Meckenheim, Rheinbach, Swisttal und Wachtberg

e Gemeindeverbände, Gemeinden und sonstige Einrichtungen

Kommunale Selbstverwaltung in Nordrhein-Westfalen

Von Leitendem Ministerialrat Dr Michael Borchmann

I. Verfassungsgarantie der kommunalen Selbstverwaltung

Nach Art 28 Abs 2 Satz 1 des Grundgesetzes (GG) muß den Gemeinden das Recht gewährleistet sein, alle Angelegenheiten der örtlichen Gemeinschaft im Rahmen der Gesetze in eigener Verantwortung zu regeln. Die Vorschrift schafft nach ganz herrschender Auffassung in Rechtsprechung und Schrifttum eine institutionelle Garantie für die Gemeindeselbstverwaltung, d h garantiert wird nicht der Fortbestand einzelner, zur Zeit existenter Gemeinden, sondern das Vorhandensein von Gemeinden überhaupt. Intention der kommunalen Selbstverwaltung ist die Aktivierung der Beteiligten für ihre eigenen Angelegenheiten, die die in der örtlichen Gemeinschaft lebendigen Kräfte des Volkes zur eigenverantwortlichen Erfüllung öffentlicher Aufgaben der engeren Heimat mit dem Ziel zusammenschließt, das Wohl der Einwohner zu fördern und die geschichtliche und heimatliche Eigenart zu wahren. Dazu soll die örtliche Gemeinschaft nach dem Leitbild der Selbstverwaltungsgarantie ihr Schicksal selbst in die Hand nehmen und solidarisch gestalten. Garantiert ist den Gemeinden im einzelnen die Universalität des Aufgabenkreises für Angelegenheiten der örtlichen Gemeinschaft sowie das Recht der eigenverantwortlichen Erledigung dieser Aufgaben. Das Recht der eigenverantwortlichen Aufgabenerledigung seinerseits besteht wiederum aus einem Bündel essentieller Hoheitsrechte wie etwa der Organisationshoheit, der Personalhoheit und der Finanzhoheit. Die Garantie der kommunalen Selbstverwaltung und Eigenverantwortlichkeit ist allerdings nicht absolut, sondern besteht nur im Rahmen der Gesetze. Denn moderne Selbstverwaltung beruht nicht auf Immunitätsprivilegien im Stile mittelalterlicher Städtefreiheit. Beschränkungen der Selbstverwaltung der Gemeinden sind vielmehr mit Art 28 Abs 2 Satz 1 GG vereinbar, wenn und insoweit sie deren Kernbereich unangetastet lassen. Was zu diesem Kernbereich oder auch Wesensgehalt gehört, läßt sich allerdings nicht in eine allgemein gültige Formel fassen. Bei der Bestimmung des verfassungsrechtlich gegen jede gesetzliche Schmälerung gesicherten Wesensgehalts muß vielmehr der geschichtlichen Entwicklung und den verschiedenen Erscheinungsformen der Selbstverwaltung Rechnung getragen werden. Diese vor allem durch die Rechtsprechung des Bundesverfassungsgerichts betonte Bezugnahme auf die historisch begründete Gestaltung der Selbstverwaltung bedeutet jedoch nicht, daß alles beim alten bleiben müsse und daß eine neue Einrichtung schon deshalb nicht hingenommen werden könne, weil sie neu und ohne Vorbild ist. In einer Faustformel wird man den Wesensgehalt der Selbstverwaltung als denjenigen Bereich der Institution definieren können, den man nicht verändern kann, ohne die Institution selbst qualitativ zu verändern. Besonderes Augenmerk ist darauf zu richten, daß eine verfassungswidrige Beeinträchtigung des Wesensgehaltes der Selbstverwaltung auch in einer Häufung verschiedener einzelner, per se an sich zulässiger Eingriffe liegen kann.

Art 28 Abs 2 Satz 2 GG sichert auch den Gemeindeverbänden, und zwar – wie sich aus dem Wortlaut des Art 28 Abs 1 Satz 2 GG folgern läßt – speziell den Landkreisen, im Rahmen ihres gesetzlichen Aufgabenbereiches nach Maßgabe der Gesetze das Recht der Selbstverwaltung zu. Die Selbstverwaltungsgarantie für die Kreisebene ist in qualitativer Hinsicht derjenigen für die Gemeindeebene gleichwertig. In quantitativer Hinsicht bleibt sie jedoch hinter der Gewährleistung der Gemeindeselbstverwaltung zurück, weil nur den Gemeinden die Universalität des Wirkungskreises verbürgt ist, das Selbstverwaltungsrecht der Landkreise demgegenüber lediglich im Rahmen des gesetzlich zugewiesenen Aufgabenbereiches von Verfassungs wegen abgesichert ist.

Neben Art 28 Abs 2 GG gewährleistet auch die Verfassung für das Land Nordrhein-Westfalen (LV) die kommunale Selbstverwaltung. Bereits Art 1 Abs 1 Satz 2 LV bestimmt, daß sich das Land Nordrhein-Westfalen in Gemeinden und Gemeindeverbände gliedert. Nach Art 78 Abs 1 LV sind die Gemeinden und Gemeindeverbände Gebietskörperschaften mit dem Recht der Selbstverwaltung durch ihre gewählten Organe. Art 78 Abs 2 der Vorschrift erhebt die Gemeinden und Gemeindeverbände in ihrem Gebiet in den Rang von alleinigen Trägern der öffentlichen Verwaltung, soweit die Gesetze nichts anderes vorschreiben. Art 78 LV kommt neben Art 28 Abs 2 GG auch eine selbständige rechtliche Wirkung zu, er ist nicht aufgrund Art 31 GG („Bundesrecht bricht Landesrecht") irrelevant. Die Verfassungsgarantien des Art 28 Abs 2 GG enthalten nämlich lediglich Mindestgarantien. Bleibt eine Landesverfassung darunter, so sind ihre Vorschriften grundgesetzwidrig, weil Bundesrecht Landesrecht bricht. Stimmen aber die Garantie der Landesverfassung mit Art 28 Abs 2 GG überein oder gehen sie darüber hinaus, so steht die Regelung im Einklang mit dem Grundgesetz.

Die Garantien des Art 78 LV stimmen zumindest mit den grundgesetzlichen Selbstverwaltungsgarantie überein. Ein gewisser Unterschied zwischen den grundgesetzlichen und der landesverfassungsrechtlichen Selbstverwaltungsgarantie liegt allerdings darin, daß Art 28 Abs 2 Satz 1 GG den Gemeinden die Universalität des örtlichen Aufgabenkreises zuweist, Art 78 Abs 2 LV dagegen die Gemeinden für ihr Gebiet zu alleinigen Trägern der öffentlichen Verwaltung (einschließlich der Zuständigkeit für überörtliche Aufgaben) erklärt. Dieser Status steht allerdings unter dem Vorbehalt des einfachen Gesetzes. Da die Schranken für Eingriffe in die Selbstverwaltungsgarantie des Art 78 LV sich nach der Rechtsprechung des Verfassungsgerichtshofs NW nach den gleichen Maßstäben bemessen, die im Rahmen des Art 28 Abs 2 Satz 1 GG gelten, dürfte die Gemeindeselbstverwaltung nach Art 78 LV im Ergebnis im gleichen Umfang garantiert sein wie nach der entsprechenden Grundgesetzgarantie. Über Art 28 Abs 2 GG geht Art 78 Abs 2 LV allerdings insoweit hinaus, als er Gemeinden und Kreise (Gemeindeverbände) als Verwaltungsträger gleichstellt. Daraus wird man den Schluß ziehen dürfen, daß in Nordrhein-Westfalen ebenso wie den Gemeinden im örtlichen Bereich den Kreisen eine Aufgabenallzuständigkeit im überörtlichen Bereich verfassungsrechtlich garantiert ist.

II. Die Gemeinden
1. Rechtsstellung und Aufgaben

Primäre Träger der kommunalen Selbstverwaltung sind die Gemeinden. § 1 GO NW (Gemeindeordnung für das Land Nordrhein-Westfalen i d F der Bekanntmachung vom 13. August 1984 – GV NW S 475 –, zuletzt geändert durch Gesetz vom 3. April 1992 – GV NW S 124) bezeichnet sie als die Grundlage des demokratischen Staatsaufbaues. Die Gemeinden sind Gebietskörperschaften. Als von Verfassungs wegen vorgesehene alleinige Träger der öffentlichen Verwaltung in ihrem Gebiet haben sie das Wohl der Einwohner in freier Selbstverwaltung durch ihre von der Bürgerschaft gewählten Organe zu fördern. Insbesondere obliegt es ihnen, innerhalb der Grenzen ihrer Leistungsfähigkeit die für die wirtschaftliche, soziale und kulturelle Betreuung ihrer Einwohner erforderlichen öffentlichen Einrichtungen zu schaffen. Die Einwohner haben im Rahmen des geltenden Rechts einen Anspruch auf Benutzung dieser Einrichtungen (§ 18 GO NW). Die Gemeinden haben zur Erfüllung ihrer Aufgaben das Recht auf Erschließung eigener Steuerquellen. Das Land ist verpflichtet, diesem Anspruch bei der Gesetzgebung Rechnung zu tragen und im Rahmen seiner finanziellen Leistungsfähigkeit einen übergemeindlichen Finanzausgleich zu gewährleisten (Art 79 LV). Hinsichtlich der Art von den Gemeinden wahrgenommenen Aufgaben ist in erster Linie zwischen echten Selbstverwaltungsaufgaben und Pflichtaufgaben zur Erfüllung nach Weisung zu unterscheiden. Selbstverwaltungsaufgaben sind sozusagen die „eigenen" Angelegenheiten der Gemeinden, deren Erfüllung ihnen nach dem Grundsatz der Allseitigkeit des Wirkungskreises eigenverantwortlich durch eigene Organe unter der grundsätzlich auf die Kontrolle der Rechtmäßigkeit beschränkten Aufsicht des Staates zusteht. Es gibt sie sowohl in der Form

der freien Selbstverwaltungsangelegenheiten, bei denen die Gemeinde über das „Ob" und „Wie" der Aufgabenerfüllung entscheidet, und der pflichtigen Selbstverwaltungsangelegenheiten, bei denen die Gemeinde zur Aufgabenerfüllung verpflichtet ist und lediglich hinsichtlich des „Wie" der Aufgabenwahrnehmung einen Gestaltungsspielraum hat. Insoweit läßt sich feststellen, daß im Rahmen der zunehmend beklagten Vergesetzlichung aller Lebensbereiche immer mehr freiwillige Aufgaben zu pflichtigen geworden sind. Den Selbstverwaltungsaufgaben stehen die Pflichtaufgaben zur Erfüllung nach Weisung (§ 3 Abs 2 GO NW) gegenüber, die in Nordrhein-Westfalen weitestgehend an die Stelle der staatlichen Auftragsangelegenheiten getreten sind. Anders als bei Selbstverwaltungsangelegenheiten sind die Aufsichtsbehörden hier nicht auf eine Rechtmäßigkeitskontrolle beschränkt, sondern können auch fachliche Weisungen erteilen. Den Umfang des Weisungsrechts bestimmt das jeweilige Fachgesetz. Die rechtssystematische Einordnung der Pflichtaufgaben erscheint noch nicht abschließend geklärt. Sie werden teilweise als staatliche Auftragsangelegenheiten im neuen Gewande, teilweise aber auch als besondere Form von Selbstverwaltungsangelegenheiten bewertet. Das OVG Münster schließlich hat sie einmal als keinem dieser Bereiche zuzuschlagendes „Zwischending zwischen Selbstverwaltungs- und Auftragsangelegenheiten" bezeichnet. Ergänzend bleibt darauf hinzuweisen, daß es auch in Nordrhein-Westfalen noch klassische staatliche Auftragsangelegenheiten mit unbeschränktem Weisungsrecht der Aufsichtsbehörden gibt, und zwar sowohl im Bereich von Landesaufgaben (vgl auch § 116 GO NW) als auch insbesondere im Bereich von auf Bundesrecht beruhenden Aufgaben.

2. Funktionale Gliederung

Zur Zeit gibt es in Nordrhein-Westfalen nur noch 396 Gemeinden gegenüber 2277 im Jahre 1968. Nach dem Saarland weist Nordrhein-Westfalen damit die zweitgeringste Gemeindezahl auf. Die drastische Reduzierung ist die Folge der in Nordrhein-Westfalen wie auch in den anderen Flächenstaaten der Bundesrepublik vornehmlich in der ersten Hälfte der siebziger Jahre durchgeführten kommunalen Territorialreform. Ausschlaggebende Überlegung für diese Territorialreform war, daß viele Gemeinden zu klein und damit zu verwaltungsschwach waren, um den gestiegenen Ansprüchen ihrer Einwohner im Daseinsvorsorgebereich gerecht zu werden. Dies führte zu einem raumordnungspolitisch unerwünschten erheblichen Strukturgefälle zwischen einzelnen Gemeinden und darüber hinaus zwischen einzelnen Landesteilen. Eine besondere Rolle spielten auch die speziellen Probleme des Ruhrgebietes als eines industriellen Ballungsraumes. Folge der Territorialreform in Nordrhein-Westfalen ist, daß es hier anders als in den anderen Flächenstaaten überhaupt keine Gemeinden mit weniger als 3000 Einwohnern mehr gibt und nur noch drei Gemeinden mit einer unter 5000 liegenden Einwohnerzahl. Das Gros der Gemeinden hat Einwohnerzahlen zwischen 10 000 und 50 000, und mehr als die Hälfte der Einwohner des Landes lebt in Städten mit mehr als 50 000 Einwohnern. Schließlich befinden sich auch von den 70 Großstädten der alten Bundesrepublik (Städte mit mehr als 100 000 Einwohnern) allein 30 in Nordrhein-Westfalen. Trotz des insgesamt zu konstatierenden hohen Niveaus von Einwohnerzahlen weisen auch die nordrhein-westfälischen Gemeinden noch ein beträchtliches Gefälle an Größe und Verwaltungskraft auf. Dem trägt das Landesrecht durch eine funktionale Kategorisierung der Gemeinden Rechnung. Dabei spielt die Unterscheidung zwischen „Stadt" und „Gemeinde" noch die geringste, nämlich lediglich eine nominelle Rolle. Die Bezeichnung „Stadt" führen die Gemeinden, denen diese Bezeichnung nach dem bisherigen Recht zusteht oder auf Antrag von der Landesregierung verliehen wird, ferner Gemeinden, denen nach § 3 a GO NW der Status einer Mittleren kreisangehörigen Stadt (mehr als 25 000 Einwohner) zuerkannt worden ist (s u). Wichtig ist demgegenüber die Unterscheidung zwischen kreisfreien Städten und kreisangehörigen Gemeinden. Die kreisfreien Städte, von denen es in Nordrhein-Westfalen 23 (mit einer Einwohnerzahl von ca 7,6 Mio gegenüber ca 9,9 Mio in den kreisangehörigen Gemeinden) gibt, erfüllen in ihrem Gebiet neben ihren Aufgaben als Gemeinden alle Aufgaben, die sonst den Kreisen obliegen. Sie unterstehen der Rechtsaufsicht des Regierungspräsidenten (§ 106 a Abs 2 GO NW). Alle übrigen 373 Gemeinden sind in Landkreise eingegliedert. Der Gesetzgeber hat unter diesen Gemeinden eine weitere Differenzierung vorgenommen. Nach § 3 a GO NW erfüllen kreisangehörige Gemeinden mit mehr als 60 000 Einwohnern (Große kreisangehörige Städte) und kreisangehörige Gemeinden mit mehr als 25 000 Einwohnern (Mittlere kreisangehörige Städte) neben den den übrigen kreisangehörigen Gemeinden obliegenden Aufgaben zusätzlich die ihnen durch Gesetz oder Rechtsverordnung übertragenen Aufgaben. Dabei handelt es sich um Pflichtaufgaben, die für die übrigen kreisangehörigen Gemeinden der Kreisstufe obliegen (z B die Bauaufsicht, in den Großen kreisangehörigen Städten zusätzlich etwa bestimmte Ausländerangelegenheiten, Verkehrslenkung und -sicherung, Katastrophenschutz und Wohnungsbauförderung). Kommunalverfassungsrechtlich sind die genannten Kommunen mit den kreisfreien Städten insofern gleichgestellt, als sie ein eigenes Rechnungsprüfungsamt einzurichten haben (§ 100 GO NW). Den Status von Großen und Mittleren kreisfreien Städten stellt die Landesregierung durch Rechtsverordnung fest, zur Zeit gibt es 31 Große kreisangehörige Städte und mehr als 100 Mittlere kreisangehörige Städte.

3. Die innere Gemeindeverfassung

Die innere Gemeindeverfassung ist insbesondere in den §§ 27 ff GO NW geregelt. Bei der inneren Gemeindeverfassung handelt es sich um diejenigen Regeln, die die Einrichtung und das Zusammenwirken der gemeindlichen Organe sowie die Bildung und die Ausführung des Willens der Gemeinde betreffen. Sie lassen sich mit dem organisatorischen Teil von Grundgesetz und Landesverfassung vergleichen. Von ihrer Grundstruktur her ist die nordrhein-westfälische Gemeindeverfassung dem Typ der norddeutschen Ratsverfassung zuzuordnen. Dieser der deutschen Gemeindeverfassungstradition relativ fremde Typ, der allerdings einen Vorläufer in der thüringischen Gemeindeverfassung der Weimarer Zeit hat, wurde nach dem Zweiten Weltkrieg von der britischen Besatzungsmacht der eigenen Zone aufoktroyiert. Die Briten wählten dabei das englische Local Government als Vorbild, das durch das Nebeneinander von ehrenamtlichem Bürgermeister als Ratsvorsitzendem (Mayor) und professionellem, aber letztlich subalternen Hauptverwaltungsbeamten (Town Clerk oder Chief Executive) charakterisiert ist. Während von den Ländern der früheren Britischen Besatzungszone Schleswig-Holstein – teilweise unter Überwindung erheblicher Widerstände seitens der Besatzungsmacht – zur traditionellen Magistrats- bzw Bürgermeisterverfassung zurückkehrte, behielt Nordrhein-Westfalen – wie übrigens auch Niedersachsen – das ursprünglich aufgezwungene System bei. Durchgesetzt wurde die Übernahme des „englischen Systems" in der Gemeindeordnung von 1952 durch die CDU, die insoweit vom Zentrum unterstützt wurde. Demgegenüber war die SPD, entsprechend den Meinberger Beschlüssen der Innenminister der Britischen Besatzungszone, für den Übergang zu einer unechten Magistratsverfassung eingetreten. Auch die FDP trat für eine fakultative Zulassung der Magistratsverfassung ein. Die Entscheidung des Gesetzgebers von 1952 wurde zwar infolge der Reibungsverluste aufgrund des Nebeneinanders von Bürgermeister und Gemeindedirektor in der Gemeindespitze (Zweigleisigkeit) in den folgenden Jahrzehnten immer wieder in Frage gestellt. Dabei trat vor allem die FDP wiederholt mit Nachdruck für die Magistratsverfassung ein, scheiterte aber jeweils an der (parteiübergreifenden) Bürgermeisterfraktion im Landtag. Auch in der CDU setzten sich in jüngerer Zeit maßgebliche Politiker für eine Abschaffung der norddeutschen Ratsverfassung ein.

Im einzelnen gilt für die nordrhein-westfälische Gemeindeverfassung folgendes:

Nach § 27 Abs 1 GO NW wird die Verwaltung der Gemeinde ausschließlich durch den Willen der Bürgerschaft bestimmt. Die Bürgerschaft wird von dem ihr in allgemeiner, unmittelbarer, freier, gleicher und geheimer Wahl (vgl Art 28 Abs 1 Satz 2 GG; § 29 Abs 1 GO NW) auf die Dauer von fünf Jahren gewählten Rat vertreten. Die näheren Vorschriften über die Wahl trifft das Kommunalwahlgesetz (in der Fassung der Bekanntmachung vom 15. August 1993, GV NW S 521). Zuständig ist

248

der Rat für alle Angelegenheiten der Gemeindeverwaltung, soweit gesetzlich nichts anderes bestimmt ist. Eine Reihe wichtiger Angelegenheiten muß vom Rat selbst entschieden werden, so etwa das Aufstellen von allgemeinen Grundsätzen, nach denen die Verwaltung geführt werden soll, die Vornahme wichtiger Wahlen, die Beschlußfassung über Satzungen einschließlich der Haushaltssatzung und des Stellenplanes, die Festsetzung von Abgaben und Entgelten sowie grundlegende Entscheidungen über gemeindliche Einrichtungen und Eigenbetriebe. Eine Übertragung der Entscheidung auf Bezirksvertretung, Ausschüsse oder den Gemeindedirektor ist hier nicht statthaft (§ 28 GO NW). Der Rat, der mindestens alle zwei Monate zusammentritt (§ 31 Abs 1 Satz 3 GO NW), entscheidet grundsätzlich durch Mehrheitsbeschluß (§ 35 Abs 1 Satz 1 GO NW). Bei der Ausübung ihrer Tätigkeit sind die Ratsmitglieder verpflichtet, ausschließlich nach dem Gesetz und ihrer freien, nur durch Rücksicht auf das öffentliche Wohl bestimmten Überzeugung zu handeln; sie sind an Aufträge nicht gebunden (Grundsätze des freien Mandats, § 30 Abs 1 GO NW). Tatsächlich wird die Ausübung der Tätigkeit eines Ratsmitgliedes allerdings in nicht unbeträchtlichem Maße von partei- und fraktionspolitischen Rücksichtnahmen bestimmt. Der Gesetzgeber hat dieser Bedeutung des Fraktionswesens durch eine ausdrückliche Bestimmung in der Gemeindeordnung Rechnung getragen: Nach § 30 Abs 7 GO NW können sich Ratsmitglieder zu einer Fraktion zusammenschließen. Eine Fraktion muß mindestens aus zwei Ratsmitgliedern bestehen. Einzelheiten sind hierzu in der Ratsgeschäftsordnung zu regeln. Die Gemeinde kann den Fraktionen Zuschüsse zur Fraktionsarbeit gewähren. Geleitet werden die Sitzungen des Rates durch einen von der Vertretungskörperschaft aus ihrer Mitte gewählten – ehrenamtlichen – Vorsitzenden. Dieser – und nicht wie in den meisten anderen (Bundes-)Ländern der Hauptverwaltungsbeamte – trägt die Amtsbezeichnung „Bürgermeister" bzw in den kreisfreien Städten „Oberbürgermeister" (§ 27 Abs 2 GO NW). An Aufgaben sind nicht nur die mit dem Vorsitzenamt typischerweise verbundenen Funktionen (Einladung zu den Sitzungen, Sitzungsleitung, Handhabung der Ordnung und Ausübung des Hausrechts, Vertretung des Rates nach außen) übertragen, sondern zusätzlich eine Reihe von Kompetenzen, die in den meisten anderen (Bundes-)Ländern den Hauptverwaltungsbeamten obliegen. So ist dem Ratsvorsitzenden etwa das Recht übertragen, gemeinwohlwidrigen Ratsbeschlüssen zu widersprechen (§ 39 Abs 1 GO NW). Gemeinsam mit einem anderen Ratsmitglied kann er Dringlichkeitsentscheidungen fällen (§ 43 Abs 1 Satz 3 GO NW). Er ist ferner repräsentativer Vertreter der Gemeinde und ist in besonderem Maße in die Überwachung der Verwaltung durch den Rat eingeschaltet: Der Rat ist durch den Bürgermeister über alle wichtigen Angelegenheiten der Gemeindeverwaltung zu unterrichten. Zu diesem Zweck kann der Bürgermeister von dem Gemeindedirektor jederzeit Auskunft und Akteneinsicht über alle Gemeindeangelegenheiten verlangen (§ 40 Abs 1 GO NW). Der Bürgermeister ist auch Vorsitzender des Hauptausschusses, der in jeder Gemeinde gebildet werden muß und unter den Ratsausschüssen eine zentrale Stellung einnimmt. Insbesondere hat der Hauptausschuß die Arbeiten aller Ausschüsse aufeinander abzustimmen und im Rahmen der vom Rat festgelegten allgemeinen Richtlinien über die Planung der Verwaltungsaufgaben von besonderer Bedeutung zu entscheiden (§§ 43 Abs 1 Satz 1; 46 Abs 1 Satz 1 GO NW). Hauptverwaltungsbeamter ist der Gemeindedirektor, der – soweit er wie im Regelfall hauptamtlich tätig ist – vom Rat für eine Amtszeit von acht Jahren gewählt wird. Er führt in den kreisangehörigen Städten die Amtsbezeichnung „Stadtdirektor" und in kreisfreien Städten die Amtsbezeichnung „Oberstadtdirektor" (§ 47 Abs 4 GO NW). Die Väter der Gemeindeordnung hatten dem Gemeindedirektor ursprünglich eine derart untergeordnete Stellung zugedacht, daß sogar seine Eigenschaft als eigenständiges Gemeindeorgan bezweifelt wurde. Erst durch das sog Freudenberger Urteil des Verfassungsgerichtshofes NW vom 21. August 1954 wurde seine Organqualität eindeutig geklärt. Gleichwohl ist die Aufgabenausstattung des Gemeindedirektors im Vergleich zu derjenigen des Hauptverwaltungsbeamten anderer (Bundes-)Länder als schwach zu bezeichnen. Dies zeigt sich etwa daran, daß ihm die laufende Verwaltung nicht eindeutig als eigener Aufgabenkreis übertragen ist, sondern nur „einfache Geschäfte" der laufenden Verwaltung im Namen des Rates auf den Gemeindedirektor übertragen „gelten" (fingierte Delegation). Der Rat kann überdies einzelne Geschäfte oder Aufgabenkreise jederzeit wieder an sich ziehen (§ 28 Abs 3 GO NW). Der Gemeindedirektor ist weiter gesetzlicher Vertreter der Gemeinde, bereitet die Ratsbeschlüsse vor und führt sie aus und erledigt die sonstigen ihm gesetzlich oder durch den Rat übertragenen Angelegenheiten (§§ 47; 58 Abs 1 GO NW). Innerhalb des Verwaltungsapparates der Gemeinde ist er monokratischer Leiter: Er leitet und verteilt die Geschäfte. Der Rat kann allerdings den Geschäftskreis der Beigeordneten festlegen (§ 53 Abs 1 GO NW). Beigeordnete sind weitere, den Weisungen des Gemeindedirektors unterworfene Wahlbeamte, die grundsätzlich die gleiche Rechtsstellung wie der Gemeindedirektor haben und ebenfalls regelmäßig hauptamtlich tätig sind. Der Gemeindedirektor ist verpflichtet, zur Wahrung der Einheitlichkeit der Verwaltungsführung mit ihnen regelmäßig gemeinsame Besprechungen durchzuführen (§ 52 GO NW). Das Amt des Gemeindedirektors war ursprünglich so konzipiert, daß ihm eine politische Entscheidungsfunktion nicht zukommen sollte. Der Gemeindedirektor sollte vielmehr (ebenso wie die Beigeordneten) ein parteipolitisch neutraler Fachbeamter sein. Die Praxis ist jedoch andere Wege gegangen: Die Ansiedlung des Hauptverwaltungsbeamten an einer Schnittstelle von Politik und Verwaltung hat dazu geführt, daß heute das „richtige" Parteibuch regelmäßig eine wichtige Qualifikationsvoraussetzung für das Amt ist. Der Gesetzgeber hat dieser politischen Dimension inzwischen dadurch Rechnung getragen, daß er die Möglichkeit einer vorzeitigen Abwahl von Gemeindedirektor und Beigeordneten durch den Rat mit Zweidrittelmehrheit eingeführt hat (§ 49 Abs 4 GO NW).

4. Bezirksgliederung

Als weitere Untergliederung der Gemeinden sehen §§ 13-13 d GO NW die Einrichtung von Stadtbezirken bzw Bezirken (Ortschaften) vor. Sie wurden nach der kommunalen Territorialreform eingeführt und waren auch als Kompensation für die mit der drastischen Reduzierung der Gemeindezahl verbundenen Halbierung der Zahl der kommunalen Mandatsträger gedacht. Stadtbezirke sind nach § 13 GO NW in den kreisfreien Städten einzurichten. In jedem Stadtbezirk ist eine Bezirksvertretung nach den gleichen Grundsätzen, nach denen die Ratswahl erfolgt, zu wählen. Den Bezirksvertretungen sind kleinere Aufgaben der Verwaltung des Stadtbezirks übertragen (Unterhaltung und Ausstattung von Schulen sowie bezirksbezogenen öffentlichen Einrichtungen); sie sind ferner bei wichtigen, die Stadtbezirke berührenden Angelegenheiten anzuhören (§ 13 b GO NW). In den Stadtbezirken sind ferner Bezirksverwaltungsstellen einzurichten, die Teile der Gesamtverwaltung sind und dem Oberstadtdirektor unterstehen. Bezirke oder Ortschaften können in kreisangehörigen Gemeinden eingerichtet werden. Für diese sind aber keine Bezirksvertretungen in unmittelbarer Wahl zu wählen, vielmehr sind vom Rat entweder Bezirksausschüsse zu bilden oder Ortsvorsteher zu wählen. In Gemeindebezirken mit Bezirksausschüssen können Bezirksverwaltungsstellen eingerichtet werden (§ 13 d GO NW).

III. Die Kreise

Oberhalb der Gemeindeebene ist Nordrhein-Westfalen in 31 (vor der Territorialreform: 57) Kreise eingeteilt. Diese weisen Einwohnerzahlen zwischen rund 652 300 (Kreis Recklinghausen) und 131 500 (Kreis Olpe) auf, ihre flächenmäßige Größe bewegt sich zwischen 1957 qkm (Hochsauerlandkreis) und 407 qkm (Kreis Mettmann). Die dichteste Besiedlung weist der Kreis Mettmann mit 1 227 Einwohnern je qkm auf, die am wenigsten dichte der Kreis Höxter mit 122.
Nach § 1 der Kreisordnung für das Land Nordrhein-Westfalen (KrO NW i d F der Bekanntmachung vom 13. August 1984, GV NW S 497, zuletzt geändert durch Gesetz vom 16. Dezember 1992, GV NW S 561) verwalten die Kreise ihr Gebiet zum Besten der kreisangehörigen Gemeinden und ihrer Einwohner nach den Grundsätzen der gemeindlichen Selbstverwaltung. Die Kreise sind Gemeindeverbände und Gebietskörperschaften. Das Gebiet des Kreises bildet zugleich den Bezirk der unteren staatlichen Verwaltungsbehörde. § 2 Abs 1

KrO NW sieht – vorbehaltlich einer anderweitigen gesetzlichen Regelung – für die Kreise eine ausschließliche und eigenverantwortliche Trägerschaft für die überörtlichen Angelegenheiten vor, d h Aufgaben, die sich örtlich nicht ausreichend erledigen lassen. Solche Aufgaben liegen vornehmlich dann vor, wenn sie für das ganze Kreisgebiet oder einen Teil des Kreisgebiets, der mindestens aus zwei Gemeinden besteht, erfüllt werden müssen. Allerdings ist in diesem Zusammenhang § 2 Abs 1 Satz 3 KrO NW zu beachten, wonach mehrere Gemeinden überörtliche, auf ihr Gebiet begrenzte Aufgaben im Wege der interkommunalen Zusammenarbeit durchführen können (vgl dazu unten sub IV). Hinsichtlich der Arten der von den Kreisen wahrzunehmenden Aufgaben gilt zunächst das gleiche wie für die Gemeindeebene. Zu unterscheiden ist also zwischen (freiwilligen und pflichtigen) Selbstverwaltungsangelegenheiten und Pflichtaufgaben zur Erfüllung nach Weisung. Darüber hinaus werden durch den Oberkreisdirektor (teilweise unter Mitwirkung des Kreisausschusses) die Aufgaben der unteren staatlichen Verwaltungsbehörde wahrgenommen (§§ 47 ff KrO NW). Das Land bedient sich in diesen Fällen der genannten Organe des Kreises zur Erfüllung eigener Aufgaben. Allgemein unterstehen die Kreise der Aufsicht durch den Regierungspräsidenten (§ 46 Abs 1 Satz 1 KrO NW).
Die Kreisverfassung orientiert sich wie die Gemeindeverfassung an dem englisch beeinflußten Direktorialsystem, d h Kreisorgane sind zunächst der Kreistag und der Oberkreisdirektor, zu denen allerdings der Kreisausschuß als weiteres Organ tritt (§ 6 KrO NW). Der Kreistag besteht aus den Bürgern der kreisangehörigen Gemeinden in allgemeiner, unmittelbarer, freier, gleicher und geheimer Wahl auf die Dauer von fünf Jahren gewählten Kreistagsabgeordneten (§§ 19, 21 KrO NW). Die Amtsbezeichnung „Landrat" ist nicht den Hauptverwaltungsbeamten, sondern den ehrenamtlichen Kreistagsvorsitzenden vorbehalten, der zugleich repräsentativer Vertreter des Kreises ist. Wie dem Rat auf Gemeindeebene ist dem Kreistag eine Reihe besonders wichtiger Zuständigkeiten vorbehalten (§ 20 KrO NW). Zur Vorbereitung seiner Beschlüsse und zur Überwachung bestimmter Verwaltungsangelegenheiten kann der Kreistag Ausschüsse bilden (§ 32 KrO NW). Der Kreisausschuß besteht aus dem Landrat als Vorsitzendem und zwischen acht und sechzehn weiteren vom Kreistag aus seiner Mitte gewählten Mitgliedern (§ 35 KrO NW). Er hat zum einen eine Reihe von Aufgaben, die auf der Gemeindeebene dem Hauptausschuß obliegen. Zum anderen hat er aber zusätzlich originäre Kompetenzen, die ihm den Status eines eigenständigen Kreisorgans verleihen: So beschließt er über alle Angelegenheiten, soweit sie nicht dem Kreistag vorbehalten sind und soweit es sich nicht um Geschäfte der laufenden Verwaltung handelt. Er hat insbesondere die Beschlüsse des Kreistags vorzubereiten und die Geschäftsführung des Oberkreisdirektors zu überwachen (§ 34 KrO NW). Der Oberkreisdirektor als

Hauptverwaltungsbeamter des Kreises hat im wesentlichen eine dem Gemeindedirektor entsprechende Rechtsstellung. In der Aufgabenausstattung ist er allerdings gegenüber dem Gemeindedirektor privilegiert. Insbesondere ist ihm die Führung der Geschäfte der laufenden Verwaltung als originäre Organkompetenz und nicht lediglich im Wege der fingierten Delegation mit Rückholrecht der Vertretungskörperschaft übertragen (vgl näher §§ 37 ff KrO NW).

IV. Interkommunale Zusammenarbeit

Zu den schon tradierten Ausdrucksformen kommunaler Selbstverwaltung gehört die interkommunale Zusammenarbeit. Sie dient der Bewältigung von Aufgaben, die über die Verwaltungskraft der einzelnen Kommune hinausgehen oder die einfacher, billiger und besser im Verbund mehrerer Kommunen wahrgenommen werden können. Bekannteste Form der interkommunalen Zusammenarbeit ist der Zweckverband, eine Organisationsform, die bereits dem preußischen Rechtskreis geläufig war. Das Recht der Kommunen zur Bildung von bzw zur Beteiligung an Zweckverbänden gehört zum historisch gewachsenen Kern der Erscheinungsformen kommunaler Selbstverwaltung und ist durch die Selbstverwaltungsgarantie (Organisationshoheit) verfassungsrechtlich geschützt.

Einzelheiten über die Bildung von Zweckverbänden enthält das Gesetz über kommunale Gemeinschaftsarbeit (GkG, i d F der Bekanntmachung vom 1. Oktober 1979, GV NW S 621, zuletzt geändert durch Gesetz vom 26. Juni 1984, GV NW S 362). Danach können sich Gemeinden und Gemeindeverbände zu Zweckverbänden zusammenschließen, um einzelne Aufgaben, zu deren Wahrnehmung sie berechtigt oder verpflichtet sind, gemeinsam zu erfüllen (Freiverband); für Pflichtaufgaben können sie auch zusammengeschlossen werden (Pflichtverband). Neben Gemeinden und Gemeindeverbänden können im Regelfall auch andere Körperschaften, Anstalten und Stiftungen des öffentlichen Rechts Mitglieder eines Zweckverbandes sein. Soweit Gründe des öffentlichen Wohls nicht entgegenstehen, ist auch eine Mitgliedschaft von natürlichen Personen oder juristischen Personen des Privatrechts möglich (§ 4 GkG). Die Zweckverbände sind Gemeindeverbände und Körperschaften des öffentlichen Rechts, die ihre Angelegenheiten im Rahmen der Gesetze unter eigener Verantwortung verwalten (§ 5 GkG). Sie haben das Recht, Beamte zu ernennen. Organe des Zweckverbandes sind die aus den Vertretern der Verbandsmitglieder bestehende Verbandsversammlung und der von ihr dieser aus dem Kreise der Hauptverwaltungsbeamten der zum Zweckverband gehörenden Kommunen gewählte Verbandsvorsteher (§§ 14-16 GkG). Im übrigen sind die Rechtsverhältnisse des Zweckverbandes durch die Verbandssatzung geregelt (§§ 7, 9 GkG).

Als weitere Formen der interkommunalen Zusammenarbeit regelt das GkG die kommunale Arbeits-

gemeinschaft sowie die öffentlich-rechtliche Vereinbarung.

V. Kommunalverband Ruhrgebiet

Der Kommunalverband Ruhrgebiet ist eine aus elf kreisfreien Städten und vier Landkreisen bestehende öffentlich-rechtliche Körperschaft mit dem Recht der Selbstverwaltung durch die gewählten Organe. Er ist aus dem durch preußisches Gesetz vom 5. Mai 1920 institutionalisierten Siedlungsverband Ruhrkohlenbezirk hervorgegangen und hat seine jetzige Gestalt durch das Zweite Gesetz zur Funktionalreform vom 18. September 1979 (GV NW S 552) erhalten. Seine Verfassung ist in dem Gesetz über den Kommunalverband Ruhrgebiet (i d F der Bekanntmachung vom 27. August 1984, GV NW S 538) geregelt. Von seiner Organisationsstruktur her läßt er sich als sondergesetzlicher Zweckverband für interkommunale Zusammenarbeit im Ruhrgebiet bezeichnen. Seine Aufgaben liegen in der Sicherung von Grün-, Wasser-, Wald- und sonstigen von der Bebauung freizuhaltenden Flächen mit überörtlicher Bedeutung für die Erholung und Erhaltung eines ausgewogenen Naturhaushaltes nebst Führung eines Verbandsverzeichnisses, in der Beteiligung an der Errichtung und dem Betrieb von öffentlichen Freizeitanlagen mit überörtlicher Bedeutung, in der Öffentlichkeitsarbeit für das Verbandsgebiet sowie der Durchführung von vermessungstechnischen und kartografischen Arbeiten für das Verbandsgebiet. Auf Antrag können ihm weitere Aufgaben u a in den Bereichen Abfallbeseitigung, Landschaftsplanung, Landschaftspflege und Naturschutz übertragen werden. Organe des Kommunalverbandes sind die mittelbar gewählte Verbandsversammlung, der Verbandsausschuß und der die laufenden Verwaltungsgeschäfte führende Verbandsdirektor. Seine Aufgaben finanziert der Verband durch eine Verbandsumlage sowie durch Sonderumlagen für einzelne von den einzelnen Mitgliedern auf Antrag übernommene Aufgaben.

VI. Die Landschaftsverbände

Zu den sog höheren Gemeindeverbänden zählen die Landschaftsverbände Westfalen-Lippe und Rheinland. Höhere Gemeindeverbände, die Vorläufer etwa in den preußischen Provinzialverbänden haben, nehmen traditionell vor allem Aufgaben im kulturellen und sozialen Bereich wahr. Ihr Vorhandensein und damit die Verankerung von Selbstverwaltungskörpern auch in der Region ist Zeugnis von besonderem staatlichen Respekt gegenüber dem Selbstverwaltungsgedanken. Rechtsgrundlage für die nordrhein-westfälischen Landschaftsverbände ist die Landschaftsverbandsordnung für das Land Nordrhein-Westfalen i d F der Bekanntmachung vom 27. August 1984 (GV NW S 544), geändert durch das Rechtsbereinigungsgesetz 1987 (GV NW S 345). Danach sind die Landschaftsverbände als höhere Gemeindeverbände Körperschaften des öffentlichen Rechts mit dem Recht der Selbstverwaltung durch ihre gewählten Organe.

Mitglieder sind die Kreise und die kreisfreien Städte
der früheren Rheinprovinz bzw der früheren Provinz Westfalen und des früheren Landes Lippe.
Rechtlich umstritten ist die Frage, ob den Land-
schaftsverbänden die Eigenschaft von Gebietskörperschaften zukommt. Die Landschaftsverbände
haben einen Gebietsumfang von 21 405 qkm (Westfalen-Lippe) bzw von 12 651 qkm (Rheinland), ihre
Einwohnerzahl beträgt ca 8,3 Mio (Westfalen-Lippe) bzw ca 9,3 Mio (Rheinland). Ihre Aufgaben
liegen in den Bereichen Gesundheit, Soziales (u a
überörtliche Träger der Sozialhilfe) und Jugendhilfe, Straßenwesen, landschaftliche Kulturpflege,
Kommunalwirtschaft und weiteren kommunalen
Ergänzungsaufgaben. Die Kommunalverfassung
wird durch das Zusammenwirken der drei Organe
Landschaftsversammlung, Landschaftsausschuß
und Direktor des Landschaftsverbandes charakterisiert. Die Mitglieder der Landschaftsversammlung,
die vor allem für die grundsätzlichen Angelegenheiten zuständig sind, werden von den Kreistagen und
den Räten der kreisfreien Städte, also mittelbar,
gewählt. Zentrales politisches Beschlußorgan für
alle nicht der Landschaftsversammlung vorbehalte-
nen Angelegenheiten ist der aus dem Vorsitzenden
der Landschaftsversammlung als Vorsitzenden und
weiteren höchstens 16 Mitgliedern der Landschaftsversammlung bestehende Landschaftsausschuß.
Vorbereitet und ausgeführt werden seine Beschlüsse durch den Direktor des Landschaftsverbandes,
der im übrigen die Geschäfte der laufenden Verwaltung zu führen hat. Der Direktor hat hinsichtlich
seiner Wahl, Amtszeit und Abberufbarkeit eine ähnliche Rechtstellung wie der Oberkreisdirektor. Finanziert wird die Tätigkeit der Landschaftsverbände vor allem durch eine von den Mitgliedern zu
erhebende Verbandsumlage und Schlüsselzuwei-
sungen. Probleme wirft hier das zunehmende Aus-
einanderklaffen der Schere zwischen Einnahmen
und Ausgaben für soziale Leistungen auf.

I Landschaftsverband Rheinland

Zentralverwaltung
50679 Köln, Landeshaus, Kennedy-Ufer 2;
F (02 21) 8 09-0; Telefax (02 21) 8 09 - 22 00

Staatsrechtliche Grundlage:
Landschaftsverbandsordnung für das Land Nordrhein-Westfalen in der Fassung der Bekanntmachung vom 27. August 1984 – GV NW Seite 544, zuletzt geändert durch Art 11 des Rechtsbereinigungsgesetzes 1987 für das Land NW (GV NW Seite 345) – ; Hauptsatzung des Landschaftsverbandes Rheinland vom 20. Dezember 1979 – GV NW 1980 Seite 60 – , zuletzt geändert durch Beschluß der Landschaftsversammlung vom 26. September 1991 – GV NW Seite 377 – Geschäftsordnung der Landschaftsversammlung des Landschaftsverbandes Rheinland und ihrer Ausschüsse vom 15. Dezember 1986, zuletzt geändert durch Beschluß der Landschaftsversammlung vom 26. September 1991,

Landschaftsversammlung: 136 Mitglieder (61 SPD, 53 CDU, 11 GRÜNE, 10 F.D.P., 1 DIE BÜRGER
Vorsitzender: Dr Jürgen Wilhelm

Direktor des Landschaftsverbandes: Dr Dieter Fuchs LDir
Allgemeiner Vertreter: Ferdinand Esser Erster LR

02 Rechnungsprüfungsamt
Leitung: Bernhard Vosen LtdLVwDir

03 Pressestelle
Leitung: Klaus Jacobi

05 Gleichstellungsstelle
Leitung: Verena Mäckle-Schäfer

06 Landschaftsbüro, Büro Vorsitzender der Landschaftsversammlung
Leitung: Barbara Eichhorn-Thiel LOARätin

07 Geschäftsstelle der Beschwerdekommission der Landschaftsversammlung Rheinland
Leitung: Andrea Christiane Schoch LOVwRätin

Dezernat 1 Allgemeine Verwaltung, Personal
Leitung: Udo Molsberger LR

1100: **Hauptamt** Eickmann LtdLVwDir
1300: **Amt für Datenverarbeitung** Göhring LtdLVwDir

Dezernat 2 Finanzen, Wirtschaft, Hochbau
Leitung: Ferdinand Esser 1. LR

2100: **Kämmerei** Kamphausen LtdLVwDir
2200: **Kasse** Hitz LVwDir
2300: **Amt für Liegenschaften, Verdingungs- und Vertragswesen** Fritsch LtdLVwDir
2700: **Hochbauamt** NN

Dezernat 3 Personal, Versorgungskasse
Leitung: Karl Bechtel LR

3/0400: **Rheinische Versorgungskasse** Bechtel LR
3/0410: **Verwaltung, Haushalt, Vermögen** Boos LtdLVwDir
3/0420: **Versorgungskasse/Versorgung nach dem G 131** Riegermann LtdLVwDir
3/0430: **Zusatzversorgungskasse** Bossmann LVwDirektorin
3/1200: **Personalamt** Adam LtdLVwDir
3/1400: **Rechts- und Versicherungsamt** Gartmann LtdLVwDir

Dezernat 4 Jugendwohlfahrt, Schulen
Leitung: Reinhard Elzer LR

4100: **Amt für Verwaltung und Schulen** Pütz LtdLVwDir
4200: **Amt für Kinder und Familie** Dipl-Psychologin Dahmer
4300: **Amt für Jugendämter, Jugendarbeit, Jugendsozialarbeit** Schulz LVwDir

Dezernat 5 Straßen und Verkehrswesen
Leitung: Karl-Heinz Heyde LR

5100: **Amt für Straßenverwaltung und kommunales Verkehrswesen** Hastenrath LtdLVwDir
5200: **Amt für Planung** Helmdach LtdLBauDir
5300: **Amt für Straßen-, Brücken- und Tunnelbau** Bonn LtdLBauDir
5400: **Amt für Betrieb und Verkehr** Frauboes LtdLBauDir
5500: **Amt für Grunderwerb und Vermessung** Goessing LVmDir

Dezernat 7 Hauptfürsorgestelle, Sozialhilfe
Leitung: Dr Helga Henke-Berndt LRätin

6100: **Rheinische Hauptfürsorgestelle** Schmidt LtdLVwDir
7100: **Sozialverwaltungsamt** Heister LVwDir
7200: **Landessozialamt Rheinland** Roßbroich LtdLVwDir

Dezernat 8 Gesundheitspflege, Rheinische Heilpädagogische Heime
Leitung: Rainer Kukla LR

8100: **Amt für Kliniken** Reimer LtdLVwDir
8300: **Aus-, Fort- und Weiterbildungsangelegenheiten der Landeskliniken, Weiterbildungsstätte für Krankenpflege in der Psychiatrie** Dr Waniek LtdLVwDir
8400: **Amt für Planung und Förderung** Dipl-Kfm Hoffmanns
8500: **Amt Rheinische Heilpädagogische Heime** Tietjen Ang

Dezernat 9 Landschaftliche Kulturpflege, Umweltschutz
Leitung: Dr Gert Schönfeld LR

9100: **Kulturamt** von Osterhausen LtdLVwDir
9200: **Umweltamt** Attermeyer LBauDir

Jugendwohlfahrt, Schulen

Rheinische Jugendheime

Halfeshof
42651 Solingen, Meigener Str; F (02 12) 40 07

Erlenhof
53879 Euskirchen, Kölner Str 250, F (0 22 51) 70 08

Rheinischer Wohngruppen- und Ausbildungsverbund Fichtenhain
47807 Krefeld, Anrather Str 308; F (0 21 51) 83 97-0

Abtshof
53773 Hennef, Schulstr 38; F (0 22 42) 50 36

Rheinische Erziehungsgruppen Grefrath-Oedt
47929 Grefrath, Johannes-Girmes-Str 30; F (0 21 58) 50 16

Rheinisches Jugendheim Steinberg (Mädchenheim)
42855 Remscheid, Steinstr 21; F (0 21 91) 2 98 71

Jugendhof Rheinland
53639 Königswinter, Bergstr; F (0 22 23) 2 20 46

Rheinische Schulen

Rheinische Schulen für Gehörlose (Sonderschulen)

52072 Aachen, Vetschauer Str 16-18; F (02 41) 17 10 71

45139 Essen, Franz-Arens-Str 1; F (02 01) 28 57 81

53879 Euskirchen, Eifelring 16-18; F (0 22 51) 82 80

50931 Köln, Gronewaldstr 1; F (02 21) 40 28 88

40625 Düsseldorf, Am großen Dern 10; F (02 11) 28 20 52

Rheinische Schule für Blinde (Sonderschule)
52353 Düren, Meckerstr 1-3; F (0 24 21) 49 87 11

Rheinische Schulen für Sehbehinderte (Sonderschulen)
52072 Aachen, Vetschauer Str 16-18; F (02 41) 17 25 75

40599 Düsseldorf, Lärchenweg 23; F (02 11) 74 10 63

47053 Duisburg, Johanniter Str 103-105; F (02 03) 66 00 31

50676 Köln, Weberstr 37-43; F (02 21) 23 87 22

Rheinische Schulen für Schwerhörige (Sonderschulen)
40625 Düsseldorf, Gräulinger Str 103; F (02 11) 28 20 51

47839 Krefeld, Lobbericherstr 18-20; F (0 21 51) 7 38 31

45359 Essen, Tonstr 25; F (02 01) 6 94 55

50676 Köln, Georgstr 9-13, F (02 21) 23 18 33

46483 Wesel, Brüner Tor-Platz 1; F (02 81) 2 80 05

Rheinische Schulen für Körperbehinderte (Sonderschulen)
47551 Bedburg-Hau, Am alten Park 8; F (0 28 21) 63 23

47166 Duisburg, Kalthoffstr 20; F (02 03) 58 00 15

47802 Krefeld, Luiter Weg 6; F (0 21 51) 56 21 11

42799 Leichlingen, Neukirchner Str 60; F (0 21 75) 20 91

42281 Wuppertal, Melanchthonstr 11; F (02 02) 50 00 19

50933 Köln, Belvederestr 149; F (02 21) 49 31 31

50933 Köln, Alter Militärringstr 96; F (02 21) 49 10 28

52066 Aachen, Kalverbenden 89-91; F (02 41) 6 10 11

40225 Düsseldorf, Brinckmannstr 8-10; F (02 11) 31 20 66

53119 Bonn, Waldenburger Ring; F (02 28) 66 40 21

51503 Rösrath, Paffrather Weg 11; F (0 22 05) 50 65

50259 Pulheim, Helmholtzstr; F (0 22 34) 8 20 58

53757 Sankt Augustin, Arnold-Janssen-Str 25a; F (0 22 41) 2 70 31

53881 Euskirchen, Rheinstr 45; F (0 22 51) 5 19 80

51674 Wiehl, Hömeler Weg; F (0 22 62) 12 73

45141 Essen, Helen-Keller-Str 6; F (02 01) 3 17 81

41066 Mönchengladbach, Engelblecker Str 55; F (0 21 61) 66 36 27

Rheinische Schulen für Sprachbehinderte (Sonderschulen)
51061 Köln, Am Feldrain 10; F (02 21) 66 36 15

40625 Düsseldorf, Gräulinger Str 110; F (02 11) 28 10 41

45139 Essen, Franz-Arensstr 1; F (02 01) 27 22 28

52223 Stolberg, Sperberweg 1; F (0 24 02) 2 87 99

Rheinisch-Westfälische Schule für Hörgeschädigte (Sonderschule)
45144 Essen, Kerckhoffstr 100; F (02 01) 75 55 61

Rheinische Schule für Kranke (Sonderschule)
41749 Viersen, Horionstr 14, F (0 21 62) 67 14 22

Straßen und Verkehrswesen

Rheinische Straßenbauämter

52066 Aachen, Karl-Marx-Allee 220; F (02 41) 45 81
Leitung: Joachim Beck LtdLBauDir

53127 Bonn, Villemombler Str 159; F (02 28) 91 84-0
Leitung: Wrobel LtdLBauDir

40227 Düsseldorf, Bertha-von-Suttner-Platz 3; F (02 11) 7 70 50; Telefax (02 11) 7 70 52 33
Leitung: NN

53879 Euskirchen, Jülicher Ring 101-103; F (0 22 51) 7 96-0
Leitung: NN

51643 Gummersbach, Albert Str 22; F (0 22 61) 8 91
Leitung: Friedrich Irrgang LtdLBauDir

51105 Köln, Am Grauen Stein 33; F (02 21) 83 97-0; Telefax (02 21) 8 39 75 86
Leitung: Gerhard Josten LtdLBauDir

41065 Mönchengladbach, Breitenbachstr 90; F (0 21 61) 40 90
Leitung: Arend LtdLBauDir

46483 Wesel, Schillstr 46; F (02 81) 10 81
Leitung: Horst Schroeder LtdLBauDir

Rheinische Autobahnämter

45131 Essen, Henri-Dunant-Str 9; F (02 01) 7 29 81
Leitung: Theodor Stenner LtdLBauDir

51105 Köln, Am Grauen Stein 33; F (02 21) 83 97-1; Telefax (02 21) 83 97-6 16
Leitung: Walter Bollè LtdLBauDir

47799 Krefeld, Grenzstr 140; F (0 21 51) 58 60
Leitung: Karl Friedrichs LtdLBauDir

Gesundheitspflege, Heilpädagogische Heime

Rheinische Sozialpflegerische Fachschulen
40625 Düsseldorf, Am Großen Dern 10; F (02 11) 28 20 41

Rheinische Heilpädagogische Heime

53225 Bonn-Beuel, Stiftstr 77; F (02 28) 40 09 90

52353 Düren, Meckerstr 15; F (0 24 21) 40-0

40629 Düsseldorf, Bergische Landstr 2; F (02 11) 28 01-1

40764 Langenfeld, Kölner Str 82; F (0 21 73) 10 21

47551 Bedburg-Hau, Schmelenheide 1; F (0 28 21) 8 11

41749 Viersen, Dornbuscher Weg 10; F (0 21 62) 96-32

Haus Aggerblick
51491 Overath, Marialindener Str 25; F (0 22 06) 22 47

Rheinisches Gehörlosenheim
53879 Euskirchen, Eifelring 16-18; F (0 22 51) 8 28-0

Landschaftliche Kulturpflege

Rheinisches Amt für Denkmalpflege
50259 Pulheim, Ehrenfriedstr 19; F (0 22 34) 8 05-1
Landeskonservator: Prof Dr Udo Mainzer

Rheinisches Amt für Bodendenkmalpflege
53115 Bonn, Endenicher Str 133; F (02 28) 98 34-0
Leitung: Dr Harald Koschik LtdLVwDir

Rheinisches Landesmuseum Bonn
53115 Bonn, Colmantstr 14-16; F (02 28) 72 94-1
Direktor: Dr Hartwig Lüdtke LMusDir

Rheinisches Museumsamt – Abtei Brauweiler
50259 Pulheim, Ehrenfriedstr 19; F (0 22 34) 80 51
Leitung: Dr Alfons Biermann LtdLVwDir

Amt für rheinische Landeskunde
53113 Bonn, Endenicher Str 133; F (02 28) 98 34-0
Leitung: Dr Fritz Langensiepen LtdLVwDir

Archivberatungsstelle Rheinland
50259 Pulheim, Ehrenfriedstr 19; F (0 22 34) 80 51
Leitung: Dr Kurt Schmitz LtdLArchDir

Rheinisches Freilichtmuseum Kommern – Landesmuseum für Volkskunde –
53894 Mechernich, Auf dem Kahlenbusch; F (0 24 43) 50 51; Telefax (0 24 43) 55 72
Direktor: Dr Dieter Pesch

Landesbildstelle Rheinland
40479 Düsseldorf, Prinz-Georg-Str 80; F (02 11) 8 99-1; Telefax (02 11) 48 44 76
Leitung: Dr Lutz-Eugen Reutter

Abtei Brauweiler
50259 Pulheim, Ehrenfriedstr 19; F (0 22 34) 80 51
Leitung: Wolfgang Westkamp LVwR

Bergisches Freilichtmuseum – Regionalmuseum für Bäuerliche und Handwerkliche Kultur und Ökologie –
51789 Lindlar, Pollerhofstr 19; F (0 22 66) 33 14
Leitung: Hans Haas LBauDir

Rheinisches Industriemuseum – Museum für Industrie- und Sozialgeschichte -
46049 Oberhausen, Hansastr 18; F (02 08) 8 57 90
Leitung: Irene Haberland wissenschaftliche Referentin

Archäologischer Park/Regionalmuseum Xanten
46509 Xanten, Trajanstr 4; F (0 28 01) 33 62
Leitung: Dr Gundolf Precht LtdLBauDir

Rheinischer Verein für Denkmalpflege und Landschaftsschutz
50679 Köln, Düppelstr 9-11; F (02 21) 8 09-28 04 und 28 05
Leitung: Dr Werner Jäger LtdLVwDir

Stiftung Scheibler Museum – Rotes Haus Monschau –
52156 Monschau, Laufenstr 10; F (0 24 72) 50 71
Geschäftsführer: Horst Melcher LVwDir

Wirtschaftlich und organisatorisch eigenständige wie ein Eigenbetrieb geführte Einrichtungen des Landschaftsverbandes Rheinland:

Rheinische Landeskliniken

47551 Bedburg-Hau, Schmelenheide 1; F (0 28 21) 8 11; Telefax (0 28 21) 68 29
Abteilungsärzte: Dr Alexander Eckert; Dr Elmar Spancken
Leiter des Wirtschafts- und Verwaltungsdienstes: Jürgen Bongers

53111 Bonn, Kaiser-Karl-Ring 20; F (02 28) 55 11; Telefax (02 28) 5 51 27 20
Leitender Arzt: Dr Thilo Held
Leiter des Wirtschafts- und Verwaltungsdienstes: Michael Lindgens

52353 Düren, Meckerstr 15; F (0 24 21) 40-0; Telefax (0 24 21) 40 22 95
Leitender Arzt: Dr Erhard Knauer
Leiter des Wirtschafts- und Verwaltungsdienstes: Hans-Dieter Guthof

zugleich Universitätsklinik für Psychiatrie und Psychotherapie
40629 Düsseldorf, Bergische Landstr 2; F (02 11) 2 80 11; Telefax (02 11) 297 628
Leitender Arzt: Prof Dr Wolfgang Gaebel
Leiter des Wirtschafts- und Verwaltungsdienstes: Dietmar Mai

51109 Köln, Wilhelm-Griesinger-Str 23; F (02 21) 8 99 31; Telefax (02 21) 89 76 64
Leitender Arzt: Dr Peter Mehne
Leiter des Wirtschafts- und Verwaltungsdienstes: Gerhard Hauser

40764 Langenfeld, Kölner Str 82; F (0 21 73) 1 02-0; Telefax (0 21 73) 1 02-19 90
Leitender Arzt: Dr Matthias Leipert
Leiter des Wirtschafts- und Verwaltungsdienstes: Holger Höhmann

41239 Mönchengladbach, Heinrich-Pesch-Str 39-41; F (0 21 66) 61 80; Telefax (0 21 66) 61 82 25
Leitender Arzt: Dr Ralf Seidel
Leiterin des Wirtschafts- und Verwaltungsdienstes: Luitgard Lemmer

41749 Viersen, Johannisstr 70; F (0 21 62) 67 11; Telefax (0 21 62) 8 06 42
Leitender Arzt: Dr Rainer Pöppe
Leiter des Wirtschafts- und Verwaltungsdienstes: Gregor Müller

Rheinische Landes- und Hochschulklinik
Klinik für Allgemeine Psychiatrie
Klinik für Psychotherapie und Psychosomatik
Klinik für Kinder- und Jugendpsychiatrie
Institut für Forensische Psychiatrie
45147 Essen, Hufelandstr 55; F (02 01) 7 23-0; Telefax (02 01) 7 22 73 01
Leitender Arzt: Prof Dr Wolfgang Senf
Leiterin des Wirtschafts- und Verwaltungsdienstes: Jane-Elisabeth Splett

Rheinische Orthopädische Landesklinik
41749 Viersen, Horionstr 2; F (0 21 62) 9 66-0; Telefax (0 21 62) 67 13 27
Leitender Arzt: Prof Dr Jan Zilkens
Leiter des Wirtschafts- und Verwaltungsdienstes: Rüdiger Schulz

Eigenbetrieb des Landschaftsverbandes Rheinland:

Krankenhauszentralwäschereien des Landschaftsverbandes Rheinland
50259 Pulheim, Ehrenfriedstr 19; F (0 22 34) 80 51; Telefax (0 22 34) 80 52 94
Werkleitung: Werner Lütticke, Rudolf Heidger

II Landschaftsverband Westfalen-Lippe

48147 Münster, Landeshaus, Freiherr-vom-Stein-Platz 1; F (02 51) 59 10-1; Telefax (02 51) 5 91 - 33 00

Staatsrechtliche Grundlage:
Landschaftsverbandsordnung für das Land Nordrhein-Westfalen in der Fassung der Bekanntmachung vom 27. August 1984 (GV Nw 1984 Seite 544), zuletzt geändert durch Gesetz vom 6. Oktober 1987 (GV NW S 342)

Landschaftsversammlung:
124 Mitglieder (58 SPD, 49 CDU, 9 GRÜNE, 7 FDP, 1 fraktionslos)
Vorsitzende: Ursula Bolte
1. Stellvertreterin: Hildegard Schleithoff
2. Stellvertreter: Heinz-Georg Weber

Direktor des Landschaftsverbandes: Dr Manfred Scholle LDir
Allgemeiner Vertreter: Josef Sudbrock Erster LR
Persönliche Referentin des Direktors des Landschaftsverbandes, Angelegenheiten des Umweltausschusses: Witte

Dem Landschaftsausschuß unmittelbar verantwortlich:

Rechnungsprüfungsamt
Wagner

Dem Direktor des Landschaftsverbandes dezernatsmäßig vorbehalten:

Angelegenheit der Landschaftsversammlung, des Landschaftsausschusses und der Fachausschüsse Umbreit

Planungsstab Jung, **Vertretung des Landschaftsverbandes bei Kredit-, Versicherungs- und Versorgungsunternehmen** Dr Bakenecker; **Koordinationsstelle Umweltschutz** Witte; **Gleichstellungsstelle** Bolg; **Pressestelle** Tafertshofer; **Statistische Abteilung** Große Kleimann

Allgemeine Kommunalangelegenheiten, Kämmerei, Liegenschaftsabteilung, Hauptkasse, Wirtschaftspflege
Leiter: Josef Sudbrock Erster LR

Allgemeine Kommunalangelegenheiten, Angelegenheiten des Rechts- und Beschwerdeausschusses Dreyer; **Kämmerei** Dr Uthemann; **Haushalts-, Kassen- und Rechnungswesen** Liebig; **Pflegesatzangelegenheiten für fremde Einrichtungen** Ide; **Wirtschaftlichkeitsfragen, Pflegesatzangelegenheiten und Rechnungswesen der eigenen Krankenhäuser** Dr Rolf; **Liegenschaften** Westemeyer; **Hauptkasse** Schneider; **Wirtschaftspflege** Dr Bakenecker

Haupt- und Personalverwaltung
Leiter: Rainer John LR

Personalangelegenheiten der **Straßenbauverwaltung, Arbeitstechnischer und sicherheitstechnischer Dienst, Rechtsangelegenheiten, Beihilfen, Datenschutz, Behörden-Selbstschutz** Köpf; **Personalangelegenheiten der Krankenhäuser, Heime und Schulen** Sieg; **Grundsätzliche Angelegenheiten der Personalplanung und Personalentwicklung, Personalangelegenheiten der Hauptverwaltung und Kulturpflege, Fragen der Personalvertretung und Gleichstellung, Aus- und Fortbildung** Hemfort-Guenkababian; **Stellenplan, Stellenbewertung, Geschäftsverteilungspläne, Personalkosten, Gehaltsabrechnung** Kammann; **Verwaltungsorganisation, allgemeine Verwaltung, Einkauf, Wohnungsfürsorge** Duibjohann; **Datenzentrale** Rüffer

Hochbauabteilung
Leiter: Friedhelm Nolte LR

Allgemeine Bauverwaltung, Grundsatzfragen, Baukostenplanung, Ziel- und Bauleitplanung, Prüfung gem § 38 Kh-Bau-VO, **Baumaßnahmen fremder Träger im Rahmen der Bundes- und Landesförderung, Rechtsangelegenheiten** Scholz; **Planung und Durchführung von Hochbauten und Freianlagen, Aufgaben der unteren Bauaufsicht gem § 75 BauONW** Gaertner; **Planung und Durchführung von Hochbauten und Freianlagen, einschließlich der dazugehörigen tiefbautechnischen Anlagen, Aufgaben der unteren Bauaufsicht gem § 75 BauONW** Bartel; **Krankenhausstruktur- und Investitionsplanung, Planung und Durchführung von Hochbauten und Freianlagen im Krankenhausbereich, Aufgaben der unteren Bauaufsicht gem § 75 BauONW** Lechky; **Ver- und Entsorgungstechnik, Energiesparmaßnahmen, Elektrotechnik** Osthues; **Nachrichtentechnik** Fischer

Abteilung Straßenbauverwaltung
Leiter: Helmut August LR

Grundsatzfragen, Angelegenheiten des Straßen- und Hochbauausschusses, Leiterkonferenzen Pierzyna; **Planfeststellungsbehörde** Lendermann; **Allgemeine Verwaltung, Organisation, Personal** Hartmann; **Straßenverkehrssicherheit, Straßenverkehrstechnik, Straßenklassifizierung, Straßendatenbank, Lärmschutz, Verkehrsinformationssysteme** Rölleke; **Straßenunterhaltung, Infrastruktur, Straßenbetrieb** Kutter; **Hochbauten der Straßenbauverwaltung** Eilers; **Umwelt, Ökologie und Landschaftsplanung, Gestaltung des Straßenraumes in Ortsdurchfahrten, Landschaftsbau und Landschaftspflege, Verkehrsbauten anderer Baulastträger** Windhager; **Straßenplanung, Bauprogramme** Engelking; **Nachrichten-, Vermittlungs- und Übertragungstechnik** Koch; **Konstruktiver Ingenieurbau, Bauwerksunterhaltung** Dr Metzler; **Vermessung, Liegenschaftsnachweis** Schulze; **Straßenbautechnik, Baudurchführung, Vertrags- und Verdingungswesen** Hansen; **Finanzen, Recht, Anbau, Straßenbenutzung, Planung Dritter, Grunderwerb** Klare

Landesjugendamt
Leiter: Dr Dr Wolfgang Gernert LR

Allgemeine Rechts- und Koordinationsaufgaben, generelle Angelegenheiten der Jugendämter, Einrichtungen des Landesjugendamtes, Fortbildung, Öffentlichkeitsarbeit, Jugendhilfeplanung, Landesjugendpsychiater Greive; **Jugendarbeit, Jugendsozialarbeit, Jugendschutz, Mitteilungen des Jugendamtes** Stahl; **Schutz von Kindern in Tageseinrichtungen, Förderung der integrativen Erziehung in Regel- und Sonderkindergärten, Investitionen für Tageseinrichtungen für Kinder und Einrichtungen der Familien- und Jugendhilfe/-pflege** Dreier; **Schutz von Kindern und Jugendlichen in Einrichtungen mit ganztägiger Betreuung, Sport in Heimen, Pflegesatzangelegenheiten, Ausführung von Hilfen zur Erziehung nach Art 15 KJHG** Abel; **Zentrale Adoptionsstelle, Pflegekinderwesen, Hilfen zur Erziehung, Jugendgerichtshilfe, Förderung der Familienbildung und von Beratungsstellen, Kostenerstattung, Aufgaben nach dem Flüchtlingsaufnahmegesetz** Münning

Abteilung Sozialhilfe und Sonderschulen
Leiter: Erhard Bruch LR

Allgemeine Organisations- und Verwaltungsangelegenheiten, generelle Angelegenheiten der Sozialhilfe, allgemeine Angelegenheiten der überörtlichen Sozialhilfeverwaltung, Investitionen, Heimaufsicht nach dem Heimgesetz, Haushalts-, Kassen- und Rechnungswesen Prüning; **Sozialhilfe für Behinderte, für Deutsche im Ausland, Kostenerstattung Abschnitt 9 BSHG, Landesblindengeld** Walpert; **Widersprüche und Rechtsstreitigkeiten** Lange; **Landesarzt für Körperbehinderte** Dr Schüling; **Sonderschulen, Werkstätten und Wohnheime für Behinderte, Sonderkindergärten** Scharf

Hauptfürsorgestelle und Versorgungskassen
Leiter: Erich Stork LR

Kriegsopferfürsorge, Grundsatzfragen Jansing; **Kriegsopferfürsorge, Rechtsangelegenheiten** Andersen; **Grundsatzangelegenheiten, Koordinierung der Fachreferate, Rechtsgruppe, Schulungs- und Öffentlichkeitsarbeit, Fachdienst für Hörbehinderte und Sehbehinderte** Adloch; **Kündigungsschutz und begleitende Hilfen für Schwerbehinderte, Fachdienst für Suchtkranke** Seidel; **Technischer Beratungsdienst** Möllering; **Fachdienst für psychisch, geistig und Lernbehinderte** Dr Beule

Westfälisch-Lippische Versorgungskasse, Warendorfer Str 25

Beamtenversorgung, Satzung Pölling; **Haushalts-, Kassen und Rechnungswesen** Möller; **Beamtenversorgung, Verdrängtenversorgung, Dienstunfallfürsorge** Gosebruch;
Kommunale Zusatzversorgungskasse Westfalen-Lippe Dr Hengst

Abteilung Gesundheitswesen, Erholungs- und Heilfürsorge
Leiter: Dr Wolfgang Pittrich LR

Erholungs- und Heilfürsorge, Haushalts- und Rechnungswesen Dr Pittrich LR; **Medizinische Aufgaben** Bätz; **Aus- und Fortbildung der in der Drogenarbeit tätigen Therapeuten und Berater, Angelegenheiten der Suchtbekämpfung** Rometsch; **Angelegenheiten der psychiatrischen Gesamtversorgung in Westfalen-Lippe, Koordinierung der Referate in Grundsatzangelegenheiten** Dr Klein; **Rechtsangelegenheiten und Verwaltungsangelegenheiten, Angelegenheiten der Beschwerdekommission** Engler; **Krankenhausstrukturplanung und -objektplanung** Hilge; **Psychiatrische Evaluation** Dr Spöhring

Abteilung Kulturpflege
Leiter: Friedhelm Nolte LR

Westfälisches Museum für Archäologie – Amt für Bodendenkmalpflege –, Westfälisches Museum für Naturkunde, Westfälisches Freilichtmuseum Detmold, Westfälisches Institut für Regionalgeschichte, Westfälische Kommission für Landeskunde, Westfälisches Amt für Denkmalpflege, Westfälisches Archivamt, Landesbildstelle Westfalen, Rechtsangelegenheiten Brepohl; **Allgemeine Kulturpflege, Westfälisches Landesmuseum für Kunst und Kulturgeschichte, Kloster Dalheim, Schloß Cappenberg, Kulturelle Auslandsbeziehungen, Kulturpreise** Prof Dr Balzer; **Westfälisches Freilichtmuseum Hagen, Westfälisches Industriemuseum, Westfälisches Museumsamt, Theaterförderung, Mitgliedschaft des Lanschaftsverbandes im Zweckverband Weserrenaissance-Museum, Grundsatzfragen der Ausbildung von Restauratoren und Restauratorentechnikern** Socha; **Westfälisches Amt für Landes- und Baupflege, Biologisches Institut Metelen** Klotz; **Westfälisches Amt für Denkmalpflege** Dr Grunsky; **Landesbildstelle Westfalen** Dr Linke; **Westfälisches Amt für Landes- und Baupflege** Salzmann (Alter Steinweg 34); **Abteilung Landespflege** Dr Söhngen

Außenstellen des Westfälischen Amtes für Landespflege:

59821 Arnsberg, Königstr 44; F (0 29 31) 40 09 Tschöpe
32760 Detmold, Drostenkamp 28; F (0 52 31) 5 96 32 Westphal; **Abteilung Baupflege** Braun

Außendienststellen und Einrichtungen des Landschaftsverbandes Westfalen-Lippe:

Straßenbauverwaltung

Einrichtungen des Straßenbaues

Landesstraßenbauämter

33615 Bielefeld, Stapenhorststr 119; F (05 21) 10 82-0
Leiter: Wolfram Demnitz

48653 Coesfeld, Wahrkamp 30; F (0 25 41) 7 42-0
Leiter: Reinhard Niggemeier

58097 Hagen, Rheinstr 8; F (0 23 31) 80 02-0
Leiter: Horst Bremer

59872 Meschede, Lanfertsweg 2; F (02 91) 2 98-0
Leiter: Wilhelm Spickenbom

32425 Minden, Marienstr 124; F (05 71) 94 56-0
Leiter: Karl-Heinz Gerold

48147 Münster, Hörsterplatz 2; F (02 51) 59 1-04
Leiter: Botho Mechias

33098 Paderborn, Am Rippinger Weg 2; F (0 52 51) 6 92-0
Leiter: Gerhard Brenski

Westfälisches Straßenbauamt
57072 Siegen, Koblenzer Str 76; F (02 71) 33 72-0
Leiter: Siegfried Bomholt

Autobahnamt
59065 Hamm, Otto-Krafft-Platz 8; F (0 23 81) 9 12-0
Leiter: Jurgen Cirksena

Landesstraßen- und Autobahnamt
44791 Bochum, Harpener Hellweg 1; F (02 34) 95 52-0
Leiter: Wolfgang Plato

Straßenneubauämter

32760 Detmold, Drostenkamp 28; F (0 52 31) 5 63-0
Leiter: Horst Werner

45888 Gelsenkirchen, Wildenbruchplatz 7; F (02 09) 15 89-0
Leiter: NN

48143 Münster, Königsstr 46; F (02 51) 5 91-03
Leiter: Ludger Gieselmann

45659 Recklinghausen, Westring 51; F (0 23 61) 5 86-0
Leiter: Norbert Büscher

59494 Soest, Detmolder Str 7; F (0 29 21) 7 81-0
Leiter: Reiner Henneken

Prüfamt für Baugrund und Straßenbaustoffe
48167 Münster, Alersloher Weg 670; F (02 51) 96 17-0
Leiter: Hubert Lewe

Jugendhilfe

Einrichtungen der Jugendhilfe

Jugendhof Vlotho
Jugendbildungsstätte
32602 Vlotho, Oeynhausener Str 1; F (0 57 33) 50 63
Leiter: Dr Hilmar Peter

Westfälisches Heilpädagogisches Kinderheim Hamm
59071 Hamm, Heithofer Allee 64; F (0 23 81) 8 93-4 68
Leiter: Friedhelm Uthmeier

Westfälische Fachschule für Heilpädagogik des Landschaftsverbandes Westfalen-Lippe
59071 Hamm, Heithofer Allee 64; F (0 23 81) 8 93-4 41
Leiterin: Ingrid Dieckmann

Westfälische Fachschule für Sozialpädagogik Hamm
59071 Hamm, Heithofer Allee 64; F (0 23 81) 8 93-4 41
Leiterin: Ingrid Dieckmann

Westfälisches Jugendheim Dorsten
46284 Dorsten, Am Kreskenhof 31; F (0 23 62) 94 49-0
Leiter: Rainer Gött

Westfälisches Jugendheim Tecklenburg
49545 Tecklenburg, Sonnenwinkel 5; F (0 54 82) 66-0
Leiter: Dietbert Lipka

Krankenhäuser, Kliniken

Fachkrankenhäuser für Psychiatrie

Westfälisches Zentrum für Psychiatrie Bochum – Universitätsklinik –
44791 Bochum, Alexandrinenstr 1; F (02 34) 50 77-0
Leitender Arzt: Prof Dr Dr Theo Payk

Westfälische Klinik für Psychiatrie Dortmund Klinik an der Ruhr-Universität Bochum –
44287 Dortmund, Marsbruchstr 179; F (02 31) 45 03-01
Leitender Arzt: Prof Dr Paul L Janssen

Hans-Prinzhorn-Klinik – Westfälisches Fachkrankenhaus für Psychiatrie Frönspert-Hemer
58675 Hemer, Frönsberger Str 71; F (0 23 72) 8 61-0
Leitender Arzt: Dr Ulrich Trenckmann

Westfälisches Zentrum für Psychiatrie Herten
45699 Herten, Im Schloßpark 20; F (0 23 66) 8 02-0
Leitender Arzt: Dr Hartmut Dziewas

Westfälische Klinik für Psychiatrie Lippstadt
59556 Lippstadt, Eickelbornstr 19; F (0 29 45) 8 00-01
Leitender Arzt: Dr Eckhard Ahlert

Westfälische Klinik für Psychiatrie Marsberg
34431 Marsberg, Marktplatz 2; F (0 29 92) 6 01-01
Leitender Arzt: Dr Tilman Riehl

Westfälische Klinik für Psychiatrie Münster
48147 Münster, Friedrich-Wilhelm-Weber-Str 30; F (02 51) 5 91- 255
Leitender Arzt: Dr Eikelmann

Westfälische Klinik für Psychiatrie Paderborn – Akademisches Lehrkrankenhaus der Universität Münster –
33098 Paderborn, Agathastr 1; F (0 52 51) 2 95-0
Leitender Arzt: Dr Horst Sanner

Westfälische Klinik für Psychiatrie Warstein
59581 Warstein, Franz-Hegemann-Str 23;
F (0 29 02) 82-1
Leitender Arzt: Dr Rolf Beier

Fachkrankenhäuser für Psychiatrie und Neurologie

Westfälische Klinik für Psychiatrie, Psychosomatik und Neurologie Gütersloh
33334 Gütersloh, Hermann-Simon-Str 7;
F (0 52 41) 5 02-01
Leitender Arzt: Prof Dr Dr Klaus Dörner

Westfälische Klinik für Psychiatrie und Neurologie Lengerich
49525 Lengerich, Parkallee 10; F (0 54 81) 12-0
Leitender Arzt: Dr Andreas Crome

Langzeitkrankenhaus für Psychiatrie
Westfälische Klinik für Psychiatrie Benninghausen
59556 Lippstadt, Im Hofholz 6; F (0 29 45) 8 00-03
Leitender Arzt: Dr Peter Lasthaus

Langzeitkrankenhaus für geriatrische Psychiatrie
Westfälische Klinik für geriatrische Psychiatrie Geseke
59590 Geseke, Bachstr 43; F (0 29 42) 10 15
Leitender Arzt: Dr Horst Sanner

Fachkrankenhäuser für Kinder- und Jugendpsychiatrie

Westfälisches Institut für Jugendpsychiatrie und Heilpädagogik Hamm – Klinik für Kinder- und Jugendpsychiatrie
59071 Hamm, Heithofer Allee 64; F (0 23 81) 8 93-0
Leitender Arzt: Dr Claus Heinemann

Westfälische Klinik für Kinder- und Jugendpsychiatrie in der Haard
45770 Marl, Halterner Str 525; F (0 23 65) 8 02-0
Leitender Arzt: Dr Rainer Georg Siefen

St-Johannes-Stift Marsberg
–Westfälische Klinik für Kinder- und Jugendpsychiartie-
34431 Marsberg, Bredelarer Str 33; F (0 29 92) 6 08-0
Leitender Arzt: Dr Rainald Heipertz

Fachkrankenhäuser für Suchtkranke

Bernhard-Salzmann-Klinik
33334 Gütersloh, Im Füchtei 150; F (0 52 41) 5 02-02
Leitender Arzt: Dr Peter-Alexander Häegele

Westfälische Klinik Schloß Haldem
– Fachkrankenhaus für Suchtkranke –
32351 Stemwede, Haldem 201; F (0 54 74) 69-0
Leitender Arzt: Dr Klaus-Wilhelm Schmitz

Westfälische Klinik für die Behandlung von Suchtkrankheiten – Stillenberg –
59581 Warstein, Franz-Hegemann-Str 34;
F (0 29 02) 82-1
Leitender Arzt: Dr Hans-Wilhelm Hundt

Fachkrankenhaus für Forensische Psychiatrie

Westfälisches Zentrum für Forensische Psychiatrie Lippstadt
59556 Lippstadt, Eickelbornstr 21; F (0 29 45) 8 00-02
Leitender Arzt: Dr Heinfried Duncker

Therapiezentrum
Westfälisches Therapiezentrum Marsberg „Bilstein"
34431 Marsberg, Mühlenstr 26; F (0 29 92) 6 01-02
Leitender Arzt: Dr Wittmann

Schul- und Internatsverwaltungen, Sonderschulen

Schul- und Internatsverwaltungen

Bielefeld
33659 Bielefeld, Westkampweg 85; F (05 21) 4 04 29-0
Leiter: Otmar Johannknecht
Zuständigkeitsbereich: Westfälische Schulen für Körperbehinderte Bad Oeynhausen, Gehörlose Bielefeld, Sehbehinderte Bielefeld, Körperbehinderte Bielefeld, Schwerhörige Bielefeld, Sprachbehinderte Bielefeld, Körperbehinderte Oelde, Westfälischer Sonderkindergarten für Körperbehinderte Bielefeld und Westfälisches Schülerinternat Bielefeld

Bochum
44892 Bochum, Hauptstr 163; F (02 34) 92 17-0
Leiter: Franz Wilhelm Dircks
Zuständigkeitsbereich: Westfälische Schulen für Körperbehinderte Bochum, Schwerhörige Bochum, Sprachbehinderte Bochum, Sprachbehinderte Dorsten, Körperbehinderte Gelsenkirchen, Schwerhörige Gelsenkirchen, Sehbehinderte Gelsenkirchen, Körperbehinderte Herten

Dortmund
44265 Dortmund, Glückaufsegenstr 60; F (02 31) 7 75 95-0
Leiter: Andreas Schnell
Zuständigkeitsbereich: Westfälische Schulen für Gehörlose Dortmund, Körperbehinderte Dortmund, Sehbehinderte Dortmund, Sprachbehinderte Dortmund, Rheinisch-Westfälische Realschule für Hörgeschädigte Dortmund und Westfälisches Schülerinternat Dortmund

Münster
48159 Münster, Bröderichweg 35; F (02 51) 21 05-0
Leiter: Willy Westphal
Zuständigkeitsbereich: Westfälische Schulen für Körperbehinderte Mettingen, Gehörlose Münster, Körperbehinderte Münster, Schwerhörige Münster, Sehbehinderte Münster, Sprachbehinderte Münster und das Westfälische Schülerinternat Münster

Olpe
57462 Olpe, Bodelschwinghstr 13; F (0 27 61) 8 03-0
Leiter: Michael Gruß
Zuständigkeitsbereich: Westfälische Schulen für Körperbehinderte Hemer, Körperbehinderte Olpe, Sehbehinderte Olpe, Schwerhörige Wenden, Sprachbehinderte Wenden

Paderborn
33098 Paderborn, Leostr 1; F (0 52 51) 6 95-0
Leiterin: Christiane Meierotte
Zuständigkeitsbereich: Westfälische Schulen für Blinde Paderborn, Körperbehinderte Paderborn, Gehörlose Büren, Blindenheim Paderborn und Internat der Westfälischen Schule für Blinde Paderborn

Soest
59494 Soest, Hattroper Weg 57; F (0 29 21) 6 84-0
Leiterin: Helga Marx
Zuständigkeitsbereich: Westfälische Schule für Blinde Soest, Westfälische Berufsschule für Blinde und Sehbehinderte (Sonderschule der Sekundarstufe II) Soest, Berufsbildungswerk für Blinde und Sehbehinderte Soest, Wohnheim des Berufsbildungswerkes Soest, Westfälisches Schülerinternat Soest

Westfälische Schulen für Körperbehinderte

32549 Bad Oeynhausen, Heisenbergstr 1; F (0 57 31) 7 50 20

33659 Bielefeld, Westkampweg 81; F (05 21) 4 04 29-40

44892 Bochum, Hauptstr 157; F (02 34) 92 17-11

44287 Dortmund, Marsbruchstr 176; F (02 31) 45 03-8 22

45894 Gelsenkirchen, Lasthausstr 8; F (02 09) 93 05-12

58675 Hemer, Gustav-Reinhard-Str 1; F (0 23 72) 1 40 53

45701 Herten, Hofstr 26; F (0 23 66) 60 91

49497 Mettingen, Landrat-Schultz-Str 30; F (0 54 52) 40 71

48159 Münster, Bröderichweg 43; F (02 51) 21 05-1 81

59302 Oelde, Wibbeltstr 4; F (0 25 22) 6 08 11

57462 Olpe, Bodelschwinghstr 9; F (0 27 61) 8 03-1 11

33100 Paderborn, Steubenstr 20; F (0 52 51) 5 86 00

Westfälischer Sonderkindergarten für Körperbehinderte Bielefeld
33647 Bielefeld, Windelsbleicher Str 137; F (05 21) 40 31 05

Westfälische Schulen für Schwerhörige

33659 Bielefeld, Westkampweg 79; F (05 21) 4 04 29-20

44892 Bochum, Hauptstr 155; F (02 34) 92 17-40

45894 Gelsenkirchen, Lasthausstr 12; F (02 09) 93 05-61

48159 Münster, Bröderichweg 41; F (02 51) 21 05-1 72

57482 Wenden, Kardinal-Jäger-Str 13; F (0 27 62) 81 79

Westfälische Schulen für Gehörlose

33613 Bielefeld, Bökenkampstr 15; F (05 21) 5 20 02-10

33142 Büren, Bertholdstr 3; F (0 29 51) 65 78

44265 Dortmund, Glückaufsegenstr 60; F (02 31) 7 75 95-10

48159 Münster, Bröderichweg 9; F (02 51) 21 05-1 13

Rheinisch-Westfälische Realschule für Hörgeschädigte
44147 Dortmund, Uhlandstr 88; F (02 31) 9 98 98-0

Westfälische Schulen für Blinde

33098 Paderborn, Leostr 1; F (0 52 51) 6 95-0

59494 Soest, Hattroper Weg 70; F (0 29 21) 6 84-1 20

Westfälische Berufsschule für Blinde und hochgradig Sehbehinderte (Sonderschule der Sekundarstufe II)
59494 Soest, Hattroper Weg 55; F (0 29 21) 6 84-1 90

Berufsbildungswerk für Blinde und hochgradig Sehbehinderte
59494 Soest, Hattroper Weg 53; F (0 29 21) 6 84-2 20

Westfälische Schulen für Sehbehinderte

33613 Bielefeld, Bökenkampstr 15; F (05 21) 5 20 02-20

44287 Dortmund, Marsbruchstr 178; F (02 31) 45 03-8 66

45894 Gelsenkirchen, Lasthausstr 10; F (02 09) 93 05-41

48159 Münster, Bröderichweg 45; F (02 51) 21 05-1 71

57462 Olpe, Zur Wolfsschlade 31; F (0 27 61) 43 80

Westfälische Schulen für Sprachbehinderte

33613 Bielefeld, Bökenkampstr 14, F (05 21) 5 20 02-30

44892 **Bochum,** Hasselbrinkstr 27; F (02 34) 28 72 84

46282 **Dorsten,** Im Stadtsfeld 1; F (0 23 62) 4 29 28

44137 **Dortmund,** Glückaufsegenstr 60; F (02 31) 7 75 95-82

48159 **Münster,** Bröderichweg 41; F (02 51) 21 05-1 92

57482 **Wenden,** Agathastr 13; F (0 27 62) 31 31

Westfälische Schulen für Kranke

Westfälische Schule für Kranke beim Westfälischen Institut für Jugendpsychiatrie und Heilpädagogik Hamm
59071 **Hamm,** Heithofer Allee 64; F (0 23 81) 8 93-4 00

Westfälische Schule für Kranke bei der Westfälischen Klinik für Kinder- und Jugendpsychiatrie in der Haard
45770 **Marl,** Halterner Str 525; F (0 23 65) 8 02-4 31

Westfälische Schule für Kranke beim St-Johannes-Stift
34431 **Marsberg,** Bredelarer Str 33; F (0 29 92) 6 08-4 12

Schülerinternate und Wohnheim

Westfälisches Schülerinternat Bielefeld
33613 **Bielefeld,** Bökenkampstr 15; F (05 21) 5 20 02-40

Westfälisches Schülerinternat Dortmund
44265 **Dortmund,** Glückaufsegenstr 60; F (02 31) 71 40 71

Westfälisches Schülerinternat Münster
48159 **Münster,** Bröderichweg 27; F (02 51) 21 05-1 46

Internat der Westfälischen Schule für Blinde Paderborn
33098 **Paderborn,** Leostr 1; F (0 52 51) 6 95-0

Westfälisches Schülerinternat Soest
59494 **Soest,** Hattroper Weg 57; F (0 29 21) 6 84-1 40

Wohnheim des Berufsbildungswerkes für Blinde und hochgradig Sehbehinderte Soest
59494 **Soest,** Hattroper Weg 57; F (0 29 21) 6 84-1 60

Außenstelle Eilmsen
59514 **Welver,** Eilmser Wald 7; F (0 23 88) 6 66

Kulturpflege

Westfälisches Museum für Archäologie – Amt für Bodendenkmalpflege
48143 **Münster,** Rothenburg 30; F (02 51) 59 07-02
Museumsdirektor: Dr Bendix Trier

Außenstelle Bielefeld
33613 **Bielefeld,** Kurze Str 36a; F (05 21) 5 20 02-50

Außenstelle Münster
48159 **Münster,** Bröderichweg 35; F (02 51) 21 05-2 52

Außenstelle Olpe
57462 **Olpe,** In der Wüste 4; F (0 27 61) 12 61

Außenstelle Paderborn
Museum in der Kaiserpfalz
33098 **Paderborn,** Am Ikenberg 2; F (0 52 51) 2 29 10

Westfälisches Römermuseum Haltern
45721 **Haltern,** Weseler Str; F (0 23 64) 93 76-0
Ansprechpartner: Dr Rudolf Aßkamp

Westfälisches Landesmuseum für Kunst und Kulturgeschichte
48143 **Münster,** Domplatz 10-15; F (02 51) 59 07-01
Museumsdirektor: Prof Dr Klaus Bußmann

Westfälisches Museum für Naturkunde
48161 **Münster,** Sentruper Str 285; F (02 51) 5 91-05
Museumsdirektor: Dr Alfred Hendricks

Planetarium
48161 **Münster,** Sentruper Str 285; F (02 51) 8 94 23
Leiter: Heinrich-Otto Rehage

Außenstelle „Heiliges Meer"
49509 **Recke;** F (0 54 53) 84 75

Westfälisches Freilichtmuseum Detmold – Landesmuseum für Volkskunde –
32760 **Detmold,** Krummes Haus; F (0 52 31) 7 06-0
Museumsdirektor: Dr Stephan Baumeier

Westfälisches Freilichtmuseum Hagen – Landesmuseum für Handwerk und Technik –
58091 **Hagen,** Mäckingerbach; F (0 23 31) 78 07-0
Museumsdirektor: Dr Michael Dauskardt

Westfälisches Industriemuseum
44388 **Dortmund,** Grubenweg 5; F (02 31) 69 61-0
Museumsdirektor: Helmut Bönnighausen

Kloster Dalheim
33165 **Lichtenau,** Am Kloster 11; F (0 52 92) 16 64

Westfälisches Archivamt
48145 **Münster,** Warendorfer Str 24; F (02 51) 5 91-38 87
Leiter: Dr Norbert Reimann

Westfälisches Museumsamt
48145 **Münster,** Schwelingstr 5; F (02 51) 5 91-46 90
Leiter: Dr Helmut Knirim

Westfälisches Institut für Regionalgeschichte
48145 **Münster,** Warendorfer Str 14; F (02 51) 5 91-56 82

Wiss Direktor: Dr Karl Teppe

Altertumskommission für Westfalen
48143 Münster, Rothenburg 30; F (02 51) 59 07-2 70
Vorsitzender: Prof Wilhelm Winkelmann

Historische Kommission für Westfalen
48145 Münster, Warendorfer Str 24; F (02 51) 5 91-47 20
Vorsitzender: Prof Dr Peter Johanek

Geographische Kommission für Westfalen
48149 Münster, Robert-Koch-Str 26; F (02 51) 83-39 29
Vorsitzender: Prof Dr Alois Mayr

Volkskundliche Kommission für Westfalen
48143 Münster, Domplatz 23; F (02 51) 83-44 04
Vorsitzender: Prof Dr Günter Wiegelmann

Kommission für Mundart- und Namenforschung Westfalens
48143 Münster, Magdalenenstr 5; F (02 51) 83-44 13
Vorsitzender: Prof Dr Jan Goossens

Sonstige Einrichtungen

Einrichtungen des Landschaftsverbandes mit eigener Rechtspersönlichkeit

Westfälisch-Lippische Versorgungskasse für Gemeinden und Gemeindeverbände (WVK)
48145 Münster, Warendorfer Str 25; F (02 51) 5 91-01
Leiter: Dr Manfred Scholle LDir

Kommunale Zusatzversorgungskasse Westfalen-Lippe (ZKW)
48145 Münster, Warendorfer Str 22; F (02 51) 5 91-01
Leiter: Dr Manfred Scholle LDir

Einrichtungen, für die der Landschaftsverband Personal stellt:

Westfälische landwirtschaftliche Berufsgenossenschaft (WIBG)
48147 Münster, Hoher Heckenweg 76-80; F (02 51) 23 20-1
Geschäftsführer: Jürgen Blauth

Westfälische landwirtschaftliche Alterskasse (WI-AK)
48147 Münster, Hoher Heckenweg 76-80; F (02 51) 23 20-1
Geschäftsführer: Jürgen Blauth

Westfälische Verkehrsgesellschaft mbH
48155 Münster, Krögerweg 11; F (02 51) 6 18 02-0
Geschäftsführer: Dr Eberhard Christ

Westfälischer Heimatbund
48145 Münster, Kaiser-Wilhelm-Ring 3; F (02 51) 5 91-40 27
Hauptgeschäftsführerin: Dr Edeltraud Klüting

Betriebskrankenkasse
48147 Münster, Piusallee 1-3; F (02 51) 5 91-01
Geschäftsführer: Wilhelm Tomberge

Westfälisch-Lippische Vermögensverwaltungsgesellschaft mbH (WLV)
48147 Münster, Piusallee 6; F (02 51) 4 56 86
Geschäftsführer: Dr Manfred Scholle LDir und Josef Sudbrock ErsterLR

263

III Kreisfreie Städte im Lande Nordrhein-Westfalen

I Regierungsbezirk Düsseldorf

1 Landeshauptstadt Düsseldorf

40213 Düsseldorf, Marktplatz 1; F (02 11) 89 91; Telex 8 582 921 skd d; Telefax (02 11) 8 99-41 79; Btx-Teilnehmer-Nr (02 11) 8 99
Fläche 21 698 ha; *Einwohner* 578 111
Rat der Stadt: 83 Mitglieder (33 SPD, 32 CDU, 6 Bündnis 90/GRÜNE, 5 FDP, 2 FWG, 2 GAL, 2 REP, 1 fraktionslos)
Oberbürgermeister: Klaus Bungert
Bürgermeister/in: Josef Kürten; Hans Funk; Marie-Luise Smeets
Oberstadtdirektor: Dr Peter Hölz
Stadtdirektor: Jörg Bickenbach

Dezernat 02
Leiter: Dr Peter Hölz OStaDir
Büro Oberstadtdirektor, Personalien der Dezernenten, Frauenbüro, Hochschulen, Interkommunale Zusammenarbeit – Regionalbüro, Internationale Beziehungen, Presseamt

Dezernat 03
Leiter: Helmut Meisen Beig
Hauptamt, Amt für Statistik und Wahlen, Personalamt, Studieninstitut für kommunale Verwaltung, Betriebskrankenkasse, Eigenunfallversicherung, Bezirksverwaltungsstellen, Amt für automatisierte Datenverarbeitung, Rechtsamt, Ausgleichsamt

Dezernat 04
Leiter: Herbert Vogt StaKäm
Kämmerei, Stadtkasse, Steueramt

Dezernat 05
Leiter: Dr Hans Küppers Beig
Hochbauamt, Straßen-, Brücken- und Tunnelbauamt, Kanal- und Wasserbauamt, U-Bahn-Amt, Bauverwaltungsamt, Planungsamt, Vermessungs- und Katasteramt, Bauaufsichtsamt

Dezernat 07
Leiter: Jörg Bickenbach StaDir
Liegenschaftsamt, Geschäftsstelle der Umlegungsbehörde, Werbe- und Wirtschaftsförderungsamt, Flughafen, Ausstellungs- und Messewesen

Dezernat 08
Leiter: Dr Henning Friege
Garten-, Friedhofs- und Forstamt, Umweltamt, Chemisches- und Lebensmittel-Untersuchungsamt, Amt für Abfallwirtschaft und Stadtreinigung

Dezernat 09
Leiter: Hans-Heinrich Grosse-Brockhoff Beig
Kulturamt, Kulturinstitute, Theaterverwaltung

Dezernat 010
Leiter: Heinz Hemming Beig
Schulverwaltungsamt, Verwaltungs- und Wirtschafts-Akademie, Volkshochschule, Städtische Clara-Schumann-Musikschule, Filminstitut, Amt für Wohnungswesen

Dezernat 011
Leiter: Bernd Abetz Beig
Ordnungsamt, Straßenverkehrsamt, Veterinäramt, Sportamt, Amt für Einwohnerwesen, Standesamt, Feuerwehr, Rettungsdienst und Bevölkerungsschutz

Dezernat 012
Leiter: Paul Saatkamp Beig
Sozialamt, Jugendamt, Gesundheitsamt, Kliniken der Landeshauptstadt Düsseldorf

Untersteht unmittelbar dem Stadtrat:

Rechnungsprüfungsamt

Stadtbezirke

Stadtbezirk 1: Altstadt, Karlstadt, Stadtmitte, Pempelfort, Derendorf, Golzheim
Bezirksverwaltungsstelle: 40213 Düsseldorf, Kasernenstr 6; F (02 11) 8 99-30 82
Leiterin der Bezirksverwaltungsstelle: Inge Cleff-Marx

Stadtbezirk 2: Flingern-Süd, Flingern-Nord, Düsseltal
Bezirksverwaltungsstelle: 40237 Düsseldorf, Grafenberger Allee 68; F (02 11) 66 40 59
Leiter der Bezirksverwaltungsstelle: Johannes Horn

Stadtbezirk 3: Friedrichstadt, Unterbilk, Hafen, Hamm, Volmerswerth, Bilk, Oberbilk, Flehe
Bezirksverwaltungsstelle: 40225 Düsseldorf, Brinckmannstr 5; F (02 11) 89-9 30 13
Leiter der Bezirksverwaltungsstelle: Egbert Casten

Stadtbezirk 4: Oberkassel, Heerdt, Lörick, Niederkassel
Bezirksverwaltungsstelle: 40545 Düsseldorf, Luegallee 65; F (02 11) 89-9 30 10
Leiter der Bezirksverwaltungsstelle: Alfred Kranz

Stadtbezirk 5: Stockum, Lohausen, Kaiserswerth, Wittlaer, Angermund, Kalkum
Bezirksverwaltungsstelle: 40489 Düsseldorf, Kaiserswerther Markt 23 (Rathaus Kaiserswerth); F (02 11) 89-9 30 15
Leiter der Bezirksverwaltungsstelle: Peter Dörper

Stadtbezirk 6: Lichtenbroich, Unterrath, Rath, Mörsenbroich
Bezirksverwaltungsstelle: 40472 Düsseldorf, Münsterstr 508; F (02 11) 89-9 30 16
Leiter der Bezirksverwaltungsstelle: Heinz-Josef Tepper

Stadtbezirk 7: Gerresheim, Grafenberg, Ludenberg, Hubbelrath
Bezirksverwaltungsstelle: 40625 Düsseldorf, Neusser Tor 12 (Rathaus Gerresheim); F (02 11) 89-9 30 60
Leiter der Bezirksverwaltungsstelle: Siegfried Pietzka

Stadtbezirk 8: Lierenfeld, Eller, Vennhausen, Unterbach
Bezirksverwaltungsstelle: 40229 Düsseldorf, Gertrudisplatz 8 (Rathaus Eller); F (02 11) 89-9 30 18
Leiter der Bezirksverwaltungsstelle: Hans-Hubert Schoué

Stadtbezirk 9: Wersten, Himmelgeist, Holthausen, Reisholz, Benrath, Urdenbach, Itter, Hassels
Bezirksverwaltungsstelle: 40597 Düsseldorf, Benrodestr 46 (Rathaus Benrath); F (02 11) 89-9 71 12
Leiter der Bezirksverwaltungsstelle: Wolfgang Mehner

Stadtbezirk 10: Garath, Hellerhof
Bezirksverwaltungsstelle: 40595 Düsseldorf, Frankfurter Str 229; F (02 11) 89-9 75 41
Leiter der Bezirksverwaltungsstelle: Herbert Heck

2 Stadt Duisburg

47049 Duisburg, Burgplatz 19; F (02 03) 2 83-0; Telefax (02 03) 2 83-43 95; Telex 203 314
Fläche 23 297 ha; *Einwohner* 538 400
Rat der Stadt: 75 Mitglieder (49 SPD, 20 CDU, 6 GRÜNE)
Oberbürgermeister: Josef Krings
Bürgermeister: Friedel Genender; Clemens Fuhrmann; Anton Riederer
Oberstadtdirektor: Dr Richard R Klein
Stadtdirektor: Norbert Giersch

Dezernat Oberstadtdirektor
Leiter: Dr Richard R Klein OStaDir
Büro Oberstadtdirektor, Gleichstellungsstelle für Frauenfragen, Büro des Rates der Stadt, Büro für Repräsentationsangelegenheiten und Städtepartnerschaften, Amt für Statistik, Stadtforschung und Europaangelegenheiten, Presse- und Informationsamt, Beteiligungsverwaltung

Dezernat I
Leiter: Dr Dieter Steinkamp Beig
Hauptamt, Personalamt, Institut für Arbeitssicherheit und Arbeitsmedizin, Feuerwehr und Zivilschutzamt, Institut für Verwaltungsautomation und Kommunikationstechnik, Institut für Fortbildung, Dienstaufsicht über die Bezirksämter

Dezernat II
Leiterin: Monika Kuban StaKämmerer
Stadtkämmerei, Kassen- und Steueramt, Amt für Wohnungswesen

Dezernat III
Leiter: Jürgen Christian Brandt Beig

Rechtsamt, Ordnungsamt (einschließlich Straßenverkehrsamt), Koordinierungsstelle für Umweltfragen, Bauordnungs- und Bauverwaltungsamt, Chemisches und Lebensmitteluntersuchungsamt, Veterinär- und Lebensmittelüberwachungsamt

Dezernat IV
Leiterin: Dr Iris Jana Maydowski Beigeordnete
Schulverwaltungsamt, Kultur- und Veranstaltungsamt, Stadtbibliothek, Volkshochschule, Museen, Archiv, Niederrheinische Musikschule, Theater- und Konzertamt, Hochschulangelegenheiten, Untere Denkmalschutzbehörde

Dezernat V
Leiter: Reinhold Spaniel Beig
Sozialamt, Gesundheitsamt, Eigenbetrieb Städtische Kliniken, Institut für Laboratoriumsmedizin, Krankenhauszielplanung

Dezernat VI
Leiter: Friedrich Wilhelm van Vorst Beig
Vermessungsamt und Katasteramt, Hochbauamt, Tiefbauamt, Amt für Stadtentsorgung und Wasserwirtschaft, Stadtbahnbauamt

Dezernat VIII
Leiter: Norbert Giersch StaDir
Stadtplanungsamt, Grünflächen- und Friedhofsamt, Liegenschaftsamt, Sportamt

Dezernat IX
Leiter: Gerd Bildau Beig
Schulverwaltungsamt, Jugendamt

Stadtbezirke

Stadtbezirk 1: Duisburg-Walsum
Bezirksverwaltungsstelle: 47049 Duisburg, Rathaus, Friedrich-Ebert-Str 152; F (02 03) 4 99 70; Telefax (02 03) 49 97 56 22
Leiter des Bezirksamtes: Hartmut Schwell

Stadtbezirk 2: Duisburg-Hamborn
Bezirksverwaltungsstelle: 47166 Duisburg, Rathaus, Duisburger Str 213; F (02 03) 5 55 30; Telefax (02 03) 55 53 54 53
Leiter des Bezirksamtes: Hartmuth Beeckmann

Stadtbezirk 3: Duisburg-Meiderich/Beeck
Bezirksverwaltungsstelle: 47137 Duisburg, Von-der-Mark-Str 36; F (02 03) 28 30; Telefax (02 03) 2 83 76 14
Leiter des Bezirksamtes: Dirk Büsching

Stadtbezirk 4: Duisburg-Homberg/Ruhrort
Bezirksverwaltungsstelle: 47198 Duisburg, Rathaus, Bismarckplatz 1; F (0 20 66) 2 10; Telefax (0 20 66) 2 14 00
Leiter des Bezirksamtes: Jürgen Scherhag

Stadtbezirk 5: Duisburg-Innenstadt
Bezirksverwaltungsstelle: 47051 Duisburg, Sonnenwall 73; F (02 03) 28 30; Telefax (02 03) 2 83 28 56
Leiter des Bezirksamtes: Hans Joachim Lindner

Stadtbezirk 6: Duisburg-Rheinhausen
Bezirksverwaltungsstelle: 47226 Duisburg, Rathaus, Körnerplatz 1; F (0 20 65) 30 31; Telefax (0 20 65) 30 33 00
Leiter des Bezirksamtes: Heinz Trappmann

Stadtbezirk 7: Duisburg-Süd
Bezirksverwaltungsstelle: 47249 Duisburg, Sittardsberger Allee 14; F (02 03) 28 30; Telefax (02 03) 2 83 71 88
Leiter des Bezirksamtes: Helmut Bräcker

3 Stadt Essen

45121 Essen, Porscheplatz 1; F (02 01) 88-1; Telex 8 57 730 ske d; Telefax (02 01) 88-51 09; Btx *935555#
Fläche 21 034,52 ha; *Einwohner* 625 144
Rat der Stadt: 83 Mitglieder (43 SPD, 24 CDU, 8 GRÜNE/GAL, 4 FDP, 4 Fraktionsgemeinschaft „94")
Oberbürgermeisterin: Annette Jäger
Bürgermeister/in: Hanns Sobek, Rosemarie Heiming
Oberstadtdirektor: Kurt Busch
Stadtdirektor: Dr Johannes Werner Schmidt

Dezernat 1 A
Leiter: Kurt Busch OStaDir
Koordinierungsstelle, Wirtschaftsförderung; Gleichstellungsstelle; Amt für Entwicklungsplanung, Statistik, Stadtforschung, Wahlen; Amt für Presse- und Öffentlichkeitsarbeit; Rechnungsprüfungsamt; Amt für Rats- und Bezirksvertretungsangelegenheiten, Repräsentation und Fremdenverkehr

Dezernat 1 B
Leiter: Hermann Hartwich Beig
Hauptamt; Personalamt; Betriebsärztlicher Dienst; Fachkräfte für Arbeitssicherheit, Suchtberatungsstelle; Zusatzversorgungskasse, Ruhegeldangelegenheiten; Studieninstitut für kommunale Verwaltung; Kommunale Datenverarbeitungszentrale

Dezernat 2
Leiter: Dr Johannes Werner Schmidt StaKäm
Stadtkämmerei; Stadtkasse; Stadtsteueramt

Dezernat 3
Leiter: Dr Bernhard Görgens Beig
Rechtsamt; Ordnungsamt; Veterinäramt; Einwohneramt; Versicherungsamt; Feuerwehr; Institut für zivile Vorsorgeplanung; Straßenverkehrsamt

Dezernat 4 A
Leiter: Udo Bayer Beig
Schulverwaltungsamt; Schulamt für die Stadt Essen, Untere Schulaufsichtsbehörde für Grund-, Haupt- und Sonderschulen; Regionale Arbeitsstelle zur Förderung ausländischer Kinder und Jugendlicher; Regionale Schulberatungsstelle für die Stadt Essen; Sport- und Bäderamt

Dezernat 4 B
Leiter: Dr Oliver Scheytt Beig
Kulturamt; Stadtbibliothek; Volkshochschule; Folkwang Musikschule; Museen der Stadt Essen; Grugapark Essen

Dezernat 5 A
Leiter: Günter Herber Beig
Kinderbüro; Sozialamt; Geschäftsstelle für kommunale Ausländerangelegenheiten; Jugendamt; Jugendpsychiatrisches Institut; Ausgleichs- und Wohngeldamt

Dezernat 5 B
Leiterin: Dr Eva-Maria Krüger Beigeordnete
Gesundheitsamt; Amt für Umweltschutz; Grünflächenamt; Amt für Abfallwirtschaft und Straßenreinigung

Dezernat 6 A
Leiterin: Dipl-Ingenieurin Irene Wiese-von Ofen Beigeordnete
Bauordnungsamt, Hochbauamt, Tiefbauamt, U-Bahn-Bauamt

Dezernat 6 B
Leiter: Heiko Schulte Beig
Amt für Stadterneuerung, Liegenschafts- und Wohnungswesen; Stadtplanungsamt, Vermessungs- und Katasteramt

Standesämter:
I Essen (Rathaus 4. OG), **II Essen** (Schmale Str 2), **III Essen** (Altenessener Str 236), **IV Essen** (Dreiringplatz 10), **V Essen** (Bürgermeister-Fiedler-Platz 1)

Stadtreinigungsamt

Stadtbezirke

Stadtbezirk I – Stadtmitte, Frillendorf, Huttrop –
Verwaltungsstelle: 45121 Essen, Rathaus, Porscheplatz; F (02 01) 88-31 05
Verwaltungsbeauftragter: Rust

Stadtbezirk II – Rüttenscheid, Rellinghausen, Bergerhausen und Stadtwald –
Verwaltungsstelle: 45130 Essen, Zweigertstr 37-41; F (02 01) 88-78 69
Verwaltungsbeauftragter: Johann

Stadtbezirk III – Essen-West –
Verwaltungsstelle: 45144 Essen, Freytagstr 29; F (02 01) 88-7 22 70
Verwaltungsbeauftragter: Klimpel

Stadtbezirk IV – Borbeck –
Verwaltungsstelle: 45355 Essen, Germaniastr 253; F (02 01) 88-7 02 00 und 7 02 17
Verwaltungsbeauftragter: Schröder

Stadtbezirk V – Altenessen, Vogelheim und Karnap –
Verwaltungsstelle: 45326 Essen, Altenessener Str 236; F (02 01) 88-82 27
Verwaltungsbeauftragter: Schmitz

Stadtbezirk VI – Katernberg, Stoppenberg, Schon-
nebeck –
Verwaltungsstelle: 45141 Essen, Stoppenberger
Platz 4; F (02 01) 88-7 60 06 und 7 60 07
Verwaltungsbeauftragter: Beineke

Stadtbezirk VII – Steele, Kray –
Verwaltungsstelle: 45276 Essen, Dreiringplatz 10;
F (02 01) 88-8 02 00 und 8 02 01
Verwaltungsbeauftragter: Birwe

Stadtbezirk VIII – Essen-Ruhrhalbinsel –
Verwaltungsstelle: 45257 Essen, Kupferdreher
Str 86; F (02 01) 88-77 25 und 77 26
Verwaltungsbeauftragte: Wirt

Stadtbezirk IX – Werden, Kettwig, Bredeney –
Verwaltungsstelle: 45219 Essen, Bürgermeister-
Fiedler-Platz 1; F (0 20 54) 70 51
Verwaltungsbeauftragter: Wolf

4 Stadt Krefeld

47798 Krefeld, Von-der-Leyen-Platz 1; F (0 21 51)
86-1; Telefax (0 21 51) 75 30 81; Telex 8 53 630
Fläche 13 752 ha; *Einwohner* 248 761
Rat der Stadt: 59 Mitglieder (26 CDU, 24 SPD,
5 GRÜNE, 2 FDP, 2 fraktionslos)
Oberbürgermeister: Willi Wahl
Bürgermeister: Dieter Pützhofen, Rita Thies
Oberstadtdirektor: Heinz Josef Vogt
Stadtdirektor: Dr Karl-Heinz Stienen

Dezernat Oberstadtdirektor
Leiter: Heinz Josef Vogt OStaDir
**Presseamt, Rechnungsprüfungsamt, Rats- und Re-
präsentationsamt**

Kultur-, Personal- und Organisationsdezernat
Leiter: Roland Schneider Beig
Hauptamt, Personalamt, Kulturamt und Institute

Finanzdezernat
Leiter: Jürgen Küper StaKäm
**Kämmerei, Kasse und Steueramt, Hafen- und Bahn-
betriebe**

Rechts- und Ordnungsdezernat
Leiter: Dr Karl-Heinz Stienen StaDir
**Rechts- und Versicherungsamt, Straßenverkehrs-
amt, Amt für öffentliche Ordnung, Standesamt, Feuerwehr und Zivilschutzamt, Veterinär- und Lebensmittelüberwachungsamt**

Schul- und Sportdezernat
Leiter: Alfred Böll Beig
**Schulverwaltungsamt, Pädagogischer und Psycholo-
gischer Dienst, Sport- und Bäderamt**

Sozial-, Jugend- und Gesundheitsdezernat
Leiterin: Barbara Schwarz Beigeordnete
**Sozialamt, Jugendamt, Gesundheitsamt, Städtische
Krankenanstalten, Cäcilienhospital Hüls, Amt für
Soziale Dienste, Amt für Wohnungswesen**

Stadtentwicklungs-, Planungs- und Baudezernat
Leiter: Klaus Lorenz Beig
**Amt für Statistik und Stadtentwicklung, Planungs-
amt, Vermessungs- und Katasteramt, Bauordnungsamt, Hochbauamt, Tiefbauamt**

Umweltdezernat
Leiter: Hubert Pochwalla Beig
**Umweltamt, Chemisches Untersuchungsamt, Fuhr-
park, Grünflächenamt**

Bezirksverwaltungs- und Liegenschaftsdezernat
Leiter: Heinz-Peter Gebauer Beig
**Verkehrs- und Werbeamt, Bezirksverwaltungsamt,
Amt für Landwirtschaft, Liegenschaften und Markt-
wesen**

Stadtbezirke

Stadtbezirk 1: Krefeld-West
Bezirksverwaltungsstelle: 47804 Krefeld, Forst-
waldstr 112; F (0 21 51) 71 21 33
Leiter der Bezirksverwaltungsstelle: Paul Jansen
StaAmtm

Stadtbezirk 2: Krefeld-Nord
Bezirksverwaltungsstelle: 47803 Krefeld, Moritz-
platz 8; F (0 21 51) 75 62 60
Leiter der Bezirksverwaltungsstelle: Wilfried Schom-
mer StaAmtm

Stadtbezirk 3: Krefeld-Hüls
Bezirksverwaltungsstelle: 47809 Krefeld, Markt 11;
F (0 21 51) 74 89-0
Leiter der Bezirksverwaltungsstelle: Kurt Becker
StaAR

Stadtbezirk 4: Krefeld-Mitte
Bezirksverwaltungsstelle: 47798 Krefeld, Seidenwe-
berhaus, Theaterplatz 1; F (0 21 51) 86 22 09 und
00
Leiter der Bezirksverwaltungsstelle: Karlheinz Bister
StaOVwR

Stadtbezirk 5: Krefeld-Süd
Bezirksverwaltungsstelle: 47805 Krefeld, Vir-
chowstr 130; F (0 21 51) 3 70 97
Leiter der Bezirksverwaltungsstelle: Klaus Erbrath
StaAmtm

Stadtbezirk 6: Krefeld-Fischeln
Bezirksverwaltungsstelle: 47807 Krefeld, Kolner
Str 517; F (0 21 51) 30 90-0
Leiter der Bezirksverwaltungsstelle: Rolf Ruhland
StaAmtm

Stadtbezirk 7: Krefeld-Oppum-Linn
Bezirksverwaltungsstelle: 47809 Krefeld, Hochfel-
der Str 122; F (0 21 51) 54 70 51
Leiter der Bezirksverwaltungsstelle: Volker Pitz
StaAmtm

Nebenstelle Linn
47809 Krefeld, Rheinbabenstr 110; F (0 21 51)
57 20 31/32

Leiter: Rainer Küsters Ang

Stadtbezirk 8: Krefeld-Ost
Bezirksverwaltungsstelle: 47800 Krefeld, Uerdinger Str 585; F (0 21 51) 5 80 41/42
Leiter der Bezirksverwaltungsstelle: Peter-Frank Borchardt StaAmtm

Nebenstelle Traar
47802 Krefeld, Kemmerhofstr 321; F (0 21 51) 56-48 54
Leiter: Helmut van Kempen StaAmtm

Stadtbezirk 9: Krefeld-Uerdingen
Bezirksverwaltungsstelle: 47829 Krefeld, Am Marktplatz 1; F (0 21 51) 48 76-0
Leiter der Bezirksverwaltungsstelle: Franz-Josef Schönwasser StaOAR

5 Stadt Mönchengladbach

41061 Mönchengladbach, Rathaus Abtei;
F (0 21 61) 2 50; Telefax (0 21 61) 2 22 83; Telex 8 52 788 stmg d
Fläche 17 050 ha; *Einwohner* 267 601
Rat der Stadt: 67 Mitglieder (31 CDU, 25 SPD, 6 FDP, 4 GAF, 1 fraktionslos)
Oberbürgermeister: Heinz Feldhege
Bürgermeister: Günter Waldhausen, Hans Segschneider
Oberstadtdirektor: Jochen Semmler
Stadtdirektor: NN

Dezernat I
Leiter: Jochen Semmler OStaDir
Hauptamt, Personalamt und BKK, Presse und Informationsamt, Gleichstellungsstelle, Rechnungsprüfungsamt, Amt für EDV

Dezernat II
Leiter: Manfred Nieland StaKäm
Stadtkämmerei, Stadtkasse, Steueramt, Liegenschaftsamt, Amt für Wirtschaftsförderung, Amt für Stadtentwicklung, Statistik und Wahlen

Dezernat III
Leiter: Dr Antonius Gathen Beig
Rechtsamt, Straßenverkehrsamt, Ordnungsamt, Einwohnermeldeamt, Standesamt, Veterinäramt, Bezirksverwaltungstellen

Dezernat IV
Leiter: Dr Antonius Gathen Beig (komm)
Kulturamt, Stadtbibliothek, Amt für Museen, Volkshochschule, Musikschule, Stadtarchiv

Dezernat V
Leiter: Jochen Semmler OStaDir (komm)
Versicherungsamt, Sozialamt, Jugendamt, Gesundheitsamt, Städtische Hardterwald-Klinik, Amt für Wohnungswesen, Amt für soziale Dienste, Amt für Altenhilfe

Dezernat VI
Leiter: Helmut Hormes TBeig

Stadtplanungsamt, Vermessungs- und Katasteramt (einschließlich Gutachterausschuß), Bauordnungsamt

Dezernat VII
Leiter: Erich Oberem Beig
Umweltschutzamt, Feuerwehramt, Amt für Stadtreinigung und Abfallwirtschaft

Dezernat VIII
Leiter: Wolfgang Rombey Beig
Schulamt, Amt für Freizeit, Sport und Bäder

Dezernat IX
Leiter: Joachim Müller Beig
Bauverwaltungsamt, Hochbauamt, Tiefbauamt, Amt für Grünflächen und Friedhöfe

Stadtbezirke

Stadtbezirk 1: Rheindahlen
Bezirksverwaltungsstelle: 41179 Mönchengladbach, Plektrudisstr 25-27; F (0 21 61) 25 71 01
Leiter der Bezirksverwaltungsstelle: Willi Houben StaVwR

Stadtbezirk 2: Hardt
Bezirksverwaltungsstelle: 41169 Mönchengladbach, Vorster Str 443; F (0 21 61) 25 72 01
Leiter der Bezirksverwaltungsstelle: NN

Stadtbezirk 3: Stadtmitte
Bezirksverwaltungsstelle: 4050 Mönchengladbach, Haus Westland; F (0 21 61) 25 36 21
Leiter der Bezirksverwaltungsstelle: Heinz-Josef Claßen StaVwR

Stadtbezirk 4: Volksgarten
Bezirksverwaltungsstelle: 41065 Mönchengladbach, Pescher Str 102; F (0 21 61) 25 74 01
Leiter der Bezirksverwaltungsstelle: Hermann-Josef Kelzenberg StaVwR

Stadtbezirk 5: Neuwerk
Bezirksverwaltungsstelle: 41066 Mönchengladbach, Liebfrauenstr 52; F (0 21 61) 25 75 01
Leiter der Bezirksverwaltungsstelle: Karl-Heinz Mühlen StaVwR

Stadtbezirk 6: Rheydt-West
Bezirksverwaltungsstelle: 4050 Mönchengladbach, Rathaus Rheydt; F (0 21 61) 25 80 71
Leiter der Bezirksverwaltungsstelle: Franz-Willi Brungsberg StaVwR

Stadtbezirk 7: Rheydt-Mitte
Bezirksverwaltungsstelle: 4050 Mönchengladbach, Rathaus Rheydt; F (0 21 61) 25 80 71
Leiter der Bezirksverwaltungsstelle: Franz-Willi Brungsberg StaVwR

Stadtbezirk 8: Odenkirchen
Bezirksverwaltungsstelle: 41199 Mönchengladbach, Wingertsplatz 1; F (0 21 61) 25 77 01
Leiter der Bezirksverwaltungsstelle: Bernd Cöntges StaVwR

Stadtbezirk 9: Giesenkirchen
Bezirksverwaltungsstelle: 41238 Mönchengladbach, Konstantinplatz 19; F (0 21 61) 25 78 01
Leiter der Bezirksverwaltungsstelle: Hans-Dieter Maier StaVwR

Stadtbezirk 10: Wickrath
Bezirksverwaltungsstelle: 41189 Mönchengladbach, Klosterstr 8; F (0 21 61) 25 79 01
Leiter der Bezirksverwaltungsstelle: Hans-Josef Pisters StaVwR

6 Stadt Mülheim an der Ruhr

45466 Mülheim, Ruhrstr 34; F (02 08) 45 51; Telex 8 56 635; Telefax (02 08) 4 55 99 99
Fläche 9 126 ha; *Einwohner* 178 000
Rat der Stadt: 59 Mitglieder (31 SPD, 16 CDU, 5 GRÜNE, 4 FDP, 3 UB (unabhängige Bürger)
Oberbürgermeisterin: Eleonore Güllenstern
Bürgermeister: Karl Schulz, Lisa Poungias
Oberstadtdirektor: Ernst Gerlach
Stadtdirektorin: Oda-Gerlind Gawlik

Dezernat I
Leiter: Ernst Gerlach OStaDir
Amt der Oberstadtdirektors, Leitstelle, Rechnungsprüfungsamt, Amt für Stadtentwicklung, Stadtforschung und Statistik, Amt der Oberbürgermeisterin, Amt Rat der Stadt und Bezirksvertretungen, Personalamt

Dezernat II
Leiterin: Semmler Stadtkämmerin
Amt für zentrale Dienste, Stadtkämmerei, Stadtkasse und Steueramt, Liegenschaftsamt, Amt für Wohnungsförderung und Wohnungswesen

Dezernat III
Leiter: Gehl Beig
Leitstelle „Wirtschaft und Ausländerfragen", Rechtsamt, Straßenverkehrsamt, Einwohnermelde- und Ordnungsamt, Standesamt, Feuerwehr, Bauordnungsamt, Amt für Wirtschaftförderung

Dezernat IV
Leiterin: Oda-Gerlind Gawlik Stadtdirektorin
Leitstelle „Kultur, Schule, Weiterbildung und Forschung", Schulverwaltungsamt, Kulturamt, Eigenbetrieb Begegnungsstätten, Heinrich-Thöne-Volkshochschule

Dezernat V
Leiter: Cleven Beig
Leitstelle „Arbeit und Soziales", Sozialamt, Eigenbetrieb Alteneinrichtungen, Jugendamt, Sport- und Bäderamt

Dezernat VI
Leiter: Hansjörg Peters Beig
Leitstelle „Planen, Bauen und Wohnen", Stadtplanungsamt, Vermessungs und Katasteramt, Hochbauamt, Tiefbauamt, Stadtbahnbauamt

Dezernat VII
Leiter: Horn Beig
Leitstelle „Umweltschutz", Veterinäramt, Gesundheitsamt, Grünflächen und Friedhofsamt, Amt für Umweltschutz, Betriebe der Stadt

Stadtbezirke

Stadtbezirk 1: Rechtsruhr-Süd,
Stadtbezirk 2: Rechtsruhr-Nord,
Stadtbezirk 3: Linksruhr,
Bezirksverwaltungsstelle: **45466 Mülheim an der Ruhr,** Rathaus, Ruhrstr 34; F (02 08) 4 55 96 00
Leiterin der Bezirksverwaltungsstelle: Ilse Steinberg StaOVwRätin

7 Stadt Oberhausen

46045 Oberhausen, Schwartzstr 72; F (02 08) 8 25-1; Telex 8 56 898; Telefax (02 08) 2 81 59
Weitere Verwaltungsstellen:
46145 Oberhausen, Steinbrinkstr 188
46117 Oberhausen, Bottroper Str 183
Fläche 7 702 ha; *Einwohner* 226 933
Rat der Stadt: 59 Mitglieder (35 SPD, 17 CDU, 4 Bunte Liste, 3 FDP)
Oberbürgermeister: Friedhelm van den Mond
Bürgermeister: Fritz Eickelen, Bernhard Oesterschlink
Oberstadtdirektor: Burkhard Drescher
Stadtdirektorin: Ruth Damerius

Dezernat I
Leiter: Burkhard Drescher OStaDir
Haupt- und Personalamt, Presse- und Werbeamt, Büro des Rates, Koordinierungsbüro „0. 2000", Gleichstellungsstelle, Rechnungsprüfungsamt (mit Ausnahme der Unterstellungsverhältnisse gem § 101 GO NW)

Dezernat II
Leiterin: Ruth Damerius StaDirektorin
Amt für Statistik und Wahlen, Sozialamt, Jugendamt, Eigenbetrieb „Alteneinrichtungen der Stadt Oberhausen", Gesundheitsamt

Dezernat III
Leiter: Wilhelm Schmitz StaKäm
Stadtkämmerei und Steueramt, Amt für Liegenschaften, Stadtkasse

Dezernat IV
Leiter: Werner Kolter Beig
Chemisches Untersuchungsamt, Amt für Umweltschutz, Amt für öffentliche Ordnung, Amt für Sport, Freizeit und Grünflächen

Dezernat V
Leiter: Werner Meinicke Beig
Rechtsamt, Bezirksverwaltungsstellen, Standesamt, Versicherungsamt, Amt für Wohnungswesen, Amt für Feuerwehr, Zivilschutz und Rettungswesen

Dezernat VI
Leiter: Jürgen Gerhardt Beig
Schulamt, Kultur und Medienbüro, Kulturinstitute, Eigenbetrieb „Theater Oberhausen am Ebertplatz"

Dezernat VII
Leiter: Jochen Konopatzki Beig
Eigenbetrieb „Wirtschaftsbetriebe Oberhausen"

Dezernat VIII
Leiter: Dr Dierk Hans Hoefs Beig
Stadtplanungsamt, Stadtvermessungs- und Kataster-amt, Bauverwaltungsamt, Bauordnungsamt, Tiefbauamt, Hochbauamt

Stadtbezirke

Stadtbezirk 1: Alt-Oberhausen
Bezirksverwaltungsstelle: 46015 Oberhausen, Postfach 101505; F (02 08) 8 25-29 26
Leiter der Bezirksverwaltungsstelle: Ossig

Stadtbezirk 2: Oberhausen-Sterkrade
Bezirksverwaltungsstelle: 46015 Oberhausen, Postfach 101505; F (02 08) 8 25-61 06
Leiter der Bezirksverwaltungsstelle: Dahmen

Stadtbezirk 3: Oberhausen-Osterfeld
Bezirksverwaltungsstelle: 46015 Oberhausen, Postfach 10105; F (02 08) 8 25-81 45
Leiter der Bezirksverwaltungsstelle: Bosch

8 Stadt Remscheid

42849 Remscheid, Rathaus; F (0 21 91) 44-1; Telex 8 513 771 skrs; Telefax (0 21 91) 44 27 48
Fläche 7 460 ha; *Einwohner* 125 192
Rat der Stadt: 59 Mitglieder (25 SPD, 25 CDU, 5 FDP, 4 GRÜNE)
Oberbürgermeister: Reinhard Ulbrich
Bürgermeister: Karl-Heinz Bona, Herbert Hess
Oberstadtdirektor: Dr Burghard Lehmann
Stadtdirektor: Karl-Manfred Halbach

Dezernat I
Leiter: Dr Burghard Lehmann OStaDir
Gleichstellungsstelle, Organisationsberatung, Hauptamt, Personalamt, Amt für Stadtentwicklung und Statistik, Amt für Ratsangelegenheiten und Öffentlichkeitsarbeit, Rechnungsprüfungsamt, Bezirksvertretung 1 – Innenstadt –, Hauptausschuß, Ausschuß für zivile Verteidigung, Rechnungsprüfungsausschuß

Dezernat II
Leiter: Dr Arno Bothe StaKäm
Stadtkämmerei, Stadtkasse, Stadtsteueramt, Kulturverwaltungsamt, Theater der Stadt Remscheid, Remscheider Symphoniker, Musik- und Kunstschule, Deutsches Werkzeug- und Heimatmuseum, Deutsches Röntgenmuseum, Archiv der Stadt Remscheid, Sport- und Bäderamt, Amt für Wohnungswesen, Bezirksvertretung 2 – Nord/Hasten –, Hauptausschuß, Sportausschuß, Ausschuß für Wohnugs- und Siedlungswesen, Kulturausschuß

Dezernat III
Leiter: Jürgen Müller Beig
Bezirksverwaltungsstelle Lennep, Rechtsamt, Umweltamt, Amt für öffentliche Ordnung, Einwohnermelde- und Wahlamt, Standesamt, Versicherungs-

amt, Landschaftsamt, Feuerwehramt, Forstamt, Schulverwaltungsamt, Stadtbücherei, Volkshochschule, Chemisches Untersuchungsamt, Veterinäramt, Amt für Abfallbeseitigung und Straßenreinigung, Bezirksvertretung 5 – Lennep –, Ausschuß für öffentliche Ordnung, Ausschuß für Umwelt und Grünflächen, Schulausschuß

Dezernat V
Leiter: Karl Manfred Halbach StaDir
Sozialamt, Jugendamt, Psychologische Beratungsstellen, Gesundheitsamt, Bezirksvertretung 4 – West –, Ausschuß für Sozial- und Gesundheitswesen, Jugendhhilfeausschuß

Dezernat VI
Leiter: Helmut Kennepohl Beig
Bezirksverwaltungsstelle Lüttringhausen, Bauverwaltungs- und Liegenschaftsamt, Stadtplanungsamt, Vermessungsamt und Katasteramt, Bauordnungsamt, Hochbauamt, Tiefbauamt, Bezirksvertretung 3 – Süd –, Bezirksvertretung 6 – Lüttringhausen, Bauausschuß, Liegenschaftsausschuß

Stadtbezirke

Stadtbezirk 1: Innenstadt
Bezirksverwaltungsstelle: 42849 Remscheid, Rathaus; F (0 21 91) 44-27 70
Leiter der Bezirksverwaltungsstelle: Lutz Lajewski StaAmtm

Stadtbezirk 2: Nord/Hasten
Bezirksverwaltungsstelle: 42849 Remscheid, Rathaus; F (0 21 91) 44-27 70
Leiter der Bezirksverwaltungsstelle: Lutz Lajewski StaAmtm

Stadtbezirk 3: Süd
Bezirksverwaltungsstelle: 42849 Remscheid, Rathaus; F (0 21 91) 44-27 71
Leiter der Bezirksverwaltungsstelle: Cordula Gottwald StaAmtfrau

Stadtbezirk 4: West
Bezirksverwaltungsstelle: 42849 Remscheid, Rathaus; F (0 21 91) 44-27 71
Leiter der Bezirksverwaltungsstelle: Cordula Gottwald StaAmtfrau

Stadtbezirk 5: Lennep
Bezirksverwaltungsstelle: 42849 Remscheid, Thüringsberg 20; F (0 21 91) 44-78 93
Leiter der Bezirksverwaltungsstelle: Wolfgang Händeler StaAR

Stadtbezirk 6: Lüttringhausen
Bezirksverwaltungsstelle: 42849 Remscheid, Kreuzbergstr 15; F (0 21 91) 44-23 50
Leiter der Bezirksverwaltungsstelle: Frank Ackermann StaAR

9 Stadt Solingen

42651 Solingen, Rathaus Potsdamer Str 41;
Rathaus Cronenberger Str 59/61; Rathaus Ohligs,
Merscheider Str 3; Rathaus Wald,
Friedrich-Ebert-Str 75/77; Rathaus Höhscheid,
Neuenhofer Str 11; F (02 12) 2 90-0; Telefax
(02 12) 2 90 22 09; Telex 8 514 777
Fläche 8 944 ha, *Einwohner* 167 000
Rat der Stadt: 59 Mitglieder (26 SPD, 22 CDU,
7 FDP, 4 GRÜNE)
Oberbürgermeister: Gerd Kaimer
Bürgermeister: Bernd Krebs; Erika Rothstein
(MdL)
Oberstadtdirektor: Dr Ingolf Deubel
Stadtdirektor: Hans-Heinrich Dehl

Dezernat I
Leiter: Dr Ingolf Deubel OStaDir
**Hauptamt, Personalamt, Presse- und Informations-
amt, Rechnungsprüfungsamt, Amt für Stadtentwicklung und Wirtschaftsförderung**

Dezernat II
Leiter: Helmut Predeick StaKäm
**Stadtkämmerei, Stadtkasse, Liegenschaftsamt, Amt
für Steuern und Abgaben**

Dezernat III
Leiter: Hans-Heinrich Dehl StaDir
**Amt für Statistik, Wahlen und Meldewesen, Amt für
Automatisierte Datenverarbeitung, Rechtsamt, Amt
für öffentliche Ordnung, Standesamt, Feuerweh-
ramt, Amt für Wohnungswesen, Amt für Zivilschutz**

Dezernat IV
Leiter: Dieter Siebenborn Beig
**Schulverwaltungsamt, Kulturamt, Deutsches Klin-
genmuseum, Musikschule, Stadtarchiv, Volkshochschule, Stadtbücherei, Sport- und Bäderamt**

Dezernat V
Leiter: Bernd-Ulrich Drost Beig
**Sozialamt, Jugendamt, Gesundheitsamt, Städti-
sches Krankenhaus**

Dezernat VI
Leiter: Dipl-Ing Jörn-Roland Rohde Beig
**Stadtplanungsamt, Vermessungs- und Katasteramt,
Bauaufsichtsamt, Hochbauamt, Tiefbauamt, Gar-
ten-, Forst- und Friedhofsamt, Amt für Umwelt-
schutz und Amt für Abfallwirtschaft**

Dezernat VII
Leiter: Dipl-Ing Klaus Osenroth
Städtische Müllverbrennung, Stadtwerke

Bezirksvertretungen: Merscheid; Wald; Gräfrath;
Ohligs/Aufderhöhe; Höhscheid; Mitte; Burg
Zentrale Bezirksverwaltungsstelle: 42651 Solingen,
Rathaus Cronenberger Str 59/61; F (02 12)
2 90 21 30
Leiter: Bernd Siede StaOAR

10 Stadt Wuppertal

42275 Wuppertal, Wegnerstr; F (02 02) 5 63-1;
Telex 8 591 871 skw d; Teletex 20 21 75 =
StWuppt; Telefax 2/m (02 02) 5 63-53 53
Fläche 17 300 ha, *Einwohner* 391 341
Rat der Stadt: 67 Mitglieder (32 SPD, 21 CDU,
6 GRÜNE, 6 FDP, 2 Die Unabhängigen)
Oberbürgermeisterin: Ursula Kraus
Bürgermeister: Kurt Drees; Werner Draudt
Oberstadtdirektor: Dr Joachim Cornelius
Stadtdirektor: Dr Elmar Schulze

Dezernat des Oberstadtdirektors
Leiter: Dr Joachim Cornelius OStaDir
**Presse- und Informationsamt, Rechnungsprüfungs-
amt**

Dezernat I
Leiter: Dr Eberhard Geissler Beig
**Hauptamt, Personalamt, Ordnungs-, Einwohnermel-
de- und Standesamt, Liegenschaftsamt, Wirtschafts-
und Beschäftigungsförderung**

Dezernat II
Leiter: Dr Elmar Schulze StaDir und StaKäm
**Stadtkämmerei, Stadtkasse, Steueramt, Zoologi-
scher Garten**

Dezernat IV
Leiter: Theodor Jüchter Beig
**Schulverwaltungsamt, Sport- und Bäderamt, Kultur-
amt, Wuppertaler Bühnen, Volkshochschule, Stadtbibliothek**

Dezernat V
Leiter: Herbert Wilts Beig
**Sozialamt, Jugendamt, Gesundheitsamt, Aus-
gleichsamt, Rechts- und Versicherungsamt, Kliniken**

Dezernat VI
Leiter: Reinhard Stern Beig
**Bauverwaltungsamt, Vermessungs- und Kataster-
amt, Bauordnungsamt, Hochbauamt, Tiefbauamt,
Feuerwehr und Katastrophenschutz**

Dezernat VIII
Leiter: Martens Hauke Beig
**Amt für Stadtentwicklung und Stadtforschung,
Stadtplanungsamt, Amt für Bauförderung und Woh-
nungswesen**

Dezernat IX
Leiter: Harald Bayer Beig
**Amt für Umweltschutz, Gemeinschaftliches chemi-
sches Untersuchungsinstitut für die Städte Wuppertal und Solingen, Garten- und Forstamt, Straßenrei-
nigungs und Fuhramt**

Stadtbezirke

Stadtbezirk 0: Elberfeld
Bezirksverwaltungsstelle: 42103 Wuppertal, Neumarkt 10; F (02 02) 56 31
Leiterinnen der Bezirksverwaltungsstelle: Erika Wawersig StaOInspektorin; Martina Schulte StaOInspektorin

Stadtbezirk 1: Elberfeld-West
Bezirksverwaltungsstelle: 42103 Wuppertal, Neumarkt 10; F (02 02) 56 31
Leiterinnen der Bezirksverwaltungsstelle: Erika Wawersig StaOInspektorin, Martina Schulte StaOInspektorin

Stadtbezirk 2: Uellendahl/Katernberg
Bezirksverwaltungsstelle: 42103 Wuppertal, Neumarkt 10; F (02 02) 56 31
Leiterinnnen der Bezirksverwaltungsstelle: Erika Wawersig StaOInspektorin, Martina Schulte StaO-Inspektorin

Stadtbezirk 3: Vohwinkel
Bezirksverwaltungsstelle: 42329 Wuppertal, Rubensstr 4; F (02 02) 56 31
Leiter der Bezirksverwaltungsstelle: Heinz Gilde StaAR

Stadtbezirk 4: Cronenberg
Bezirksverwaltungsstelle: 42349 Wuppertal, Rathausstr 8; F (02 02) 56 31
Leiter der Bezirksverwaltungsstelle: Reinhard Knoth StaOAR

Stadtbezirk 5: Barmen
Bezirksverwaltungsstelle: 42275 Wuppertal, Wegnerstr 13-15; F (02 02) 56 31
Leiterinnen der Bezirksverwaltungsstelle: Petra Paßmann StaAmtfrau, Angelika Sauer StaAmtfrau

Stadtbezirk 6: Oberbarmen
Bezirksverwaltungsstelle: 42275 Wuppertal, Wegnerstr 13-15; F (02 02) 56 31
Leiterinnen der Bezirksverwaltungsstelle: Petra Paßmann StaAmtfrau, Angelika Sauer StaAmtfrau

Stadtbezirk 7: Heckinghausen
Bezirksverwaltungsstelle: 42275 Wuppertal, Wegnerstr 13-15; F (02 02) 56 31
Leiterinnen der Bezirksverwaltungsstelle: Petra Paßmann StaAmtfrau, Angelika Sauer StaAmtfrau

Stadtbezirk 8: Langerfeld
Bezirksverwaltungsstelle: 42389 Wuppertal, Schwelmer Str 15; F (02 02) 56 31
Leiterin der Bezirksverwaltungsstelle: Angelika Mortsiefer StaAmtfrau

Stadtbezirk 9: Ronsdorf
Bezirksverwaltungsstelle: 42369 Wuppertal, Marktstr 21; F (02 02) 56 31
Leiterin der Bezirksverwaltungsstelle: Renate Sotek StaARätin

II Regierungsbezirk Köln

1 Stadt Aachen

52058 Aachen, Postfach 1210; F (02 41) 4 32-0;
Telex 832 654 skac d; Telefax (02 41) 4 32 80 00;
Btx *921 083#
Fläche 16 084 ha, *Einwohner* 255 560
Rat der Stadt: 59 Mitglieder (26 CDU, 24 SPD, 6 GRÜNE, 3 FDP)

Oberbürgermeister: Dr Jürgen Linden
Bürgermeister/in: Dieter Philipp, Margret Ortstein
Oberstadtdirektor: Dr Heiner Berger
Stadtdirektor: Hartmut Witt

Dezernat I
Leiter: Dr Heiner Berger OStaDir
Verwaltungsamt für Oberbürgermeister, Verwaltungsamt für Oberstadtdirektor, Presse- und Werbeamt, Rechnungsprüfungsamt, Hauptamt, Personalamt, Amt für Statistik und Wahlen, Gemeinsame Kommunale Datenverarbeitungszentrale

Dezernat II
Leiter: Hartmut Witt StaDir und StaKäm
Amt für Verteidigungslasten, Stadtkämmerei, Stadtkasse, Stadtsteueramt, Amt für Wirtschaftsförderung, Eurogress

Dezernat III
Leiter: Dr-Ing Wilhelm Niehüsener Beig
Hochbauamt, Planungsamt, Tiefbauamt, Bauverwaltungsamt, Amt für Verkehrsanlagen

Dezernat IV
Leiter: Dr Hans-Bernhard Nordhoff Beig
Volkshochschule, Museen, Kulturamt, Stadtarchiv, öffentliche Bibliothek, Stadttheater und Musikdirektion, Ludwig Forum für Internationale Kunst

Dezernat V
Leiterin: Annette Hagemann Beigeordnete
Sozialamt, Gesundheitsamt, Ausgleichsamt, Versicherungsamt, Standesamt

Dezernat VI
Leiter: Dr Friedel Erlenkämper Beig
Jugendamt, Sportamt, Schulamt, Rechtsamt

Dezernat VII
Leiter: Dr Heiner Jüttner Beig
Bauordnungsamt, Liegenschaftsamt, Amt für Wohnungswesen, Veterinäramt, Vermessungs- und Katasteramt

Dezernat VIII
Leiter: Dr Wolfram Kupfer Beig
Straßenverkehrsamt, Ordnungsamt, Bezirksämter, Amt für Feuerschutz und Rettungsdienst, Amt für Zivilschutz, Geschäftsstelle Bezirksvertretung Aachen

Dezernat IX
Leiter: Dr Heinrich Getz Beig
Umweltamt, Chemisches und Lebensmitteluntersuchungsamt, Grünflächenamt, Forstamt, Amt für Abfallwirtschaft, Stadtreinigung und Fuhrparkwesen

Stadtbezirke

Stadtbezirk 0: Aachen
Geschäftsstelle für die Bezirksvertretung: 52058 Aachen, Verwaltungsgebäude Katschhof; F (02 41) 4 32 10 17/4 32 10 91
Leiter der Geschäftsstelle: Udo Rüber StaOAR

Stadtbezirk 1: Aachen-Brand
Bezirksamt: 52058 Aachen, Paul-Küpper-Platz 1;
F (02 41) 52 20 71 bis 52 20 73
Leiter des Bezirksamtes: Heribert Kuck StaAR

Stadtbezirk 2: Aachen-Eilendorf
Bezirksamt: 52058 Aachen, Severinstr 111;
F (02 41) 55 30 11
Leiter des Bezirksamtes: Heinrich Kind StaVwR

Stadtbezirk 3: Aachen-Haaren
Bezirksamt: 52058 Aachen, Alt-Haarener Str 139;
F (02 41) 16 69 97 und 16 69 98
Leiter des Bezirksamtes: Heinz Lindgens StaOVwR

Stadtbezirk 4: Aachen-Kornelimünster/Walheim
Bezirksamt: 52058 Aachen, Schulberg 20;
F (0 24 08) 30 81
Leiter des Bezirksamtes: Karl-Josef Jonas StaVwR

Stadtbezirk 5: Aachen-Laurensberg
Bezirksamt: 52058 Aachen, Rathausstr 12;
F (02 41) 1 20 11
Leiter des Bezirksamtes: Willi Schmitz StaVwR

Stadtbezirk 6: Aachen-Richterich
Bezirksamt: 52058 Aachen, Roermonder Str 559;
F (02 41) 1 20 46
Leiterin des Bezirksamtes: Ilse Sachs StaVwRätin

2 Stadt Bonn

53111 Bonn, Stadthaus, Berliner Platz 2; F (02 28)
77-1; Telex 8 86 861 skbn d; Telefax (02 28)
77 46 46
Fläche 14 132 ha; *Einwohner* 310 496
Rat der Stadt: 73 Mitglieder (32 CDU, 24 SPD,
9 GRÜNE, 8 FDP)
Oberbürgermeister: Dr Hans Daniels
Bürgermeister/in: Waltraud Christians, Jürgen En-
demann, Ruth Schmidt-Niemack, Hans-Dieter Wit-
te, Otto Kranz
Oberstadtdirektor: Hans-Dieter Diekmann
Stadtdirektor: Reiner Schreiber

Dezernat OStaDir
Leiter: Hans-Dieter Diekmann OStaDir
**Amt Büro Oberbürgermeister, Presseamt, Amt
Beethovenhalle, Büro Oberstadtdirektor, Amt für
Wirtschaftsförderung und Tourismus, Gleichstel-
lungsstelle, Rechnungsprüfungsamt**

Dezernat I
Leiter: Arno Hübner Beig
**Hauptamt, Personalamt, Bürger- und Standesamt,
Schulamt, Bezirksverwaltungsstellen**

Dezernat II
Leiter: Dr Ludger Sander Beig und StaKäm
**Stadtkämmerei, Stadtkasse, Steueramt, Liegen-
schaftsamt**

Dezernat III
Leiter: Peter Pollmann Beig
**Rechtsamt, Ordnungs- und Straßenverkehrsamt,
Amt für Feuer- und Katastrophenschutz, Veterinä-**
ramt, Gesundheitsamt, Amt für Umweltschutz und
Lebensmitteluntersuchung

Dezernat IV
Leiter: Hans-Jochem Freiherr von Uslar-Gleichen
Beig
Kulturamt, Sport- und Bäderamt, Kulturinstitute

Dezernat V
Leiter: NN
**Versicherungsamt, Sozialamt, Jugendamt, Aus-
gleichsamt, Amt für Wohnungswesen**

Dezernat VI
Leiter: Sigurd Trommer Beig
**Bauverwaltungsamt, Stadtplanungsamt, Kataster-
und Vermessungsamt, Bauordnungsamt, Hochbauamt, Tiefbauamt, Grünflächenamt**

Dezernat VII
Leiter: Reiner Schreiber Beig und stellv OStaDir
**Stadtwerke, Amt für Stadtreinigung und Abfallwirt-
schaft**

Stadtbezirke

Stadtbezirk 1: Bonn
Bezirksverwaltungsstelle: 53111 Bonn, Stadthaus,
Berliner Platz; F (02 28) 7 71
Leiter der Bezirksverwaltungsstelle: Josef Feikes
VwAng

Stadtbezirk 2: Bad Godesberg
Bezirksverwaltungsstelle: 53177 Bonn, Kurfürsten-
allee 6; F (02 28) 7 71
Leiter der Bezirksverwaltungsstelle: Aloys von der
Kall VwAng

Stadtbezirk 3: Beuel
Bezirksverwaltungsstelle: 53225 Bonn, Friedrich-
Breuer-Str 65; F (02 28) 7 71
Leiter der Bezirksverwaltungsstelle: Claus Werner
Müller StädtOVwR

Stadtbezirk 4: Hardtberg
Bezirksverwaltungsstelle: 53123 Bonn, Villemomb-
ler Str 1; F (02 28) 7 71
Leiter der Bezirksverwaltungsstelle: Franz-Josef
Küpper StädtOVwR

3 Stadt Köln

50667 Köln, Laurenzplatz 1/3; F (02 21) 2 21-1;
Telex 8 882 988; Teletex 2 214 105 = STADTK;
von Telex 172 214 105 STADTK; Telefax (02 21)
2 21-22 11
Fläche 40 512 ha, *Einwohner* 992 163
Rat der Stadt: 95 Mitglieder (42 SPD, 30 CDU,
10 GRÜNE, 6 FDP, 3 Die Bürger, 2 Deutsche Li-
ga, 2 Konservative Liberale Fraktion)
Oberbürgermeister: Norbert Burger
Bürgermeister/in: Johannes Jacob Blum, Renate
Canisius
Oberstadtdirektor: Lothar Ruschmeier
Stadtdirektor: Burkhard von der Mühlen

Dezernat 0I
Leiter: Lothar Ruschmeier OStaDir
Büro des Oberstadtdirektors, Frauenamt, Presse-
und Informationsamt

Dezernat 0II
Leiter: Burkhard von der Mühlen StaDir
Liegenschaftsamt, Vermessungs- und Katasteramt,
Bezirksamt Innenstadt, Rechts- und Versicherungs-
amt

Dezernat I
Leiter: Gerhard Kappius Beig
Büros der Stadtvertretung, Hauptamt, Personalamt,
Zusatzversorgung, Gemeinsame Betriebskranken-
kasse, Rechnungsprüfungsamt, Amt für öffentliche
Ordnung, Bezirksamt Ehrenfeld

Dezernat II
Leiter: Jörg-Michael Gleitze StaKäm
Kämmerei, Kassen- und Steueramt, Amt für Vertei-
digungslasten, Pfandkreditanstalt, Bezirksamt Kalk

Dezernat III
Leiter: Dr Ulrich Schröder Beig
Amt für Umweltschutz, Amt für Lebensmittelüber-
wachung, Veterinärwesen und Verbraucherschutz,
Grünflächenamt, Berufsfeuerwehr, Amt für Feuer-
schutz, Rettungsdienst und Bevölkerungsschutz,
Amt für Abfallwirtschaft, Stadtreinigung und Fuhr-
wesen

Dezernat IV
Leiter: Andreas Henseler Beig
Schulverwaltungsamt, Amt für Weiterbildung,
Sport- und Bäderamt, Bezirksamt Porz

Dezernat V
Leiterin: Dr Ursula Christiansen Beigeordnete
Sozialamt, Altenheime, Amt für Wohnungswesen,
Gesundheitsamt, Kliniken der Stadt Köln, Arbeits-
medizinischer Dienst, Arbeitssicherheitstechnischer
Dienst, Bezirksamt Rodenkirchen

Dezernat VI
Leiter: Dr Franz-Josef Schulte Beig
Amt für Personenstandswesen, Jugendamt, Fami-
lienberatung, Kinderheime, Ausgleichsamt, Amt für
Kinderinteressen, Bezirksamt Lindenthal

Dezernat VII
Leiter: Peter Nestler Beig
Kulturamt, Stadt-Konservator

Dezernat VIII
Leiter: Klaus Otto Fruhner Beig
Amt für Statistik und Einwohnerwesen, Amt für
Stadtentwicklungsplanung, Projektgruppe Altstadt/
Dom-Rhein/Rheinauhafen, Stadtplanungsamt,
Marktamt, Amt für Wirtschafts- und Beschäfti-
gungsförderung, Verkehrsamt, Bezirksamt Nippes

Dezernat IX
Leiter: Christoph Blume Beig
Amt für Stadterneuerung und Sanierung, Bauverwaltungsamt, Bauaufsichtsamt, Hochbauamt, Bezirksamt Mülheim

Dezernat IX/II
Leiter: Dipl-Ing Hubertus Oelmann Beig
Tiefbauverwaltungsamt, Amt für Straßenbau, Amt
für Stadtentwässerung, Amt für Brücken- und U-
Bahnbau, Bezirksamt Chorweiler

Stadtbezirke

Stadtbezirk 1: Altstadt/Süd, Altstadt/Nord, Neu-
stadt/Süd, Neustadt/Nord, Deutz
Bezirksamt Innenstadt: 50667 Köln, Brückenstr 19
(Dischhaus); F (02 21) 2 21-0
Leiter des Bezirksamtes: Werner Adams
LtdStaVwDir

Stadtbezirk 2: Bayenthal, Marienburg, Raderberg,
Raderthal, Zollstock, Rodenkirchen, Rondorf
(Hochkirchen, Höningen, Konraderhöhe und Ron-
dorf), Hahnwald, Weiß, Sürth, Godorf, Meschenich
und Immendorf
Bezirksamt Rodenkirchen: 50996 Köln,
Hauptstr 85; F (02 21) 35 91-1
Leiter des Bezirksamtes: Peter Krämer StaVwDir

Stadtbezirk 3: Klettenberg, Sülz, Lindenthal,
Braunsfeld, Müngersdorf, Lövenich, Junkersdorf
(Horbell, Junkersdorf und Marsdorf), Widders-
dorf, Weiden
Bezirksamt Lindenthal: 50933 Köln, Stolberger
Str 2; F (02 21) 54 84-1
Leiter des Bezirksamtes: Herbert Neumann
LtdStaVwDir

Stadtbezirk 4: Ehrenfeld, Neuehrenfeld, Vogelsang,
Bickendorf, Bocklemünd/Mengenich, Ossendorf
Bezirksamt Ehrenfeld: 50825 Köln, Venloer
Str 419-421; F (02 21) 54 88-0
Leiter des Bezirksamtes: Johannes Klemm
LtdStaVwDir

Stadtbezirk 5: Nippes, Mauenheim, Riehl, Niehl,
Weidenpesch, Longerich, Bilderstöckchen
Bezirksamt Nippes: 50733 Köln, Neußer Str 284-
286; F (02 21) 77 61-1
Leiter des Bezirksamtes: Eike Johannis
LtdStaVwDir

Stadtbezirk 6: Fühlingen, Roggendorf/Thenhoven,
Worringen, Blumenberg (Blumenberg, Broich und
Kreuzfeld), Chorweiler (Chorweiler und Hoven),
Heimersdorf, Lindweiler, Volkhoven/Weiler, Mer-
kenich (Feldkassel, Kasselberg, Langel, Merkenich
und Rheinkassel), Seeberg (Bergheimerhöfe und
Seeberg), Pesch, Esch/Auweiler
Bezirksamt Chorweiler: 50765 Köln, Pariser Platz 1;
F (02 21) 2 21-0
Leiter des Bezirksamtes: Johann Dietrich Kauf-
mann LtdStaVwDir

Stadtbezirk 7: Poll, Westhofen, Ensen, Gremberg-
hoven, Eil, Porz, Urbach, Elsdorf, Wahnheide,
Lind, Wahn, Libur, Zündorf, Grengel (Grengel und
Flughafen), Langel
Bezirksamt Porz: 51143 Köln, Friedrich-Ebert-Ufer
64; F (0 22 03) 41-1
Leiter des Bezirksamtes: Hans-Joachim Bartelt
LtdStaVwDir

274

Stadtbezirk 8: Humboldt-Gremberg, Kalk, Vingst, Höhenberg, Ostheim, Merheim, Brück, Rath, Heumar
Bezirksamt Kalk: 51103 Köln, Kalker Hauptstr 247-273; F (02 21) 89 96-1
Leiter des Bezirksamtes: Bruno Klais LtdStaVwDir

Stadtbezirk 9: Mülheim, Buchforst, Buchheim, Holweide, Dellbrück, Höhenhaus, Dünnwald, Stammheim, Flittard
Bezirksamt Mülheim: 51065 Köln, Wiener Platz 4; F (02 21) 67 02-1
Leiter des Bezirksamtes: Heinz Willmann LtdStaVwDir

4 Stadt Leverkusen

51373 Leverkusen, Friedrich-Ebert-Platz 1; F (02 14) 3 52-1; Telex 8 510 236
Fläche 72 866 ha; *Einwohner* 160 784
Rat der Stadt: 59 Mitglieder (25 SPD, 23 CDU, 4 GRÜNE, 4 FDP, 3 REP)
Oberbürgermeister: Horst Henning MdL
Bürgermeister: Wolfgang Obladen, Paul Hebbel
Oberstadtdirektor: Dr Walter Mende
Stadtdirektor: Dr Wolfgang Schulze-Olden

Dezernat I
Leiter: Dr Walter Mende OStaDir
Büro Oberstadtdirektor einschließlich der Pressestelle, Amt für Organisation und Personalwirtschaft, Frauenbüro, Hauptamt, Personalamt, Rechnungsprüfungsamt, Amt für Rats- und Bezirksangelegenheiten

Dezernat II
Leiter: Wolfgang Sobich StaKäm
Wirtschaftsförderung, Liegenschaften und Stadtwerbung, Kämmerei, Steuer und Kassenwesen, Kataster- und Vermessungsamt, Bauförderungsamt

Dezernat III
Leiter: NN
Rechtsamt, Amt für Umweltschutz, Straßenverkehrsamt, Amt für Feuerwehr und Zivilschutz, Büro Altlast Dhünnaue, Veterinäramt

Dezernat IV
Leiter: Dr Wolfgang Schulze-Olden StaDir
Bürgerbüro, Schulamt, Schulverwaltungsamt, Kulturamt

Dezernat V
Leiter: Gerald Bruchhausen Beig
Sozialamt, Jugendamt, Sport- und Bäderamt, Gesundheitsamt

Dezernat VI
Leiter: Dr Hans-Eckart Krajewski Beig
Büro Baudezernent, Planungsamt, Bauaufsichtsamt, Hochbauamt, Tiefbauamt, Grünflächenamt, Büro Stadtmitte

Stadtbezirke:

Stadtbezirk I:
Bezirksverwaltungsstelle: 51373 Leverkusen, Friedrich-Ebert-Platz 1; F (02 14) 3 52-85 13
Leiter der Bezirksverwaltungsstelle: Rosenstock

Stadtbezirk II:
Bezirksverwaltungsstelle: 51379 Leverkusen, Goetheplatz 1-4; F (0 21 71) 4 05-2 42
Leiter der Bezirksverwaltungsstelle: Reetz

Stadtbezirk III:
Bezirksverwaltungsstelle: 51373 Leverkusen, Friedrich-Ebert-Platz 1; F (02 14) 3 52-85 10
Leiter der Bezirksverwaltungsstelle: Nahl

III Regierungsbezirk Münster

1 Stadt Bottrop

46236 Bottrop, Ernst-Wilczok-Platz 1; F (0 20 41) 2 47-0; Telefax (0 20 41) 2 47-32 80; Telex 8 579 421 bott d
Fläche 10 057 ha; *Einwohner* 120 000
Rat der Stadt: 59 Mitglieder (32 SPD, 19 CDU, 5 DKP, 3 GRÜNE)
Oberbürgermeister: Kurt Schmitz
Bürgermeister: Bernhard Thiehofe, Paul Helbig
Oberstadtdirektor: Ernst Löchelt
Stadtdirektor: Norbert Wallmann

Dezernat I
Leiter: Ernst Löchelt OStaDir
Referat für Öffentlichkeitsarbeit, Wirtschaftsförderung und Marketing, Gleichstellungsstelle, Hauptamt, Personalamt, Amt für Informationsverarbeitung, Amt für Ratsangelegenheiten, Statistik und Wahlen, Rechnungsprüfungsamt, Liegenschaftsamt, Sport- und Bäderamt, Amt für Wohnungswesen

Dezernat II
Leiter: Norbert Wallmann StaDir
Straßenverkehrsamt, Bauverwaltungsamt, Stadtplanungsamt, Vermessungs- und Katasteramt, Bauaufsichtsamt, Hochbauamt, Tiefbauamt, Grünflächenamt, Amt für Abfallwirtschaft und Stadtreinigung, Fuhrpark

Dezernat III
Leiter: Dr Hans-Udo Thormann StaKäm
Stadtkämmerei, Stadtkasse, Stadtsteueramt, Rechtsamt, Ordnungsamt, Standesamt, Versicherungsamt, Amt für Feuer-, Zivilschutz und Rettungsdienst

Dezernat IV
Leiter: Dr Klemens Kreul StaR
Schulverwaltungsamt, Kulturamt, Volkshochschule, Quadrat Bottrop, Sozialamt, Jugendamt, Gesundheitsamt, Veterinäramt

Stadtbezirke

Stadtbezirk Bottrop
Bezirksverwaltungsstelle: 46236 Bottrop, Ernst-Wilczok-Platz 1; F (0 20 41) 2 47-34 01
Leiter der Bezirksverwaltungsstelle: Manfred Hohler StaAR

Stadtbezirk Kirchhellen
Bezirksverwaltungsstelle: 46244 Bottrop, Kirchhellener Ring 84-86; F (0 20 45) 20 41
Leiter der Bezirksverwaltungsstelle: Hans Schmidt StaAR

2 Stadt Gelsenkirchen

45875 Gelsenkirchen, Ebertstr 15; F (02 09) 1 69-0; Telefax (02 09) 20 06 25; Telex 8 24 788
Fläche 10 482 ha, *Einwohner* 293 602
Rat der Stadt: 67 Mitglieder (38 SPD, 18 CDU, 6 GRÜNE, 4 REP, 1 parteilos)
Oberbürgermeister: Kurt Bartlewski
Bürgermeister: Johannes Delmeré, Gerd Rehberg
Oberstadtdirektor: Dr Klaus Bussfeld
Stadtdirektor: Erwin Neumann

Dezernat OStaDir
Leiter: Dr Klaus Bussfeld OStaDir
Sekretariat Oberstadtdirektor, Frauenbüro, Pressestelle, Öffentlichkeitsarbeit, Amt für Ratsangelegenheiten, Rechnungsprüfungsamt

Dezernatbereich Planung
Leiter: Michael von der Mühlen
Geschäftsstelle Umweltschutz, Stadtplanungsamt, Vermessungs- und Katasteramt

Dezernat I Organisations-, Personal- und Gesundheitsdezernat
Leiterin: Vera Kestermann-Kuschke StaRätin
Hauptamt, Personalamt, Amt für Informationsverarbeitung, Gesundheitsamt, Städtische Kinderklinik, Veterinär- und Lebensmittelüberwachungsamt

Dezernat II Finanzdezernat
Leiter: Dr Peter Langner
Stadtkämmerei, Stadtkasse, Stadtsteueramt, Stadtreinigungsamt

Dezernat III Rechts- und Ordnungsdezernat
Leiter: Dr Wilhelm Mensing StaR
Rechts- und Versicherungsamt, Amt für öffentliche Ordnung und Umweltschutz, Chemisches und Lebensmittel-Untersuchungsamt, Einwohnermeldeamt, Standesamt, Feuerwehr, Katastrophen- und Zivilschutz

Dezernat IV Schul- und Kulturdezernat
Leiter: Peter Rose StaR
Schulverwaltungsamt, Kulturamt einschließlich Städtisches Museum, Städtische Musikschule und Institut für Stadtgeschichte, Musiktheater im Revier, Philharmonisches Orchester, Städtische Volkshochschule, Stadtbücherei

Dezernat V Sozialdezernat
Leiter: Erwin Neumann StaDir
Sozialamt, Jugendamt, Sport- und Bäderamt

Dezernat VI Baudezernat
Leiter: Dr Werner Lutter StaR
Amt für Bauverwaltung und Wohnungswesen, Bauordnungsamt, Hochbauamt, Tiefbauamt, Grünflächenamt, Referat Stadtbahnbau

Dezernat VII Dezernat für Wirtschaftsförderung
Leiter: Eberhard Bergjohann StaR
Amt für Stadtentwicklung und Wirtschaftsförderung, Liegenschaftsamt

3 Stadt Münster

48143 Münster, Stadthaus I, Eingang Klemensstr; F (02 51) 49 20; Telefax (02 51) 4 92 77 00; Telex 892 618 skms d
Fläche 30 231 ha, *Einwohner* 280 000
Rat der Stadt: 67 Mitglieder (30 CDU, 24 SPD, 8 GAL, 5 FDP)
Oberbürgermeister: Dr Jörg Twenhöven
Bürgermeisterinnen: Marion Tüns, Hildegard Graf
Oberstadtdirektor: Dr Tilman Pünder
Stadtdirektor: Hermann Janssen

Dezernat Oberstadtdirektor
Leiter: Dr Tilman Pünder OStaDir
zugeordnet: Dezernent für Organisation und Personal Dr Wolf Heinrichs und Dezernent für Öffentlichkeitsarbeit Jürgen Böckling
Hauptamt, Personalamt, Statistisches Amt, Presse- und Informationsamt, Rechnungsprüfungsamt, Amt für Datenverarbeitung, Bezirksverwaltungsstellen, Frauenbüro

Dezernat II
Leiter: Dr Berthold Tillmann StaKäm
Stadtkämmerei, Stadtkasse, Amt für kommunale Abgaben

Dezernat III
Leiter: Hans-Joachim Gersch StaR
Rechtsamt, Umweltamt, Ordnungsamt, Veterinär- und Lebensmittelüberwachungsamt, Standesamt, Amt für Stadtreinigung und Abfallwirtschaft

Dezernat IV
Leiter: Hermann Janssen StaDir
Schulamt, Kulturamt, Stadtbücherei, Volkshochschule, Stadtmuseum, Städtische Bühnen, Stadtarchiv, Sportamt

Dezernat V
Leiterin: Helga Bickeböller StaRätin
Sozialamt, Jugendamt, Gesundheitsamt, Amt für soziale Dienste

Dezernat VI
Leiter: Lutz Rupprecht StaBauR
Stadtplanungsamt, Vermessungs- und Katasteramt, Bauordnungsamt, Hochbauamt, Tiefbauamt, Amt für Grünflächen und Naturschutz
zugeordnet: Dezernent für Planungs- und Baukoordination Hartmut Bartmann

Dezernat VII
Leiter: Horst Powilleit StaR
Feuerwehr, Ausgleichsamt, Amt für Wohnungswesen

Dezernat VIII
Leiter: Gerhard Veltmann StaR
Liegenschaftsamt, Amt für Stadtwerbung und Touristik, Amt für Wirtschaftsförderung

Stadtbezirke

Stadtbezirk Münster-Mitte
Bezirksverwaltungsstelle: 48143 Münster, Klemensstr 10; F (02 51) 4 92-10 27
Aufgaben werden von der Zentralverwaltung wahrgenommen

Stadtbezirk Münster-Nord
Bezirksverwaltungsstelle: 48159 Münster, Westhoffstr 130; F (02 51) 21 30 65

Stadtbezirk Münster-Ost
Bezirksverwaltungsstelle: 48143 Münster, Klemensstr 10; F (02 51) 4 92-10 27
Aufgaben werden von der Zentralverwaltung wahrgenommen

Stadtbezirk Münster-Südost
Bezirksverwaltungsstelle: 48167 Münster, Am Steintor 50; F (0 25 06) 93 19-0

Stadtbezirk Münster-Hiltrup
Bezirksverwaltungsstelle: 48165 Münster, Friedhofstr 13 a; F (0 25 01) 12 74

Stadtbezirk Münster-West
Bezirksverwaltungsstelle: 48161 Münster, Schelmenstiege 1/3; F (0 25 34) 4 01

IV Regierungsbezirk Detmold

1 Stadt Bielefeld

33602 Bielefeld, Niederwall 23-25; F (05 21) 5 11; Telex 9 32 823 skbid; Telefax (05 21) 51 65 99
Fläche 25 764 ha. *Einwohner* 324 328
Rat der Stadt: 67 Mitglieder (27 SPD, 24 CDU, 6 GRÜNE/Bunte Liste Fraktion, 6 Bürgergemeinschaft für Bielefeld, 4 FDP)
Oberbürgermeister: Eberhard David
Bürgermeisterin: Angelika Dopheide, Maja Oetker
Oberstadtdirektor: Dr Volker Hausmann
Stadtdirektor: Dr Johannes Kramer

Oberstadtdirektor
Leiter: Dr Volker Hausmann OStaDir
Beauftragter für Regionalentwicklung, Rechnungsprüfungsamt, Statistisches Amt und Wahlamt, Amt für Öffentlichkeitsarbeit und Stadtmarketing, Gleichstellungsstelle

Dezernat I
Leiter: Horst Maas Beig
Hauptamt, Personalamt, Rechtsamt, Dienstaufsicht über Bezirksämter

Dezernat II
Leiter: Dietmar Hille StaKäm
Stadtkämmerei, Stadtkasse, Steueramt

Dezernat III
Leiter: Jürgen Heinrich Beig
Ordnungsamt, Amt für Personenstandswesen, Versicherungsamt, Amt für Bürgerberatung, Amt für Brand- und Katastrophenschutz, Veterinär- und Lebensmittelüberwachungsamt, Amt für Wohnungsbauförderung und Wohnungshilfen

Dezernat IV
Leiter: Dr Albrecht Peter Pohle Beig
Schulverwaltungsamt, Volkshochschule, Musik- und Kunstschule, Historische Museen, Städtische Bühnen und Philharmonisches Orchester, Kulturamt, Stadtbibliothek, Stadtarchiv und Landesgeschichtliche Bibliothek, Kunsthalle und Museen

Dezernat V
Leiter: Dr Johannes Kramer StaDir
Sozialamt, Jugendamt, Städtische Krankenanstalten Mitte, Städtische Krankenanstalten Rosenhöhe, Ausgleichsamt, Amt für soziale Dienste, Hygienisch-Bakteriologisches Institut, Gesundheitsamt

Dezernat VI
Leiter: Florian Mausbach Beig
Bauverwaltungsamt, Planungsamt, Bauordnungsamt, Hochbauamt, Tiefbauamt

Dezernat VII
Leiter: Martin Enderle
Wasserschutzamt, Chemisches Untersuchungsamt, Garten-, Forst- und Friedhofsamt, Stadtreinigungsamt, Eigenbetrieb Friedhofsgärtnerei, Eigenbetrieb Kompostwerk

Dezernat VIII
Leiter: Rainer Ludwig
Liegenschaftsamt, Vermessungs- und Katasteramt, Amt für Beschäftigungs- und Wirtschaftsförderung, Sportamt, Eigenbetrieb Stadthalle Bielefeld

Stadtbezirke

Stadtbezirk Brackwede
Bezirksamt: 33647 Bielefeld, Germanenstr 22; F (05 21) 5 11
Leiter: Horst Diekwisch

Stadtbezirk Heepen
Bezirksamt: 33719 Bielefeld, Salzufler Str 13; F (05 21) 5 11
Leiter: Wolfgang Euler

Stadtbezirk Sennestadt
Bezirksamt: 33689 Bielefeld, Reichowplatz 3; F (05 21) 5 11
Leiter: Willy Kornfeld

Stadtbezirk Senne
Bezirksamt: 33659 Bielefeld, Windelsbleicher Str 242; F (05 21) 5 11
Leiter: NN

Stadtbezirk Dornberg
Bezirksamt: 33619 Bielefeld, Wertherstr 436; F (05 21) 5 11
Leiter: Reiner Kastrup

Stadtbezirk Jöllenbeck
Bezirksamt: 33739 Bielefeld, Amtsstr 13; F (05 21) 5 11
Leiter: Manfred Nolte

Stadtbezirk Gadderbaum
Bezirksamt: 33617 Bielefeld, Deckertstr 52/54; F (05 21) 5 11
Leiterin: Maria Kobert

Stadtbezirk Mitte*
Stadtbezirk Schildesche*
Stadtbezirk Stieghorst*
*Kein *Bezirksamt.* Aufgaben werden von den zentralen Fachämtern wahrgenommen

V Regierungsbezirk Arnsberg

1 Stadt Bochum

44777 Bochum, Willy-Brandt-Platz; F (02 34) 9 10-0; Telefax (02 34) 9 10-36 43; Telex 825 426 Stebo d; Btx *46 301#
Fläche 14 540 ha; *Einwohner* 409 082
Rat der Stadt: 67 Mitglieder (40 SPD, 19 CDU, 8 GRÜNE)
Oberbürgermeister: Heinz Eikelbeck
Bürgermeister: Rolf Schieck, Gerhard Zehnter
Oberstadtdirektor: Dr Burkhard Dreher
Stadtdirektor: Joachim Barbonus

Dezernat I
Leiter: Dr Burkhard Dreher OStaDir
Amt für Ratsangelegenheiten, Presse- und Informationsamt, Geschäftsstelle Umweltschutz, Gleichstellungsstelle, Rechnungsprüfungsamt, Arbeitsgruppe Stadtentwicklungsplanung (OStD/E)

Dezernat II
Leiter: Joachim Barbonus StaDir
Kämmerei, Kassen- und Steueramt, Amt für Brand- und Zivilschutz, Amt für öffentliche Ordnung, Veterinäramt, Chemisches Untersuchungsamt

Dezernat IV
Leiterin: Dr Ute Canaris StaRätin
Schulverwaltungsamt, Kulturamt, Stadtarchiv, Bochumer Symphoniker, Stadtbücherei, Musikschule Bochum, Museum Bochum, Sternwarte Bochum, Volkshochschule Bochum, Westfälische Schauspielschule, Schauspielhaus, Verwaltungs- und Wirtschaftsakademie

Dezernat V
Leiter: Dieter Neukirchen StaR
Sozialamt, Jugendamt, Beratungsstelle für Eltern, Kinder und Jugendliche, Gesundheitsamt, Medizinaluntersuchungsamt, Ausgleichs- und Versicherungsamt

Dezernat VI
Leiter: Dipl-Ing Helmut Ahuis StaBauR
Bauverwaltungsamt, Planungsamt, Vermessungs- und Katasteramt, Bauordnungsamt, Amt für Wohnungswesen, Grünflächenamt, Hochbauamt, Tiefbauamt, Sanierungsstelle

Dezernat VII
Leiter: Ulrich Potthast StaR
Hauptamt, Gemeinsame Kommunale Datenverarbeitungszentrale Ruhr, Personalamt, Westfälisch-Märkisches Studieninstitut, Sport- und Bäderamt, Abfallwirtschaft und Stadtreinigung Bochum

Dezernat VIII
Leiter: Wolfgang Möller StaR
Liegenschaftsamt, Amt für Statistik, Stadtforschung und Wahlen, Amt für Verkehrs- und Wirtschaftsförderung, Rechtsamt, Straßenverkehrsamt, Einwohneramt, Koordinator für Bezirksangelegenheiten, Bezirksverwaltungsstellen Wattenscheid, Nord, Ost, Süd, Südwest, Mitte, Bezirke Bochum-Wattenscheid, Bochum-Mitte, Bochum-Nord, Bochum-Ost, Bochum-Süd, Bochum-Südwest

Stadtbezirke

Stadtbezirk I: Bochum-Mitte
Bezirksverwaltungsstelle: 44777 Bochum, Rathaus; F (02 34) 9 10-23 00
Leiter der Bezirksverwaltungsstelle: Günter Pamp

Stadtbezirk II: Bochum-Wattenscheid
Bezirksverwaltungsstelle: 44866 Bochum, Rathaus Wattenscheid; F (02 34) 9 10-62 02
Leiter der Bezirksverwaltungsstelle: Heinz Jürgen Thömmes

Stadtbezirk III: Bochum-Nord
Bezirksverwaltungsstelle: 44805 Bochum, Heinrichstr 42; F (02 34) 9 10-92 12
Leiter der Bezirksverwaltungsstelle: Thorsten Schütz

Stadtbezirk IV: Bochum-Ost
Bezirksverwaltungsstelle: 44892 Bochum, Carl-von-Ossietzky-Platz 2; F (02 34) 9 10-94 12; 44894 Bochum, Kreyenfeldstr 31; F (02 34) 9 10-93 12
Leiter der Bezirksverwaltungsstelle: Horst Dieter Kuligga

Stadtbezirk V: Bochum-Süd
Bezirksverwaltungsstelle: 44801 Bochum, Uni Center; F (02 34) 9 10-91 12
Leiter der Bezirksverwaltungsstelle: Hans Mischke

Stadtbezirk VI: Bochum-Südwest
Bezirksverwaltungsstelle: 44879 Bochum, Dr-C-Otto-Str 75; F (02 34) 9 10-95 12 und Verwaltungsstelle Weitmar, 44789 Bochum, Hattinger Str 389; F (02 34) 9 10-89 12

Leiter der Bezirksverwaltungsstelle: Siegfried Kluwe

2 Stadt Dortmund

44122 Dortmund, Südwall 2-4; F (02 31) 50-0; Telex
8 22 287; Telefax (02 31) 5 02 28 77
Fläche 28 023 ha; *Einwohner* 609 683
Rat der Stadt: 83 Mitglieder (47 SPD, 23 CDU,
8 GRÜNE, 2 REP, 2 konservativ-soziale Fraktion,
1 fraktionslos)
Oberbürgermeister: Günter Samtlebe
1. Stellvertretende Oberbürgermeisterin: Marianne
Wendzinski
2. Stellvertretende Oberbürgermeister: Lorenz Ladage
Oberstadtdirektor: Dr Hans-Gerhard Koch
Stadtdirektor: Wolfgang Schäfer

Oberstadtdirektor Dr Hans-Gerhard Koch
Stadtamt für Angelegenheiten des Rates und des
Oberbürgermeisters, Stadtamt für Angelegenheiten
des Oberstadtdirektors, Büro für Presse- und Öffent-
lichkeitsarbeit, Rechnungsprüfungsamt

Dezernat I
Leiter: Wolfgang Koch StaR
Hauptamt, Personalamt, Verwaltungsamt

Dezernat II
Leiter: Karl-Joachim Neuhaus StaR
Stadtkämmerei und Stadtsteueramt, Stadtkasse,
Städtische Kliniken

Dezernat III
Leiter: Dr Wolfgang Kenneweg StaR
Rechtsamt, Straßenverkehrsamt, Amt für öffentliche
Ordnung, Einwohnermeldeamt, Stadtamt für Perso-
nenstandssachen, Feuerwehr, Ausgleichs- und Versi-
cherungsamt

Dezernat IV
Leiter: Dr Gerhard Langemeyer StaR
Schulverwaltungsamt, Stadtarchiv, Kulturbüro und
Kulturinstitute, Theater Dortmund, Sportamt,
Volkshochschule

Dezernat V
Leiter: Wolfgang Schäfer StaDir
Stadtamt für Wohnungswesen, Sozialamt, Jugend-
amt, Gesundheitsamt

Dezernat VI
Leiter: Bernd Reiff StaR
Stadtplanungsamt, Bauordnungsamt, Umweltamt,
Stadterneuerung Dortmund

Dezernat VII
Leiter: Klaus Fehlemann StaR
Hochbauamt, Tiefbauamt, Stadtbahnbauamt, Grün-
flächenamt

Dezernat VIII
Leiter: Dr Karl Bockelmann StaR
Wirtschaftsförderung Dortmund, Liegenschaftsamt,
Amt für Statistik und Wahlen, Vermessungs- und
Katasteramt

Stadtbezirke

Stadtbezirk: Innenstadt-Nord
Angelegenheiten der Bezirksvertretungen: 44122
Dortmund, Stadthaus, (Olpe 1); F (02 31) 50-
2 29 07
Leiterin der Geschäftsstelle: Gerda Bogdahn StaA-
Rätin

Stadtbezirk: Innenstadt-Ost
Angelegenheiten der Bezirksvertretungen: 44122
Dortmund, Stadthaus, (Olpe 1); F (02 31) 50-
2 29 05
Leiter der Geschäftsstelle: Wilfried Kirchstein
StaAR

Stadtbezirk: Innenstadt-West
Angelegenheiten der Bezirksvertretungen: 44122
Dortmund, Stadthaus, (Olpe 1); F (02 31) 50-
2 29 04
Leiter der Geschäftsstelle: Karl-Walter Hollmann
StaAR

Stadtbezirk: Dortmund-Aplerbeck
Bezirksverwaltungsstelle: 44122 Dortmund, (Apler-
becker Marktplatz 21); F (02 31) 50-2 93 10
Leiter der Bezirksverwaltungsstelle: Hans-Peter
Minkmar StaVwR

Stadtbezirk: Dortmund-Brackel
Bezirksverwaltungsstelle: 44122 Dortmund, (Brak-
keler Hellweg 170); F (02 31) 50-2 48 10
Leiter der Bezirksverwaltungsstelle: Wilhelm Döhr
StaOVwR

Stadtbezirk: Dortmund-Eving
Bezirksverwaltungsstelle: 44122 Dortmund, (Deut-
sche Str 2-4); F (02 31) 50-2 54 30
Leiter der Bezirksverwaltungsstelle: Gunter Kleine
VwAng

Stadtbezirk: Dortmund-Hörde
Bezirksverwaltungsstelle: 44122 Dortmund, (Her-
mannstr 4-6); F (02 31) 50-2 44 01
Leiter der Bezirksverwaltungsstelle: Horst Stroh-
mann StaOVwR

Stadtbezirk: Dortmund-Hombruch
Bezirksverwaltungsstelle: 44122 Dortmund, (Hark-
ortstr 58); F (02 31) 50-2 83 12
Leiterin der Bezirksverwaltungsstelle: Ursula Muhr
StaVwRätin

Stadtbezirk: Dortmund-Huckarde
Bezirksverwaltungsstelle: 44122 Dortmund, (Rah-
mer Str 11-13); F (02 31) 50-2 84 12
Leiter der Bezirksverwaltungsstelle: Wolfgang Sin-
dermann StaVwR

Stadtbezirk: Dortmund-Lütgendortmund
Bezirksverwaltungsstelle: 44122 Dortmund, (Lim-
becker Str 31); F (02 31) 50-2 89 00
Leiter der Bezirksverwaltungsstelle: Wolfgang Les-
niczak StaVwR

Stadtbezirk: Dortmund-Mengede
Bezirksverwaltungsstelle: 44122 Dortmund, (Am Amtshaus 1); F (02 31) 50-2 80 00
Leiter der Bezirksverwaltungsstelle: Jürgen Braun StOVwR

Stadtbezirk: Dortmund-Scharnhorst
Bezirksverwaltungsstelle: 44122 Dortmund, (Gleiwitzstr 277); F (02 31) 50-2 88 17
Leiterin der Bezirksverwaltungsstelle: Gisela Marks StaVwRätin

3 Stadt Hagen

58095 Hagen, Friedrich-Ebert-Platz; F (0 23 31) 2 07-0; Telex 8 23 629; Telefax (0 23 31) 2 42 99
Fläche 160 400 ha; *Einwohner* 217 214
Rat der Stadt: 59 Mitglieder (29 SPD, 19 CDU, 4 GRÜNE, 3 FDP, 2 REP, 2 UWG)
Oberbürgermeister: Dietmar Thieser
Bürgermeister: Norbert Stremmler, Gerhard Rudat
Oberstadtdirektor: Dietrich Freudenberger
Stadtdirektor: Werner Püttmann

Dezernat – OStaDir
Leiter: Dietrich Freudenberger OStaDir
Amt des Rates, Büro des Oberstadtdirektors, Gleichstellungsbeauftragte, Presse- und Informationsamt, Hauptamt, Personalamt, Betriebskrankenkasse der Stadt Hagen, Amt für Statistik und Stadtforschung, Rechnungsprüfungsamt, Datenverarbeitungszentrale

Dezernat II
Leiter: Jürgen Sonneborn StaKäm
Stadtkämmerei, Stadtkasse, Liegenschaftsamt, Amt für Wohnungswesen, Amt für Wirtschaftsförderung und Stadtsanierung

Dezernat III
Leiter: Werner Püttmann StaDir
Rechtsamt, Ordnungsamt, Straßenverkehrsamt, Standesamt, Versicherungsamt, Amt für Brand- und Katastrophenschutz

Dezernat IV
Leiter: Karl-Josef Ludwig StaR
Amt für Schulverwaltung und Hochschulwesen, Schulpsychologischer Dienst, Bezirksverwaltungsstellen, Sportamt

Dezernat V
Leiter: Hans-Rüdiger Vopmann StaR
Kultur- und Werbeamt, Stadtbücherei, Volkshochschule, Max-Reger-Musikschule, Karl-Ernst-Osthaus-Museum, Theater Hagen, Philharmonisches Orchester, Museum für Stadt- und Heimatgeschichte/Stadtarchiv, Sozialamt, Jugendamt

Dezernat VI
Leiter: Johann Dieckmann StaR
Bauverwaltungsamt, Vermessungs- und Katasteramt, Tiefbauamt, Straßen- und Brückenbauamt, Grünflächenamt, Stadtplanungsamt, Bauordnungsamt, Stadtentwässerungsamt

Dezernat VII
Leiter: Dr Christian Schmidt StaR
Forstamt, Veterinäramt, Gesundheitsamt, Pharmazeutisch-technische Lehranstalt, Chemisches Untersuchungsamt, Hagener Entsorgungsbetrieb (HEB), Umweltamt

Stadtbezirke

Stadtbezirk 1: Hagen-Mitte
Stadtbezirk 2: Hagen-Nord
Bezirksverwaltungsstelle: 58099 Hagen, Schwerter Str 168; F (0 23 31) 2 07-0
Leiter der Bezirksverwaltungsstelle: Karsten Sund StaOAR
Verwaltungsaußenstelle Vorhalle: 58089 Hagen, Vorhaller Str 21, F (0 23 31) 2 07-0

Stadtbezirk 3: Hohenlimburg
Bezirksverwaltungsstelle: 58119 Hagen, Freiheitstr 3; F (0 23 34) 83-1
Leiter der Bezirksverwaltungsstelle: Rudolf Otto StaVwR

Stadtbezirk 4: Eilpe/Dahl
Verwaltungsaußenstelle Dahl: 58091 Hagen, Zwischen den Brücken 5; F (0 23 37) 10 04
Leiterin der Verwaltungsaußenstelle: Margot Neumann StaAmtfrau

Stadtbezirk 5: Haspe
Bezirksverwaltungsstelle: 58135 Hagen, Preußerstr 35; F (0 23 31) 2 07-0
Leiter der Bezirksverwaltungsstelle: Jochen Schmidt StaOAR

4 Stadt Hamm

59065 Hamm, Theodor-Heuss-Platz 16; F (0 23 81) 17-1; Telex 8 28 656-lham d; Telefax (0 23 81) 17-29 71; Btx (0 23 81) 17
Fläche 22 610 ha; *Einwohner* 185 994
Rat der Stadt: 59 Mitglieder (29 SPD, 22 CDU, 4 GAL, 4 REP)
Oberbürgermeisterin: Sabine Zech
Bürgermeister: Hans Heinlein, Jürgen Wieland
Oberstadtdirektor: Dr Dieter Kraemer
Stadtdirektor: Hans-Joachim Hamerla

Dezernat 1
Leiter: Dr Dieter Kraemer OStaDir
Verwaltungsdirektor, Büro des Oberstadtdirektors, Amt für Presse- und Öffentlichkeitsarbeit, Rechnungsprüfungsamt, Amt für Ratsangelegenheiten, Hauptamt, Personalamt, Rechnungsprüfungsamt, Amt für Organisation und Informationsverarbeitung

Dezernat 2
Leiter: Norwin Wegner StaKäm
Amt für Bezirksangelegenheiten, Kämmerei, Stadtkasse und Steueramt

Dezernat 3
Leiter: Frank Herbst StaR
Rechtsamt, Umweltamt, Ordnungsamt, Amt für Personenstands- und Ausländerwesen, Straßenverkehrsamt, Feuerwehr, Fleischhygieneamt

Dezernat 4

Leiter: Dr Karl-August Faulenbach StaR
Schulverwaltungsamt, Kultur- und Fremdenverkehrsamt, Sportamt

Dezernat 5

Leiterin: Sophie Graebsch-Wagener StaRätin
Versicherungsamt, Sozialamt, Jugendamt, Gesundheitsamt, Chemisches Untersuchungsamt

Dezernat 6

Leiter: Hans-Joachim Hamerla StaDir
Bauverwaltungsamt, Stadtplanungsamt, Vermessungs- und Katasteramt, Bauordnungsamt, Hochbauamt, Tiefbauamt, Grünflächenamt

Dezernat 7

Leiter: Dr Hans Estermann StaR
Wohnungsförderungsamt, Amt für Abfallwirtschaft und Stadtreinigung, Amt für Wirtschaftsförderung und Liegenschaften

Stadtbezirke

Stadtbezirk 1: Hamm-Mitte
Bezirksverwaltungsstelle: 59065 Hamm, Theodor-Heuss-Platz 16; F (0 23 81) 17-1
Leiter der Bezirksverwaltungsstelle: Thomas Köster

Stadtbezirk 2: Hamm-Uentrop
Bezirksverwaltungsstelle: 59071 Hamm, Alter Grenzweg 2; F (0 23 81) 89 761-7 und 8 33 50-52
Leiterin der Bezirksverwaltungsstelle: Monika Lambardt

Stadtbezirk 3: Hamm-Rhynern
Bezirksverwaltungsstelle: 59069 Hamm, Unnaer Str 12; F (0 23 85) 4 26
Leiter der Bezirksverwaltungsstelle: Herbert Plümpe

Stadtbezirk 4: Hamm-Pelkum
Bezirksverwaltungsstelle: 59077 Hamm, Heinrichstr 8; F (0 23 81) 4 09 91
Leiterin der Bezirksverwaltungsstelle: Irene Rumpenhorst

Stadtbezirk 5: Hamm-Herringen
Bezirksverwaltungsstelle: 59077 Hamm, Dortmunder Str 245; F (0 23 81) 46 72-0
Leiter der Bezirksverwaltungsstelle: Johannes Topp

Stadtbezirk 6: Hamm-Bockum-Hövel
Bezirksverwaltungsstelle: 59075 Hamm, Teichweg 1; F (0 23 81) 7 93-0
Leiter der Bezirksverwaltungsstelle: Dietmar Kammann

Stadtbezirk 7: Hamm-Heessen
Bezirksverwaltungsstelle: 59073 Hamm, Amtsstr 19; F (0 23 81) 6 83-0
Leiter der Bezirksverwaltungsstelle: Dieter Lindemann

44623 Herne, Friedrich-Ebert-Platz 2; F (0 23 23) 16-0; Telefax (0 23 23) 16-21 00; Telex 8 229 872 skhr d
Fläche 5 139 ha; *Einwohner* 177 368
Rat der Stadt: 59 Mitglieder (37 SPD, 17 CDU, 5 GRÜNE)
Oberbürgermeister: Wilhelm Pohlmann
Bürgermeister: Christel Mannke, Gerd Pieper
Oberstadtdirektor: Dr Roland Kirchhof
Stadtdirektor: Heinrich-Peter Drenseck

Dezernat I

Leiter: Dr Roland Kirchhof OStaDir
Hauptamt, Personalamt, Amt für Ratsangelegenheiten, Amt für Angelegenheiten der Bezirksverwaltungsstellen, Presse- und Informationsamt, Rechnungsprüfungsamt, Amt für Stadtentwicklung, Stadtforschung und Statistik

Dezernat II

Leiter: Heinrich-Peter Drenseck StaDir
Stadtkämmerei, Kassen- und Steueramt, Liegenschaftsamt, Stadtreinigungsamt

Dezernat III

Leiterin: Ulrike-M Wirtz StaRätin
Rechtsamt, Amt für öffentliche Ordnung, Bürger- und Einwohneramt, Standesamt, Versicherungsamt, Amt für Brandschutz, Katastrophenschutz und Rettungsdienst, Straßenverkehrsamt

Dezernat IV

Leiterin: Dr Dagmar Goch StaRätin
Schulverwaltungsamt, Kulturamt, Stadtbücherei, Volkshochschule, Sport- und Bäderamt

Dezernat V

Leiter: Meinolf Nowak StaR
Sozialamt, Jugendamt, Gesundheitsamt, Wohnungs- und Bauförderungsamt, Amt für Umweltschutz

Dezernat VI

Leiter: Jan B Terhoeven StaR
Stadtplanungsamt, Vermessungs- und Katasteramt, Amt für Bauordnung und Denkmalschutz, Hochbauamt, Tiefbauamt, Grünflächenamt

Stadtbezirke

Stadtbezirk 1: Wanne
Bezirksverwaltungsstelle: 44649 Herne, Rathausstr 6; F (0 23 23) 16-0

Stadtbezirk 2: Eickel
Bezirksverwaltungsstelle: 44649 Herne, Rathausstr 6; F (0 23 23) 16-0

Stadtbezirk 3: Herne-Mitte
Bezirksverwaltungsstelle: 44623 Herne, Freiligrathstr 12; F (0 23 23) 16-0

Stadtbezirk 4: Sodingen
Bezirksverwaltungsstelle: 44623 Herne, Freiligrathstr 12; F (0 23 23) 16-0

IV Die Kreise und kreisangehörigen Gemeinden im Lande Nordrhein-Westfalen

I Regierungsbezirk Düsseldorf

1 Kreis Kleve

47533 Kleve, Nassauer Allee 15-23; F (0 28 21) 8 50; Telex 8 11 857 lkkled; Telefax (0 28 21) 8 55 00
Fläche: 123 141 ha; *Einwohner:* 272 792
Kreistag. 63 Mitglieder (32 CDU, 23 SPD, 4 BÜNDNIS 90/DIE GRÜNEN, 4 FDP)
Landrat: Hans Pickers
Oberkreisdirektor: Rudolf Kersting

Dezernat I
Leiter: Rudolf Kersting OKDir
Rechnungs- und Gemeindeprüfungsamt, Kämmerei, Leitung der Kreispolizeibehörde, Amt für Polizeiangelegenheiten

Dezernat II
Leiter: Norbert Mörs KDir
Ordnungsamt, Straßenverkehrsamt, Rechtsamt, Gesundheitsamt, Sozialamt, Jugendamt

Dezernat III
Leiter: Werner Vahlhaus LtdKRechtsDir
Schul- und Kulturamt, Haupt- und Personalamt, Veterinär- und Lebensmittelüberwachungsamt, Bauamt, Stabsstelle Moyland

Dezernat IV
Leiter: Reinhard Gillessen LtdKVwDir
Amt für Landschafts- und Naturschutz, Vermessungs-und Kataseramt, Amt für Wirtschaftsförderung, Amt für Wasser-, Bodenschutz und Straßenbau

Gemeinden im Kreis Kleve:

Gemeinde Bedburg-Hau
47551 Bedburg-Hau, Kalkarer Str 19; F (0 28 21) 6 60-0; Telefax (0 28 21) 6 60 52
Einwohner: 12 300; *Rat der Gemeinde:* 18 CDU, 10 SPD, 3 GRÜNE, 2 FDP
Bürgermeister: Hans Geurts
Gemeindedirektor: Wilhelm van Eck

Stadt Emmerich
46446 Emmerich, Geistmarkt 1; F (0 28 22) 7 50; Telefax (0 28 22) 27 56
Einwohner: 28 995; *Rat der Stadt:* 18 SPD, 17 CDU, 2 GRÜNE, 2 FDP
Bürgermeisterin: Irene Möllenbeck
Stadtdirektor: Franz Kulka

Stadt Geldern
47608 Geldern, Issumer Tor 36; F (0 28 31) 3 98-0; Telefax (0 28 31) 3 98-1 30
Einwohner: 28 946; *Rat der Stadt:* 25 CDU, 10 SPD, 3 GRÜNE, 1 fraktionlos
Bürgermeister: Paul Heßler
Stadtdirektor: Norbert Becker

Stadt Goch
47574 Goch, Markt 2; F (0 28 23) 3 20-0; Telefax (0 28 23) 32 02 36
Einwohner: 30 497; *Rat der Stadt:* 15 CDU, 14 SPD, 3 BÜNDNIS 90/DIE GRÜNEN, 2 BIG, 2 CDAG, 3 fraktionlos
Bürgermeister: Willi Vaegs
Stadtdirektor: Rudolf Lange

Gemeinde Issum
47661 Issum, Herrlichkeit 7-9; F (0 28 35) 10-0; Telefax (0 28 35) 10-10
Einwohner: 11 123; *Rat der Gemeinde:* 17 CDU, 11 SPD, 3 GRÜNE, 2 FDP
Bürgermeister: Hans Peeters
Gemeindedirektor: Hans Dieter Kahrl

Stadt Kalkar
47546 Kalkar, Markt 20; F (0 28 24) 1 30; Telefax (0 28 24) 1 32 34
Einwohner: 10 900; *Rat der Stadt:* 19 CDU, 9 SPD, 3 GRÜNE, 2 FDP
Bürgermeister: Karl-Ludwig van Dornick
Stadtdirektor: Rainer Jürgenliemk

Gemeinde Kerken
47647 Kerken, Dionysiusplatz 4; F (0 28 33) 9 22-0; Telefax (0 28 33) 9 22-1 23
Einwohner: 11 800; *Rat der Gemeinde:* 17 CDU, 13 SPD, 3 GRÜNE
Bürgermeisterin: Hubertina Croonenbroek
Gemeindedirektor: Heinz Rennings

Stadt Kevelaer
47612 Kevelaer, Postfach 75; F (0 28 32) 1 22-0; Telefax (0 28 32) 43 87; Btx Mitteilungsdienst (0 28 32) 12 20
Einwohner: 25 243; *Rat der Stadt:* 20 CDU, 13 SPD, 3 GRÜNE, 3 FDP
Bürgermeister: Dr Friedrich Börgers
Stadtdirektor: Heinz Paal

Stadt Kleve
47533 Kleve, Kavarinerstr 20-22; F (0 28 21) 8 40; Telefax (0 28 21) 2 37 59; Btx (0 28 21) 84
Einwohner: 47 354; *Rat der Stadt:* 20 CDU, 19 SPD, 4 FDP, 2 Offene GRÜNE
Bürgermeister: Karl Thelosen
Stadtdirektor: Manfred Palmen ·

Gemeinde Kranenburg
47559 Kranenburg, Klever Str 4; F (0 28 26) 79-0; Telefax (0 28 26) 79 77

Einwohner: 8 195; *Rat der Gemeinde:* 14 CDU, 9 SPD, 2 FDP, 1 GRÜNE, 1 unabhängige Demo-kraten
Bürgermeister: Jakob Voß
Gemeindedirektor: Erwin Schmitz

Stadt Rees
46459 Rees, Markt 1; F (0 28 51) 5 10; Telefax (0 28 51) 51 25
Einwohner: 19 296; *Rat der Stadt:* 19 CDU, 16 SPD, 2 GRÜNE, 2 FDP
Bürgermeister: Wilhelm Buckermann
Stadtdirektor: Gerd Klinkhammer

Gemeinde Rheurdt
47509 Rheurdt, Rathausstr 35; F (0 28 45) 6 92 92; Telefax (0 28 45) 6 03 99
Einwohner: 5 823; *Rat der Gemeinde:* 12 SPD, 11 CDU, 2 FDP, 2 Freie Bürger
Bürgermeisterin: Sigrid Hamann
Gemeindedirektor: Karl-Heinz Rickers

Stadt Straelen
47638 Straelen, Rathausstr 1; F (0 28 34) 70 20; Telefax (0 28 34) 70 21 01
Einwohner: 13 660; *Rat der Stadt:* 22 CDU, 9 SPD, 2 FDP
Bürgermeister: Johannes Rütten
Stadtdirektor: Johannes Giesen

Gemeinde Uedem
47589 Uedem, Mosterstr 2; F (0 28 25) 8 80; Telefax (0 28 25) 88 45
Einwohner: 7 338; *Rat der Gemeinde:* 14 CDU, 7 SPD, 4 FDP, 1 GRÜNE, 1 parteilos
Bürgermeister: Werner van Briel
Gemeindedirektor: Josef Michels

Gemeinde Wachtendonk
47669 Wachtendonk, Weinstr 1; F (0 28 36) 10-0; Telefax (0 28 36) 10 16
Einwohner: 6 900; *Rat der Gemeinde:* 14 CDU, 9 SPD, 2 GRÜNE, 2 FDP
Bürgermeister: Udo Rosenkranz
Gemeindedirektor: Hans Fuchs

Gemeinde Weeze
47652 Weeze, Cyriakusplatz 13/14; F (0 28 37) 6 30; Telefax (0 28 37) 63 67; Btx *028 3763#
Einwohner: 13 700; *Rat der Gemeinde:* 17 CDU, 11 SPD, 5 UWG
Bürgermeister: Karl Willems
Gemeindedirektor: Heinz Wienen

2 Kreis Mettmann

40822 Mettmann, Düsseldorfer Str 26; F (0 21 04) 99-0; Telex 8 581 214 lkd d; Telefax (0 21 04) 99-44 44
Fläche: 40 710 ha; *Einwohner:* 503 446
Kreistag: 67 Mitglieder (28 CDU, 28 SPD, 6 GRÜNE, 5 FDP)

Landrat: Heinz Pensky
Oberkreisdirektor: Robert Wirtz

Dezernat I
Leiter: Robert Wirtz OKDir
Haupt- und Personalamt; Organisationsamt

Dezernat II
Leiter und Kämmerer: Heinrich Stang KDir
Prüfungsamt; Kämmerei; Schulamt

Dezernat III
Leiter: Ekkehard Fabian LtdKRechtsDir
Rechtsamt, Ordnungsamt; Straßenverkehrsamt; Chemisches und Lebensmitteluntersuchungsamt; Veterinäramt, Lebensmittelüberwachungsamt

Dezernat IV
Leiter: Klaus Meisloch LtdKRechtsDir
Sozialamt; Amt Psychologischer Dienst; Gesund-heitsamt; Amt für Behindertenförderung, Soziale Dienste

Dezernat V
Leiter: Dr Hans-Peter Kulartz LtdKRechtsDir
Amt für Bauaufsicht und Planung; Amt für Land-schaftspflege, Naturschutz und Naherholung; Amt für Wasser- und Abfallwirtschaft

Dezernat VI
Leiter: NN
Vermessungs- und Katasteramt; Amt für Wohnungs-wesen; Amt für Straßen- und Hochbau

Gemeinden im Kreis Mettmann:

Stadt Erkrath
40699 Erkrath, Bahnstr 16; F (02 11) 24 07-0; Telefax (02 11) 24 07-2 95
Einwohner: 50 000; *Rat der Stadt:* 17 SPD, 14 CDU, 4 FDP, 2 GAB, 2 BÜNDNIS 90/DIE GRÜNEN, 3 BmU, 2 UWG, 1 fraktionslos
Bürgermeister: Rudolf Unger
Stadtdirektor: Bernd Sundhoff

Stadt Haan
42781 Haan, Kaiserstr 85; F (0 21 29) 1 16-1; Telefax (0 21 29) 11 63 00
Einwohner: 30 284; *Rat der Stadt:* 17 CDU, 15 SPD, 4 FDP, 3 GAL
Bürgermeisterin: Renate Spethmann
Stadtdirektor: Christian Schultz

Stadt Heiligenhaus
42579 Heiligenhaus, Hauptstr 157; F (0 20 56) 1 30; Telefax (0 20 56) 1 33 95
Einwohner: 29 872; *Rat der Stadt:* 17 SPD, 14 CDU, 4 FDP, 4 GRÜNE
Bürgermeister: Hermann Schwarze
Stadtdirektor: Dr Werner May

Stadt Hilden
40721 Hilden, Am Rathaus 1; F (0 21 03) 7 20; Telefax (0 21 03) 7 26 01
Einwohner: 55 500; *Rat der Stadt:* 23 CDU, 20 SPD, 4 GRÜNE, 4 FDP

Bürgermeisterin: Dr Ellen Wiederhold
Stadtdirektor: Dr Karl-Detlev Göbel

Stadt Langenfeld (Rheinland)
40764 Langenfeld, Konrad-Adenauer-Platz 1;
F (0 21 73) 7 94-0; Telefax (0 21 73) 7 94-2 22
Einwohner: 56 100; *Rat der Stadt:* 20 CDU,
17 SPD, 4 FDP, 4 GRÜNE
Bürgermeister: Friedhelm Görgens
Stadtdirektor: Dr Siegfried Honert

Kreisstadt Mettmann
40822 Mettmann, Neanderstr 85; F (0 21 04)
79 51; Telefax (0 21 04) 79 54 00
Einwohner: 40 000; *Rat der Stadt:* 17 CDU,
16 SPD, 4 FDP, 4 GRÜNE, 4 UBWG
Bürgermeisterin: Ingrid Siebeke
Stadtdirektor: Horst Masanek

Stadt Monheim am Rhein
40789 Monheim, Rathausplatz 2; F (0 21 73) 59 70;
Telefax (0 21 73) 59 72 09
Einwohner: 43 500; *Rat der Stadt:* 24 SPD,
15 CDU, 4 BÜNDNIS 90/DIE GRÜNEN, 2 FDP
Bürgermeisterin: Ingeborg Friebe MdL
Stadtdirektor: Hans-Joachim Wegner

Stadt Ratingen
40878 Ratingen, Minoritenstr 2-6; F (0 21 02) 98-0;
Telefax (0 21 02) 98-21 35
Einwohner: 91 100; *Rat der Stadt:* 19 SPD,
18 CDU, 5 GRÜNE, 4 FDP, 3 Soziale Union,
2 Demokraten
Bürgermeister: Hugo Schlimm
Stadtdirektor: Dr Horst Blechschmidt

Stadt Velbert
42551 Velbert, Thomasstr 1; F (0 20 51) 26-0; Telex
8 597 541 velb d; Telefax (0 20 51) 26-25 99
Einwohner: 89 467; *Rat der Stadt:* 25 CDU,
21 SPD, 2 FDP, 3 BÜNDNIS 90/DIE GRÜNEN
Bürgermeister: Heinz Schemken (MdB)
Stadtdirektor: Dr Reinhard Fingerhut

Stadt Wülfrath
42489 Wülfrath, Goethestr 21; F (0 20 58) 18-0;
Telefax (0 20 58) 1 82 72
Einwohner: 22 240; *Rat der Stadt:* 15 SPD,
13 CDU, 6 DLW, 3 FDP, 2 WWG
Bürgermeister: Prof Dr Alois Huning
Stadtdirektor: Hans Richard Ebel

3 Kreis Neuss

41515 Grevenbroich, Lindenstr 2-16; F (0 21 81)
6 01-0; Telex 8 517 188 Kvne d; Telefax (0 21 81)
6 01-23 30 und 6 01-26 30
41460 Neuss, Meererhof 1; F (0 21 31) 9 28-0; Telefax (0 21 31) 9 28-3 50
Fläche: 57 653 ha; *Einwohner:* 429 999
Kreistag: 69 Mitglieder (31 CDU, 28 SPD, 5 GRÜNE, 5 FDP)

Landrat: Hermann-Josef Dusend
Oberkreisdirektor: Klaus-Dieter Salomon

Dezernat I
Leiter: Klaus-Dieter Salomon OKDir
Kreistagsbüro, Hauptamt, Personalamt, Rechnungs- und Gemeindeprüfungsamt, Amt für Aus- und Fortbildung

Dezernat II
Leiter: Dieter Patt KDir
Amt für Polizeiverwaltung, Schulverwaltungs- und Schulamt, Kultur- und Sportamt, Amt für Öffentlichkeitsarbeit, Amt für Entwicklungsplanung, Wirtschaft und Statistik

Dezernat III
Leiter: Peter Lerche LtdKRechtsDir
Kämmerei, Kreiskasse, Veterinär- und Lebensmittelüberwachungsamt, Kreiskrankenanstalten Grevenbroich und Dormagen, Chemisches und Lebensmitteluntersuchungsamt, Kataster- und Vermessungsamt

Dezernat IV
Leiter: Karsten Mankowsky KVwDir
Gesundheitsamt, Amt für Wasserwirtschaft, Amt für Abfallwirtschaft

Dezernat V
Leiter: Hans-Jürgen Petrauschke LtdKRechtsDir
Rechtsamt, Ordnungsamt, Sozialamt, Jugendamt, Ausgleichsamt

Dezernat VI
Leiter: Franz Budnik LtdBauDir
Amt für Landschaftsplanung und Landschaftspflege, Hochbauamt, Tiefbauamt, Amt für Bauaufsicht und Wohnungsbauförderung

Dezernat VII
Leiter: Ingolf Graul KRechtsDir
Straßenverkehrsamt, Amt für Zivilschutz, Feuerschutz und Rettungswesen, Kreiswerke Grevenbroich GmbH, Technologiezentrum GmbH, Abteilung Verwaltung und Logistik der Kreispolizeibehörde

Gemeinden im Kreis Neuss:

Stadt Dormagen
41539 Dormagen, Kölner Str 82-86; F (0 21 33)
5 30; Telefax (0 21 33) 5 32 19; Telex 8 517 308
stdo d
Einwohner: 59 521; *Rat der Stadt:* 25 CDU,
24 SPD, 2 Zentrum
Bürgermeister: Heinz Hilgers MdL
Stadtdirektor: Eberhard Hücker

Stadt Grevenbroich
41515 Grevenbroich, Am Markt 1; F (0 21 81)
6 08-0; Telefax (0 21 81) 6 08-2 02
Einwohner: 62 000; *Rat der Stadt:* 31 SPD,
14 CDU, 3 FDP, 1 GRÜNE, 1 fraktionslos
Bürgermeister: Hans-Gottfried Bernrath(MdB)
Stadtdirektor: Heiner Küpper

Gemeinde Jüchen
41363 Jüchen, Odenkirchener Str 24; F (0 21 65)
9 15-0; Telefax (0 21 65) 9 15-1 18
Einwohner: 22 089; *Rat der Gemeinde:* 20 CDU,
15 SPD, 3 FDP, 1 fraktionslos
Bürgermeister: Alois Holzner
Gemeindedirektor: Heinrich Spelthahn

Stadt Kaarst
41564 Kaarst, Am Neumarkt 2; F (0 21 31) 9 87-0;
Telex 8 517 680; Telefax (0 21 31) 9 87-100
Einwohner: 41 160; *Rat der Stadt:* 20 CDU,
15 SPD, 6 FDP, 4 GRÜNE
Bürgermeister: Heinz Klever
Stadtdirektor: Helge Schmidt

Stadt Korschenbroich
41352 Korschenbroich, Sebastianusstr 1;
F (0 21 61) 6 13-0; Telefax (0 21 61) 61 31 08
Einwohner: 30 737; *Rat der Stadt:* 19 CDU,
12 SPD, 4 UWG, 2 GRÜNE, 2 FDP
Bürgermeister: Heinrich Mühlen
Stadtdirektor: Willi Esser

Stadt Meerbusch
40641 Meerbusch, Postfach 1664; F (0 21 32)
9 16-0; Telefax (0 21 32) 9 16-3 20
Einwohner: 53 318; *Rat der Stadt:* 21 CDU,
14 SPD, 6 FDP, 4 GRÜNE
Bürgermeister: Dr Lothar Beseler
Stadtdirektor: Thomas Uhling

Stadt Neuss
41460 Neuss, Markt 2; F (0 21 31) 90 01; Telefax
(0 21 31) 90 24 88
Einwohner: 149 000; *Rat der Stadt:* 29 CDU,
22 SPD, 5 GRÜNE, 3 FDP
Bürgermeister: Dr Bertold Reinartz MdB
Stadtdirektor: Bernhard Wimmer

Gemeinde Rommerskirchen
41569 Rommerskirchen, Bahnstr 51; F (0 21 83)
8 00-0; Telefax (0 21 83) 8 00 27
Einwohner: 11 600; *Rat der Gemeinde:* 17 CDU,
15 SPD, 1 FDP
Bürgermeister: Josef Wolter
Gemeindedirektor: Peter Emunds

4 Kreis Viersen

41747 Viersen, Rathausmarkt 3; F (0 21 62) 39-0;
Telex 85 18 717 kv d; Telefax (0 21 62) 39-18 03
Fläche: 56 266 ha; *Einwohner:* 276 859
Kreistag: 73 Mitglieder (33 CDU, 27 SPD, 7 FDP,
6 GRÜNE)
Landrat: Hanns Backes
Oberkreisdirektor: Dr Hans-Christian Vollert

Dezernat I
Leiter: Friedhelm Welz
**Hauptamt, Personalamt, Rechnungs- und Gemein-
deprüfungsamt**

Dezernat II
Leiter: Dr Leo Peters
Schulverwaltungsamt, Schulamt, Kulturamt

Dezernat III
Leiter: Dirk Frentzen
**Ordnungsamt, Straßenverkehrsamt, Sozialamt, Ju-
gendamt**

Dezernat IV
Leiter: Volker Rübo
**Amt für Finanzen, Veterinär- und Lebensmittelüber-
wachungsamt, Gesundheitsamt**

Dezernat V
Leiter: Hartmut Kropp
**Amt für Wasser- und Abfallwirtschaft, Kreisstraßen,
Amt für Planung und Umwelt, Bauordnungsamt,
Vermessungs- und Katasteramt**

Gemeinden im Kreis Viersen:

Gemeinde Brüggen
41379 Brüggen, Klosterstr 38; F (0 21 63) 57 01-0;
Telefax (0 21 63) 57 01-65
Einwohner: 14 300; *Rat der Gemeinde:* 12 CDU,
9 SPD, 5 UBW, 3 AWB, 2 FDP, 2 GRÜNE
Bürgermeister: Karl-Heinz Mesterom
Gemeindedirektor: Gerhard Gottwald

Gemeinde Grefrath
47929 Grefrath, Rathausplatz 3; F (0 21 58) 91 80;
Telefax (0 21 58) 91 81 08
Einwohner: 14 837; *Rat der Gemeinde:* 14 CDU,
13 SPD, 3 Grefrather Liste, 3 FDP
Bürgermeister: Josef Lepers
Gemeindedirektor: Alfons Breil

Stadt Kempen (Niederrhein)
47906 Kempen, Buttermarkt 1; F (0 21 52) 9 17-0;
Telefax (0 21 52) 9 17-3 70
Einwohner: 35 397; *Rat der Stadt:* 20 CDU,
17 SPD, 4 FDP, 4 GRÜNE
Bürgermeister: Karl-Heinz Hermans
Stadtdirektor: Karl Hensel

Stadt Nettetal
41334 Nettetal, Hochstr 2; F (0 21 53) 8 98-0;
Telefax (0 21 53) 8 98-8 98; Btx (0 21 53) 9 12 12
Einwohner: 40 000; *Rat der Stadt:* 21 CDU,
18 SPD, 3 CWG, 3 FDP
Bürgermeister: Karl Reulen
Stadtdirektor: Peter Ottmann

Gemeinde Niederkrüchten
41372 Niederkrüchten, Laurentiusstr 19;
F (0 21 63) 89 89-0; Telefax (0 21 63) 89 89 69
Einwohner: 12 085; *Rat der Gemeinde:* 14 SPD,
13 CDU, 5 FDP, 1 CWG
Bürgermeister: Karl-Heinz Kreder
Gemeindedirektor: Siegfried Wilms

Gemeinde Schwalmtal
41364 Schwalmtal, Postfach 60; F (0 21 63) 9 46-0;
Btx (0 21 63) 9 46; Telefax (0 21 63) 9 46-1 54
Einwohner: 16 374; *Rat der Gemeinde:* 12 CDU,
10 SPD, 3 FDP, 3 GRÜNE, 2 Bürgerblock,
3 CWG
Bürgermeister: Ferdinand Leewe
Gemeindedirektor: Hans-Josef Lohmanns

Stadt Tönisvorst
47918 Tönisvorst, Bahnstr 15; F (0 21 51) 7 93-0;
Telefax (0 21 51) 7 93-1 51; Btx (0 21 51) 7 93
Einwohner: 26 922; *Rat der Stadt:* 16 SPD,
15 CDU, 3 GRÜNE, 2 UWT
Bürgermeister: Dietrich Büttner
Stadtdirektor: Günter Scheuer

Stadt Viersen
41747 Viersen, Bahnhofstr 23-29; F (0 21 62)
10 10; Telefax (0 21 62) 10 14 74
Einwohner: 77 229; *Rat der Stadt:* 23 CDU,
20 SPD, 5 BÜNDNIS 90/DIE GRÜNEN, 3 FDP
Bürgermeisterin: Marina Hammes
Stadtdirektor: Dr Jörg Dinger

Stadt Willich
47877 Willich, Hauptstr 6, Schloß Neersen;
F (0 21 54 oder 0 21 56) 9 49-0; Telefax (0 21 54
oder 0 21 56) 9 49-1 01
Einwohner: 44 552; *Rat der Stadt:* 21 CDU,
15 SPD, 5 FDP, 4 GRÜNE
Bürgermeisterin: Käthe Franke
Stadtdirektor: Dieter Hehnen

5 Kreis Wesel

46483 Wesel, Reeser Landstr 31; F (02 81) 20 70;
Telex 8 12 800; Telefax (02 81) 2 07 29 47; Btx
028 1207
Fläche: 104 225 ha; *Einwohner:* 456 539
Kreistag: 71 Mitglieder (37 SPD, 25 CDU, 5 GRÜNE, 4 FDP)
Landrat: Werner Röhrich
Oberkreisdirektor: Dr Helmut Brocke

Dezernat I
Leiter: Herbert Szidzik LtdKVwDir
Hauptamt, Personalamt, Rechnungs- und Gemeindeprüfungsamt, Rechtsamt, Institut für Lebensmitteluntersuchungen und Umwelthygiene (IfLU)

Dezernat II
Leiter: Helmut Schult LtdKVwDir
Kämmerei, Ordnungsamt, Straßenverkehrsamt, Amt für Zivilschutz und Rettungswesen, Veterinär- und Lebensmittelüberwachungsamt

Dezernat III
Leiter: Dr Carl Kutsch KDir
Schulverwaltungsamt, Ausgleichsamt, Sozialamt, Jugendamt, Gesundheitsamt

Dezernat IV
Leiter: Hans-Joachim Haustein LtdKLandesPlegeDir
Amt für Planung und Umwelt, Vermessungs- und Katasteramt, Bauordnungs und Hochbauamt, Amt für Wasser-, Abfallwirtschaft und Straßenbau

Gemeinden im Kreis Wesel:

Gemeinde Alpen
46519 Alpen, Rathausstr 3-5; F (0 28 02) 59-0;
Telefax (0 28 02) 59 66
Einwohner: 11 500; *Rat der Gemeinde:* 17 CDU,
14 SPD, 2 FDP
Bürgermeister: Hans Coopmann
Gemeindedirektor: Wilhelm Jansen

Stadt Dinslaken
46535 Dinslaken, Platz d'Agen 1; F (0 20 64) 6 60;
Telefax (0 20 64) 6 64 35; Btx (0 20 64) 66; Telex
8 551 973 dins d
Einwohner: 68 000; *Rat der Stadt:* 29 SPD,
13 CDU, 4 GRÜNE, 3 FDP, 1 REP, 1 sonstige
Bürgermeister: Kurt Altena
Stadtdirektor: Wilfrid Fellmeth

Gemeinde Hamminkeln
46499 Hamminkeln, Brüner Str; F (0 28 52) 8 80;
Telefax (0 28 52) 8 81 30
Einwohner: 26 150; *Rat der Gemeinde:* 18 CDU,
11 SPD, 5 FDP, 3 Unabhängige Soziale Demokraten, 2 GRÜNE
Bürgermeister: Heinrich Meyers
Gemeindedirektor: Bruno Gerwers

Gemeinde Hünxe
46569 Hünxe, Dorstener Str 24; F (0 28 58) 69-0;
Telefax (0 28 58) 6 92 22
Einwohner: 13 416; *Rat der Gemeinde:* 15 SPD,
11 CDU, 4 GRÜNE, 3 FDP
Bürgermeister: Reinhold Peters
Gemeindedirektor: Hermann Hansen

Stadt Kamp-Lintfort
47475 Kamp-Lintfort, Am Rathaus 2; F (0 28 42)
9 12-0; Telefax (0 28 42) 9 12-3 67
Einwohner: 40 603; *Rat der Stadt:* 25 SPD,
13 CDU, 4 FBG, 3 GRÜNE
Bürgermeister: Karl Flügel
Stadtdirektor: Bernhard Nebe

Stadt Moers
47441 Moers, Meerstr 2 und Unterwallstr 9;
F (0 28 41) 20 10; Telex 8 121 219 stmo; Telefax
(0 28 41) 2 01-8 88
Einwohner: 106 384; *Rat der Stadt:* 30 SPD,
14 CDU, 4 GRÜNE, 3 FDP
Bürgermeister: Wilhelm Brunswick
Stadtdirektor: Gerd Tendick

Stadt Neukirchen-Vluyn
47506 Neukirchen-Vluyn, Hans-Böckler-Str 26;
F (0 28 45) 3 91-0; Telefax (0 28 45) 39 11 00
Einwohner: 28 579; *Rat der Stadt:* 19 SPD,
15 CDU, 3 GRÜNE, 2 FDP
Bürgermeisterin: Kornelia Kuhn
Stadtdirektor: Horst Fatheuer

Stadt Rheinberg
47495 Rheinberg, Kirchplatz 10; F (0 28 43) 17 10
Einwohner: 29 444; *Rat der Stadt:* 19 SPD,
17 CDU, 3 BÜNDNIS 90/DIE GRÜNEN
Bürgermeister: Klaus Bechstein
Stadtdirektor: Dr Ulrich Springorum

Gemeinde Schermbeck
46514 Schermbeck, Weseler Str 2; F (0 28 53)
9 10-0; Telefax (0 28 53) 9 10-1 19
Einwohner: 13 444; *Rat der Gemeinde:* 15 CDU,
11 SPD, 5 USWG, 2 GRÜNE
Bürgermeister: Bernhard Redeker
Gemeindedirektor: Heinz-Willy Verrieth

Gemeinde Sonsbeck
47665 Sonsbeck, Herrenstr 2; F (0 28 38) 3 60;
Telefax (0 28 38) 36 47
Einwohner: 7 500; *Rat der Gemeinde:* 15 CDU,
9 SPD, 3 FDP
Bürgermeister: Theodor Verhoeven
Gemeindedirektor: Heinz Linnartz

Stadt Voerde (Niederrhein)
46562 Voerde, Rathausplatz 20; F (0 28 55) 80-0;
Telefax (0 28 55) 8 05 55; Telex 16 31; Btx (0 28 55)
8 000 001
Einwohner: 38 487; *Rat der Stadt:* 25 SPD,
12 CDU, 4 FDP, 2 GRÜNE, 2 Bunte Liste
Bürgermeister: Helmut Pakulat
Stadtdirektor: Dr Hans-Ulrich Krüger

Stadt Wesel
46483 Wesel, Klever-Tor-Platz 1; F (02 81) 20 31;
Telefax (02 81) 2 03-2 49 und 2 03-5 97
Einwohner: 63 099; *Rat der Stadt:* 22 CDU,
21 SPD, 4 GRÜNE, 3 FDP, 1 fraktionslos
Bürgermeister: Wilhelm Schneider
Stadtdirektor: Erwin Meier

Stadt Xanten
46509 Xanten, Karthaus 2; F (0 28 01) 37-0; Telefax
(0 28 01) 3 72 09
Einwohner: 17 933; *Rat der Stadt:* 20 CDU, 8 SPD,
6 FBI, 3 GRÜNE, 2 Bürger für Xanten
Bürgermeister: Alfred Melters
Stadtdirektor: Heinrich Trauten

II Regierungsbezirk Köln

1 Kreis Aachen

52070 Aachen, Zollernstr 10; F (02 41) 51 98-0;
Telex 8 32 786; Telefax (02 41) 53 31 90
Fläche: 54 658 ha; *Einwohner:* 299 091
Kreistag: 55 Mitglieder (28 SPD, 23 CDU, 4 GRÜ-
NE)
Landrat: Walter Meyer
Oberkreisdirektor: Dr Walter Fricke

Dezernat I − Zentrale Verwaltungsaufgaben, Kom-
munalaufsicht und Gesundheit
Leiter: Günter Poick
Hauptamt, Personalamt, Rechnungsprüfungs- und
Gemeindeprüfungsamt, Kommunalaufsicht und Ge-
sundheitsamt, Rechtsangelegenheiten Dezernat I
und III

Dezernat II − Finanzen, Sicherheit und Ordnung
Leiter: Karl-Wilhelm Nellessen
Kämmerei, Kasse, Veterinär- und Lebensmittelüber-
wachungsamt, Ordnungs- und Ausländeramt, Stra-
ßenverkehrsamt, Amt für Rettungswesen und Kata-
strophenschutz

Dezernat III − Soziales, Jugend und Schule
Leiter: Helmut Etschenberg
Schulverwaltungsamt, Schulamt, Sozialamt, Amt für
Kinder, Jugend und Familienberatung

Dezernat IV − Umwelt, Bau-, Kataster- und Vermes-
sungswesen
Leiter: NN
Kataster- und Vermessungsamt, Amt für Bauord-
nung, Planung und Wohnungswesen, Bauamt, Um-
weltamt, Rechtsangelegenheiten Dezernat IV

Dem Oberkreisdirektor unmittelbar unterstellt:

Sonderarbeitsgruppen Presse, Gleichstellungsstelle,
Stabstelle für Strukturentwicklung und Wirtschafts-
förderung

Gemeinden im Kreis Aachen:

Stadt Alsdorf
52477 Alsdorf, Hubertusstr 17; F (0 24 04) 5 00;
Telefax (0 24 04) 2 26 40
Einwohner: 47 025; *Rat der Stadt:* 23 SPD,
16 CDU, 3 GRÜNE, 3 REP
Bürgermeister: Friedel Frings
Stadtdirektor: Hans Puchert

Stadt Baesweiler
52499 Baesweiler, Mariastr 2; F (0 24 01) 80 00;
Telefax (0 24 01) 80 01 17
Einwohner: 25 660; *Rat der Stadt:* 22 CDU, 17 SPD
Bürgermeister: Hans Plum
Stadtdirektor: Dr Willi Linkens

Stadt Eschweiler
52249 Eschweiler, Rathausplatz 1; F (0 24 03) 7 10;
Telefax (0 24 03) 7 13 84
Einwohner: 55 374; *Rat der Stadt:* 29 SPD,
19 CDU, 3 GRÜNE

Bürgermeister: Günter Wagner
Stadtdirektor: Claus-Dieter Härchen

Stadt Herzogenrath
52134 Herzogenrath, Rathausplatz 1; F (0 24 06)
83-0; Telefax (0 24 06) 1 29 54
Einwohner: 45 182; *Rat der Stadt:* 27 SPD,
15 CDU, 3 GRÜNE
Bürgermeisterin: Petra Meisler
Stadtdirektor: Helmut Lesmeister

Stadt Monschau
52156 Monschau, Laufenstr 84, Rathaus;
F (0 24 72) 8 10; Telefax (0 24 72) 8 12 20
Einwohner: 12 514; *Rat der Stadt:* 20 CDU, 9 SPD,
2 FDP, 2 BÜNDNIS 90/DIE GRÜNEN
Bürgermeister: Herbert Isaac
Stadtdirektor: Gerd Zimmermann

Gemeinde Roetgen
52159 Roetgen, Hauptstr 55; F (0 24 71) 18-0;
Telefax (0 24 71) 18 89
Einwohner: 7 740; *Rat der Gemeinde:* 13 CDU,
8 SPD, 4 GRÜNE, 2 FDP
Bürgermeister: Ernst Linzenich
Gemeindedirektor: Ludwig Rosenbaum

Gemeinde Simmerath
52152 Simmerath, Rathaus; F (0 24 73) 6 07-0;
Telefax (0 24 73) 60 71 00
Einwohner: 13 899; *Rat der Gemeinde:* 22 CDU,
7 SPD, 2 FDP, 2 GRÜNE
Bürgermeister: Heinrich Karbig
Gemeindedirektor: Arnold Steins

Stadt Stolberg (Rhld)
52222 Stolberg, Rathausstr 11-13; F (0 24 02) 1 30;
Telefax (0 24 02) 13-3 33
Einwohner: 57 984; *Rat der Stadt:* 22 SPD,
22 CDU, 4 FDP, 3 BÜNDNIS 90/DIE GRÜNEN
Bürgermeister: Wolfgang Hennig
Stadtdirektor: Heinrich Römer

Stadt Würselen
52146 Würselen, Morlaixplatz 1; F (0 24 05) 6 70;
Telefax (0 24 05) 6 74 00
Einwohner: 35 500; *Rat der Stadt:* 25 SPD,
18 CDU, 2 GLW
Bürgermeister: Martin Schulz
Stadtdirektor: Karl-Heinz Marschner

2 Kreis Düren

52351 Düren, Bismarckstr 16; F (0 24 21) 22-0;
Telex 8 33 800 lkdn; Telefax (0 24 21) 22-20 10
Fläche: 94 090 ha; *Einwohner:* 251 125
Kreistag: 55 Mitglieder (24 SPD, 24 CDU, 3 GRÜ-
NE, 3 FDP, 1 parteilos)
Landrat: Adolf G Retz MdL
Oberkreisdirektor: Josef Hüttemann

Dezernat I
Leiter: Josef Hüttemann OKDir
Hauptamt, Personalamt

Dezernat II
Leiter: Dr Wolfgang Beyer KDir
**Ordnungsamt, Straßenverkehrsamt, Veterinär-und
Lebensmittelüberwachungsamt, Amt für Land-
schaftspflege und Naturschutz, Amt für Kommunal-
aufsicht, Öffentlichkeitsarbeit und Sonderaufgaben,
Rechnungs- und Gemeindeprüfungsamt**

Dezernat III
Leiter: Justus Peters LtdK RechtsDir
**Schulverwaltungsamt, Jugendamt, Sozialamt, Ge-
sundheitsamt**

Dezernat IV
Leiter: Otmar Schüttemeyer LtdK BauDir
**Amt für Bauordnung und Wohnungswesen, Kreis-
bauamt, Amt für Wasser, Abfall und Umwelt**

Dezernat V
Leiter: Dr Michael Gramm VwAng
**Vermessungs- und Katasteramt, Kämmerei, Amt für
Wirtschafts- und Strukturentwicklung**

Gemeinden im Kreis Düren:

Gemeinde Aldenhoven
52457 Aldenhoven, Dietrich-Mülfahrt-Str 11-13;
F (0 24 64) 5 86-0; Telefax (0 24 64) 58 62 22
Einwohner: 13 237; *Rat der Gemeinde:* 15 SPD,
13 CDU, 3 FWG, 2 fraktionslos
Bürgermeister: Hans Schröder
Gemeindedirektor: Emil Frank

Stadt Düren
52349 Düren, Kaiserplatz; F (0 24 21) 1 21-0;
Telefax (0 24 21) 1 21 22 51
Einwohner: 87 649; *Rat der Stadt:* 29 SPD,
19 CDU, 3 FDP
Bürgermeister: Josef Vosen MdB
Stadtdirektor: Eckhard Creutz

Stadt Heimbach
52396 Heimbach, Hengebachstr 14; F (0 24 46)
8 08-0; Telefax (0 24 46) 8 08 88
Einwohner: 4 600; *Rat der Stadt:* 11 CDU, 5 SPD,
2 FDP, 2 UWV, 1 GRÜNE
Bürgermeister: Hans Günther Pütz
Stadtdirektor: Hans Georg Schumacher

Gemeinde Hürtgenwald
52393 Hürtgenwald, August-Scholl-Str 5;
F (0 24 29) 30 90; Telefax (0 24 29) 3 09 70
Einwohner: 8 682; *Rat der Gemeinde:* 13 CDU,
9 SPD, 3 FDP, 2 GRÜNE
Bürgermeister: Johannes Becker
Gemeindedirektor: Günter Schumacher

Gemeinden Inden
52459 Inden, Rathausstr 1; F (0 24 65) 39-0; Telefax
(0 24 65) 39 80

Einwohner: 8 021; *Rat der Gemeinde:* 14 SPD,
11 CDU, 2 fraktionslos
Bürgermeister: Wilhelm Wolff
Gemeindedirektor: Manfred Halfenberg

Stadt Jülich
52428 Jülich, Große Rurstr 17; F (0 24 61) 63-0;
Telefax (0 24 61) 6 33 62
Einwohner: 31 790; *Rat der Stadt:* 20 SPD,
19 CDU, 3 FDP, 2 GRÜNE, 1 fraktionslos
Bürgermeister: Heinz Schmidt
Stadtdirektor: Heinrich Stommel

Gemeinde Kreuzau
52372 Kreuzau, Bahnhofstr 7; F (0 24 22) 5 07-0;
Telefax (0 24 22) 5 07-1 60
Einwohner: 16 125; *Rat der Gemeinde:* 17 CDU,
14 SPD, 2 FDP
Bürgermeister: Hans Zens
Gemeindedirektor: Heinrich Niehaves

Gemeinde Langerwehe
52379 Langerwehe, Schönthaler Str 4; F (0 24 23)
4 09-0; Telefax (0 24 23) 10 40
Einwohner: 12 400; *Rat der Gemeinde:* 15 SPD,
12 CDU, 2 VfB, 2 GRÜNE, 1 FDP, 1 fraktionslos
Bürgermeister: Erich Fiedler
Gemeindedirektor: Heinz Tillmanns

Stadt Linnich
52441 Linnich, Rurdorfer Str 64; F (0 24 62) 2 06-0
Einwohner: 13 309; *Rat der Stadt:* 16 CDU,
15 SPD, 2 FFL
Bürgermeister: Peter Mertens
Stadtdirektor: Horst-Dieter Uebber

Gemeinde Merzenich
52399 Merzenich, Valdersweg 1; F (0 24 21) 3 99-0;
Telefax (0 24 21) 3 37 73
Einwohner: 8 721; *Rat der Gemeinde:* 17 SPD,
10 CDU
Bürgermeister: Jakob Meurer
Gemeindedirektor: Hermann Josef Werres

Stadt Nideggen
52385 Nideggen, Rathaus, Zülpicher Str 1;
F (0 24 27) 8 09-0; Telefax (0 24 27) 8 09 47
Einwohner: 9 300; *Rat der Stadt:* 14 CDU, 8 SPD,
2 FDP, 2 GRÜNE
Bürgermeister: Paul Bergsch
Stadtdirektor: Willi Hönscheid

Gemeinde Niederzier
52382 Niederzier, Rathausstr 8; F (0 24 28) 8 40;
Telefax (0 24 28) 8 41 50
Einwohner: 13 280; *Rat der Gemeinde:* 17 CDU,
16 SPD
Bürgermeister: Anton Kallen
Gemeindedirektor: Günter Pick

Gemeinde Nörvenich
52388 Nörvenich, Bahnhofstr 25; F (0 24 26)
1 01-0; Telefax (0 24 26) 1 01 37
Einwohner: 10 021; *Rat der Gemeinde:* 16 SPD,
15 CDU, 2 FDP
Bürgermeister: Jakob Mevis
Gemeindedirektor: Hans Jürgen Schüller

Gemeinde Titz
52445 Titz, Landstr 4; F (0 24 63) 6 59-0; Telefax
(0 24 63) 58 89
Einwohner: 8 496; *Rat der Gemeinde:* 15 CDU,
10 SPD, 1 GRÜNE, 1 fraktionslos
Bürgermeister: Wilhelm Lieven MdL
Gemeindedirektor: Heinz Kleinen

Gemeinde Vettweiß
52391 Vettweiß, Gereonstr 14; F (0 24 24) 20 90;
Telefax (0 24 24) 20 92 34
Einwohner: 7 480; *Rat der Gemeinde:* 13 CDU,
13 SPD, 1 FDP
Bürgermeister: Hans Maus
Gemeindedirektor: Josef Kranz

3 Erftkreis

50126 Bergheim, Willy-Brandt-Platz 1; F (0 22 71)
8 30; Telex 888 717 ekbm d; Telefax (0 22 71)
83-23 00
Fläche: 70 484 ha; *Einwohner:* 431 298
Kreistag: 77 Mitglieder (39 SPD, 28 CDU, 5 GRÜ-
NE, 5 FDP)
Landrat: Klaus Lennartz MdB
Oberkreisdirektor: Wolfgang Bell

**Amt für Presse- und Öffentlichkeitsarbeit, Kreis-
tagsbüro, Gleichstellungsbeauftragte, Polizeiverwaltungsamt**

Dezernat I
Leiter: Günter Hoffmann KDir
**Hauptamt, Personalamt, Prüfungsamt, Kämmerei,
Kreiskasse, betriebsärztlicher Dienst**

Dezernat II
Leiter: Dr Lothar-Theodor Lemper Dez
**Schulverwaltungsamt, Kulturamt, Institut für Psy-
chohygiene, Amt für Wohnungswesen**

Dezernat III
Leiter: Hans Hermann Tirre LtdKRechtsDir
**Rechts- und Versicherungsamt, Ordnungsamt, Stra-
ßenverkehrsamt, Veterinäramt, Amt für Entwicklungsplanung, Wirtschaft und Verkehr**

Dezernat IV
Leiter: Karl-Heinz Kemmerich LtdKRechtsDir
Sozialamt, Jugendamt, Gesundheitsamt

Dezernat V
Leiter: Manfred Kohlmann LtdKBauDir
**Amt für Kreisplanung und Naturschutz, Vermes-
sungs- und Katasteramt, Bauordnungsamt, Tiefbauamt**

Stadt Bedburg
50181 Bedburg, Friedrich-Wilhelm-Str 43;
F (0 22 72) 4 02-0; Telefax (0 22 72) 4 02-1 49
Einwohner: 22 000; *Rat der Stadt:* 22 SPD,
15 CDU, 2 FDP
Bürgermeister: Hans Schmitz
Stadtdirektor: Jakob Nußbaum

Stadt Bergheim
50126 Bergheim, Bethlehemer Str 11; F (0 22 71)
8 90; Telefax (0 22 71) 8 92 39
Einwohner: 60 000; *Rat der Stadt:* 31 SPD,
16 CDU, 2 GRÜNE, 2 FDP
Bürgermeister: Willi Schmitt
Stadtdirektor: Jürgen Peters

Stadt Brühl
50319 Brühl, Rathaus; F (0 22 32) 79-1; Telefax
(0 22 32) 4 80 51
Einwohner: 44 359; *Rat der Stadt:* 19 SPD,
17 CDU, 3 GRÜNE, 3 BVB, 3 FDP
Bürgermeister: Wilhelm Schmitz
Stadtdirektor: Dr Walter Leder

Gemeinde Elsdorf
50189 Elsdorf, Gladbacher Str 111; F (0 22 74)
70 90; Telefax (0 22 74) 35 11
Einwohner: 21 070; *Rat der Gemeinde:* 21 SPD,
14 CDU, 2 FDP, 2 EGBL
Bürgermeister: Harald Schröder
Gemeindedirektor: Peter Tirlam

Stadt Erftstadt
50359 Erftstadt, Postfach 2565; F (0 22 35) 4 09-0;
Telefax (0 22 35) 4 09-5 05
Einwohner: 48 317; *Rat der Stadt:* 23 SPD,
15 CDU, 4 FDP, 3 GRÜNE
Bürgermeister: Franz-Georg Rips
Stadtdirektor: Ernst-Dieter Bösche

Stadt Frechen
50226 Frechen, Johann-Schmitz-Platz 1-3;
F (0 22 34) 50 11; Telefax (0 22 34) 50 12 19
Einwohner: 45 500; *Rat der Stadt:* 24 SPD,
17 CDU, 2 GRÜNE, 2 FDP
Bürgermeister: Jürgen Schaufuß MdL
Stadtdirektor: Dr Peter Arend

Stadt Hürth
50354 Hürth, Friedrich-Ebert-Str 40; F (0 22 33)
5 30; Telefax (0 22 33) 53-1 47
Einwohner: 51 644; *Rat der Stadt:* 26 SPD,
18 CDU, 2 FDP, 2 UHB, 2 HÜAL/OL, 1 GRÜ-
NE,
Bürgermeister: Rudi Tonn
Stadtdirektor: Heribert Rohr

Stadt Kerpen
50171 Kerpen, Jahnplatz 1; F (0 22 37) 5 80;
Telefax (0 22 37) 5 81 02

Einwohner: 59 654; *Rat der Stadt:* 25 SPD,
22 CDU, 2 FDP, 2 GRÜNE
Bürgermeister: Peter Müller
Stadtdirektor: Ferdinand Wind

Stadt Pulheim
50259 Pulheim, Alte Kölner Str 26; F (0 22 38)
80 80; Telefax (0 22 38) 8 08-3 45
Einwohner: 50 486; *Rat der Stadt:* 18 SPD,
17 CDU, 4 FDP, 4 GRÜNE, 2 Bürgerverein
Bürgermeister: Hartmut Menssen
Stadtdirektor: Dr jur Karl August Morisse

Stadt Wesseling
50389 Wesseling, Rathausplatz; F (0 22 36) 7 01-0;
Telefax (0 22 36) 7 01-3 39
Einwohner: 32 283; *Rat der Stadt:* 19 CDU,
14 SPD, 3 BÜNDNIS 90/DIE GRÜNEN, 3 FDP
Bürgermeister: Alfons Müller MdB
Stadtdirektor: Reinhard Konda

4 Kreis Euskirchen

53879 Euskirchen, Jülicher Ring 32; F (0 22 51)
1 50; Telex 8 869 181; Telefax (0 22 51) 7 37 42
Fläche: 124 916 ha; *Einwohner:* 176 584
Kreistag: 57 Mitglieder (28 CDU, 20 SPD, 5 FDP,
4 GRÜNE)
Landrat: Josef Linden
Oberkreisdirektor: Dr Ingo Wolf

Dezernat I
Leiter: Dr Ingo Wolf OK Dir
**Hauptamt, Rechnungs- und Gemeindeprüfungsamt,
Rechtsamt, Polizeiverwaltungsamt, Ordnungsamt,
Schulverwaltungsamt, Planungsamt**

Dezernat II
Leiter: Fritz Schumacher K Dir
**Kämmerei, Veterinär- und Lebensmittelüberwa-
chungsamt, Sozialamt, Jugendamt, Gesundheitsamt, Vermessungs- und Katasteramt, Bauordnungsamt, Tiefbauamt**

Gemeinden im Kreis Euskirchen:

Stadt Bad Münstereifel
53902 Bad Münstereifel, Marktstr 11 und 15;
F (0 22 53) 50 50; Telefax (0 22 53) 50 51 14
Einwohner: 18 404; *Rat der Stadt:* 18 CDU, 9 SPD,
4 FDP, 2 GRÜNE
Bürgermeister: Heinz Gerlach
Stadtdirektor: Hans-Joachim Bädorf

Gemeinde Blankenheim
53945 Blankenheim (Ahr), Rathausplatz 16;
F (0 24 49) 87-0; Telefax (0 24 49) 87-1 15
Einwohner: 9 000; *Rat der Gemeinde:* 16 CDU,
5 UWV, 3 SPD, 2 FDP, 1 GRÜNE
Bürgermeister: Toni Wolff
Gemeindedirektor: Hans Henn

Gemeinde Dahlem
53949 Dahlem, Hauptstr 23; F (0 24 47) 80 90;
Telefax (0 24 47) 8 09 55
Einwohner: 4 037; *Rat der Gemeinde:* 11 CDU,
3 UWV, 3 DWG, 2 SPD, 2 FDP
Bürgermeister: Reinhold Müller
Gemeindedirektor: Hubert Büth

Stadt Euskirchen
53879 Euskirchen, Kölner Str 75; F (0 22 51) 1 40;
Telefax (0 22 51) 1 42 49
Einwohner: 50 995; *Rat der Stadt:* 21 CDU,
18 SPD, 3 BÜNDNIS 90/DIE GRÜNEN, 3 FDP
Bürgermeister: Dr Wolf Bauer
Stadtdirektor: Hans Alex Többens **Gemeinde Hellenthal**
53940 Hellenthal, Rathausstr 2; F (0 24 82) 8 50;
Telefax (0 24 82) 8 51 14
Einwohner: 8 717; *Rat der Gemeinde:* 15 CDU,
7 SPD, 5 UWV, 4 FDP, 2 GRÜNE
Bürgermeister: Dr Armin Haas
Gemeindedirektor: Robert Zawada

Gemeinde Kall
53925 Kall, Bahnhofstr 9; F (0 24 41) 8 88-0;
Telefax (0 24 41) 8 88 48
Einwohner: 10 684; *Rat der Gemeinde:* 16 CDU,
9 SPD, 3 FDP, 3 UWV, 2 GRÜNE
Bürgermeister: Helmut Weiler
Gemeindedirektor: Friedrich Josef Laux

Stadt Mechernich
53894 Mechernich, Bergstr; F (0 24 43) 4 90;
Telefax (0 24 43) 4 91 99
Einwohner: 24 347; *Rat der Stadt:* 18 CDU, 17 Mitglieder der SPD-Fraktion und 1 fraktionsloses Ratsmitglied haben sich zu einer FG zusammengeschlossen, 3 UWV
Bürgermeister: Peter Schüller
Stadtdirektor: Bernhard Wachter

Gemeinde Nettersheim
53947 Nettersheim, Krausstr 2; F (0 24 86) 78-0;
Telefax (0 24 86) 78 78
Einwohner: 6 995; *Rat der Gemeinde:* 16 CDU,
8 SPD, 2 FDP, 1 GRÜNE
Bürgermeister: Helmut Schmitz
Gemeindedirektor: Hermann Josef Mießeler

Stadt Schleiden
53937 Schleiden, Blankenheimer Str 2-4;
F (0 24 45) 8 90; Telefax (0 24 45) 8 92 50
Einwohner: 14 270; *Rat der Stadt:* 17 CDU, 8 SPD,
4 FDP, 2 UWV, 2 GRÜNE
Bürgermeister: Alois Sommer
Stadtdirektor: Gregor Micus

Gemeinde Weilerswist
53919 Weilerswist, Bonner Str 29; F (0 22 54)
6 01-0; Telefax (0 22 54) 29 24
Einwohner: 14 823; *Rat der Gemeinde:* 14 SPD,
13 CDU, 3 GRÜNE, 3 FDP

Bürgermeister: Kurt Oberle
Gemeindedirektor: Manfred Schlede

Stadt Zülpich
53909 Zülpich, Markt 21; F (0 22 52) 52-0; Telefax
(0 22 52) 52-2 99
Einwohner: 18 103; *Rat der Stadt:* 20 CDU,
14 SPD, 3 FDP, 2 BÜNDNIS 90/DIE GRÜNEN
Bürgermeister: Josef Carl Rhiem
Stadtdirektor: Wolfram Ander

5 Kreis Heinsberg

52525 Heinsberg, Valkenburger Str 45; F (0 24 52)
13-0; Telex 8 329 319 khsd; Telefax (0 24 52)
1 35 01
Fläche: 62 768 ha; *Einwohner:* 229 602
Kreistag: 59 Mitglieder (30 CDU, 21 SPD, 4 GRÜNE, 3 FDP, 1 fraktionslos)
Landrat: Karl Eßer
Oberkreisdirektor: Dr Leo Thönnissen

Dezernat I
Leiter: Dr Leo Thönnissen OKDir
Hauptamt, Rechnungs- und Gemeindeprüfungsamt,
Rechtsamt und Amt für besondere Angelegenheiten,
Kataster- und Vermessungsamt

Dezernat II
Leiter: Michael Jansen KDir
Kommunalaufsichtsamt, Personalamt, Polizeiverwaltungsamt, Gesundheitsamt, Amt für Braunkohlenangelegenheiten

Dezernat III
Leiter: Peter Deckers KRechtsDir
Sozialamt, Jugendamt, Schulverwaltungsamt, Kultur- und Sportamt

Dezernat IV
Leiter: Heinz Pauli LtdKVwDir
Kämmerei, Kreiskasse, Amt für Wohnungswesen
und Hochbauangelegenheiten, Amt für Wirtschafts-/
Strukturförderung und Statistik

Dezernat V
Leiter: Matthias Derichs LtdKBauDir
Amt für Planung und Landschaftspflege, Bauordnungsamt, Amt für Straßenbau, Wasser- und Abfallwirtschaft

Dezernat VI
Leiter: Georg Beyß KRechtsDir
Ordnungsamt, Straßenverkehrsamt ,Veterinär- und
Lebensmittelüberwachungsamt

Gemeinden im Kreis Heinsberg:

Stadt Erkelenz
41812 Erkelenz, Johannismarkt 17; F (0 24 31)
8 50; Telefax (0 24 31) 7 05 58
Einwohner: 42 000; *Rat der Stadt:* 24 CDU,
16 SPD, 3 FDP, 2 GRÜNE
Bürgermeister: Willy Stein
Stadtdirektor: Ullrich Feller

Gemeinde Gangelt
52538 Gangelt, Burgstr 10; F (0 24 54) 588-0;
Telefax (0 24 54) 28 52
Einwohner: 10 035; *Rat der Gemeinde:* 24 CDU,
9 SPD
Bürgermeister: Heinrich Aretz
Gemeindedirektor: Hans Gräfe

Stadt Geilenkirchen
52511 Geilenkirchen, Markt 9; F (0 24 51) 6 29-0;
Telefax (0 24 51) 62 92 00
Einwohner: 25 856; *Rat der Stadt:* 21 CDU,
13 SPD, 3 GRÜNE, 2 FDP
Bürgermeister: Heinrich Cryns
Stadtdirektor: Heinz Houben

Stadt Heinsberg
52525 Heinsberg, Apfelstr 60; F (0 24 52) 1 40;
Telefax (0 24 52) 1 42 60; Telex 832 104 sths d
Einwohner: 39 000; *Rat der Stadt:* 27 CDU,
12 SPD, 4 FDP, 2 GRÜNE
Bürgermeister: Otto Knoll
Stadtdirektor: Josef Offergeld

Stadt Hückelhoven
41836 Hückelhoven, Parkhofstr 76; F (0 24 33)
8 20; Telefax (0 24 33) 8 22 65
Einwohner: 36 233; *Rat der Stadt:* 24 SPD,
17 CDU, 2 GRÜNE, 2 FDP
Bürgermeister: Oskar Ramöller
Stadtdirektor: Horst Ginnuttis

Gemeinde Selfkant
52538 Selfkant, Am Rathaus 13; F (0 24 56) 4 99-0;
Telefax (0 24 56) 38 28
Einwohner: 8 528; *Rat der Gemeinde:* 21 CDU,
8 SPD, 2 FDP, 2 GRÜNE
Bürgermeister: Willi Otten
Gemeindedirektor: Konrad Beemelmanns

Stadt Übach-Palenberg
52531 Übach-Palenberg, Rathausplatz 4;
F (0 24 51) 48 20; Telefax (0 24 51) 48 21 61
Einwohner: 23 794; *Rat der Stadt:* 22 SPD,
15 CDU, 2 GRÜNE
Bürgermeister: Rolf Kornetka
Stadtdirektor: Paul Schmitz-Kröll

Gemeinde Waldfeucht
52525 Waldfeucht, Lambertusstr 13; F (0 24 55)
3 99-0; Telefax (0 24 55) 3 99-77
Einwohner: 8 375; *Rat der Gemeinde:* 16 CDU,
6 SLW, 5 SPD
Bürgermeister: Lambert Krekelberg
Gemeindedirektor: Wolfgang Diepes

Stadt Wassenberg
41849 Wassenberg, Roermonder Str 25-27;
F (0 24 32) 49 00-0; Telefax (0 24 32) 49 00-90
Einwohner: 13 399; *Rat der Stadt:* 12 SPD,
12 CDU, 6 NWI, 3 UWG
Bürgermeister: Dr Friedrich Stieve

Stadtdirektor: Robert Knorr

Stadt Wegberg
41844 Wegberg, Rathausplatz 25; F (0 24 34) 83-0;
Telefax (0 24 34) 2 07 46
Einwohner: 27 200; *Rat der Stadt:* 19 CDU,
13 SPD, 4 FDP, 3 GRÜNE
Bürgermeister: Gottfried Jakobs
Stadtdirektor: Horst Soemers

6 Oberbergischer Kreis

51643 Gummersbach, Moltkestr 42; F (0 22 61)
8 80; Telex 8 84 418; Teletex 22 61 378; Telefax
(0 22 61) 80 10 33
Fläche: 91 807 ha; *Einwohner:* 272 020
Kreistag: 55 Mitglieder (25 CDU, 22 SPD, 4 GRÜ-
NE, 4 FDP)
Landrat: Hans-Leo Kausemann
Oberkreisdirektor: Dr Gert Ammermann

Dezernat I
Leiter: Klaus Kriesten LtdKVwDir
**Zentralamt, Haupt- und Personalamt, Amt für Infor-
mations- und Datenverarbeitung, Straßenverkehrsamt**

Dezernat II
Leiter: Dr Klaus Blau KKäm (LtdKRechtsDir)
**Kämmerei, Kreiskasse, Liegenschaftsamt, Kultur-
und Museumsamt, Kommunalaufsicht, Kreisvolks-
hochschule**

Dezernat III
Leiter: Michael Richter KDir
**Rechtsamt, Ordnungsamt, Amt für Feuerwehr, Ret-
tungswesen und Katastrophenschutz, Veterinär- und
Lebensmittelüberwachungsamt, Gesundheitsamt,
Amt für Landschaftsschutz, Amt für Wasser- und
Abfallwirtschaft**

Dezernat IV
Leiter: Hartmut Decker LtdKVwDir
**Schulverwaltungsamt, Sozialamt, Jugendamt,
Sportamt, Psychologische Beratungsstelle**

Dezernat V
Leiter: Manfred Strombach LtdKBauDir
**Amt für Wirtschaftsförderung und Wohnungswesen,
Hochbau- und Bauaufsichtsamt, Tiefbauamt, Pla-
nungsamt, Vermessungs- und Katasteramt**

Dezernat VI
Leiter: Dr Gert Ammermann OKDir
**Rechnungs- und Gemeindeprüfungsamt, Kreispoli-
zeibehörde Verwaltung und Logistik**

Dem OKD direkt unterstellt:

**GleichstellungsbeauftragtePersönlicher   Referent/
Pressestelle**

Gemeinden im Oberbergischen Kreis:

Stadt Bergneustadt
51692 Bergneustadt, Postfach 1453; F (0 22 61)
4 04-0; Telefax (0 22 61) 4 04-1 75

Einwohner: 20 774; Rat der Stadt: 18 SPD,
18 CDU, 2 FDP, 1 REP
Bürgermeister: Karl Siegfried Noss
Stadtdirektor: Ludger Weidmann

Gemeinde Engelskirchen
51766 Engelskirchen, Engels-Platz 4; F (0 22 63)
83-0; Telefax (0 22 63) 16 10
Einwohner: 20 905; Rat der Gemeinde: 17 SPD,
16 CDU, 3 FDP, 3 GRÜNE
Bürgermeister: Bernhard Reuber
Gemeindedirektor: Wolfgang Oberbüscher

Stadt Gummersbach
51643 Gummersbach, Rathausplatz 1; F (0 22 61)
8 70; Telefax (0 22 61) 8 76 00
Einwohner: 54 060; Rat der Stadt: 19 CDU,
18 SPD, 3 GRÜNE, 3 FDP, 2 fraktionslos
Bürgermeister: Karl Holthaus
Stadtdirektor: Dr Franz-Josef Löseke

Stadt Hückeswagen
42499 Hückeswagen, Rathaus; F (0 21 92) 88-0;
Telefax (0 21 92) 8 81 09, 8 81 80
Einwohner: 16 000; Rat der Stadt: 14 CDU,
12 SPD, 3 GRÜNE, 2 FDP, 2 UWG
Bürgermeister: Manfred Vesper
Stadtdirektor: Hans-Jürgen Pauck

Gemeinde Lindlar
51779 Lindlar, Postfach 1 120; F (0 22 66) 9 60;
Telefax (0 22 66) 88 67
Einwohner: 20 300; Rat der Gemeinde: 20 CDU,
13 SPD, 3 FDP, 3 GRÜNE
Bürgermeister: Siegfried Sax
Gemeindedirektor: Konrad Heimes

Gemeinde Marienheide
51709 Marienheide, Hauptstr 20; F (0 22 64) 22-0;
Telefax (0 22 64) 22 61
Einwohner: 12 631; Rat der Gemeinde: 14 CDU,
12 SPD, 3 FDP, 2 UWG, 2 GRÜNE
Bürgermeister: Wilhelm Kemper
Gemeindedirektor: Hans-Christian Gätcke

Gemeinde Morsbach
51589 Morsbach, Postfach 1153; F (0 22 94) 69 90;
Telefax (0 22 94) 69 91 87
Einwohner: 10 934; Rat der Gemeinde: 13 CDU,
8 SPD, 4 UBV, 2 FDP, 1 GRÜNE, 5 parteilos
Bürgermeister: Heinz Schlechtingen
Gemeindedirektor: Horst Jütte

Gemeinde Nümbrecht
51588 Nümbrecht, Hauptstr 16; F (0 22 93) 3 02-0;
Telefax (0 22 93) 29 01
Einwohner: 15 637; Rat der Gemeinde: 13 SPD,
12 CDU, 3 ABI, 3 FDP, 2 GRÜNE, 1 fraktionslos
Bürgermeister: Alfred Scheske
Gemeindedirektor: Wilfried Johanns

Stadt Radevormwald
42477 Radevormwald, Hohenfuhrstr 13;
F (0 21 95) 6 06-0; Telefax (0 21 95) 6 06-1 16
Einwohner. 25 400; Rat der Stadt: 17 CDU,
16 SPD, 3 AL, 2 FDP, 1 fraktionslos
Bürgermeister: Friedel Müller
Stadtdirektor: Hans Gesenberg

Gemeinde Reichshof
51580 Reichshof, Hauptstr 12; F (0 22 96) 8 01-0;
Telefax (0 22 96) 8 01-3 95; Btx (0 22 96) 8 01-1
Einwohner: 18 328; Rat der Gemeinde: 14 CDU,
13 SPD, 4 Die Unabhängigen, 3 GRÜNE, 2 FDP,
2 FWO, 1 Einzelbewerber
Bürgermeister: Josef Welter
Gemeindedirektor: Gregor Rolland

Stadt Waldbröl
51545 Waldbröl, Nümbrechter Str 18, 19 und 21;
F (0 22 91) 8 50, Telefax (0 22 91) 8 51 25
Einwohner: 18 652; Rat der Stadt: 13 CDU,
12 SPD, 3 parteilos, 2 GRÜNE, 1 FDP, 1 REP,
1 Bund für Gesamtdeutschland
Bürgermeister: Berthold Oettershagen
Stadtdirektor: Lorenz Pevec

Stadt Wiehl
51674 Wiehl, Rathaus, Bahnhofstr 1; F (0 22 62)
9 90; Telefax (0 22 62) 9 92 47
Einwohner: 24 373; Rat der Stadt: 19 SPD,
15 CDU, 3 FDP, 1 GRÜNE, 1 parteilos
Bürgermeister: Wilfried Bergerhoff
Stadtdirektor: Werner Becker-Blonigen

Stadt Wipperfürth
51688 Wipperfürth, Marktplatz 1; F (0 22 67) 6 40;
Telefax (0 22 67) 6 43 11
Einwohner: 22 100; Rat der Stadt: 21 CDU,
11 SPD, 6 UWG, 1 fraktionslos
Bürgermeister: Hans-Leo Kausemann
Stadtdirektor: Klaus-Ulrich Heukamp

7 Rheinisch-Bergischer-Kreis

51469 Bergisch-Gladbach, Am Rübezahlwald 7;
F (0 22 02) 1 30; Telex 8 87 733 (LKGL); Telefax
(0 22 02) 13-26 00
Fläche: 43 909 ha; Einwohner: 266 427
Kreistag: 63 Mitglieder (28 CDU, 22 SPD, 7 FDP,
5 GRÜNE, 1 fraktionslos
Landrat: Dr Rolf Hahn MdL
Oberkreisdirektor: Dr Jürgen Kroneberg

Dem Oberkreisdirektor unmittelbar unterstellt:
Kreispolizeibehörde, Rechnungs- und Gemeindeprü-
fungsamt, Referat für Kultur und Öffentlichkeitsar-
beit, Gleichstellungsbeauftragte

Dezernat I
Leiter: Dr Jürgen Kroneberg OKDir
Hauptamt, Personalamt

Dezernat II
Leiter: Knut Georg Ebel KDir
Vermessungs- und Katasteramt; Bauamt; Amt für Straßenbau, Wasser- und Abfallwirtschaft; Amt für Umwelt, Planung und Landschaftsschutz

Dezernat III
Leiter: Dipl-Kfm Ernst Schneider LtdKVwDir, Käm
Kämmerei; Wirtschafts- und Fremdenverkehrsförderung; Veterinär- und Lebensmittelüberwachungsamt; Gesundheitsamt; Ausgleichsamt

Dezernat IV
Leiter: Dr Klaus Rabe LtdKRechtsDir
Ordnungs- und Rechtsamt, Straßenverkehrsamt, Amt für Zivilschutz und Rettungswesen

Dezernat V
Leiter: Egon Orth LtdKRechtsDir
Schulverwaltungsamt (Sport), Schulpsychologischer Dienst, Sozialamt, Jugendamt

Gemeinden im Rheinisch-Bergischen-Kreis:

Stadt Bergisch Gladbach
51465 Bergisch Gladbach, Konrad-Adenauer-Platz; F (0 22 02) 1 40
Einwohner: 105 000; *Rat der Stadt:* 26 CDU, 21 SPD, 6 FDP, 5 BÜNDNIS 90/DIE GRÜNEN, 1 fraktionslos
Bürgermeister: Holger Pfleger
Stadtdirektor: Otto Fell

Stadt Burscheid
51399 Burscheid, Bismarckstr 8; F (0 21 74) 8 92-0; Telefax (0 21 74) 89 23 00
Einwohner: 17 730; *Rat der Stadt:* 13 SPD, 13 CDU, 7 FDP, 3 GRÜNE, 3 UWG
Bürgermeister: Heinrich Aßmann
Stadtdirektor: Karl Heinz Schönenborn

Gemeinde Kürten
51515 Kürten, Marktfeld 1; F (0 22 68) 9 39-0; Telefax (0 22 68) 93 91 18
Einwohner: 18 879; *Rat der Gemeinde:* 18 CDU, 11 SPD, 5 FDP, 3 GRÜNE, 2 UCD
Bürgermeister: Leo Berger
Gemeindedirektor: Walter Müller

Stadt Leichlingen (Rheinland)
42799 Leichlingen, Büscherhof 1; F (0 21 75) 99 20; Telefax (0 21 75) 99 21 75
Einwohner: 26 576; *Rat der Stadt:* 17 CDU, 17 SPD, 3 FDP, 2 GRÜNE
Bürgermeister: Karl Reul
Stadtdirektor: Gerhard Lenz

Gemeinde Odenthal
51519 Odenthal, Altenberger-Dom-Str 31; F (0 22 02) 7 10-0; Telefax (0 22 02) 7 87 77
Einwohner: 13 385; *Rat der Gemeinde:* 16 CDU, 11 SPD, 4 FDP, 2 ALO, 2 fraktionslos
Bürgermeister: Johannes Trocke
Gemeindedirektor: Johannes Maubach

Gemeinde Overath
51491 Overath, Hauptstr 25; F (0 22 06) 6 02-0; Telefax (0 22 06) 60 21 93
Einwohner: 25 087; *Rat der Gemeinde:* 18 CDU, 12 SPD, 5 FDP, 4 GRÜNE
Bürgermeister: Josef Büscher
Gemeindedirektor: Heinz-Willi Schwamborn

Gemeinde Rösrath
51503 Rösrath, Hauptstr 229; F (0 22 05) 80 20; Telefax (0 22 05) 80 21 31
Einwohner: 24 400; *Rat der Gemeinde:* 16 CDU, 16 SPD, 4 GRÜNE, 3 FDP
Bürgermeister: Dieter Happ
Gemeindedirektor: Manfred Wolfgramm

Stadt Wermelskirchen
42929 Wermelskirchen, Telegrafenstr 29/33; F (0 21 96) 7 10-0; Telefax (0 21 96) 71 05 55
Einwohner: 36 804; *Rat der Stadt:* 22 CDU, 15 SPD, 4 GRÜNE, 4 FDP
Bürgermeister: Heinz Voetmann
Stadtdirektor: Siegfried Störtte

8 Rhein-Sieg-Kreis

53721 Siegburg, Kaiser-Wilhelm-Platz 1; F (0 22 41) 13-1; Teletex 2 241 408; Telefax (0 22 41) 13-21 79
Fläche: 115 300 ha; *Einwohner:* 522 631
Kreistag: 79 Mitglieder (36 CDU, 28 SPD, 7 GRÜNE, 7 FDP, 1 fraktionslos)
Landrat: Dr Franz Möller MdB
Oberkreisdirektor: Dr Walter Kiwit

Dezernat I
Leiter: Dr Walter Kiwit OKDir
Referat Wirtschaftsförderung, Hauptamt, Archiv

Dezernat II
Leiter: Monika Lohr KDirektorin
Prüfungsamt, Amt für Kommunalaufsicht und Wahlen, Ordnungsamt, Polizeiverwaltung, Straßenverkehrsamt, Schul- und Kulturamt

Dezernat III
Leiter: Robert Groell LtdKVwDir
Sozialamt, Jugendamt, psychologische Beratungsdienste, Gesundheitsamt

Dezernat IV
Leiter: Frithjof Kühn LtdKVwDir
Amt für Finanzwesen, Amt für Natur- und Landschaftsschutz, Veterinär- und Lebensmittelüberwachungsamt, Amt für Gewässerschutz und Abfallwirtschaft

Dezernat V
Leiter: Wolfgang Schmitz LtdKVmDir
Amt für Datenverarbeitung, Bauaufsichtsamt, Hochbauamt, Amt für Katasterverwaltung, Grundstückswerte und Bodenordnung, Katastervermessungsamt

Dezernat VI
Leiter: Dr Lothar Franz LtdKVwDir
Planungsamt, Straßenbauamt, Amt für Verkehr, Fachplanungen, Naturparks und Statistik
Gemeinden im Rhein-Sieg-Kreis:

Gemeinde Alfter
53347 Alfter, Rathaus; F (02 28) 64 84-0; Telefax (02 28) 6 48 41 99
Einwohner: 19 275; *Rat der Gemeinde:* 17 CDU, 11 SPD, 5 UWG, 3 FDP, 3 GRÜNE
Bürgermeisterin: Dr Bärbel Steinkemper
Gemeindedirektor: Bodo Kerstin

Stadt Bad Honnef
53604 Bad Honnef, Rathausplatz 1; F (0 22 24) 1 84-0; Telefax (0 22 24) 18 41 15
Einwohner: 25 245; *Rat der Stadt:* 18 CDU, 14 SPD, 6 GRÜNE, 5 Bürgerblock, 5 FDP, 1 parteilos
Bürgermeister: Franz Josef Kayser
Stadtdirektor: Dr Rolf Junker

Stadt Bornheim
53332 Bornheim, Rathausstr 2; F (0 22 22) 9 45-0; Telefax (0 22 22) 9 45-1 26
Einwohner: 39 267; *Rat der Stadt:* 23 CDU, 14 SPD, 5 GRÜNE, 3 FDP
Bürgermeister: Wilfried Henseler
Stadtdirektor: Hans-Jürgen Ahlers

Gemeinde Eitorf
53783 Eitorf, Markt 1; F (0 22 43) 89-0; Telefax (0 22 43) 8 91 79;
Einwohner: 17 121; *Rat der Gemeinde:* 20 CDU, 9 SPD, 6 EWG,(Eitdorfer Wählergemeinschaft), 2 BÜNDNIS 90/DIE GRÜNEN, 2 FDP
Bürgermeisterin: Gertrud Diwo
Gemeindedirektor: Lothar Gorholt

Stadt Hennef (Sieg)
53773 Hennef, Frankfurter Str 97; F (0 22 42) 8 88-0; Telefax (0 22 42) 88 82 38
Einwohner: 32 797; *Rat der Stadt:* 18 CDU, 13 SPD, 4 FDP, 3 GRÜNE, 1 fraktionslos
Bürgermeister: Emil Eyermann
Stadtdirektor: Karl Kreuzberg

Stadt Königswinter
53639 Königswinter, Drachenfelsstr 4; F (0 22 44) 8 89-0; Telefax (0 22 44) 8 89-3 78
Einwohner: 36 231; *Rat der Stadt:* 22 CDU, 14 SPD, 5 GRÜNE, 4 FDP
Bürgermeister: Herbert Krämer
Stadtdirektor: Franz-Josef Schmitz

Stadt Lohmar
53797 Lohmar, Rathausstr 4; F (0 22 46) 1 50; Telefax (0 22 46) 15-2 00
Einwohner: 28 021; *Rat der Stadt:* 12 CDU, 11 SPD, 7 GRÜNE, 5 UWG, 3 FDP, 1 fraktionslos

Bürgermeister: Rolf Lindenberg
Stadtdirektor: Horst Schöpe

Stadt Meckenheim
53340 Meckenheim, Bahnhofstr 22; F (0 22 25) 9 17-0; Telefax (0 22 25) 9 17-1 00, 9 17-1 01, 9 17-1 02
Einwohner: 24 500; *Rat der Stadt:* 17 CDU, 8 SPD, 6 UWG, 4 FDP, 3 GRÜNE, 1 fraktionslos
Bürgermeister: Dr Hans-Georg Preuschoff
Stadtdirektor: Johannes Vennebusch

Gemeinde Much
53804 Much, Hauptstr 57; F (0 22 45) 68-0; Telefax (0 22 45) 68 50
Einwohner: 12 956; *Rat der Gemeinde:* 18 CDU, 11 SPD, 2 FDP, 2 GRÜNE
Bürgermeister: Fritz Wilhelm
Gemeindedirektor: Klaus Ringhof

Gemeinde Neunkirchen-Seelscheid
53819 Neunkirchen-Seelscheid, Hauptstr 78; F (0 22 47) 3 03-0; Telefax (0 22 47) 3 03 70
Einwohner: 18 222; *Rat der Gemeinde:* 16 CDU, 13 SPD, 7 FDP, 3 GRÜNE
Bürgermeister: Peter Pfundner
Gemeindedirektor: Rolf Stapmanns

Stadt Niederkassel
53859 Niederkassel, Rathausstr 19; F (0 22 08) 5 02-0; Telefax (0 22 08) 50 21 08
Einwohner: 30 122; *Rat der Stadt:* 18 CDU, 13 SPD, 3 GRÜNE, 3 FDP, 2 REP
Bürgermeister: Walter Esser
Stadtdirektor: Franz Haverkamp

Stadt Rheinbach
53359 Rheinbach, Rathaus, Schweigelstr 23; F (0 22 26) 9 17-0; Telefax (0 22 26) 91 71 17
Einwohner: 24 068; *Rat der Stadt:* 19 CDU, 9 SPD, 7 UWG, 2 FDP, 2 GRÜNE
Bürgermeister: Dr Hans Schellenberger
Stadtdirektor: Heinrich Kalenberg

Gemeinde Ruppichteroth
53809 Ruppichteroth, Rathausstr 18; F (0 22 95) 4 90; Telefax (0 22 95) 49 39
Einwohner: 9 574; *Rat der Gemeinde:* 14 CDU, 10 SPD, 2 FDP, 1 GRÜNE
Bürgermeister: Ludwig Neuber
Gemeindedirektor: Hartmut Drawz

Stadt Sankt Augustin
53757 Sankt Augustin, Markt 1; F (0 22 41) 2 43-0; Telefax (0 22 41) 2 43-4 30
Einwohner: 54 000; *Rat der Stadt:* 22 CDU, 20 SPD, 5 GRÜNE, 4 FDP
Bürgermeister: Wilfried Wessel
Stadtdirektor: Dr Walter Quasten

Kreisstadt Siegburg
53721 Siegburg, Nogenter Platz 10 (Rathaus);
F (0 22 41) 1 02-0; Telefax (0 22 41) 1 02-2 84
Einwohner: 36 287; *Rat der Stadt:* 22 CDU,
15 SPD, 4 BÜNDNIS 90/Die GRÜNEN, 2 FDP,
2 fraktionslos
Bürgermeister: Rolf Krieger MdL
Stadtdirektor: Dr Konrad Machens

Gemeinde Swisttal
53913 Swisttal, Rathaus; F (0 22 55) 30 90; Telefax
(0 22 55) 30 92 99
Einwohner: 18 200; *Rat der Gemeinde:* 20 CDU,
13 SPD, 4 FDP, 2 GRÜNE
Bürgermeister: Wilfried Hein
Gemeindedirektor: Eckhard Maack

Stadt Troisdorf
53844 Troisdorf, Am Schirmhof; F (0 22 41) 4 82-0;
Telefax (0 22 41) 4 82-2 02
Einwohner: 67 265; *Rat der Stadt:* 26 SPD,
19 CDU, 3 FDP, 3 DIE GRÜNEN, 1 fraktionslos
Bürgermeister: Uwe Göllner
Stadtdirektor: Dr Walter Wegener

Gemeinde Wachtberg
53343 Wachtberg, Rathausstr 34; F (02 28) 95 44-0;
Telefax (02 28) 95 44-1 23
Einwohner: 17 897; *Rat der Gemeinde:* 18 CDU,
10 SPD, 5 FDP, 3 UWG, 3 GRÜNE
Bürgermeister: Peter Schmitz
Gemeindedirektor: Fred Münch

Gemeinde Windeck
51570 Windeck, Rathaus; F (0 22 92) 60 10; Telefax
(0 22 92) 6 01 10
Einwohner: 19 166; *Rat der Gemeinde:* 19 SPD,
14 CDU, 3 GRÜNE, 2 FDP, 1 fraktionslos
Bürgermeister: Udo Scharnhorst
Gemeindedirektor: Jürgen Klumpp

III Regierungsbezirk Münster

1 Kreis Borken

46325 Borken, Burloer Str 93; F (0 28 61) 8 20;
Telex 8 13 331; Telefax (0 28 61) 6 33 20; Mailbox:
eure: kreis-borken
Fläche: 141 739 ha; *Einwohner:* 332 606
Kreistag: 67 Mitglieder (37 CDU, 22 SPD, 4 GRÜ-
NE, 4 UWG)
Landrat: Gerd Wiesmann
Oberkreisdirektor: Raimund Pingel

Dezernat I
Leiter: Raimund Pingel OKDir
**Rechnungsprüfungsamt, Amt für Kultur und Öffent-
lichkeitsarbeit**

Dezernat II
Leiter: Dr Rudolf Voßkühler KDir
**Hauptamt, Schul- und Berufsbildungsamt, Jugend-
und Sportamt, Amt für Datenverarbeitung**

Dezernat III
Leiter: Dr Hermann Paßlick LtdK RechtsDir
**Kreispolizeibehörde/Verwaltung, Ordnungsamt,
Straßenverkehrsamt, Rechtsamt**

Dezernat IV
Leiter: Werner Haßenkamp LtdK RechtsDir
Personalamt, Kämmerei, Sozialamt

Dezernat V
Leiter: Dr Karl Boesing LtdK VetDir
**Veterinäramt, Amt für Fleischhygiene, Amt für Le-
bensmittelüberwachung**

Dezernat VI
Leiter: Dr Gerhard Ettlinger KOMedR
**Amt für Medizinalaufsicht und Gutachterwesen,
Amt für Gesundheitsschutz und Umwelthygiene,
Amt für Gesundheitshilfe**

Dezernat VII
Leiter: Thomas Holzschneider K BauDir
**Planungsamt, Vermessungs- und Katasteramt, Bau-
ordnungsamt, Tiefbauamt**

Unmittelbar dem OKD unterstellt:

Stabsstelle

Gemeinden im Kreis Borken:

Stadt Ahaus
48683 Ahaus, Rathausplatz 1; F (0 25 61) 72-0;
Telefax (0 25 61) 7 21 00
Einwohner: 32 734; *Rat der Stadt:* 22 CDU,
11 SPD, 6 UWG
Bürgermeister: Leopold Bußmann
Stadtdirektor: Dr Heinz-Robert Jünemann

Stadt Bocholt
46395 Bocholt, Rathaus, Berliner Platz 1;
F (0 28 71) 9 53-0; Telex 8 13 709; Telefax (0 28 71)
95 32 22
Einwohner: 70 053; *Rat der Stadt:* 27 CDU,
21 SPD, 3 GRÜNE
Bürgermeister: Bernhard Demming
Stadtdirektor: Hans-Josef Dahlen

Stadt Borken
46325 Borken, Im Piepershagen 17; F (0 28 61)
8 80; Telefax (0 28 61) 88-2 53
Einwohner: 37 800; *Rat der Stadt:* 27 CDU,
12 SPD, 2 GRÜNE, 2 FDP, 2 fraktionslos
Bürgermeister: Josef Ehling
Stadtdirektor: Rolf Lührmann

Stadt Gescher
48712 Gescher, Marktplatz 1; F (0 25 42) 6 00;
Telefax (0 25 42) 6 01 23
Einwohner: 15 899; *Rat der Stadt:* 17 CDU, 9 SPD,
3 GRÜNE, 2 Zentrum, 2 FDP

Bürgermeister: Hermann Horstick
Stadtdirektor: Dr Klaus-Peter Schulz-Gadow

Stadt Gronau (Westf)
48599 Gronau, Konrad-Adenauer-Str 1;
F (0 25 62) 12-0; Telefax (0 25 62) 12-2 00
Einwohner: 42 391; *Rat der Stadt:* 21 SPD,
19 CDU, 3 FDP, 2 GRÜNE
Bürgermeister: Norbert Diekmann
Stadtdirektor: Dr Dietmar Breer

Gemeinde Heek
48619 Heek, Bahnhofstr 60; F (0 25 68) 93 00-0;
Telefax (0 25 68) 26 06
Einwohner: 7 418; *Rat der Gemeinde:* 18 CDU,
9 SPD
Bürgermeister: Josef Böckers
Gemeindedirektor: Hubert Steinweg

Gemeinde Heiden
46359 Heiden, Rathausplatz 1; F (0 28 67) 99 09-0;
Telefax (0 28 67) 99 09-77
Einwohner: 7 161; *Rat der Gemeinde:* 15 CDU,
9 SPD, 3 UWG
Bürgermeister: Hannes Schwitte
Gemeindedirektor: Günter Otto

Stadt Isselburg
46419 Isselburg, Minervastr 12; F (0 28 74) 4 70;
Telefax (0 28 74) 47 11
Einwohner: 10 384; *Rat der Stadt:* 15 CDU,
13 SPD, 2 FBI, 2 GRÜNE, 1 FDP
Bürgermeisterin: Margret Koch
Stadtdirektor: Werner Geerißen

Gemeinde Legden
48739 Legden, Amtshausstr 1; F (0 25 66) 9 10-0;
Telefax (0 25 66) 9 10-2 22
Einwohner: 5 800; *Rat der Gemeinde:* 21 Ratsmit-
glieder
Bürgermeisterin: Helga Schwartenbeck
Gemeindedirektor: Dipl-Ökonom Rainer Kamp-
mann

Gemeinde Raesfeld
46348 Raesfeld, Weseler Str 19; F (0 28 65) 6 01-0;
Telefax (0 28 65) 6 01 52
Einwohner: 10 100; *Rat der Gemeinde:* 19 CDU,
7 UWG, 7 SPD
Bürgermeisterin: Maria Honvehlmann
Gemeindedirektor: Udo Rößing

Gemeinde Reken
48734 Reken, Postfach 11 51; F (0 28 64) 88 80
Einwohner: 13 456; *Rat der Gemeinde:* 15 CDU,
9 UWG, 4 SPD, 3 GRÜNE, 2 Bürgerforum
Bürgermeister: Heinrich Kuhrmann
Gemeindedirektor: Bernward Roters

Stadt Rhede
46414 Rhede, Rathausplatz 9; F (0 28 72) 9 30-0;
Telefax (0 28 72) 93 04 50

Einwohner: 17 500; *Rat der Stadt:* 22 CDU,
13 SPD, 4 GRÜNE
Bürgermeister: Karl Heinz Hengstermann
Stadtdirektor: Hermann Bode

Gemeinde Schöppingen
48624 Schöppingen, Amtsstr 17; F (0 25 55) 88-0;
Telefax (0 25 55) 88 11
Einwohner: 5 911; *Rat der Gemeinde:* 10 CDU,
9 UWG, 1 SPD, 1 GRÜNE
Bürgermeister: Josef Dirksen
Gemeindedirektor: Wolfgang Schwake

Stadt Stadtlohn
48703 Stadtlohn, Markt 3; F (0 25 63) 87-0; Telefax
(0 25 63) 87-81
Einwohner: 18 411; *Rat der Stadt:* 19 CDU,
13 SPD, 5 UWG, 2 FDP
Bürgermeister: Klaus Rems
Stadtdirektor: Engelbert Sundermann

Gemeinde Südlohn
46354 Südlohn, Winterswyker Str 1; F (0 28 62)
5 82-0; Telefax (0 28 62) 5 82 58
Einwohner: 8 127; *Rat der Gemeinde:* 13 CDU,
8 UWG, 5 SPD, 1 fraktionslos
Bürgermeisterin: Thea Robert
Gemeindedirektor: Karl-Heinz Schaffer

Gemeinde Velen
46342 Velen, Ramsdorfer Str 19; F (0 28 63)
2 05-0; Telefax (0 28 63) 2 05 35
Einwohner: 11 381; *Rat der Gemeinde:* 18 CDU,
8 SPD, 7 UWG
Bürgermeister: Bernhard Lehmkuhl
Gemeindedirektor: Josef Schliemann

Stadt Vreden
48691 Vreden, Burgstr 14; F (0 25 64) 3 03-0;
Telefax (0 25 64) 3 03 83
Einwohner: 20 156; *Rat der Stadt:* 22 CDU, 9 SPD,
8 UWG
Bürgermeister: Bernhard Becking
Stadtdirektor: Werner Stüken

2 Kreis Coesfeld

48653 Coesfeld, Friedrich-Ebert-Str 7; F (0 25 41)
1 80; Teletex 25 41 22; Telefax (0 25 41) 8 25 66
Fläche: 110 941 ha; *Einwohner:* 193 964
Kreistag: 61 Mitglieder (33 CDU, 19 SPD, 5 GRÜ-
NE, 4 FDP)
Landrat: Karl-Heinz Göller
Oberkreisdirektor: Hans Pixa

Dezernat I
Leiter: Hans Pixa OKDir
**Hauptamt, Amt für Öffentlichkeitsarbeit und Kreis-
entwicklung, Verwaltung der Polizei, Rechnungs-
und Gemeindeprüfungsamt, Kämmerei**

Dezernat II
Leiter: Ludwig Silderhuis KDir
Sozialamt, Jugend- und Sportamt, Gesundheitsamt, Amt für Wohnungswesen

Dezernat III
Leiter: Ernst-Ulrich Schräder LtdKRechtsDir
Schul- und Kulturamt, Kämmerei, Personalamt, Schulamt für den Kreis Coesfeld – Verwaltung

Dezernat IV
Leiter: Dr Ingo Schulz KRechtsDir
Rechtsamt, Ordnungsamt, Straßenverkehrsamt, Veterinär- und Lebensmittelüberwachungsamt

Dezernat V
Leiter: Karl-Heinz Holtwisch KBauDir
Amt für Naturschutz, Landschaftspflege und Planung, Bauordnungsamt, Straßenbauamt, Amt für Wasser- und Abfallwirtschaft, Vermessungs- und Katasteramt

Gemeinden im Kreis Coesfeld:

Gemeinde Ascheberg
59387 Ascheberg, Dieningstr 7; F (0 25 93) 60 90;
Telefax (0 25 93) 6 09 49
Einwohner: 13 950; *Rat der Gemeinde:* 19 CDU,
11 SPD, 3 FDP
Bürgermeister: Dieter Heineke
Gemeindedirektor: Bernhard Thyen

Stadt Billerbeck
48727 Billerbeck, Markt 1; F (0 25 43) 73-0; Telefax
(0 25 43) 73-50
Einwohner: 10 471; *Rat der Stadt:* 13 CDU, 9 SPD,
6 Zentrum, 3 FDP, 2 GRÜNE
Bürgermeister: Hermann Kemper
Stadtdirektor: Harald Koch

Stadt Coesfeld
48653 Coesfeld, Markt 8; F (0 25 41) 15-0; Telefax
(0 25 41) 15-1 01
Einwohner: 33 787; *Rat der Stadt:* 23 CDU,
14 SPD, 3 GRÜNE, 3 UWG, 2 FDP
Bürgermeisterin: Brigitte Exner
Stadtdirektor: Rainer Christian Beutel

Stadt Dülmen
48249 Dülmen, Markt 1-3; F (0 25 94) 1 20; Telefax
(0 25 94) 31 35
Einwohner: 43 153; *Rat der Stadt:* 23 CDU,
15 SPD, 5 UWG, 2 GRÜNE
Bürgermeister: Karl Ridder
Stadtdirektor: Heinrich Schenk

Gemeinde Havixbeck
48329 Havixbeck, Pfarrstiege 5; F (0 25 07) 33-0;
Telefax (0 25 07) 38 80
Einwohner: 11 064; *Rat der Gemeinde:* 16 CDU,
9 SPD, 4 FDP, 4 GRÜNE
Bürgermeister: Wilhelm Richter
Gemeindedirektor: Reiner Guthoff

Stadt Lüdinghausen
59348 Lüdinghausen, Steverstr 15, Freiheit Borg 2
und Bauhaus, Amthaus 12; F (0 25 91) 9 26-0;
Telefax (0 25 91) 9 26-1 76 und 9 26-1 77
Einwohner: 21 284; *Rat der Stadt:* 22 CDU,
10 SPD, 4 GRÜNE, 3 FDP
Bürgermeister: Josef Holtermann
Stadtdirektor: Richard Borgmann

Gemeinde Nordkirchen
59394 Nordkirchen, Bohlenstr 2; F (0 25 96) 39-0;
Telefax (0 25 96) 39 39
Einwohner: 9 005; *Rat der Gemeinde:* 18 CDU,
10 SPD, 3 GRÜNE, 2 FDP
Bürgermeister: Wilhelm Nägeler
Gemeindedirektor: Friedhard Drebing

Gemeinde Nottuln
48301 Nottuln, Stiftsplatz 7/8; F (0 25 02) 8 02-0;
Telefax (0 25 02) 8 02-1 18
Einwohner: 16 570; *Rat der Gemeinde:* 17 CDU,
10 SPD, 3 UBG, 2 GRÜNE, 1 FDP
Bürgermeister: Bernd Mensing
Gemeindedirektor: Hartwig Bomholt

Stadt Olfen
59399 Olfen, Kirchstr 5; F (0 25 95) 3 89-0; Telefax
(0 25 95) 3 89-64
Einwohner: 9 600; *Rat der Stadt:* 20 CDU, 10 SPD,
3 FDP
Bürgermeister: Albert Knümann
Stadtdirektor: Detlef Dömer

Gemeinde Rosendahl
48720 Rosendahl, Osterwick, Hauptstr 30;
F (0 25 47) 77-0; Telefax (0 25 47) 77 60
Einwohner: 10 231; *Rat der Gemeinde:* 23 CDU,
10 SPD
Bürgermeister: Ludger Dinkler
Gemeindedirektor: Georg Meyering

Gemeinde Senden
48308 Senden, Münsterstr 30; F (0 25 97) 6 99-0;
Telefax (0 25 97) 69 92 22
Einwohner: 17 000; *Rat der Gemeinde:* 21 CDU,
10 SPD, 5 GRÜNE, 3 FDP
Bürgermeister: Franz Böckenholt
Gemeindedirektor: Dipl-Komm Helmut Ingelmann

3 Kreis Recklinghausen

45657 Recklinghausen, Kurt-Schumacher-Allee 1;
F (0 23 61) 5 31; Telex 8 29 822; Telefax (0 23 61)
53 32 91
Fläche: 76 015 ha; *Einwohner:* 657 131
Kreistag: 79 Mitglieder (43 SPD, 27 CDU,
7 BÜNDNIS 90/DIE GRÜNEN, 2 fraktionslos)
Landrat: Helmut Marmulla
Oberkreisdirektor: Ulrich Noetzlin

Dezernat OKD
Leiter: Ulrich Noetzlin OKDir
Referat für Öffentlichkeitsarbeit, Rechnungsprüfungsamt und Gemeindeprüfungsamt, Gemeinsame Kommunale Datenzentrale, Bauverwaltungsamt, Untere Wasserbehörde, Umweltangelegenheiten

Dezernat KD
Leiter: Hanns-Joachim Boltz KDir
Kämmerei, Sozialamt, Lastenausgleichsamt, Amt für Wohnungswesen, Kulturangelegenheiten

Dezernat 1
Leiter: Rainer Dieter Klöter LtdKVwDir
Hauptamt, Personalamt, Schulamt, Schulverwaltungsamt

Dezernat 3
Leiter: Klaus-Dieter Kretschmann LtdKRechtsDir
Rechtsamt, Ordnungsamt, Straßenverkehrsamt, Veterinär- und Lebensmittelüberwachungsamt

Dezernat 4
Leiter: Dr Bernhard Haardt LtdKMedDir
Gesundheitsamt, Chemisches Untersuchungsamt

Dezernat 5
Leiter: Klaus Plücker LtdKVmDir
Planungsamt, Vermessungs- und Katasteramt, Amt für Naturschutz- und Landschaftspflege, Tiefbauamt, Kreisgartenbauamt

Gemeinden im Kreis Recklinghausen:

Stadt Castrop-Rauxel
44575 Castrop-Rauxel, Europaplatz 1; F (0 23 05) 10 61; Telex 8 229 522; Telefax (0 23 05) 1 45 94
Einwohner: 80 177; *Rat der Stadt:* 25 SPD, 15 CDU, 6 GAL, 5 FWI
Bürgermeister: Hans Ettrich
Stadtdirektor: Walter Stach

Stadt Datteln
45711 Datteln, Genthiner Str 8; F (0 23 63) 10 71; Telefax (0 23 63) 1 07-3 51
Einwohner: 37 000; *Rat der Stadt:* 25 SPD, 14 CDU, 4 GRÜNE, 2 fraktionslos
Bürgermeister: Wolfgang Werner
Stadtdirektor: Rudolf Böhm

Stadt Dorsten
46284 Dorsten, Halterner Str 5; F (0 23 62) 6 60; Telefax (0 23 62) 66 33 66
Einwohner: 81 175; *Rat der Stadt:* 23 SPD, 22 CDU, 2 GRÜNE, 2 Ratsfraktion Schiwy/Labendz, 2 FDP
Bürgermeister: Heinz Ritter
Stadtdirektor: Dr Karl-Christian Zahn

Stadt Gladbeck
45956 Gladbeck, Postfach 629; F (0 20 43) 99-0; Telex 8 579 210; Telefax (0 20 43) 99-11 11
Einwohner: 80 000; *Rat der Stadt:* 29 SPD, 15 CDU, 4 DKP, 3 GRÜNE
Bürgermeister: Wolfgang Röken

Stadtdirektor: Dr Joachim Henneke

Stadt Haltern
45721 Haltern, Dr-Conrads-Str 1; F (0 23 64) 9 33-0; Telefax (0 23 64) 9 33-1 11
Einwohner: 34 791; *Rat der Stadt:* 20 CDU, 13 SPD, 8 WGH, 4 GRÜNE
Bürgermeister: Hermann Wessel
Stadtdirektor: Günter Zöllner

Stadt Herten
45699 Herten, Kurt-Schumacher-Str 2; F (0 23 66) 3 03-0; Telefax (0 23 66) 3 03-2 55
Einwohner: 68 930; *Rat der Stadt:* 26 SPD, 17 CDU, 6 GRÜNE, 2 fraktionslos
Bürgermeister: Karl-Ernst Scholz
Stadtdirektor: Klaus Bechtel

Stadt Marl
45768 Marl, Creiler Platz 1; F (0 23 65) 99-0; Telefax (0 23 65) 5 51 24
Einwohner: 92 480; *Rat der Stadt:* 26 SPD, 15 CDU, 6 GRÜNE, 2 fraktionslos, 2 Republikaner
Bürgermeister: Lothar Hentschel
Stadtdirektor: Rainer Schaaff

Stadt Oer-Erkenschwick
45739 Oer-Erkenschwick, Rathausplatz; F (0 23 68) 6 91-0; Telefax (0 23 68) 69 12 98; Telefax-Pressestelle (0 23 68) 69 13 70; Telex 8 29 415 fwoe
Einwohner: 28 958; *Rat der Stadt:* 25 SPD, 9 CDU, 4 GRÜNE, 1 parteilos
Bürgermeister: Clemens Peick
Stadtdirektor: Alfred Schlechter

Stadt Recklinghausen
45657 Recklinghausen, Rathausplatz 3; F (0 23 61) 5 87-1; Telefax (0 23 61) 8 57-6 87; Telex 8 29 685
Einwohner: 125 500; *Rat der Stadt:* 30 SPD, 19 CDU, 7 GRÜNE, 3 FDP
Bürgermeister: Jochen Welt
Stadtdirektor: Peter Borggraefe

Stadt Waltrop
45731 Waltrop, Münsterstr 1; F (0 23 09) 93 00; Telefax (0 23 09) 9 30-3 00
Einwohner: 29 925; *Rat der Stadt:* 21 SPD, 12 CDU, 3 GLW, 2 FDP, 1 fraktionslos
Bürgermeister: Joachim Münzner
Stadtdirektor: Norbert Frey

4 Kreis Steinfurt

48565 Steinfurt, Tecklenburger Str 10; F (0 25 51) 6 90; Telex 8 92 945; Telefax (0 25 51) 69 24 00; Btx (0 25 51) 69; Mailbox EURE: Kreis Steinfurt
Fläche: 179 072 ha; *Einwohner:* 404 327
Kreistag: 61 Mitglieder (27 CDU, 25 SPD, 4 GRÜNE, 4 FDP, 1 fraktionslos)
Landrat: Martin Stroot

Oberkreisdirektor: Dr Heinrich Hoffschulte

Dezernat OKD
Leiter: Dr Heinrich Hoffschulte OKD
Kreisentwicklung, Pressereferent, Kreispolizeibehörde

Dezernat I
Leiter: Hans Vogel LtdKRechtsDir
Hauptamt, Personalamt, Amt für Datenverarbeitung, Ordnungsamt, Rechtsamt

Dezernat II
Leiter: Erwin Meyer LtdKRechtsDir
Rechnungsprüfungsamt, Kämmerei, Schulamt, Schulverwaltungs- und Kulturamt, Amt für Wirtschaftsförderung

Dezernat III
Leiter: Dr Ballke KDir
Sozialamt, Jugendamt, Amt für soziale Dienste

Dezernat IV
Leiter: Dr Werner Lammers LtdKMedDir
Gesundheitsamt, Medizinalaufsichtsamt, Amt für Gesundheitsfürsorge

Dezernat V
Leiter: Niederau
Bauverwaltungsamt, Planungsamt, Bauaufsichtsamt, Straßenbauamt, Katasteramt, Vermessungsamt, Amt für Natur- und Landschaftspflege, Wasser- und Abfallwirtschaft

Dezernat VI
Leiter: Dr Arno Piontkowski
Amt für Lebensmittelüberwachung, Veterinäramt, Amt für Fleischhygiene

Gemeinden im Kreis Steinfurt:

Gemeinde Altenberge
48341 Altenberge, Kirchstr 25; F (0 25 05) 82-0;
Telefax (0 25 05) 82-40
Einwohner: 8 631; *Rat der Gemeinde:* 14 CDU, 7 SPD, 4 GRÜNE, 2 FDP
Bürgermeister: Werner Schleuter
Gemeindedirektor: Hermann Schipper

Stadt Emsdetten
48282 Emsdetten, Am Markt 1; F (0 25 72) 12-0;
Telefax (0 25 72) 1 22 09
Einwohner: 34 000; *Rat der Stadt:* 23 CDU, 18 SPD, 4 GRÜNE
Bürgermeisterin: Anneliese Meyer zu Altenschildesche
Stadtdirektor: Dr Hanspeter Knirsch

Stadt Greven
48268 Greven, Rathausstr 6; F (0 25 71) 9 20-0;
Telefax (0 25 71) 9 20-3 20
Einwohner: 32 406; *Rat der Stadt:* 17 SPD, 16 CDU, 3 GRÜNE, 3 FDP
Bürgermeister: Hubert Binder
Stadtdirektor: Klaus-Friedrich Peters

Gemeinde Hopsten
48496 Hopsten, Bunte Str 35; F (0 54 58) 7 92-0;
Telefax (0 54 58) 7 92 44
Einwohner: 6 468; *Rat der Gemeinde:* 12 CDU, 6 UWG, 6 SPD, 3 FDP
Bürgermeisterin: Anni Tieke
Gemeindedirektor: Peter Grewe

Stadt Hörstel
48477 Hörstel, Kalixtusstr 6; F (0 54 54) 89-0;
Telefax (0 54 54) 8 91 02
Einwohner: 17 361; *Rat der Stadt:* 22 CDU, 14 SPD, 3 GRÜNE
Bürgermeister: Josef Plumpe
Stadtdirektor: Bernhard Lahme

Stadt Horstmar
48612 Horstmar, Kirchplatz 1-3; F (0 25 58) 79-0;
Telefax (0 25 58) 79-31
Einwohner: 6 394; *Rat der Stadt:* 14 CDU, 10 SPD, 2 GRÜNE
Bürgermeister: Dieter Bielefeld
Stadtdirektor: Johannes Kröger

Stadt Ibbenbüren
49477 Ibbenbüren, Alte Münsterstr 16; F (0 54 51) 5 30; Telefax (0 54 51) 53-1 98
Einwohner: 45 750; *Rat der Stadt:* 23 SPD, 17 CDU, 3 GRÜNE, 2 FDP
Bürgermeister: Ewald Bolsmann
Stadtdirektor: Hans Jacobi

Gemeinde Ladbergen
49549 Ladbergen, Jahnstr 5; F (0 54 85) 81-0;
Telefax (0 54 85) 81 44
Einwohner: 6 424; *Rat der Gemeinde:* 11 SPD, 9 CDU, 4 FDP, 3 GRÜNE
Bürgermeister: Willi Untiet
Gemeindedirektor: Wolfgang Menebröcker

Gemeinde Laer
48366 Laer, Mühlenhoek 1; F (0 25 54) 98-0;
Telefax (0 25 54) 98-70
Einwohner: 5 928; *Rat der Gemeinde:* 13 CDU, 8 UBG, 7 SPD, 3 GRÜNE
Bürgermeisterin: Hildegard Voss
Gemeindedirektor: Dieter Kollvitz

Stadt Lengerich
49525 Lengerich, Tecklenburger Str 2/4;
F (0 54 81) 33-0; Telefax (0 54 81) 3 31 99
Einwohner: 21 469; *Rat der Stadt:* 20 SPD, 12 CDU, 4 GRÜNE, 3 FDP
Bürgermeister: Volker Rust
Stadtdirektor: Heinz Thomas Striegler

Gemeinde Lienen
49536 Lienen, Hauptstr 14; F (0 54 83) 8 90;
Telefax (0 54 83) 89 59
Einwohner: 8 457; *Rat der Gemeinde:* 12 SPD, 9 CDU, 4 Bündnis für Ökologie und Demokratie/ GRÜNE, 2 FDP

Bürgermeister: Friedrich Großmann
Gemeindedirektor: Heinz Karrenbrock

Gemeinde Lotte
49504 Lotte, Westerkappelner Str 19; F (0 54 04)
8 89-0; Telefax (0 54 04) 8 89-50
Einwohner: 11 691; *Rat der Gemeinde:* 17 SPD,
9 CDU, 4 FDP, 3 GRÜNE
Bürgermeister: Wilhelm Grabe
Gemeindedirektor: Dieter-Joachim Srock

Gemeinde Metelen
48629 Metelen, Sendplatz 18; F (0 25 56) 89-0;
Telefax (0 25 56) 89 44
Einwohner: 6 119; *Rat der Gemeinde:* 12 CDU,
7 SPD, 6 UWG, 1 GRÜNE, 1 FDP
Bürgermeister: Reinhard Jockweg
Gemeindedirektor: Wilhelm Budde

Gemeinde Mettingen
49497 Mettingen, Rathausplatz 1; F (0 54 52) 52-0;
Telefax (0 54 52) 52-18
Einwohner: 11 500; *Rat der Gemeinde:* 16 SPD,
14 CDU, 3 MWG/FDP
Bürgermeister: Josef Otte
Gemeindedirektor: Johannes Hackmann

Gemeinde Neuenkirchen
48485 Neuenkirchen, Hauptstr 16; F (0 59 73) 6 20;
Telefax (0 59 73) 62 39
Einwohner: 12 023; *Rat der Gemeinde:* 18 CDU,
12 SPD, 3 FDP
Bürgermeister: Heinz Schürmann
Gemeindedirektor: Wolfgang Strotmann

Gemeinde Nordwalde
48356 Nordwalde, Bahnhofstr 2; F (0 25 73) 8 80;
Telefax (0 25 73) 88-32
Einwohner: 9 400; *Rat der Gemeinde:* 17 CDU,
10 SPD, 3 GRÜNE, 2 FDP, 1 fraktionslos
Bürgermeister: Leo Dörner
Gemeindedirektor: Heinz-Dieter Melzer

Stadt Ochtrup
48607 Ochtrup, Prof-Gärtner Str 10; F (0 25 53)
73-0; Telefax (0 25 53) 73 38
Einwohner: 18 276; *Rat der Stadt:* 17 SPD,
16 CDU, 2 Zentrum, 2 BÜNDNIS 90/DIE GRÜ-
NEN, 2 FDP
Bürgermeister: Helmut Hockenbrink
Stadtdirektor: Franz-Josef Melis

Gemeinde Recke
49509 Recke, Hauptstr 28; F (0 54 53) 2 10; Telefax
(0 54 53) 21-34
Einwohner: 11 076; *Rat der Gemeinde:* 15 CDU,
12 SPD, 3 UWG, 2 RWG, 1 fraktionslos
Bürgermeister: Walter Schwegmann
Gemeindedirektor: Robert Herkenhoff

Stadt Rheine
48431 Rheine, Klosterstr 14; F (0 59 71) 9 39-0;
Telex 98 17 57; Telefax (0 59 71) 9 39-2 33
Einwohner: 74 265; *Rat der Stadt:* 22 CDU,
22 SPD, 4 FDP, 3 GRÜNE
Bürgermeister: Günter Thum
Stadtdirektor: Clemens Ricken

Gemeinde Saerbeck
48369 Saerbeck, Emsdettener Str 1; F (0 25 74)
89-0; Telefax (0 25 74) 89 50
Einwohner: 5 300; *Rat der Gemeinde:* 11 CDU,
6 SPD, 3 UWG, 1 FDP
Bürgermeister: Alfons Günnigmann
Gemeindedirektor: Wilfried Roos

Stadt Steinfurt
48565 Steinfurt, Emsdettener Str 40; F (0 25 52)
4 70; Telefax (0 25 52) 4 71 84
Einwohner: 32 181; *Rat der Stadt:* 18 CDU,
14 SPD, 5 FDP 4 FWS, 4 GRÜNE,
Bürgermeister: Franz Brinkhaus
Stadtdirektor: Franz-Josef Kuß

Stadt Tecklenburg
49545 Tecklenburg, Zum kahlen Berg 2; F (0 54 82)
7 30; Telefax (0 54 82) 73 57
Einwohner: 9 150; *Rat der Stadt:* 15 SPD, 9 CDU,
4 FDP, 3 GRÜNE, 2 UWG
Bürgermeister: Klaus Holthaus
Stadtdirektor: Karl Mügge

Gemeinde Westerkappeln
49492 Westerkappeln, Große Str 13; F (0 54 04)
8 87-0; Telefax (0 54 04) 8 87-77
Einwohner: 9 846; *Rat der Gemeinde:* 18 SPD,
7 FDP, 5 CDU, 3 Bürgergemeinschaft
Bürgermeister: Erich Schröer
Gemeindedirektor: Horst Wermeyer

Gemeinde Wettringen
48493 Wettringen, Kirchstr 19; F (0 25 57) 78-0;
Telefax (0 25 57) 78 45
Einwohner: 7 080; *Rat der Gemeinde:* 15 CDU,
7 SPD, 5 UWG
Bürgermeister: Rolf Cyprian
Gemeindedirektor: Johannes Schoo

5 Kreis Warendorf

48231 Warendorf, Waldenburger Str 2; F (0 25 81)
5 30; Telex 89 927; Telefax (0 25 81) 53 24 52
Fläche: 131 397 ha; *Einwohner:* 267 000
Kreistag: 55 Mitglieder (27 CDU, 20 SPD, 4 GRÜ-
NE, 4 FDP)
Landrat: Franz-Josef Harbaum
Oberkreisdirektor: Dr Wolfgang Kirsch

Dezernat I
Leiter: Dr Wolfgang Kirsch OKDir
**Hauptamt, Personalamt, Rechnungs- und Gemein-
deprüfungsamt, Kämmerei**

Dezernat II
Leiter: Dr Peter Hansen KRechtsDir
Rechtsamt, Verwaltung der Polizei, Ordnungsamt, Straßenverkehrsamt, Veterinär- und Lebensmittelüberwachungsamt

Dezernat III
Leiter: Dr Heinz Börger KDir
Schul-, Kultur- und Sportamt, Sozialamt, Jugendamt, Amt für Wohnungswesen

Dezernat IV
Leiter: Friedrich Gnerlich KBauDir
Amt für Planung und Naturschutz, Vermessungs- und Katasteramt, Bauamt, Amt für Umweltschutz

Dezernat V
Leiter: Dr Volker Klein LtdKMedDir
Gesundheitsamt

Gemeinden im Kreis Warendorf:

Stadt Ahlen
59441 Ahlen, Westenmauer 10; F (0 23 82) 59-0; Telefax (0 23 82) 59-4 65
Einwohner: 55 600; *Rat der Stadt:* 24 SPD, 21 CDU, 3 FDP, 3 fraktionslos
Bürgermeister: Horst Jaunich MdB
Stadtdirektor: Dr Gerd Willamowski

Stadt Beckum
59269 Beckum, Weststr 46; F (0 25 21) 2 90; Telefax (0 25 21) 2 91 99
Einwohner: 38 000; *Rat der Stadt:* 19 SPD, 18 CDU, 6 GRÜNE, 2 FDP
Bürgermeister: Gerhard Gertheinrich
Stadtdirektor: Peter Ebell

Gemeinde Beelen
48361 Beelen, Warendorfer Str 9; F (0 25 86) 8 87-0; Telefax (0 25 86) 8 87 88
Einwohner: 5 707; *Rat der Gemeinde:* 10 FWG, 9 CDU, 2 SPD
Bürgermeister: Josef Aulenkamp
Gemeindedirektor: Horst Possmeier

Stadt Drensteinfurt
48317 Drensteinfurt, Landsbergplatz 7; F (0 25 08) 8 91-0; Telefax (0 25 08) 8 91-66
Einwohner: 12 500; *Rat der Stadt:* 18 CDU, 12 SPD, 3 FDP
Bürgermeister: Albert Leifert MdL
Stadtdirektor: Werner Wiewel

Stadt Ennigerloh
59320 Ennigerloh, Marktplatz 1; F (0 25 24) 28-0; Telefax (0 25 24) 2 84 96
Einwohner: 20 049; *Rat der Stadt:* 19 SPD, 16 CDU, 2 GRÜNE, 2 FDP
Bürgermeister: Ludwig Becker
Stadtdirektor: Claus-Uwe Derichs

Gemeinde Everswinkel
48351 Everswinkel, Am Magnusplatz 30; F (0 25 82) 88-0; Telefax (0 25 82) 88-5 11
Einwohner: 8 000; *Rat der Gemeinde:* 13 CDU, 9 SPD, 3 FDP, 2 GRÜNE
Bürgermeister: Benno Poll
Gemeindedirektor: Hermann Walter

Stadt Oelde
59302 Oelde, Ratsstiege 1; F (0 25 22) 7 20; Telefax (0 25 22) 7 24 60
Einwohner: 28 698; *Rat der Stadt:* 20 CDU, 13 SPD, 3 GRÜNE, 3 FDP
Bürgermeister: Hugo Terholsen
Stadtdirektor: Heinrich Wetter

Gemeinde Ostbevern
48346 Ostbevern, Hauptstr 24; F (0 25 32) 8 20; Telefax (0 25 32) 82 46
Einwohner: 8 284; *Rat der Gemeinde:* 14 CDU, 7 SPD, 4 FDP, 2 GRÜNE
Bürgermeisterin: Hildegard Tünte
Gemeindedirektor: Jürgen Hoffstädt

Stadt Sassenberg
48336 Sassenberg, Schürenstr 17; F (0 25 83) 3 09-0; Telefax (0 25 83) 3 09-88
Einwohner: 10 914; *Rat der Stadt:* 19 CDU, 11 SPD, 2 FDP, 1 GRÜNE
Bürgermeister: August Budde
Stadtdirektor: Heinrich Schwienheer

Stadt Sendenhorst
48324 Sendenhorst, Kirchstr 1; F (0 25 26) 3 03-0; Telefax (0 25 26) 3 03-1 00
Einwohner: 12 079; *Rat der Stadt:* 16 CDU, 13 SPD, 4 FDP
Bürgermeister: Franz-Josef Reuscher
Stadtdirektor: Heinrich Wiegard

Stadt Telgte
48291 Telgte, Baßfeld 4-6; F (0 25 04) 1 30; Telefax (0 25 04) 1 32 28
Einwohner: 18 413; *Rat der Stadt:* 18 CDU, 10 SPD, 5 GRÜNE, 4 FDP, 2 fraktionslos
Bürgermeister: Reinold Hotte
Stadtdirektor: Hubert Rammes

Gemeinde Wadersloh
59329 Wadersloh, Liesborner Str 5; F (0 25 23) 79-0; Telefax (0 25 23) 7 91 79
Einwohner: 13 017; *Rat der Gemeinde:* 17 CDU, 7 SPD, 6 Freie Wählergemeinschaft, 3 FDP
Bürgermeister: Hans Wolf
Gemeindedirektor: Herbert Gövert

Stadt Warendorf
48231 Warendorf, Lange Kesselstr 4-6; F (0 25 81) 54-0; Telefax (0 25 81) 5 43 43
Einwohner: 36 238; *Rat der Stadt:* 21 CDU, 14 SPD, 4 FDP, 3 GAL, 3 FWG
Bürgermeister: Dr Günther Drescher

Stadtdirektor: Theodor Dickgreber

IV Regierungsbezirk Detmold

1 Kreis Gütersloh

33378 Rheda-Wiedenbrück, Wasserstr 14;
F (0 52 42) 13-0; Telefax (0 52 42) 13-2 96; Teletex
(17) 5 24 28 21
Fläche: 96 713 ha; *Einwohner:* 315 090
Kreistag: 73 Mitglieder (34 CDU, 25 SPD, 5 GRÜ-
NE, 5 FWG/UWG, 4 FDP)
Landrat: Franz-Josef Balke MdL
Oberkreisdirektor: Günter Kozlowski

Dezernat I
Leiter: Günter Kozlowski OKDir
Haupt- und Personalamt, Polizeiverwaltungsamt

Dezernat II
Leiter: Dietmar Bäuerlein LtdKRechtsDir
**Rechtsamt, Ordnungsamt, Straßenverkehrsamt, Ve-
terinär- und Lebensmittelüberwachungsamt, Gesundheitsamt**

Dezernat III
Leiter: Leo Schulze Wessel KDir
**Schulverwaltungsamt, Amt für Bildungs- und Schul-
beratung, Sozialamt, Jugendamt, Amt für Soziale
Dienste, Amt für Soziale Einrichtungen**

Dezernat IV
Leiter: Hans Dieter Malsbender LtdKVwDir
**Rechnungs- und Gemeindeprüfungsamt, Kämmerei,
Bauordnungsamt, Amt für Wohnungswesen, Amt für
Wirtschafts- und Beschäftigungsförderung**

Dezernat V
Leiter: Reinhold Sudbrock LtdKBauDir
**Vermessungs- und Katasteramt, Tiefbauamt, Um-
weltamt**

Gemeinden im Kreis Gütersloh:

Stadt Borgholzhausen
33829 Borgholzhausen, Schulstr 5; F (0 54 25)
8 07-0; Telefax (0 54 25) 8 07-99
Einwohner: 8 200; *Rat der Stadt:* 9 CDU, 9 SPD,
5 FDP, 2 Borgholzhauser Unabhängige 1 GRÜ-
NE, 1 parteilos,
Bürgermeister: Friedrich Frewert
Stadtdirektor: Klemens Keller

Stadt Gütersloh
33330 Gütersloh, Berliner Str 70; F (0 52 41) 8 21;
Telex 933 539 stagt d; Telefax (0 52 41) 82 20 44
Einwohner: 89 927; *Rat der Stadt:* 22 CDU,
21 SPD, 4 GRÜNE, 4 FDP
Bürgermeister: Karl Ernst Strothmann MdL
Stadtdirektor: Dr Gerd Wixforth

Stadt Halle (Westf)
33790 Halle, Graebestr 24 (Rathaus); F (0 52 01)
18 30; Telefax (0 52 01) 1 83-1 10
Einwohner: 19 300; *Rat der Stadt:* 15 CDU,
14 SPD, 4 FDP, 3 GRÜNE, 3 UWG
Bürgermeister: Wilhelm Bentlage
Stadtdirektor: Dr Elmar Hälbig

Stadt Harsewinkel
33428 Harsewinkel, Münsterstr 14; F (0 52 47)
9 35-0; Telefax (0 52 47) 93 51 70
Einwohner: 21 000; *Rat der Stadt:* 14 CDU,
11 SPD, 9 UWG, 3 GRÜNE, 2 FDP
Bürgermeister: Heinrich Hemker
Stadtdirektor: Reinhard Haase

Gemeinde Herzebrock-Clarholz
33442 Herzebrock-Clarholz, Clarholzer Str 76;
F (0 52 45) 4 44 0; Telefax (0 52 45) 4 44-40
Einwohner: 14 430; *Rat der Gemeinde:* 15 CDU,
10 UWG, 6 SPD, 2 GAL
Bürgermeister: Gottfried Pavenstädt
Gemeindedirektor: Josef Korsten

Gemeinde Langenberg
33449 Langenberg, Klutenbrinkstr 5; F (0 52 48)
5 08-0
Einwohner: 7 665; *Rat der Gemeinde:* 14 CDU,
10 SPD, 2 FDP, 1 UWG
Bürgermeister: Hans Rudolf Benteler
Gemeindedirektor: Josef Höber

Stadt Rheda-Wiedenbrück
33375 Rheda-Wiedenbrück, Postfach 2309;
F (0 52 42) 96 30; Telefax (0 52 42) 96 32 22
Einwohner: 40 949; *Rat der Stadt:* 22 CDU,
14 SPD, 3 FDP, 3 UWG, 2 GRÜNE, 1 fraktions-
los
Bürgermeister: Helmut Feldmann
Stadtdirektor: Dr Otto Schweins

Stadt Rietberg
33397 Rietberg, Rügenstr 1; F (0 52 44) 7 04-0;
Telefax (0 52 44) 7 04 79
Einwohner: 26 584; *Rat der Stadt:* 21 CDU,
9 FWG, 9 SPD
Bürgermeister: Hubert Deittert
Stadtdirektor: Wolfgang Schwade

Gemeinde Schloß Holte-Stukenbrock
33758 Schloß Holte-Stukenbrock, Rathausstr 2;
F (0 52 07) 89 05-0; Telefax (0 52 07) 89 05 41
Einwohner: 22 847; *Rat der Gemeinde:* 16 CDU,
12 SPD, 5 CSB, 4 FWG, 2 GRÜNE
Bürgermeister: Hermann Humann
Gemeindedirektor: Frank Bender

Gemeinde Steinhagen
33803 Steinhagen, Am Pulverbach 25; F (0 52 04)
1 02-0; Telefax (0 52 04) 10 22 25
Einwohner: 17 952; *Rat der Gemeinde:* 15 CDU,
15 SPD, 4 UWG, 3 GRÜNE, 2 FDP

Bürgermeister: Heinz Consbruch
Gemeindedirektor: Werner Goldbeck

Gemeinde Verl
33415 Verl, Paderborner Str 3-5; F (0 52 46) 9 61-0;
Telefax (0 52 46) 96 11 59
Einwohner: 20 869; *Rat der Gemeinde:* 23 CDU,
8 SPD, 4 FWG, 4 UFG
Bürgermeister: Josef Lakämper
Gemeindedirektor: Klaus Hörsting

Stadt Versmold
33775 Versmold, Rathaus, Münsterstr 16;
F (0 54 23) 2 04-0; Telefax (0 54 23) 2 04-15
Einwohner: 18 750; *Rat der Stadt:* 17 CDU,
16 SPD, 3 FDP, 3 GRÜNE
Bürgermeister: Fritz Holtkamp
Stadtdirektor: Ewald Tiggemann

Stadt Werther (Westf)
33824 Werther, Mühlenstr 2 (Rathaus); F (0 52 03)
7 05-0; Telefax (0 52 03) 7 05-88
Einwohner: 11 328; *Rat der Stadt:* 15 CDU,
12 SPD, 4 UWG, 3 FDP, 3 GRÜNE
Bürgermeister: Martin Oberwelland
Stadtdirektor: Peter Hagemann

2 Kreis Herford

32051 Herford, Amtshausstr 2; F (0 52 21) 13-0;
Telex 9 34 716 lkhf d; Telefax (0 52 21) 1 33 96
Fläche: 44 986 ha; *Einwohner:* 245 496
Kreistag: 65 Mitglieder (31 SPD, 24 CDU, 5 GRÜ-
NE, 5 FDP)
Landrat: Gerhard Wattenberg
Oberkreisdirektor: Henning Kreibohm

Dezernat I
Leiter: Henning Kreibohm OK Dir
**Hauptamt, Rechnungs- und Gemeindeprüfungsamt,
Kämmereiamt, Kreiskasse**

Dezernat II
Leiter: Sieghart Lerche KDir
**Ordnungsamt, Polizeiverwaltung, Straßenverkehrs-
amt, Schulverwaltungs- und Kulturamt, Kreiskrankenhaus**

Dezernat III
Leiter: Thomas Gabriel K RechtsDir
Sozialamt, Jugend- und Sportamt, Gesundheitsamt

Dezernat IV
Leiter: Heiko Bakker LtdK BauDir
**Bauordnungs- und Planungsamt, Hoch- und Tiefbau-
amt, Kataster- und Vermessungsamt**

Dezernat V
Leiter: Ralf Heemeier K VwDir
**Umweltamt, Amt für Landschaftsökologie, Veteri-
när- und Lebensmittelüberwachungsamt**

Gemeinden im Kreis Herford:

Stadt Bünde
32257 Bünde, Bahnhofstr 13 und 15, Rathaus;
F (0 52 23) 1 61-0; Telefax (0 52 23) 1 61-3 51
Einwohner: 43 000; *Rat der Stadt:* 22 SPD,
16 CDU, 4 GRÜNE, 3 FDP
Bürgermeister: Siegfried Hagemann
Stadtdirektor: Gerhard Thees

Stadt Enger
32130 Enger, Bahnhofstr 44; F (0 52 24) 69 03-0;
Telefax (0 52 24) 69 03 66
Einwohner: 18 581; *Rat der Stadt:* 18 SPD,
13 CDU, 5 GRÜNE, 3 FDP
Bürgermeister: Hans-Dieter Rieke
Stadtdirektor: Klaus Peter Brünig

Stadt Herford
32052 Herford, Rathausplatz 1; F (0 52 21) 1 89-0;
Telefax (0 52 21) 1 89-6 90
Einwohner: 65 255; *Rat der Stadt:* 23 CDU,
22 SPD, 3 Bündnis 90/GRÜNE, 3 FDP
Bürgermeister: Dr Gerhard Klippstein
Stadtdirektor: Ernst Otto Althaus

Gemeinde Hiddenhausen
32120 Hiddenhausen, Rathausstr 1; F (0 52 21)
6 93-0; Telefax (0 52 21) 6 93-480
Einwohner: 20 000; *Rat der Gemeinde:* 22 SPD,
14 CDU, 3 GRÜNE
Bürgermeister: Harry Rieso
Gemeindedirektor: Klaus Korfsmeier

Gemeinde Kirchlengern
32278 Kirchlengern, Am Rathaus 2; F (0 52 23)
75 73-0; Telefax (0 52 23) 75 73-19
Einwohner: 15 909; *Rat der Gemeinde:* 18 SPD,
12 CDU, 2 UWG, 1 FDP
Bürgermeister: Günther Schröder
Gemeindedirektor: Werner Helmke

Stadt Löhne
32584 Löhne, Oeynhausener Str 41; F (0 57 32)
10 00; Telefax (0 57 32) 10 03 09; Btx
*05 73 21 00#
Einwohner: 41 608; *Rat der Stadt:* 23 SPD,
16 CDU, 3 FDP, 3 Bunte Liste Löhne
Bürgermeister: Werner Hamel
Stadtdirektor: Rolf Bemmann

Gemeinde Rödinghausen
32289 Rödinghausen, Heerstr 2; F (0 57 46) 9 48-0;
Telefax (0 57 46) 94 81 05
Einwohner: 8 974; *Rat der Gemeinde:* 19 SPD,
8 CDU, 6 FDP
Bürgermeister: Günter Oberpenning
Gemeindedirektor: Kurt Vogt

Stadt Spenge
32139 Spenge, Lange Str 52-56; F (0 52 25) 4 09-0;
Telefax (0 52 25) 4 09-55
Einwohner: 15 400; *Rat der Stadt:* 16 SPD, 7 CDU,
6 UWG, 3 GRÜNE, 1 fraktionslos

Bürgermeister: Karl-Heinz Wiegelmann
Stadtdirektor: Günter Hemminghaus

Stadt Vlotho
32602 Vlotho, Lange Str 60; F (0 57 33) 79 00-0;
Telefax (0 57 33) 79 00 62
Einwohner: 20 200; *Rat der Stadt:* 16 SPD,
11 CDU, 4 VBU, 4 FDP, 4 GLV
Bürgermeister: Gerhard Wattenberg
Stadtdirektor: Jochen Zulka

3 Kreis Höxter

37671 Höxter, Moltkestr 12; F (0 52 71) 6 10; Telex
9 31 736 okd hx; Telefax (0 52 71) 3 79 26
Einwohner: 150 036
Kreistag: 59 Mitglieder (33 CDU, 19 SPD,
4 UWG/CWG, 3 BÜNDNIS 90/DIE GRÜNEN)
Landrat: Dr Karl Schneider
Oberkreisdirektor: Paul Sellmann

Dezernat I
Leiter: Paul Sellmann OKDir
Haupt- und Personalamt, Rechnungs- und Gemeindeprüfungsamt, Fremdenverkehrsamt, Kämmerei und Wirtschaftsförderungsamt, Kreiskasse, Kreispolizeibehörde

Dezernat II
Leiter: Franz-Josef Höing KDir
Ordnungsamt, Straßenverkehrsamt, Gesundheitsamt, Veterinär- und Lebensmittelüberwachungsamt

Dezernat III
Leiter: Rudolf Beul LtdKBauDir
Kataster- und Vermessungsamt, Planungsamt, Tiefbauamt, Kreisbauamt, Untere Landschaftsbehörde

Dezernat IV
Leiter: Jürgen Krumböhmer KORechtsR
Schul- und Kulturamt, Sozialamt, Jugend- und Sportamt

Verwaltungsnebenstelle Warburg

Dezernat II
Leiter: Franz-Josef Höing KDir
Ordnungsamt, Straßenverkehrsamt, Gesundheitsamt, Veterinär- und Lebensmittelüberwachungsamt

Dezernat III
Leiter: Rudolf Beul LtdKBauDir
Kreisbauamt, Kataster- und Vermessungsamt

Dezernat IV
Leiter: Jürgen Krumböhmer KORechtsR
Sozialamt, Jugend- und Sportamt

Gemeinden im Kreis Höxter:

Stadt Bad Driburg
33014 Bad Driburg, Rathausstr 2; F (0 52 53) 88-0;
Telefax (0 52 53) 88-1 35
Einwohner: 18 114; *Rat der Stadt:* 21 CDU,
10 SPD, 4 UWG, 2 FDP, 2 ÖDP
Bürgermeister: Norbert Schmidt

Stadtdirektor: Alfons Schausten

Stadt Beverungen
37688 Beverungen, Weserstr 12; F (0 52 73) 9 20;
Telefax (0 52 73) 9 21 20
Einwohner: 15 414; *Rat der Stadt:* 22 CDU,
14 SPD, 3 GRÜNE
Bürgermeister: Alfons Weische
Stadtdirektor: Walter Herold

Stadt Borgentreich
34434 Borgentreich, Am Rathaus 13; F (0 56 43)
8 09-0; Telefax (0 56 43) 8 09 90
Einwohner: 9 656; *Rat der Stadt:* 17 CDU, 9 SPD,
4 CWG, 3 FDP
Bürgermeister: Adolf Gabriel
Stadtdirektor: Joachim Ohlrogge

Stadt Brakel
33034 Brakel, Am Markt; F (0 52 72) 6 09-0;
Telefax (0 52 72) 6 09-2 97
Einwohner: 16 265; *Rat der Stadt:* 19 CDU,
11 SPD, 6 UWG/CWG, 3 GRÜNE
Bürgermeister: Anton Wolff
Stadtdirektor: Friedhelm Spieker

Stadt Höxter
37671 Höxter, Westerbachstr 45; F (0 52 71) 6 30
Einwohner: 34 376; *Rat der Stadt:* 23 CDU,
16 SPD, 4 WBU, 1 GRÜNE, 1 parteilos
Bürgermeisterin: Dorothee Baumgarten
Stadtdirektor: Walther Anderson

Stadt Marienmünster
37696 Marienmünster, Schulstr 1; F (0 52 76)
98 98-0; Telefax (0 52 76) 98 98-90
Einwohner: 5 136; *Rat der Stadt:* 10 CDU, 5 UWG,
3 SPD, 2 WGB, 1 BÜNDNIS 90/DIE GRÜNEN
Bürgermeister: Josef Thauern
Stadtdirektor: Ulrich Jung

Stadt Nieheim
33039 Nieheim, Marktstr 28; F (0 52 74) 83 01-03;
Telefax (0 52 74) 16 41
Einwohner: 6 971; *Rat der Stadt:* 13 CDU, 8 SPD,
6 UWG
Bürgermeister: Heinrich Rieks
Stadtdirektor: Johannes Kröling

Stadt Steinheim
32839 Steinheim, Marktstr 2; F (0 52 33) 2 10;
Telefax (0 52 33) 2 12 02
Einwohner: 13 167; *Rat der Stadt:* 16 CDU,
12 SPD, 3 UWG, 2 FDP
Bürgermeister: Wilhelm Gemmeke
Stadtdirektor: Reinhard Spieß

Stadt Warburg
34414 Warburg, Bahnhofstr 28; F (0 56 41) 9 20;
Telefax (0 56 41) 9 25 83
Einwohner: 25 470; *Rat der Stadt:* 20 CDU,
11 SPD, 6 BU, 2 GRÜNE

Bürgermeister: Paul Mohr MdL
Stadtdirektor: Walter Seulen

Stadt Willebadessen
34435 Willebadessen, Postfach 1162; F (0 56 44)
88-0; Telefax (0 56 44) 88 17;
Einwohner: 8 895; *Rat der Stadt:* 11 CDU, 8 SPD,
5 CWG, 3 WGB/FDP
Bürgermeister: Wolfgang Neumann
Stadtdirektor: Karl-Heinz Glorzmin

4 Kreis Lippe

32756 Detmold, Felix-Fechenbach-Str 5;
F (0 52 31) 62-0; Telefax (0 52 31) 62 21 53; Telex
9 35 809; Teletex Detmold 5 231 826
Fläche: 124 638 ha; *Einwohner:* 349 706
Kreistag: 79 Mitglieder (37 SPD, 28 CDU, 7 GRÜ-
NE, 7 FDP)
Landrat: Hans Pohl
Oberkreisdirektor: Dr Helmut Kauther

Dezernat I
Leiter: Dr Helmut Kauther OKDir
**Hauptamt, Personalamt, Rechnungsprüfungsamt,
Polizeiverwaltung, Amt für Kreisentwicklung, Betei-
ligungen und Verkehr**

Dezernat II
Leiter: Dr Wolfgang Brauße LtdKVwDir
**Ordnungsamt, Straßenverkehrsamt, Schul- und Kul-
turamt, Sozialamt, Jugendamt**

Dezernat III
Leiterin: Brigitte Nolting LtdKVwDirektorin
**Kämmerei, Amt für Verteidigungslasten,Rechtsamt,
Veterinär- und Lebensmittelüberwachungsamt, Ge-
sundheitsamt**

Dezernat IV
Leiter: Norbert Witte KOBauR
**Vermessungs- und Katasteramt, Bauordnungs- und
Hochbauamt, Straßenbauamt, Umweltamt**

Gemeinden im Kreis Lippe:

Gemeinde Augustdorf
32832 Augustdorf, Pivitsheider Str 16; F (0 52 37)
62-0; Telefax (0 52 37) 62-23
Einwohner: 9 500; *Rat der Gemeinde:* 11 SPD,
9 CDU, 6 FWG,*Bürgermeister:* Kurt Wistinghau-
sen
Gemeindedirektor: Peter Hufendiek

Stadt Bad Salzuflen
32105 Bad Salzuflen, Rud-Brandes-Allee 19;
F (0 52 22) 9 52-0; Telefax (0 52 22) 95 21 61
Einwohner: 56 191; *Rat der Stadt:* 24 SPD,
20 CDU, 4 FDP, 3 GRÜNE
Bürgermeister: Heinrich Wilhelm Quentmeier
Stadtdirektor: Dr Gerd Peter Hendrix

Stadt Barntrup
32683 Barntrup, Mittelstr 38; F (0 52 63) 4 09-0;
Telefax (0 52 63) 4 09-49

Einwohner: 10 031; *Rat der Stadt:* 16 SPD,
11 CDU, 3 FDP, 3 GRÜNE
Bürgermeister: Prof Dr Paul Harff
Stadtdirektor: Herbert Dahle

Stadt Blomberg
32825 Blomberg, Marktplatz 1; F (0 52 35) 50 40
Einwohner: 15 672; *Rat der Stadt:* 18 SPD,
10 CDU, 3 GRÜNE, 2 FDP
Bürgermeister: Arnold Weber
Stadtdirektor: Dr Siegfried Pilgrim

Stadt Detmold
4930 Detmold, Rathaus; F (0 52 31) 9 77-0; Telefax
(0 52 31) 9 77-2 99, 9 77-5 99, 9 77-6 99, 9 77-4 99;
Telex 5 231 834 = Stadt StDt; Teletex
26 27-5 231 834
Einwohner: 72 367; *Rat der Stadt:* 23 SPD,
16 CDU, 3 GRÜNE, 3 FDP, 3 FWG, 3 UWG
Bürgermeister: Friedrich Brakemeier
Stadtdirektor: Dr Axel Horstmann

Gemeinde Dörentrup
32694 Dörentrup, Hauptstr 2; F (0 52 65) 7 39-0;
Telefax (0 52 65) 7 39 26
Einwohner: 8 480; *Rat der Gemeinde:* 13 SPD,
8 CDU, 5 FDP, 1 parteilos
Bürgermeister: Fritz Brüggemann
Gemeindedirektor: Joachim Heinze

Gemeinde Extertal
32695 Extertal, Postfach 1151; F (0 52 62) 4 02-0;
Telefax (0 52 62) 4 02-58
Einwohner: 13 142; *Rat der Gemeinde:* 18 SPD,
12 CDU, 2 GRÜNE, 1 FDP
Bürgermeister: Karl Hermann Haack
Gemeindedirektor: Klaus Kampmeier

Stadt Horn-Bad Meinberg
32805 Horn-Bad Meinberg, Rathausplatz 4;
F (0 52 34) 20 10; Telefax (0 52 34) 2 01-2 22
Einwohner: 18 790; *Rat der Stadt:* 18 SPD,
14 CDU, 4 FDP, 2 GRÜNE, 1 fraktionslos
Bürgermeister: Bernd Richtsmeier
Stadtdirektor: Eberhard Block

Gemeinde Kalletal
32689 Kalletal, Rintelner Str 3; F (0 52 64) 5 09-0;
Telefax (0 52 64) 5 09-50
Einwohner: 15 095; *Rat der Gemeinde:* 16 SPD,
15 CDU, 2 GRÜNE
Bürgermeister: Waldemar Flörkemeier
Gemeindedirektor: Klaus Fritzemeier

Stadt Lage
32791 Lage, Lange Str 72; F (0 52 32) 6 01-0;
Telefax (0 52 32) 6 77 85
Einwohner: 36 624; *Rat der Stadt:* 19 SPD,
13 CDU, 6 FDP, 4 FWG, 3 GRÜNE
Bürgermeister: Rudolf Niebuhr
Stadtdirektor: Wilfried Siekmöller

Alte Hansestadt Lemgo
32657 Lemgo, Markt 1; F (0 52 61) 21 30; Telefax
(0 52 61) 21 32 15
Einwohner: 43 800; *Rat der Stadt:* 24 SPD,
15 CDU, 3 FDP, 3 GRÜNE
Bürgermeister: Reinhard Wilmbusse
Stadtdirektor: NN

Gemeinde Leopoldshöhe
33818 Leopoldshöhe, Kirchweg 1; F (0 52 08)
9 91-0; Telefax (0 52 08) 9 91-1 11
Einwohner: 14 267; *Rat der Gemeinde:* 17 SPD,
11 CDU, 3 GRÜNE, 2 FDP
Bürgermeister: Rudi Strunk
Gemeindedirektor: Manfred Brügge

Stadt Lügde
32676 Lügde, Am Markt 1; F (0 52 81) 77 08-0;
Telefax (0 52 81) 7 96 45
Einwohner: 12 803; *Rat der Stadt:* 15 CDU,
14 SPD, 4 FDP
Bürgermeister: Bernd Arens
Stadtdirektor: Dieter Will

Stadt Oerlinghausen
33813 Oerlinghausen, Hauptstr 14 a; F (0 52 02)
4 93-0; Telefax (0 52 02) 4 93 93
Einwohner: 17 140; *Rat der Stadt:* 16 SPD,
11 CDU, 7 FDP, 5 GRÜNE
Bürgermeister: Martin Weber
Stadtdirektorin: Dr Ursula Herbort

Stadt Schieder-Schwalenberg
32816 Schieder-Schwalenberg, Rathaus Schieder,
Domäne 3; F (0 52 82) 6 01-0; Telefax (0 52 82)
6 01-35
Einwohner: 9 100; *Rat der Stadt:* 17 SPD, 8 CDU,
7 UWG, 5 FDP
Bürgermeister: Fritz Samuel
Stadtdirektor: Karl-Heinz Holzkämper

Gemeinde Schlangen
33189 Schlangen, Kirchplatz 5-6; F (0 52 52) 98 10;
Telefax (0 52 52) 9 81-2 10
Einwohner: 8 109; *Rat der Gemeinde:* 13 SPD,
11 CDU, 3 GRÜNE
Bürgermeister: Friedel Heuwinkel
Gemeindedirektor: Bernhard Tholen

5 Kreis Minden-Lübbecke

32423 Minden, Portastr 13; F (05 71) 80 70; Telex
97 884 krvml d; Telefax (05 71) 8 07 27 00
Fläche: 115 080 ha; *Einwohner:* 300 905
Kreistag: 59 Mitglieder (29 SPD, 21 CDU, 5 FDP,
4 GRÜNE)
Landrat: Heinrich Borcherding
Oberkreisdirektor: Dr Alfred Giere

Dem Oberkreisdirektor unmittelbar unterstellt:
**Amt für zentrale Aufgaben, Rechnungs- und Ge-
meindeprüfungsamt, Amt für Strukturförderung**

Dezernat I
Leiterin: Cornelia Schöder K Rechtsrätin
**Haupt- und Personalamt, Sozialamt, Amt für Jugend
und Sport, Beratungsstelle für Schul- und Familien-
fragen**

Dezernat II
Leiter: Dr Günter Linkermann K Dir
**Kämmerei, Kreiskasse, Polizeiverwaltung, Schul-
und Kulturamt**

Dezernat III
Leiter: Günter Pudenz K RechtsDir
**Rechts- und Ausgleichsamt, Ordnungsamt, Straßen-
verkehrsamt, Veterinär- und Lebensmittelüberwachungsamt, Gesundheitsamt**

Dezernat IV
Leiter: Jürgen Striet K BauDir
**Kataster- und Vermessungsamt, Bau- und Planungs-
amt, Straßenbauamt, Umweltamt**

Gemeinden im Landkreis Minden-Lübbecke:

Stadt Bad Oeynhausen
32545 Bad Oeynhausen, Ostkorso 8; F (0 57 31)
2 45-0; Telefax (0 57 31) 24 51 44
Einwohner: 52 147; *Rat der Stadt:* 20 SPD,
18 CDU, 4 GRÜNE, 3 FDP
Bürgermeisterin: Toni Fritz
Stadtdirektor: Klaus-Walter Kröll

Stadt Espelkamp
32339 Espelkamp, Wilhelm-Kern-Platz 1;
F (0 57 72) 5 62-0; Telefax (0 57 72) 80 11
Einwohner: 27 139; *Rat der Stadt:* 17 SPD,
15 CDU, 2 Fraktion „Gemeinschaft Piekert/Grot-
he", 2 FDP, 2 GRÜNE, 1 fraktionslos
Bürgermeister: Heinz Hennemann
Stadtdirektor: Dr Horst Eller

Gemeinde Hille
32479 Hille, Am Rathaus 4; F (05 71) 40 44-0;
Telefax (05 71) 40 44-28
Einwohner: 15 882; *Rat der Gemeinde:* 16 SPD,
11 CDU, 3 FDP, 3 FWG
Bürgermeister: Günter Grannemann
Gemeindedirektor: Reinhard Jasper

Gemeinde Hüllhorst
32609 Hüllhorst, Löhner Str 1; F (0 57 44) 5 06-0,
Telefax (0 57 44) 5 06-70
Einwohner: 11 816; *Rat der Gemeinde:* 18 SPD,
13 CDU, 2 FDP
Bürgermeister: Karl Schwarze
Gemeindedirektor: Friedrich-Wilhelm Meier

Stadt Lübbecke
32312 Lübbecke, Kreishausstr 4; F (0 57 41) 2 76-0;
Telefax (0 57 41) 9 05 61
Einwohner: 24 433; *Rat der Stadt:* 20 SPD,
12 CDU, 4 GRÜNE, 3 FDP
Bürgermeister: Günter Steinmeyer
Stadtdirektor: NN

Stadt Minden
32423 Minden, Kleiner Domhof 17; F (05 71) 8 91;
Telefax (05 71) 8 94 01
Einwohner: 83 483; *Rat der Stadt:* 27 SPD,
14 CDU, 4 GRÜNE, 4 FDP, 2 Republikaner
Bürgermeister: Siegfried Fleissner
Stadtdirektor: Heinrich Sieling

Stadt Petershagen
32469 Petershagen, Bahnhofstr 63; F (0 57 02)
2 00; Telefax (0 57 02) 2 02 98
Einwohner: 25 410; *Rat der Stadt:* 17 CDU,
17 SPD, 3 FDP, 2 GRÜNE
Bürgermeister: Wilhelm Krömer
Stadtdirektor: Joachim Thiele

Stadt Porta Westfalica
32457 Porta Westfalica, Kempstr 1; F (05 71)
79 10; Telefax (05 71) 7 91-2 77
Einwohner: 37 618; *Rat der Stadt:* 23 SPD,
12 CDU, 6 FDP, 4 GRÜNE
Bürgermeister: Heinrich Schäfer
Stadtdirektor: Gerhard Seega

Stadt Preußisch Oldendorf
32353 Preußisch Oldendorf, Postfach 1260;
F (0 57 42) 8 07-0; Telefax (0 57 42) 56 80
Einwohner: 11 989; *Rat der Stadt:* 14 SPD,
13 CDU, 6 FWG
Bürgermeister: Wilhelm Bettenbrock
Stadtdirektor: Manfred Beermann

Stadt Rahden
32369 Rahden, Lange Str 9; F (0 57 71) 73-0;
Telefax (0 57 71) 73-50
Einwohner: 14 535; *Rat der Stadt:* 19 CDU,
11 SPD, 2 FDP, 1 GRÜNE
Bürgermeister: Wilhelm Möhring
Stadtdirektor: Bernd Hachmann

Gemeinde Stemwede
32351 Stemwede-Dielingen, Am Thie 20;
F (0 54 74) 20 60
Einwohner: 14 137; *Rat der Gemeinde:* 19 CDU,
10 SPD, 3 FDP, 1 GRÜNE
Bürgermeister: Heinrich Becker
Gemeindedirektor: Ekkehardt Stauss

6 Kreis Paderborn

33102 Paderborn, Aldegreverstr 10-14; F (0 52 51)
3 08-0; Telex 9 36 836 krpb d; Telefax (0 52 51)
3 08-6 02 und 3 08-4 44
Fläche: 124 464 ha; *Einwohner:* 269 593
Kreistag: 69 Mitglieder (38 CDU, 20 SPD, 6 GRÜ-
NE, 5 FDP)
Landrat: Reinold Stücke
Oberkreisdirektor: Dr Rudolf Wansleben

Dezernat I
Leiter: Dr Rudolf Wansleben OKDir
**Amt für Zentralaufgaben, Kämmerei, Kasse, Poli-
zeiverwaltungsamt**

Dezernat II
Leiter: Heinz Köhler KDir
**Hauptamt, Personalamt, Schulverwaltungsamt, Kul-
turamt, Schulberatungsstelle**

Dezernat III
Leiter: Hubert Gerold LtdKRechtsDir
**Rechtsamt, Ordnungsamt, Straßenverkehrsamt,
Rechnungs- und Gemeindeprüfungsamt, Ausgleichs-
amt**

Dezernat IV
Leiter: Rudolf Hofmann LtdKRechtsDir
**Veterinäramt, Gesundheitsamt, Chemisches Unter-
suchungsamt, Sozialamt, Jugend- und Sportamt**

Dezernat V
Leiter: Albert Löhr LtdKBauDir
**Planungsamt, Vermessungs- und Katasteramt, Tief-
bauamt, Bauordnungsamt, Amt für Wohnungswesen**

Gemeinden im Kreis Paderborn:

Gemeinde Altenbeken
33184 Altenbeken, Bahnhofstr 5 a; F (0 52 55)
1 20 00; Telefax (0 52 55) 12 00 33
Einwohner: 8 250; *Rat der Gemeinde:* 14 CDU,
9 SPD, 2 UWG, 1 parteilos
Bürgermeister: Werner Niggemeyer
Gemeindedirektor: Helmut Fecke

Stadt Bad Lippspringe
33175 Bad Lippspringe,
Friedrich-Wilhelm-Weber-Platz 1; F (0 52 52) 26-0;
Telefax (0 52 52) 2 61 66
Einwohner: 14 000; *Rat der Stadt:* 18 CDU,
10 SPD, 4 FDP,1 fraktionslos
Bürgermeister: Martin Schulte
Stadtdirektor: Hans Tofall

Gemeinde Borchen
33178 Borchen, Unter der Burg 1; F (0 52 51)
3 88 80; Telefax (0 52 51) 38 88 49
Einwohner: 12 279; *Rat der Gemeinde:* 17 CDU,
10 SPD, 4 FWB, 1 FDP, 1 parteilos
Bürgermeister: Bodo Kaiser
Gemeindedirektor: Bernhard Riepe

Stadt Büren
33142 Büren, Königstr 16; F (0 29 51) 6 02-0;
Telefax (0 29 51) 6 02-80
Einwohner: 20 923; *Rat der Stadt:* 23 CDU, 16 SPD
Bürgermeister: Friedhelm Kaup
Stadtdirektor: Wolfgang Runge

Stadt Delbrück
33129 Delbrück, Lange Str 41; F (0 52 50) 5 12-0;
Telefax (0 52 50) 5 12-77
Einwohner: 26 411; *Rat der Stadt:* 25 CDU,
11 SPD, 3 FDP
Bürgermeister: Stephan Knies
Stadtdirektor: Dr Bernhard Winnemöller

Gemeinde Hövelhof
33161 Hövelhof, Schloßstr 14; F (0 52 57) 50 09-0;
Telefax (0 52 57) 50 09 31
Einwohner: 14 500; *Rat der Gemeinde:* 21 CDU,
8 SPD, 2 FDP, 2 Bündnis 90/DIE GRÜNEN
Bürgermeister: Heinrich Sallads
Gemeindedirektor: Werner Thor

Stadt Lichtenau
33165 Lichtenau, Lange Str 39; F (0 52 95) 89-0;
Telefax (0 52 95) 89 70
Einwohner: 10 047; *Rat der Stadt:* 20 CDU,
11 SPD, 2 GRÜNE
Bürgermeister: Manfred Müller
Stadtdirektor: Helmut Winzen

Stadt Paderborn
33098 Paderborn, Am Abdinghof 11; F (0 52 51)
88-0; Telefax (0 52 51) 88-20 00; Btx *921877#
BKZ 20
Einwohner: 135 000; *Rat der Stadt:* 31 CDU,
18 SPD, 6 GRÜNE, 4 FDP
Bürgermeister: Wilhelm Lüke (MdL)
Stadtdirektor: Dr Werner Schmeken

Stadt Salzkotten
33154 Salzkotten, Marktstr 8; F (0 52 58) 5 07-0
Einwohner: 21 588; *Rat der Stadt:* 23 CDU,
10 SPD, 3 GRÜNE, 3 FDP
Bürgermeister: Konrad Rump
Stadtdirektor: Mag rer publ Helmut Potthast

Stadt Wünnenberg
33181 Wünnenberg, Poststr 15; F (0 29 53) 70 90;
Telefax (0 29 53) 7 09-78
Einwohner: 11 200; *Rat der Stadt:* 19 CDU,
10 SPD, 3 FDP, 1 parteilos
Bürgermeister: Fritz Dören
Stadtdirektor: Winfried Menne

V Regierungsbezirk Arnsberg

1 Ennepe-Ruhr-Kreis

58332 Schwelm, Hauptstr 92; F (0 23 36) 93-0;
Telex 8 239 765; Teletex (0 23 36) 93 20 20 – EN
KREIS; Telefax (0 23 36) 93 22 22
Fläche: 40 822 ha; *Einwohner:* 352 260
Kreistag: 73 Mitglieder (40 SPD, 21 CDU, 7 GRÜ-
NE, 5 FDP)
Landrat: Friedhelm Felsch
Oberkreisdirektorin: Ute Scholle

Dezernat I
Leiterin: Ute Scholle OKDirektorin
**Hauptamt, Personalamt, Rechnungsprüfungsamt,
Sozialamt, Jugendamt**

Dezernat II
Leiter und Kämmerer: Heinrich Hoßmann
LtdKVwDir
**Kämmerei, Kreiskasse, Amt für Wirtschaftsförde-
rung**

Dezernat III
Leiter: Wolfgang Becker KDir
**Rechtsamt, Ordnungsamt, Straßenverkehrsamt, Ve-
terinär- und Lebensmittelüberwachungsamt, Schulamt, Gesundheitsamt**

Dezernat V
Leiter: Helmut Wirtz LtdKVmDir
**Bauamt, Umweltamt, Vermessungs- und Kataster-
amt**

Gemeinden im Ennepe-Ruhr-Kreis:

Stadt Breckerfeld
58339 Breckerfeld, Frankfurter Str 38; F (0 23 38)
8 09-0; Telefax (0 23 38) 8 09-67
Einwohner: 8 500; *Rat der Stadt:* 13 CDU, 9 SPD,
2 GRÜNE, 2 Wählergemeinschaft Breckerfeld,
1 FDP
Bürgermeister: Diethelm Büttner
Stadtdirektor: Klaus Baumann

Stadt Ennepetal
58256 Ennepetal, Bismarckstr 21; F (0 23 33)
7 95-0; Telefax (0 23 33) 7 95-2 80
Einwohner: 35 596; *Rat der Stadt:* 21 SPD,
11 CDU, 11 EWG, 5 GRÜNE, 7 FDP
Bürgermeister: August Born
Stadtdirektor: Reinhard Fischer

Stadt Gevelsberg
58285 Gevelsberg, Rathausplatz 1; F (0 23 32) 7 10;
Telefax (0 23 32) 7 12 30
Einwohner: 33 842; *Rat der Stadt:* 24 SPD,
13 CDU, 9 FWG, 3 DKP, 3 GRÜNE, 1 fraktions-
los
Bürgermeister: Dr Klaus Solmecke
Stadtdirektor: Volker Stein

Stadt Hattingen
45525 Hattingen, Rathausplatz 1; F (0 23 24)
2 04-0; Telefax (0 23 24) 2 04 22 04
Einwohner: 61 629; *Rat der Stadt:* 29 SPD,
16 CDU, 4 GRÜNE/FWI, 1 FDP, 1 parteilos
Bürgermeister: Günter Wüllner
Stadtdirektor: Dieter Liebig

Stadt Herdecke
58313 Herdecke, Kirchplatz 3; F (0 23 30) 61-0;
Telefax (0 23 30) 1 26 14
Einwohner: 26 000; *Rat der Stadt:* 22 SPD,
10 CDU, 4 GRÜNE/LB, 3 UWG
Bürgermeister: Hugo Knauer
Stadtdirektor: Klaus Walkenhorst

Stadt Schwelm
58332 Schwelm, Hauptstr 14; F (0 23 36) 8 01-1;
Telefax (0 23 36) 80 13 70
Einwohner: 30 800; *Rat der Stadt:* 22 SPD,
13 CDU, 4 GRÜNE, 3 FDP, 3 SWG
Bürgermeister: Rainer Döring
Stadtdirektor: Jürgen Kulow

Stadt Sprockhövel
45549 Sprockhövel, Rathausplatz 4; F (0 23 39)
9 17-0; Telefax (0 23 39) 9 17-3 00
Einwohner: 25 340; *Rat der Stadt:* 20 SPD,
12 CDU, 4 GRÜNE, 3 FDP
Bürgermeister: Hans Käseberg
Stadtdirektor: Paul-Gerhard Flasdieck

Stadt Wetter (Ruhr)
58300 Wetter, Kaiserstr 170; F (0 23 35) 84-0;
Telefax (0 23 35) 84-1 11
Einwohner: 30 077; *Rat der Stadt:* 22 SPD,
11 CDU, 4 GRÜNE, 2 FDP
Bürgermeister: Ulrich Schmidt MdL
Stadtdirektor: Dr Cord Diekmann

Stadt Witten
58452 Witten, Marktstr 16; F (0 23 02) 5 81-0;
Telex 8 229 101; Telefax (0 23 02) 5 55 54
Einwohner: 107 700; *Rat der Stadt:* 37 SPD,
16 CDU, 6 GRÜNE
Bürgermeister: Klaus Lohmann MdB
Stadtdirektor: Dr Gert Buhren

2 Hochsauerlandkreis

59872 Meschede, Steinstr 27; F (02 91) 9 40; Telex
84 874; Telefax (02 91) 94-11 40
Fläche: 195 647 ha; *Einwohner:* 275 542
Kreistag: 55 Mitglieder (28 CDU, 20 SPD, 3 GRÜ-
NE, 3 FDP, 1 Bürgerliste)
Landrat: Franz-Josef Leikop
Oberkreisdirektor: Egon Mühr

Dezernat I
Leiter: Egon Mühr OKDir
**Hauptamt, Personalamt, Amt für Fremdenverkehrs-
förderung**

Dezernat II
Leiter: Winfried Stork KDir
**Rechnungs- und Gemeindeprüfungsamt, Kämmerei,
Kataster- und Vermessungsamt, Amt für Wirtschaft
und Verkehr**

Dezernat III
Leiter: Dieter Wiethoff LtdKRechtsDir
**Rechtsamt, Ordnungsamt, Straßenverkehrsamt, Ve-
terinäramt, Kulturamt, Gesundheitsamt**

Dezernat IV
Leiter: Walter Böckeler LtdKVwDir
**Amt für Schulverwaltung und Weiterbildung, Sozial-
amt, Jugendamt**

Dezernat V
Leiter: Georg Cichos LtdKBauDir
**Amt für Bauordnung und Wohnbauförderung, Hoch-
bauamt, Kreisstraßenbauamt, Umweltamt**

Gemeinden im Hochsauerlandkreis:

Stadt Arnsberg
59759 Arnsberg, Rathausplatz 1; F (0 29 32) 20 10;
Telefax (0 29 32) 2 52 50
Einwohner: 82 500; *Rat der Stadt:* 23 CDU,
22 SPD, 3 GRÜNE, 3 FDP,
Bürgermeister: Alex Paust
Stadtdirektor: Hans-Josef Vogel

Gemeinde Bestwig
59909 Bestwig, Bundesstr 150; F (0 29 04) 81-1;
Telefax (0 29 04) 8 12 74
Einwohner: 11 912; *Rat der Gemeinde:* 15 SPD,
8 CDU, 7 JBL, 3 FU
Bürgermeister: Hans-Georg Meyer
Gemeindedirektor: Franz-Josef Esser

Stadt Brilon
59929 Brilon, Am Markt 1; F (0 29 61) 79 40;
Telefax (0 29 61) 7 94-1 08
Einwohner: 26 145; *Rat der Stadt:* 20 CDU,
13 SPD, 3 BBL, 3 FDP
Bürgermeister: Franz Hülshoff
Stadtdirektor: Eberhard Schüle

Gemeinde Eslohe (Sauerland)
59889 Eslohe, Schultheißstr 2; F (0 29 73) 80 00;
BTX Eslohe #; Telefax (0 29 73) 8 00 60
Einwohner: 9 140; *Rat der Gemeinde:* 22 CDU,
11 SPD
Bürgermeister: Reinhold Weber
Gemeindedirektor: Walter Habbel

Stadt Hallenberg
59969 Hallenberg, Rathaus; F (0 29 84) 30 30;
Telefax (0 29 84) 3 03-31
Einwohner: 4 800; *Rat der Stadt:* 17 CDU; 4 Bür-
gerliste
Bürgermeister: Ulrich Gierse
Stadtdirektor: Winfried Becker

Stadt Marsberg
34431 Marsberg, Lillers-Str 8; F (0 29 92) 60 21
Einwohner: 21 681; *Rat der Stadt:* 18 CDU,
17 SPD, 2 GRÜNE, 2 CSWG
Bürgermeister: Reinhard Schandelle
Stadtdirektor: Hans-Otto Hille

Stadt Medebach
59964 Medebach, Oberstr 26-30; F (0 29 82) 4 00-0;
Telefax (0 29 82) 4 00-33; Btx 0298 2400
*Medebach#
Einwohner: 8 207; *Rat der Stadt:* 18 CDU, 7 SPD,
2 FDP
Bürgermeister: Günter Langen
Stadtdirektor: Heinrich Nolte

Stadt Meschede
59872 Meschede, Rathausstr 2; F (02 91) 2 05-0;
Telefax (02 91) 20 55 19
Einwohner: 32 209; *Rat der Stadt:* 24 CDU,
14 SPD, 7 UWG
Bürgermeister: Franz Stahlmecke
Stadtdirektor: Dr Thomas Uppenkamp

Stadt Olsberg
59933 Olsberg, Postfach 1462; F (0 29 62) 98 20;
Telefax (0 29 62) 98 22 26
Einwohner: 15 865; *Rat der Stadt:* 20 CDU,
11 SPD, 2 GRÜNE
Bürgermeister: Werner Menke
Stadtdirektor: Elmar Reuter

Stadt Schmallenberg
57392 Schmallenberg, Unterm Werth 1; F (0 29 72)
3 00-0; Telefax (0 29 72) 3 00 89
Einwohner: 26 113; *Rat der Stadt:* 23 CDU,
14 SPD, 2 parteilos
Bürgermeister: Rötger Belke-Grobe
Stadtdirektor: Bernhard Halbe

Stadt Sundern (Sauerland)
59846 Sundern, Mescheder Str 20; F (0 29 33) 8 10;
Telefax (0 29 33) 8 11 11
Einwohner: 28 267; *Rat der Stadt:* 21 CDU,
15 SPD, 3 GRÜNE
Bürgermeister: Franz-Josef Tigges
Stadtdirektor: Hermann Willeke

Stadt Winterberg
59955 Winterberg, Fichtenweg 10; F (0 29 81)
8 00-0; Telefax (0 29 81) 8 00 6 00
Einwohner: 14 919; *Rat der Stadt:* 18 CDU,
12 SPD, 3 BFW
Bürgermeister: Bernd Braun
Stadtdirektor: Hans-Richard Kick

3 Märkischer Kreis

58509 Lüdenscheid, Heedfelder Str 45; F (0 23 51)
67-0; Telefax (0 23 51) 68 66; MKL; Btx (0 23 51)
67
Fläche: 105 888 ha; *Einwohner:* 450 468
Kreistag: 75 Mitglieder (31 SPD, 28 CDU, 4 GRÜ-
NE, 4 UWG, 4 FDP, 2 REP, 2 KSF)
Landrat: Dr Walter Hostert
Oberkreisdirektor: Dr Bernhard Schneider

Dezernat I
Leiter: Dr Engelbert Arens LtdK RechtsDir
**Hauptamt, Personalamt, Organisationsamt, Verwal-
tung der Kreispolizeibehörde, Straßenverkehrsamt,
Amt für Schulangelegenheiten**

Dezernat II
Leiter: Robert Schüwer LtdK VwDir
Kämmerei, Kreiskasse, Amt für Wohnungswesen

Dezernat III
Leiter: Michael Rolland K Dir
**Veterinär- und Lebensmittelüberwachungsamt, Kul-
turamt, Amt für Umweltschutz, Ausländer- und Per-
sonenstandsamt, Zivilschutzamt**

Fachdezernat 1
Leiter: Dr Jürgen Sieveking K RechtsDir
**Rechnungs- und Gemeindeprüfungsamt, Rechts- und
Ordnungsamt**

Fachdezernat 3
Leiter: Ulrich Schulte LtdK VmDir
Vermessungs- und Katasteramt

Dezernat IV
Leiter: Dr Eberhard Lorenz LtdK RechtsDir
Sozialamt, Jugend- und Sportamt

Dezernat V
Leiter: Dr Joachim Festl LtdK MedDir
Gesundheitsamt

Dezernat VI
Leiter: Wolfgang Ewald LtdK BauDir
Bauordnungsamt, Bau- und Planungsamt

Gemeinden im Märkischen Kreis:

Stadt Altena (Westf)
58762 Altena, Lüdenscheider Str 22; F (0 23 52)
20 90; Telefax (0 23 52) 20 92 03
Einwohner: 24 365; *Rat der Stadt:* 22 SPD,
12 CDU, 3 FDP, 2 GÜNE
Bürgermeister: Günter Topmann
Stadtdirektor: Reinhard Riechert

Stadt Balve
58802 Balve, Widukindplatz 1; F (0 23 75) 8 30;
Telefax (0 23 75) 83 60
Einwohner: 12 204; *Rat der Stadt:* 17 CDU,
11 SPD, 3 GRÜNE, 2 UWG
Bürgermeister: Franz Kolossa
Stadtdirektor: Manfred Rotermund

Stadt Halver
58553 Halver, Thomasstr 18; F (0 23 53) 73-0;
Telefax (0 23 53) 73-1 16
Einwohner: 17 192; *Rat der Stadt:* 17 SPD,
11 UWG, 9 CDU, 2 FDP
Bürgermeister: Klaus Tweer
Stadtdirektor: Hans-Jürgen Kammenhuber

Stadt Hemer
58675 Hemer, Hademareplatz 44; F (0 23 72) 55-1;
Telefax (0 23 72) 55-3 00
Einwohner: 35 847; *Rat der Stadt:* 18 SPD,
15 CDU, 6 UWG, 3 FDP, 3 GRÜNE
Bürgermeister: Klaus Burda
Stadtdirektor: Reiner Hermann

Gemeinde Herscheid
58849 Herscheid, Plettenberger Str 27; F (0 23 57)
9 09 30; Telefax (0 23 57) 90 93 50
Einwohner: 7 414; *Rat der Gemeinde:* 10 SPD,
9 CDU, 6 UWG, 2 GRÜNE

Bürgermeister: Wolfgang Weyland
Gemeindedirektor: Karl Peter Heinz

Stadt Iserlohn
58636 Iserlohn, Schillerplatz 7; F (0 23 71) 2 17-0;
Telex 8 27 728 skis d; Telefax (0 23 71) 2 17 29 90
Einwohner: 101 313; *Rat der Stadt:* 21 SPD,
20 CDU, 3 Grüne, 3 FDP, 2 Konservativ-Soziale-
Fraktion
Bürgermeister: Fritz Fischer
Stadtdirektor: Klaus Müller

Stadt Kierspe
58566 Kierspe, Springerweg 21; F (0 23 59) 6 61-0;
Telefax (0 23 59) 66 11 99
Einwohner: 17 143; *Rat der Stadt:* 14 SPD,
12 CDU, 4 UWG, 3 GRÜNE
Bürgermeister: Marie-Luise Fricke
Stadtdirektor: Manfred Lipphardt

Stadt Lüdenscheid
58507 Lüdenscheid, Rathausplatz 2; F (0 23 51)
17-0; Telex 8 26 718 sklud; Telefax (0 23 51)
17 17 00
Einwohner: 80 000; *Rat der Stadt:* 21 SPD,
21 CDU, 3 UWG, 2 GRÜNE, 2 FDP, 2 REP
Bürgermeister: Jürgen Dietrich
Stadtdirektor: Klaus Crummenerl

Stadt Meinerzhagen
58540 Meinerzhagen, Bahnhofstr 9-13; F (0 23 54)
7 70; Telefax (0 23 54) 77-2 20
Einwohner: 20 731; *Rat der Stadt:* 20 SPD,
12 CDU, 5 UWG, 2 FDP
Bürgermeister: Jürgen Pietsch
Stadtdirektor: Erhard Pierlings

Stadt Menden (Sauerland)
58706 Menden, Neumarkt 5; F (0 23 73) 9 03-0;
Telefax (0 23 73) 9 03-3 86, Btx
207 570 400 000 000
Einwohner: 57 900; *Rat der Stadt:* 23 CDU,
19 SPD, 6 UWG, 3 GRÜNE
Bürgermeister: Dr Volkhard Wrage
Stadtdirektor: Franz-Josef Lohmann

Gemeinde Nachrodt-Wiblingwerde
58769 Nachrodt-Wiblingwerde, Hagener Str 76;
F (0 23 52) 34 75/76; Telefax (0 23 52) 3 14 69
Einwohner: 6 800; *Rat der Gemeinde:* 10 SPD,
10 CDU, 7 UWG
Bürgermeister: Friedhelm Schröder
Gemeindedirektor: Dieter Klaus

Stadt Neuenrade
58809 Neuenrade, Alte Burg 1; F (0 23 92) 69 30;
Telefax (0 23 92) 6 93-48
Einwohner: 11 750; *Rat der Stadt:* 16 CDU,
10 SPD, 5 FDP, 2 UGLN
Bürgermeister: Hans Schmerbeck
Stadtdirektor: Josef Wegener

Stadt Plettenberg
58840 Plettenberg, Grünestr 12; F (0 23 91) 64-0;
Telefax (0 23 91) 6 41 28
Einwohner: 30 300; *Rat der Stadt:* 19 SPD,
13 CDU, 3 UWG, 2 FDP, 2 REP
Bürgermeister: Otto Klehm
Stadtdirektor: Walter Stahlschmidt

Gemeinde Schalksmühle
58579 Schalksmühle, Rathausplatz 1; F (0 23 55)
8 40; Telefax (0 23 55) 8 42 99
Einwohner: 12 646; *Rat der Gemeinde:* 19 UWG,
7 SPD, 4 CDU, 2 GRÜNE, 1 fraktionslos
Bürgermeisterin: Heide Bachmann
Gemeindedirektor: Gerd Gebhardt

Stadt Werdohl
58791 Werdohl, Goethestr 51; F (0 23 92) 5 80;
Telefax (0 23 92) 58-2 38
Einwohner: 22 041; *Rat der Stadt:* 21 SPD,
14 CDU, 4 FDP
Bürgermeister: Hans Pfeifer
Stadtdirektor: Manfred Wolf

4 Kreis Olpe

57462 Olpe, Danziger Str 2; F (0 27 61) 8 10; Telex
8 76 475; Telefax (0 27 61) 81-3 43
Fläche: 71 000 ha; *Einwohner:* 135 320
Kreistag: 49 Mitglieder (30 CDU, 16 SPD, 3 GRÜ-
NE)
Landrat: Hanspeter Klein
Oberkreisdirektor: Dr Franz Demmer

Dezernat I
Leiter: Dr Franz Demmer OKDir
**Kämmerei, Rechtsamt, Schulamt, Amt für Umwelt-
aufgaben, Kreiswasserwerke**

Dezernat II
Leiter: Knut-Friedrich Platz KDir
**Rechnungs- und Gemeindeprüfungsamt, Schulver-
waltungsamt, Volkshochschule, Jugendamt, Ordnungsamt**

Dezernat III
Leiter: Werner Giese LtdKVwDir
**Hauptamt, Straßenverkehrsamt, Veterinär- und Le-
bensmittelüberwachungsamt, Sozialamt, Gesundheitsamt, Personalamt**

Dezernat IV
Leiter: Heinz-Gerd Kraft LtdKBauDir
**Kataster- und Vermessungsamt, Bauordnungsamt,
Straßenbauamt**

Gemeinden im Kreis Olpe:

Stadt Attendorn
57439 Attendorn, Kölner Str 12; F (0 27 22) 64-0;
Telefax (0 27 22) 64-4 21
Einwohner: 23 000; *Rat der Stadt:* 22 CDU,
14 SPD, 3 UWG
Bürgermeister: Josef Rüenauver

Stadtdirektor: Frank Beckehoff

Stadt Drolshagen
57489 Drolshagen, Hagener Str 9; F (0 27 61)
7 03-0; Telefax (0 27 61) 7 03-96
Einwohner: 12 000; *Rat der Stadt:* 21 CDU,
10 SPD, 2 UCW
Bürgermeister: Peter Jeck
Stadtdirektor: Theo Hilchenbach

Gemeinde Finnentrop
57413 Finnentrop, Am Markt 1; F (0 27 21) 5 12-0;
Telefax (0 27 21) 69 58
Einwohner: 18 350; *Rat der Gemeinde:* 26 CDU,
13 SPD
Bürgermeister: Erwin Oberkalkofen
Gemeindedirektor: Dietmar Heß

Gemeinde Kirchhundem
57399 Kirchhundem, Hundemstr 35; F (0 27 23)
4 09-0; Telefax (0 27 23) 4 09-55
Einwohner: 13 370; *Rat der Gemeinde:* 20 CDU,
9 SPD, 3 UCW, 1 GRÜNE
Bürgermeister: Karl-Josef Luster-Haggeney
Gemeindedirektor: Hans-Adolf Bender

Stadt Lennestadt
57368 Lennestadt, Helmut-Kumpf-Str 25;
F (0 27 23) 6 08-0; Telefax (0 27 23) 6 08-1 19
Einwohner: 28 375; *Rat der Stadt:* 19 CDU,
15 SPD, 2 GRÜNE, 2 UWG, 1 fraktionslos
Bürgermeister: Hubert Nies
Stadtdirektor: Dr Franz-Josef Kaufmann

Stadt Olpe
57462 Olpe, Franziskanerstr 6; F (0 27 61) 83-0;
Telefax (0 27 61) 83-3 30
Einwohner: 25 406; *Rat der Stadt:* 23 CDU,
10 SPD, 6 UCW
Bürgermeisterin: Wilma Ohly
Stadtdirektor: Karl-Josef Leyendecker

Gemeinde Wenden
57482 Wenden, Haupstr 75; F (0 27 62) 40 60;
Telefax (0 27 62) 16 67
Einwohner: 18 400; *Rat der Gemeinde:* 24 CDU,
13 SPD, 2 GRÜNE
Bürgermeister: Kunibert Kinkel
Gemeindedirektor: Peter Brüser

5 Kreis Siegen-Wittgenstein

57072 Siegen, Koblenzer Str 73; F (02 71) 3 33-0;
Telefax (02 71) 3 33 25 00; Btx *02713377#
Fläche: 113 132 ha; *Einwohner:* 296 741
Kreistag: 63 Mitglieder (30 SPD, 24 CDU, 5 GRÜ-
NE, 4 FDP)
Landrat: Walter Nienhagen
Oberkreisdirektor: Karlheinz Forster

Dezernat I
Leiter: Karlheinz Forster OKDir
**Rechnungs- und Gemeindeprüfungsamt, Amt für
Kommunalaufsicht und Rechtsangelegenheiten (teilweise), Polizeiverwaltung, Chemisches und Lebensmitteluntersuchungsamt für die Kreise Siegen-Wittgenstein und Olpe, Kataster- und Vermessungsamt,
Kommunale Datenzentrale Westfalen-Süd, Wirtschaftsförderung**

Dezernat II
Leiter: Winfried Schwarz KDir
**Amt für Kommunalaufsicht und Rechtsangelegen-
heiten (teilweise), Ordnungsamt, Straßenverkehrs-
amt, Schulverwaltungsamt (teilweise), Alten- und
Pflegeheim, Beratungsstelle für Eltern, Kinder und
Jugendliche, Gesundheitsamt**

Dezernat III
Leiter: Achim Becker LtdKBauDir
**Bauverwaltungsamt, Amt für Raumordnung und
Städtebau, Bauordnungsamt, Hochbauamt, Amt für
Wasser und Abfall, Amt für Umweltschutz**

Dezernat IV
Leiter: Fritz Möckel LtdKVwDir
**Amt für Organisation und TUIV, Amt für Personal-
wirtschaft und Allgemeine Verwaltung, Siegerland-
Flughafen GmbH, dezernats- und amtsübergreifende
Planungen**

Dezernat V
Leiterin: Helge Klinkert KORechtsrätin
**Schulverwaltungsamt (teilweise), Sozialamt, Ju-
gendamt**

Dezernat VI
Leiter: Hans-Jürgen Thomalla LtdKVwDir
Kämmerei, Kreiskasse, Kreiskrankenhaus

Gemeinden im Kreis Siegen-Wittgenstein:

Stadt Bad Berleburg
57319 Bad Berleburg, Poststr 42; F (0 27 51) 8 50;
Telefax (0 27 51) 8 52 88
Einwohner: 21 241; *Rat der Stadt:* 20 SPD,
15 CDU, 2 UWG, 2 GRÜNE
Bürgermeister: Adolf Schmerer
Stadtdirektor: Hans-Ulrich Kuppert

Stadt Bad Laasphe
57334 Bad Laasphe, Mühlenstraße 20; F (0 27 52)
9 09-0; Telefax (0 27 52) 9 09-99
Einwohner: 15 583; *Rat der Stadt:* 18 SPD,
10 CDU, 3 FDP, 2 GRÜNE
Bürgermeister: Richard Stenger
Stadtdirektor: Gerhard Karpf

Gemeinde Burbach
57299 Burbach, Eicher Weg 13; F (0 27 36) 45-0;
Telefax (0 27 36) 45 55
Einwohner: 14 955; *Rat der Gemeinde:* 17 CDU,
16 SPD
Bürgermeister: Volkmar Klein
Gemeindedirektor: Ulrich Greis

Gemeinde Erndtebrück
57339 Erndtebrück, Talstr 27; F (0 27 53) 6 05-0:
Telefax (0 27 53) 6 05-1 00; Btx – Anbieter 4 44 41,
Btx Teilnehmer (0 27 53) 60 5-0
Einwohner: 8 132; *Rat der Gemeinde:* 10 CDU,
10 SPD, 3 UWG, 2 FDP, 2 GRÜNE
Bürgermeister: Klaus-Dieter Scheffrahn
Gemeindedirektor: Helmut Peter

Stadt Freudenberg
57258 Freudenberg, Bahnhofstr 18-20; F (0 27 34)
4 30; Telefax (0 27 34) 43-1 15
Einwohner: 18 189; *Rat der Stadt:* 18 SPD,
15 CDU, 3 UWG, 2 FDP, 1 fraktionslos
Bürgermeister: Hermann Vomhof
Stadtdirektor: Jürgen Sawahn

Stadt Hilchenbach
57271 Hilchenbach, Markt 13; F (0 27 33) 2 88-0;
Telefax (0 27 33) 2 88-80
Einwohner: 17 065; *Rat der Stadt:* 16 SPD, 9 UWG,
8 CDU, 4 GRÜNE, 2 FDP
Bürgermeister: Paul Roth
Stadtdirektor: Wolfgang Bell

Stadt Kreuztal
57223 Kreuztal, Siegener Str 5; F (0 27 32) 51-0;
Telefax (0 27 32) 45 34
Einwohner: 31 863; *Rat der Stadt:* 18 SPD,
13 CDU, 3 GRÜNE, 3 FDP, 2 UWG
Bürgermeister: Karl-Heinz Thomas
Stadtdirektor: Kurt Erdmann

Gemeinde Netphen
57250 Netphen, Amtsstr 2; F (0 27 38) 60 30
Einwohner: 24 432; *Rat der Gemeinde:* 19 CDU,
15 SPD, 3 Wählerbund, 2 GRÜNE
Bürgermeister: Helmut Buttler
Gemeindedirektor: Ulf Stötzel

Gemeinde Neunkirchen
57290 Neunkirchen, Bahnhofstr 3; F (0 27 35)
7 67-0; Telefax (0 27 35) 53 42
Einwohner: 15 240; *Rat der Gemeinde:* 15 SPD,
9 CDU, 7 UWG, 2 FDP
Bürgermeister: Walter Uhr
Gemeindedirektor: Helmut Sartor

Stadt Siegen
57078 Siegen, Markt 2; F (02 71) 59 31; Telex
8 72 660 sksi d; Telefax (02 71) 2 16 84
Einwohner: 111 755; *Rat der Stadt:* 29 SPD,
21 CDU, 10 UWG, 5 GRÜNE, 4 FDP
Bürgermeisterin: Hilde Fiedler
Stadtdirektor: Dr Otto-Werner Rappold

Gemeinde Wilnsdorf
57234 Wilnsdorf, Marktplatz 1; F (0 27 39) 8 02-0;
Telefax (0 27 39) 8 02-1 39
Einwohner: 21 155; *Rat der Gemeinde:* 19 CDU,
14 SPD, 3 FDP, 2 GRÜNE, 1 fraktionslos
Bürgermeister: Elmar Schneider

Gemeindedirektor: Karl Schmidt

6 Kreis Soest

59494 Soest, Hoher Weg 1-3; F (0 29 21) 30-0;
Telex 84 324 lkso d; Telefax (0 29 21) 30 29 45
Fläche: 132 747 ha; *Einwohner:* 288 815
Kreistag: 55 Mitglieder (25 CDU, 23 SPD, 4 GRÜNE, 3 FDP)
Landrätin: Karin Sander
Oberkreisdirektor: Dr Hermann Janning

Dezernat I
Leiter: Dr Hermann Janning OKDir
Hauptamt, Personalamt, Rechnungs- und Gemeindeprüfungsamt, Rechtsamt

Dezernat II
Leiter: Dr Wolfgang Maas KDir
Kämmerei, Kreiskasse, Sozialamt, Amt für Wirtschaftsförderung, Gesundheitsamt

Dezernat III
Leiter: Georg Viktor Prinz zu Waldeck LtdKRechtsDir
Ordnungsamt, Straßenverkehrsamt, Veterinär- und Lebensmittelüberwachungsamt, Schulverwaltungs- und Kulturamt

Dezernat IV
Leiter: Hans Meyer LtdKRechtsDir
Amt für Verteidigungslasten, Ausgleichsamt, Umweltamt, Jugendamt

Dezernat V
Leiter: Winfried von Schroeder KBauDir (kommissarisch)
Vermessungs- und Katasteramt, Bauamt, Amt für Wohnungswesen, Tiefbauamt, Amt für Kreisentwicklung

Gemeinden im Kreis Soest:

Gemeinde Anröchte
59609 Anröchte, Hauptstr 72; F (0 29 47) 8 88-0;
Telefax (0 29 47) 8 88-70
Einwohner: 10 462; *Rat der Gemeinde:* 15 CDU,
12 SPD, 3 FDP, 3 GRÜNE
Bürgermeister: Heinz Blumenröhr
Gemeindedirektor: Eckhard Hirsch

Gemeinde Bad Sassendorf
59505 Bad Sassendorf, Eichendorffstr 1;
F (0 29 21) 5 05-0; Telefax (0 29 21) 5 05 59
Einwohner: 10 483; *Rat der Gemeinde:* 16 SPD,
12 CDU, 3 BG, 2 FDP
Bürgermeister: Friedel Dicke
Gemeindedirektor: Karlheinz Dahlhoff

Gemeinde Ense
59463 Ense, Postfach 1040; F (0 29 38) 9 80-0;
Telefax (0 29 38) 40 00
Einwohner: 10 557; *Rat der Gemeinde:* 15 CDU,
11 SPD, 4 BG, 2 FDP, 1 Einzelbewerberin
Bürgermeister: Clemens Tillmann

Gemeindedirektor: Johannes Weber

Stadt Erwitte
59597 Erwitte, Am Markt 13; F (0 29 43) 8 96-0;
Telefax (0 29 43) 8 96 37
Einwohner: 14 956; *Rat der Stadt:* 16 SPD,
14 CDU, 3 FDP
Bürgermeister: Franz Meier
Stadtdirektor: Wolfgang Fahle

Stadt Geseke
59590 Geseke, Martinsgasse 2; F (0 29 42) 5 00-0;
Telefax (0 29 42) 5 00 25
Einwohner: 18 210; *Rat der Stadt:* 17 CDU,
13 SPD, 4 FDP, 3 GRÜNE, 2 Bürgergemeinschaft
Bürgermeister: Helmut Hohmann
Stadtdirektor: Hans Diemel

Gemeinde Lippetal
59510 Lippetal, Bahnhofstr 6; F (0 29 23) 61-0;
Telefax (0 29 23) 61 45
Einwohner: 11 976; *Rat der Gemeinde:* 22 CDU,
11 SPD
Bürgermeister: Antonius Willenbrink
Gemeindedirektor: Erhard Susewind

Stadt Lippstadt
59555 Lippstadt, Ostwall 1; F (0 29 41) 9 80-0;
Telefax (0 29 41) 7 81 11; Telex 8 41 957 stlip d
Einwohner: 69 400; *Rat der Stadt:* 23 CDU,
21 SPD, 4 GRÜNE, 3 FDP
Bürgermeister: Franz Klocke
Stadtdirektor: Klaus Karl Kaster

Gemeinde Möhnesee
59519 Möhnesee, Hauptstr 19; F (0 29 24)
6 11-6 14; Telefax (0 29 24) 23 94
Einwohner: 9 772; *Rat der Gemeinde:* 16 CDU,
10 SPD, 5 BG, 2 FDP
Bürgermeister: Heinz-Josef Luhmann
Gemeindedirektor: Hermann Josef Nolte

Stadt Rüthen
59602 Rüthen, Hochstr 14; F (0 29 52) 8 18-0;
Telefax (0 29 52) 8 18-1 70
Einwohner: 11 500; *Rat der Stadt:* 17 CDU,
12 SPD, 4 BG
Bürgermeister: Rolf Gockel
Stadtdirektor: Rudolf Schieren

Stadt Soest
59494 Soest, Am Vreithof 8; F (0 29 21) 1 03-0;
Telefax (0 29 21) 1 03-4 23
Einwohner: 44 404; *Rat der Stadt:* 19 SPD,
16 CDU, 5 BG, 4 GRÜNE, 1 fraktionslos
Bürgermeister: Peter Brüseke
Stadtdirektor: Helmut Holtgrewe

Stadt Warstein
59581 Warstein, Dieplohstr 1; F (0 29 02) 81-0;
Telefax (0 29 02) 8 12 16; Btx-Teilnehmer
0 29 02 81; Btx-Anbieter *Warstein#

Einwohner: 29 170; *Rat der Stadt:* 18 CDU,
16 SPD, 3 WAL, 2 BG
Bürgermeister: Georg Juraschka
Stadtdirektor: Clemens Werner

Gemeinde Welver
59514 Welver, Am Markt 4; F (0 23 84) 51-0;
Telefax (0 23 84) 51 23
Einwohner: 11 478; *Rat der Gemeinde:* 13 SPD,
12 CDU, 4 FDP, 3 UDW, 1 FL
Bürgermeister: Wolfgang Daube
Gemeindedirektor: Max Herberg

Stadt Werl
59457 Werl, Hedwig-Dransfeld-Str 23; F (0 29 22)
80 00; Telefax (0 29 22) 80 02 29; Btx Anbieter
*207 572 400 000 000#; Btx Teilnehmer (0 29 22)
7844 # 1
Einwohner: 30 000; *Rat der Stadt:* 18 CDU,
12 SPD, 4 BG, 3 GRÜNE, 2 FDP
Bürgermeisterin. Elisabeth Böhmer
Stadtdirektor: Wilhelm Dirkmann

Gemeinde Wickede (Ruhr)
58739 Wickede, Hauptstr 81; F (0 23 77) 8 70;
Telefax (0 23 77) 8 71 78
Einwohner: 12 230; *Rat der Gemeinde:* 15 SPD,
14 CDU, 4 FDP
Bürgermeister: Werner Koenig
Gemeindedirektor: Franz Haarmann

7 Kreis Unna

59425 Unna, Friedrich-Ebert-Str 17; F (0 23 03)
27-0; Telex 8 229 274; Telefax (0 23 03) 27 13 99;
Teletex 2 303 390; Btx 023 0327
Fläche: 54 248 ha; *Einwohner:* 413 462
Kreistag: 67 Mitglieder (37 SPD, 23 CDU, 7 GRÜ-
NE)
Landrat: Rolf Tewes
Oberkreisdirektor: Karl-Heinrich Landwehr

Dezernat I
Leiter: Karl-Heinrich Landwehr OKDir
**Gleichstellungsstelle, Koordinierungsstelle für Pla-
nungsaufgaben, Pressestelle, Rechnungs- und Gemeindeprüfungsamt, Rechtsamt, Straßenverkehrsamt**

Dezernat II
Leiter: Gerd Achenbach KDir
Hauptamt, Personalamt, Kämmerei

Dezernat III
Leiter: Rainer Stratmann LtdK RechtsDir
**Ordnungsamt, Veterinäramt, Schulverwaltungsamt,
Gesundheitsamt**

Dezernat IV
Leiter: Michael Makiolla K RechtsDir
**Schul- und Kulturamt, Sozialamt, Amt für Familie
und Jugend**

Dezernat V
Leiter: Dr Volkhard Wrage
Sportamt, Ausgleichsamt

Dezernat VI
Leiter: Dr Detlef Timpe LtdKBauDir
Umweltamt, Vermessungs- und Katasteramt

Dezernat VII
Leiter: Eyke Ploetz LtdKBauDir
Bauverwaltungsamt, Bauordnungsamt, Straßenbauamt

Gemeinden im Kreis Unna:

Stadt Bergkamen
59192 Bergkamen, Hubert-Biernat-Str 15;
F (0 23 07) 9 65-0; Telefax (0 23 07) 6 92 99
Einwohner: 53 123; *Rat der Stadt:* 30 SPD,
11 CDU, 4 GRÜNE
Bürgermeister: Wolfgang Kerak
Stadtdirektor: Roland Schäfer

Gemeinde Bönen
59199 Bönen, Woortstr 110; F (0 23 83) 62-0;
Telefax (0 23 83) 62 67
Einwohner: 18 943; *Rat der Gemeinde:* 26 SPD,
9 CDU, 4 BgB
Bürgermeister: Rainer Eßkuchen
Gemeindedirektor: Udo Huesmann

Stadt Fröndenberg
58730 Fröndenberg, Bahnhofstr 2; F (0 23 73)
7 52-0; Telefax (0 23 73) 7 52-2 95
Einwohner: 21 680; *Rat der Stadt:* 21 SPD,
14 CDU, 2 FBL, 2 FDP
Bürgermeister: Willi Demmer
Stadtdirektor: Egon Krause

Gemeinde Holzwickede
59439 Holzwickede, Allee 5; F (0 23 01) 9 15-0;
Telefax (0 23 01) 1 33 32
Einwohner: 17 441; *Rat der Gemeinde:* 20 SPD,
11 CDU, 4 Bürgerblock, 4 FDP
Bürgermeisterin: Margret Mader
Gemeindedirektor: Friedrich-Wilhelm Schwager

Stadt Kamen
59174 Kamen, Rathausplatz 1; F (0 23 07) 14 80;
Telefax (0 23 07) 14 81 40
Einwohner: 48 344; *Rat der Stadt:* 26 SPD,
11 CDU, 5 GRÜNE, 3 GAL
Bürgermeister: Manfred Erdtmann
Stadtdirektor: Hermann-Josef Görres

Stadt Lünen
44532 Lünen, Willi-Brandt-Platz 1; F (0 23 06)
10 40; Telex 8 229 752; Telefax (0 23 06) 10 44 60
Einwohner: 90 821; *Rat der Stadt:* 29 SPD,
17 CDU, 5 GRÜNE
Bürgermeister: Kurt Denkert
Stadtdirektor: Hans Wilhelm Stoddlick

Stadt Schwerte
58239 Schwerte, Rathausstr 31; F (0 23 04) 10 40;
Telefax (0 23 04) 10 43 03 und 10 46 96
Einwohner: 52 441; *Rat der Stadt:* 22 SPD,
17 CDU, 4 GRÜNE, 2 FDP
Bürgermeisterin: Ursula Sobelat
Stadtdirektor: Gerhard Visser

Stadt Selm
59379 Selm, Adenauerplatz 2; F (0 25 92) 69-0;
Telefax (0 25 92) 6 91 00
Einwohner: 25 360; *Rat der Stadt:* 17 SPD,
16 CDU, 6 UWG
Bürgermeisterin: Inge Hamann
Stadtdirektor: Peter Vaerst

Stadt Unna
59423 Unna, Rathausplatz 1; F (0 23 03) 10 30;
Telefax (0 23 03) 10 32 08
Einwohner 61 850; *Rat der Stadt:* 27 SPD, 16 CDU,
5 GAL, 3 FDP
Bürgermeister: Wilhelm Dördelmann
Stadtdirektor: Klaus Dunker

Stadt Werne
59368 Werne, Stadthaus,
Konrad-Adenauer-Platz 1; F (0 23 89) 71-1;
Telefax (0 23 89) 50 70
Einwohner: 31 464; *Rat der Stadt:* 21 CDU,
15 SPD, 3 GRÜNE
Bürgermeister: Wilhelm Lülf
Stadtdirektor: Heinz Austermann

V Zweckverbände

Landesverband Lippe

32657 Lemgo, Schloß Brake, Schloßstr 18;
F (0 52 61) 25 02-0; Telefax (0 52 61) 25 02 87
Verbandsvorsteher: Helmut Holländer
1. Stellvertretender Verbandsvorsteher: Diether Kuhlmann
2. Stellvertretender Verbandsvorsteher: Heinz Haverich

Hauptverwaltung, Finanzsachen, Personalsachen und Bädersachen
Leiter: Heinz Jurgeneit LVerbKäm

Bauabteilung
Leiter: Dipl-Ing Heinz Sauer BauDir

Forstabteilung
Leiter: Manfred Ackermann LtdFoDir

Domänenabteilung, Domänenhauptpachten und Domänenkleinpachten, Mühlen, Mieten, Grundstücksankäufe und Grundstücksverkäufe
Leiter: Jürgen Hoppe FoR

Außendienststellen des Landesverbandes Lippe:

Forstämter

Brake
32657 Lemgo; F (0 52 61) 46 47; Telefax (0 52 61) 44 58
Leiter: Dr Ralf Faber FoDir

Horn
32805 Horn-Bad Meinberg; F (0 52 34) 32 00; Telefax (0 52 34) 6 93 86
Leiter: Hans-Ulrich Braun OFoR

Schieder
32816 Schieder-Schwalenberg; F (0 52 82) 3 42; Telefax (0 52 82) 18 20
Leiter: Günter Rossa FoDir

Staatsbäder

Verwaltung des Lippischen Staatsbades Salzuflen
32102 Bad Salzuflen; F (0 52 22) 18 30; Telefax (0 52 22) 1 71 54
Kurdirektor: Ulf Hangert

Verwaltung des Lippischen Staatsbades Meinberg
32805 Horn-Bad Meinberg; F (0 52 34) 90 10; Telefax (0 52 34) 90 12 17
Kurdirektor: Horst Paulussen

Lippische Landesbibliothek
32756 Detmold, Hornsche Str 41; F (0 52 31) 2 10 12; Telefax (0 52 31) 3 13 68
Leiter: Detlef Hellfaier Dir

Lippisches Landesmuseum
32756 Detmold, Haus Ameide; F (0 52 31) 2 52 32; Telefax (0 52 31) 2 56 99
Leiter: Prof Dr Rainer Springhorn Dir

Institut für Lippische Landeskunde
32756 Detmold, Grabenstr 12; F (0 52 31) 2 71 94; Telefax (0 52 31) 2 00 39
Leiter: Ralf Noske Dir

Kommunalverband Ruhrgebiet

45128 Essen, Kronprinzenstr 35; F (02 01) 2 06 90; Telex 8 579 511; Telefax (02 01) 2 06 95 00; Btx *31884#

Aufgabenkreis:
Sicherung von Grün-, Wasser-, Wald- und ähnlicher von der Bebauung freizuhaltenden Flächen mit überörtlicher Bedeutung für die Erholung und zur Erhaltung eines ausgewogenen Naturhaushaltes (Verbandsgrünflächen) nebst Führung eines Verbandsverzeichnisses;
Entwicklung, Pflege und Erschließung der Landschaft, Behebung und Ausgleich von Schäden an Landschaftsteilen;
Errichtung und Betrieb von öffentlichen Freizeitanlagen mit überörtlicher Bedeutung;
Öffentlichkeitsarbeit für das Ruhrgebiet;
planerische Dienstleistungen in den Bereichen Stadtentwicklung, Bauleitplanung und Stadterneuerung; Landschaftsplanung;
Vermessungs- und Liegenschaftswesen, Kartographie, Stadtplanwerk Ruhrgebiet; Luftbildauswertung und Stadtklimatologie;
fachliche und organisatorische Dienstleistungen für die kommunalen Verwaltungen, Erarbeitung und Aufbereitung von Grundlagendaten über die Region, fachliche Beratung in den Bereichen Landschaftspflege, Forstwirtschaft, Freizeitwesen und Wohnumfeldverbesserung;
Erarbeitung von Landschaftsplänen für das Verbandsgebiet;
Behandlung, Lagerung und Ablagerung von Abfällen und Vorhalten entsprechender Anlagen.

Vorsitzender der Verbandsversammlung: Friedhelm van den Mond Oberbürgermeister
Stellvertretende Vorsitzende der Verbandsversammlung: Hanslothar Kranz, Helmut Marmulla Landrat MdL
Verbandsdirektor: Prof Dr Jürgen Gramke

VI Kommunale Datenverarbeitungszentralen (KDVZ)

Aufgabenkreis und Staatsrechtliche Grundlage:
Zur rationellen Bearbeitung automatisierbarer Aufgaben, zur Gewinnung von Planungs- und Entscheidungshilfen sowie zur Wirkungskontrolle bedienen sich Land, Gemeinden und Gemeindeverbände sowie die Gesamthochschule, wissenschaftlichen Hochschulen und Fachhochschulen der automatisierten Datenverarbeitung nach Maßgabe des Gesetzes über die Organisation der automatisierten Datenverarbeitung in NW (ADV – Organisationsgesetz – ADVG NW) vom 12. Februar 1974.
Die Gemeinden und Gemeindeverbände bedienen sich zur automatisierten Bearbeitung ihrer Aufgaben kommunaler Datenverarbeitungszentralen. In der Regel benutzen mehrere Gemeinden und Gemeindeverbände eine gemeinsame kommunale Datenverarbeitungszentrale. Gemeinden und Gemeindeverbände eines Kreises und der Kreis bedienen sich derselben kommunalen Datenverarbeitungszentrale.

KDVZ des Landschaftsverbandes Rheinland
50679 Köln, Ottoplatz 2; F (02 21) 8 09-37 70 und 8 09-37 69; Telefax (02 21) 8 09-21 65; Telex 8 873 335 lvrk d
ADV-Leiter: Dipl-Informatiker Hans-Georg Göhring LtdLVwDir
Träger: Landschaftsverband Rheinland

Datenzentrale Landschaftsverband Westfalen-Lippe
48133 Münster, Landeshaus; F (02 51) 5 91-43 65; Telefax (02 51) 5 91-45 99
ADV-Leiter: Dipl-Ing Wolfgang Rüffer LtdLBauDir
Träger: Landschaftsverband Westfalen-Lippe

im Regierungsbezirk Arnsberg

GKD Ruhr
44777 Bochum, Stühmeyerstr 16; F (02 34) 9 10-30 00; Telefax (02 34) 9 10-30 54
ADV-Leiter: Wilhelm Stahlschmidt
Träger: Kreisfreie Städte Bochum und Herne

Stadt Dortmund – Hauptamt (10/2) –
44047 Dortmund, Postfach 105053; F (02 31) 54 22 21 02
ADV-Leiter: Günter Gerland StädtVwDir
Träger: Kreisfreie Stadt Dortmund

KDVZ Hellweg-Sauerland
58640 Iserlohn, Griesenbraucker Str 4; F (0 23 71) 4 39-01; Telefax (0 23 71) 4 24 98; Btx *20757#
Geschäftsführer: Heinz-Dieter Renfordt
Träger: 3 Kreise, 41 kreisangehörige Städte und Gemeinden

KDZ Westfalen-Süd
5900 Siegen, Kreishaus; F (02 71) 3 33 12 35; Telefax (02 71) 3 33 25 00; Teletex 271 353 KSiwi; Btx (02 71) 334 049
Leiter: Behr
Träger: Städte und Gemeinden in den Kreisen Olpe und Siegen-Wittgenstein

im Regierungsbezirk Detmold

KDVZ Bielefeld
33602 Bielefeld, Niederwall 23, (Neues Rathaus); F (05 21) 51-21 46; Telefax (05 21) 51-34 32; Telex 932 823
ADV-Leiter: Wolfgang Twistel StaVwDir
Träger: Kreisfreie Stadt Bielefeld

KDVZ Gütersloh
33330 Gütersloh, Eickhoffstr 31; F (0 52 41) 82 27 46; Telefax (0 52 41) 1 41 80
Geschäftsführer: Willi Böhle
Träger: Zweckverband KDVZ Gütersloh

Kommunales Rechenzentrum Minden-Ravensberg/Lippe
32657 Lemgo, Schloßstr 15; F (0 52 61) 2 52-0; Telefax (0 52 61) 2 52-2 00
Verbandsvorsteher: Dr Kanther OKDir
Geschäftsführer: K Meyer
Träger: Kreise Herford, Lippe und Minden-Lübbecke sowie die kreisangehörigen Städte und Gemeinden

Gemeinsame Kommunale Datenverarbeitungszentrale Paderborn
33102 Paderborn, Pontanusstraße 55; F (0 52 51) 1 32-0; Telefax (0 52 51) 1 32-2700
ADV-Leiter: Paul Ledwinka
Träger des Zweckverbandes: Kreis Paderborn, Städte und Gemeinden des Kreises Paderborn

im Regierungsbezirk Düsseldorf

Amt für automatisierte Informationsverarbeitung (AIV)
40200 Düsseldorf, Hafenstr 4; F (02 11) 89-9 28 05; Telefax (02 11) 89-2 90 28; Telex Stadtverwaltung 8 582 921 skd d
ADV-Leiter: Paul Blaschek LtdVwDir
Träger: Kreisfreie Stadt Düsseldorf

Stadt Duisburg – Institut für Verwaltungsautomation und Kommunikationstechnik –
47049 Duisburg, Memelstr 25-33; F (02 03) 2 83 28 26; Telefax (02 03) 2 83 20 20; Telex 8 551 214
Leiter: Heribert Mannebach LtdStädtVwDir

KDZ Essen
45127 Essen, Söllingstr 13-15; F (02 01) 88-30 17; Telefax (02 01) 88-51 19
Leiter: Uwe Leuschner

Träger: Kreisfreie Stadt Essen

KDVZ Mönchengladbach
41061 Mönchengladbach, Wattstr 39-45;
F (0 21 61) 25 60 00; Telefax (0 21 61) 25 60 69
ADV-Leiter: Gerd Hoff StaVwDir
Träger: Kreisfreie Stadt Mönchengladbach

Kommunales Rechenzentrum Niederrhein
47445 Moers, Drennesweg 5; F (0 28 41) 7 82-0;
Telefax (0 28 41) 7 82-2 66
Verbandsvorsteher: Heinz-Josef Vogt OStaDir
Geschäftsführer: Heinrich Terschüren und Bernd
Weggen
Träger: Kreise Kleve, Viersen und Wesel, kreisfreie
Stadt Krefeld

KDVZ Mülheim an der Ruhr
45468 Mülheim an der Ruhr, Rathaus Hauptamt;
F (02 08) 4 55 90 02; Telefax (02 08) 4 55 90 00;
Telex (02 08) 4 55 99 90
ADV-Leiter: Albert Goralsky
Träger: Kreisfreie Stadt Mülheim an der Ruhr

KDVZ Neuss
41460 Neuss, Rathaus; F (0 21 31) 90-1; Telefax
(0 21 31) 90 24 92
ADV-Leiter: Manfred Siebert StaVwDir
Träger: Stadt Neuss

im Regierungsbezirk Köln

GKDVZ Aachen
52064 Aachen, Lagerhausstr 20; F (02 41)
4 32 15 00; Telefax (02 41) 4 32 28 28; Telex
832 654 skac d; Btx *921 083#
Leiter: Josef Kunze StädtLtdVwDir
Träger: Kreisfreie Stadt Aachen, Kreise Aachen
und Heinsberg sowie deren kreisangehörige Gemeinden und Städte

KDVZ Bonn
53111 Bonn, Stadthaus, Berliner Platz; F (02 28)
77 34 72; Telefax (02 28) 77 34 16
ADV-Leiter: Hermann Wipperfürth StädtVwDir
Träger: Kreisfreie Stadt Bonn

KDVZ Rhein-Erft-Rur
50226 Frechen, Bonnstr 16-18; F (0 22 34) 18 22-0;
Telefax (0 22 34) 18 22-1 55
Geschäftsführer: Wilhelm Schausten
Träger: Städte und Gemeinden sowie die Kreisver-
waltungen der Kreise Düren, Erftkreis und Euskirchen

KDVZ Köln
50667 Köln, Laurenzplatz 1-3; F (02 21) 2 21-65 65;
Telefax (02 21) 2 21-22 11
ADV-Leiter: Jürgen Thomas
Träger: Kreisfreie Stadt Köln

Gemeinsame Kommunale Datenverarbeitungszen-
trale Rhein-Sieg-Kreis/Oberbergischer Kreis
53705 Siegburg, Postfach 15 51; F (0 22 41)
13-28 67; Telefax (0 22 41) 13 21 79; Teletex
2 241 408 = RSK
ADV-Leiter: Alfred Meinerzhagen KVmDir
Träger: Rhein-Sieg-Kreis, Oberbergischer Kreis

im Regierungsbezirk Münster

Gemeinsame Kommunale Datenverarbeitungszen-
trale Emscher-Lippe
45879 Gelsenkirchen, Vattmannstr 11; F (02 09)
1 69-22 70; Telefax (02 09) 1 69-36 20
Leiter: Wiili Lohmann
Träger: Kreisfreie Stadt Gelsenkirchen

KDZ Münster
48127 Münster; F (02 51) 4 92 15 00; Telefax
(02 51) 4 92 77 14
ADV-Leiter: Friedhelm Brandt StädtDir
Träger: Stadt Munster

GKD Recklinghausen
45657 Recklinghausen, (Kreisverwaltung),
Kurt-Schumacher-Allee 1; Telefax (0 23 61)
53 22 78
ADV-Leiter: Heinz Krämer
Träger: Kreis Recklinghausen

VII Verwaltungs- und Wirtschafts-Akademien

Verwaltungs- und Wirtschafts-Akademie Düsseldorf
40219 Düsseldorf, Fürstenwall 5 (Studiengebäude);
F (02 11) 8 99-30 06 und 8 99-30 07; Telefax (02 11)
8 99-20 47
Akademieleiter und Vorsitzender des Kuratoriums:
Dr Peter Hölz OStaDir
Studienleiter: Prof Dr Klaus Stern

Verwaltungs- und Wirtschafts-Akademie Essen
45128 Essen, Rolandstr 5-9; F (02 01) 8 10 04-40;
Telefax (02 01) 20 08 34
Akademieleiter: Dr Harald Beschorner

Verwaltungs- und Wirtschafts-Akademie Oberhausen E V
46045 Oberhausen, Otto-Dibelius-Str 9; F (02 08)
20 03 62
Akademieleiter: Andreas S Schlüter RA
Studienleiter: Prof Dr Rolf Rettig (Uni Köln)

Verwaltungs- und Wirtschafts-Akademie Wuppertal
42117 Wuppertal, Hubertusallee 18; F (02 02)
74 95-0; Telefax (02 02) 74 95-6 22
Geschäftsführer: Dr G Presser Priv-Doz
Studienleiter: Prof Dr P Hammann

Verwaltungs- und Wirtschafts-Akademie Köln
50667 Köln, Hahnenstr 16; F (02 21) 2 21 34 30
Akademieleiter und Vorsitzender des Kuratoriums:
Lothar Ruschmeier OStaDir
Studienleiter: Prof Dr Heinz Hübner

Mittelrheinische Verwaltungs-Akademie und Wirtschafts-Akademie Bonn
53113 Bonn, Bismarckstr 18; F (02 28) 21 93 83
Akademieleiter und Vorsitzender des Kuratoriums:
Dieter Diekmann OStaDir

**Verwaltungs- und Wirtschafts-Akademie Aachen
E V**
52062 Aachen, Wüllnerstr 1; F (02 41) 80-40 22
Akademieleiter: Konsul Dr Eschweiler
Studienleiter: Uni Prof Dr Gerd Kleinheyer

Verwaltungs- und Wirtschafts-Akademie Industriebezirk – Hauptanstalt Bochum–
44777 Bochum, Wittener Str 61; F (02 34)
3 33 94-0; Telex 82 54 26 stebod; Telefax (02 34)
3 33 94 55; Btx * 4 63 01 #
Akademieleiter und Vorsitzender des Kuratoriums:
Dr Burkhard Dreher OStaDir
Geschäftsführende Studienleiter: Prof Dr Peter
Hammann, Prof Dr Peter-Hubert Naendrup

**Verwaltungs- und Wirtschafts-Akademie Dortmund
– Teilanstalt der VWA Industriebezirk Bochum –**
44137 Dortmund, Königswall 44-46; F (02 31)
14 02 92

Geschäftsführender Direktor: Karl-Joachim Neuhaus StaR
Akademieleiter: Dr Hans-Gerhard Koch OStaDir

Niederrheinische Verwaltungs- und Wirtschafts-Akademie Duisburg – Teilanstalt der VWA Industriebezirk Bochum –
47049 Duisburg, Oberstr 4-6; F (02 03) 2 83-23 10
Direktor: Bildau Beig
Geschäftsführer: Dr Müller

Wirtschaftsakademie Hagen – Teilanstalt der VWA Industriebezirk – Sitz Bochum –
58093 Hagen, Roggenkamp 10-12; F und
Telefax (0 23 31) 5 16 54
Geschäftsführender Direktor: Dr Erich Hundertmark Geschäftsführer der Südwestfälischen Industrie- und Handelskammer zu Hagen
Akademieleiter: Dr Erich Hundertmark

**Vestische Verwaltungs- und Wirtschafts-Akademie Recklinghausen
– Teilanstalt der VWA Industriebezirk –**
45657 Recklinghausen, Rathausplatz 3/4;
F (0 23 61) 50-13 05; Telefax (0 23 61) 50-12 34
Akademieleiter: Peter Borggraefe StaDir
Geschäftsführer: Horst Pfannkuch

Westfälische Verwaltungs- und Wirtschaftsakademie Münster EV
48147 Münster, Stühmerweg 10; F (02 51)
9 28 07-0; Telefax (02 51) 9 28 07-30
Vorsitzender des Kuratoriums: Dr Manfred Scholle
Dir des Landschaftsverbandes Westfalen-Lippe
Studienleiter: Prof Dr Dr Dr h c Werner Krawietz
(verwaltungswissenschaftlicher Zweig); Prof Dr
Wolfgang von Zwehl (wirtschaftswissenschaftlicher
Zweig)
Geschäftsführender Direktor: Karl Wiegard
*Geschäftsführer (wirtschaftswissenschaftlicher
Zweig):* Dipl-Volksw Wolfgang Verst (IHK Münster)

Verwaltungs-Akademie für Westfalen
58093 Hagen, Roggenkamp 10/12; F (0 23 31)
5 34 24; Telefax (0 23 31) 58 80 51
Vorsitzender des Kuratoriums: Dr Manfred Scholle
Dir des Landschaftsverbandes Westfalen-Lippe
Akademie- und Studienleitung: Sigmund Wimmer
(Stellv Hauptgeschäftsführer), Prof Dr Tycho Seitz,
Prof Dr Walter Zeiss
Geschäftsführender Direktor: Fritz-Werner Körfer
und der jeweilige Hörvertreter

Verwaltungs-Akademie Ostwestfalen-Lippe
32760 Detmold, Waldweg 20; F (0 52 31) 71 14 20;
Telefax (0 52 31) 71 12 95; Telex 09 35 880
Akademieleiter: W Stich RPräs
Studienleiter: Prof Dr Walter Krebs

VIII Studieninstitute für kommunale Verwaltung und Sparkassenschulen

Studieninstitut für kommunale Verwaltung Aachen
52070 Aachen, Zollernstr 10 (Kreishaus); F (02 41)
50 44 59; Telefax (02 41) 53 31 90
Studienleiter: Werner Galke LtdVwDir

Studieninstitut für kommunale Verwaltung in Ostwestfalen-Lippe
33602 Bielefeld, Rohrteichstr 71; F (05 21)
51 20 80-82, 51 20 49, 51 67 39; Telefax (05 21)
51 33 90
Studienleiter: Karl-Michael Reineck LtdDir

Westfälisch-Märkisches Studieninstitut für kommunale Verwaltung
44137 Dortmund, Königswall 44-46; F (02 31)
50-2 49 41; Telefax (02 31) 50 2 61 72
Direktor: Klaus-Jochen Lehmann

Abteilung Fortbildung:
44149 Dortmund, Höfkerstr 5-7; F (02 31)
17 99 29; Telefax (02 31) 17 99 20

Westfälisch-Märkisches Studieninstitut für kommunale Verwaltung – Zweiganstalt Bochum –
44777 Bochum, Wittener Str 61; F (02 34)
3 33 94-26 bis 28
Studienleiter: Heinz Grundig

Niederrheinisches Studieninstitut für kommunale Verwaltung
47049 Duisburg, Rathaus; F (02 03)
2 83 23 88 und 89
Studienleiter: Dr Klaus Müller LtdVwSchulDir

Studieninstitut für kommunale Verwaltung Düsseldorf
40239 Düsseldorf, Lacombletstr 9; F (02 11)
8 99 59 10-15; Telefax (02 11) 89-2 90 23; Telex
8 582 921 skd d; Btx (02 11) 8 99
Studienleiter: Dipl-Volksw Peter Ley
LtdStädtVwDir

Rheinische Sparkassenakademie, Rheinischer Sparkassen- und Giroverband
40217 Düsseldorf, Kirchfeldstr 60; F (02 11)
38 92-01; Telefax (02 11) 3 89 25 55
Leiter: Dipl-VwWirt Ferdinand Mühlenhoff Dir

Studieninstitut für kommunale Verwaltung Essen
45127 Essen, Maxstr 56; F (02 01) 88-23 47; Telex
857 730 sked
Studienleiter: Rubbert LtdStädtRechtsDir

Studieninstitut für kommunale Verwaltung Gelsenkirchen
45875 Gelsenkirchen, Hans-Sachs-Haus, Ebertstr;
F (02 09) 1 69-26 86

Studienleiter: Rudolf Gehring

Südwestfälisches Studieninstitut für kommunale Verwaltung Hagen
58093 Hagen, Roggenkamp 10-12; F (0 23 31)
5 70 91/92; Telefax (0 23 31) 58 79 70
Studienleiter: Dr Wilmer

Studieninstitut für kommunale Verwaltung der Stadt Köln
51149 Köln, Berliner Str 36; F (02 21) 22 136 12;
Telefax (02 21) 22 18 478 Teletex 2 214 105 =
STADTK; Telex 172 214 105 STADTK
Studienleiter: Wolfgang Frings

Studieninstitut für kommunale Verwaltung im Regierungsbezirk Köln
50968 Köln, Alteburger Str 359-361; F (02 21)
37 10 78; Telefax (02 21) 37 10 70
Studienleiter: Prof Dr Maximilian Wallerath

Studieninstitut für kommunale Verwaltung Linker Niederrhein – Abt Krefeld –
47798 Krefeld, Theaterplatz 1; F (0 21 51)
86 21 28, 86 21 29 und 86 22 12; Telefax (0 21 51)
80 49 77
Studienleiter: Dr Egon Rupprecht
Geschäftsführer: Ulrich Hesse

Studieninstitut für kommunale Verwaltung Linker Niederrhein – Abt Mönchengladbach –
41068 Mönchengladbach, Rathaus Waldhausen,
Nicodemstr 12; F (0 21 61) 25 27 01; Telefax
(0 21 61) 25 27 19
Studienleiter: Schmitz LtdRechtsDir

Westfälisches Studieninstitut für kommunale Verwaltung
48147 Münster, Stühmerweg 10; F (02 51)
9 28 07-0; Telefax (02 51) 9 28 07-30
Institutsleiter: Karl Wiegard

Westfälisch-Lippische Sparkassenakademie Münster
48159 Münster, Bröderichweg 52-54; F (02 51)
21 04-7 13; Telefax (02 51) 21 04-7 11
Akademieleiter: Dieter Henkelmann

Westfälisch-Lippische Sparkassenakademie Münster – Zweiganstalt –
44137 Dortmund, Kampstraße 45; F (02 31)
14 15 49
Studienleiter: Dipl-Kfm Roland Patzke

Vestisches Studieninstitut für kommunale Verwaltung Recklinghausen
46282 Dorsten, Schillerstr 26; F (0 23 62) 91 91-0;
Telefax (0 23 62) 91 91 25
Studienleiterin: Elsbeth Vahlefeld

321

Studieninstitut für kommunale Verwaltung Hellweg-Sauerland
59494 Soest, Aldegreverwall 24; F (0 29 21) 18 01;
Telefax (0 29 21) 18 03
Studienleiter: Wolfgang Baie Dir

Bergisches Studieninstitut für kommunale Verwaltung
42103 Wuppertal, Obergrünewalder Str 27;
F (02 02) 31 00 68; Telefax (02 02) 31 00 66
Studienleiter: Eberhard Peltzer

Leitstelle der Studieninstitute für kommunale Verwaltung und der Sparkassen-Akademien in Nordrhein-Westfalen
50968 Köln, Lindenallee 13-17; F (02 21)
37 71-1 20; Telex 8 882 617; Telefax (02 21)
37 71-1 28
Vorsitzender: Dr Hermann Janning OK Dir
Geschäftsführerin: Ulrike Löhr

f Kommunale Spitzenverbände

Städtetag Nordrhein-Westfalen

50968 Köln, Lindenallee 13-17;
Postanschrift:
50942 Köln, Postfach 510620; F (02 21) 3 77 10;
Telex 88 82 617; Telefax (02 21) 3 77 11 28; Btx
02 21 37 71

Aufgabenkreis:
Der Städtetag Nordrhein-Westfalen hat die Aufgabe, die Arbeit auf den Gebieten des öffentlichen Rechts und der öffentlichen Verwaltung zu fördern. Er erfüllt diese Aufgabe vor allem durch Beratung der staatlichen und kommunalen Behörden bei der Vorbereitung und Durchführung von Gesetzen und Bestimmungen sowie durch Erfahrungsaustausch.

Vorsitzende: Ursula Kraus Oberbürgermeisterin
Geschäftsführendes Vorstandsmitglied: Jochen Dieckmann
Pressesprecher: Dr Ewald Müller

Dezernat Recht und Verfassung, Medienpolitik
Leiterin: Dr Gertrud Witte Beigeordnete

Dezernat Schule, Kultur, Sport
Leiter: Dr Bernd Meyer Beig

Dezernat Soziales, Jugend und Gesundheit
Leiter: Dr Stephan Articus Beig

Dezernat Stadtentwicklung, Wohnen und Verkehr
Leiter: Folkert Kiepe Beig

Dezernat Umwelt, Wirtschaft und Technik
Leiter: Jörg Hennerkes Beig

Dezernat Finanzen
Leiter: Sigmund Wimmer Beig

Dezernat Personal und Organisation, Statistik und Wahlen
Leiter: Michael Schöneich Beig

Landkreistag Nordrhein-Westfalen

40472 Düsseldorf, Liliencronstr 14; F (02 11)
96 50 80; Telefax (02 11) 9 65 08 55

Aufgabenkreis:
Der Landkreistag Nordrhein-Westfalen (LKT NW) ist die Vereinigung der Kreise des Landes Nordrhein-Westfalen. Mitglieder sind die 31 Kreise in Nordrhein-Westfalen und die Landschaftsverbände Rheinland und Westfalen-Lippe sowie der Kommunalverband Ruhrgebiet.
Der Landkreistag Nordrhein-Westfalen nimmt die gemeinsamen Anliegen der Kreise wahr. Er setzt sich für die Selbstverwaltung in den Kreisen ein und fördert die Stärkung der Verwaltungskraft der Kreise. Als kommunaler Spitzenverband vertritt er Belange des Gemeinwohls, nicht Einzelinteressen.

Der Landkreistag Nordrhein-Westfalen
– gibt Landtag und Landesregierung Anregungen bei der Vorbereitung und Durchführung von Gesetzen, Verordnungen und Erlassen, soweit sie die Belange der Kreise berühren,
– befaßt sich mit Fragen der Organisation, der Wirtschaftlichkeit und der Verwaltungskraft,
– vermittelt den Meinungs- und Erfahrungsaustausch unter den Kreisen,
– berät die Kreise und erteilt ihnen Auskünfte,
– wirkt auf ein einheitliches Meinungsbild hin,
– informiert die Öffentlichkeit über Aufgaben, Einrichtungen und Probleme der Kreise.

Vorsitzender: Adolf Retz Landrat
Geschäftsführendes Vorstandsmitglied: Dr jur Joachim Bauer Dir

Aufgabengebiete:
Geschäftsführung, Internationale Zusammenarbeit, Europäische Gemeinschaften, Freiherr vom-Stein-Institut, Zusammenarbeit mit anderen Wissenschaftlichen Institutionen, Zusammenarbeit der kommunalen Spitzenverbände und Verbandsorganisationen auf Bundes- und Landesebene Dr Joachim Bauer Dir
Allgemeine Vertretung des Geschäftsführers, Verwaltungsorganisation, Staatliche Aufgaben, Kommunalrecht, Datenverarbeitung, Personalwesen, Schulangelegenheiten, Kulturelle Angelegenheiten, Lokalfunk, Allgemeine Beratung für den Landkreistag Brandenburg und Beratungs- und Verwaltungshilfe Franz-Josef Schumacher 1. Beig
Sozialhilfe, Asylwesen, Behinderte, Aus- und Übersiedler, Jugendhilfe, Sport und Freizeit, Gesundheitswesen, Veterinärwesen, Lebensmittelüberwachung, Redaktion EILDIENST Josef Mauss Beig
Verfassungsrecht, Allgemeines Verwaltungsrecht, Ordnungs- und Polizeiwesen, Bauwesen, Raumordnung und Landesplanung, Wasserwirtschaft, Vermessungs- und Katasterwesen, Natur und Landschaft, Umweltschutz, Abfallwirtschaft, Öffentlichkeitsarbeit, Veröffentlichungen, Veranstaltungen Dr Alexander Schink Beig
Finanzwesen, Haushalts- und Kassenwesen, Rechnungs- und Gemeindeprüfung, Gewerbewesen, Regional- und Strukturpolitik, Wohnungswesen, Energiepolitik, Wirtschaftsförderung und Fremdenverkehr, Sparkassen, Öffentlicher Personennahverkehr, Straßen- und Verkehrswesen, Landwirtschaft und Forsten, Katastrophenschutz und Rettungswesen, Vorschriftensammlung, Bibliothek Dr Franz Krämer Beig

Nordrhein-Westfälischer Städte- und Gemeindebund

40474 Düsseldorf, Kaiserswerther Str 199-201;
F (02 11) 45 87-1; Telefax (02 11) 4 58 72 11;
E-mail 0211 4587250

Aufgabenkreis:
Aufgabe des Nordrhein-Westfälischen Städte- und Gemeindebundes ist es,
- die gemeinsamen Belange seiner Mitglieder zu wahren und insbesondere gegenüber gesetzgebenden Körperschaften und Verwaltungsbehörden zu vertreten,
- seine Mitglieder auf allen Gebieten des öffentlichen Lebens, insbesondere der öffentlichen Verwaltung, zu beraten und zu betreuen,
- den Erfahrungsaustausch unter den Mitgliedern zu pflegen und das Verständnis für die kommunalen Fragen in der Öffentlichkeit zu fördern.

Präsident des Nordrhein-Westfälischen Städte-und Gemeindebundes: Albert Leifert Bgm MdL
Vizepräsidenten: Rudolf Erberich Ratsmitglied; Dr Horst Eller StaDir; Schemken Bgm MdB
Geschäftsführendes Präsidialmitglied: Dr Peter Michael Mombaur
Allgemeiner Vertreter: Friedrich Wilhelm Heinrichs 1. Beig

Allgemeine Verwaltungsangelegenheiten, Organisation und Finanzen der Verbände, Organisation und Personalien der Hauptgeschäftsstelle Bauschinger
Öffentlichkeitsarbeit, Pressekontakte, Schriftleitung StGB, StGR, Bibliothek Habbel

Dezernat I: Recht und Verfassung, Öffentlicher Dienst, Verwaltungsorganisation Auslandsarbeit, Partnerschaften, Europarat/Europäische Gemeinschaften, Rat der Gemeinden Europas/RGE, Deutsch-Französischer Ausschuß
Leiter: Hans Gerd vonLennep

Dezernat II: Bildung und Kultur, Soziales, Gesundheit
Leiter: Dr Bernd J Schneider Beig

Dezernat III: Städtebau und Baurecht, Raumordnung und Landesplanung
Leiter: Norbert Portz Beig

Dezernat IV: Wirtschaft, Straßen und Verkehr
Leiter: Ernst Giesen Beig

Dezernat V: Umweltschutz, Entsorgung, Land- und Forstwirtschaft
Leiter: Dr Gerd Landsberg Beig

Dezernat VI: Finanzen, Wirtschaftliche Unternehmen und Energiewirtschaft
Leiter: Friedrich Wilhelm Heinrichs 1. Beig

333

357

367

Höhn, Klaus Ltd Oberstaatsan-
walt 238
Höhn, MinR 27
Höhne, Dieter Ass 147
Höing, Franz-Josef KDir 305
Höing-Dapper, Rita Dr RAnwäl-
tin 69
Hoeke, Hans Direktor des Amtsge-
richts 228
Hölscher, RDir 128
Hölz, Peter Dr OStaDir 46, 264,
320
Hömig, Prof Dr 102
Hönscheid, Willi Stadtdirektor
289
Höpfner, Dr MinR 136
Hoeppner, Wolfgang Prof Dr
109
Horsting, Klaus Gemeindedirek-
tor 304
Hösel, AbtDir 127
Hötte, Walter Direktor des Amts-
gerichts 236
Hötter, Ulrich LtdRDir 67
Hötzel, Hans-Joachim Dr AbtDir
153
Hövel, van den LtdMinR 71
Hoff, Gerd StaVwDir 319
Hoffknecht, Hans Rudolf
LtdRDir 205
Hoffmann, Günter KDir 289
Hoffmann, Hans-Ulrich Rchtr am
ArbG 244
Hoffmann, Heinz Werner Dipl-
Math 121
Hoffmann, J MinR 70
Hoffmann, MinR 180
Hoffmann, VwAngestellte 178
Hoffmann, W MinR 72
Hoffmanns, Dipl-Kfm 253
Hoffschulte, Heinrich Dr OKDir
35, 55, 300
Hoffstetter, Helmuth 117
Hofmann, Dr LtdRSchulDir 41
Hofmann, Friedrich Geschäftsfüh-
rer 6, 17
Hofmann, Rolf 147
Hofmann, Walter J Prof Dr 113
Hofmann, Winfried Prof Dr Rek-
tor der Katholischen Fachhoch-
schule Nordrhein-Westfalen
118
Hohler, Manfred StaAR 276
Hohlmann, RR 123
Hohmann, Helmut Bürgermeister
315
Hohmann, MinR 137
Holbeck, Werner Dr LtdRDir
193
Holl, Thomas Dr 69
Holländer, Helmut 317
Hollender, MinR 179

Hollfelder, Anna-Maria Vors Rich-
terin am VwG 241
Holling, Franz Dr LtdRVetDir
40
Hollmann, Karl-Walter StaAR
279
Hollmann, MinR 24
Hollwitz, Dieter 234
Holt, Werner van SchulADir 43
Holtermann, Josef Bürgermeister
298
Holtgrewe, Helmut Stadtdirektor
315
Holthaus, Karl Bürgermeister
293
Holthaus, Klaus Bürgermeister
301
Holthoff, Dirk SchulADir 46
Holtkämper, V FoDir 164
Holtkamp, Fritz Bürgermeister
304
Holtmeier, Dr LtdMinR 151
Holtmeier, Prof Dr 87
Holtwisch, Karl-Heinz KBauDir
298
Holz, Dr LandwDir 154
Holzhüter, Ernst LtdRDir 198
Holzkämper, Karl-Heinz Stadtdi-
rektor 307
Holzmüller, RDirektorin 28
Holzner, Alois Bürgermeister
285
Holzschneider, Thomas KBauDir
296
Hombach, Bodo Geschäftsführer
6, 18
Homfeld, LtdRSchulDir 41
Honert, Siegfried Dr Stadtdirektor
284
Honke, Hans-Ulrich RDir 188
Honnefelder, Ludger Prof Dr 84
Honvehlmann, Maria Bürgermei-
sterin 297
Hopfe, Ang 213
Hopfeld, RAng 216
Hoppe, Jörg-Dietrich Dr Präsident
der Ärztekammer Nordrhein
133
Hoppe, Jürgen FoR 317
Hoppmann, MinR 27
Hormes, Helmut TBeig 268
Horn, Beig 269
Horn, Detlef Dr RVetDir 55
Horn, Dr MinR 210
Horn, Hans Dr Oberstudienrat 6
Horn, MinR 72
Horn, MinRätin 124
Horsch, Heiner Dir 132
Horster, ORR 190
Horstick, Hermann Bürgermeister
297
Horstkamp, ORR 182

Horstmann, Axel Dr Stadtdirektor
306
Hosse, Jürgen PolPräs 34
Hoßmann, Heinrich LtdKVwDir
309
Hoster, Hartmut SchulADir 51
Hostert, Walter Dr Landrat 311
Hotte, Reinold Bürgermeister
302
Hottelmann, Friedrich-Wilhelm Dr
AbtDir 159
Hottenbacher, MinRätin 71
Houben, Heinz Stadtdirektor
292
Houben, Willi StaVwR 268
Hovest, Ludgerus Gewerkschafts-
sekretär 6
Hoyer, Helmut Prof Dr-Ing 111
Huber, LtdMinR 151
Huber, Max Prof Dr Rector
Magnificus der Rheinischen
Friedrich-Wilhelms-Universität
Bonn 84
Hüben, Johann Dipl-Ing LtdBerg-
Dir 139
Hübner, Arno Beig 273
Hübner, Hans-Eckhardt LtdRDir
188
Hübner, Heinz Prof Dr 320
Hübner, Ingeborg Professorin Dr-
Ing 115
Hübner, Klaus AbtDir 66
Hübner, LtdRDir 182
Hücker, Eberhard Stadtdirektor
284
Hüffmeier, Heinrich Dr AbtDir
159–160
Hüllmann, Heinrich FoDir 157
Hüllmann, Helmut RDir 203
Hüls, Otti Hausfrau 6, 15
Hülshoff, Franz Bürgermeister
310
Hülsken, Hans EichDir 144
Hülsmann, LtdRGwDir 39
Hünermann, LtdMinR 211
Hüppelshäuser, ORR 61
Hürten, Marianne Chemielaboran-
tin 6
Hüser, Albert Dr 208
Hüsgen, MinR 125
Huesmann, Udo Gemeindedirek-
tor 316
Huesmann-Kaiser, Angestellte
213
Hüttemann, Josef OKDir 34, 51,
288
Hufendiek, Peter Gemeindedirek-
tor 306
Hufnagel, Franz Prof Dr 110
Hufschmidt, Wolfgang Prof Rek-
tor der Folkwang-Hochschule
Essen 114

395

ORTSVERZEICHNIS DER STÄDTE, LANDKREISE UND GEMEINDEN

VERZEICHNIS DER ABKÜRZUNGEN

+ *Amtliche Abkürzungen*

A

AA +	Auswärtiges Amt
AAnw	Amtsanwalt
ABez	Amtsbezirk
Abg +	Abgeordneter
ABgm	Amtsbürgermeister
ABeig	Amtsbeigeordneter
Abs	Absatz
Abt	Abteilung
AbtDir	Abteilungsdirektor
AbtPräs	Abteilungspräsident
a D	außer Dienst
ADir	Amtsdirektor
Adm	Admiral
A d ö R	Anstalt des öffentlichen Rechts
AG	Amtsgericht
AkadOR	Akademieoberrat
AkadR	Akademierat
AKäm	Amtskämmerer
Amtm	Amtmann
Ang	Angestellter
Anw	Anwalt(schaft)
AR	Amtsrat
Arch	Archivar
ArchDir	Archivdirektor
ArchOR	Archivoberrat
ArchR	Archivrat
Art	Artikel
Ass	Assessor
AWG	Allgemeine Wählergemeinschaft

B

Bad-W	Baden-Württemberg
BAG +	Bundesarbeitsgericht
BB +	Brandenburg
BG	Bürgergemeinschaft
BL	Bürgerliste
BauDir	Baudirektor
BauMstr	Baumeister
BauOAR	Bauoberamtsrat
BauOR	Bauoberrat
BauR	Baurat
Bay	Bayern
BbDir	Bundesbahndirektor
BDH	Bundesdisziplinarhof
Beig	Beigeordneter
BergAss	Bergassessor
BergHptm	Berghauptmann
BergOR	Bergoberrat
BergR	Bergrat
BergwDir	Bergwerksdirektor
Bevollm	Bevollmächtigte(r)
BFH +	Bundesfinanzhof
BGBl	Bundesgesetzblatt
BGH +	Bundesgerichtshof
Bgm	Bürgermeister
BGS	Bundesgrenzschutz

Bibl	Bibliothekar
BiblDir	Bibliotheksdirektor
Bibl-Inspektorin	Bibliotheksinspektorin
BiblOR	Bibliotheksoberrat
BiblR	Bibliotheksrat
BiolR	Biologierat
BK +	Bundeskanzler(amt)
BkDir	Bankdirektor
BkOR	Bankoberrat
BkR	Bankrat
Bln	Berlin
BMA +	Bundesminister(ium) für Arbeit und Sozialordnung
BMB +	Bundesminister(ium) für innerdeutsche Beziehungen
BMBau +	Bundesminister(ium) für Raumordnung, Bauwesen und Städtebau
BMBW +	Bundesminister(ium) für Bildung und Wissenschaft
BMF +	Bundesminister(ium) der Finanzen
BMFJ +	Bundesminister für Frauen und Jugend
BMFuS +	Bundesminister für Familie und Senioren
BMFT +	Bundesminister(ium) für Forschung und Technologie
BMG *	Bundesminister für Gesundheit
BMI +	Bundesminister(ium) des Innern
BMin	Bundesminister
BMJ +	Bundesminister(ium) der Justiz
BML +	Bundesminister(ium) für Ernährung, Landwirtschaft und Forsten
BMP +	Bundesminister(ium) für Post- und Telekommunikation
BMV +	Bundesminister(ium) für Verkehr
BMVg +	Bundesminister(ium) der Verteidigung
BMWi +	Bundesminister(ium) für Wirtschaft
BMZ +	Bundesminister(ium) für wirtschaftliche Zusammenarbeit
Botsch	Botschafter
BotschR	Botschaftsrat
BPA +	Presse- und Informationsamt der Bundesregierung
BPr +	Bundespräsident
BPrA +	Bundespräsidialamt
BR +	Bundesrat
BrandAss	Brandassessor
BrandDir	Branddirektor
BrandOR	Brandoberrat
BrandR	Brandrat
Bre	Bremen
BReg +	Bundesregierung
BRH +	Bundesrechnungshof
BrigGen	Brigadegeneral
BSG +	Bundessozialgericht
BT +	Bundestag
BüchDir	Büchereidirektor
BVerfG +	Bundesverfassungsgericht
BVerwG +	Bundesverwaltungsgericht
BVS	Bundesverband für den Selbstschutz
BWV +	Bundesbeauftragter für Wirtschaftlichkeit in der Verwaltung

C

CDU +	Christlich Demokratische Union
ChBK +	Chef des Bundeskanzleramtes
ChBPrA +	Chef des Bundespräsidialamtes
ChemDir	Chemiedirektor
ChemOR	Chemieoberrat

ChemR	Chemierat
CSU +	Christlich Soziale Union

D

D	Doktor theologie
Deput	Deputierter
Dez +	Dezernent, Dezernat
DGB	Deutscher Gewerkschaftsbund
Dipl	Diplom
Dipl-Bibl	Diplom-Bibliothekar
Dipl-Betriebsw	Diplom-Betriebswirt
Dipl-Biol	Diplom-Biologe
Dipl-Chem	Diplom-Chemiker
Dipl-Forstw	Diplom-Forstwirt
Dipl-Geogr	Diplom-Geograph
Dipl-Geol	Diplom-Geologe
Dipl-Ing	Diplom-Ingenieur
Dipl-Kfm	Diplom-Kaufmann
Dipl-Komm	Inhaber des Kommunal-Diploms
Dipl-Math	Diplom-Mathematiker
Dipl-Met	Diplom-Meteorologe
Dipl-Päd	Diplom-Pädagoge
Dipl-Phys	Diplom-Physiker
Dipl-Psych	Diplom-Psychologe
Dipl-Volksw	Diplom-Volkswirt
Dipl-Wirtsch-Ing	Diplom-Wirtschaftsingenieur
Dir	Direktor
DirBR +	Direktor des Bundesrates
DirBT +	Direktor beim Deutschen Bundestag
DKP	Deutsche Kommunistische Partei
d ö R	des öffentliche Rechts
Doz	Dozent
Dr	Doktor

E

E	Einwohnerzahl
e	ehrenamtlich
EDV	elektronische Datenverarbeitung
EichDir	Eichdirektor
EichOAR	Eichoberamtsrat
EichOR	Eichoberrat
EichR	Eichrat
EPl	Einsatzplan, Einsatzpläne
EStAnw	Erster Staatsanwalt
ev	evangelisch
EU	Europäische Union

F

F	Fernsprech-Nr.
F.D.P.	Freie Demokratische Partei
FinPräs	Finanzpräsident
FischDir	Fischereidirektor
FischR	Fischereirat
FKpt	Fregattenkapitän
Fl	Flächengröße
FMW	Freie mündige Wähler
FoDir	Forstdirektor
FoOR	Forstoberrat
FoPräs	Forstpräsident
FoR	Forstrat
FWG	Freie Wählergemeinschaft
FWV	Freie Wählervereinigung

G

GABl	Gemeinsames Amtsblatt
GAL	Grüne alternative Liste
GBl	Gesetzblatt
GemBgm	Gemeindebürgermeister
GemKäm	Gemeindekämmerer
GemOAR	Gemeindeoberamtsrat
Gen	General
GenAp	Generalapotheker
GenArzt	Generalarzt
GenDir	Generaldirektor
GenInt	Generalintendant
GenKons	Generalkonsul(at)
GenLt	Generalleutnant
GenMaj	Generalmajor
GenMusikDir	Generalmusikdirektor
GenOStabsarzt	Generaloberstabsarzt
GenStabsarzt	Generalstabsarzt
GenStAnw	Generalstaatsanwalt
GenVik	Generalvikar
GeolDir	Geologiedirektor
GeolR	Geologierat
Gesdtr	Gesandter
GesdtR	Gesandtschaftsrat
GG	Grundgesetz für die Bundesrepublik Deutschland
ggf	gegebenenfalls
GMBl	Gemeinsames Ministerialblatt
GO	Geschäftsordnung
GVBl	Gesetz- und Verordnungsblatt
GwBauDir	Gewerbebaudirektor
GwDir	Gewerbedirektor
GwMedR	Gewerbemedizinalrat
GwOMedR	Gewerbeobermedizinalrat
GwOR	Gewerbeoberrat
GwR	Gewerberat
GwSchulR	Gewerbeschulrat

H

h	hauptamtlich
HafKpt	Hafenkapitän
Hbg	Hamburg
h c	honoris causa (ehrenhalber)
Hess	Hessen

I

i BGS	im Bundesgrenzschutz
i G	im Generalstab
Ing	Ingenieur
Int	Intendant
i K	im Kirchendienst
i R	im Ruhestand
iVm	in Verbindung mit

J

JustAR	Justizamtsrat
JustOAR	Justizoberamtsrat
JustOI	Justizoberinspektor
JustOR	Justizoberrat
JustR	Justizrat

K

K oder Krs	Kreis
k	kommissarisch
Käm	Kämmerer
KamDir	Kammerdirektor
KassDir	Kassendirektor
KassR	Kassenrat
kath	katholisch
KBauMstr	Kreisbaumeister
KBauR	Kreisbaurat
KBüDir	Kreisbürodirektor
KDep	Kreisdeputierter
KDir	Kreisdirektor
K d ö R	Körperschaft des öffentlichen Rechts
Kfm	Kaufmann
KiR	Kirchenrat
KKäm	Kreiskämmerer
KMedDir	Kreismedizinaldirektor
KMedR	Kreismedizinalrat
KOAR	Kreisoberamtsrat
KOMedR	Kreisobermedizinalrat
Kons	Konsul(at)
KonsAbt	Konsularabteilung
KorvKpt	Korvettenkapitän
KOVetR	Kreisoberveterinärrat
KOVwR	Kreisoberverwaltungsrat
KPfl	Kreispfleger
KPräs	Kreispräsident
Kpt	Kapitän
KptLt	Kapitänleutnant
Kpt z S	Kapitän zur See
KR	Kreisrat
KrimDir	Kriminaldirektor
KrimOR	Kriminaloberrat
KrimR	Kriminalrat
KSchulR	Kreisschulrat
KSynd	Kreissyndikus
KVwR	Kreisverwaltungsrat
KWV	Kommunale Wählervereinigung
Kzl	Kanzler

L

LandwDir	Landwirtschaftsdirektor
LandwR	Landwirtschaftsrat
LAnw	Landesanwalt
LArbAPräs	Landesarbeitsamtspräsident
LArbG	Landesarbeitsgericht
LArchR	Landesarchivrat
LAss	Landesassessor
LBauDir	Landesbaudirektor
LBauR	Landesbaurat
LDir	Landesdirektor
Ldrt	Landrat
LegR	Legationsrat
LG	Landgericht
LL	Landesliste
LPolDir	Landespolizeidirektor
LPolPräs	Landpolizeipräsident oder Landespolizeipräsident
LSozG	Landessozialgericht
LStallMstr	Landesstallmeister
LtdArzt	Leitender Arzt
LtdDir	Leitender Direktor
LtdLBauDir	Leitender Landesbaudirektor
LtdGeolDir	Leitender Geologiedirektor
LtdMedDir	Leitender Medizinaldirektor
LtdMinR	Leitender Ministerialrat
LtdOStAnw	Leitender Oberstaatsanwalt
LtdPolDir	Leitender Polizeidirektor
LtdRBauDir	Leitender Regierungsbaudirektor
LtdRDir	Leitender Regierungsdirektor
LtdRKrimDir	Leitender Regierungskriminaldirektor
LtdVwDir	Leitender Verwaltungsdirektor
LVwDir	Landesverwaltungsdirektor
LVwR	Landesverwaltungsrat
LZB	Landeszentralbank

M

MA	Magister Artium
MagR	Magistratsrat
Maj	Major
MBl	Ministerialblatt
MdA	Mitglied der Abgeordnetenkammer
MdB +	Mitglied des Bundestages
MdBB	Mitglied der Bremer Bürgerschaft
MdBü	Mitglied der Bürgerschaft
MdEP	Mitglied des Europäischen Parlaments
MdHB	Mitglied der Hamburger Bürgerschaft
MdL +	Mitglied des Landtages
MdS	Mitglied des Senats
m d W b	mit der Wahrnehmung beauftragt
MdWdGb	Mit der Wahrnehmung der Geschäfte beauftragt
MedDir	Medizinaldirektor
MedOR	Medizinaloberrat
MedR	Medizinalrat
MFr	Mittelfranken
MilGenDek	Militärgeneraldekan
MilGenVik	Militärgeneralvikar
Min	Minister, Ministerial-
MinBüDir	Ministerialbürodirektor
MinDir	Ministerialdirektor
MinDirig	Ministerialdirigent
MinPräs	Ministerpräsident
MinR	Ministerialrat
MusDir	Museumsdirektor
MusikDir	Musikdirektor
MV +	Mecklenburg-Vorpommern

N

Nds	Niedersachsen, niedersächsisch
NN	non nominatus (nicht benannt)
Not	Notar
NPD	Nationaldemokratische Partei Deutschlands
NRW oder NW	Nordrhein-Westfalen

O

O	Ober-, Oberes
OAAnw	Oberamtsanwalt
OAR	Oberamtsrat
OArchR	Oberarchivrat
OArzt	Oberarzt
OB	Oberbayern
OBAnw	Oberbundesanwalt
OBauR	Oberbaurat
OBergADir	Oberbergamtsdirektor
OBergR	Oberbergrat
OberstLt	Oberstleutnant
OBgm	Oberbürgermeister
OBiblR	Oberbibliotheksrat
OBrandR	Oberbrandrat
OChemR	Oberchemierat

415

ODir	Oberdirektor
ODomR	Oberdomänenrat
OECD +	Organisation für wirtschaftliche Zusammenarbeit und Entwicklungshilfe
OEichR	Obereichrat
OFinPräs	Oberfinanzpräsident
OFischR	Oberfischereirat
OFoMstr	Oberforstmeister
OFoR	Oberforstrat
OFr	Oberfranken
OGeolR	Obergeologierat
OGwR	Obergewerberat
OIng	Oberingenieur
OJustR	Oberjustizrat
OJustVwR	Oberjustizverwaltungsrat
OKBauR	Oberkreisbaurat
OKDir	Oberkreisdirektor
OKiR	Oberkirchenrat
OLandwR	Oberlandwirtschaftsrat
OLAnw	Oberlandesanwalt
OLFoMstr	Oberlandesforstmeister
OLG +	Oberlandesgericht
OMedDir	Obermedizinaldirektor
OMedR	Obermedizinalrat
OPBauR	Oberpostbaurat
OPDir	Oberpostdirektor
OPf	Oberpfalz
OPolR	Oberpolizeirat
OPR	Oberpostrat
ORArchR	Oberregierungsarchivrat
ORBauDir	Oberregierungsbaudirektor
ORBauR	Oberregierungsbaurat
ORBrandR	Oberregierungsbrandrat
ORChemR	Oberregierungschemierat
ORDir	Oberregierungsdirektor
ORechnR	Oberrechnungsrat
OREichR	Oberregierungseichrat
ORGeologe	Oberregierungsgeologe
ORGwR	Oberregierungsgewerberat
ORLandwR	Oberregierungslandwirtschaftsrat
ORMedR	Oberregierungsmedizinalrat
ORPharmR	Oberregierungspharmazierat
ORR	Oberregierungsrat
ORSchulR	Oberregierungsschulrat
ORVetR	Oberregierungsvetrinärrat
ORVmR	Oberregierungsvermessungsrat
ORWiR	Oberregierungswirtschaftsrat
OSchulR	Oberschulrat
OStabsarzt	Oberstabsarzt
OStaDir	Oberstadtdirektor
OStAnw	Oberstaatsanwalt
OStArchR	Oberstaatsarchivrat
OStaVetR	Oberstadtveterinärrat
OSteuR	Obersteuerrat
OStudDir	Oberstudiendirektor
OStudR	Oberstudienrat
OT	Ortsteil
OVetR	Oberveterinärrat
OVolkswR	Obervolkswirtschaftsrat
OVG +	Oberverwaltungsgericht
OVmR	Obervermessungsrat
OVwDir	Oberverwaltungsdirektor
OVwR	Oberverwaltungsrat

P

PBauR	Postbaurat
PDir	Postdirektor
PDS	Partei des demokratischen Sozialismus

PDS/LL	Partei des demokratischen Sozialismus/Linke Liste
PolDir	Polizeidirektor
PolPräs	Polizeipräsident
POR	Postoberrat
PR	Postrat
Präs	Präsident
Prof	Professor
PS-Kto	Postscheckkonto

R

R	Rat
RBauDir	Regierungsbaudirektor
RBauR	Regierungsbaurat
RBez	Regierungsbezirk
RBrandDir	Regierungsbranddirektor
RBrandR	Regierungsbrandrat
RChemDir	Regierungschemiedirektor
RChemR	Regierungschemierat
Rchtr	Richter
RdErl	Runderlaß
RDir	Regierungsdirektor
RechnR	Rechnungsrat
Ref	Referent, Referat
REichR	Regierungseichrat
REP	Die Republikaner
RFischR	Regierungsfischereirat
RFoDir	Regierungsforstdirektor
RGwDir	Regierungsgewerbedirektor
RGwR	Regierungsgewerberat
Rhld-Pf	Rheinland-Pfalz
RKrimDir	Regierungskriminaldirektor
RLandwDir	Regierungslandwirtschaftsdirektor
RLandwR	Regierungslandwirtschaftsrat
RMedDir	Regierungsmedizinaldirektor
RMedR	Regierungsmedizinalrat
ROAR	Regierungsoberamtsrat
ROMedR	Regierungsobermedizinalrat
RPharmDir	Regierungspharmaziedirektor
RPräs	Regierungspräsident
RR	Regierungsrat
RSchulDir	Regierungsschuldirektor
RSchulR	Regierungsschulrat
RVmR	Regierungsvermessungsrat
RVPräs	Regierungsvizepräsident
RWiR	Regierungswirtschaftsrat

S

S	Seite
Saar	Saarland
Schl-H	Schleswig-Holstein
SchulADir	Schulamtsdirektor
SchulR	Schulrat
SchutzPolDir	Schutzpolizeidirektor
Schw	Schwaben
Sen	Senator
Sendirig	SenatsdirigentSenPrSenatspräsident
SenR	Senatsrat
SN +	Sachsen
SPD +	Sozialdemokratische Partei Deutschlands
SpkDir	Sparkassendirektor
SpkOR	Sparkassenoberrat
SSW	Südschleswigscher Wählerverband
ST +	Sachsen-Anhalt
StaArchDir	Stadtarchivdirektor
StaArchR	Stadtarchivrat

416

StaBauDir	Stadtbaudirektor	VwG	Verwaltungsgericht
StaBauR	Stadtbaurat	VwOR	Verwaltungsoberrat
StaBüchDir	Stadtbüchereidirektor	VwR	Verwaltungsrat
StaDir	Stadtdirektor	VwRechtsR	Verwaltungsrechtsrat
StaFoR	Stadtforstrat		
StaKäm	Stadtkämmerer		
StAnw	Staatsanwalt	**W**	
StaOBauR	Stadtoberbaurat		
StaOFoMstr	Stadtoberforstmeister	WG	Wählergemeinschaft
StaOMedR	Stadtobermedizinalrat	WI	Wählerinitiative
StaORechtsR	Stadtoberrechtsrat	WiR	Wirtschaftsrat
StaOSchulR	Stadtoberschulrat	WiOR	Wirtschaftsoberrat
StaOVwR	Stadtoberverwaltungsrat	WiDir	Wirtschaftsdirektor
StaR	Stadtrat	WissAng	Wissenschaftlicher Angestellter
StaRechtsR	Stadtrechtsrat	WissMitarb	Wissenschaftlicher Mitarbeiter
StaSchulR	Stadtschulrat	WissR	Wissenschaftlicher Rat
StaSynd	Stadtsyndikus	WkDir	Werkdirektor
StaVmDir	Stadtvermessungsdirektor	WKons	Wahlkonsul
StaVmR	Stadtvermessungsrat	Wkr	Wahlkreis
StaVetDir	Stadtveterinärdirektor		
StaVetOR	Stadtveterinäroberrat		
StaVetR	Stadtveterinärrat	**Z**	
StaVwR	Stadtverwaltungsrat	zA	zur Anstellung
stellv	stellvertretender	ZDir	Zolldirektor
SteuR	Steuerrat	ZOR	Zolloberrat
StMin	Staatsminister	ZR	Zollrat
StR	Staatsrat		
StSekr	Staatssekretär		
StudDir	Studiendirektor		
StudR	Studienrat		
StvBK +	Stellvertreter des Bundeskanzlers		
Synd	Syndikus		

T

TA	Telegrammadresse
TAng	Technischer Angestellter
Telex	Telex, Fernschreiber
techn	technische(r, s)
TH +	Thüringen
THW +	Technisches Hilfswerk
TROAR	Technischer Regierungsoberamtsrat

U

U-Abt	Unterabteilung
UFr	Unterfranken
UniProf	Universitäts-Professor
UWG	Unabhängige Wählergemeinschaft
UWL	Unabhängige Wählerliste

V

VAdm	Vizeadmiral
VerbPräs	Verbandspräsident
VerkDir	Verkehrsdirektor
VersiDir	Versicherungsdirektor
VetDir	Veterinärdirektor
VetR	Veterinärrat
Vik	Vikar
VKons	Vizekonsul
VmDir	Vermessungsdirektor
VmR	Vermessungsrat
VolkswR	Volkswirtschaftsrat
Vors	Vorsitzender
VortrLegR	Vortragender Legationsrat
VPr	Vizepräsident
VwDir	Verwaltungsdirektor